世界 500 强企业精细化管理工具系列

世界 500 强企业管理层
最钟爱的管理工具

姚根兴　主编

人 民 邮 电 出 版 社
北　京

图书在版编目（CIP）数据

世界 500 强企业管理层最钟爱的管理工具／姚根兴主编 . —北京：人民邮电出版社，2013.9（2023.6重印）

（世界 500 强企业精细化管理工具系列）

ISBN 978-7-115-32896-0

Ⅰ.①世… Ⅱ.①姚… Ⅲ.①企业管理 Ⅳ.①F270

中国版本图书馆 CIP 数据核字（2013）第 188838 号

内 容 提 要

本书汇集了世界 500 强企业常用的 126 个管理工具，内容涵盖企业战略管理、领导与组织、创新运用、管理体系和市场营销等 9 个方面，可以有效提升企业管理者的管理效率和工作业绩。本书适合企业管理者、企业培训师和咨询师参考使用。

- ◆ 主　编　姚根兴
  责任编辑　庞卫军
  执行编辑　付　路
  责任印制　杨林杰
- 人民邮电出版社出版发行　　北京市丰台区成寿寺路 11 号
  邮编 100164　电子邮件　315@ ptpress. com. cn
  网址 http://www. ptpress. com. cn
  北京天宇星印刷厂印刷
- ◆ 开本：787×1092　1/16
  印张：34.25　　　　　　　2013 年 9 月第 1 版
  字数：500 千字　　　　　 2023 年 6 月北京第 27 次印刷

定　价：88.00 元（附光盘）

读者服务热线：(010) 81055656　印装质量热线：(010) 81055316

反盗版热线：(010) 81055315

广告经营许可证：京东市监广登字 20170147 号

前　言

被誉为"现代管理学之父"的彼得·德鲁克曾说过："管理，从根本上讲，意味着用智慧代替鲁莽，用知识代替习惯与传统，用合作代替强制。"

"世界500强企业"是国人对美国《财富》杂志每年评选的"全球最大500家公司"排行榜的一种约定俗成的叫法。《财富》世界500强排行榜目前是衡量全球大型公司实力的最著名、最权威的榜单。进入世界500强的企业通常是跨国企业，其生存和发展能力都非常强，有的甚至是百年不衰。能够进入世界500强的企业，在管理方面一定有其成功之处。成功的原因之一是这些企业通常都聚集了一群顶尖的管理者，而这些顶尖的管理者又是靠什么来实现管理的呢？很简单，那就是灵活运用各种管理方法、管理体系等管理工具。

管理工具是指达成管理职能的一些管理思想、处理方法和创新思维等，即典型管理实践的总结。它们是处理特定管理问题的有效方法，是当今管理领域的精髓所在。

实际上，许多管理工具都是由世界500强企业的管理者经过实践总结出来的，也有许多是由一些管理专家提出的，并已经在世界500强企业中得到充分运用。

《世界500强企业管理层最钟爱的管理工具》一书将世界500强企业里最流行、最实用的管理工具一一呈现在读者面前，帮助读者迅速地掌握世界上最先进的管理手段、管理工具，并将其运用于自己供职的企业。《世界500强企业管理层最钟爱的管理工具》一书包括九大方面126个管理工具。

◇战略管理工具　　　◇领导与组织工具　　　◇创新运用工具
◇管理体系工具　　　◇市场营销工具　　　　◇人力资源管理工具
◇质量管理工具　　　◇财务管理工具　　　　◇客户服务管理工具

《世界500强企业管理层最钟爱的管理工具》一书通过三个模块对管理工具进行解析：工具定义、适用范围和工具解析，并随机插入了一些模块，如相关知识、实例说明等，同时以名片的形式介绍了一些世界500强企业的基本情况，以使读者对世界500强企业有更深入的了解。

《世界500强企业管理层最钟爱的管理工具》一书在编辑整理过程中，获得了许多曾在世界500强企业工作过的管理人员、顾问老师、审核人员的帮助和支持。其中参与编写和提供资料的有胡迅、李盛峰、李强、张罕芳、王春媚、陈萍、王济营、潘登、游继牡、栾兰、邱彬

崇、邓珠、张绍峰、刘冬娟、高凤琴、吴丽芳、宿佳佳、申姝红、郑洁、李建军、李永江、刘军、刘俊、刘海江、刘雪花、杜小彦、骆振中、薛永刚、段青民、李辉、赵静洁、赵建学、陈运花、赵仁涛、柳景章、唐琼、马丽平、宁小军、杨冬琼、段利荣、林红艺、贺才为、林友进、匡仲潇、滕宝红，在此对他们付出的劳动一并表示感谢！

本书阅读指南

每一章的章前语部分都对本章的内容及工具进行了概况性的描述。

》》章前语

企业战略是确保企业正确发展的航标。任何一家世界500强企业都非常重视企业管理的改善和提升以及对企业发展方向的把握，因而也非常重视企业的战略管理。作为企业的管理人员，尤其是高层管理人员，通常是企业战略的制定者，而制定企业战略并不是空想一番就可以完成的，而是要通过一些成熟、有效的工具进行研究、分析进而制定出来。

本章介绍了企业战略制定过程中一些常用的管理工具：

·EFE矩阵	·IFE矩阵	·SWOT分析法
·BCG矩阵	·SPACE矩阵	·QSPM分析
·PEST分析	·波特五力分析模型	·基本竞争战略
·3C战略三角模型	·价值链分析法	·竞争态势CPM矩阵
·六项思考帽	·战略地图	·KT决策法

工具01 EFE矩阵

【工具定义】

外部因素评价矩阵（External Factor Evaluation Matrix，简称EFE矩阵）是一种用于对外部环境进行分析的工具。

【适用范围】

EFE矩阵可以帮助企业战略制定者归纳和评价经济、社会、文化、人口、环境、政治、政府、法律、技术以及竞争等方面的信息。

【工具解析】

EFE矩阵从机会和威胁两个方面找出影响企业未来发展的关键因素，并根据各个关键因素的影响程度确定其权数，再按企业对各关键因素的有效反应程度对各关键因素进行评分，最后算出企业的总加权分数。

工具的序号及名称方便读者查阅。

※ **实例说明**

现利用SPACE矩阵分析法对某企业进行分析，具体内容如图1-6所示。

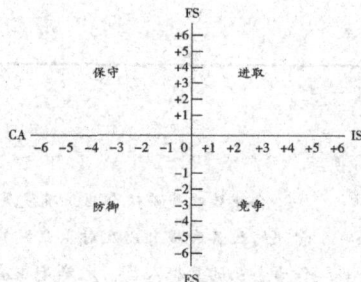

图1-6　某企业SPACE矩阵象限图

工具的使用通过实例加以说明，使之实操性更强。

◆ **相关知识** ◆

敏捷制造的起源

敏捷制造是美国国防部为了指定21世纪制造业发展而支持的一项研究计划。该计划始于1991年，有100多家公司参加，由通用汽车公司、波音公司、IBM、德州仪器公司、AT&T、摩托罗拉等15家著名大公司和国防部代表共20人组成了核心研究队伍。此项研究历时三年，于1994年年底提出了《21世纪制造企业战略》。在这份报告中，提出了既能体现国防部与工业界各自的特殊利益，又能获取他们共同利益的一种新的生产方式，即敏捷制造。

将与工具相关的知识罗列出来，使读者能够更充分地了解工具。

雀巢公司（NESTLE）

成立年份（Founded Year）：1867年
总部（Headquarters）：瑞士日内瓦湖畔的沃韦
主营业务（Main Business）：食品制造
发展历程（Development Process）：雀巢公司由亨利·内斯特莱（Henri Nestle）于1867年创建，以生产婴儿食品起家。如今的雀巢公司是世界最大的食品制造商，以生产巧克力棒和速溶咖啡闻名遐迩，是世界最大的跨国公司之一，在全球五大洲的81个国家和地区中拥有500多家工厂、25万名员工，所有产品的生产和销售由总部领导下的约200多个部门完成。雀巢公司销售额的98%来自国外，因此被称为"最国际化的跨国集团"。

本书随机插入了一些世界500强企业的简介，使读者能够认识更多的500强企业。

目　录

导读　管理必备工具

第一章　战略管理工具

企业战略是确保企业正确发展的航标。任何一家世界 500 强企业都非常重视企业管理的改善和提升以及对企业发展方向的把握，因而也非常重视企业的战略管理。作为企业的管理人员，尤其是高层管理人员，通常是企业战略的制定者，而制定企业战略并不是空想一番就可以完成的，而是要通过一些成熟、有效的工具进行研究、分析进而制定出来。

第二章　领导与组织工具

　　领导是指领导者为实现组织的目标而运用权力向其下属施加影响力的一种行为或行为过程。领导者对权力的运用方式称作领导风格或领导方式。组织是指由诸多要素按照一定方式相互联系起来的系统，管理者必须在组织中方能实施其领导。关于领导与组织，西方许多管理学专家都做了大量的研究，产生了多种理论工具。

第三章　创新运用工具

　　创新是指以新思维、新发明和新描述为特征的一种概念化过程。创新是企业的生命。世界500 强企业之所以能在竞争中处于主动，立于不败之地，很重要的一个原因就是它将创新作为企业的发展战略，要求企业、要求员工不断创新。因而创新能力已成为世界 500 强企业员工的基本任职要求之一。

第四章　管理体系工具

管理是指为了实现某种目的而进行的决策、计划、组织、指导、实施、控制的过程。管理体系是从企业全局角度和系统目标出发，将全部活动和相关资源作为过程进行控制，将相互关联的过程或过程网络作为体系来管理，覆盖企业内部管理的各个方面。

第五章　市场营销工具

市场营销是一种复杂而微妙的过程，构成了许多以前辉煌一时的企业的致命弱点。实际上，世界 500 强企业如西尔斯、通用、施乐和索尼等都面临着更加强大的顾客（顾客的权利正在增加）和新的竞争对手，即使英特尔、微软和沃尔玛等市场领先企业也面临着巨大的挑战。

第六章　人力资源管理工具

　　人力资源管理是指对企业中的人力资源进行规划、培训、选拔录用、考核激励等计划、组织、控制和协调的活动过程。人力资源主要有六个模块——人力资源规划、招聘与配置、培训与开发、薪酬与福利、绩效管理和员工关系，这六大模块中都有大量的管理工具可供管理者使用。

第七章　质量管理工具

　　市场竞争实质上就是质量竞争，质量就是竞争力，这在世界500强企业中得到了充分体现。世界500强企业在质量管理过程中探索出了许多先进的管理方法并运用于实践中，同时由于取得了卓有成效的效果，许多方法都被世界各国企业广泛运用。

第八章　财务管理工具

财务管理是一种价值管理，渗透和贯穿于企业一切经济活动之中。企业的资金筹集、使用和分配，一切涉及资金的业务活动都属于财务管理的范围。企业的管理人员需要关注企业的财务状况，而要做到这一点，必须掌握一些财务管理方面的知识和管理工具，尤其是非财务管理系统的管理人员，更需要加以学习。

第九章　客户服务管理工具

客户是指那些需要企业产品或者服务的人或者组织，是企业利润链中重要的一环。世界 500 强企业通常将企业的客户（包括最终客户、分销商和合作伙伴）作为最重要的企业资源，通过完善的客户服务和深入的客户分析来满足客户需求，保证实现客户的终生价值。

光盘目录

第一章　战略规划

第二章　领导与组织

第三章　危机管理

第四章　创新管理

第五章 管理体系

第六章 人力资源管理

第七章 市场营销管理

第八章 质量管理

文件001：____企业标准体系

文件002：缺陷预防责任检查表

文件003：QCC 品管圈活动管理制度

文件004：APQP 质量先期策划控制程序

文件005：MSA 测量系统分析控制程序

文件006：潜在失效模式及后果分析（FMEA）

控制程序

文件007：FMEA 潜在失效模式及后果分析作业指导书

文件008：（SPC）统计过程能力研究评价作指导书

第九章 财务管理

文件001：资产负债表

文件002：利润表

文件003：现金流量表

文件004：客户信用等级评估方案

文件005：财务报表分析——杜邦分析法模板

第十章 客户服务管理

文件001：大客户管理制度

文件002：客户满意度管理程序

文件003：客户投诉处理管理规定

文件004：客户满意度调查表（1）

文件005：客户满意度调查表（2）

文件006：客户满意度调查分析报告

导读　管理必备工具

管理人员是指在企业中行使管理职能、指挥或协调他人完成具体任务的人，其工作绩效的好坏直接关系着企业的成败兴衰。

一、管理人员的分类

1. 按所处管理层次划分

按管理人员所处的管理层次可分为高层管理人员、中层管理人员和基层管理人员。

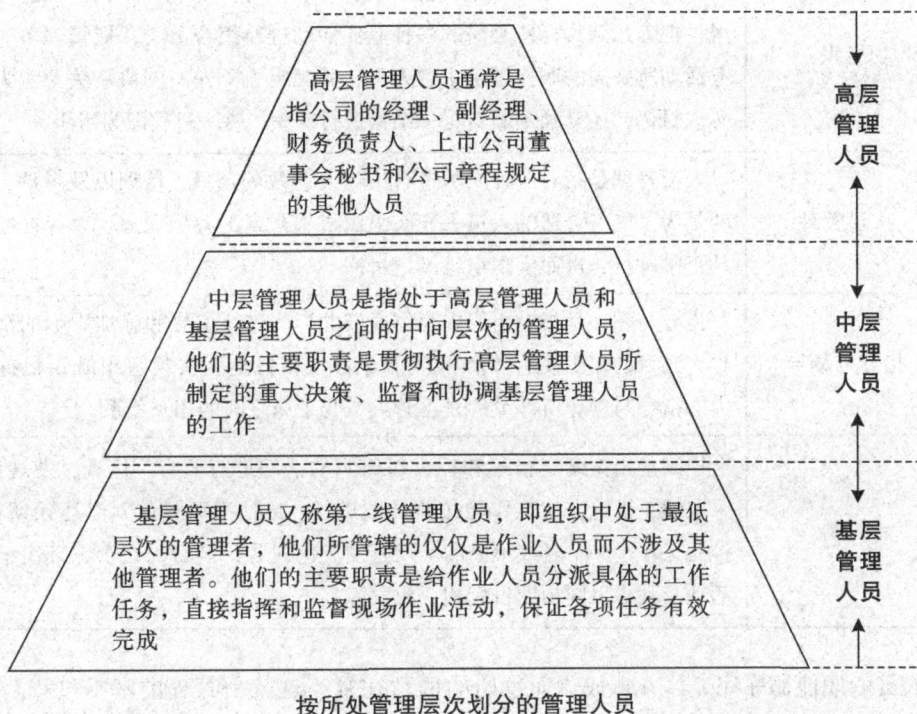

高层管理人员通常是指公司的经理、副经理、财务负责人、上市公司董事会秘书和公司章程规定的其他人员

中层管理人员是指处于高层管理人员和基层管理人员之间的中间层次的管理人员，他们的主要职责是贯彻执行高层管理人员所制定的重大决策、监督和协调基层管理人员的工作

基层管理人员又称第一线管理人员，即组织中处于最低层次的管理者，他们所管辖的仅仅是作业人员而不涉及其他管理者。他们的主要职责是给作业人员分派具体的工作任务，直接指挥和监督现场作业活动，保证各项任务有效完成

高层管理人员

中层管理人员

基层管理人员

按所处管理层次划分的管理人员

2. 按所从事管理工作的领域及专业划分

按管理人员所从事管理工作的领域及专业不同，可以分为综合管理人员和专业管理人员。

（1）综合管理人员：指负责管理整个组织或组织中某个事业部门全部活动的管理者。

（2）专业管理人员：指仅负责管理组织中某一类活动（或职能）的管理者。

二、管理人员的职能

管理人员的职能是管理过程中各项活动的基本功能，又称管理的要素，是管理原则、管理方法的具体体现。管理人员的职能通常分为五项：计划、组织、人员管理、指导与领导和控制，具体内容如下表所示。

管理人员的职能

序号	职能	说明
1	计划	计划是指为实现组织既定目标而对未来的行动进行规划和安排的工作过程。它包括组织目标的选择和确立、实现组织目标方法的确定和抉择、计划原则的确立、计划的编制以及计划的实施
2	组织	为实现管理目标和计划，就必须设计和维持一种职务结构，在这一结构里，把为达到目标所必需的各种业务活动进行组合分类，把管理每一类业务活动所必需的职权授予主管人员，并规定上下左右的协调关系。为有效实现目标，还必须不断对这个结构进行调整，这一过程即为组织
3	人员管理	人员管理是指对各种人员进行恰当而有效的选择、培训以及考评，其目的是为了配备合适的人员去充实组织机构规定的各项职务，以保证组织活动正常进行，进而实现组织既定目标
4	指导与领导	指导与领导是指对组织内全体成员的行为进行引导和施加影响的活动过程，其目的在于使个体和群体能够自觉自愿地为实现组织既定目标而努力。指导与领导所涉及的是主管人员与下属之间的相互关系
5	控制	控制是指按既定目标和标准对组织的活动进行监督、检查，发现偏差，采取纠正措施，使工作能按原计划进行，或适当调整计划以达预期目标。控制工作是一个延续不断的、反复发生的过程，其目的在于保证组织实际活动及其成果同预期目标相一致

管理人员的职能循序完成，并形成周而复始的循环往复，这就是管理的基本过程。其中，每项职能之间是相互联系、相互影响的，以构成统一的有机整体。

三、500 强企业管理人员的基本素质要求

1. 管理人员应具备的能力

高层管理人员的职责是决策与控制，中层管理人员的职责是计划与控制，基层管理人员的职责是执行与控制。但无论管理人员处于哪个层次，都需具备六大能力，具体内容如下表所示。

管理人员的六大能力

序号	能力	说明
1	沟通能力	为了了解企业内部员工的互动状况、倾听员工心声，企业管理者必须具备良好的沟通能力，只有这样，才不至于让下属离心离德，或者不敢提出建议与需求
2	协调能力	管理者应有敏锐的洞察力和协调能力，并且建立疏通、宣泄的渠道，切勿等到对立矛盾加深扩大后，才急于着手处理与排解。此外，管理者对于情节严重的冲突，或者可能会扩大对立面的矛盾事件，更要果断地加以排解。即使在状况不明、是非不清的时候，也应及时采取降温、冷却的手段，并且在了解情况后，立刻以妥善、有效的策略化解冲突
3	规划与整合能力	管理者的规划能力并非是着眼于短期的策略规划，而是长期计划的制订。换言之，卓越的管理者必须深谋远虑、有远见，不能目光短浅，只看得见现在而看不到未来，而且要适时让员工了解企业的愿景，这样才不会让员工迷失方向。特别是进行决策规划时，更要妥善运用整合能力，有效地利用下属的智慧与既有的资源，避免人力浪费
4	决策与执行能力	虽然有许多事情以集体决策为宜，但是管理者仍须具备独立决策的能力，包括分派工作、人力协调、化解员工纷争等，这些体现了管理者的决断能力
5	培训能力	管理者必然渴望拥有一个实力强大的工作团队，因此，培养优秀人才也就成为了管理者的重要任务
6	统御能力	有句话是这样说的："一个领袖不会去建立一个企业，但是他会建立一个组织来建立企业。"根据这种说法，成为一个管理者的先决条件，就是要有能力建立团队，以进一步构建企业

2. 管理人员需具备的管理技能

管理人员需要具备的管理技能主要包括技术技能、人事技能、思想技能和设计技能，具体说明如下表所示。

管理人员需具备的管理技能

序号	能力	说明
1	技术技能	技术技能是指对某一特殊活动（特别是包含方法、过程、程序或技术的活动）的理解和熟练。它包括专业知识、在专业范围内的分析能力以及灵活运用该专业的工具和技巧的能力。技术技能主要是涉及"物"（过程或有形的物体）的工作
2	人事技能	人事技能是指一个人能够以小组成员的身份有效工作的行政能力，并能够在他所领导的小组中建立起合作的能力，即协作精神和团队精神。管理者的人事技能是指管理者为完成组织目标应具备的领导、激励和沟通能力
3	思想技能	思想技能是指把企业看成一个整体的能力，包括识别组织中的彼此互相依赖的各种关系；一部分的改变如何能影响其他部分，进而判断个别企业与行业、社团之间的总体关系，即能够总揽全局，判断出重要因素并了解这些因素之间关系的能力
4	设计技能	设计技能是指以有利于组织利益的种种方式解决问题的能力，特别是高层管理者，不仅要能发现问题，还必须具备找出切实可行的解决问题的办法的能力

上表所述技能对于不同层次的管理者其重要性也有所不同。技术技能、人事技能的重要性依据管理者所处的管理层次从低到高逐渐下降，而思想技能和设计技能则相反。对基层管理者来说，具备技术技能是最为重要的。当管理者在企业中的管理层次从基层往中层、高层发展时，随着他同下级直接接触的次数和频率的减少，人事技能的重要性也逐渐降低；对于中层管理者来说，对技术技能的要求下降，而对思想技能的要求上升，同时具备人事技能仍然很重要；对于高层管理者而言，思想技能和设计技能特别重要，而对技术技能、人事技能的要求相对来说则很低。当然，管理技能和管理层次的联系并不是绝对的，它也会受到其他一些因素的影响。

四、实现管理的管理工具

管理工具是达成管理职能的一些管理思想、处理方法和创新思维等，也就是典型管理实践的总结，处理特定管理问题的有效方法，是当今各领域管理专家、管理精英解决问题的精髓所在。

许多的管理工具是由世界 500 强企业经过实践经验而总结出来的，也有许多是由管理专家提出来的，并在世界 500 强企业中得到了充分的运用和证明，能够有效提升企业的整体管理质量。

管理工具非常多，本书精选了一些在世界 500 强企业中运用得比较多的工具，进行详细的解读，仅供读者参考和使用。

>>> 第一章

战略管理工具

企业战略是确保企业正确发展的航标。任何一家世界500强企业都非常重视企业管理的改善和提升以及对企业发展方向的把握，因而也非常重视企业的战略管理。作为企业的管理人员，尤其是高层管理人员，通常是企业战略的制定者，而制定企业战略并不是空想一番就可以完成的，而是要通过一些成熟、有效的工具进行研究、分析进而制定出来。

本章介绍了企业战略制定过程中一些常用的管理工具：

·EFE 矩阵	·IFE 矩阵	·SWOT 分析法
·BCG 矩阵	·SPACE 矩阵	·QSPM 分析
·PEST 分析	·波特五力分析模型	·基本竞争战略
·3C 战略三角模型	·价值链分析法	·竞争态势矩阵
·六项思考帽	·战略地图	·KT 决策法

工具 01　EFE 矩阵

【工具定义】

外部因素评价矩阵（External Factor Evaluation Matrix，简称 EFE 矩阵）是一种用于对外部环境进行分析的工具。

【适用范围】

EFE 矩阵可以帮助企业战略制定者归纳和评价经济、社会、文化、人口、环境、政治、政府、法律、技术以及竞争等方面的信息。

【工具解析】

EFE 矩阵从机会和威胁两个方面找出影响企业未来发展的关键因素，并根据各个关键因素的影响程度确定其权数，再按企业对各关键因素的有效反应程度对各关键因素进行评分，最后算出企业的总加权分数。

1. 建立 EFE 矩阵的步骤

建立 EFE 矩阵的五个步骤如下所示。

（1）列出在外部分析过程中所确认的外部关键因素，包括影响企业和其所在产业的机会和威胁。

（2）依据重要程度赋予每个关键因素以权重（0~1）。权重标志着该关键因素对于企业在生产过程中取得成功影响的相对重要程度。

（3）根据企业战略对各个关键因素的有效反应程度为各个关键因素打分，范围为 0～4 分，"4"代表反应很好，"1"代表反应很差。

（4）计算每个因素的加权分数，即用每个关键因素的权重乘以它的评分。

（5）将所有关键因素的加权分数相加，以得到企业的总加权分数。"EFE 矩阵分析表"具体如表1-1 所示。

表1-1　EFE 矩阵分析表

	主要因素	权数	评分	加权分数
机会				
风险				
总计				

2. EFE 矩阵的总结与分析

总加权分数为 4 分，说明企业在整个产业中面对现有机会与风险时作出了最出色的反应，企业有效地利用了现有的机会并将外部风险的不利影响降低到最小；若总加权分数为 1 分，则说明企业的战略不能利用外部机会或回避外部风险。

※实例说明

某企业的 EFE 矩阵分析

列出影响企业和其所在行业的机会和风险，具体内容如表1-2 所示。

表 1-2　本企业的 EFE 矩阵分析表

	主要因素	权数	评分	加权分数
机会	1. 中国城市化进程将给建筑业、能源业、交通业带来巨大市场	0.1	3	0.3
	2. 国家投资政策拉动效应	0.05	2	0.1
	3. 全球经济缓慢复苏，海外工程机械市场也将逐步走好	0.05	3	0.15
	4. 欧美机械公司陷入困境	0.1	4	0.4
	5. 全球机械业重心东移	0.05	2	0.1
风险	6. 政府施行紧缩的财政政策	0.15	1	0.15
	7. 竞相采用零首付的销售方式，使价格战变得激烈	0.1	3	0.3
	8. 缺乏核心竞争力、品牌效应	0.15	3	0.45
	9. 行业内竞争激烈	0.15	3	0.45
	10. 国际化进程依赖国外企业的技术与渠道	0.05	3	0.1
	11. 国际贸易争端加剧	0.05	1	0.05
总计		1	—	2.55

工具02　IFE 矩阵

【工具定义】

内部因素评价矩阵（Internal Factor Evaluation Matrix，简称 IFE 矩阵）是一种对内部关键因素进行分析的工具。

【适用范围】

IFE 矩阵适用于影响企业发展的内部关键因素的分析工作。

【工具解析】

IFE 矩阵从优势和劣势两个方面找出影响企业未来发展的内部关键因素，并根据各个关键因素的影响程度确定其权数，再按企业对各关键因素的有效反应程度对各关键因素进行评分，最后算出企业的总加权分数。通过 IFE 矩阵，企业可以将自己的优势和劣势汇总起来，以反映企业的全部实力。

1. IFE 矩阵的操作步骤

IFE 矩阵的操作步骤如表 1-3 所示。

表 1-3　IFE 矩阵的操作步骤

步骤	操作要求	备注
1	列出在内部分析过程中确定的关键因素，包括优势和弱点两方面。首先列出优势，其次列出弱点	关键因素要尽可能具体，应采用百分比、比率和比较数字的方式
2	给每个关键因素以权重，其数值范围为 0（不重要）到 1（非常重要）	权重标志着各关键因素对于企业在产业中成败的影响的相对大小，无论关键因素是内部优势还是弱点，只要对企业绩效有较大影响，就应当得到较高的权衡总和，所有权衡总和等于 1
3	为各关键因素进行评分（共 4 分）：1 分代表重要弱点；2 分代表次要弱点；3 分代表次要优势；4 分代表重要优势	优势的评分必须为 4 或 3 分，弱点的评分必须是 1 或 2 分。评分以公司为基准，而权重则以产业为基准
4	计算每个因素的加权分数，即用每个关键因素的权重乘以它的评分	——
5	将所有关键因素的加权分数相加，得到企业的总加权分数	——

2. 总结与分析

无论 IFE 矩阵包含多少因素，总加权分数的范围都是从最低的 1 分到最高的 4 分，平均分为 2.5。总加权分数低于 2.5 分的企业其内部状况处于弱势；而分数高于 2.5 分的企业其内部状况处于强势。

IFE 矩阵内应包含 10～20 个关键因素，关键因素数不影响总加权分数的范围，因为权重总和永远等于 1。

※ 实例说明

××零售企业 IFE 矩阵及战略选择如表 1-4 所示。

表 1-4 ××零售企业 IFE 矩阵分析表

	关键内部因素	权数	分数	加权分数
内部优势	1. 资金雄厚，财务状况良好	0.05	3	0.15
	2. 拥有 1165 家门店，规模经济优势明显	0.1	4	0.4
	3. 营销渠道遍布全国 198 个大中城市	0.1	4	0.4
	4. 产品丰富，促销力度大，客源稳定	0.08	4	0.32
	5. 拥有高素质的员工队伍，人力资源优势明显	0.05	3	0.15
	6. 信誉良好，市场影响力较大	0.02	3	0.06
	7. 内部人员调动频繁，便于培养全才	0.04	3	0.12
	8. 采用网店营销模式，具有一定优势	0.03	3	0.09
内部劣势	9. 盈利能力减弱，由 4.77% 下降到 3.87%	0.06	2	0.12
	10. 领导层存在矛盾，内部管理混乱	0.12	2	0.24
	11. 物流平台和 ERP 系统滞后	0.1	1	0.1
	12. 采用低成本竞争模式，低价采购，客户关系紧张	0.05	2	0.1
	13.372 家非上市店面是否剥离，前景不明朗	0.08	1	0.08
	14. 运营效率下降，存货周转天数增加 7 天	0.03	2	0.06
	15. 市场份额下降，竞争对手的市场份额由 70.09% 上升到 96.37%	0.04	2	0.08
	16. 增长速度远低于同行，A 公司销售收入增长率为 31.9%，而本公司仅为 21.6%	0.05	2	0.1
	合计	1		2.57

IFE 分析结果：总加权分数为 2.57 分，说明内部优势处于主导地位，企业实力还是相当雄厚的。

工具 03 SWOT 分析法

【工具定义】

态势分析法（Strengths Weaknesses Opportunities Threats，简称 SWOT 分析法）也称道斯矩阵（TOWS），是一种对企业内外部条件进行综合和概括，进而分析企业的优劣势、面临的机会和威胁的工具。

【适用范围】

适用于企业战略制定、竞争对手分析等工作。

【工具解析】

1. SWOT 代表的意义

SWOT 是指 Strengths（优势）、Weaknesses（劣势）、Opportunities（机会）和 Threats（威胁），其含义如表1-5所示。

表1-5 SWOT 代表的意义与说明

序号	SWOT	定义	说明
1	竞争优势（S）	竞争优势是指一个企业超越其竞争对手的能力，或者指公司所特有的能提高公司竞争力的东西	竞争优势包括以下几个方面 （1）技术技能优势：独特的生产技术、低成本生产方法、领先的革新能力、雄厚的技术实力、完善的质量控制体系、丰富的营销经验、优秀的客户服务、卓越的大规模采购能力 （2）有形资产优势：先进的生产流水线、现代化的车间和设备、拥有丰富的自然资源储存、拥有不动产地点、充足的资金、完备的资料信息 （3）无形资产优势：优秀的品牌形象，良好的商业信用，积极进取的公司文化 （4）人力资源优势：在关键领域拥有具有专长的员工和积极上进的员工、拥有很强的组织学习能力和丰富的经验 （5）组织体系优势：高质量的控制体系、完善的信息管理系统、忠诚的客户群、强大的融资能力 （6）竞争能力优势：产品开发周期短、强大的经销商网络、与供应商良好的合作关系、对市场环境的变化反应灵敏、市场占有率高
2	竞争劣势（W）	竞争劣势是指某种企业缺少或做得不好的东西，或指某种会使企业处于劣势的条件	可能导致内部弱势的因素有以下几种 （1）缺乏具有竞争意义的技能、技术 （2）缺乏具有竞争力的有形资产、无形资产、人力资源、组织资产 （3）关键领域里的竞争能力正在丧失

（续表）

序号	SWOT	定义	说明
3	公司面临的潜在机会（O）	市场机会是影响公司战略的重大因素。公司管理者应当确认每一个机会，评价每一个机会的成长和利润前景，选取那些可与公司财务和组织资源匹配、能够使公司获得竞争优势的潜力最大的机会	潜在的发展机会包括以下几点 （1）客户群扩大或细分产品市场时 （2）技能、技术向新产品、新业务转移，为更大的客户群服务 （3）前向或后向整合 （4）市场进入壁垒降低 （5）获得购并竞争对手的能力 （6）市场需求增长较快，可快速扩张 （7）出现向其他地理区域扩张，扩大市场份额的机会
4	危及公司的外部威胁（T）	在公司的外部环境中，总是存在某些对企业的盈利能力和市场地位构成威胁的因素。企业管理者应当及时确认危及企业未来利益的威胁，作出评价并采取相应的战略行动来抵消或减轻它们所产生的影响	企业的外部威胁包括以下几点 （1）强大的新竞争对手 （2）替代品抢占企业销售额 （3）主要产品市场增长率下降 （4）汇率和外贸政策的不利变动 （5）人口特征、社会消费方式的不利变动 （6）客户或供应商的谈判能力提高 （7）市场需求减少 （8）受业务周期的影响

2. SWOT 分析矩阵

SWOT 分析矩阵如图 1-1 所示。

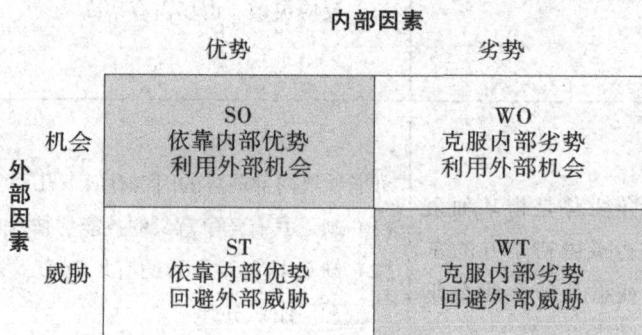

内部因素

	优势	劣势
机会	SO 依靠内部优势 利用外部机会	WO 克服内部劣势 利用外部机会
威胁	ST 依靠内部优势 回避外部威胁	WT 克服内部劣势 回避外部威胁

外部因素

图 1-1　SWOT 分析矩阵

在进行 SWOT 分析的过程中，企业高层管理人员应在确定内外部各种变量的基础上，采用杠杆效应、抑制性、脆弱性和问题性四个基本概念进行分析，具体内容如表 1-6 所示。

表 1-6 SWOT 分析矩阵的四种组合

组合模式	特性	说明
优势+机会（SO 组合）	杠杆效应	杠杆效应产生于内部优势与外部机会相互一致和适应时。在这种情形下，企业可以利用内部优势"撬起"外部机会，使机会与优势充分结合。然而，机会往往是稍瞬即逝的，因此企业必须敏锐地捕捉机会、把握时机，以寻求更大的发展
劣势+机会（WO 组合）	抑制性	抑制性意味着妨碍、阻止、影响与控制。当外部环境提供的机会与企业内部资源优势不相适合，或者不能相互重叠时，企业的优势再大也将得不到发挥。在这种情形下，企业就需要提供和追加某种资源，以促进内部资源劣势向优势方面转化，从而迎合或适应外部机会
优势+威胁（ST 组合）	脆弱性	脆弱性意味着优势的程度或强度的降低、减少。当外部环境状况对企业优势构成威胁时，企业优势将得不到充分发挥，出现优势不优的局面。在这种情形下，企业必须克服威胁，以发挥优势
劣势+威胁（WT 组合）	问题性	当企业内部劣势与企业外部威胁相遇时，企业就面临着严峻的挑战，如果处理不当，可能直接威胁到企业的生存

3. 进行 SWOT 分析的步骤

进行 SWOT 分析应遵循以下步骤。

（1）分析环境因素

分析者应运用各种调查研究方法分析出企业所处的各种环境因素，即外部环境因素和内部能力因素。外部环境因素包括机会因素和威胁因素，它们是外部环境影响企业发展的有利和不利因素，属于客观因素；内部环境因素包括优势因素和劣势因素，它们是企业在其发展过程中自身存在的积极和消极因素，属于主观因素。在调查分析这些因素时，不仅要考虑到企业的历史与现状，而且更要考虑企业未来的发展问题。

（2）制作 SWOT 分析表

环境因素分析结束后，分析人员要将调查得出的各种因素根据轻重缓急或影响程度等排序方式，制作 SWOT 分析表（见表 1-7）。在这一过程中，将那些对企业的发展有直接的、重要的、大量的、迫切的、久远的影响因素优先排列出来，而将那些间接的、次要的、少许的、不急的、短暂的影响因素排列在后面。

表 1-7　SWOT 分析表

内部因素 外部因素	优势（Strengths）	劣势（Weaknesses）
机会（Opportunities）	SO	WO
威胁（Threats）	ST	WT

制作 SWOT 分析表时应考虑表 1-8 所列的问题。

表 1-8　制作 SWOT 分析表时应考虑的问题

优势（Strengths）	劣势（Weaknesses）
（1）擅长什么 （2）拥有什么新技术 （3）能做什么别人做不到的 （4）和别人有什么不同的 （5）客户为什么来 （6）最近因何成功	（1）什么做不来 （2）缺乏什么技术 （3）别人有什么比我们好 （4）不能够满足哪种客户 （5）最近因何失败
机会（Opportunities）	威胁（Threats）
（1）市场中有什么适合我们的机会 （2）可以学到什么技术 （3）可以提供什么新的技术/服务 （4）可以吸引什么新的客户 （5）怎样可以与众不同 （6）企业在 5~10 年内的发展	（1）市场最近有什么改变 （2）竞争者最近在做什么 （3）是否赶不上客户需求的改变 （4）政治环境的改变是否会影响企业发展 （5）是否有什么事情会威胁到企业的生存

※实例说明

某企业的 SWOT 矩阵分析如表 1-9 所示。

表 1-9 某企业的 SWOT 矩阵分析表

	优势（Strengths）	劣势（Weaknesses）
内部因素 外部因素	（1）取得公众的信任 （2）拥有全国范围的物流网 （3）具有众多的人力资源 （4）具有创造邮政/金融协作的可能性	（1）上门取件相关人力及车辆不足 （2）市场及物流专业人员不足 （3）组织、预算、费用等方面的灵活性不足 （4）包裹破损的可能性很大 （5）追踪查询服务不够完善
机会（Opportunities）	SO	WO
（1）随着电子商务的普及，寄件需求增加（年平均增加38%） （2）能够确保应对市场开放的事业自由度 （3）物流及 IT 等关键技术的飞跃性发展	（1）以邮政网络为基础，积极进入宅急送市场 （2）进入 shopping mall 配送市场 （3）ePOST 活性化 （4）开发并灵活运用关键技术	（1）构成邮寄包裹专门组织 （2）通过实物与信息的统一化进行实时追踪（Track & Trace）及物流控制（Command & Control） （3）对增值服务及一般服务的价格体系的制定及服务内容进行再整理
威胁（Threats）	ST	WT
（1）随着通信技术的发展，对邮政的需求可能减少 （2）现有快递企业的设备投资及代理增多 （3）WTO 邮政服务市场开放的压力 （4）国外快递企业进入国内市场	（1）灵活运用范围宽广的邮政物流网络，树立积极的市场战略 （2）与全球性的物流企业进行战略联盟 （3）提高国外邮件的收益性及服务 （4）树立积极的市场战略	（1）根据服务的特性，对包裹详情单与包裹运送网进行分别运营 （2）提高邮政物流运营效率（BPR），提升市场竞争力

（3）制订行动计划

在完成环境因素分析和 SWOT 矩阵的制作后，便可以制订相应的行动计划。制订计划的基本思路是：发挥优势因素、克服弱点因素、利用机会因素、化解威胁因素；考虑过去，立足当前，着眼未来。具体可运用系统分析的综合分析方法，将排列与考虑的各种环境因素加以组合，得出一系列企业的发展对策。

工具 04　BCG 矩阵

【工具定义】

BCG 矩阵即波士顿矩阵（Boston Consulting Group Grouth-Share Matrix，BCG Matrix），又称市场增长率–相对市场份额矩阵、波士顿咨询集团法、四象限分析法、产品系列结构管理法等，是布鲁士·韩德森于 1970 年为波士顿顾问公司设计的一种图表，目的是协助企业分析其业务和产品系列的表现，从而协助企业妥善地分配资源，同时还作为品牌建立和营销、产品管理、战略管理及企业整体业务的分析工具。

【适用范围】

适用于战略资源分配。

【工具解析】

1. BCG 矩阵区分的四种产品组合

BCG 矩阵是将组织的每一个战略事业单位（Strategic Business Unit，简称 SBU）标在一种二维的矩阵图上，从而显示出哪个 SBU 能提供高额的潜在利益、哪个 SBU 是组织资源的漏斗，并区分出四种产品组合，具体内容如表 1-10 所示。

表 1-10　BCG 矩阵区分的四种产品组合

序号	产品组合	定义	财务特点	战略对策
1	问题产品（Question Marks）	面向高增长的市场但市场占有率低的产品	利润率较低，所需资金不足，负债比率高。例如，在产品生命周期中处于引进期、因种种原因未能开拓市场局面的新产品即属此类问题的产品	应采取选择性投资战略。首先，应确定并对那些经过改进可能会成为明星的产品进行重点投资，提高市场占有率，使之转变成"明星产品"；对其他将来有希望成为明星的产品则在一段时期内采取扶持的对策。因此，针对问题产品的改进与扶持方案一般均列入企业长期计划中。对问题产品进行管理的组织应采取智囊团或项目组织等形式，选拔有规划能力、敢于冒风险、有才干的人负责

（续表）

序号	产品组合	定义	财务特点	战略对策
2	明星产品（Stars）	面向高增长的市场且市场占有率高的产品	需要加大投资以支持其迅速发展	采用发展战略。积极扩大经济规模和取得市场机会，以长远利益为目标，提高市场占有率，加强竞争优势。对发展战略以及明星产品进行管理的组织最好采用事业部的形式，由对生产技术和销售两方面都很内行的经营者负责
3	金牛产品（Cash Cows）	拥有高市场占有率及低预期增长的产品	销售量大、产品利润率高、负债比率低，可以为企业提供资金，而且由于增长率低，也无需增大投资，因而成为企业回收资金、支持其他产品，尤其是明星产品的投资后盾	市场占有率的下跌已成不可阻挡之势，因此可采用收获战略即所投入资源以达到短期收益最大化为目标 （1）尽量压缩设备投资和其他投资 （2）采用榨油式方法，争取在短时间内获取更多的利润，以为其他产品提供资金 对于销售增长率仍有所增长的产品，应进一步进行市场细分，维持现有市场增长率或延缓其下降速度。对于"金牛"产品，适用于用事业部制进行管理，其经营者最好是市场营销型人物
4	瘦狗产品（Dogs）	拥有低市场占有率及低预期增长的产品	利润率低、处于保本或亏损状态，负债比率高，无法为企业带来收益	应采用撤退战略。首先，应减少批量，逐渐撤退，对那些销售增长率和市场占有率均极低的产品应立即淘汰；其次，将剩余资源向其他产品转移；最后，整顿产品系列，最好将"瘦狗"产品与其他事业部合并，进行统一管理

　　当一个行业及其市场日趋成熟的时候，所有企业在该行业的产品将会变成"金牛"或"瘦狗"区域的产品。大部分产品的生命周期都是从"问题"区域开始，然后移向"明星"区域，当市场增长放缓时候，则会移向"金牛"区域，最终则会移向"瘦狗"区域，并完成一个生命周期。

2. 基本原理

BCG 矩阵实际上是一个 "2×2" 的坐标图，在坐标图上，以纵轴表示企业销售增长率，以横轴表示市场占有率（以企业产品的市场占有率除以同业最高的市场占有率而获得），各以 10% 和 20% 作为区分高、低的中点，将坐标图划分为四个象限，依次为 "问号（?）"、"明星（★）"、"金牛（￥）"、"瘦狗（×）"，具体内容如图 1-2 所示。

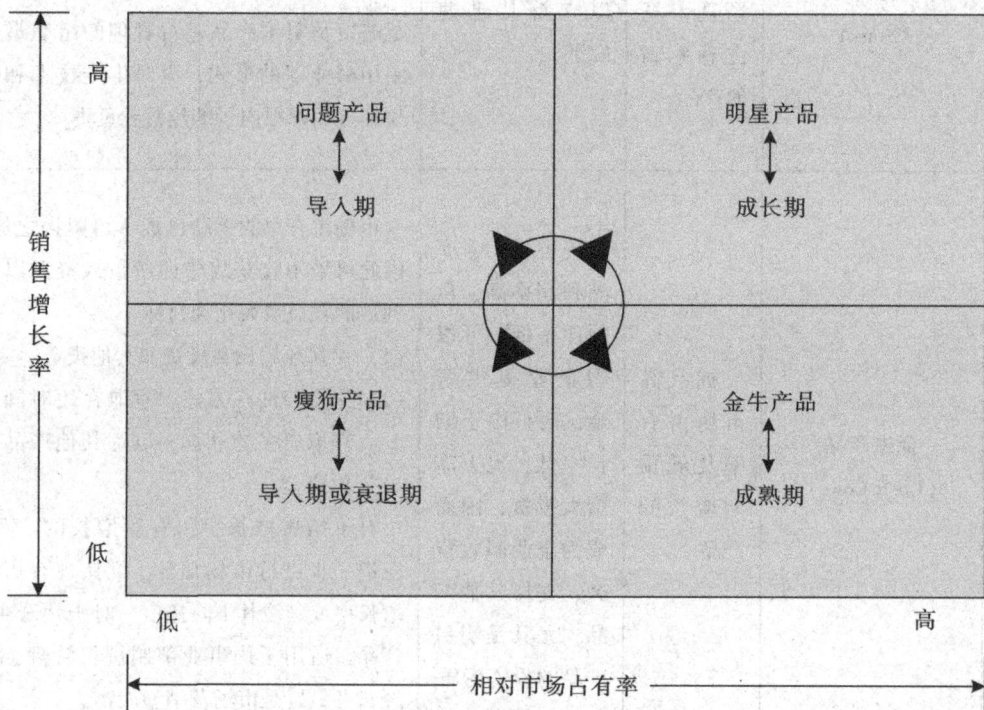

图 1-2　BCG 矩阵

在使用 BCG 矩阵时，企业可将各产品的销售增长率和市场占有率归入不同象限，使企业现有产品组合一目了然，同时便于对处于不同象限的产品作出不同的发展决策，以保证不断淘汰无发展前景的产品，保持 "问号"、"明星"、"金牛" 产品的合理组合，实现产品及资源分配结构的良性循环。

3. BCG 矩阵运用的基本步骤

（1）核算企业各种产品的销售增长率和市场占有率

销售增长率可以是本企业的产品销售额或销售量增长率；时间可以是一年或是三年以至更长时间。

市场占有率可以是相对市场占有率或绝对市场占有率，但是要用最新资料。其基本计算公式为：

本企业某种产品绝对市场占有率＝该产品本企业销售量÷该产品市场销售总量

本企业某种产品相对市场占有率=该产品本企业市场占有率÷该产品市场占有份额最大者（或特定的竞争对手）的市场占有率

（2）绘制四象限图

首先，以10%的销售增长率和20%的市场占有率为高低标准分界线，将坐标图划分为四个象限；然后，把企业各产品的销售增长率和市场占有率的大小标，在坐标图上的相应位置（圆心）。定位后，按每种产品当年销售额的多少，绘成面积不等的圆圈，并按顺序标上不同的数字代号以示区别。

4. 波士顿矩阵的应用法则

按照波士顿矩阵的原理可知：产品的市场占有率越高，其创造利润的能力越大；销售增长率越高，为了维持其增长及扩大市场占有率所需的资金也越多。这样可以使企业的产品结构实现互相支持、资金良性循环的局面。波士顿矩阵的基本应用法则如表1-11所示。

表1-11　波士顿矩阵的四大应用法则

序号	应用法则	应用法则
法则一	成功的月牙环	在企业所从事的领域内，各种产品的分布若呈月牙环形，则说明企业销售额较高的产品的种类较多。若产品结构分布散乱，则说明其产品结构规划不良，企业业绩必然较差。这时就应区别不同产品，采取不同策略
法则二	黑球失败法则	如果在第四象限内一个产品都没有，或者即使有，其销售收入也近于零，可用一个大黑球表示。该种状况表示企业没有任何盈利大的产品，企业应当对现有产品结构进行战略调整，考虑开发新的事业
法则三	西北方向大吉	一个企业的产品在四个象限中的分布越是集中于西北方向，则表示该企业的产品结构中明星产品越多，越有发展潜力；相反，产品的分布越是集中在东南角，说明瘦狗类产品数量多，该企业产品结构衰退，经营不成功
法则四	踊跃移动速度法则	按正常趋势，问题产品到明星产品最后进入金牛产品阶段标志着该产品从纯资金耗费到为企业提供效益的发展过程，但是这一趋势移动速度的快慢也影响到其所能提供的收益的大小。在本应用中，企业经营者的任务是通过对四象限法的分析掌握产品结构的现状及预测未来市场的变化，进而有效地、合理地分配企业经营资源。在产品结构调整中，企业的经营者应在"金牛"阶段时就考虑如何使产品的效益最大化

5. 如何运用波士顿矩阵

在充分了解四种象限产品的特点后，还须进一步明确各项产品单位在企业中的不同地位，从而进一步明确其战略目标。通常有四种战略目标分别适用于不同的产品，具体内容如表1-12所示。

表 1-12　四种战略目标

序号	战略目标	具体内容
1	发展	以提高产品的相对市场占有率为目标，甚至不惜放弃短期收益。要使"问题"类产品想尽快成为"明星"产品，就要增加资金投入
2	保持	以保持产品单位现有的市场份额为目标，维持投资现状。对于较大的"金牛"产品可采用本战略，以使它们产生更大的收益
3	收割	这种战略主要是为了获得短期收益。其目标是在短期内尽可能地得到最大限度的现金收入。对处境不佳的金牛类产品及没有发展前途的问题类产品和瘦狗类产品应视具体情况采取这种策略
4	放弃	目标在于清理和撤销某些产品，减轻负担，以便将有限的资源用于效益较高的产品。这种战略适用于无利可图的瘦狗类和问题类产品。一个企业必须对其产品结构加以调整，以使其投资组合趋于合理

雀巢公司（NESTLE）

成立年份（Founded Year）：1867 年
总部（Headquarters）：瑞士日内瓦湖畔的沃韦
主营业务（Main Business）：食品制造
发展历程（Development Process）：雀巢公司由亨利·内斯特莱（Henri Nestle）于 1867 年创建，以生产婴儿食品起家。如今的雀巢公司是世界最大的食品制造商，以生产巧克力棒和速溶咖啡闻名遐迩，是世界较大的跨国公司之一，在全球五大洲的 81 个国家和地区中拥有 500 多家工厂、25 万名员工，所有产品的生产和销售由总部领导下的约 200 多个部门完成。雀巢公司销售额的 98% 来自国外，因此被称为"最国际化的跨国集团"。

※**实例说明**

某糖果企业（简称 A 企业）的产品主要有鲜奶糖、喜糖、喉糖、咖啡糖、水果糖、软糖。

（1）水果糖、咖啡糖：这两种产品的市场增长率不高，均在 2% 左右，但是市场相对占有率均在同行中排名第一，前者相对值为 1.2，后者为 1。

（2）鲜奶糖、软糖：这两种产品处于高速增长期，年增长率在 15% 左右，且相对市场占有率同样很高，前者相对值为 1.6，后者为 1.4。

（3）喉糖：该类型的产品有较高的整体市场增长率，在 20% 左右，但是该企业的相对市场占有率很低，相对值为0.2。

（4）喜糖：该企业是以喜糖起家，但现状很不理想，在流行庆典简单化的今天，该类型产品的整个行业处在一种比较低迷的状态，增长率几乎为0，且该企业在这个产品市场的相对市场占有率也很低，相对值为0.1。

某企业的BCG矩阵如图1-3所示。

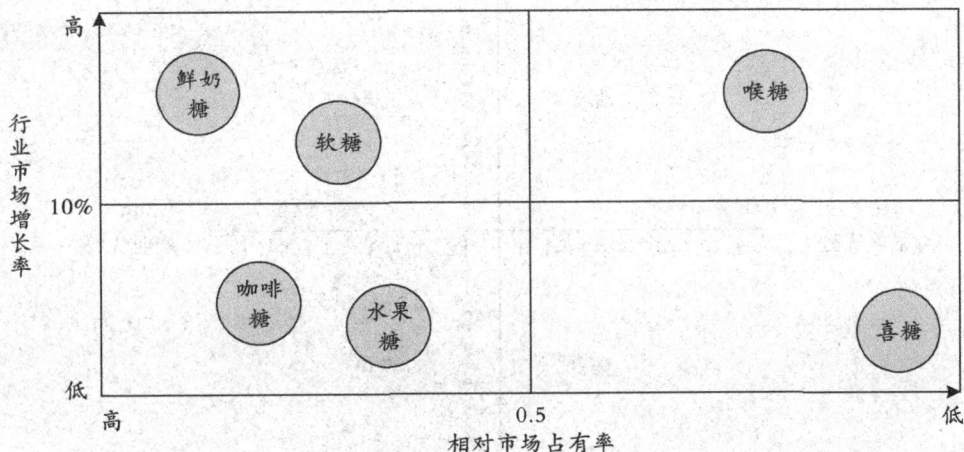

图1-3　某企业的BCG矩阵

通过分析以上BCG矩阵，可以确定企业业务单位的发展战略。

（1）水果糖、咖啡糖：采用维持战略，维持投资现状，以保持业务单位现有的市场份额，为企业提供足够的现金流。

（2）鲜奶糖、软糖：采用发展战略，继续大量投资，以扩大战略业务单位的市场份额。

（3）喉糖：在企业资源足够的情况下，可采取发展战略，如资源不足，宜采取收获策略。

（4）喜糖：采用放弃策略，将资源转移到更有利的领域。

工具05　SPACE矩阵

【工具定义】

战略地位与行动评价矩阵（Strategic Position and Action Evaluation Matrix，简称SPACE矩阵）主要用于分析企业外部环境及企业应该采用的战略组合。

【适用范围】

分析企业外部环境及企业应该采用的战略组合，适用于战略方向的选择。

【工具解析】

1. SPACE矩阵的四个象限

SPACE矩阵有四个象限，分别表示企业采取的进取、保守、防御和竞争四种战略模式。

SPACE 矩阵的横、纵坐标分别由竞争优势（CA）、产业优势（IS）和财务优势（FS）、环境稳定性（ES）所构成，它们将整个矩阵分成了进取、保守、防御和竞争四个象限，具体内容如图 1-4 所示。

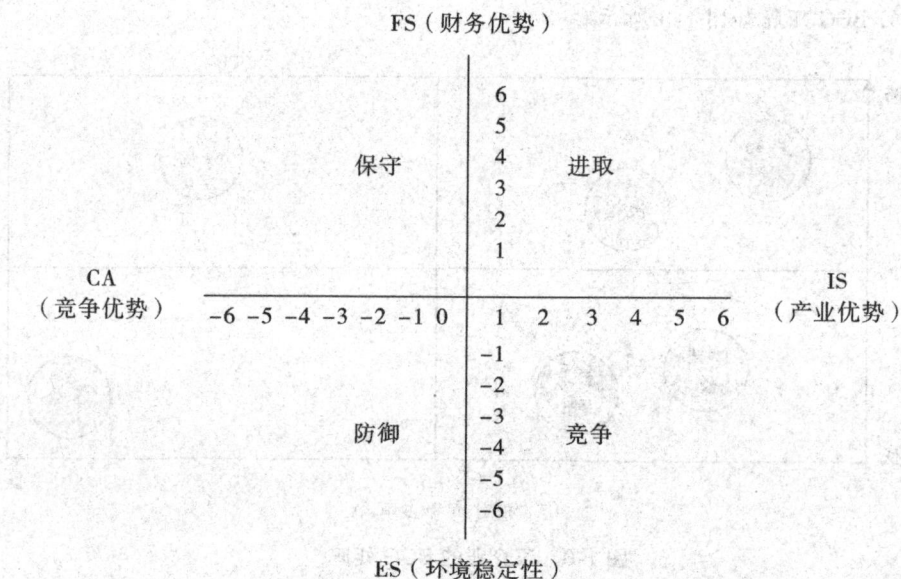

图 1-4　SPACE 矩阵的四个象限

2. 评价指标

在 SPACE 分析中，FS、ES、CA、IS 都是复合指标。进行评价时，需要对其内部的各个分指标进行加权，同时对每一个分指标进行评分。

（1）财务优势（FS）的评分范围为 1~6 分，分值越高表示企业越具有财务优势。

（2）环境稳定性（ES）评分范围为–1~–6 分，–1 分表示环境非常稳定，–6 分表示环境极不稳定。

（3）产业优势（IS）评分范围为 1~6 分，分值越高表示产业越具有价值和吸引力。

（4）竞争优势（CA）评分范围为–1~–6 分，–1 分表示企业极具竞争优势，–6 分表示企业劣势非常明显。

3. 分析步骤

建立 SPACE 矩阵的步骤如下。

（1）分别选定构成财务优势（FS）、竞争优势（CA）、环境稳定性（ES）和产业优势（IS）的影响因素，即构成变量，具体内容如表 1-13 所示。

表 1-13　关键影响因素举例

序号	因素类别	举例说明
1	环境稳定因素	（1）技术变化 （2）经济环境变化 （3）需求变化 （4）竞争产品的价格范围 （5）进入市场的障碍 （6）竞争压力 （7）需求的价格弹性
2	产业实力因素	（1）发展潜力 （2）利润潜力 （3）财务稳定性 （4）技术、资源利用率 （5）资本密集型 （6）进入市场的难度 （7）生产力和生产资源的利用程度
3	竞争优势因素	（1）市场份额 （2）产品质量 （3）产品寿命周期 （4）产品更换周期 （5）客户对产品的忠诚度
4	财务实力因素	（1）投资报酬 （2）偿债能力 （3）资本需求量与可供性 （4）现金流量 （5）退出市场的难易程度 （6）经营风险

SPACE 分析要求与 SWOT 分析要求一样，关键要素一般不超过八个。

（2）对构成 FS 和 IS 轴的各个变量给予从+1（最差）到+6（最好）的评分；对构成 ES 和 CA 轴的各个变量给予从–1（最好）到–6（最差）的评分。

（3）分别将各个数轴的变量评分相加，再分别除以变量总数，从而得出 FS、CA、IS 和 ES 各自的平均分数。

（4）将 CA 和 IS 的平均分数相加，并在横轴上标示出来；将 FS 和 ES 的平均分数相加，并在纵轴上标示出来。

（5）在 SPACE 矩阵中自原点至横、纵轴数值的交叉点画一条向量。

SPACE 矩阵象限图结果如图 1-5 所示。

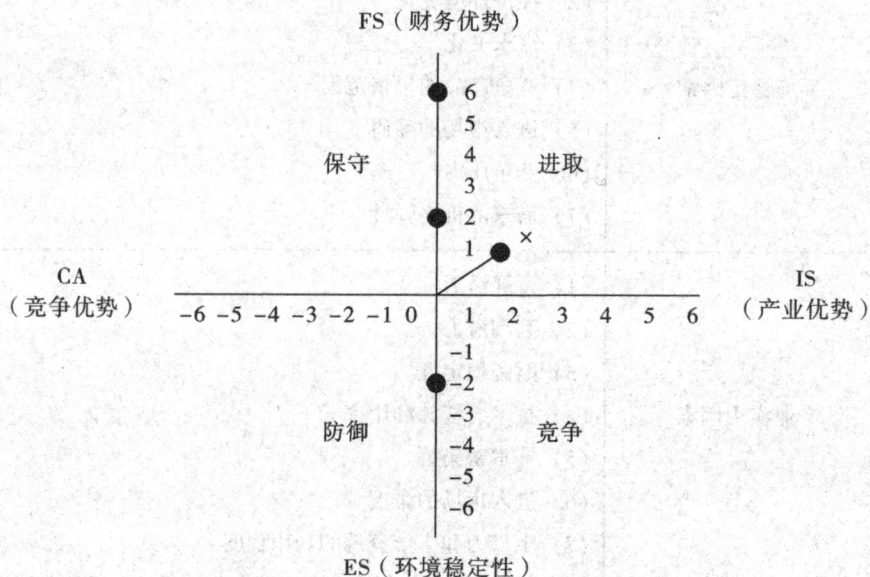

图 1-5　SPACE 矩阵象限图结果

（6）确定战略行动

这一向量所在的象限表明了企业可采取的战略类型：进取型、竞争型、防御型或保守型，不同的区域代表着企业应考虑的战略行动不同。战略行动与战略地位的关系如表 1-14 所示。

表 1-14　不同象限采取的战略类型

所属象限	战略类型	战略措施	战略模型
第一象限	进取型	该企业可以利用自己的内部优势和外部机会选择自己的战略模式，如市场渗透、市场开发、产品开发、后向一体化、前向一体化、横向一体化、混合式多元化经营等	增长型
第二象限	保守型	企业应该固守基本竞争优势而不要过分冒险，保守型战略包括市场渗透、市场开发、产品开发和集中多元化经营等	稳定型

（续表）

所属象限	战略类型	战略措施	战略模型
第三象限	防御型	企业应该集中精力克服内部弱点并回避外部威胁，防御性战略包括紧缩、剥离、结业清算和集中多元化经营等	收缩型
第四象限	竞争型	企业应该采取竞争性战略，包括后向一体化战略、前向一体化战略、市场渗透战略、市场开发战略、产品开发战略及组建合资企业等	增长型、组合型

※实例说明

现利用 SPACE 矩阵分析法对某企业进行分析，具体内容如图 1-6 所示。

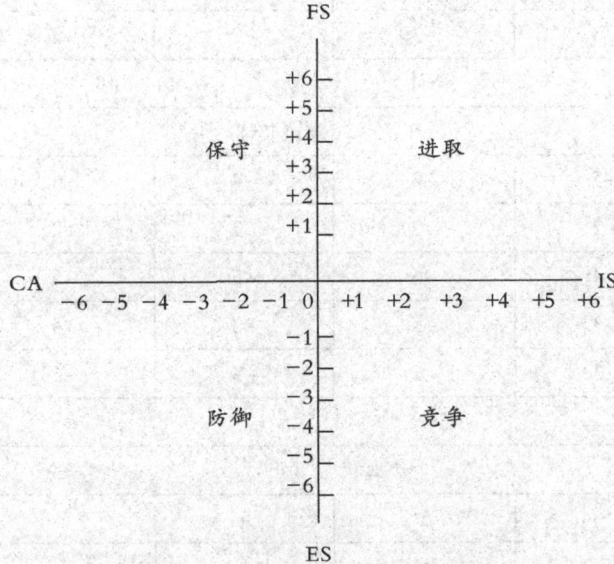

图1-6　某企业 SPACE 矩阵象限图

分析人员采取分组的形式同时结合收集到的资料分别对该企业的相关情况进行了评分，结果如表 1-15 所示。

表 1-15 某企业 SPACE 分析表

	评分人				平均得分
	×××	×××	×××	×××	
财务优势（FS）					
现金流动	3	4	3	4	3.5
偿债能力	4	4	4	3	3.75
投资收益	4	4	4	3	3.75
杠杆比率	4	3	4	3	3.5
业务风险	3	4	3	4	3.5
合计					18
竞争优势（CA）					
专有技术	−2	−3	−4	−2	−2.75
生产周期	−2	−2	−2	−2	−2
产品质量	−3	−4	−3	−2	−3
用户忠诚度	−3	−4	−2	−3	−3
控制	−3	−3	−2	−2	−2.5
合计					−13.25
环境稳定性（ES）					
竞争压力	−5	−3	−4	−4	−4
进入障碍	−2	−2	−2	−2	−2
需求弹性	−4	−6	−5	−5	−5
经济环境变化	−3	−5	−3	−4	−3.75
技术变化	−3	−2		−3	−2.75
合计					−17.5
产业优势（IS）					
专有知识	5	5	5	5	5
财务稳定	4	5	3	4	4
增长潜力	4	3	3	3	3.5
利润潜力	4	3	4	3	3.5
技术诀窍	4	4	3	4	3.75
合计					19.75

结论：

1. FS 平均值为：$18 \div 5 = 3.6$

   CA 平均值为：$-13.25 \div 5 = -2.65$

   ES 平均值为：$-17.5 \div 5 = -3.5$

   IS 平均值为：$19.5 \div 5 = 3.9$

2. 横轴：$3.9 - 2.65 = 1.25$

   纵轴：$3.6 - 3.5 = 0.1$

根据以上数据及 SPACE 矩阵分析法可得出结论：该企业应采取进取型战略。

工具06 QSPM 分析

【工具定义】

QSPM 分析也称定量战略计划矩阵（Quantitative Strategic Planning Matrix，简称 QSPM 矩阵），是战略决策阶段的重要分析工具。该分析工具能够客观地指出最佳战略。

【适用范围】

适用于战略决策阶段的分析。

【工具解析】

1. QSPM 的分析原理

QSPM 利用第一阶段（EFE 矩阵、IFE 矩阵、竞争态势矩阵分析）和第二阶段（SWOT 矩阵、SPACE 矩阵、BCG 矩阵、IE 矩阵和大战略矩阵分析）的分析结果来进行战略评价。

QSPM 的分析原理为：专家小组根据第二阶段制定的各种战略是否能够使企业充分利用外部机会和内部优势，尽量避免外部威胁和减少内部弱点四个方面来评分，QSPM 的分析结果反映企业战略的最优程度。

2. QSPM 矩阵的格式

QSPM 矩阵的格式如表 1-16 所示。QSPM 矩阵顶部一行罗列了从 SWOT 矩阵、SPACE 矩阵、BCG 矩阵、IE 矩阵和大战略矩阵中得出的备选战略。这些匹配工具通常会产生类似的可行战略。

表 1-16 QSPM 矩阵的格式

因素	权重	分值	策略 1		策略 2	
			AS	TAS	AS	TAS
O_1						
O_2						
T1						

（续表）

因素	权重	分值	策略 1		策略 2	
			AS	TAS	AS	TAS
T2						
S1						
W1						
			总计		总计	

需注意的是，并不是说匹配技术所建议的每种战略都要在 QSPM 中予以评价。战略分析者必须运用良好的直觉和丰富的经验剔除一些明显不可行的战略选择，只将最具吸引力的战略列入 QSPM 矩阵。

QSPM 矩阵的左边一列为关键的外部因素和内部因素（来自第一阶段），顶部一行为可行的备选战略（来自第二阶段）。具体来说，QSPM 矩阵的左栏罗列了从 EFE 矩阵和 IFE 矩阵直接得到的信息。在紧靠关键因素的一列中，将标出各因素在 EFE 矩阵和 IFE 矩阵中所得到的权数。在 QSPM 矩阵中，一个重要的概念是战略的最优程度，它是根据各战略对外部和内部因素的利用和改进程度而确定的。

QSPM 矩阵中包括的备选战略的数量和战略组合的数量都没有限制，分析的结果也不是非此即彼的战略取舍，而是一张按重要性和最优程度排序的战略清单。

3. 建立 QSPM 矩阵的步骤

（1）在 QSPM 矩阵的左栏上罗列根据 EFE 矩阵和 IFE 矩阵中得到关键外部机会与威胁和内部优势与劣势，并给出相应权重。

（2）将得出的匹配的战略备选方案填到矩阵顶部的横行中。

（3）确定每一组备选方案的吸引力分数（AS），根据所考察的关键因素与备选战略的关系给出评分，评分值在 1 ~ 5 分，根据机会、威胁、优势和劣势来分别确定，具体内容如表 1-17 所示。

表 1-17 备选方案的吸引力分数（AS）

分值	机会	威胁	优势	劣势
5	充分抓住机会	很好地应对威胁	充分利用优势	很好地弥补劣势
4	较好把握机会	较好应对威胁	较好利用优势	较好地弥补劣势
3	把握机会能力一般	应对威胁能力一般	利用优势能力一般	弥补劣势能力一般
2	不能较好把握机会	不能较好应对威胁	不能较好利用优势	不能较好弥补劣势
1	完全没有把握机会	完全不能应对威胁	完全不能利用优势	完全不能弥补劣势

（4）计算吸引力总分（TAS）。吸引力总分表示各备选战略的相对吸引力，吸引力总分越高，战略的吸引力就越大。吸引力总分是关键因素的权重、评分和吸引力评分三者的乘积，计算公式：TAS＝权重×AS。

（5）计算吸引力总分之和。它是通过将 QSPM 矩阵中各备选战略的各关键因素的 TAS 相加而得，分数越高，表明该战略越具有吸引力。

4．注意事项

由于 QSPM 矩阵是对备选方案进行对比评价，所以 AS 评分应该横向进行，即对某一关键因素在各个备选方案间进行比较。QSPM 矩阵涉及了战略上的重要的取舍问题，企业应该充分利用有限的资源来达到最大的输出效果，对长、短、利、害等要素进行综合评价，同时可以评价多种战略或战略组的数量，而且要求战略制定者在决策过程中将有关的外部和内部因素结合在一起。QSPM 矩阵能够将战略决策者们的主观判断定量化，使各方的观点、判断都在一个平台上完好地呈现出来，更有助于帮助决策团队达成共识。

工具 07 PEST 分析

【工具定义】

PEST 分析（Political Economic Social Technological）是指对宏观环境的分析。宏观环境又称一般环境，是指影响一切行业和企业的各种宏观因素。PEST 分析是对政治（Political）、经济（Economic）、社会（Social）和技术（Technological）这四大类影响企业的主要外部环境因素进行分析的一种工具，具体如图 1-7 所示。

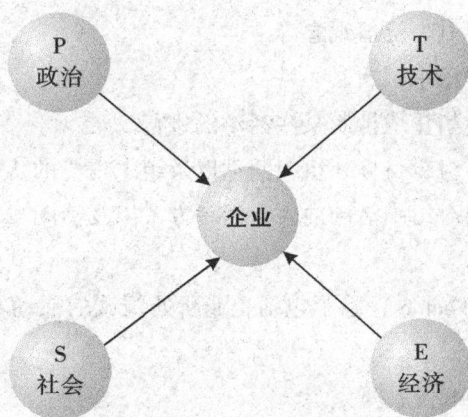

图 1-7 PEST 分析

【适用范围】

适用于企业战略规划、市场规划、产品经营发展、研究报告撰写等工作。

【工具解析】

1. PEST 分析的内容

PEST 分析的内容包括以下四个方面。

（1）政治环境

政治环境（Political Factors）包括一个国家的社会制度，政府的方针、政策、法令等。不同的国家有着不同的社会性质，不同的社会制度对组织活动有着不同的限制和要求。

（2）经济环境

经济环境（Economic Factors）主要包括宏观经济环境和微观经济环境两个方面的内容，具体如图 1-8 所示。

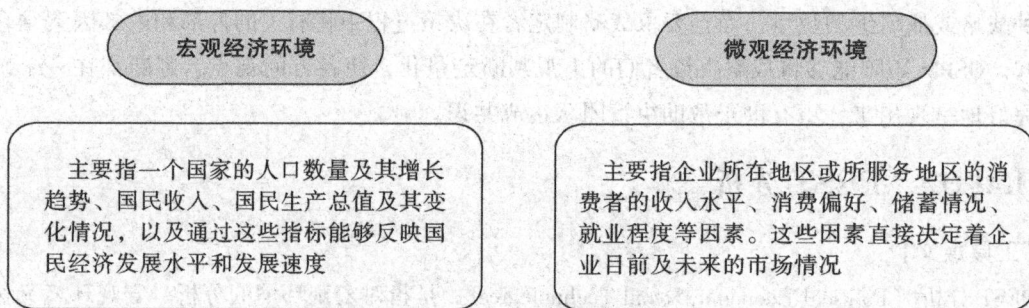

宏观经济环境	微观经济环境
主要指一个国家的人口数量及其增长趋势、国民收入、国民生产总值及其变化情况，以及通过这些指标能够反映国民经济发展水平和发展速度	主要指企业所在地区或所服务地区的消费者的收入水平、消费偏好、储蓄情况、就业程度等因素。这些因素直接决定着企业目前及未来的市场情况

图 1-8 经济环境的两大内容

（3）社会文化环境

社会文化环境（Sociocultural Factors）包括一个国家或地区的居民教育程度、文化水平、宗教信仰、风俗习惯、审美观点、价值观念等。

①文化水平会影响居民的需求层次。

②宗教信仰和风俗习惯会禁止或抵制某些活动的进行。

③价值观念会影响居民对组织目标、组织活动以及组织本身的认可与否。

④审美观点则会影响人们对组织活动内容、活动方式以及活动成果的态度。

（4）技术环境

技术环境（Technological Factors）除了包括企业所处领域的活动直接相关的技术手段的发展变化外，还包括以下内容。

①国家对科技开发的投资和支持重点。

②该领域技术发展动态和研究开发费用总额。

③技术转移和技术商品化速度。

④专利及其保护情况等。

2. PEST 的关键因素

PEST 的关键因素有许多，具体内容如表 1-18 所示。

表 1-18 PEST 的关键因素

序号	类别	关键因素
1	政治法律	(1) 政治体制 (2) 经济体制 (3) 政府的管制 (4) 税法的改变 (5) 各种政治行动委员会 (6) 专利数量 (7) 专程法的修改 (8) 环境保护法 (9) 产业政策 (10) 投资政策 (11) 国防开支水平 (12) 政府补贴水平 (13) 反垄断法规 (14) 与各国的关系 (15) 地区关系 (16) 民众参与
2	关键经济变量	(1) GDP 及其增长率 (2) 经济发展方式的转变 (3) 贷款的可得性 (4) 可支配收入水平 (5) 居民消费（储蓄）倾向 (6) 利率 (7) 通货膨胀率 (8) 规模经济 (9) 政府预算赤字 (10) 消费模式 (11) 失业趋势 (12) 劳动生产率水平 (13) 汇率 (14) 证券市场状况 (15) 外国经济状况 (16) 进出口因素

（续表）

序号	类别	关键因素
2	关键经济变量	（17）不同地区和消费群体间的收入差别 （18）价格波动 （19）货币与财政政策
3	社会文化	（1）妇女生育率 （2）人口结构比例 （3）性别比例 （4）结婚率、离婚率 （5）人口出生、死亡率 （6）人口移进、移出率 （7）社会保障计划 （8）人口预期寿命 （9）人均收入 （10）生活方式 （11）平均可支配收入 （12）对政府的信任度 （13）对政府的态度 （14）对工作的态度 （15）购买习惯 （16）道德观念 （17）储蓄倾向 （18）投资倾向 （19）污染情况 （20）对能源的节约 （21）社会活动项目 （22）社会责任 （23）城市、城镇和农村的人口变化 （24）宗教信仰状况
4	技术环境	（1）生产操作机械化 （2）激光技术 （3）通信技术 （4）计算机工程 （5）财务管理系统 （6）信息系统等

工具08　波特五力分析模型

【工具定义】

波特五力分析模型（Michael Porter's Five Forces Model）又称波特竞争力模型，是通过对行业五种竞争力具有深层次影响的因素的分析，研究竞争作用力的强弱程度，从而明确产业的利润水平即行业吸引力，并在此基础上建立长期可行的企业竞争战略。五力分析模型可以有效地分析客户的竞争环境。

【适用范围】

适用于竞争战略的分析工作。

【工具解析】

1. 五力分析模型框架

五力分析模型将大量不同的因素汇集在一个简便的模型中，以此分析一个行业的基本竞争态势，具体如图1-9所示。

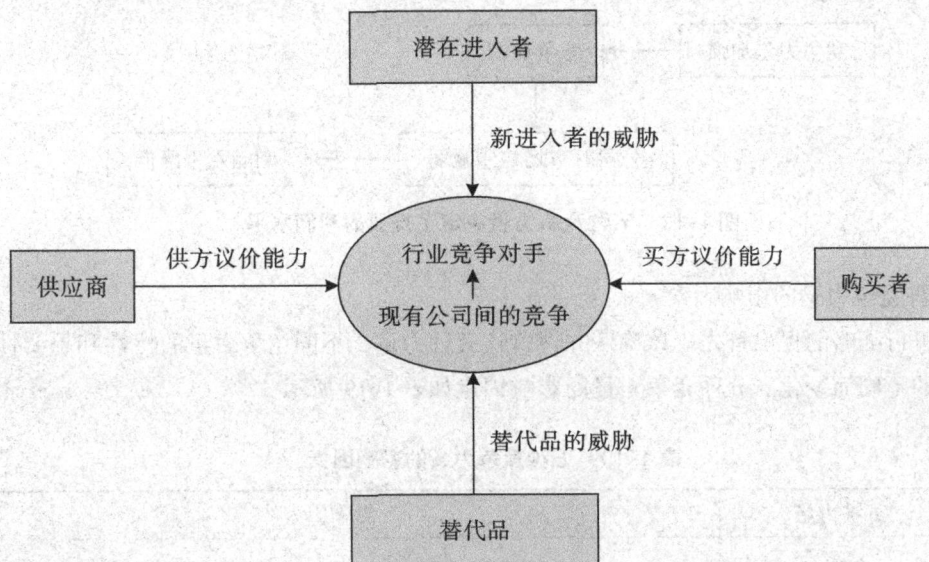

图1-9　五力分析模型竞争态势分析

五种力量模型确定了竞争的五种主要内容，即供应商的讨价还价能力、购买者的讨价还价能力、新进入者的威胁、替代品的威胁和行业内竞争者现在的竞争能力。

五力分析模型的基本关系如图1-10所示。

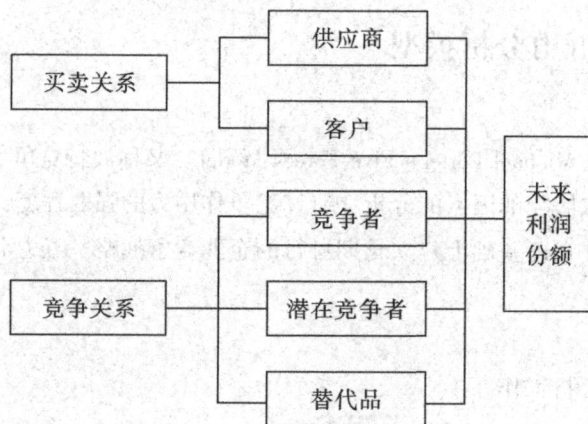

图 1-10　五力分析模型的基本关系

2. 五种竞争力量决定了行业的利润水平

竞争力量的不断加强，会导致利润水平的不断降低，具体内容如图 1-11 所示。

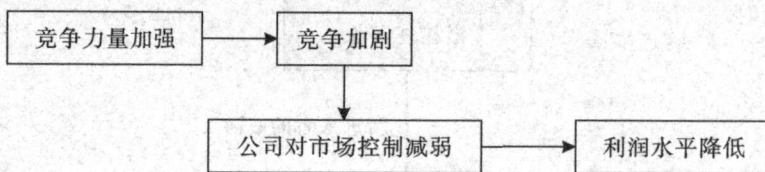

图 1-11　五种竞争力量决定了行业的利润水平

3. 五种竞争力量的影响因素

一种可行战略的提出首先应该确认并评价这五种力量，不同竞争力量的特性和重要性因行业和公司的不同而变化。五种竞争力量的影响因素如表 1-19 所示。

表 1-19　五种竞争力量的影响因素

序号	五种力量	影响因素
1	供应商的议价能力	（1）供应商集中程度 （2）供应商的品牌知名度 （3）供应商的收益率 （4）供应商是否有前向威胁的可能 （5）质量和服务的角色地位 （6）本行业是否是供应商的核心客户群 （7）转换成本

（续表）

序号	五种力量	影响因素
2	客户的议价能力	（1）客户的集中程度 （2）市场产品差异化 （3）客户的利润率 （4）质量和服务的角色地位 （5）行业的前向和后向整合威胁 （6）转换成本
3	潜在进入者	（1）经济规模 （2）资金/投资需求 （3）可转换成本 （4）经销渠道的可进入性 （5）技术支持的可能性 （6）品牌忠诚度 （7）现有竞争对手采取报复性措施的可能性 （8）政府规则
4	替代产品或服务的威胁	（1）产品或服务的替代品是否质量更好 （2）客户购买替代品的可能性和积极性 （3）替代品的相对价格和性能 （4）转换使用替代品的成本 （5）替代转换是否容易
5	行业现有竞争程度	（1）竞争结构 （2）产业结构成本 （3）客户的利润率 （4）产品差异化程度 （5）转换成本 （6）战略目标 （7）退出障碍

4. 波特五力分析模型与一般战略的关系

波特五力分析模型与一般战略的关系如表 1-20 所示。

表1-20　波特五力分析模型与一般战略的关系

波特五力分析模型	一般战略		
	成本领先战略	产品差异化战略	集中战略
进入障碍	具备杀价能力以阻止潜在对手的进入	培育客户忠诚度以挫伤潜在进入者的信心	通过集中战略建立核心能力以阻止潜在对手的进入
买方砍价能力	具备向大买家出更低价格的能力	因为选择范围小而削弱了大买家的谈判能力	因为没有选择范围使大买家丧失谈判能力
供方砍价能力	更好地抑制大卖家的砍价能力	更好地将供方的涨价部分转嫁给客户方	进货量低供方的砍价能力就高，但集中差异化的企业能更好地将供方的涨价部分转嫁出去
替代品的威胁	能够利用低价抵御替代品	客户因习惯于一种产品或服务因而降低了替代品的威胁	特殊产品和核心能力能够防止替代品的威胁
行业内对手的竞争	能更好地进行价格竞争	客户对品牌的忠诚度能够降低竞争对手的威胁	竞争对手无法满足集中差异化客户的需求

5. 五力分析模型的优点和缺点

（1）五力分析模型的优点。五力分析模型是一个强有力的行业竞争分析工具，它将大量不同的因素汇集在一个简便的模型中。其独特之处在于由外而内的战略思考方式。

（2）五力分析模型的缺点。五力分析模型是为单个企业的行业竞争力分析而设计的，它没有考虑到组织之间的协同效应与依赖关系。此外，由于市场环境瞬息万变，企业更需要灵活的、动态的、随机应变的竞争战略。

工具09　基本竞争战略

【工具定义】

基本竞争战略是指任何行业都可能会考虑采用的竞争性战略。基本竞争战略属于经营单位战略的范畴，主要解决如何在市场中获取有利竞争地位的问题。哈佛商学院的迈克尔-波特教授提出了著名的三种基本竞争战略理论：成本领先战略、差别化战略和集中化战略，具体内容如图1-12所示。

战略优势

产品差异　　　　低成本

战略目标	全行业范围	差别化战略	成本领先战略
	特定细分市场	集中化战略	

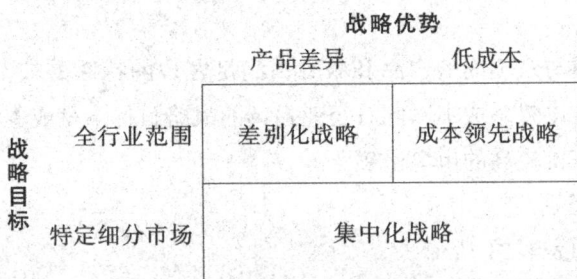

图 1-12　三种基本竞争战略

【适用范围】

适用于战略的选择工作。

【工具解析】

1. 成本领先战略

成本领先战略是指通过在企业内部加强成本控制，例如在研发、生产、销售、服务和广告等领域把成本降到最低限度，成为行业中的成本领先者。当然，在降低成本的同时不能抛弃质量，成本领先战略是在保证基本质量的前提下降低成本。成本领先战略的优、劣势及实施条件如图 1-13 所示。

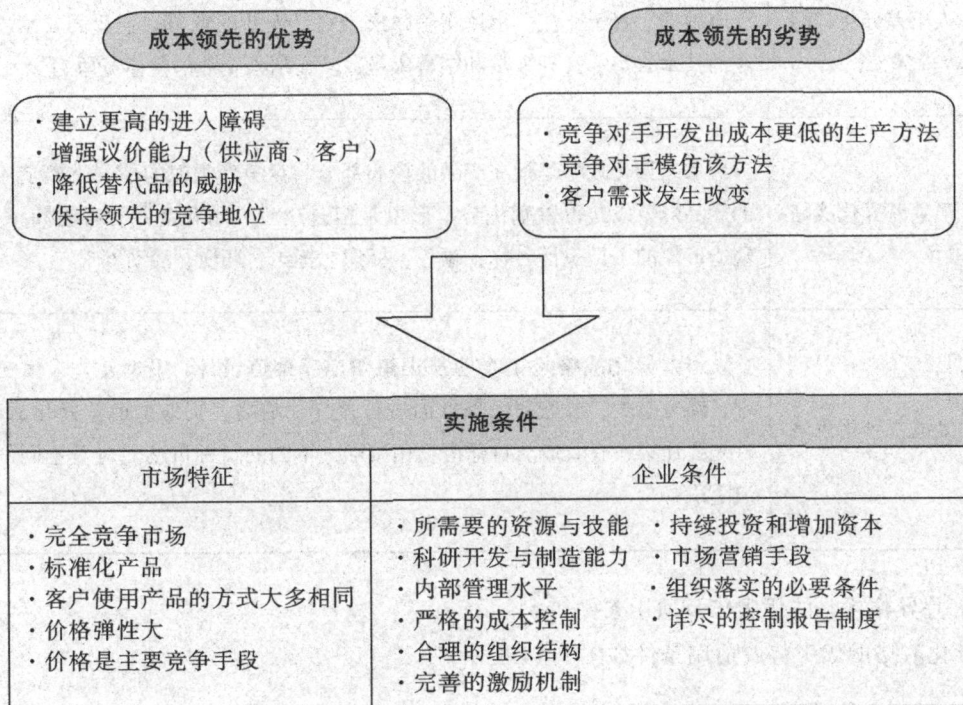

成本领先的优势

· 建立更高的进入障碍
· 增强议价能力（供应商、客户）
· 降低替代品的威胁
· 保持领先的竞争地位

成本领先的劣势

· 竞争对手开发出成本更低的生产方法
· 竞争对手模仿该方法
· 客户需求发生改变

实施条件	
市场特征	企业条件
· 完全竞争市场 · 标准化产品 · 客户使用产品的方式大多相同 · 价格弹性大 · 价格是主要竞争手段	· 所需要的资源与技能　· 持续投资和增加资本 · 科研开发与制造能力　· 市场营销手段 · 内部管理水平　　　　· 组织落实的必要条件 · 严格的成本控制　　　· 详尽的控制报告制度 · 合理的组织结构 · 完善的激励机制

图 1-13　成本领先战略的优、劣势及实施条件

2. 差异化战略

差异化战略是指提供与众不同的产品和服务，满足客户的特殊需求，从而形成竞争优势。在使用该战略的同时不可以忽略成本，此时企业强调的战略目标不是成本问题，为了形成差别化，很多时候需要放弃获得较高的市场份额。

（1）差异化战略的类别

差异化战略的类别如表 1-21 所示。

表 1-21　差异化战略的类别

序号	类别	说明
1	产品差异化战略	产品差异化战略是从产品质量、款式等方面实现差别，寻求产品与众不同的特征
2	服务差异化战略	服务差异化战略通过服务差异化突出自己的优势。与竞争对手相区别的服务差异化战略主要包括送货、安装、客户培训、咨询服务等因素
3	人事差异化战略	训练有素的员工应能体现出下面六个特征：胜任、礼貌、可信、可靠、反应敏捷、善于交流。市场竞争归根结底是人才的竞争。企业需要培养专业的技术人员、管理人员和销售人员，从而增强企业的整体竞争力
4	形象差异化战略	形象差异化战略是指在产品的核心部分与竞争者类似的情况下塑造不同的产品形象以获得差别优势。形象是指公众对产品和企业的看法和感受，塑造形象的工具包括名称、颜色、标识、标语、环境、活动等
5	渠道差异化战略	渠道差异化战略是指企业从渠道策略、渠道设计、渠道建立、渠道管理、渠道维护、渠道创新等方面进行差异化战略。实施渠道差异化战略，首先要让渠道有效地与目标市场相接触，不同的目标市场对应着不同的渠道手段

（2）差异化战略的优劣势及适用条件

差异化战略的优劣势及适用条件如图 1-14 所示。

优势	劣势
·提高进入门槛 ·忠实客户稳定 ·降低客户敏感度 ·增强议价能力 ·防止替代品威胁	·所形成的差别化不恰当 ·要注意消费特征 ·产品形成差别化的成本较高 ·竞争对手可能会推出类似的产品 ·竞争对手可能会推出更有差别化的产品 ·购买者可能会放弃所依赖的差别化

适用条件	
市场特征	企业条件
·标准化产品 ·客户使用产品方式大多相同 ·价格弹性大 ·价格是竞争的主要手段	·特殊技能 ·研发能力 ·营销能力（差别的传播） ·相应组织结构（良好的管理和激励机制）

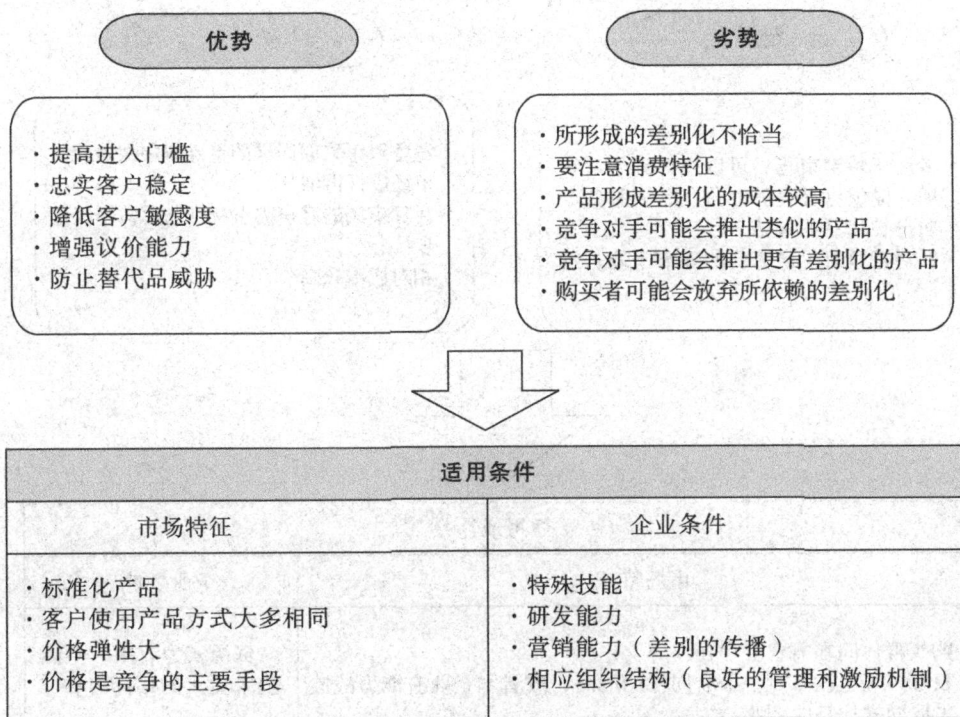

图 1-14　差异化战略的优劣势及适用条件

3. 集中化战略

集中化战略称为集中战略或重点集中战略，也称作集聚战略或专一战略。它是企业或战略经营单位根据特定消费群体的特殊需求将经营范围集中于行业内的某一细分市场，从而使企业的有限资源得以充分发挥效力，在某一局部超过其他竞争对手，建立竞争优势。

（1）集中化战略的表现形式

①着眼于在局部领域获得成本领先优势，称为集中成本领先战略。

②着眼于在局部领域获得差异化优势，称为集中差异化战略。

（2）采用集中化战略的依据

①企业能比竞争对手更有效地为某一部分客户群体服务。能够更好地满足其特定需求而获得产品差异，或能在为目标客户服务的过程中降低成本，或两者兼而有之。

②从总体市场上看，也许集中化战略并不能取得成本领先或差异化优势，但它确实能够在较窄的市场范围内取得上述一种或两种优势。

（3）集中化战略的优劣势及适用条件

集中化战略的优劣势及适用条件如图 1-15 所示。

优势	劣势
· 专注于特定市场，可以更好地了解市场，提供更有吸引力的产品和服务 · 防御替代品的威胁 · 针对竞争对手最薄弱的环节采取行动	· 竞争对手采取同样的重点集中战略或对市场进行再细分 · 目标市场的客户需求特征与总体市场逐步接近 · 相对成本较高

适用条件	
市场特征	企业条件
· 购买群体间在需求上存在差异 · 目标市场上没有对手采取同样的战略，或者本企业有能力战胜采取同样战略的企业 · 目标市场在市场容量、成长速度、获利能力、竞争强度等方面具有相对的吸引力	资源实力有限，不能追求更大的目标市场

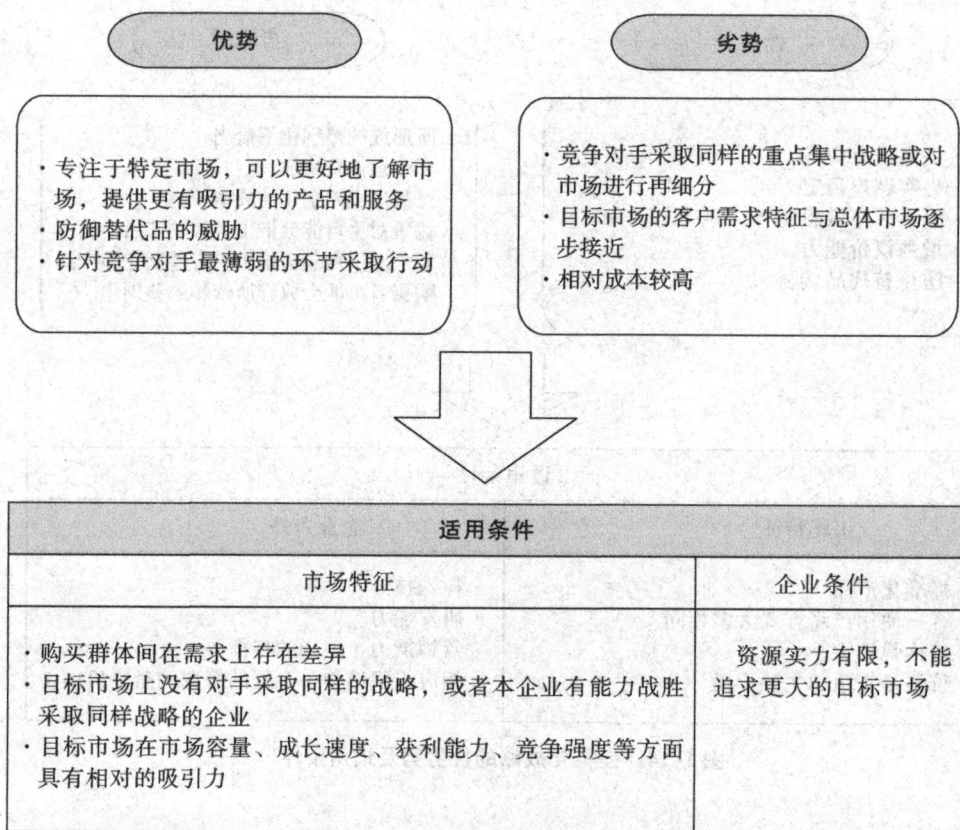

图 1-15 集中化战略的优劣势及适用条件

※ **实例说明**

美国沃尔玛连锁企业是世界上最大的连锁零售商。2002 年，沃尔玛全球营业收入高达 2198.12 亿美元，荣登世界 500 强企业的冠军宝座。沃尔玛发展的一个重要原因是成功运用了成本领先战略并予以正确实施。沃尔玛的经营策略是"天天平价，始终如一"，即所有商品、在所有地区、常年以最低价格销售。为做到这点，沃尔玛在采购、存货、销售和运输等各个商品流通环节，采取各种措施将流通成本降至行业最低，把商品价格保持在最低价格线上。沃尔玛降低成本的具体举措如下。

1. 直接向工厂统一购货和协助供应商减低成本，以降低购货成本

沃尔玛采取直接购货、统一购货和协助供应商降低成本三者结合的方式，实现了完整的全球化适销品类的大批量采购，形成了低成本采购优势。

（1）直接向工厂购货。零售市场的很多企业为规避经营风险而采取代销的经营方式，沃尔玛却实施直接买断购货，并对货款结算采取固定时间、决不拖延的做法（沃尔玛的平均

"应付期"为29天，竞争对手凯玛特则需45天）。这种购货方式虽然要冒一定的风险，却能保护供应商的利益，这大大激发了供应商与沃尔玛建立业务的积极性，赢取了供应商的信赖，保证沃尔玛能以最优惠的价格进货，大大降低了购货成本。据沃尔玛自己统计，实行向生产厂家直接购货的策略使采购成本降低了2%~6%。

（2）统一购货。沃尔玛采取中央采购制度，尽量由总部实行统一进货，特别是那些在全球范围内销售的高知名度商品，如可口可乐等，沃尔玛一般对一年销售的商品一次性地签订采购合同。由于数量巨大，沃尔玛获得的价格优惠远远高于同行。

（3）协助供应商减低产品成本。沃尔玛通过强制供应商实现最低成本来提高收益率，如对供应商的劳动力成本、生产场所、存货控制及管理工作进行质询和记录，迫使其进行流程再造和提高价格性能比，使供应商同沃尔玛共同致力于降低产品成本及供应链的运作成本。

2. 建立高效运转的物流配送中心，保持低成本存货

为解决各店铺分散订货、存货及补货所带来的高昂的库存成本代价，沃尔玛采取建立配送中心、由配送中心集中配送商品的方式。为提高效率，配送中心内部实行完全自动化，所有货物都在激光传送带上运入和运出，平均每个配送中心可同时为30辆卡车装货，可为送货的供应商提供135个车位。配送中心的高效运转使得商品在配送中心的时间很短，一般不会超过48小时。通过建立配送中心，沃尔玛大大提高了库存周转率，缩短了商品储存时间，避免了公司在正常库存条件下由各店铺设置仓库所付出的较高成本。在沃尔玛各店铺销售的商品中，87%左右的商品由配送中心提供，库存成本比正常情况下降低50%。

3. 建立自有车队，有效地降低运输成本

（1）运输环节是整个物流链条中最昂贵的部分，沃尔玛采取了自建车队的方法，并辅之全球定位的高技术管理手段，保证车队处在一种准确、高效、快速、满负荷的状态。这一方面减少了不可控的、成本较高的中间环节和车辆供应商对运输环节的中间盘剥；另一方面，沃尔玛掌握了各店铺之间的运输主控权，将货等车、店等货等现象控制在最低限度，保证配送中心发货与各店铺收货的平滑、无重叠衔接，把流通成本控制在了最低限度。

（2）利用发达的高技术信息处理系统作为战略实施的基本保障。

沃尔玛开发了高技术信息处理系统来处理物流链条循环的各个点，实现了点与点之间光滑、平稳、无重叠的衔接，使点与点之间的衔接成本保持在较低水平。

（3）对日常经费进行严格控制。

沃尔玛对于行政费用的控制非常严格。在行业平均水平为5%的情况下，沃尔玛整个公司的管理费用仅占销售额的2%，这2%的销售额用于支付企业所有的采购费用、一般管理成本、上至董事长下至普通员工的工资。为维持低成本的日常管理工作，沃尔玛在各个细小的环节上都实施节俭措施，如办公室不配置昂贵的办公用品和豪华装饰、店铺装修尽量简洁、商品采用大包装、减少广告开支、鼓励员工为节省开支出谋划策等。另外，沃尔玛的高层管理人员也一

贯保持节俭作风，即使是总裁也不例外。首任总裁萨姆与公司的经理们出差，经常几人同住一间房，平时开一辆二手车，坐飞机也只坐经济舱。沃尔玛一直想方设法从各个方面将费用支出与经营收入比率保持在行业最低水平，使其在日常管理方面获得竞争对手无法抗衡的低成本管理优势。

因此，企业要成功实施成本领先战略，关键是要使企业在内部加强成本控制，在生产经营各个环节控制好成本，通过改造价值链的结构，控制好成本驱动因素，成为行业的真正的成本领先者。在市场竞争中，企业应运用成本领先战略，构建竞争优势，切实地使成本领先于对手，在价格竞争战中打出水平，赢得竞争胜利。

沃尔玛（WAL-MART STORES）

成立年份（Founded Year）：1962 年

总部（Headquarters）：美国阿肯色州的本顿维尔

主营业务（Main Business）：综合商业

发展经历（Upbringing）：沃尔玛百货有限公司是由美国零售业的传奇人物山姆·沃尔顿先生于 1962 年在阿肯色州创立的，经过四十多年的发展，沃尔玛公司已经成为美国最大的私人雇主和世界上最大的连锁零售企业。目前，沃尔玛在全球 15 个国家开设了超过 8 000 家商场，下设 53 个品牌，员工总数为 210 多万人，每周光临沃尔玛的顾客达 2 亿人次。

工具 10 3C 战略三角模型

【工具定义】

3C 战略三角模型（Corporation 、Customer、Competition，也称 3C 模型）是由日本企业战略研究的领军人物大前研一（Kenichi Ohmae）提出的，他强调成功战略有三个关键因素，在制定任何经营战略时都必须考虑这三个因素，即公司自身（Corporation）、公司客户（Customer）和竞争对手（Competition）。

【适用范围】

适用于企业经营战略的规划工作。

【工具解析】

1.3C 战略三角模型

3C 战略三角模型如图 1-16 所示。

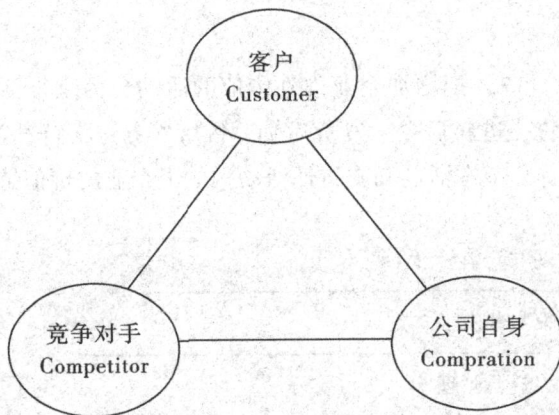

图 1-16　3C 战略三角模型

从战略三角形的逻辑来看，战略制定者的任务是要在决定经营成功的关键因素上取得相对的竞争优势；同时还须让战略能够使企业的力量和某一确定市场的需求相配合。使市场需求与企业目标相协调对建立持续稳定的良性关系来说是必不可少的，否则企业的长期战略可能将处于危险之中。

2. 客户战略

大前研一认为客户是所有战略的基础。毫无疑问，企业最先应该考虑的是客户的利益，而不是股东或者其他群体的利益。从长远来看，只有那些真正为客户着想的企业对于投资者才有吸引力。

3. 竞争者战略

除了要考察企业的关键功能外，战略制定者还必须有能力从整体上了解自己的竞争者，包括它在如下几个关键战略要素方面的状况：研究与开发能力，在供应、制造、销售和服务方面所拥有的资源及其他利润来源（包括竞争者可能从事的所有经营项目）等方面；还必须设身处地地考虑对方企业战略规划者的地位，以便探知对方制定战略的基本思想和假设。

大前研一认为企业的竞争者战略可以通过寻找有效之法，追求在采购、设计、制造、销售及服务等功能领域的差异化来实现。

工具 11　价值链分析法

【工具定义】

价值链分析法是由美国哈佛商学院教授迈克尔·波特提出来的，是一种寻求确定企业竞争优势的工具，即运用系统性方法来考察企业各项活动和相互关系，从而找寻具有竞争优势的资源。

【适用范围】

适用于寻求企业的竞争优势。

【工具解析】

1. 价值链的思想内涵

价值链分析法（见图1-17）把增加企业内外价值的活动分为基本活动和支持性活动。基本活动包括企业生产、销售、进料后勤、发货后勤、售后服务；支持性活动包括人事、财务、计划、研究与开发、采购等。基本活动和支持性活动构成了企业的价值链。

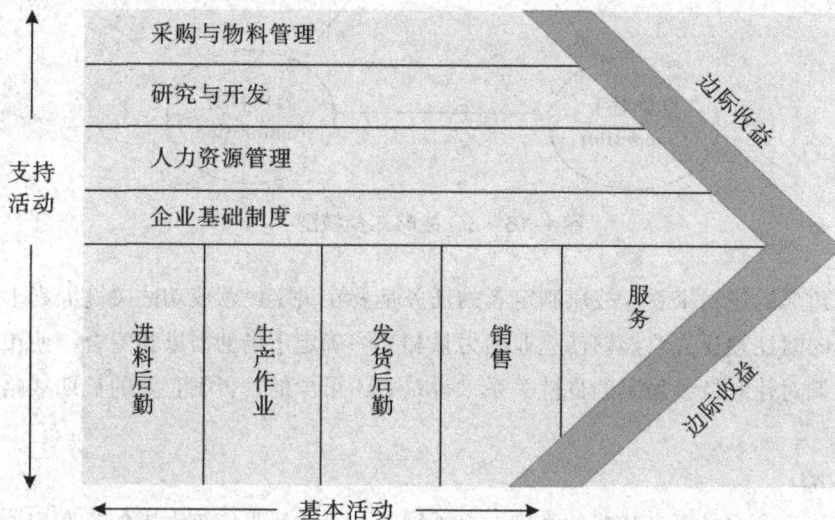

图 1-17 价值链的分析法

企业在参与价值活动时，并不是每个环节都能创造价值，实际上只有某些特定的价值活动才能够真正创造价值，这些真正创造价值的经营活动就是价值链上的"战略环节"。企业要保持的竞争优势，实际上就是企业在价值链某些特定的战略环节上的优势。运用价值链分析方法来确定核心竞争力，就是要求企业密切关注组织的资源状态，要求企业在价值链的关键环节上获得重要的核心竞争力，以形成和巩固企业在行业内的竞争优势。企业的优势既可以来源于价值活动所涉及的市场范围的调整，也可来源于企业间协调或合用价值链所带来的最优化效益。

2. 分析价值链的目的

对企业价值链进行分析的目的在于分析企业运行的哪个环节可以提高客户价值或降低生产成本。价值增加行为的表现如下。

（1）是否可以在降低成本的同时维持价值（收入）不变。

（2）是否可以在提高价值的同时保持成本不变。

（3）是否可以在降低工序投入的同时保持成本收入不变。

（4）企业能否可以同时实现以上（1）、（2）、（3）点。

价值链的框架是将链条从基础材料到最终用户分解为独立工序，以理解成本行为和差异来源。通过分析每道工序系统的成本、收入和价值，业务部门可以获得成本差异，累计优势。

3. 价值链分析的特点

（1）价值链分析的基础是价值，各种价值活动构成价值链

价值是买方为购买企业产品所支付的价格，也是客户需求得到满足的实现。价值活动是指企业所从事的物质上和技术上的界限分明的各项活动，它们是企业制造对买方有价值的产品的基石。

（2）价值活动可分为两种：基本活动和辅助活动

基本活动包括产品的物质创造及其销售转移给买方和售后服务的各种活动。辅助活动是为了辅助基本活动并通过提供外购投入、技术、人力资源以及各种公司范围的职能使两者相互支持。

①基本活动有五种类型，具体内容如表1-22所示。

表1-22 五种基本活动类型

序号	活动类型	说明
1	进料后勤	与接收、存储和分配相关联的各种活动，如原材料搬运、仓储、库存控制、车辆调度和向供应商退货等
2	生产作业	与将投入转化为最终产品形式相关的各种活动，如机械加工、包装、组装、设备维护、检测等
3	发货后勤	与集中、存储和将产品发送给买方有关的各种活动，如成品库存管理、原材料搬运、送货车辆调度等
4	销售	与向买方提供产品的方式和引导他们进行购买相关的各种活动，如广告、促销、销售队伍、渠道建设等
5	服务	与提供服务以增加或保持产品价值有关的各种活动，如安装、维修、培训、零部件供应等

②辅助活动可以分为四种基本类型，具体内容如表1-23所示。

表1-23 四种辅助活动类型

序号	活动类型	说明
1	采购与物料管理	指购买用于企业价值链各种投入的活动，既包括企业生产原料的采购，也包括支持性活动相关的购买行为，如研发设备的购买、物料的管理作业等
2	研究与开发	每项价值活动都包含着技术成分，无论是技术程序，还是在工艺设备中所体现出来的技术

（续表）

序号	活动类型	说明
3	人力资源管理	包括各种涉及所有类型人员的招聘、雇佣、培训、开发和报酬等各种活动。人力资源管理不仅对基本活动和支持性活动起到辅助作用，而且支撑着整个价值链
4	企业基础制度	企业基础制度支撑着企业的价值链条，如会计制度、行政流程等

（3）价值链列示了总价值

价值链除包括价值活动外，还包括利润。利润是总价值与从事各种价值活动的总成本之差。

（4）价值链的整体性

企业的价值链体现在更广泛的价值系统中。供应商拥有创造和交付企业价值链所使用的外购输入的价值链（上游价值），许多产品通过渠道价值链（渠道价值）到达买方手中，企业产品最终成为买方价值链的一部分，这些价值链都在影响企业的价值链。因此，要想获取并保持竞争优势，不仅要理解企业自身的价值链，而且要理解企业价值链所处的价值系统。

（5）价值链的异质性

不同的产业具有不同的价值链。在同一产业，不同企业的价值链也有所不同，这反映了他们各自的历史、战略以及实施战略的途径等方面的不同，同时也代表着企业竞争优势的一种潜在来源。

4. 价值链分析的内容

（1）识别价值活动

识别价值活动要求在技术上和战略上有显著差别的多种活动相互独立。如前所述，价值活动有两类，即基本活动和辅助活动。

（2）确立活动类型

价值活动有三种类型，具体内容如表1-24所示。

表1-24　活动类型

序号	活动类型	说明
1	直接活动	是指直接为买方创造价值的各种活动，例如零部件加工与安装、产品设计、销售、人员招聘等
2	间接活动	是指那些使直接活动持续进行成为可能的各种活动，如设备维修与管理、工具制造、原材料供应与储存、新产品开发等
3	质量保证	是指保证其他活动质量的各种活动，例如监督、视察、检测、核对、调整和返工等

这些活动有着完全不同的经济效果，对竞争优势的确立起着不同的作用，应该加以区分，权衡取舍，以确定核心活动和非核心活动。

克罗格（KROGER）

成立年份（Founded Year）： 1883 年

总部（Headquarters）： 美国辛辛那提

主营业务（Main Business）： 食品店与药店经营

发展历程（Development Process）： 1883 年，伯纳德·克罗格开设了全美第一家连锁店公司——大西方茶叶公司，经过不懈的努力，克罗格把自己的公司从以经营小型杂货店为主发展到经营超级市场。纵观克罗格公司的发展历史，该公司一直把创新摆在首位。如今，克罗格公司在美国拥有 2 000 余家大型超级商场，员工约 17 万人。

工具 12　竞争态势矩阵

【工具定义】

竞争态势矩阵（Competitive Profile Matrix，简称 CPM 矩阵）用于确认企业的主要竞争对手及相对于该企业的战略地位，以及主要竞争对手的特定、优势与弱点。

【适用范围】

适用于对本企业与主要竞争对手的优劣势的分析工作。

【工具解析】

CPM 矩阵与 EFE 矩阵的权重和总加权分数的含义相同，编制矩阵的方法也一样。但是，CPM 矩阵中的因素包括外部和内部两个方面，评分则表示优势和劣势。

1. CPM 矩阵与 EFE 矩阵之间的区别

CPM 矩阵中的关键因素更为笼统，它们不包括具体的或实际的数据，而且可能集中于内部问题；CPM 矩阵中的因素不像 EFE 矩阵中的那样划分为机会与威胁两类；在 CPM 矩阵中，竞争对手的评分和总加权分数可以与其相应指标相比较，这一比较分析可提供重要的内部战略信息。

2. 竞争态势矩阵的分析步骤

第一步：确定行业竞争的关键因素。

第二步：根据每个关键因素的相对重要程度确定每个关键因素的权重，权重和为 1。

第三步：筛选出关键竞争对手，按各个关键因素对该企业进行评分，分析各自的优势所在

和优势大小。

第四步：将各评价值与相应的权重相乘，得出各竞争对手各因素的加权评分值。

第五步：加总得到企业的总加权分，在总体上判断企业的竞争力。

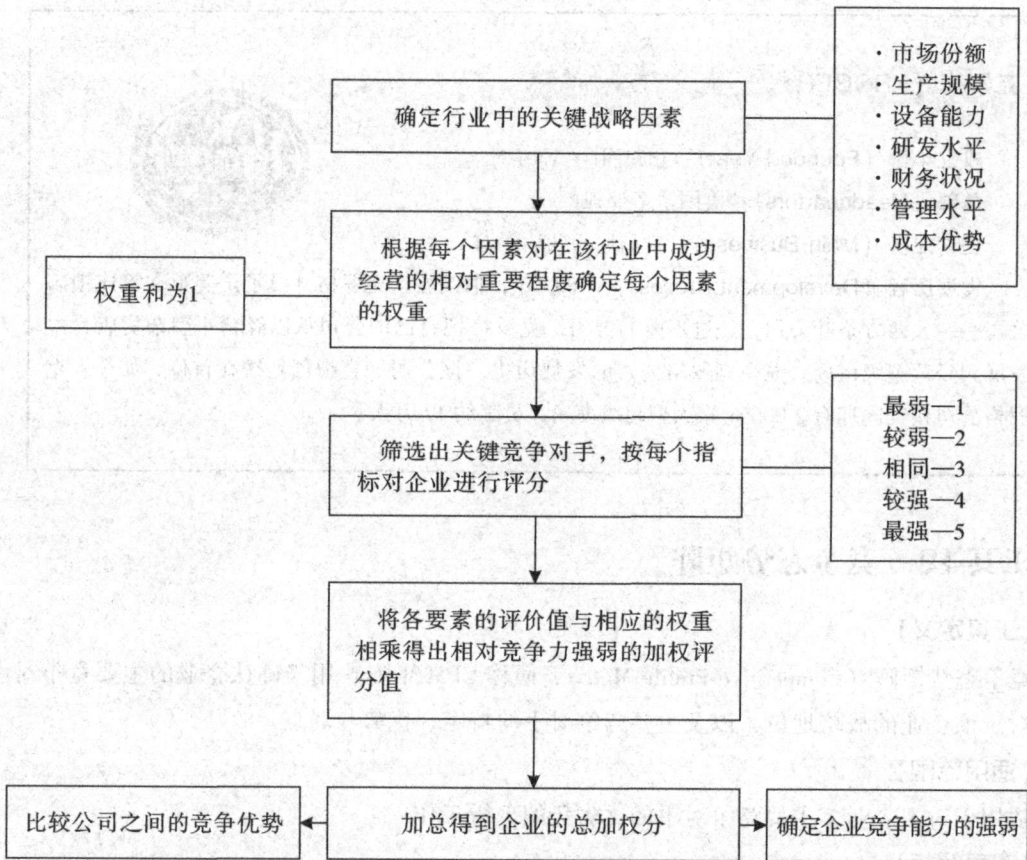

```
┌─────────────────────────┐      ┌──────────────┐
│   确定行业中的关键战略因素    ├──────┤· 市场份额      │
└─────────────┬───────────┘      │· 生产规模      │
              │                  │· 设备能力      │
              ▼                  │· 研发水平      │
┌──────────┐  ┌─────────────────┐│· 财务状况      │
│ 权重和为1  ├──┤根据每个因素对在该行业│· 管理水平      │
└──────────┘  │中成功经营的相对重要  ││· 成本优势      │
              │程度确定每个因素的权重 │└──────────────┘
              └────────┬────────┘
                       │
                       ▼                ┌──────────┐
              ┌─────────────────┐       │ 最弱—1    │
              │筛选出关键竞争对手，按│       │ 较弱—2    │
              │每个指标对企业进行评分├───────┤ 相同—3    │
              └────────┬────────┘       │ 较强—4    │
                       │                │ 最强—5    │
                       ▼                └──────────┘
              ┌─────────────────┐
              │将各要素的评价值与相应│
              │的权重相乘得出相对竞争│
              │力强弱的加权评分值   │
              └────────┬────────┘
                       │
┌──────────┐  ┌─────────────────┐  ┌──────────────┐
│比较公司之间的│◄─┤加总得到企业的总加权分├─►│确定企业竞争能力的│
│竞争优势    │  └─────────────────┘  │强弱          │
└──────────┘                        └──────────────┘
```

图 1-18　竞争态势矩阵的分析步骤

※实例说明 〰〰〰〰〰〰〰〰〰〰〰〰〰〰〰〰〰〰〰〰〰〰〰〰〰〰〰〰〰〰〰〰〰〰

表 1-25　某企业在某区域市场的竞争态势矩阵分析

关键因素	A公司			B公司		C公司		本公司	
	权重	评分	加权分数	评分	加权分数	评分	加权分数	评分	加权分数
广告	0.08	2	0.16	1	0.08	3	0.24	3	0.24
产品质量	0.09	4	0.36	3	0.27	3	0.27	2	0.18

（续表）

关键因素	权重	A公司		B公司		C公司		本公司	
		评分	加权分数	评分	加权分数	评分	加权分数	评分	加权分数
价格竞争力	0.1	2	0.2	2	0.2	3	0.3	4	0.4
分公司对市场的管理控制能力	0.05	2	0.1	2	0.1	3	0.15	2	0.1
分公司对渠道规划设计的合理性	0.05	3	0.15	3	0.15	3	0.15	3	0.15
渠道成员的忠诚度	0.08	3	0.24	3	0.24	4	0.32	2	0.16
客户的忠诚度	0.05	4	0.2	3	0.15	2	0.1	2	0.1
客户的满意度	0.05	4	0.2	3	0.15	3	0.15	2	0.1
渠道库存的合理性	0.05	2	0.1	2	0.1	3	0.15	1	0.05
库存机型构成结构的合理性	0.03	2	0.06	2	0.06	3	0.09	2	0.06
市场占有率	0.06	1	0.06	1	0.06	4	0.24	3	0.18
零售商上柜率	0.08	2	0.16	2	0.16	2	0.16	2	0.16
零售商主推率	0.08	2	0.16	2	0.16	2	0.16	2	0.16
硬终端建设情况	0.05	3	0.15	3	0.15	3	0.15	4	0.2
软终端建设情况（人员推广）	0.05	1	0.05	1	0.05	3	0.15	4	0.2
促销活动情况	0.05	3	0.15	3	0.15	3	0.15	3	0.15
总计	1		2.5		2.23		3.01		2.59

备注：评分值含义：1＝弱，2＝次弱，3＝次强，4＝强。

从以上CPM矩阵中得出：在该区域市场上，本公司的竞争态势矩阵加权分数为2.59；主要竞争对手C公司、A公司、B公司的加权分数为3.01、2.5、2.23。这反映出A公司和B公司在该区域市场上并不是很强势，市场占有率并不高。造成这一现象的原因主要是由于该区域的市场特点和该区域的消费心理偏好造成的。在该区域市场上，本公司的最大竞争对手是C公司。在各项市场营销指标的竞争中，本公司与C公司相比都处于相对劣势，所以，最终表现为在该市场上，本公司每月的销量为4 000台/月，而C公司每月的销量为8 000台/月。而从全国市场宏观角度上看，本公司的市场占有率略高于C公司。这种不正常状况是由于本公司分公司在该区域的市场操作不当造成的。因此，分公司在市场营销的效率、效果上值得管理者去进一步审计。

从竞争态势矩阵中可以得出，在该区域市场上竞争态势的强弱顺序由强到弱依次是：C公司、本公司、A公司、B公司。

工具 13 六顶思考帽

【工具定义】

六顶思考帽是一种思维训练模式，是一个全面思考问题的模型。它提供了"平行思维"的工具，避免将时间浪费在互相争执上。该模型强调的是"能够成为什么"，而非"本身是什么"，是寻求一条向前发展的路，而不是争论谁对谁错。

【适用范围】

适用于团队中的思维训练。

【工具解析】

运用六顶思考帽，将会使混乱的思考变得更清晰，使团体中无意义的争论变成集思广益的创造，使每个人变得富有创造性。

1. 六顶思考帽法的优点

先从一个角度把事实看得尽可能透彻，然后再换一个角度去思考，这是六顶思考帽法的一个特点，而它最重要的一个特性是使同一个问题得出多种可能的答案。这些可能性在现实生活中都有存在的意义，具体选择哪种可能性，要以充分的思考和讨论为前提。这种思考方法有以下好处。

（1）培养不同的思考方式

人的思维有一定的障碍和误区，而这些很多都是由习惯性思维造成的。六顶思考帽思考方式第一个好处就是能够克服习惯性思维，培养不同的思考方式。例如有的人生性比较谨慎，比较保守，考虑任何问题时都会从最坏的可能性着手，这样形成习惯性思维的话，他看任何问题都将是灰色的。六顶思考帽法就是要培养一种积极向上的创新思维方式，这个思考方式是培养出来的，不是天生的。

（2）引导注意力

不同的人思考的方向会不同。六顶思考帽法是一个集体性的思维，它最大的好处是引导众人的注意力，使集体的思考注意力集中到同一个方向。

（3）便于思考

众人都朝一个方向思考，想的都是一件事情，这样既便于思考，也便于交流。因为一开始就是在一个方向上努力，所以关键是怎样在这个方向上把问题看深、看透。

（4）计划性思考，而非反应性思考

六顶帽思考法是一个主动的、按照计划有所安排的思考，而不是碰到一件事后的突然反应。所以说，这种思考方式更适合于为了某一个事实或事件而进行群体性、小组性或集体性的思考。

2. 六顶思考帽的广泛应用

作为思维工具，六顶思考帽已被美、日、英、澳等 50 多个国家在学校教育领域内设为教学课程，同时也被世界许多著名商业组织所采用，以作为创造组织合力和创造力的通用工具。这些组织包括微软、IBM、西门子、诺基亚、摩托罗拉、爱立信、波音公司、松下、杜邦以及麦当劳等。

3. 六顶思考帽的"颜色"与功能

任何人都有能力进行以下六种基本思维功能，这六种功能可用六顶颜色的帽子来做比喻，具体内容如表 1-26 所示。

表 1-26 六顶思考帽的颜色与功能

序号	颜色	功能	思考的问题
1	白帽子	白色是中立而客观的，代表着事实和信息。它是中性的事实与数据帽，具有处理信息的功能	（1）我们拥有哪些信息 （2）我们希望拥有哪些信息 （3）我们如何获得信息
2	黄帽子	黄色是顶乐观的帽子，代表与逻辑相符合的正面观点。它是乐观帽，具有识别事物的积极因素的功能	（1）为什么可以做这件事情 （2）它的优点是什么 （3）这样做会带来哪些积极正面的影响
3	黑帽子	黑色是阴沉的颜色，意味着警示与批判。它是谨慎帽，具有发现事物的消极因素的功能	（1）它会起作用吗 （2）它的缺点是什么 （3）这样做会存在什么危险
4	红帽子	红色是情感的色彩，代表感觉、直觉和预感。它是情感帽，具有形成观点和感觉的功能	（1）什么感受 （2）我的感觉是什么 （3）直觉反应是什么
5	绿帽子	绿色是春天的色彩，是创意的颜色。创造力之帽，具有产生新的想法和新的看待事物的功能	（1）新的想法、建议和假设是什么 （2）这件事情还有其他解决方法吗
6	蓝帽子	蓝色是天空的颜色。它是指挥帽，指挥其他帽子，管理整个思维进程	（1）我们应当从哪里开始 （2）我们的目标是什么 （3）议程是怎样的 （4）应该用哪些帽子 （5）我们应怎样去总结 （6）下一步该怎么做

4. 六顶思考帽法的行为要点

六顶思考帽法属于水平思考法的一种，其有以下行为要点须要注意。

（1）严肃性

这是一种慎重、严肃、用尽心智的思考法，而不是随随便便想一想，也不是在多种可能性

中随便选择。

（2）重在行动

有的时候为了沟通上的方便，需要用行为表达思想，即用行动表现思维。一个人躺在床上思考，思考过程可能会非常的激烈，内心汹涌澎湃，但是表现不出来，就没有人理解。所以，应该用行为把思维表达出来，作为一种更有效的沟通。

六顶帽思考法往往不是一个人独处时的思考，更多的是在集体思考的时候运用。六顶思考帽法就是要停止争吵，从而规范集体性思维。

（3）角色扮演

使用六顶帽思考法时一定要进行角色扮演，不能以自我为出发点。以自我为中心，容易封闭自己的思想，而不再接受别人的观点，其实这样既害了自己，也害了别人。尤其是在领导岗位的人，如果不能广纳众议，同事的积极思考就得不到回报，他们慢慢就会不再思考，不再提建议。

5. 六顶思考帽法的要求

作为一个小组性的活动，六顶帽思考法的要求如下。

（1）戴同一顶帽

小组所有的人都应理解思考问题的方向，即在同一时间非常清楚用哪一种思考方式进行思考。例如鱼买回来了，现在要思考鱼的做法，所有的人要同时去想这件事情。假设最后选择了红烧，那就要换一顶帽，所有人都去想红烧鱼怎么做，有几种做法，这时同样要求所有的成员要戴同一顶帽子。这样，水平思考法就可以在同一个事实、同一个原因的前提下集中所有人的注意力，一项一项地考虑不同的可能性，尽可能运用集体的智慧、经验和知识，在各个方面想得尽可能透彻。

（2）全体成员的认可

小组所有的人都认为这种思考方式是有益的。如果有人认为这种思考方式没什么意思，那么在这个小组中他就起到了一定的破坏作用。

（3）行为表现思维

六顶帽思考法要求人们必须用行为把思维表示出来。

（4）遵守共同的游戏规则

所有的成员都要遵守一个游戏规则。在一个组织中运用这种思考方式，有一个非常重要的原则要遵循，即所有参与者都应该是平等的，不管是领导还是下属，只有平等、公开，把自己的想法跟小组成员共享，才能较好、较透彻地运用此方法。

工具 14　战略地图

【工具定义】

战略地图是指以平衡计分卡的四个层面目标（财务层面、客户层面、内部与流程层面、学习与成长层面）为核心，通过分析这四个层面目标的相互关系而绘制的企业战略因果关系图。

企业如果无法全面地描述战略，管理者之间及管理者与员工之间无法沟通，那么战略上一定无法达成共识。

与平衡计分卡相比，战略地图增加了两个层次的东西，一是颗粒层，每一个层面下都可以分解为很多要素；二是增加了动态的层面，即战略地图是动态的，可以结合战略规划过程来绘制。

【适用范围】

适用于描述企业的战略。

【工具解析】

1. 战略地图的核心内容

战略地图的核心内容是：企业通过运用人力资本、信息资本和组织资本等无形资产（学习与成长），才能创新和建立战略优势和效率（内部流程），进而使企业把特定价值带给市场（客户），从而实现股东价值（财务），具体如图1-19所示。

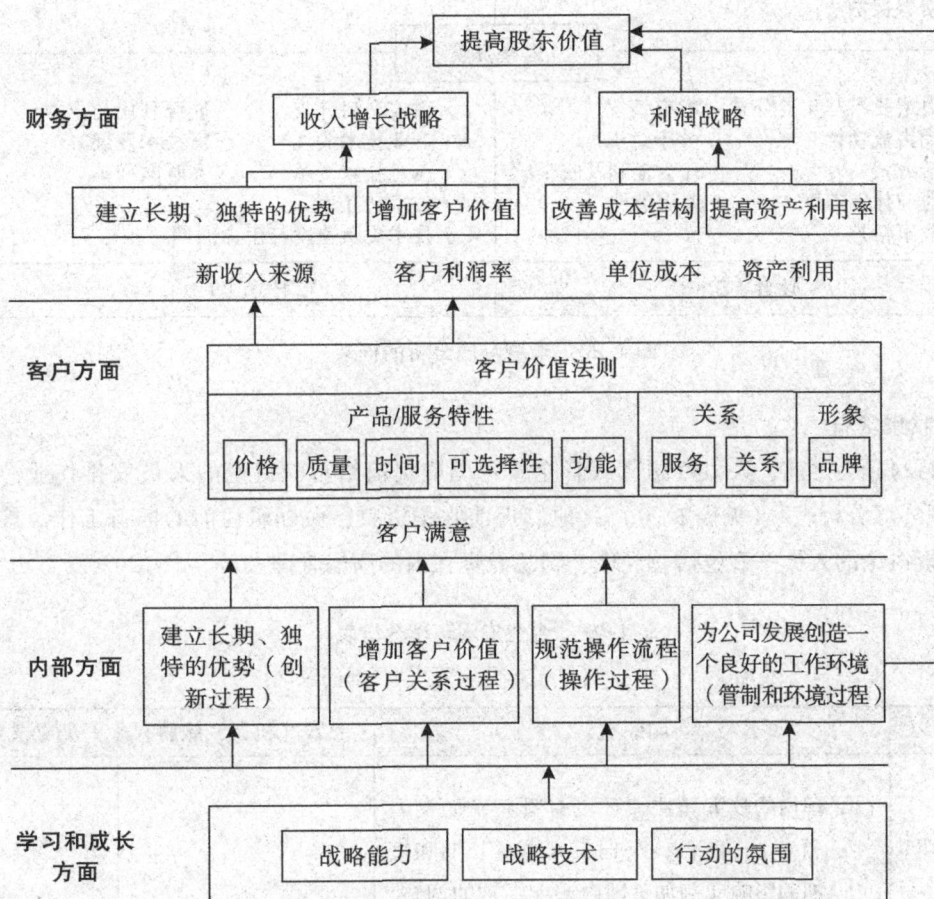

图1-19　战略地图的核心内容

2. 战略地图编制的步骤

（1）对宏观环境进行分析

在一个大的经济环境中，企业的发展方向和工作思路势必会受到宏观环境的影响，因此，在进行战略分析时，企业首先要了解宏观环境对企业发展的要求。分析宏观环境时主要使用PEST分析工具。

图1-20是宏观环境分析的框架，主要包括政策、经济、社会、技术四个方面，每个方面又可以细分为很多思考角度。

政策（P）		经济（E）	
· 环保制度 · 税收政策 · 国际贸易章程与限制 · 合同执行法 · 消费者保护法	· 雇佣法律 · 竞争规则 · 安全规定	· 经济增长 · 利率与货币政策 · 政府开支 · 失业政策	· 税收 · 汇率 · 通货膨胀率 · 消费者信心
	宏观环境		
· 人口增长率与年龄分布 · 劳动力流动性 · 生活方式 · 职业与休闲态度 · 企业家精神	· 教育情况 · 健康意识 · 社会福利及安全感 · 生活条件	· 政府科研开支 · 产业技术关注 · 信息技术变革 · 技术转让率 · 技术更新速度与生命周期	· 能源利用与成本 · 新技术发展 · 互联网变革
社会（S）		技术（T）	

图1-20 宏观环境分析的框架

（2）收集资料

在进行讨论会之前，人力资源部或者企管部门应提前给参与讨论的人员安排作业，下发"企业宏观环境分析表"（见表1-27）让他们提前收集资料，做好研讨前的准备工作。参与宏观环境分析讨论的人员一般包括总经理、副总经理在内的高层管理人员。

表1-27 企业宏观环境分析表

填表人： 部门及岗位：

	问题点	因素（机遇、威胁）	归纳总结
政治/法律 因素	（1）国内的政策和法律环境有哪些新的发展和变化，将给××公司带来哪些长期和短期的影响（例如，国内产业结构的调整、环保的要求等）		

（续表）

	问题点	因素（机遇、威胁）	归纳总结
政治/法律因素	（2）当地的法律和政策环境有哪些新的发展和变化，将给××公司带来哪些长期的和短期的影响（例如，当地产业结构的调整、环保的要求等）		
经济因素	（1）国内的经济环境对××公司所处的产业有哪些有利和不利的影响 （2）这些影响将会给产业带来哪些变化 （3）××公司应该如何适应这些变化		
社会文化因素	（1）当前整个社会环境和国人观念的变化（例如绿色环保理念）对××产业的发展有哪些影响 （2）这些影响将对整个产业环境带来哪些变化 （3）××公司应该如何应对这些变化		
技术因素	（1）××产业新技术的发展主要有哪些趋势 （2）这些趋势将对整个产业的发展带来哪些变化 （3）这些变化对××公司自身的发展将带来哪些长期的和短期的影响		

需要注意的是，作为专业推进部门的人力资源部或者企管部需要跟进辅导，关注参与人员的作业完成进度和质量，确保在研讨会上大家的作业都能作为会议资料使用。

（3）召开研讨会

在召开研讨会的时候，会议主持人需要准备一份研讨框架，在研讨的时候引导大家积极讨论。某企业宏观环境分析研讨的研讨框架如图1-21所示。

政治	问题： 1. 国内的政策和法律环境有哪些新的发展和变化，这些变化将给公司带来了哪些长期和短期的影响 2. 当地的法律和政策环境有哪些新的发展和变化，这些变化将给公司带来哪些长期和短期的影响 　参考角度：政策稳定性、国际贸易章程、合同执行法、竞争规则、环保制度、消费者保护法、税收政策、用工政策
经济	问题： 1. 国内的经济环境对公司所处的产业有哪些有利和不利的影响 2. 这些影响将给××产业带来哪些变化 3. ××公司应该如何适应这种变化 　参考角度：经济增长、消费者信心、通货膨胀率、失业政策、税收、汇率、政府开支、利率与货币政策
社会	问题： 1. 当前整个社会环境和国人观念的变化（例如绿色、环保的理念）对这个产业的发展有哪些影响 2. 这些影响将给××产业环境带来哪些变化 3. ××公司应该如何适应这种变化 　参考角度：教育情况、健康意识、社会福利及安全感、劳动力流动性、生活方式、职业与休闲态度、人口统计、人口增长率与年龄分布、企业家精神、生活条件
技术	问题： 1. ××产业新技术的发展主要有哪些趋势 2. 这些趋势将给整个产业的发展带来哪些变化 3. 这些变化对××公司自身的发展将带来哪些长期的和短期的影响 　参考角度：信息技术变革、产业技术关注、技术更新速度与生命周期、政府研究开支、互联网变革、资源利用与成本、新技术发展、技术转让率

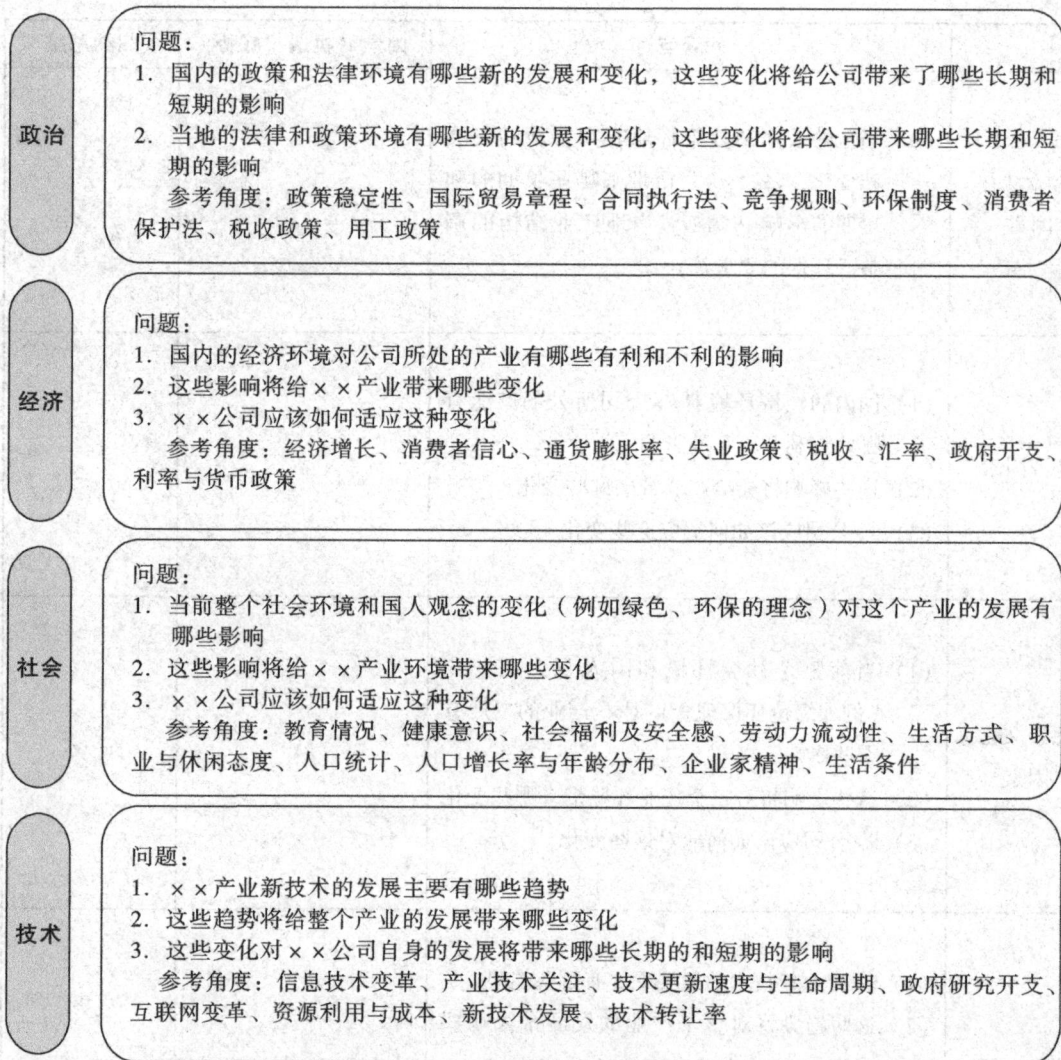

图 1-21　某企业宏观环境研讨框架

根据前期收集到的资料和研讨框架，专业部门（人力资源部或企管部）组织大家讨论宏观环境对企业战略的影响，并收集参与讨论人员的意见和建议。

召开这个讨论会的目的是：一方面，通过大家不同的视角审视宏观环境对战略的影响；另一方面，通过大家集思广益的讨论，把大家的观点进行融合，慢慢形成一个统一的认识，这一点比收集资料重要得多。

（4）梳理战略重点

企业应在上述讨论分析的基础上罗列战略重点，为后面的战略地图研讨做好准备。例如某企业的战略重点有：通过多渠道提升销售量、保持一定的利润水平、控制成本费用、搭建端到端的高效运营平台、打造一流的研发能力、搭建战略人力资源管理体系、营造基于战略的文化氛围等。表 1-28 是某企业的战略重点。

表 1-28 某企业的战略重点

战略目标	战略举措	衡量指标
到 2013 年，实现销售收入××亿元，具备上市条件，成为全国最好的××服务商	（1）制定人力资源规划，围绕公司的战略目标，满足公司不同发展阶段人员数量和胜任条件的需要	人力资源规划
	（2）制定并完善公司的激励机制，建立以绩效考核为导向的组织氛围	激励机制建设
	（3）建立并完善职业发展通道，制定适应公司发展的人才梯队建设机制和人才培养规划	职业发展通道与梯队建设
通过多渠道迅速提升销售量	（1）拓展招聘渠道，满足公司的人员需求	招聘计划完成率
	（2）根据公司的发展战略适时调整和完善公司的组织结构、部门职责、岗位体系、定岗定编等工作	组织管理工作评价
	（3）参与制定各系统的激励政策，并督导实施	激励政策制度
保持一定的利润水平	（1）提高人岗匹配度，降低人力成本	工资总额占销售收入比
	（2）评估岗位饱和度，适时调整和丰富工作职责，提高工作效能	工作职责调整及时到位
优化成本结构，控制成本费用	（1）建设合理化的行政、后勤、人事成本结构	成本优化工作评价
	（2）对公司的人力成本支出进行审核	审核差错次数
	（3）合理评估适应公司战略发展的薪酬策略	制定薪酬策略

（5）形成战略地图

战略地图的核心是客户价值主张，即未来企业区别于其他企业的竞争差异点，找出与众不同的竞争策略，并把它们呈现在战略地图上，最终落实到人员管理上。

（6）战略举措分解

形成战略地图后，应进行战略举措分解。战略举措分解是指针对战略目标明确每个部门的工作重点，并进行分解，具体内容如表 1-29 所示。

表 1-29　战略举措分解

战略目标	战略举措	衡量指标
搭建端到端的高效运营平台（高质量、低成本、即时交货、咨询服务）	组织进行搭建研发系统、营销系统、生产系统的培训工作。提高业务素质和工作技能，为搭建端到端的高效运营平台提供人才和能力支持	培训计划完成率
为客户提供性价比最好的产品	/	/
多渠道客户服务	/	/

工具 15　KT 决策法

【工具定义】

KT 决策法是一种思考系统，即就事情各自的程序，按照时间、场所等明确区分发生问题的情形和没有发生问题的情形，并由此找出原因和解决办法。本方法由美国人查尔斯·H·凯普纳（Charles H. Kepner）和本杰明·特雷高（Benjamin B. Tregoe）二人合创研究发明，它是最负盛名的决策模型，许多世界 500 强企业导入了 KT 决策法。

【适用范围】

适用于企业决策。

【工具解析】

利用 KT 法进行决策是按照"合理的思考程序"的四个步骤来实施的，具体内容如图 1-22 所示。

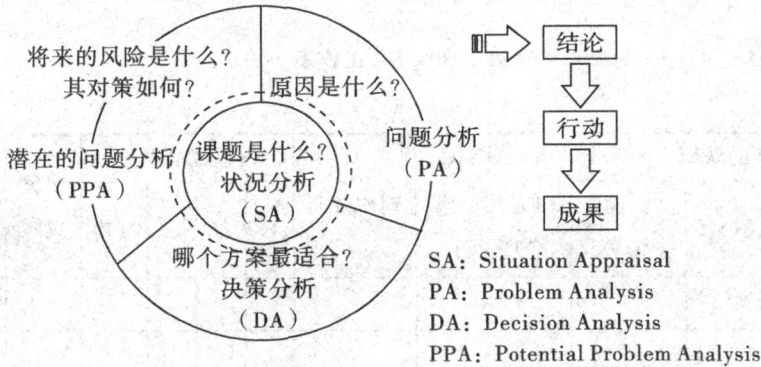

图1-22 四个思考状况和其对应的思考过程

SA：Situation Appraisal
PA：Problem Analysis
DA：Decision Analysis
PPA：Potential Problem Analysis

1. 状况分析

状况分析（SA）是为了使课题明确化。课题是决策的第一要素，没有课题也就不需要决策。SA主要解决以下几个问题。

（1）为了什么提出课程，即明确课题解决的内容。

（2）明确应当掌握哪些事实。

（3）在掌握事实的前提下决定课题。

（4）对设定的课程决定优先顺序。

状况评估可分为以下几个阶段，具体内容如图1-23所示。

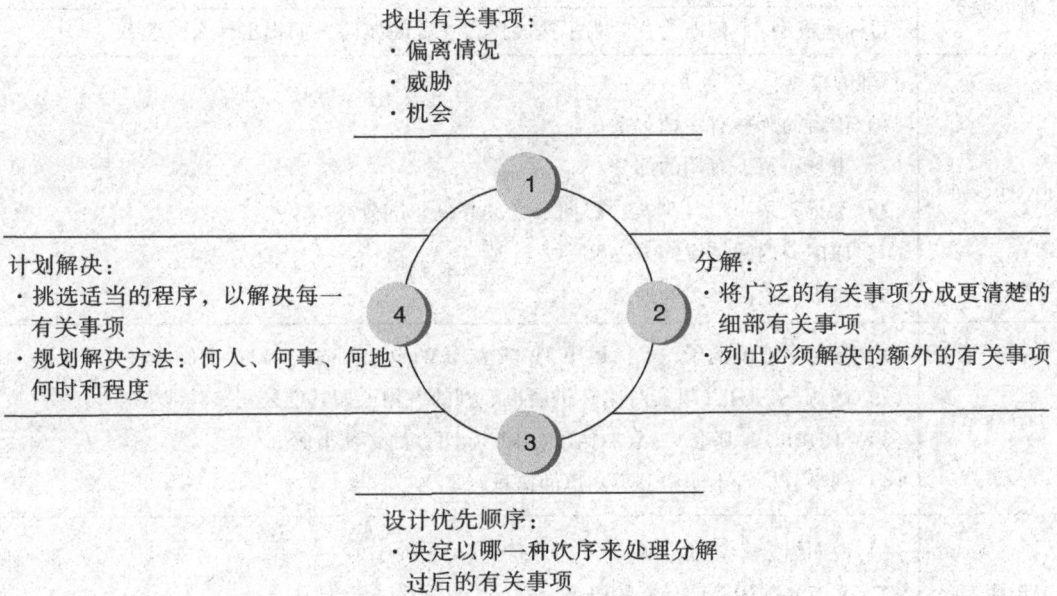

找出有关事项：
·偏离情况
·威胁
·机会

分解：
·将广泛的有关事项分成更清楚的细部有关事项
·列出必须解决的额外的有关事项

设计优先顺序：
·决定以哪一种次序来处理分解过后的有关事项

计划解决：
·挑选适当的程序，以解决每一有关事项
·规划解决方法：何人、何事、何地、何时和程度

图1-23 状况评估阶段

在 SA 阶段，可以利用"SA 工作表"（见表 1-30）来进行课题的梳理。

表 1-30　SA 工作表

主题：

对关心事的认识			分离（列举涉及关心事的事实）	制作说明	设置优先顺序				定位过程	截止期限	负责人
列举关心事	明确关心事	评价选择			S	U	G	顺序			

SA 的检查重点如表 1-31 所示。

表 1-31　SA 的检查重点

事项		检查重点
主题的设置	现状分析型	××的重要课题是什么
	目标达成型	何时为止、为了达成什么（程度如何）而提出什么课题
关心事的认识		整理的重点： （1）语言简练→有主谓关系 （2）重复→留下有用的部分 （3）亲子关系→子（事实）移向亲（关心事）的分离 （4）原因→返回结果的关心事 （5）对策→返回必要的理由
分离		（1）尽量多地举例子，灵活运用 3W1E 法（What、Where、When、Extent） （2）确认 IS NOT（事实对比）进展得顺利的事物，如其他公司、其他人等 （3）SHOULD（基准）/ACTUAL（事实）两方都必须举例 （4）列举分析者不明白、不知道的信息
说明		（1）说明组合分离的事实 （2）文章必须用简明易懂的语言 （3）注意说明的妥当性：当初是否确认了关心事

2. 问题分析

分析问题（PA）的目的就是找到原因。一般而言，有三种情况需要掌握原因：一是出现问题时；二是想采取对策时；三是为防止未来出现风险时。PA 的关键是要将结果性的现象与原因性的现象分开，使之不混同。

（1）问题分析的架构与程序

问题分析的架构与程序如图 1-24 所示。

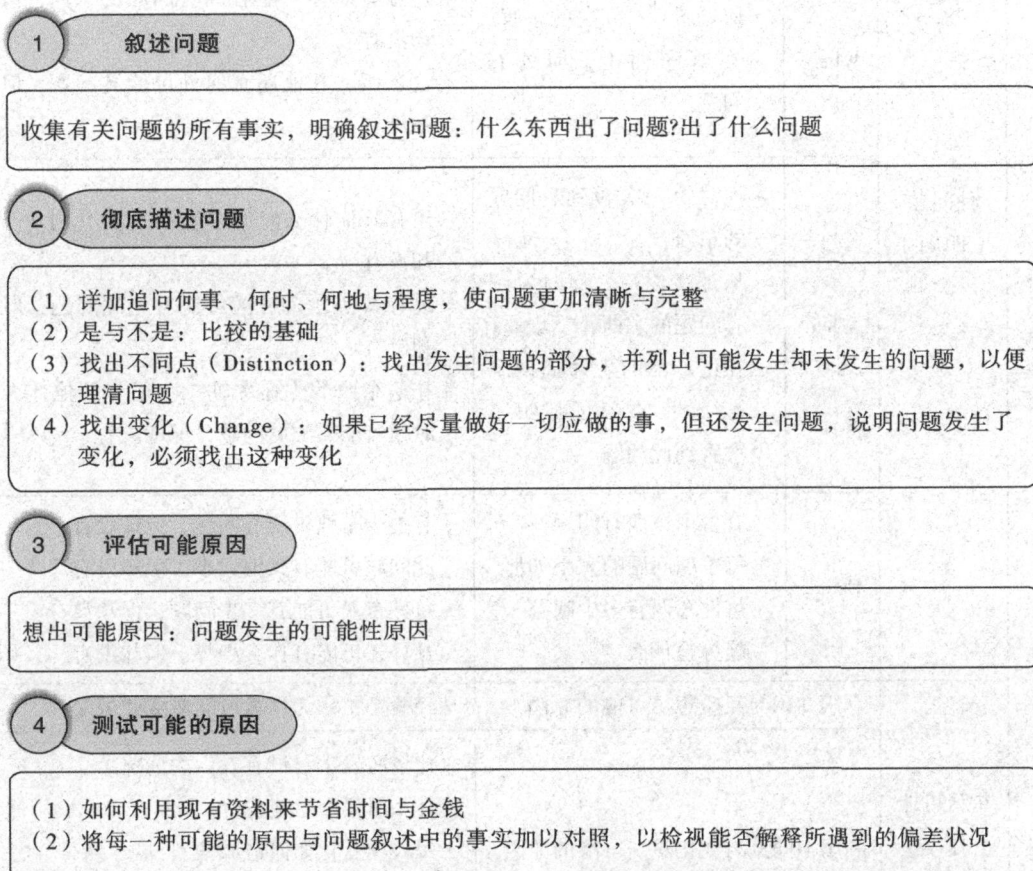

> **1 叙述问题**
>
> 收集有关问题的所有事实，明确叙述问题：什么东西出了问题? 出了什么问题

> **2 彻底描述问题**
>
> （1）详加追问何事、何时、何地与程度，使问题更加清晰与完整
> （2）是与不是：比较的基础
> （3）找出不同点（Distinction）：找出发生问题的部分，并列出可能发生却未发生的问题，以便理清问题
> （4）找出变化（Change）：如果已经尽量做好一切应做的事，但还发生问题，说明问题发生了变化，必须找出这种变化

> **3 评估可能原因**
>
> 想出可能原因：问题发生的可能性原因

> **4 测试可能的原因**
>
> （1）如何利用现有资料来节省时间与金钱
> （2）将每一种可能的原因与问题叙述中的事实加以对照，以检视能否解释所遇到的偏差状况

图 1-24　问题分析的架构与程序

问题分析各步骤及具体说明如表 1-32 所示。

表 1-32　问题分析各步骤及说明

序号	步骤	说明
1	叙述问题	有问题的东西是什么？是什么问题

（续表）

序号	步骤	说明		
2	使问题明确		**已发生**	**可能发生却未发生**
		What	·到底是什么东西有问题 ·到底是什么问题	·有什么类似东西也可能有问题，却没有 ·有什么其他的问题也可能被观察到，但却没有
		Where	·何处看到有问题的东西 ·在这东西上，何处有问题	·还有何地方可能看到有问题的东西，但却没有 ·这东西上其他还有何处可能有问题，但却没有
		When	·何时第一次看到有问题的东西 ·从那次以后，何时看到有问题的东西 ·在这产品的生命周期或寿命期，什么时候第一次看到此问题	·还有其他什么时候可能第一次看到，但却没有 ·还有其他什么时候可能看到此问题，但却没有 ·在这东西的生命周期中，还有其他什么时候可能看到此问题，但却没有
		Extent	·有多少东西有问题 ·每单项问题的大小如何 ·每件东西有多少问题 ·趋势是什么	·有多少东西可能有问题，但却没有 ·此问题可能有其他大小，但却没有 ·每件东西可能有多少问题，但却没有 ·预计还可能有什么趋势，但却没有
3	指认可能原因	利用知识与经验想出可能的原因		从经验中，认为什么可能造成此偏差
		利用不同点与变化想出可能的原因		·比较有发生与没有发生的情况 ·什么时候发生变化 ·每一项变化如何造成偏差 ·变化加上不同点如何造成偏差 ·一项变化加上另一项变化如何造成偏差
4	评估可能原因	以有发生与没有发生测试可能原因，以判断出最有可能的原因		·如果××是真正原因，有无同时都能解释有发生与没有发生的资料 ·以所有现象测试找原因，哪种原因最能解释有发生与没有发生 ·什么样的假设才足以解释所有现象

序号	步骤	说明	
5	确认真正原因	证实在测试中所做的假设，实施观察，试着去修正并检验结果	·在测试原因所做的假设，如何去证实 ·此种原因在实际工作中可如何能观察 ·采取修正行动，如何检验其成果

（2）运用 PA 工作表

在进行问题分析时，可运用"PA 工作表"（见表 1-33）。

表 1-33　PA 工作表

差异说明：

		已发生的事实 IS	发生也没关系但没有发生的事实 ISNOT	区别点 IS 的特征	与区别点相关的变化
What	对象				
	缺陷				
Where	场所				
	对象部位				
When	日期				
	场合				
Extetn	程度				
	倾向				

假设原因	测试	MPC	证据

3. 决策分析

决策分析（DA）是根据课题以及问题原因制定更适当的解决方案，方案是解决课程的途径，因此，好的方案通常会带来好的效果。

（1）良好抉择的要素

是否作出良好的抉择，要视三项要素而定。

①对于必须满足的特殊要项所作的定义。

②对于所有的选择方案所作的评估。

③对于这些选择方案所可能产生后果的了解。

（2）DA 决定分析的过程

DA 决定分析的过程及解决的问题如表 1-34 所示。

表 1-34　DA 决定分析的过程及解决的问题

序号	步骤		解决的问题
1	决策叙述		（1）这项决策的目的是什么 （2）决策的层次为何
2	决策目标	列出条件	（1）长期或短期的目标是什么 （2）有什么可运用或保留的资源 （3）有什么限制因素影响着选项 （4）与下列有关的决策标准是什么：人员、决策、组织、政府、客户、法规、个人、金钱、产品/服务、竞争力、原材料、生产力、设备、研究、器材 （5）什么条件须明确说明并将条件分类为 ·必要与需要 ·哪一项是强制性的 ·每一项条件的衡量性有何限制 ·哪一项条件是比较性而非强制性的 ·哪一项必要条件应该反应在需要条件中
		加权分数评估需要条件	每一项需要条件的重要性如何
3	评估选择方案		（1）列举选择方案：有什么不同的选择 （2）以必要条件过滤选择方案：这一选择方案须符合必要条件 （3）以需要条件比较选择方案：以每一项需要条件衡量所有的选择方案

（续表）

序号	步骤	解决的问题
4	评估风险	（1）考虑可能出现的不良后果 （2）这项选择方案是否数据完备 （3）如不够完备有何影响 （4）评估威胁性：每一项不良后果的发生几率有多大 （5）如果发生，严重性如何
5	制定决策	选择适当的决策：哪一项方案在可承担的风险内有最大的利益

在进行决策分析时可以运用"DA 工作表"来进行，具体如表 1-35 所示。

表 1-35　DA 工作表

决定说明：

目标		A 方案		B 方案		C 方案		D 方案	
必须（MUST）		信息	GO/ NO GO	信息	GO/ NO GO	信息	GO/ NO GO	信息	GO/ NO GO
需要（WANT）	重量 W	信息	S　WS	信息	S　WS	信息	S　WS	信息	S　WS
合计（ΣW×S）									

说明：W 指权重，根据其重要性用数字 1～10 来表示；S 表示评价分数，用 1～10 来表示；GO/NO GO 表示可以实施/不可以实施。

4. 潜在问题分析

很多问题的解决可能会带来相关潜在问题的产生，企业决策中的大多数问题是有相互关系的，好的决策不仅要解决目前的问题还要考虑潜在的问题，潜在问题的分析就是为了充分防止和及时解决这些问题，完成决策全过程的管理。PPA 的实施过程如表 1-36 所示。

表 1-36　PPA 的实施过程

序号	步骤	查核重点
1	完成事项的明确化	(1) 实施计划说明是指将 "到何时将什么做到什么程序" 描述出来 (2) 在实施对策的研究不够充分时，要再一次确认 "为了什么目的而实施某件事情" (3) 实施计划说明的标准是由分析担当者来确认
2	推测潜在的问题	(1) 对于重大领域，参考目标检查表等考虑具体的风险 (2) 记录风险
3	发生原因的推测	为了防止出现对策遗漏，针对每一个潜在问题列举多个原因
4	确定预防对策和紧急对策	制定对策时要将风险预防与机会利用结合起来考虑

在进行潜在问题分析时可以运用 "PPA 工作表" 来进行，具体如表 1-37 所示。

表 1-37　PPA 工作表

实施计划说明：										
立场：										
实施计划	重大领域				潜在的问题的假设	P	S	发生原因	P	预防对策	紧急时对策	角发信息

说明：①P：probability；S：seriousness。

②影响度：◎：大；○：中；△：小。

西门子（SIEMENS）

成立年份（Founded Year）：1847 年

总部（Headquarters）：德国慕尼黑

主营业务（Main Business）：电器生产

发展历程（Development Process）：西门子股份公司是世界最大的机电类公司之一，是 1847 年由维尔纳·冯·西门子建立的。2005 年，西门子集团在 190 个国家和地区雇用员工 460 800 人。

SIEMENS

>>> 第二章

领导与组织工具

领导是指领导者为实现组织的目标而运用权力向其下属施加影响力的一种行为或行为过程。领导者对权力的运用方式称作领导风格或领导方式。组织是指由诸多要素按照一定方式相互联系起来的系统，管理者必须在组织中方能实施其领导。关于领导与组织，西方许多管理学专家都做了大量的研究，产生了多种理论工具。

以下介绍一些在世界 500 强企业中已经被广泛运用的有关领导与组织的管理工具：

· 情境领导理论　　　　　· 魅力型领导理论　　　　　· 路径—目标理论
· 弗罗姆决策模型　　　　· 管理方格图　　　　　　　· 渐进决策模型
· 组织结构　　　　　　　· 虚拟管理法　　　　　　　· 非正式组织
· 7S 模型　　　　　　　 · 诺兰阶段模型

工具 01　情境领导理论

【工具定义】

情境领导理论也叫情景理论、因地制宜理论、领导生命周期理论等，是由科曼首先提出，并由保罗·赫塞（Paul Hersey）和肯·布兰查德（Ken Blanchard）予以发展的，是一个受到极大推崇的模型。情境领导理论认为，领导的有效行为应随着被领导者的特点和环境的变化而变化，不能是一成不变的。因为任何领导都是在一定的环境条件下，所以领导者应通过与被领导者的交互作用去完成某个特定目标。

情境领导理论的培训课程多年来一直是通用电气、摩托罗拉、IBM、微软、通用汽车、苹果电脑等世界 500 强企业的高级经理人的常年课程。

【适用范围】

适用于领导者选择、领导行为和绩效的评估与解释工作，以及组织结构、组织文化的调整工作。

【工具解析】

1. 情景领导理论的两个维度与领导风格

情境领导理论使用两个维度：工作行为和关系行为。

（1）工作行为

工作行为（Task Behavior）是指领导者清楚地说明个人或组织的责任的程度。这种行为包括告诉人们做什么、如何做、什么时间做、在哪里做、以及由谁来做。

（2）关系行为

关系行为（Relationship Behavior）是指当管理对象超过一个人的时候，领导者进行双向或者多向沟通的程度。这种行为包括聆听、鼓励、协助、提供工作说明以及给予社交方面的支持等。

赫塞和布兰查德认为这两个维度有低有高，从而组合成四种具体的领导方式，具体内容如图 2-1 所示。

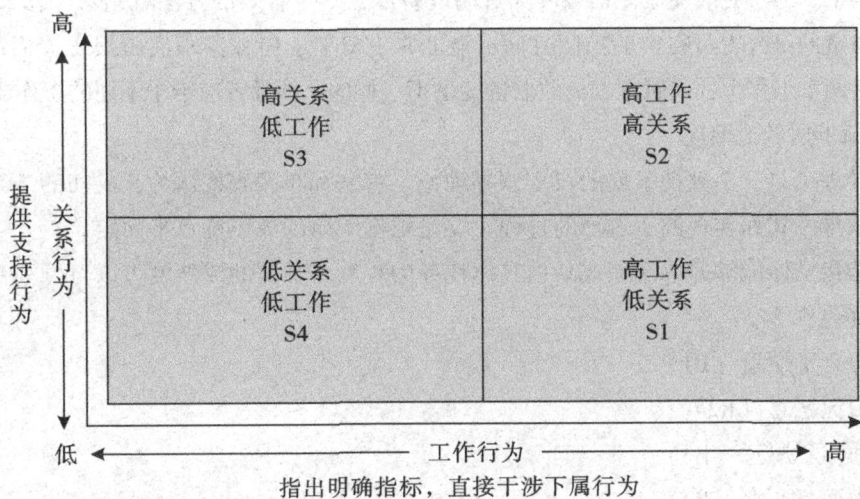

图 2-1　基于两个维度的四种领导风格

表 2-1　四种领导风格

风格类型	特点	领导风格说明
S1	领导者采取的工作行为高于平均水平，关系行为低于平均水平	S1 的风格是命令式的。它包括告诉他人或小组要做什么、什么时候做、在哪里做、由谁来做、如何做等。S1 风格属于单向沟通，在沟通过程中，领导者会命令被领导者去完成或实现目标
S2	领导者采取的工作行为和关系行为均高于平均水平	运用 S2 的领导者会向被领导者提出指导性的意见，并做出说明和解释
S3	领导者采取的关系行为高于平均水平，采用的工作行为低于平均水平	S3 的领导风格是：领导者鼓励被领导者，促使他们进行讨论并征求他们的意见。这种风格与 S1 和 S2 有着明显的区别，运用 S1、S2 风格的领导者会下达命令并做出决策

（续表）

风格类型	特点	领导风格说明
S4	领导者采取的工作行为和关系行为均低于平均水平	S4 风格的领导很少直接下命令，也很少与被领导者进行双向沟通或提供帮助

2. 情境领导理论的运用

（1）识别员工的工作任务和要求

这是进行下属成熟度研究的前提。由于被要求完成的工作任务不同，员工的准备度往往也会处于不同的水平。为了更准确地评估被领导者的准备度，一个有效的方法就是对工作进行细分。例如一位实验室的研究人员在实验控制方面可能非常有经验，但在撰写实验报告方面却力不从心，显然在这两个工作上，该研究人员的准备度是不一样的，领导者应给予不同的工作支持。

（2）诊断下属的成熟度

情境领导理论是一个重视下属的权变领导理论。赫塞和布兰查德认为，成功的领导是通过选择恰当的领导方式而实现的，选择的过程主要是根据下属的成熟度水平而定。

成熟度是指个体能够并愿意完成某项具体任务的程度。下属的成熟度可以自低而高分为以下四个阶段（见图 2-2）。

①无能力且不愿意（R1）。

②无能力但愿意（R2）。

③有能力但不愿意（R3）。

④有能力而且愿意（R4）。

成熟 ← 高　　　　　中　　　　　低 → 不成熟

R4 有能力 并愿意	R3 有能力 但不愿意	R2 无能力 但愿意	R1 无能力 且不愿意

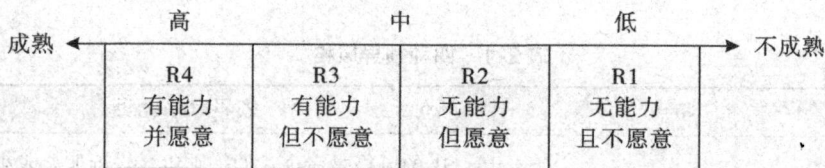

图 2-2　下属的成熟度水平

关于这四种成熟度，可以根据实际情况来判断。例如，一个对工作并无兴趣的新员工，他的工作动机只是为了换取生存条件，而且作为新手，缺乏必要的训练和技能，所以处在成熟度 R1 的水平上。而一个对工作有兴趣的新员工，在技能和训练上虽然不足，但却有做好工作的意愿和信心，他则处在成熟度 R2 的水平上。一个升职无望的老员工，由于多年磨炼，工作知识和技能无可挑剔，但没有做好工作的动力和愿望，因此他就处在成熟度 R3 的水平上。而一个经验丰富、技术精湛，而且渴望着大显身手的工作骨干，其能力、意愿和信心齐备，他则处在成熟度 R4 的水平上。对于这四种不同的员工，领导行为显然是不能一样的。情境领导理论的重点在于与员工状况相吻合，所以，进行员工成熟度的判断是这一模式的关键。

（3）选择合适的领导风格

当下属成熟度不断提高时，领导风格也应跟着发生变化，通常表现为四个阶段，具体如图2-3所示。

领导者的行为

多	高：关系　　　　激励　　　　参与式　　　　解决问题

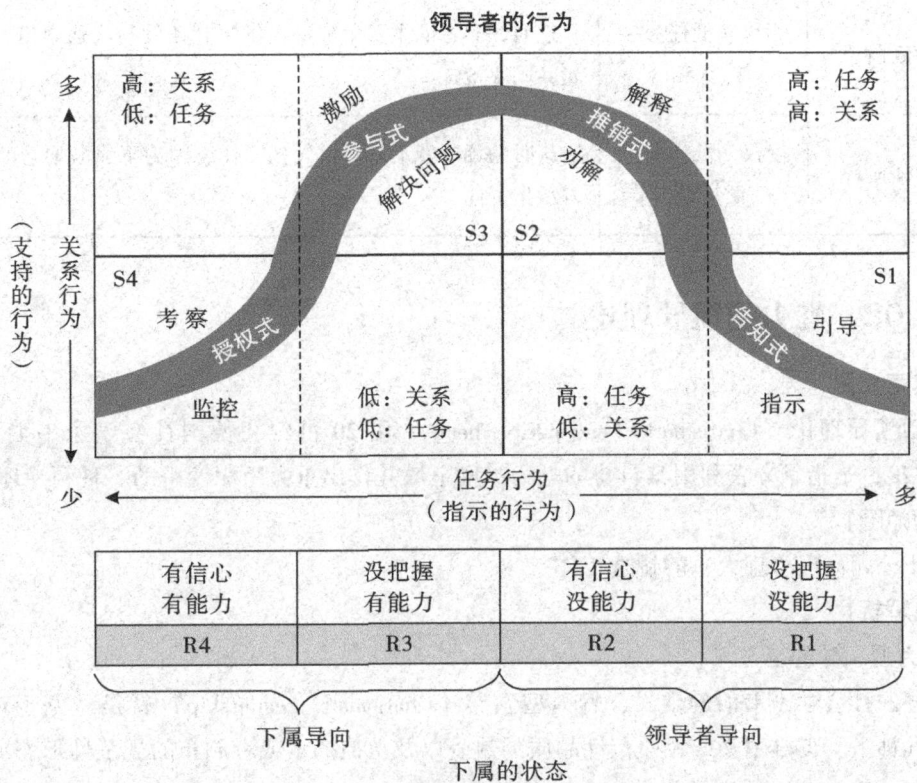

图2-3　基于下属成熟度的领导风格变化

可见，当下属的成熟度越来越高时，领导者不仅要不断降低对他们活动的控制，还要不断减少关系行为。基于下属成熟度的领导风格说明如表2-2所示。

表2-2　基于下属成熟度的领导风格说明

序号	下属成熟度阶段	领导风格	操作说明
1	R1 阶段	告知或命令（高任务—低关系）	这时领导者需要提供清晰和具体的指令，明确告诉下属具体该干什么、怎么干以及何时何地去干
2	R2 阶段	推销或说服（高任务—高关系）	这时领导者既要表现出高度的任务取向，以弥补下属能力的缺乏，又要表现出高度的关系取向，以使下属"领会"领导者的意图，同时要提供指示性行为和支持性行为

（续表）

序号	下属成熟度阶段	领导风格	操作说明
3	R3 阶段	参与（低任务—高关系）	这时领导者的主要角色是提供便利条件与沟通渠道，与下属共同决策
4	R4 阶段	授权（低任务—低关系）	这时的领导者不需要做太多工作，因为下属既愿意又有能力承担责任

工具02 魅力型领导理论

【工具定义】

魅力型领导理论（Charismatic Leadership Theory）由 20 世纪初德国社会学家韦伯（Max Weber）提出，是指领导者利用其自身的魅力鼓励下属并作出重大组织变革的一种领导理论。

【适用范围】

适用于公司高层管理人员的挑选工作。

【工具解析】

1. 魅力型领导的定义

根据德国社会学家韦伯的定义，魅力型领导（Charismatic Leadership）就是"基于对一个个人的超凡神圣、英雄主义或者模范性品质的热爱以及由他揭示或者颁布的规范性形态或者命令"的权威。

2. 魅力型领导的特质

对于魅力型领导，罗伯特·豪斯确定了以下三项特质。

第一项特质是有较好的洞察力和眼光，制定高目标，并且以行动来让下属学习怎样可以达到目标，这是魅力型领导最重要的特质。

第二项特质是充满活力，以个人对工作的投入、个人的坚定信念和表现极高的自信心来推动下属的工作。

第三项特质是赋予下级能力，例如表现对他们的支持、了解他们和对他们有信心。

魅力型领导的特质可以归纳为：自信、远大的理想和目标、清楚的表达能力、对目标的坚定信念、不循规蹈矩、懂得变革、对环境的敏感性。

3. 魅力型领导方法的步骤

魅力型领导方法的步骤如图 2-4 所示。

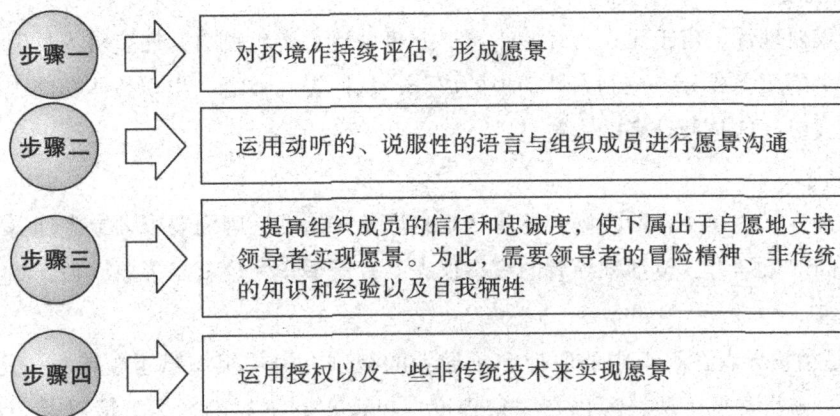

图2-4 魅力型领导方法的步骤

4. 魅力型领导的优缺点

魅力型领导的优缺点如表2-3所示。

表2-3 魅力型领导的优缺点

优点	缺点
(1) 强势领导，绝对服从 (2) 尤其适用于困难时期或危险情境，如组织突变时 (3) 如果领导者的愿景正确，其领导力无疑极为高效 (4) 精力充沛、内在清晰、远见卓识、具有模范性	(1) 时间一久，领导者身边会聚集很多"唯命是从者" (2) 容易自我陶醉，忽略现实 (3) 缺乏责任感，无内在道德束缚，领导者的个人价值观尤为重要，这样的领导者既能够成就组织，也有可能够毁灭组织 (4) 变幻莫测，有潜在危险

5. 怎样成为魅力型领导

要想成为魅力型领导，必须做好以下几方面。

(1) 以德服人

古语云："小胜凭智，长胜凭德"、"服人者，以德服为上，才服为中，力服为下。"如果说领导者仅凭自己的才智树立起的威信是不牢固的，那么领导者以自己的高尚品德树立起的威信则会经久不衰，永存于下级心中。

(2) 以情感人

领导魅力作为一种影响下属的感召力、吸引力，是通过领导者与下属进行感情传递发生的。一个成功领导者的魅力80%来自情感方面，20%来自智慧方面。

（3）以智抵人

领导者不仅要理性，富于见识、经验丰富、办事公道、讲求韬略，还要对人性有深入的分析，发扬人性中的积极成分，控制人性消极的成分，从而提高效能，出现整体功能大于要素功能之和的最佳效应，这是领导者的大智慧。

（4）以形悦人

下属在观察、了解领导者的时候，总是从观察形象开始的，因而要求领导者注意自己的形象，塑造自己的形象魅力，包括领导者的仪态仪表、言谈举止。这就是形象原则。

（5）以己正人

"职别"是指领导者在组织中的职位和领导者的级别。由于组织赋予领导者一定的职权，可以发布命令，施行奖惩手段，所以在一定程度上可以左右下属的行为处境以及一切利害关系，从而使下属对领导者产生敬畏感。一般来说，职位越高，职权越大；级别越高，个人影响力越强，越具有领导魅力。这一点与个人素质无关，是社会组织赋予的力量。当然，如果领导者把职权当成一种压人的资本、整人的工具，其魅力就会削弱。

工具 03　路径—目标理论

【工具定义】

路径—目标理论是指领导者通过明确指明实现工作目标的途径来帮助下属，并为下属清理各项障碍和危险，从而使下属的工作更为容易。本理论由多伦多大学的组织行为学教授罗伯特·豪斯（Robert House）最先提出，后来华盛顿大学的管理学教授特伦斯·米切尔（Terence R. Mitchell）也参与了这一理论的完善和补充。

【适用范围】

适用于领导者和领导方式的选择、评估领导绩效以及职能调整和授权管理等工作。

【工具解析】

1. 路径—目标理论的内容

领导者的工作是利用结构、支持和报酬，建立有助于员工实现组织目标的工作路径。这里涉及两个主要概念：建立目标方向；改善通向目标的路径以确保目标实现。其内容包括以下五个方面。

（1）领导过程

路径—目标理论的领导过程如下：领导者确认员工的需要，制定合适的目标，通过明确期望与目标的关系，将实现目标与报酬联系起来；消除绩效障碍，并且给予员工一定的指导。该过程的期望结果包括工作满意、认可领导考核、更强的动机，这些将在有效的绩效和目标实现中得到反映。

（2）目标设置

目标设置是取得成功绩效的标的，它可以用来检测个体和群体完成绩效标准的情况。群体成员需要感觉到他们的目标是有价值的，并且可以在现有的资源和领导下达到该目标。如果没有共同的目标，不同的成员会走向不同的方向。

（3）路径改善

领导者在决定顺利实现目标的路径之前，还需要了解一些权变因素和可供选择的领导方案，特别是必须权衡确定对两类支持的需要。

第一类是任务支持。领导者必须帮助员工组合资源、预算以及其他有助于完成任务的因素，消除有碍员工绩效的环境限制，并且对员工的努力和绩效给予及时认可；第二类是心理支持。领导者必须激励员工乐于从事工作。

（4）领导风格

按照路径—目标理论，领导者的行为被下属接受的程度取决于下属是将这种行为视为获得满足的即时源泉还是作为未来获得满足的手段。领导者行为的激励作用在于它使下属的需要和满足与有效的工作绩效联系在了一起，并提供了有效的工作绩效所必需的辅导、指导、支持和奖励。为此，豪斯区分了四种领导风格：指导型领导、支持型领导、参与型领导、成就取向型领导，具体内容如表2-4所示。

表2-4　四种领导风格

序号	领导风格	说明
1	指导型领导（Directive Leadership）	领导者对下属需要完成的任务进行说明，包括对他们有什么希望、如何完成任务、完成任务的时间限制等。指导型领导者能为下属制定出明确的工作标准，并将规章制度向下属讲得清清楚楚
2	支持型领导（Supportive Leadership）	该类型的领导者对下属的态度是友好的，他们关注下属的福利和需要，平等地对待下属，尊重下属的地位，能够对下属表现出充分的关心和理解，在下属有需要时能够真诚帮助
3	参与型领导（Participative Leadership）	该类型的领导者能够邀请下属一起参与决策。参与型领导者能同下属一起进行工作探讨，征求他们的想法和意见，将他们的建议融入到团体或组织将要执行的那些决策中去
4	成就取向型领导（Achievement-Oriented Leadership）	该类型的领导者能够鼓励下属将工作做到尽量高的水平。这种领导者为下属制定的工作标准很高，以寻求工作的不断改进。除了对下属期望很高外，成就取向型领导者还非常信任下属有能力制定并完成具有挑战性的目标

（5）中间变量

路径—目标理论提出了两类情境作为领导行为与结果之间的中间变量，它们是下属控制范围之外的环境（任务结构、正式权力系统以及工作群体），以及下属个性特点中的一部分（控制点、经验和感知能力）。环境因素决定了作为补充所要求的领导行为类型，而下属的个性特点决定了对环境和领导者行为作出何种解释。在工作环境中，领导者必须确认员工的任务是否已经结构化；正式权力系统是否最适合于指挥型或参与型领导，以及现在的工作群体是否满足了员工的社会和尊重需求。

2. 路径—目标理论中领导人的职能

按照豪斯的概括，领导人的职能具体表现为以下六个方面。

（1）唤起员工对成果的需求和期望。

（2）对完成工作目标的员工增加报酬，兑现承诺。

（3）通过教育、培训、指导提高员工实现目标的能力。

（4）帮助员工寻找达成目标的路径。

（5）排除员工前进路径上的障碍。

（6）增加员工获得个人满足感的机会。这种满足感是以工作绩效为基础的。

要实现这种以员工为核心的领导活动，必须考虑员工的具体情况。员工的差异主要表现在两个方面：一是员工的个人特质；二是员工需要面对的环境因素，具体说明如表2-5所示。

表2-5　考虑员工具体情况的领导

差异表现	说明
员工的个人特质	就员工的个人特质而言，新员工和老员工不一样，技术高低不一样，责任心的强度不一样，甚至年龄大小、任职时间长短等都会产生不同的反应。仅以性格差异为例，内向型的员工更易于接受参与式领导，而对指示式领导有所抵触；而外向型员工则更易于接受指示式领导，不适应参与式领导。如果一个人对自己的能力估计过高，那他就会抵触指令；而如果一个人对自己的能力估计过低，那他就会害怕授权
员工需要面对的环境因素	不同企业、不同岗位的工作任务不一样，企业组织的权力系统不一样，基层的工作群体不一样。如果有明确清晰的工作任务、有效的权力系统、友好合作的工作群体，那么，强化控制会伤害员工的满足感；而如果放松管制就会出现偏差，同样会招来员工的抱怨。单纯以工作任务而论，如果完成任务不能使员工得到满足，那么领导者越加强规章制度，越施加任务压力，员工的反感就会越大。所以，路径—目标理论强调：领导方式要有权变性

工具 04 弗罗姆决策模型

【工具定义】

1973 年，维克多·弗罗姆（Victor Vroom）和菲利普·耶顿（Phillip Yetton）提出了领导者—参与模型（Leader-participation model），该模型将领导行为与参与决策联系在一起。由于认识到常规活动和非常规活动对任务结构的要求各不相同，研究者认为领导者的行为必须加以调整，以适应这些任务结构。弗罗姆模型是规范化的，它提供了根据不同的情境类型而遵循的一系列规则，以确定参与决策的类型和程度。

【适用范围】

适用于领导者、领导方式的选择及评估领导绩效以及组织决策等工作。

【工具解析】

1. 弗罗姆模型的三个假设

弗罗姆模型的可用性基于以下三个假设基础上。

（1）假设管理者可以按照标准对实际问题进行准确分类。

（2）假设在每个重要决策时，管理者能够并且愿意调整领导风格，以适应权变环境。

（3）假设员工可以正式接受应用于不同问题的领导风格，以及领导者对当前情境的分类的有效性。

如果以上假设都是有效的，则该模型可以极大地帮助管理者选择合适的领导风格。

2. 评估当前的决策环境

在本模型中，管理者依据问题的性质评估当前的决策环境——特别是决策质量和员工认同。决策质量维度包括成本考察、信息的可获取程度以及该问题是否为结构化。员工认同维度包括对承诺的需要、前期认可、与组织目标的统一和员工之间冲突的可能性。通过这种结构化的决策树形式的分析，管理者可以发现和分析多种不同性质的问题。

弗罗姆决策模型的指导问题如下。

（1）某项决策中技术质量的重要程度如何？

（2）下属对决策的承诺（员工的认同）是否很重要？

（3）你是否已经具备充足信息以作出高质量的决策？

（4）该问题是否很好地结构化了？

（5）如果你作出该决策，下属能否接受它？

（6）在解决该问题时，下属是否具有共同的目标？

（7）在不同的解决方案中，下属之间是否存在冲突？

（8）下属是否具备充足的信息以使他们高质量地解决问题？

3. 弗罗姆模型的五种领导方式

该模型认为，对于某种情境而言，五种领导行为中的任何一种都是可行的，包括独裁 I（AI）、

独裁 II（AII）、磋商 I（CI）、磋商 II（CII）和群体决策 II（GII），具体描述如表2-6所示。

表2-6　弗罗姆模型的五种领导方式

序号	领导方式	说明
1	A I	领导者使用现有的资料独立解决问题或作出决策
2	A II	领导者从下属那里获得必要的信息，然后独自作出决策。在从下属那里获得信息时，领导者可以告诉或不告诉他们具体问题。在决策过程中，下属的任务是向领导者提供必要的信息而不是提出或评估解决方案
3	C I	领导者与有关的下属进行个别讨论，获得他们的意见和建议。领导者所作出的决策可能受到或不受下属的影响
4	C II	领导者与下属们集体讨论有关问题，收集他们的意见和建议。然后领导者所作出的决策可能受到或不受到他们的影响
5	G II	领导者与下属们集体讨论问题，一起提出和评估可行性方案，并试图获得一致的解决办法

上述五种领导风格是对现实中各种领导风格的概括和总结，要确定哪一种最为合适，是建立在决策者正确经验之上的，经验的多少与选择的有效性成正比关系。不过，仅对领导类型进行分类是不能指导管理者作出正确决策的，毕竟现实中的管理者不能仅凭经验作出决定，而且并不是每一个领导都有丰富的经验。因而，弗罗姆用三个标准来衡量决策选择的有效性，这三个标准是领导方式选择的衡量尺度，具体说明如表2-7所示。

表2-7　衡量决策选择有效性的三个标准

序号	选择标准	说明
1	决策本身的质量	决策问题因情况的不同而具有不同的质量要求。如果决策问题相当重要并且影响着组织目标的实现程度，那么，对这种决策的质量要求就比较高。典型的具有高质量要求的决策包括战略规划、重大行动方案的选择、给下属分派任务等
2	下级对决策接受的程度	当领导者的决策实施要依靠下属完成时，决策接受程度就显得特别重要。决策接受程度是指下属理解、认同、自愿执行某一特定决策的程度。如果下属不会接受某一个决策，那么这个决策的执行方式就有很大差别
3	决策需要的时间	时间标准是指决策的期限要求及其允许变化的弹性程度。有的决策是时间优先型的，即使质量得不到保证也要按时完成；有的决策是质量优先型的，必须保证质量，而时间可以弹性掌握。另外，并不是花费时间越长的决策，其质量就必然越高

通过以上三个决策选择标准和五种领导风格的对应关系处理，可以建立一个关于领导活动的规范模型，进而衡量领导方式的有效性。

4. 领导规范模型与决策树

领导参与的规范模型作为权变理论的一种具体运用方式，环境变量（不包括时间变量）无疑有着重要地位。在这一模型中，涉及两个环境变量：一是决策质量；二是决策接受程度。弗罗姆用七个问题对两个环境变量进行了描述。

（1）决策质量的重要性。

（2）领导者为作出高质量的决策所掌握的信息和技能的程度。

（3）问题的结构化程度。

（4）下属对决策的接受或赞许程度是不是有效执行决策的关键。

（5）领导自行作出的决策被下级接受的可能性。

（6）下属对明确清晰的组织目标所表现出的积极程度。

（7）下属之间对于最优方案的判断可能产生意见冲突的程度。

决策者通过对这七个问题逐一做出"是"或"否"的回答，依规范的"决策树"（见图2-5）提供的路线，就可以筛选出一个或若干个可行的领导方式。这个选择的过程就是弗罗姆和耶顿设计的领导规范模型。使用这一模型时，从树的最左边开始，向右推进，用所遇到的方格中的问题向自己提问，然后沿着"是"与"否"的回答走到下一步。当走到○节点时，表示决策者已经获得了可行的领导方式。

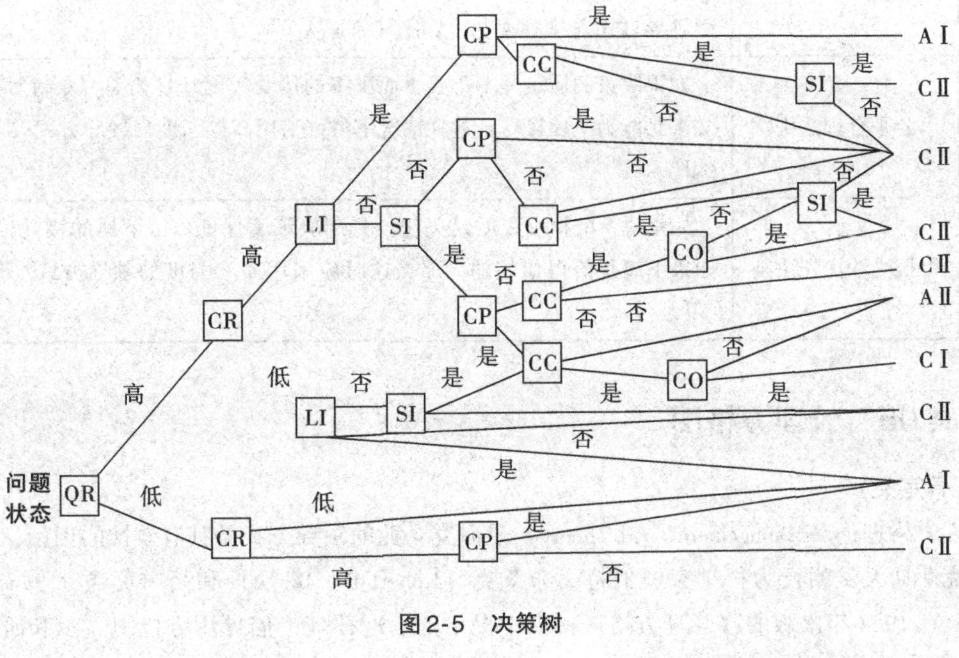

图2-5　决策树

5. 七项必须遵循的基本法则

为了保证管理者快速选定有效的领导方式，弗罗姆还提出了七项必须遵循的基本法则——前三项保证决策质量，后四项保证决策的可接受性，具体说明如表2-8所示。

表2-8　七项必须遵循的基本法则

序号	基本法则	说明
1	信息法则	如果决策的质量很重要，而决策者又没有足够的信息或单独解决问题的专门知识，那么就不要采用独裁专制型的领导方式（排除AⅠ）
2	目标一致法则	如果决策的质量很重要，而下属又不会把组织目标当做大家的共同目标，这时就不要选择高度参与型的领导方式。尤其是下属认为所谓组织目标不过是领导者的个人追求时更是如此（排除CⅡ）
3	非结构性工作问题法则	如果决策的质量是重要的，但领导者却缺乏足够的信息和专门知识来独立地解决问题，而且工作问题又是非结构性的，就应采用参与程度较高的领导方式（排除AⅠ，AⅡ，CⅠ）
4	接受性法则	如果下属对决策的接受程度是有效执行决策的关键，而由领导者单独作出的决策不一定能够得到下属的接受，那么就不要采用专制型领导方式（排除AⅠ，AⅡ）
5	冲突法则	如果决策的可接受性是很重要的，而领导者作出的决策又不一定被下属接受，且下属对何种方案更适合抱有疑虑，这时就要更多地采用参与型领导方式（排除AⅠ，AⅡ，CⅠ）
6	公平合理法则	如果决策的质量并不重要，而决策的接受程度却是关键，专制型决策又未必能为下属接受，这种情况下最好采用高参与度的领导方式（仅选CⅡ）
7	可接受性优先法则	如果决策的接受程度是关键，专制决策又保证不了下属的接受程度，如果下属是值得信赖的，那么这时应采用高参与度的领导方式（仅选CⅡ）

工具05　管理方格图

【工具定义】

管理方格理论（Management Grid Theory）是研究企业的领导方式及其有效性的理论，是由美国得克萨斯大学的行为科学家罗伯特·布莱克（Robert R·Blake）和简·莫顿（Jane S·Mouton）在1964年出版的《管理方格》一书中提出的。这种理论倡导用方格图表示和研究领导方式。

【适用范围】

适用于中高层领导的选择、评估以及组织结构图的设计和文化建设等工作。

【工具解析】

罗伯特·布莱克（Robert R·Blake）和简·莫顿（Jane S·Mouton）用对业绩的关心和对人的关心两个维度来度量领导者的行为，并用1至9表示各种因素的程度指标，最终形成管理方格图。他们提出了五种类型的领导者行为，分别是1.1型（无责任型）、9.1型（专制型）、1.9型（乡村俱乐部型）、5.5型（小市民型）和9.9型（理想型）。

1. 管理方格图的内容

管理方格图是一张纵轴和横轴各9等分的方格图，纵轴表示企业领导者对人的关心程度，横轴表示企业领导者对业绩的关心程度。其中，第1格表示关心程度最小，第9格表示关心程度最大，具体内容如图2-6所示。

对人的关心程度包含了诸如个人对实现目标的承诺程度、提供良好的工作条件和人际关系等内容。

对业绩的关心程度是指管理人员对职能人员的工作效率、工作质量和产量的关心程度。

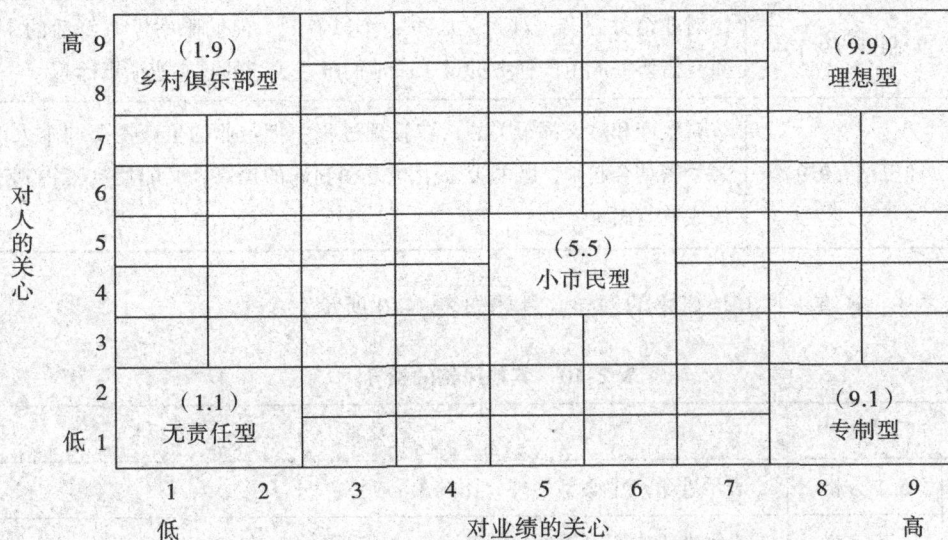

图2-6　管理方格图

在管理方格图中，"1.1"方格表示对人和工作都很少关心，这种领导必然失败。"9.1"方格表示领导者将重点放在工作上，而对人很少关心。这种领导者的权力很大，常指挥和控制下属的活动，而下属只能奉命行事，不能发挥积极性和创造性。"1.9"方格表示领导者将重点放在满足员工的需要上，而对指挥监督、规章制度却重视不够。"5.5"方格表示领导者对人的关心和对工作的关心程度保持平衡状态，只求维持一般的工作效率与士气，不积极促使下属发扬创造革新的精神。"9.9"方格表示对人和工作都很关心，能使员工和生产两个方面最理想、

最有效地结合起来。这种领导方式要求创造出这样一种管理状况：员工能了解组织的目标并关心其结果，从而自我控制、自我指挥，充分发挥生产积极性，为实现组织的目标而努力工作。

2. 五种典型的领导风格

根据企业管理者"对业绩的关心"和"对人的关心"程度的组合，可以将领导者分为五种典型的类型，具体说明如表 2-9 所示。

表 2-9 五种类型的领导

序号	类型	说明
1	无责任型（1.1）	对业绩和人都很少关心，实际上，他们已放弃自己的职责，只想保住自己的地位
2	乡村俱乐部型（1.9）	对业绩关心少，对人关心多，他们努力营造一种人人得以放松，感受友谊与快乐的环境，但对协同努力以实现企业的生产目标并不热心
3	小市民型（5.5）	既不偏重于关心生产，也不偏重于关心人，不制定过高的目标，能够得到一定人气和适当的产量，但不是卓越的
4	专制型（9.1）	对业绩关心多，对人关心少，作风专制，他们眼中没有鲜活的个人，只有需要完成生产任务的员工，他们唯一关注的只有业绩指标
5	理想型（9.9）	对生产和对人都很关心，在管理过程中把企业的生产需要同个人的需要紧密结合起来，既能带来生产力和利润的提高，又能使员工得到事业的成就与满足

除此之外，还有一些其他风格的领导，具体如表 2-10 所示。

表 2-10 其他风格的领导

序号	类型	说明
1	5.1 方格	表示准生产中心型管理，比较关心业绩，不大关心人
2	1.5 方格	表示准人中心型管理，比较关心人，不大关心业绩
3	9.5 方格	表示以生产为中心的准理想型管理，重点抓业绩，也比较关心人
4	5.9 方格	表示以人为中心的准理想型管理，重点在于关心人，也比较关心业绩
5	弧度钟摆	如果一个管理人员与其下属关系会有 9.1 定向和 1.9 定向，就是家长作风；当一个管理人员以 9.1 定向方式追赶生产，而在这样做的时候激起了怨恨和反抗时，又到了 1.9 定向，这就是大弧度钟摆

3.9.9 管理方式发展的五个阶段的培训

布莱克和莫顿认为，领导者应该客观地分析组织内外的各种情况，把自己的领导方式改造成 "9.9" 型的方式，以求得最高效率。

布莱克和莫顿还根据自己从事组织开发工作所获得的经验总结出向 9.9 管理方式发展的五个阶段的培训，具体内容如图 2-7 所示。

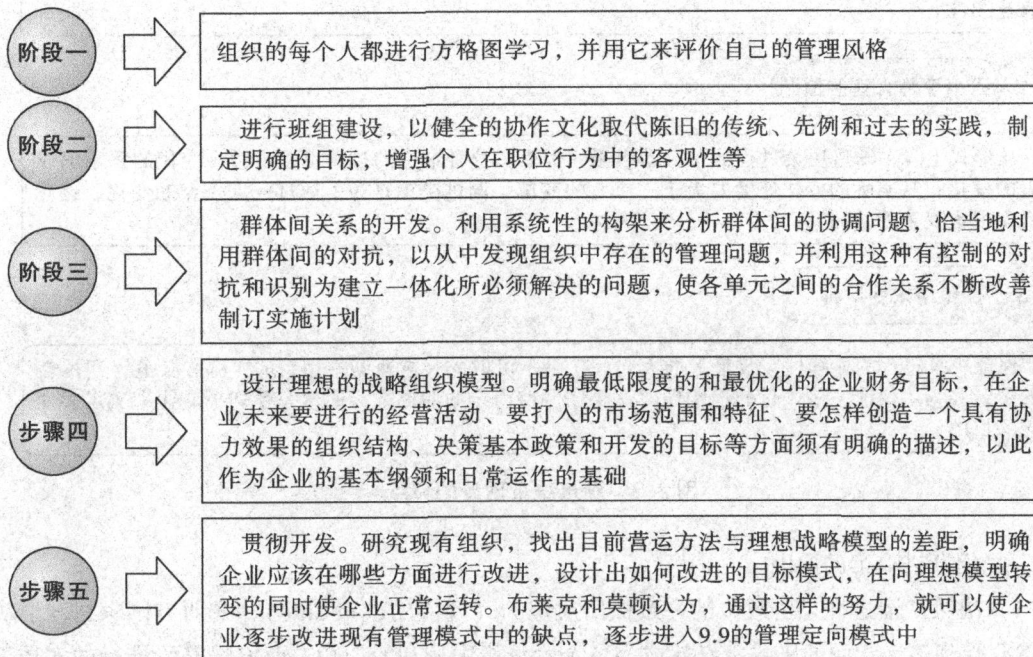

阶段一 ⇒ 组织的每个人都进行方格图学习，并用它来评价自己的管理风格

阶段二 ⇒ 进行班组建设，以健全的协作文化取代陈旧的传统、先例和过去的实践，制定明确的目标，增强个人在职位行为中的客观性等

阶段三 ⇒ 群体间关系的开发。利用系统性的构架来分析群体间的协调问题，恰当地利用群体间的对抗，以从中发现组织中存在的管理问题，并利用这种有控制的对抗和识别为建立一体化所必须解决的问题，使各单元之间的合作关系不断改善制订实施计划

步骤四 ⇒ 设计理想的战略组织模型。明确最低限度的和最优化的企业财务目标，在企业未来要进行的经营活动、要打入的市场范围和特征、要怎样创造一个具有协力效果的组织结构、决策基本政策和开发的目标等方面须有明确的描述，以此作为企业的基本纲领和日常运作的基础

步骤五 ⇒ 贯彻开发。研究现有组织，找出目前营运方法与理想战略模型的差距，明确企业应该在哪些方面进行改进，设计出如何改进的目标模式，在向理想模型转变的同时使企业正常运转。布莱克和莫顿认为，通过这样的努力，就可以使企业逐步改进现有管理模式中的缺点，逐步进入9.9的管理定向模式中

图2-7　9.9 管理方式发展的五个阶段的培训

工具06　渐进决策模型

【工具定义】

渐进决策模型是直接针对理性决策理论的缺陷，根据实际制定政策的特点，从 "决策实际上如何做" 而不是 "应如何做" 的角度出发建立的一套有自身特色的政策制定模式，是由美国政治学家和政策学家查尔斯·林德布洛姆教授提出来的。

【适用范围】

适用于决策制定、决策程序规划以及领导者选择等工作。

【工具解析】

渐进决策是指决策者在决策时，在既有的合法政策的基础上，采用渐进方式对现行政策加以修改，以逐渐实现决策目标。

1. 渐进决策的原则

渐进决策的原则如图 2-8 所示。

1 按部就班原则

决策过程是决策者基于过去的经验对现行决策稍加修改，是一个按部就班的过程。决策过程具有连续性

2 积小变为大变的原则

从形式上看，渐进决策过程似乎行动缓慢，但是，这种渐进的过程可以由微小变化的积累形成大的变化，其实际的变化速度要大于一次大的变革。渐进决策是为了通过一点一点的变化，逐步实现根本变革的目的

3 稳中求变原则

保证决策过程的连续性。政策上的大起大落是不可取的，欲速则不达，那样势必会危害到社会的稳定。为了保证决策过程的稳定性，就要在保持稳定的前提下，通过一系列小变化来实现大变化的目的

图 2-8   渐进决策理论的特点

2. 采用渐进决策的原因

（1）决策的渐进性是由政策的一致性所决定的（现实的政策如此）。在西方国家，政府决策必然要受到多个党派的影响，必然成为各个党派折中调和的产物。西方国家所推行的实质上是一种渐进的政治，各个政党在竞选时仅仅对每项政策提出渐进的修改；政党自身的政策也是渐进地改变的。因此，政府的决策过程必然是一个渐进的决策过程。

（2）决策的渐进性也是由技术上的困难造成的。任何一项决策的作出必然要与时间、信息等因素相关，而决策的正确程度则直接受制于决策者对决策备选方案及其后果等信息的了解程度。但是，决策者不可能等到对决策的每一个备选方案及其后果都深入、透彻地了解后再作决策，而必须在有所了解的基础上就作决策，然后边执行边修正。这就是决策过程中的"修修补补"。

（3）决策的渐进性也是由现行计划的连续性所决定的。任何一项新的决策都不得不考虑原有决策的影响，因为原来决策已造成了一个既成事实——这就是现行计划。而现行计划可能已经投下了巨大的资金和精力，这就在一定程度上排斥了巨变，否则便会带来一系列组织结构、心理倾向、行为习惯的振荡和财政困难。因此，林德布洛姆指出，为了保证现行计划的连续性，决策过程也只能是渐进的。

3. 渐进决策模式的合理性

渐进决策模式作为一种决策思想和方法，在某种程度上具有相当的价值，具体体现在以下

几个方面（见表2-11）。

表2-11 渐进决策模式合理性的体现

序号	合理性的体现	说明
1	认识上，注重历史与现实条件	渐进决策模式的特点在于以历史和现实的态度将事物的运动看作是一个前后衔接的不间断的过程，即无论哪种新的决策，只能在既定的、现有的条件下进行
2	方法上，注重事物变化的量的积累，以量变导致质变	渐进决策模式强调在进行改变时维持社会和组织的稳定，因而主张不间断的修改，而不是引起动荡的变革，逐步对决策加以修改并最终改变决策
3	从政治和行政决策的角度来看	渐进决策模式在某种条件下是一种有用的思想和方式

4. 渐进决策的局限性和不足

（1）比较保守

渐进决策一般适用于比较安稳和变动不大的环境，从总体上说是比较好的现行决策。然而，一旦社会条件和环境发生巨大变化，或对已往的决策须加以彻底改变时，渐进决策模式所主张的修改和缓行就起不到作用，有时甚至会对大变革起阻碍作用。

（2）注重历史与现实非为渐进模式所独有

历史表明，在社会发展的某些关头，需要在决策上作大幅度的调整，有时甚至需要抛弃以前的决策而重新确立新的决策。如果我们把这种决策方式称作激进决策的话，那么渐进决策具有的认识论特点也并非为它所独占，激进决策也可以是非常注重历史和现实条件的。

（3）不应被夸大为一种普遍适用的决策模式

渐进决策作为一种决策模式，不应当是惟一的、排斥其他模式的决策模式，忽视渐进决策的限制条件，把它夸大为普遍适用的模式，这正是林德布洛姆的渐进决策模式的另一个缺点。

工具07 组织结构

【工具定义】

组织结构（Organizational Structure）是指表明组织各部分排列顺序、空间位置、聚散状态、联系方式以及各要素之间相互关系的一种模式，是整个管理系统的"框架"；是组织的全体成员为实现组织目标，在管理工作中进行分工协作，在职务范围、责任、权利方面所形成的结构体系。

组织结构图描述的是一个组织内部部门的设置情况及其各部门之间的关系。与其相对应的是部门职能说明书。组织结构图示例如图2-9所示。

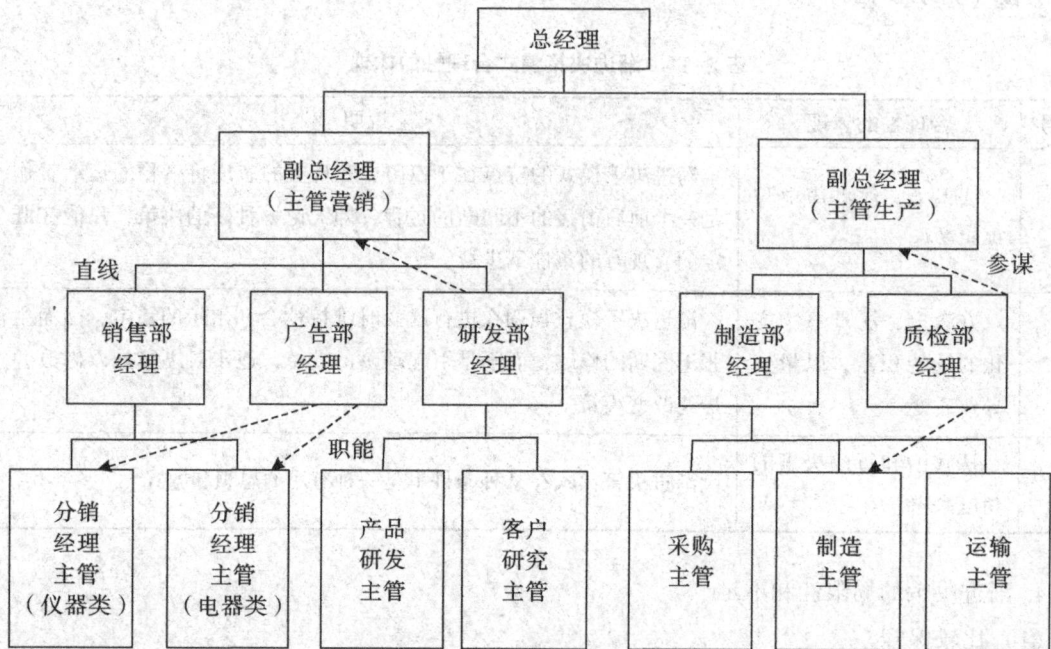

图2-9 组织结构图示例

【适用范围】

适用于各类型企业组织结构的设计工作。

【工具解析】

1. 组织结构的四个方面

组织结构一般分为职能结构、层次结构、部门结构、职权结构四个方面，具体内容如表2-12所示。

表2-12 组织结构的四个方面

组织结构	内容
职能结构	指为实现组织目标所需的各项业务工作以及比例和关系。其考量维度包括职能交叉（重叠）、职能冗余、职能缺失、职能割裂（或衔接不足）、职能分散、职能分工过细、职能错位、职能弱化等方面
层次结构	指管理层次的构成及管理者所管理的人数（纵向结构）。其考量维度包括管理人员分管职能的相似性、管理幅度、授权范围、决策复杂性、指导与控制的工作量、下属专业分工的相近性等
部门结构	指各管理部门的构成（横向结构）。其考量维度主要是一些关键部门是否缺失或优化。从组织总体形态出发，对各部门一、二级结构进行分析

（续表）

组织结构	内容
职权结构	指各层次、各部门在权力和责任方面的分工及相互关系。主要考量部门、岗位之间的权责关系是否对等

2. 几种常见的组织结构形式

（1）直线制

直线制组织结构也称为单线型组织结构，是最早使用，也是最为简单的一种组织结构类型（见表2-13）。"直线"是指在这种组织结构中职权从组织上层"流向"组织的基层。

表2-13　直线制组织结构

图形示例	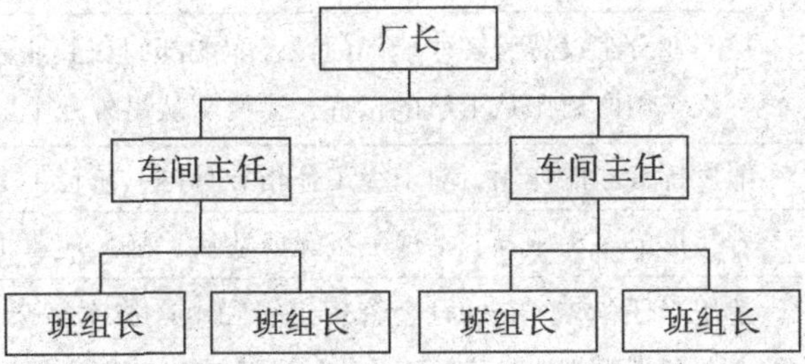
特点	(1) 每个主管人员对其直接下属有直接领导权 (2) 每个人只能向一位直接上级报告 (3) 主管人员在其管辖的范围内，有绝对的职权或完全的职权
优点	(1) 结构简单，命令统一，指挥灵活 (2) 责任明确 (3) 上下信息沟通快，决策迅速，管理效率高
缺点	(1) 管理工作简单粗放 (2) 主管人员负担过重 (3) 成员之间和组织之间的横向联系差
适用范围	只适用于那些没有必要按职能实行专业化管理的小型企业或应用于现场作业管理

（2）职能制

职能制组织结构在各级行政部门除设立主管负责人外，还相应地设立一些职能机构。例如在厂长下面设立职能机构和人员，协助厂长从事职能管理工作。职能制组织机构如表2-14所示。

表 2-14　职能制组织结构

图形示例	
特点	按专业分工设置管理职能部门，各职能部门在其业务范围内有权向下级发布命令，每一级组织既要服从上级的指挥，还要听从另外几个职能部门的指挥
优点	能发挥专家的作用，对下级工作指导具体，减轻了上层主管人员的负担
缺点	容易形成多头领导，造成下级无所适从，极大违背了统一指挥原则
适用范围	适用于任务较复杂的社会管理组织和生产技术复杂、各项管理需要具有专门知识的企业管理组织。在实际工作中，不存在纯粹的职能型组织结构

（3）直线职能制

直线职能制也叫生产区域制或直线参谋制。它是在直线制和职能制的基础上取长补短，吸取这两种形式的优点而建立起来的组织结构，具体内容如表 2-15 所示。

表 2-15　直线职能制组织结构

图形示例	

特点	结合了直线制及职能制的优点，在坚持直线指挥的前提下，充分调动各职能部门的作用。该结构在某些特殊的任务上授予职能参谋人员一定的权力，这些权力由非直线人员来行使，指挥下属直线人员，并对他们的直线主管负责。当参谋部门与下属直线部门产生矛盾时，由上层直线主管协调解决
优点	既保证了集中统一的指挥，又能发挥各种专家业务管理的作用，可以大大提高管理的有效性
缺点	易出现"政出多门"的现象
适用范围	适用于生产型企业

（4）事业部制（斯隆模型、M 型结构）

事业部制组织结构最早是由世界 500 强企业美国通用汽车公司总裁斯隆于 1924 年提出的，故有"斯隆模型"之称，也叫"联邦分权化"，是一种高度（层）集权下的分权管理体制，其结构图呈 M 形，具体内容如表 2-16 所示。

表 2-16　事业部制组织结构

图形示例	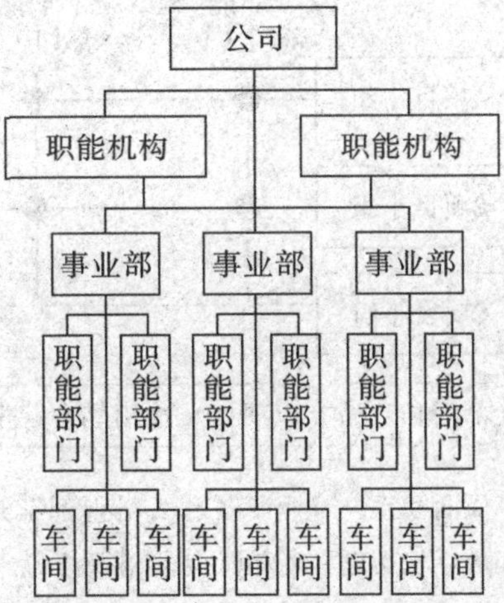
特点	（1）是在总公司领导下按产品、市场、地区划分，统一进行产品设计、原料采购、生产和销售，相对独立核算、自负盈亏的部门分权化结构 （2）适应性、稳定性较强，有利于组织的最高管理者摆脱日常事务而专心致力于组织的战略决策和长期规划；有利于调动各事业部门的积极性和主动性，并且有利于公司对各事业部门的绩效进行考评

（续表）

优点	(1) 责、权、利明确，能较好地调动经营管理人员的积极性 (2) 决策迅速，提高了管理的灵活性和适应性 (3) 通过事业部门独立生产经营活动，能为公司不断培养出高级管理人才
缺点	(1) 机构重叠，造成了管理人员的浪费，管理费用增加 (2) 相互支援性差 (3) 忽视整个组织的利益，易产生本位主义
适用范围	适用于产品多样化和从事多元化经营的组织；也适用于面临市场环境复杂多变或所处地理位置分散的大型企业和跨国企业

（5）矩阵制

矩阵制组织结构是指既有按职能划分的垂直领导系统，又有按产品（项目）划分的横向领导关系的结构，具体内容如表 2-17 所示。

表 2-17　矩阵制组织结构

图形示例	经理　职能部门（1）　职能部门（2）　职能部门（3）　职能部门（4） A项目小组 B项目小组 C项目小组
特点	将职能部门和产品（或项目）小组结合起来，组成一个矩阵
优点	加强了横向联系，专业设备和人员得到了充分利用，具有较大的机动性；促进各种专业人员互相帮助、互相激发，相得益彰，灵活性、适应性强
缺点	临时性的组织容易使人员产生短期行为；成员的双重领导问题会造成工作中的矛盾
适用范围	适用于科研、设计、规划项目等创新性较强的工作或者单位

3. 组织结构的设计原则

组织结构的设计应遵循五大原则，具体内容如图 2-10 所示。

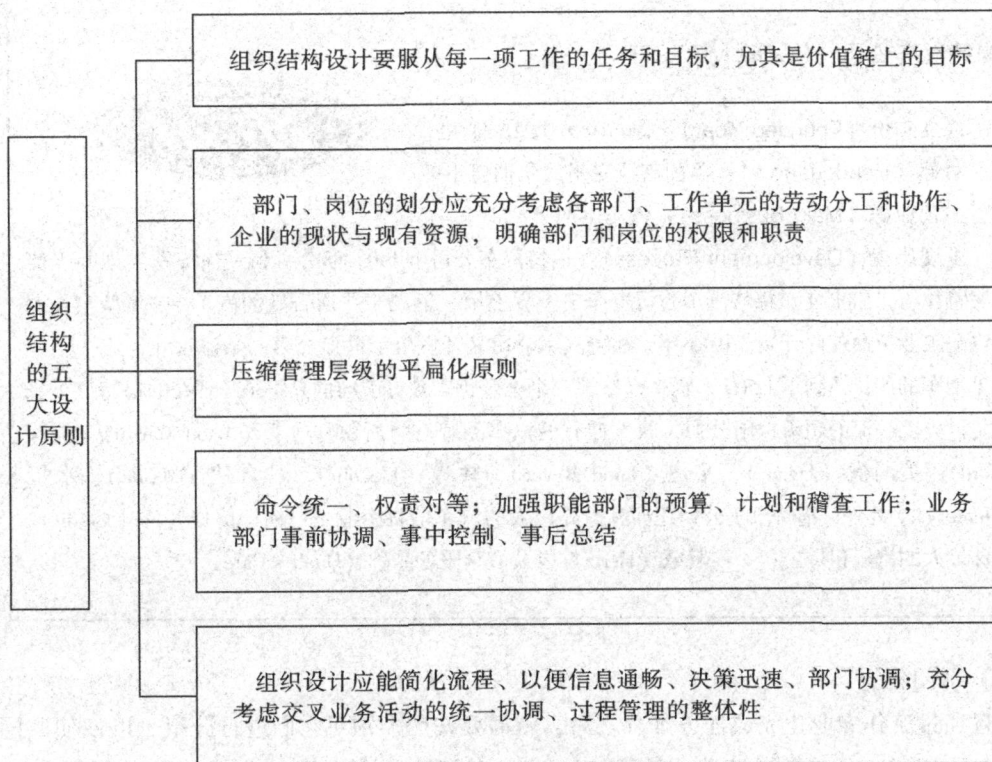

图2-10 组织结构的五大设计原则

4. 组织结构的设计要素

管理者在进行组织结构设计时，必须正确考虑六个关键因素：工作专业化、部门化、命令链、控制跨度、集权与分权、正规化。

（1）工作专业化

工作专业化的实质是：将工作分成若干步骤，每一步骤由一个人独立去做。就其实质来讲，是工作活动的一部分，而不是全部活动。

※ 实例说明

20世纪初，亨利·福特（Henry Ford）通过建立汽车生产线而富甲天下。他的做法是：给公司每一位员工分配特定的、重复性的工作。例如，有的员工只负责装配汽车的右前轮，有的则只负责安装右前门。通过把工作分化成较小的、标准化的任务，使员工能够反复地进行同一种操作。福特的经验表明，让员工从事专业化的工作，他们的生产效率就会提高。

福特汽车公司（FORD MOTOR）

成立年份（Founded Year）： 1903 年 6 月 16 日
总部（Headquarters）： 美国密执安州迪尔伯恩市
主营业务（Main Business）： 汽车生产
发展历程（Development Process）： 福特汽车公司于 1903 年由亨利·福特先生创办于美国底特律市。1908 年，福特汽车公司生产出世界上第一辆属于普通百姓的汽车——T 型车，世界汽车工业革命就此开始。1913 年，福特汽车公司又开发出了世界上第一条流水线，这一创举使 T 型车的产量达到了 1 500 万辆，缔造了一个至今仍未被打破的世界纪录。现在的福特汽车公司是世界上一流的超级跨国公司，旗下拥有的汽车品牌有阿斯顿·马丁（Aston Martin）、福特（Ford）、美洲虎（Jaguar）、路虎（Land Rover）、林肯（Lincoln）、马自达（Mazda）、水星（Mercury）。此外，福特汽车公司还拥有世界最大的汽车信贷企业——福特信贷（Ford Credit）、全球最大的汽车租赁公司——赫兹（Hertz）以及汽车服务品牌（Quality Care）。

（2）部门化

一旦通过工作专业化完成任务细分之后，就需要按照类别对它们进行分组，以便使共同的工作可以协调进行。工作分类的基础是部门化。部门化的方法有五种，具体内容如表 2-18 所示。

表2-18　部门化的方法

序号	部门化的方法	举例说明
1	根据活动的职能来进行部门化	例如制造业的经理通过把工程、会计、制造、人事、采购等方面的专家划分成共同的部门来组织其工厂
2	根据组织生产的产品类型进行部门化	例如，太阳石油产品公司（Sun Petroleum Products）在其三大主要领域（原油、润滑油和蜡制品、化工产品）各安排一位副总裁，每位副总裁是其所在领域的专家，他们对与其所在生产线有关的一切问题负责，而且每一位副总裁都有自己的生产和营销部门
3	根据地域来进行部门化	例如，就营销工作来说，根据地域可分为东、西、南、北四个区域，分片负责。实际上，每个地域都是围绕这个地区而形成的一个部门
4	根据过程来进行部门化	例如，某铝试管厂的生产过程由五个部门组成：铸造部、锻压部、制管部、成品部和检验包装运输部

序号	部门化的方法	举例说明
5	根据客户的类型来进行部门化	例如，一家销售办公设备的公司下设三个部门：零售服务部、批发服务部和政府部门服务部，比较大的法律事务所可根据其服务对象（是公司还是个人）来分设部门

当然，大型企业进行部门化时，可综合利用上述各种方法，以取得较好的效果。

（3）命令链

命令链（chain of command）是一种不间断的权力路线，从组织最高层扩展到最基层。它能够回答员工提出的这种问题："我有问题时，去找谁"、"我对谁负责？"

（4）控制跨度

一个主管可以有效地指导多少个下属？这种有关控制跨度的问题非常重要，因为在很大程度上，它决定着企业要设置多少层次、配备多少管理人员。在其他条件相同时，控制跨度越宽，企业效率越高，具体内容如图 2-11 所示。

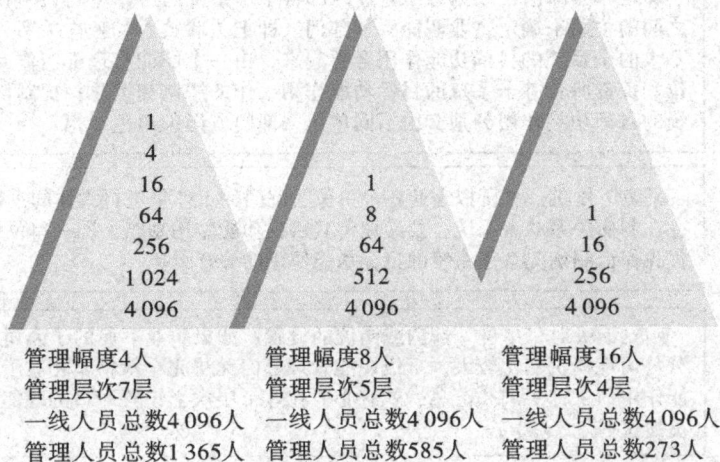

```
    1              1              1
    4              8             16
   16             64            256
   64            512          4 096
  256          4 096
1 024
4 096
```

管理幅度4人　　　管理幅度8人　　　管理幅度16人
管理层次7层　　　管理层次5层　　　管理层次4层
一线人员总数4 096人　一线人员总数4 096人　一线人员总数4 096人
管理人员总数1 365人　管理人员总数585人　管理人员总数273人

图 2-11　控制跨度

假设有两个企业，其基层操作员工都是 4096 名，如果一个控制跨度为 4，另一个为 8，那么控制跨度宽的企业比控制跨度窄的企业在管理层次上少两层，可以少配备 800 人左右的管理人员。

（5）集权与分权

集权与分权是指职权在不同管理层之间的分配与授予。职权的集中和分散是一种趋向性，是一种相对的状态。企业中的权力较多地集中在企业的高层，即为集权；权力较多地下放给基层，则为分权。

集权有利于企业实现统一指挥、协调工作和更为有效的控制；但另一方面，会加重上层领导者的负担，从而影响决策质量，并且不利于调动下级的积极性。分权的优缺点与集权相反。

（6）正规化

正规化（formalization）是指企业中的工作实行标准化的程度。如果一种工作的正规化程度较高，就意味着做这项工作的人对工作内容、工作时间、工作手段没有多大的自主权，减少了员工选择工作行为的可能性。

5. 企业结构设计的步骤

企业结构设计要遵循以下步骤来进行，具体内容如图 2-12 所示。

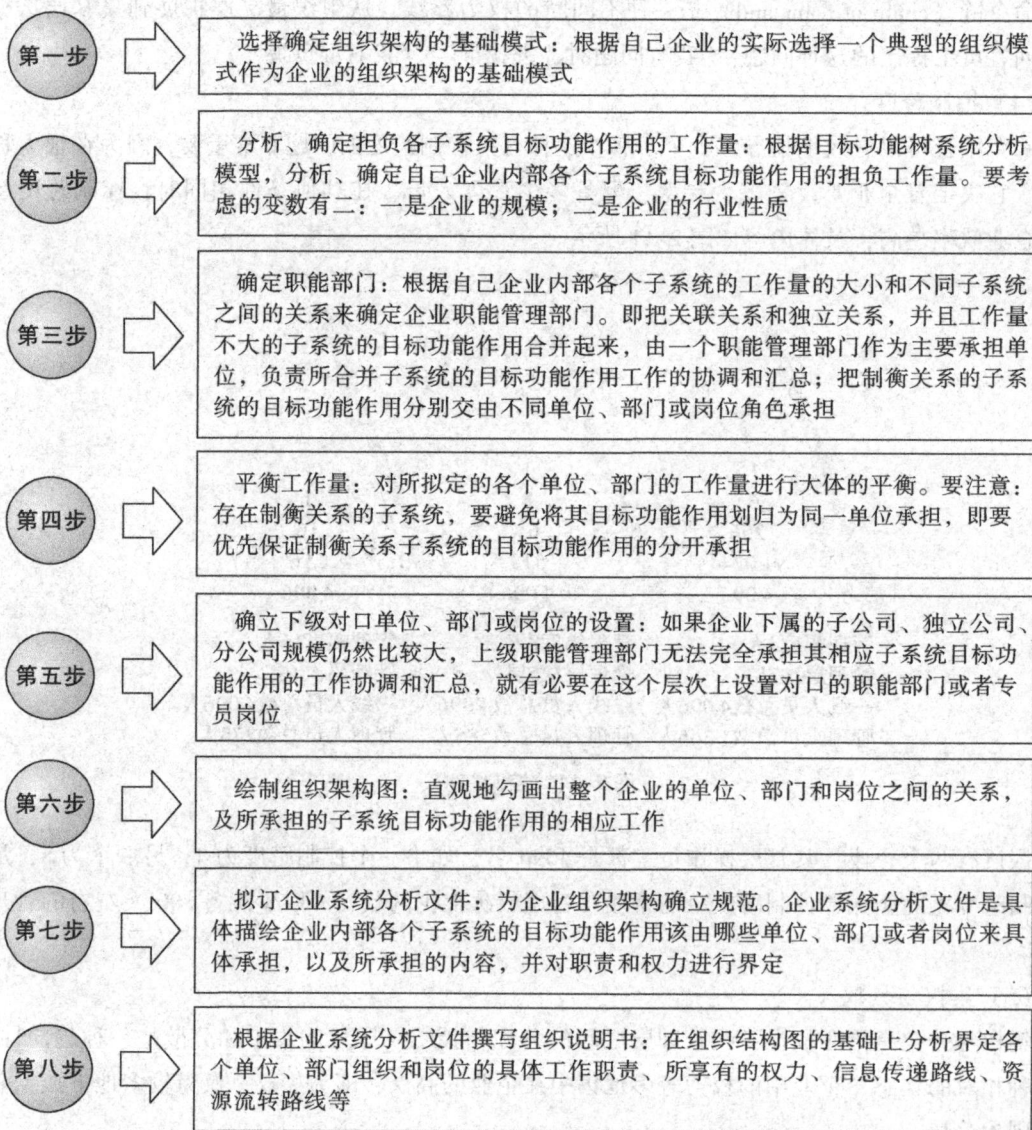

第一步 → 选择确定组织架构的基础模式：根据自己企业的实际选择一个典型的组织模式作为企业的组织架构的基础模式

第二步 → 分析、确定担负各子系统目标功能作用的工作量：根据目标功能树系统分析模型，分析、确定自己企业内部各个子系统目标功能作用的担负工作量。要考虑的变数有二：一是企业的规模；二是企业的行业性质

第三步 → 确定职能部门：根据自己企业内部各个子系统的工作量的大小和不同子系统之间的关系来确定企业职能管理部门。即把关联关系和独立关系，并且工作量不大的子系统的目标功能作用合并起来，由一个职能管理部门作为主要承担单位，负责所合并子系统的目标功能作用工作的协调和汇总；把制衡关系的子系统的目标功能作用分别交由不同单位、部门或岗位角色承担

第四步 → 平衡工作量：对所拟定的各个单位、部门的工作量进行大体的平衡。要注意：存在制衡关系的子系统，要避免将其目标功能作用划归为同一单位承担，即要优先保证制衡关系子系统的目标功能作用的分开承担

第五步 → 确立下级对口单位、部门或岗位的设置：如果企业下属的子公司、独立公司、分公司规模仍然比较大，上级职能管理部门无法完全承担其相应子系统目标功能作用的工作协调和汇总，就有必要在这个层次上设置对口的职能部门或者专员岗位

第六步 → 绘制组织架构图：直观地勾画出整个企业的单位、部门和岗位之间的关系，及所承担的子系统目标功能作用的相应工作

第七步 → 拟订企业系统分析文件：为企业组织架构确立规范。企业系统分析文件是具体描绘企业内部各个子系统的目标功能作用该由哪些单位、部门或者岗位来具体承担，以及所承担的内容，并对职责和权力进行界定

第八步 → 根据企业系统分析文件撰写组织说明书：在组织结构图的基础上分析界定各个单位、部门组织和岗位的具体工作职责、所享有的权力、信息传递路线、资源流转路线等

第九步 ➡ 拟定单位、部门和岗位工作标准：明确界定各个单位、部门和岗位的工作职责、工作目标和工作要求

第十步 ➡ 工作说明：根据企业系统分析文件、组织说明书及单位、部门和岗位工作标准进行工作分析，并撰写工作说明书。除了界定前述内容外，还要明确界定任职的条件和资格

第十一步 ➡ 后续工作：就上述文件进行汇总讨论，审核通过后正式颁布

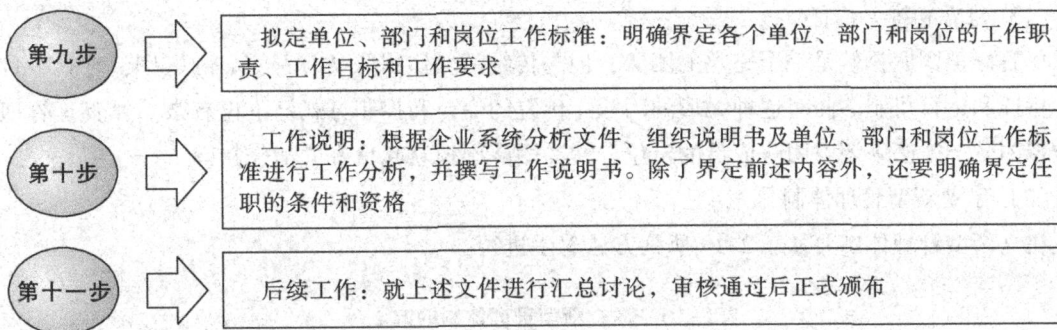

图 2-12 组织结构设计的步骤

工具 08 虚拟管理法

【工具定义】

虚拟管理法就是对虚拟团队进行管理与协调，从而提高团队效率。虚拟团队是指在虚拟工作环境下，由一些跨地区、跨组织的成员通过通信和信息技术的联结来完成共同任务的组织。也就是说，这是一个不依赖于看得见、摸得着的办公场所而运作的团队，它有着自己的运行机制。

【适用范围】

适用于团队管理、企业组织构建、虚拟组织管理等相关工作。

【工具解析】

1. 虚拟团队的特征

虚拟团队的存在受时间和空间的限制，成员来自分散的地区，缺乏成员之间相互接触时所具有的特征。虚拟团队通常利用最新的网络、移动电话、可视电话会议等技术实现基本的沟通。

2. 虚拟管理的主要形式

虚拟管理的主要形式有：虚拟实践社团、人力资源外包、员工自助式服务。

3. 虚拟团队管理的要领

虚拟团队管理要遵循一定的要领，具体内容如图 2-13 所示。

（1）建立和维系信任

（2）建立新型管理体制

（3）虚拟团队技术手段的管理与协调

虚拟团队管理的要领

（4）虚拟团队知识信息的管理与协调

（5）虚拟团队跨文化的管理与协调

（6）虚拟团队成员的管理与协调

图 2-13 虚拟团队管理的要领

（1）建立和维系信任

尽管虚拟团队仍然是一个完整的团队，但与传统的实体团队又有着明显的区别，它具有自己的特征和运行机制。面对这种无形的团队，传统的命令和控制方式已不再有效。要真正管理好虚拟团队，就必须调整团队成员的定位，并在团队中树立起良好的信任氛围。

（2）建立新型管理体制

建立新型管理体制要从表2-19所列方法着手进行。

表2-19　建立新型管理体制的方法

序号	方法	说明
1	调整成员角色定位	虚拟团队成员一般以知识型员工居多，应该把他们从"劳动者"角色转为"会员"角色。作为会员，他们需签订会员协议，享有相应的权利和责任，最重要的是参与管理
2	明确团队的战略目标	在虚拟团队中，战略目标是领导关系的替代，是成员协同工作的基础。因此，团队在建立之初，要尽量让每个成员了解团队的目标和愿景，并及时获取员工的反馈信息，在互动中加深对目标、任务以及在团队中的角色的理解。此外，在团队运转过程中，要尽量掌握每一位成员的工作状况，及时纠正工作中的偏差
3	建立信任关系	（1）信而有情：组织的虚拟程度越高，人们对人情味的需求就越强烈 （2）信而有限：无限的信任既不现实，也不合理，组织对虚拟团队成员的信任其实就是一种信心，即对成员能力以及对他们执行目标的决心的信心 （3）信而有约：对于一个追寻商业目标的组织而言，信任不仅是一种主管行为，它还应该和契约联系在一起 （4）信而有学：为实现最大程度的信任而建立的封闭式工作单元，如果不能跟上市场、客户和技术的变化，对整个组织会造成巨大损失，为此，组织应该让员工紧跟企业及环境变化的步伐，并形成一种不断学习的文化
4	建立有效的激励与约束机制	首先，在给予团队成员充分信任的同时，必须保证个体目标和整个团队目标的一致性。这就要求把信任和契约联系在一起，以契约的形式明确成员的权利、义务以及违约责任等。其次，在把握虚拟团队成员组成特点的基础上，深入研究各虚拟成员的需要，构建有效的激励机制，如建立良好的团队环境、提供具有挑战性的工作、给予丰厚的回报、组织跨地域学习和交流等

（3）虚拟团队技术手段的管理与协调

信息通畅是虚拟团队正常运转的根本保障，因此，技术手段的可靠性问题是团队应该关心的首要问题。首先，团队要选择适合的、可靠性强、效率高的通信技术作为团队的主要沟通渠道，同时要交叉运用多种沟通方式，以防止某种技术手段因突发故障而影响整个团队的进程。其次，要加强对技术设施的配备、使用、更新以及开发的管理，并及时对成员进行必要的培训。

（4）虚拟团队知识信息的管理与协调

在虚拟团队网络中，每个结点都是知识和信息的积聚点，这些知识和信息在整个网络中的流动，必将大大提高整个团队的竞争优势，提高创新能力。因此，在注重发挥成员个体优势的同时，应通过互动式学习和交流，建立起知识与信息共享的内部环境。此外，为了减少信息交流中的丢失、失真与误解，可在一定范围内实行信息标准化，以规定的格式、编码等实现信息的传递。

（5）虚拟团队跨文化的管理与协调

首先，可以通过文化敏感性培训，让成员了解文化差异的状况以及可能带来的相应问题，使成员接受和认可他人的文化背景，尊重他人的语言风格以及行为习惯、宗教信仰等，以减少因不同文化带来的冲突。其次，在尊重成员个体文化背景的基础上，加强团队文化建设，形成与整体目标一致的团队文化。在团队运作过程中，要充分沟通信息，加强协作，促进团队文化的形成。

（6）虚拟团队成员的管理与协调

在对团队成员的管理与协调中，还需要注意营造团队的"社区"氛围，使成员产生归属感，增强群体意识。在虚拟的社区内，允许成员自由交流，使他们彼此成为朋友和伙伴。此外，还要注重增加成员之间面对面交流的机会，如定期会晤、组织培训、相互走访等。

4. 虚拟管理的缺陷

虚拟管理因为虚拟的特征存在着以下潜在的隐患。

（1）信任为企业的经营管理者与员工的沟通带来了生机，却也使虚拟团队的管理层处于一个两难的境地：为了团队能够高效工作，经营管理者必须足够地信任团队的每个成员，然而，团队成员又如何把自己的信任寄托给一个自己看不见的"虚拟化组织"呢？

（2）在知识经济时代，员工不再是"人力资源"，而应该是"人力资产"。他们所代表的无形资产在很多企业中已经远远超过了有形资产的价值，在高科技领域尤其如此。作为高价值的无形资产的代表者，他们可以轻易离开现在所处的团队，尤其是以信任而非控制为主导管理思想的团队。这一风险的存在往往会引发恶性循环：投资者为规避风险，急于尽快收回投资，不惜采用短期行为；与此同时，管理层迫于投资者的压力，只有拼命压榨现有员工，而这一切又将加速员工的离开。

（3）消除虚拟团队中存在的恶性循环，最理想的方法是改变"员工"的角色定位，把他们从"劳动者"的角色转换为"会员"的角色。作为会员，他们要签订会员协议，享有相应的权利和责任，最重要的是参与企业的管理。

（4）"劳动者"转换为"会员"，虽然不能等同于把所有权拱手让给他们，但这一改变无疑会削减企业所有者的权力。因此，股东的角色也必须相应地从"所有者"转换为"投资者"，他们追求回报，但同时又要承担风险。另外，他们也不能越过"会员"转卖公司，或是轻易向管理层发号施令。

工具09　非正式组织

【工具定义】

非正式组织是"正式组织"的对称，最早由美国管理学家梅奥通过"霍桑实验"提出，是人们在共同的工作过程中自然形成的以感情、喜好等情绪为基础的松散的、没有正式规定的群体。这些群体有着共同的信仰、经历、利益、观点、习惯或准则等。

【适用范围】

适用于企业中非正式组织的管理工作。

【工具解析】

人们在正式组织所安排的共同工作和在相互接触中，必然会以感情、性格、爱好相投为基础形成若干人群，这些群体不受正式组织的行政部门和管理层等的限制，也没有明确规定的正式结构，但在其内部也会形成一些特定的关系结构（见图2-14），自然涌现出自己的"头头"，形成一些不成文的行为准则和规范。

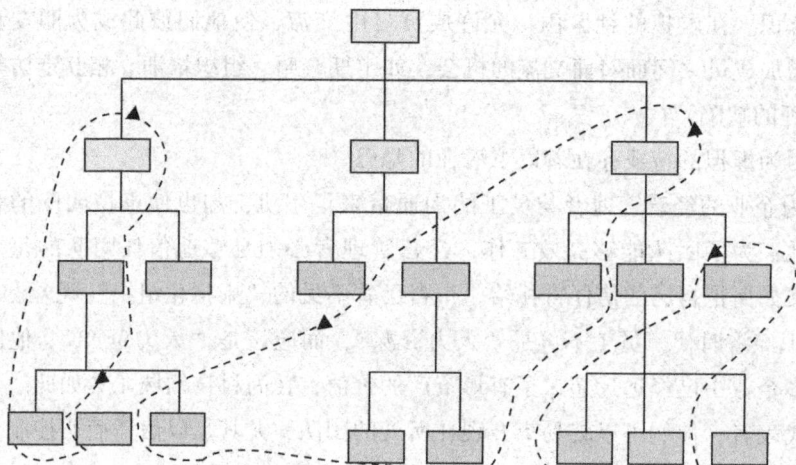

非正式组织：上午喝咖啡　非正式组织：保龄球友　非正式组织：联谊会

图2-14　非正式组织图示

1. 非正式组织与正式组织的比较

非正式组织与正式组织的比较如表2-20所示。

表2-20 非正式组织与正式组织的比较

序号	比较点	非正式组织	正式组织
1	形成过程	非正式组织是个人、社会关系的网络，是在人际交往中感情相投的基础上自发产生的	正式组织是在组织工作职能的实施过程中，随着组织结构的建立而形成的
2	注重	非正式组织关注的是人及其关系，即感情	正式组织强调以权力、责任体现正式地位
3	威望	非正式组织的权力属于个人	正式组织的权力则依附于职位，一个人只有在那个职位上才拥有它
4	形式	非正式组织的权力带有个人色彩	正式组织的权力则有官方色彩

2. 非正式组织对企业管理的影响

非正式组织对企业管理的影响既有负面的，也有正面的，具体内容如表2-21所示。

表2-21 非正式组织对企业管理的影响

负面影响	正面影响
·抵制变革。非正式组织往往会变成一种力量，刺激人们产生抵制革新的心理 ·滋生谣言。谣言在非正式组织中，极易以讹传讹 ·阻碍努力。工作人员在其工作上特别尽力，会受到非正式组织中其他成员的干涉 ·操纵群众。有些人员居然成了非正式组织的领袖，常利用其地位对群众施以压力，从中操纵	·弥补不足。任意一个正式组织，无论其政策与规章定得如何严密，总难巨细无遗，非正式组织可与正式组织相辅相成，弥补正式组织的不足。 ·协助管理。正式组织若能得到正式组织的支持，则可提高工作效率而促进任务的完成 ·加强沟通。非正式组织可使员工在受到挫折或遭遇困难时，有一个发泄的通道，进而获得安慰与满足 ·纠正管理。非正式组织可促使管理者对某些问题合理的处置，起到制衡的作用

3. 非正式组织的分类

可以从"安全性"和"紧密度"两方面来考察非正式组织的划分。这里所谓的"安全性"是与破坏性相对立的：凡是积极的、正面的、有益的活动都是"安全"的。例如满足成员归属感、安全感的需要，增强组织的凝聚力，有益于组织成员的沟通，有助于组织目标的实现等；凡是消极的、反面的、有害的都是"危险"的。例如抵制变革、滋生谣言、操纵群众、阻

碍成员努力等。所谓的"紧密度"是与松散性相对立的：凡是有固定成员、有活动计划、有固定领导而小道消息又特别多的，都是"紧密度"高的；相反则是"紧密度"低的。在具体评价过程中，可以以"安全性"和"紧密度"这两项指标为横向和纵向坐标，做出有四个区间的分类图，具体如图 2-15 所示。

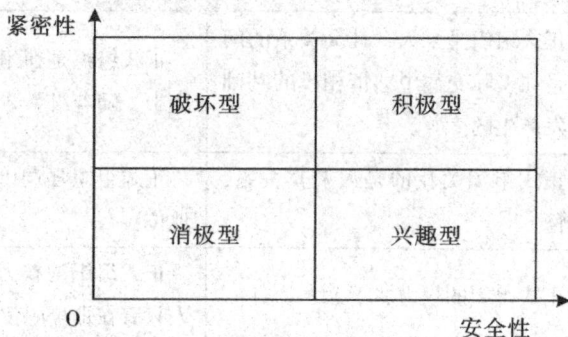

图 2-15 非正式组织的划分

图 2-15 中，横轴表示"安全性"，纵轴表示"紧密度"。每项指标分为两段表示其程度，从左下角的原点向右和向上递增，把非正式组织分为四种类型。非正式组织的类型及特点如表 2-22 所示。

表 2-22 非正式组织的类型及特点

序号	类型	特点说明
1	消极型	既不安全，也不紧密。这种非正式组织的内部没有一个得到全部成员认可的领袖，分为好几个小团体，每一个小团体都有一个领袖，同时某些领袖并不认同组织，存在个人利益高于组织利益的思想
2	兴趣型	很安全，但不紧密。由于具有共同的兴趣、爱好而自发形成的团体，成员之间自娱自乐
3	破坏型	很紧密，但不安全。这种非正式组织能够形成一股足以和组织抗衡的力量，而且抗衡的目的是出于自身利益，为谋求团体利益而不惜损害组织利益。同时，团体内部成员不接受正式组织的领导，而听从团体内领袖的命令
4	积极型	既积极，又很紧密。一般出现在企业文化良好的企业，员工和企业的命运紧密地联系在一起。例如日本本田公司的 QC 小组，完全是自发成立，员工下班后聚到一起，一边喝咖啡，一边针对当天生产车间出现的生产问题和产品瑕疵畅所欲言，最后通过讨论找出解决问题的方法

对于企业来讲，虽然一般的非正式组织很少是破坏型的，但是如果出现一定的内外部诱因，那么消极型、兴趣型和积极型非正式组织都有可能迅速地转化为破坏型非正式组织。组织的管理者需要对组织内存在的诸多非正式组织有一个清晰的界定。

4. 有针对性地管理非正式组织

管理者需要对非正式组织的情况进行阶段性的评估，有针对性地实施有效的管理，以实现正式组织的发展目标。

（1）在管理中要谨防非正式组织的"紧密化"

一般来说，松散的非正式组织对于企业或部门的发展是有利的，能提升人性化管理，改善员工间的关系，创造轻松融洽的工作氛围，激发员工的创造性。而当非正式组织逐渐演变成紧密型结构时，其对企业和部门发展的危害将不容忽视。此时的非正式组织会使员工内部及员工和管理者之间的工作关系紧张，存在安于现状、消极怠工的现象，并且员工普遍缺乏创新意识，工作效率不断下降，从而无法实现管理目标。当非正式组织在内部形成后，管理人员需要定期对非正式组织的紧密程度进行考察评估，根据评估结果作出相应的决策，谨防非正式组织的紧密化。

（2）让管理层融入非正式组织

由于骨干员工所具有一些特点，如创新意识和独立性较强，因此非正式组织对他们的行为方式和工作表现往往会产生很大的影响。这时，管理人员就要对骨干员工进行适当的引导，使他们融入到某些松散的非正式组织中，或者弱化紧密型非正式组织对骨干员工的影响，尽量避免或消除非正式组织对企业和部门管理所造成的不利影响。一些可参考的做法如下：把非正式组织的核心员工调离原来的岗位，减弱非正式组织的影响，使非正式组织由紧密型向松散型演变；管理人员成为非正式组织的成员，融入到非正式组织中，施展个人影响，逐渐使非正式组织的行为和利益与正式组织管理目标保持一致；关注关系相对独立的员工，经常与他们进行沟通交流，听取他们的意见，以保持考核的公正性；在正式组织内开展各种活动，如集体培训、学习讨论等，强化正式组织的凝聚力，弱化非正式组织的影响。

（3）关注中层管理人员的管理方式

在企业管理过程中，有的管理人员为强化自己的管理职能，会采用笼络员工的方式来培育自己的亲信，增强管理效力，客观上已形成了非正式组织。这类部门，虽然从表面上看来能够较好地进行日常运作，对一般性经营目标也能完成，但对于企业或部门的长期发展非常不利：营造了不好的人员关系和工作氛围，使企业或部门员工缺少创新精神；工作效率低下；优秀人才逐渐流失；不再有建设性的意见和建议；员工要么刻意奉承，要么被约束。因此，企业领导要定期评估企业内部中层管理人员的管理方式，防止管理行为中所滋生的非正式组织。

5. 紧密化、危险化的紧急应对

当非正式组织出现紧密化、危险化的趋向，并开始危害企业的发展时，管理者要积极采取以下的措施进行紧急应对，具体的应对措施如表 2-23 所示。

表 2-23　紧密化、危险化的紧急应对措施

序号	应对措施	说明
1	谋求与非正式组织领袖的合作	非正式组织中的领袖人物集中体现了非正式组织成员的共同价值观和共同志趣，他们往往凭借自身的技术专长和个人魅力在非正式组织中享有很高的威望和影响力。有时他们的实际影响力甚至远远超过那些正式组织的管理者，他们的思想和行动直接影响着非正式组织的思想和行动。因此，当非正式组织出现"紧密化"、"危险化"时，管理者应对非正式组织中的领袖的影响给予高度重视，积极谋求与他们在各个层面上进行有效沟通，并在理性和合作的基础上解决危机
2	迅速建立通畅的正式沟通渠道	非正式沟通往往是由于缺乏正式的信息沟通才产生的，并且由于非正式沟通的不规范性和不权威性，经常会引起信息的失真。当通过这种非正式的渠道所传递的信息严重失真，并引起企业内部的人心涣散、惶恐时，它就会对企业造成极大的危害。为此，管理者在面对此危机时，首先应致力于迅速在企业内部建立起权威的、正式的信息沟通渠道。当企业内的员工对企业的任何情况产生疑问时，如果有一个合法的渠道获取真实的信息，这样就能把非正式沟通给企业所带来的损失降低到最低限度
3	迅速采取内部公关政策	当企业的非正式组织"紧密化"、"危险化"，并开始与企业管理层对抗时，管理者首先要进行自我检讨，如果确实是由于管理层的疏忽而危及员工利益，管理者应该迅速调整政策；如果是不得已的临时措施，或是有人在蛊惑人心，那么管理者可以利用企业的公共场所，与员工进行坦诚、公开的交流，以取得广大员工的信任。同时运用企业中的舆论工具、媒体、事件等，对非正式组织群体成员的共同意见进行有计划、有目的引导，循序渐进地使非正式组织成员的意见与企业的组织目标相一致
4	坚决清除极具破坏性的人物	通常，当非正式组织"紧密化"、"危险化"时，一定伴随着某些或某个人的煽动，这类人在整个事件过程中起到了最大的推动和蛊惑作用，例如抱着极端的个人主义，违背企业原则，严重阻碍企业的发展，损害企业和企业内其他成员的利益，或者在非正式企业内传播谣言、煽风点火、蛊惑人心。对于这类害群之马，在进行说服改造无效的情况下，要坚决予以开除，使其接受应有的惩罚。这样做不仅可以为企业除去隐患，还可以起到杀一儆百的作用，使怀着同样目的的人不敢造次。但是在采取这样的措施时，一定要向非正式组织中的成员澄清事实，以免引起非正式组织成员的误解，造成人心动荡
5	工作调动	必要时把非正式组织的核心员工调离原来的岗位，减弱非正式组织的影响，使非正式组织由紧密型向松散型演变

工具10　7S模型

【工具定义】

7S模型是麦肯锡顾问公司研究中心设计的企业组织七要素，指出了企业在发展过程中必须全面考虑各方面的情况，包括结构（Structure）、制度（System）、风格（Style）、员工（Staff）、技能（Skill）、战略（Strategy）、共同的价值观（Shared Vision）。7S模型如图2-16所示。

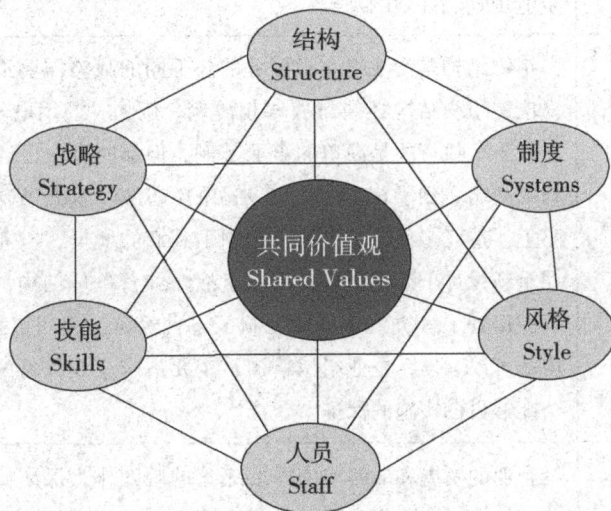

图2-16　7S模型

在7S模型中，战略、结构和制度被认为是企业成功的"硬件"，风格、人员、技能和共同价值观被认为是企业成功经营的"软件"。

【适用范围】

适用于企业组织构建、战略制定、企业文化建设等。

【工具解析】

1. 7S模型的来源

托马斯·J. 彼得斯（Thomas J. Peters）和小罗伯特·H. 沃特曼（Robert H. Waterman），这两位斯坦福大学的管理硕士、长期服务于美国著名的麦肯锡管理顾问公司的学者，访问了美国历史悠久、最优秀的62家大公司，又以获利能力和成长的速度为准则，挑出了43家杰出的模范公司，其中包括IBM、德州仪器、惠普、麦当劳、柯达、杜邦等各行业中的翘楚。他们对这些企业进行了深入调查，并与商学院的教授进行讨论，以麦肯锡顾问公司研究中心设计的企业组织七要素（简称7S模型）为研究的框架，总结了这些成功企业的一些共同特点，创建了7S模型，并写出了《追求卓越——美国企业成功的秘诀》一书。

2.7S 要素分析

7S 要素分析如表 2-24 所示。

表 2-24　7S 要素分析

类别	要素	说明
硬件要素	战略 （Strategy）	战略是指企业根据内外部环境及可取得资源，为求得企业生存和长期稳定的发展，对企业发展目标、达到目标的途径和手段的总体策划，它是企业经营思想的集中体现，是一系列战略决策的结果，同时又是制订企业规划和计划的基础
	结构 （Structure）	组织结构是为战略实施服务的。不同的战略需要不同的组织结构与之对应，组织结构必须与战略相协调。例如，通用电气公司在 20 世纪 50 年代末期执行的是简单的事业部制，但那时企业已经开始从事大规模经营的战略。到了 60 年代，该公司的销售额大幅度提高，而行政管理却跟不上，造成多种经营失控，影响了利润的增长。70 年代初，通用电气公司重新设计了组织结构，采用了战略经营单位结构，使行政管理滞后的问题得到了解决，妥善地控制了多种经营，利润也相应地得到了提高。由此可以看出，企业组织结构一定要适应企业战略的需要，它是企业战略能够贯彻实施的保证
	制度 （Systems）	企业的发展和战略实施需要完善的制度作为保证，而各项制度又是企业精神和战略思想的具体体现。因此，在战略实施过程中，应制定与战略思想相一致的制度体系，要防止制度的不配套、不协调，更要避免出现背离战略的制度
软件要素	风格（Style）	风格是指管理人员在时间、注意力、象征性行动方面的共性方式
	共同价值观 （SharedValues）	共同价值观是企业及其成员共同信奉的，与企业的使命、愿景相一致，能够推动和促进企业战略实现的一套核心价值观及行为规范。企业成员共同的价值观念具有导向、约束、凝聚、激励及辐射作用，可以激发全体员工的热情，统一企业成员的意志和欲望，使其能够齐心协力地为实现企业的战略目标而努力。企业在准备战略实施时，要通过各种手段进行宣传，使企业的所有成员都能够理解它、掌握它，并用它来指导自己的行动
	员工 （Staff）	人力资源是战略实施的关键。IBM 的一个重要原则就是尊重员工，并且花很多时间来执行这个原则，为他们坚信员工不论职位高低，都是产生效能的源泉。因此，企业在做好组织设计工作的同时，应注意配备符合战略思想需要的员工队伍，对其进行培训，分配给他们适当的工作，

（续表）

类别	要素	说明
软件要素	员工（Staff）	并加强宣传教育，使企业各层次人员都树立起与企业的战略相适应的思想观念和工作作风。如麦当劳的员工都十分有礼貌地提供微笑服务；IBM的销售工程师技术水平都很高，可以帮助客户解决技术上的难题；迪士尼的员工的生活态度都十分乐观，他们为客户带来了欢乐
	技能（Skills）	在执行企业战略时，需要员工掌握一定的技能，这有赖于严格、系统的培训

在运用7S模型对企业进行评估时可运用表2-25所示的清单。

表2-25　7S评估清单

序号	7S模型	评估内容	结果
1	共享价值观	（1）如果业务/组织运作得非常完美，那么哪些关键的事情将会发生 （2）如果我是隐形的，当我在企业内走来走去时，我会看到哪些促使企业成功的行为和现象 （3）如果我是隐形的，当我坐在企业高管和他们下属的对话现场时，我将听到哪些主题 （4）如果企业非常成功，10年后我们将在哪里 （5）如果你考虑出售这个成功的业务/组织，你会怎样向可能的买主描述它 （6）你会怎样向可能的买主描述企业的使命	
2	战略	（1）使业务/组织更成功的主要战略是什么 （2）实现战略的关键短期目标有哪些 （3）执行战略的主要约束有哪些 （4）在何种程度上，你确信这些战略是正确的 （5）凭什么客户要忠于你的企业 （6）你的企业提供给客户的价值主张是什么（低总体成本、运作卓越、出众的产品、领先的创新、针对客户的独特需求而定制服务） （7）你的客户如何评价你的企业？你是如何知道的 （8）你是如何向企业的高级管理人员以及其他员工谈论这些战略的	

（续表）

序号	7S 模型	评估内容	结果
3	核心技能	（1）业务/组织获得成功所必须具备的知识和技能是什么 （2）随着时间的推移，你预计这方面会有什么改变 （3）你如何评估企业优势和劣势 （4）为保持和强化这些知识和技能，企业需面对哪些关键挑战 （5）在这些方面中，哪些行动正在进行	
4	结构	（1）你的组织结构图是怎样的 （2）主要部门的职责是什么 （3）部门之间有哪些角色/职责问题 （4）部门之间有哪些沟通问题 （5）为了促进不同的职能和部门之间的依赖程度，企业做了哪些关键的事情/努力 （6）这种结构是如何促进/阻碍战略的实现的 （7）在这些方面中，哪些强化/改进行动正在进行 （8）在下述方面企业表现得如何 ①管理幅度 ②团队的使用 ③管理层级的数量 ④对位机制	
5	人员	（1）描述企业关键人员在企业中最重要的角色/作用，以及他们的优势和劣势 （2）他们当中谁对业务/组织的成功至关重要，为什么 （3）就这些关键人员而言，你最担忧的问题是什么 （4）描述整体人员的优势和劣势 （5）就企业人员而言，你最担忧的问题是什么 （6）在上述方面，哪些强化/改进行动正在进行	
6	系统	（1）描述支持业务/组织的关键系统以及它们的优点和不足 ①报酬系统 ②管控和信息系统 ③客户反馈系统 ④采购与供应商管理系统 ⑤生产系统	

序号	7S 模型	评估内容	结果
6	系统	⑥客户需求识别系统 ⑦质量衡量系统 ⑧其他 （2）为提升企业效益，需解决/改善哪些系统问题 （3）在这些方面，哪些强化/改进行动正在进行	
7	风格	（1）企业中重要决策是如何被作出的 （2）最高管理层如何同关键员工沟通，如何同企业员工沟通 （3）企业最高管理层希望关键员工和其他成员应该如何行事 （4）你如何描述组织的管理风格，其他人对此的评估有何不同 （5）最高管理层的工作内容 ①强化标准 ②强调质量 ③鼓励团队合作 ④鼓励合理的冒险 ⑤澄清角色和职责 ⑥使员工关注于目标 ⑦奖励、认可、强调对客户/市场的洞察	

工具 11　诺兰阶段模型

【工具定义】

诺兰阶段模型是由美国管理信息系统专家诺兰（Richard·L. Nolan）通过对 200 多个公司、部门发展信息系统的实践和经验的总结提出来的信息系统进化的阶段模型，即诺兰模型，是战略信息管理者 IT 角色的重要理论工具。

【适用范围】

适用于企业信息化过程中的发展决策工作。

【工具解析】

1. 诺兰模型的六个阶段

诺兰认为，任何组织由手工信息系统向以计算机为基础的信息系统发展时，都存在着一条客观的发展道路和规律。数据处理的发展涉及技术的进步、应用的拓展、计划和控制策略的变化以及用户的状况四个方面。1979 年，诺兰将计算机信息系统的发展道路划分为六个阶段。诺兰强调，任何组织在实现以计算机为基础的信息系统时都必须从一个阶段发展到下一个阶

段，不能实现跳跃式发展。

诺兰模型的六个阶段分别是：初始阶段、扩展阶段、控制阶段、集成阶段、数据管理阶段和成熟阶段。

六阶段模型反映了企业计算机应用发展的规律性，前三个阶段具有计算机时代的特征，后三个阶段具有信息时代的特征，其转折点是进行信息资源规划的时机。"诺兰模型"的预见性，被其后国际上许多企业的计算机应用发展情况所证实。

诺兰阶段模型的横坐标表示信息系统的各个阶段，纵坐标表示增长要素，具体如图 2-17 所示。

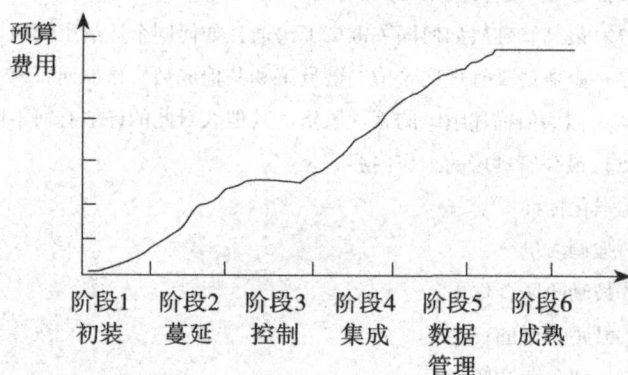

图 2-17　诺兰阶段模型

该模型总结了企业信息系统发展的经验和规律，一般模型中的各阶段都是不能跳越的，它可用于指导 MIS 的建设。

2. 诺兰阶段模型的主要内容

诺兰阶段模型的主要内容如表 2-26 所示。

表 2-26　诺兰阶段模型的主要内容

序号	阶段	说明	特点
1	初始阶段	计算机刚进入企业，只作为办公设备使用，应用非常少，通常用来完成一些报表统计工作，甚至大多时候被当做打字机使用。在这一阶段，企业对计算机基本不了解，更不清楚 IT 技术可以为企业带来哪些好处、解决哪些问题。在这一阶段，IT 的需求只被作为简单的办公设施改善的需求来对待，采购量少，只有少数人使用，在企业内没有普及	(1) 企业中只有个别人具有使用计算机的能力 (2) 该阶段一般发生在一个企业的财务部门

序号	阶段	说明	特点
2	扩展阶段	企业对计算机有了一定了解，想利用计算机解决工作中的问题，例如进行更多的数据处理，以给管理工作和业务带来便利。于是，应用需求开始增加，企业对 IT 应用开始产生兴趣，并对开发软件热情高涨，投入开始大幅度增加。但此时很容易出现盲目购机、盲目定制开发软件的现象，缺少计划和规划，因而应用水平不高，IT 的整体效用无法凸显	（1）数据处理能力得到迅速发展 （2）出现许多新问题（如数据冗余、数据不一致性、难以共享等） （3）计算机使用效率不高
3	控制阶段	在前一阶段盲目购机、盲目定制开发软件之后，企业管理者意识到计算机的使用超出控制，IT 投资增长快，但效益却不理想，于是开始从整体上控制计算机信息系统的发展，在客观上要求企业协调、解决数据共享问题。此时，企业 IT 建设更加务实，对 IT 的利用有了更明确的认识和目标 在这一阶段，一些职能部门内部实现了网络化，如财务系统、人事系统、库存系统等，但各软件系统之间还存在"部门壁垒""信息孤岛"。信息系统呈现单点、分散的特点，系统和资源利用率不高	（1）成立了一个领导小组 （2）采用了数据库（DB）技术 （3）这一阶段是计算机管理变为数据管理的关键
4	集成阶段	在控制的基础上，企业重新进行规划设计，建立基础数据库，并建成统一的信息管理系统。企业的 IT 建设开始由分散和单点发展到成体系。此时，企业 IT 主管开始把企业内部不同的 IT 机构和系统统一到一个系统中进行管理，使人、财、物等资源信息能够在企业集成共享，从而更有效地利用现有的 IT 系统和资源。不过，这样的集成所花费的成本会更高、时间更长，而且系统更不稳定	（1）建立集中式的 DB 及相应的 IS （2）增加大量硬件，预算费用迅速增长

（续表）

序号	阶段	说明	特点
5	数据管理阶段	企业高层意识到信息战略的重要性，信息成为企业的重要资源，企业的信息化建设也真正进入到数据处理阶段。在这一阶段中，企业开始选定统一的数据库平台、数据管理体系和信息管理平台，统一数据的管理和使用，各部门、各系统基本实现资源整合、信息共享。IT 系统的规划及资源利用更加高效	（1）对企业内的所有数据进行统一管理 （2）消除数据的冗余和不一致现象，实现数据共享
6	成熟阶段	到了这一阶段，信息系统已经可以满足企业各个层次的需求，企业真正把 IT 同管理过程结合起来，将企业内部、外部的资源进行充分整合和利用，从而提升了企业的竞争力和发展潜力	信息系统可以满足企业中各管理层次的需求，真正实现信息资源的管理

3. 诺兰阶段模型的作用

诺兰阶段模型总结了管理信息系统发展的经验和规律，其基本思想对于管理信息系统建设具有指导意义。

管理者无论在确定管理信息系统的开发策略，或者在制定管理信息系统规划的时候，都应首先明确企业当前处于哪一发展阶段，进而根据该阶段特征来指导管理信息系统建设。

>>> 第三章

创新运用工具

创新是指以新思维、新发明和新描述为特征的一种概念化过程。创新是企业的生命。世界 500 强企业之所以能在竞争中处于主动，立于不败之地，很重要的一个原因就是它将创新作为企业的发展战略，要求企业、要求员工不断创新。因而创新能力已成为世界 500 强企业员工的基本任职要求之一。

关于创新的工具或技法已经有几百种之多，本章将选取其中一些经典的来予以介绍。

·改善提案制度	·脑力激荡法	·卡片式智力激励法
·戈登法	·焦点法	·635 法
·NM 法	·奥斯本检核表法	·德尔菲法
·缺点列举法	·十二聪明法	·特性列举法
·希望点列举法	·信息交合法	·综摄法

工具 01　改善提案制度

【工具定义】

改善提案制度又称为奖励建议制度、创造性思考制度，是一种规范化的企业内部沟通制度，旨在鼓励广大员工能够直接参与企业管理，下情上达，让员工能够与企业的管理者保持经常性的沟通。

【适用范围】

适用于企业建立改善提案制度。

【工具解析】

1. 提案制度的意义

改善提案制度简称"提案制度"，或称"奖励建议制度"，名称虽不同，但意义则一样。企业员工发觉现行事务手续、工作方法、设备等有需改善的地方，而提出建设性的改善意见，称为"提案"或"建议"。企业选择优良、有效的提案付诸实施，并给予提案适当的奖励，这种有系统地处理员工提案的制度称为"提案制度"。

2. 提案制度的目的

企业导入提案制度活动的目的，虽然在表达上各有其相异之处，但是基本的动机则是相同的：让各从业员工发挥创意来获得改善效果，并打造安全、舒适的工作场所，进而发展人际关系和自我启发，最终达成对企业利润有所贡献的目的。

提案制度的目的如下。

（1）降低成本。

（2）增强劳资之间的意见交流。

（3）让员工产生对工作的满足感而提高员工对企业的向心力和忠诚度。

（4）消除劳动灾害。

（5）加强机械、设备或建筑物等的维护和保养。

（6）改进品质，开发良好的工作方法。

3. 提案制度的效益

实施提案制度可获得如表 3-1 所示的效益。

表 3-1 提案制度的效益

有形效益	无形效益
（1）激励员工对自己的工作多加思考 （2）让员工有被他人赏识的机会，因而获得工作 的满足感和参与感 （3）表示企业愿意接受员工的构想和建议 （4）鼓舞员工提出创造性建议，以利于企业营运 （5）发掘潜在人才并加以提升，使其对企业作出 更大的贡献 （6）改善产品和服务的品质、消除浪费、降低成本	（1）提升企业形象 （2）提高员工的满意度和忠诚度 （3）培养更佳的团队精神 （4）提高工作安全性 （5）孕育良好的沟通方式

4. 提案范围

提案范围如下。

（1）制造方法的改善。

（2）增进人工、材料、用品或费用的节省。

（3）减少或预防浪费的方法。

（4）增进生产的方法。

（5）改善产品品质的方法。

（6）改善工作环境的方法。

（7）消除或减少危险的安全措施。

（8）工具、机械或设备等的改善。

（9）不必要的记录、资料或设备的废除。

5. 提案的奖赏种类

对提案人的奖赏大致可以分为五类，具体内容如表 3-2 所示。

表3-2　提案的奖赏种类

序号	奖赏种类	说明
1	提案奖	提案奖又称为参与奖、精神奖，努力奖、慰劳奖等，对象为退件或级外的提案人，通常只对第一次参加且被退件的提案者给予此奖。奖金很少，通常以纪念品代替
2	采用奖	该奖颁给经预估审查获得采用的案件的提案者，奖金依等级而定
3	绩效奖	颁给实施有效案件的提案者，奖金依评定的等级而定，通常比采用奖多，从几百元到几千元，有些企业可能多至数万元
4	累积奖	为鼓励员工不断提案，特设此奖。方法是将全年所得提案有关的各奖换算成分数，加以累积，依分数多少给予奖励
5	团体竞赛奖	为了促进竞争心理，以部门或班组为单位，将全年度该部门内所有人累积的分数加起来除以人数，以决定名次。选出前三名，由经营者颁发奖杯或锦旗

6. 推行提案制度的组织与人事

健全的组织与人事是提案制度成败的关键，因此在推行提案制度之前应有妥善的计划与安排。以下是某企业推行提案制度有关的组织与人事安排，具体内容如表3-3所示。

表3-3　推行提案制度有关的组织与人事安排

序号	组织	职责
1	提案制度推行委员会	（1）拟订提案规程 （2）拟订审查基准 （3）拟订事务处理程序 （4）制作各种与提案制度相关的报表 （5）拟订宣传与教育计划
2	指定提案管理人或提案事务部	（1）提案的收集：按时检查提案箱，收集提案 （2）整理后呈送委员会，资料不全的提案请提案者补全资料 （3）通知提案人已收到提案 （4）保管提案记录与报告 （5）采用审查部门或审查人的推荐 （6）告知提案人审查结果或实施结果 （7）安排奖励 （8）与提案审查委员会密切合作

序号	组织	职责
3	采用提案的审查人或部门	（1）了解提案采用后会对哪些部门或作业有影响？影响到什么程度 （2）调查可能的绩效 （3）改善提案的表达方式，特别是显示有效但由于表达不善可能在委员会遭到退件的案件 （4）向审查委员会提出报告，陈述实施后可能的优劣点、现场的可能反应等 （5）协助执行部门试行审查委员会决定采用的提案，以确保绩效
4	提案审查会	（1）具备充分的提案制度知识，并促使提案制度配合公司政策 （2）按时参加审查会 （3）评估每一个提案，并以表决的形式决定采用或不采用 （4）授权有关部门试行采用的提案 （5）考虑扩大有价值的提案的使用范围 （6）决定奖励级数
5	各部门的提案联络人	（1）协助主管策划、推动本部门的提案工作 （2）协助员工提案，如协助填写"提案单"等 （3）对不经提案箱的"提案单"的收集、转呈 （4）本部门预备审查提案的协助 （5）本部门负责试行提案的跟催、协助

7. 提案制度的推行步骤

提案制度与其他管理活动一样，是一种活用的管理手法，推行的步骤也因产业的特性、文化不同而异，但大体上脱离不了戴明 PDCA——计划、执行、考核、改正行动的循环。以下为常见的推行步骤，具体内容如图 3-1 所示。

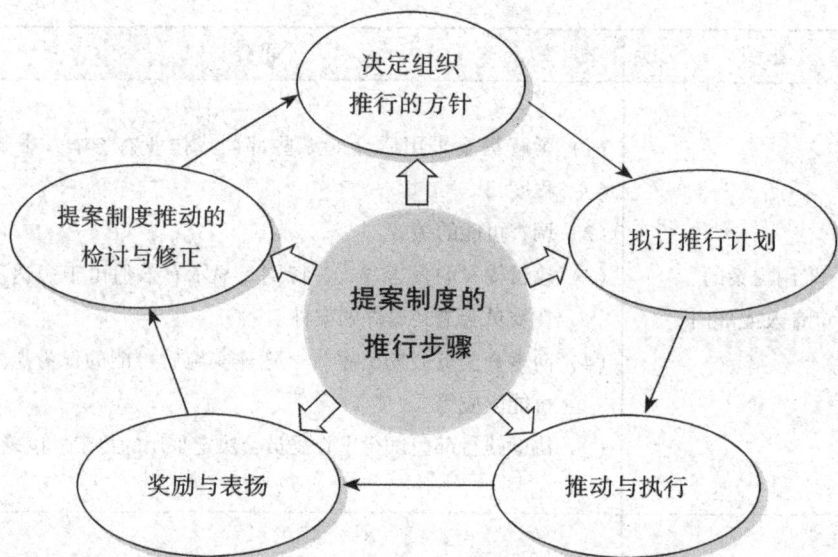

图 3-1　提案制度的推行步骤

（1）决定组织推行的方针

在推行提案之前，确定推行的方向、意图，并决定部分推行重点的基本原则，如推行组织结构、评审以及奖励原则。

（2）拟订推行计划

推行计划的主要内容至少包括以下几点。

①目的。

②组织职能。

③提案范围。

④提案的处理要求。

⑤提案的评审与奖励方法。

⑥提案的实施与追踪要求。

计划拟订完成后，需呈最高管理层核定，以作为推动执行的依据。

（3）推动与执行

提案推动的权责必须在计划拟订时予以确定，一般企业都会组成一个负责推动的推行委员会，委员会下有推动小组成员数名，这个推动小组可以是常态性组织，也可以是临时性编组，听命于推行委员会。推动小组成员的素质对于提案活动的成败是关键因素，因此推行委员会在遴选小组成员时，需注意其沟通协调能力与服务的热忱。推行委员会通常由各部门主管组成，除了可以将推行的涵盖面扩大外，也可以鼓励各部门员工积极提案。

（4）奖励与表扬

提案一经提出，推动小组人员必须依据程序立即处理，并提请相关人员评审。评审时应注意以下事项。

①不要尽是书面评审，最好赴现场了解，并与提案人深入恳谈。

②对初次提案的员工，应多予以鼓励，使其建立信心。

③评审时多考虑提案人的素质，既不能低估提案内容，也不能高估提案效益。

④提案人往往渴望得知处理结果，因此推动小组需对所有提案立即处理，不得拖延，并要马上告知结果。

⑤提案不论好坏，都代表了提案人的诚意与贡献，所以不要忘了对其赞赏。

⑥提案经评审后，受理奖可以直接由推动小组成员颁发；其他实施效益有奖励者，可以通过公开表扬的方式，由最高管理者颁奖鼓励。这样不但起到示范作用，也可显示高层对此活动的重视。

（5）提案制度推动的检讨与修正

提案制度推动一段时间后，必须检讨推动成效，并作适当修正，避免推动热度冷却，并检视推动过程的缺失。推动小组成员需统计分析提案成效，了解优缺状况，同时对推动成果良好的部门给予公开奖励表扬。

※ 实例说明

提案改善制度在丰田公司被称为"创造性思考制度"。与质量管理小组活动一样，丰田公司的提案改善制度极大地促进了现场改善活动。

丰田公司认为，好产品来自于好的设想。因此，丰田公司提出了"好主意，好产品"的口号，广泛采用提案改善制度，激发全体员工的创造性思考，征求大家的"好主意"，以改善公司的业务。

"好主意，好产品"意味着全体人员都要施展自己的才华，以全体人员的聪明才智，生产出质量更好、价格更廉、顾客更喜欢的产品。

从表面上看，提案改善制度的目的是征求大家的意见和改善建议，增强大家的参与意识。但是，实际上丰田公司的提案改善制度的真正目的和所体现的精神就像"好主意，好产品"的口号一样，通过公司全体人员共同思考和共同参与的改善活动及其直接效果，提高产品质量，降低生产成本，提高每个人自身的能力，创造出舒适的生产作业环境，追求生产现场的生机和活力，增强全体人员对公司的忠诚感和归属感，最终为公司的发展壮大作出贡献。

丰田公司提案改善制度具有如下特点。

1. 广泛性

丰田公司的提案改善制度有着广泛的群众基础。公司的每个成员和每个质量管理小组都积极热情地参加合理化建议的改善活动。现场管理人员和小组负责人对自己的下属所发现的问题

和改善设想都给予认真和及时的考虑。

2. 规律性

丰田公司的各级合理化建议审查委员会定期（每月）审查来自基层的改善建议提案，并且迅速公布审查结果，迅速实施被采纳的改善方案。

3. 相关性

在提案审查的过程中，使提案者与专业技术人员保持密切的联系。例如，如果改善提案涉及变更设计的问题，有关的设计师就会很快与提案者进行有关改善的共同研究。

4. 激励性

丰田公司积极倡导和鼓励合理化建议活动，对那些在合理化建议和改善活动中取得成绩和作出贡献的人员和小组给予物质和精神奖励，以激励全公司人员的改善热情，激发大家的聪明才智。

5. 持续性

丰田公司的合理化建议活动不是一朝一夕、一时一事的活动，而是持久的、连续不断的活动。

丰田汽车公司（TOYOTA MOTOR CORPORATION）

成立年份（Founded Year）：1933 年
总部（Headquarters）：日本爱知县丰田市
主营业务（Main Business）：汽车、钢铁、电子、化工等

发展历程（Development Process）：丰田汽车公司作为日本最大的汽车工业制造公司，是世界十大汽车工业公司之一，隶属于日本三井产业财阀。丰田公司自 2008 年始逐渐取代通用汽车公司而成为全世界排行第一位的汽车生产厂商，其旗下品牌主要包括凌志、丰田等。

工具02　脑力激荡法

【工具定义】

脑力激荡法（Brainstorming）又称为头脑风暴，是一种为激发创造力、强化思考力而设计出来的一种方法。此法是美国 BBDO（Batten, Bcroton, Durstine and Osborn）广告公司创始人亚历克斯·奥斯本（Alex F. Osborn）于 1938 年首创的。

【适用范围】

适用于解决那些比较简单、严格确定的问题，例如研究产品名称、广告口号、销售方法、产品的多样化等，以及需要大量的构思、创意的行业，如广告业。

【工具解析】

1. 脑力激荡法的基本规则

脑力激荡法中有四项基本规则，用于减轻成员中的群体抑制力，从而激发设想，并且增强众人的总体创造力，具体内容如图3-2所示。

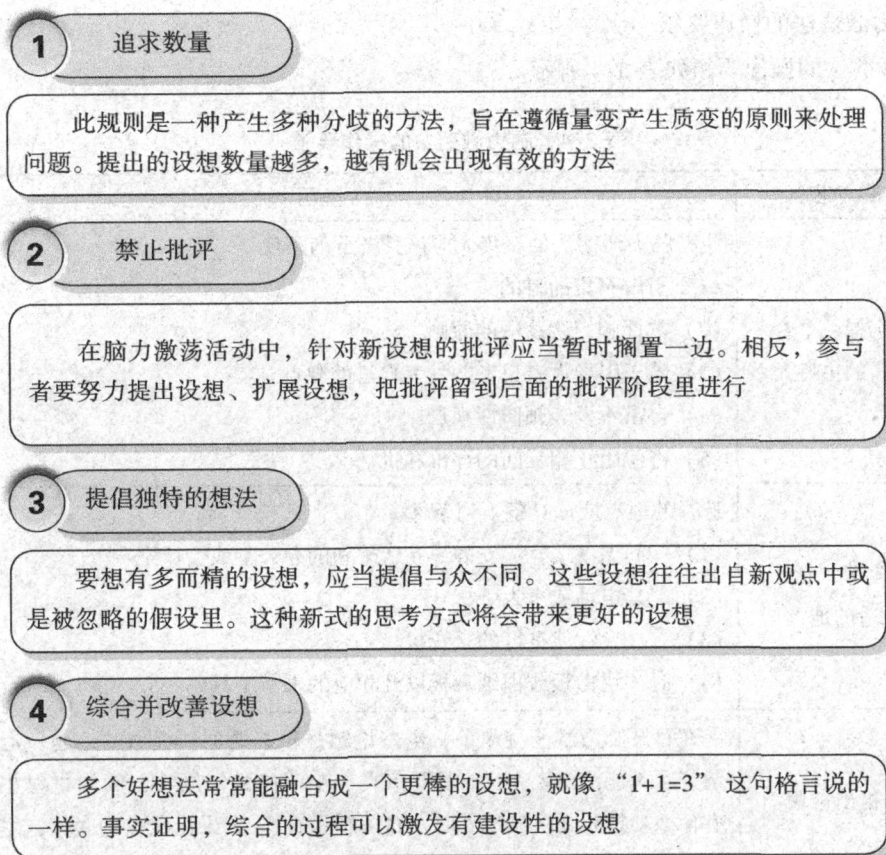

1 追求数量

此规则是一种产生多种分歧的方法，旨在遵循量变产生质变的原则来处理问题。提出的设想数量越多，越有机会出现有效的方法

2 禁止批评

在脑力激荡活动中，针对新设想的批评应当暂时搁置一边。相反，参与者要努力提出设想、扩展设想，把批评留到后面的批评阶段里进行

3 提倡独特的想法

要想有多而精的设想，应当提倡与众不同。这些设想往往出自新观点中或是被忽略的假设里。这种新式的思考方式将会带来更好的设想

4 综合并改善设想

多个好想法常常能融合成一个更棒的设想，就像"1+1=3"这句格言说的一样。事实证明，综合的过程可以激发有建设性的设想

图3-2 脑力激荡法的基本规则

2. 脑力激荡法应避免的词句

自主管理活动运用脑力激荡法解决问题时，不能使用下列词句，如使用这些词句，会把成员所提出的创意完全抹杀。

（1）理论上可以说得通，但实际上并非如此。

（2）恐怕上级主管不会接受。

（3）以前试过了。

（4）违反企业的基本政策或方针。

（5）会被人讥笑的。

（6）没有价值吧。

（7）可能没有这么多的时间。

（8）可能大家不会赞成。

（9）我以前想过了，只是没有多大的把握。

（10）以后再想想看或以后再研究吧。

3. 脑力激荡法的操作要领

脑力激荡法的操作要领如表 3-4 所示。

表 3-4　脑力激荡法的操作要领

序号	操作步骤	说明
1	选择一个合格的主持人	主持脑力激荡法的召集人应该具备下列条件 （1）了解召集的目的 （2）掌握脑力激荡法的原则 （3）善于引导大家思考并发表自己的观点 （4）自己不发表倾向性观点 （5）善于阻止相互间的评价和批评
2	选择一个舒适的地点	选择的地点应该具备下列条件 （1）一间温度适宜、安静、光线柔和的办公室或会议室 （2）严禁电话或来人干扰 （3）有一台性能良好的录音机 （4）有一块白板或白纸夹板以及相应的书写工具
3	提出论题	在召开脑力激荡会议前，定好论题是很必要的。提出的论题一定要表述清楚，不能范围太大，而是要落在一个明确的问题上，例如"现在手机里有什么功能是无法实现，而人们又需要的？"如果论题设的太大，主持人应将其分解成较小的部分，然后分别提问
4	制作背景资料	脑力激荡会议的背景资料是与会者的邀请函也是提供背景资料的信件，包含会议的名称、论题、日期、时间、地点。论题以提问的形式描述出来，并且举一些设想为例作为参考。背景资料要提前分发给与会者，这样他们可以事先思考一下论题
5	选择与会者	主持人要负责组建脑力激荡专家小组，由部分与会者和一位记录员组成。一般来说，小组由十个左右的成员组成比较有效。小组成员有许多不同的组合方式，但推荐下文列举的组合 （1）由几个有经验的成员作为项目核心 （2）几个项目外的嘉宾，要对论题感兴趣 （3）一个记录员负责记录推荐的设想

（续表）

序号	操作步骤	说明
6	创建引导问题的一览表	在脑力激荡会议中，大家的创造力可能会逐渐减弱。这个时候，主持人应该找出一个问题来引导大家回答，借以激发大家的创造力，例如说："我们能综合这些设想吗？"主持人最好在开会前就准备好一些诸如此类的引导问题
7	会议的进行	（1）主持人要负责脑力激荡会议的召开并确保遵循基本规则 （2）一般会议分以下几个步骤 ·向缺少经验的与会者展示会议氛围 ·主持人宣布论题，如需要再做出进一步解释 ·主持人向脑力激荡专家小组征求意见 ·如果没有当即提出设想，主持人提出引导问题来激发大家的创造力 ·所有与会者各自说出自己的想法，由记录员做记录 ·为表述清楚，与会者往往需要对自己的设想加以详细阐述 ·主持人依照会议宗旨将所有设想进行整理并鼓励大家讨论 ·把所有设想归类 ·回顾所有设想，以保证每个人都理解这些设想 ·去除重复的设想和显然难以实现的设想 ·主持人对所有与会者表示感谢并依次给予赞赏 （3）会议过程中应注意 ·鼓励参与者把目前不能陈述的建议记录下来迟一点再提出 ·记录员应该给每个建议编号，以便主持人能使用这些号码鼓励参与者提出更多的建议，例如主持人说："现在我们已经有44条设想，让我们达到50条吧" ·记录员认真记录与会者的建议，以确保所记内容与提出者想要陈述的意思相吻合 ·当有很多建议被提出时，与主题最相关的具有优先权。这是为了鼓励参与者能对前一个建议做更详尽的描述 　　在脑力激荡会议中，经理和高层不鼓励参与会议，这是因为这样做可能会约束和降低"四项基本规则"的效果，特别是奇思妙想的产生
8	会议结束	脑力激荡会议时间一般不要超过90分钟，结束时对每一位参与者表示感谢

工具03 卡片式智力激励法

【工具定义】

卡片式智力激励法也称卡片法。这种技法又可分为 CBS 法和 NBS 法两种。CBS 法由日本创造开发研究所所长高桥诚根据奥氏智力激励法改良而成，其特点是对每个人提出的设想进行质询和评价；NBS 法是日本广播电台开发的一种智力激励法。

【适用范围】

适用于产品革新、技术改进、改善管理等工作。

【工具解析】

1. CBS 法

CBS 法是使用卡片的头脑风暴法，这是一种一边在卡片上写设想一边提出设想的方法。CBS 法的实施步骤如图 3-3 所示。

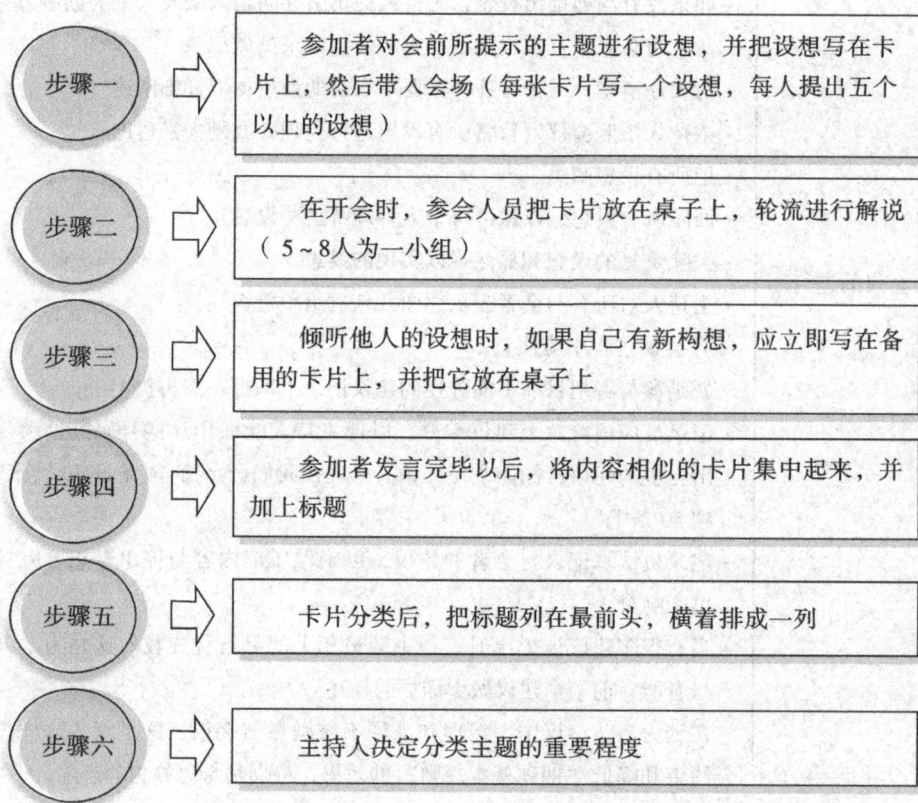

步骤一	参加者对会前所提示的主题进行设想，并把设想写在卡片上，然后带入会场（每张卡片写一个设想，每人提出五个以上的设想）
步骤二	在开会时，参会人员把卡片放在桌子上，轮流进行解说（5~8人为一小组）
步骤三	倾听他人的设想时，如果自己有新构想，应立即写在备用的卡片上，并把它放在桌子上
步骤四	参加者发言完毕以后，将内容相似的卡片集中起来，并加上标题
步骤五	卡片分类后，把标题列在最前头，横着排成一列
步骤六	主持人决定分类主题的重要程度

图 3-3 CBS 法的实施步骤

运用 CBS 法时要注意以下事项。

（1）参加者人数以 3 ~ 8 名为宜。

（2）主持人要把控好时间。

（3）大概要准备 200 张卡片。

2. NBS 法

NBS 法是日本广播公司在 CBS 法的基础上提出来的，它与 CBS 的不同之处在于，个人的设想要在会前就准备好并填写在卡片上，以保证尽量不要浪费会议时间。NBS 法的具体做法如图 3-4 所示。

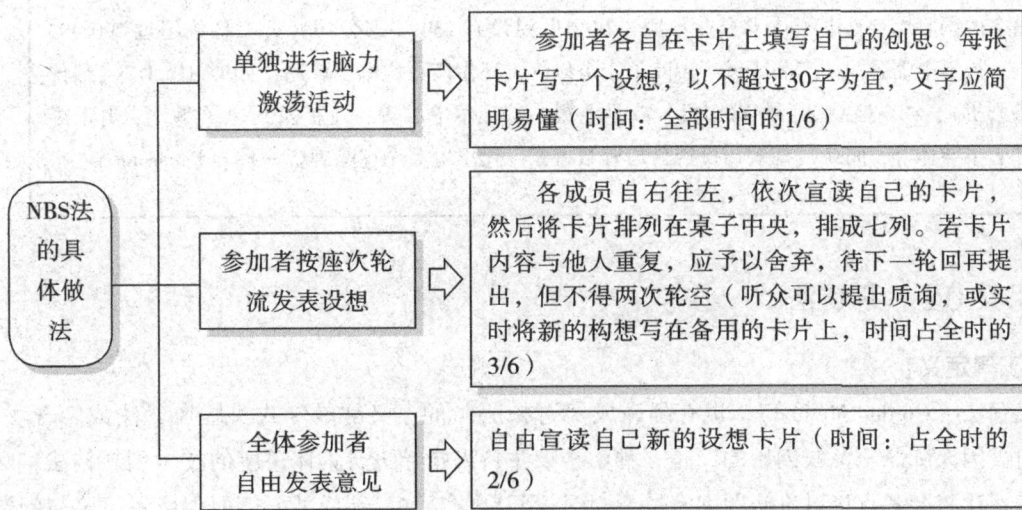

NBS法的具体做法	单独进行脑力激荡活动	⇒	参加者各自在卡片上填写自己的创思。每张卡片写一个设想，以不超过30字为宜，文字应简明易懂（时间：全部时间的1/6）
	参加者按座次轮流发表设想	⇒	各成员自右往左，依次宣读自己的卡片，然后将卡片排列在桌子中央，排成七列。若卡片内容与他人重复，应予以舍弃，待下一轮回再提出，但不得两次轮空（听众可以提出质询，或实时将新的构想写在备用的卡片上，时间占全时的3/6）
	全体参加者自由发表意见	⇒	自由宣读自己新的设想卡片（时间：占全时的2/6）

图 3-4 NBS 法的具体做法

运用 NBS 法时要注意以下事项。

（1）参加者人数以 5 ~ 8 名为宜。

（2）时间花费 2 ~ 3 小时。

（3）主持人需注意时间的掌控。

※ 实例说明 ～～～～～～～～～～～～～～～～～～～～～～～～～

在 1979 年一年里，日本松下电器公司采用卡片式智力激励法，使全公司职工一共提出了 170 万个创造性设想。日本著名的创造工程学家村文彦，将这种方法用于由他发明的价值革新中，1975 年，使日本电器公司获得 58 项专利，降低成本达 120 亿元。

松下 （PANASONIC）

Panasonic
ideas for life

成立年份（Founded Year）：1918 年

总部（Headquarters）：日本大阪

主营业务（Main Business）：电子产品制造

发展历程（Development Process）：松下电器公司原名松下电器产业公司，创始人是被誉为"经营之神"的松下幸之助先生。经过几代人的努力，松下电器公司如今已经成为世界著名的国际综合性电子技术企业集团，在全世界设有 230 多家公司，员工总数超过 290 493 人。松下电器公司的产品线极广，除了家电以外，还生产数位电子产品，如 DVD、DV（数位摄影机）、MP3 播放机、数码相机、液晶电视、笔记本电脑等，还扩及到电子零件、电工零件、半导体等，间接与直接转投资公司有数百家。松下电器全球品牌统一称为 Panasonic。

工具 04　戈登法

【工具定义】

戈登法（Gordon Method），也有翻译成"哥顿法"的，又称教学式头脑风暴法或隐含法。它是由美国人威兼·戈登创始的，是一种由会议主持人指导进行集体讲座的技术创新技法。其特点是不让与会者直接讨论问题本身，而只讨论问题的某一局部或某一侧面；或者讨论与问题相似的某一问题；或者用"抽象的阶梯"把问题抽象化并向与会者提出。主持人对与会人提出的构想加以分析研究，一步步地将与会者引导到问题本身上来。

【适用范围】

适用于新产品开发。

【工具解析】

1. 戈登法的基本观点

戈登法有两个基本观点，具体内容如图 3-5 所示。

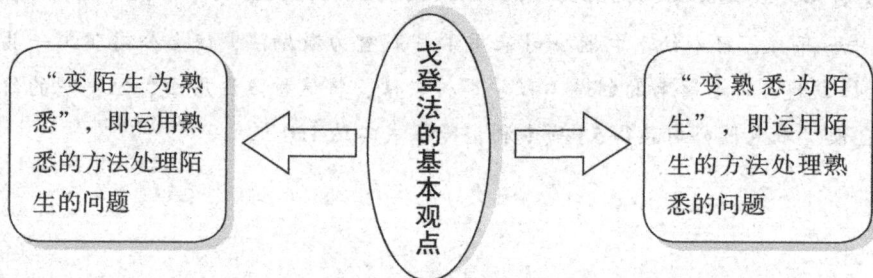

"变陌生为熟悉"，即运用熟悉的方法处理陌生的问题 ← 戈登法的基本观点 → "变熟悉为陌生"，即运用陌生的方法处理熟悉的问题

图 3-5　戈登法的基本观点

该法能避免思维定式，使大家跳出框框去思考问题，充分发挥群体智慧以达到方案创新的目的。

该法对会议主持人的要求是很高的。智力激发的效果与会议主持人的主持方法、艺术也有很直接的关系，这需要主持人在实践中不断锻炼和提高自己的水平。因此，其难点在于主持人如何引导、编辑本段戈登法的实施方法。

2. 戈登法实施成功的条件

(1) 参加者

戈登法的实施在很大程度上取决于参加者，而领导者与其他成员相比，应起到更为举足轻重的作用。戈登法实施成功的关键如表3-5所示。

表3-5　戈登法实施成功的关键

序号	参加者	要求
1	领导者	主持讨论的同时，要将参加者提出的论点同真实问题结合起来。因此，要求领导者具有丰富的想象力和敏锐的洞察力
2	成员	人数以5~12名为佳，尽可能由不同专业的人参加。参加者预先必须对戈登法有深刻的理解，以免引起不必要的误会

(2) 时间

会议时间一般为三个小时，以便更好地寻求来自各方面的设想；另一方面，当会议进行到某种程度的疲劳状态时，可望获得无意识中产生的设想。

(3) 其他条件

最好是在安静的房间中进行。与会议室等相比，舒适的接待室更为理想。一定要将黑板或记录用纸挂在墙上，参加者可将设想和图表写在上面。领导者应营造愉快轻松的会议气氛。

3. 戈登法的实施步骤

戈登法的实施步骤如表3-6所示。

表3-6　戈登法的实施步骤

序号	步骤	说明
1	会前准备	(1) 决定会议的主持人。主持人应具有丰富的想象力和敏锐的洞察力 (2) 决定参加人数和参加人员。参加人数以5~12人为佳，尽可能为不同专业的人员 (3) 确定会议地点。地点宜选在安静舒适的房间，并准备好记录用纸和黑板

（续表）

序号	步骤	说明
2	主持人决定主题（议题）	认真分析实质问题，概括出该事物的功能以作为主题，这必须在肯定"揭示实质问题，而能更广泛地提出设想"的情况下进行。例如，实质问题分别为罐头起子、城市停车场、新型牙刷，则相应的戈登主题为"开启"、"储藏"、"去污垢"
3	召开会议	主题确定后，主持人召开会议，让参加者自由发表意见。当与实质性问题有关的设想出现时，马上要将其抓住，使问题向纵深发展，并给予适当启发，同时指出方向，使会议继续下去。在已出现最佳设想、时间又接近终点时，要使实质问题明朗化，然后结束会议

工具 05　焦点法

【工具定义】

焦点法是美国 C·H. 赫瓦德创造的方法，也是一种典型的强制联想法。它是以一预定事物为中心、为焦点，依次与罗列的各元素——构成联想点，寻求新产品、新技术、新思想的推广应用和对某一问题的解决途径。

【适用范围】

适用于开展小型发明、革新和课题研究活动。

【工具解析】

焦点法是根据综合的原理，这点可以从焦点法形成的特点得出结论。焦点法的特点是与扩散思维、收敛思维、联想思维中的强制联想融会在一起。

1. 集点法的操作程序

焦点法的操作程序如下。

（1）选择研究对象 A，并以此作为研究焦点。

（2）选择任一个物体 B 为参考物。

（3）——列出参考物 B 的各种特征，再由这些特征出发进行联想。

（4）把由这一事物 B 引起的联想与焦点 A 联系，——进行组合联想，并列出设想方案。

（5）对设想方案进行评价、选优。挑选出其中较好方案后，应进行市场调研，经初步分析后认为可行的，可进入研制开发阶段。

※ **应用实例**

应用焦点法提出新型白炽灯的设想方案。

① 焦点：白炽灯。

②参考物：苹果。

③苹果的属性及由此进行的联想：

A. 有香味的——酒香——香水——香水瓶；

B. 甜的——糖——晚上吃糖——儿童糖果——米老鼠图案；

C. 红绿两色——黄蓝两色——可变色的。

④将列出的各种具有启发性的特征与焦点白炽灯联系，并由此进行组合性联想。

例如，选择 A 时有：带香味的灯，可放于销售酒香商品处的酒香灯，以供客户们挑选；香水灯；具有各种香水瓶及其他瓶子外观的瓶灯。

选择 B 时有：可食的生日蛋糕上的甜灯；晚上吃的，像夜明珠一样闪光的夜明珠灯糖；儿童能玩又能吃的各色发光糖果；米老鼠及其他动物图案的玩具灯。

选择 C 时有：双色灯、组合灯、变色灯。

通用电气公司（GENERAL ELECTRIC）

成立年份（Founded Year）：1892 年

总部（Headquarters）：美国康涅狄格州费尔菲尔德市

主营业务（Main Business）：多元化金融

发展历程（Development Process）：通用电气公司的历史可追溯到托马斯·爱迪生，他于 1878 年创立了爱迪生电灯公司。1892 年，爱迪生电灯公司和汤姆森–休斯顿电气公司合并，成立了通用电气公司（GE），该公司是世界上最大的提供技术和服务业务的跨国公司，从飞机发动机、发电设备到金融服务，从医疗造影、电视节目到塑料，GE 公司致力于通过多项技术和服务为客户创造更美好的生活，公司业务遍及世界 100 多个国家和地区，在全球拥有员工 31.5 万人。

---

2. 焦点法的思考过程

从思维形式看，焦点法有以下两个思考过程。

（1）对所选的参考物进行思考。

（2）将思考所得结果往研究对象上进行聚焦，这一聚焦过程正是集中思维的过程。这也是这种方法称为焦点法的原因。

3. 焦点法的特点

这种方法的特点是：思考的自由度较大，并介绍了进行类比联想的最基本的方法。这种方法能够在很短的时间内，使人的思维进入想象过程。聚焦后提出的产品设想多数都很奇特、新颖，且具有浪漫色彩。

工具06 635 法

【工具定义】

635 法又称默写式智力激励法、默写式头脑风暴法，是德国人鲁尔巴赫根据由于数人争着发言易使点子遗漏的缺点，对奥斯本智力激励法进行改造而创立的。

【适用范围】

适用于产品的设计开发与改造，也适用于促销及市场开发工作。

【工具解析】

与头脑风暴法原则上相同，其不同点是把设想记在卡上。每次会议有 6 人参加，坐成一圈，要求每人在 5 分钟内在各自的卡片上写出 3 个设想（所以被称为"635"法），然后由左向右传递给相邻的人。每个人接到卡片后，在第二个 5 分钟再写 3 个设想，然后再传递出去。如此传递 6 次，半小时即可进行完毕，可产生 108 个设想。

1. 635 法的问题难宜度

问题的难度要适中，提出过分简单或过分复杂的问题均是不相适宜的。问题过于简单，相应的解决措施也很简单，因而不必将简单问题复杂化，小题大做；问题过于复杂，用这种方式就很难对问题进行定义，因而相应的措施也就很难有针对性地提出。所以，提出的问题要难宜合适。

2. 填写各人手中的表格

每个人填写的表格必须是统一设计好的，在这张表格上包含了 18 个分格（见表 3-7），要求每个人根据提出的问题在最上面的一行里写三个主意或见解，这些见解必须是概括性的，语言要精炼，切忌啰嗦、拖沓。

表 3-7 635 法的记录表

1a	1b	1c
2a	2b	2c
3a	3b	3c
4a	4b	4c
5a	5b	5c
6a	6b	6c

3. 顺时针方向传递表格

3～5 分钟以后，这张表格将按顺时针方向传到相邻的人手里，每个人在第二行里填写新的建议（至少三个），但不能重复自己的观点，更不能重复别人的观点。

4. 继续旋转，直至填完表格

每持续 3 ~ 5 分钟以后，这张表格将按顺时针方向继续传递，直到最后一行被填满，这样才结束。

以这种方式，6 个小组成员将在 30 分钟时间内提出 108 种解决措施，参加人员被强制性地引导到创造性上来。

5. 运用 635 法时的注意事项

（1）不能说话，思维活动可自由奔放。

（2）由 6 个人同时进行，可产生更高密度的设想。

（3）可以参考他人提出的设想，也可加以改进或利用。

（4）不因参加者地位上的差异，以及懦弱的性格而影响意见的提出。

（5）卡片的尺寸相当于 A4 纸张，上面画有横线，每个方案有三行，分别加上序号。

工具 07　NM 法

【工具定义】

日本创造学家中山正和（Nakayama Masakazu）教授根据人的高级神经活动理论，把人的记忆分成点的记忆和线的记忆，通过联想、逆向思维、类比等方法，来搜索平时积累起来的"点的记忆"，经过重新组合，把它们连成"线的记忆"，这样就会涌现大量的创造性设想，从而获得新的发明创造。这种方法由中山正和教授发明，高桥教授作了改进，叫作中山正和法，简称 NM 法。

【适用范围】

适用于产品的设计与改造、开发新产品等工作，同时，研究部门、制造生产、技术现场都可广泛应用，还可用于促销及开发市场的资料分析。

【工具解析】

NM 法是由中山正和所提出的构思技巧。根据他的著作《构思的理想》一书所说，NM 法着眼于人类具有的记忆本领，通过记忆的展开，可以了解自由联想性的构思具有哪些特色。记忆分为线性记忆和点性记忆。线性记忆是指以意志、理论为契机产生的关系性联想；点性记忆是指在断断续续中联想出意想不到的结果。

1. NM 法构思展开的手法

NM 法是通过对第一信号体系的"线性记忆"展开的构思方法，称为 T 型展开（具有比较抽象的特点）；后者适用于线索清晰、逻辑性较强的构思方法，被称 H 型展开。NM 法构思展开的手法如表 3-8 所示。

表 3-8　NM 法构思展开的手法

序号	类型	说明	备注
1	T 型展开	（1）需要了解有关问题。设定一个关键词以易于进行类比和联想。关键词不应用名词，而应该用动词和形容词，然后再写在卡片上 （2）从该关键词开始询问"联想什么"、"比如像什么什么一样"一类问题 （3）将被问者得出的类比和联想记在卡片上，排列在关键词的下面，然后对其中一个成员发问。这一阶段提出的问题没必要一个一个做笔记 （4）对联想产生的回答发问，但不要固执于一个问题，如没有材料就按顺序对下一个记录进行同样的联想 （5）把自由的线性联想产生的这些构思的卡片弄乱，然后依靠想象力重新组合起来，引入到明确构思的道路上来	此手法就是用一个关键词，然后用类比或者联想的手法，进行阶段性的构思展开活动
2	H 型展开	（1）明确需要了解的问题，将其记录在一张卡片的右方 （2）有关这一问题设立几个关键词。这些按逻辑产生的关键词能够激起类比和联想。把这些排列在问题的左面 （3）针对这些被排列出来的卡片，要求进行类比和联想，并将类比和联想的结果排列在各张卡片的下面 （4）对类比与现实问题的关系加以分析。这可作为进一步探索的线索 （5）分析后将现实性构思和可能联想排列在下面	H 型展开是从逻辑性、理论性的记忆中引出资料。这样集中起来的构思，依据中山正和的第二信号体系，是以意志的理论性的记忆来处理的

2. NM 法的具体操作步骤

NM 法的具体操作步骤如图 3-6 所示。

```
┌─────────────────────────────────┐
│   搜索"点的记忆":横向排列        │
└─────────────────────────────────┘
                │
                ▼
┌─────────────────────────────────┐
│   连成"线的记忆":纵向排列        │
└─────────────────────────────────┘
                │
                ▼
┌─────────────────────────────────┐
│          选取与联想              │
└─────────────────────────────────┘
                │
                ▼
┌─────────────────────────────────┐
│         确定设计方案             │
└─────────────────────────────────┘
```

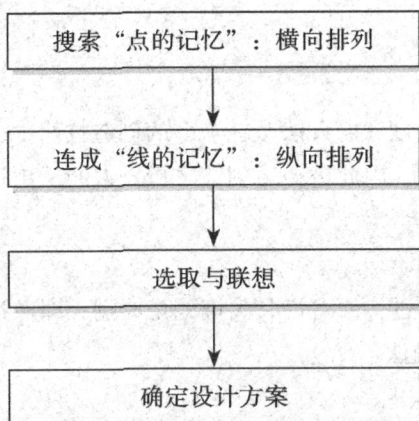

图 3-6 NM 法的具体操作步骤

其具体操作分为以下两个阶段。

1. 准备阶段

(1) 确定议题。

(2) 准备好会议室，确定参加人员，确定会议时间。

(3) 主持人应掌握关于本方法的一切常识及细节。

2. 实施阶段

(1) 主持人向参加者介绍本方法概要及应注意的问题。

(2) 宣布议题，接受咨询，开始会议。

(3) 找出关键字（Keyword，简称 KW），一般指具有可思索性的动词。

(4) 找出关键字的背景因素（Background）。从若干个关键词中选出一个，分析并列出实现该动词特色、要素的各种方法，并找出它们的组织结构。

(5) 将得到的各种方法进行本质的概括、抽象。

(6) 提出能完成上述本质抽象的方案。

(7) 对提出的方案进行整理加工，然后根据可行性和经济性等原则，并结合实际情况，选择既经济又可行的最佳方案。

工具08 奥斯本检核表法

【工具定义】

奥斯本检核表法是指以该技法的发明者奥斯本命名、引导主体在创造过程中对照九个方面的问题进行思考，以便启迪思路、开拓思维想象的空间，促进人们产生新设想、新方案的方法。

【适用范围】

适用于新产品的开发。

【工具解析】

奥斯本检核表法是一种产生创意的方法。在众多的创造技法中，这种方法是一种效果比较理想的技法。由于它突出的效果，因此被誉为创造之母。人们运用这种方法，产生了很多杰出的创意以及大量的发明创造。

1. 奥斯本检核表法的核心

奥斯本检核表法的核心是改进，或者说其关键词是改进，即通过变化来改进。

2. 奥斯本检核表法的基本做法

其基本做法如下。

（1）选定一个要改进的产品或方案。

（2）面对一个需要改进的产品或方案，或者面对一个问题，从表3-9所列出的角度出发提出一系列的问题，并由此产生大量的思路。

（3）根据第二步提出的思路，进行筛选和进一步思考、完善。

表3-9 奥斯本的检核表法

序号	检核项目	含义
1	能否他用	现有的事物有无其他用途、保持不变能否扩大用途；稍加改变有无其他用途
2	能否借用	能否引入其他的创造性设想；能否模仿别的东西；能否从其他领域、产品、方案中引入新的元素、材料、造型、原理、工艺、思路
3	能否改变	现有事物能否做些改变？例如颜色、声音、味道、式样、花色、音响、品种、意义、制造方法；改变后效果如何
4	能否扩大	现有事物可否扩大适用范围；能否增加使用功能；能否添加零部件；延长它的使用寿命；能否增加长度、厚度、强度、频率、速度、数量、价值
5	能否缩小	能否使现有事物体积变小、长度变短、重量变轻、厚度变薄以及拆分或省略某些部分（简单化）；能否浓缩化、省力化、方便化
6	能否替代	现有事物能否用其他材料、元件、结构、力、设备、方法、符号、声音等代替
7	能否调整	现有事物能否变换排列顺序、位置、时间、速度、计划、型号；内部元件可否交换
8	能否颠倒	现有的事物能否从里外、上下、左右、前后、横竖、主次、正负、因果等相反的角度颠倒过来用
9	能否组合	能否进行原理组合、材料组合、部件组合、形状组合、功能组合、目的组合

3. 检核表法实施过程中的注意事项

（1）要联系实际一条一条地进行核检，不要有遗漏。

（2）要多核检几遍，以便效果更好，或许会更准确地选择出所需的创新、发明。

（3）在检核每项内容时，要尽可能地发挥自己的想象力和联想力，产生更多的创造性设想。进行检索思考时，可以将每大类问题作为一种单独的创新方法来运用。

（4）核检方式可根据需要来确定，一人核检也可以，3~8 人共同核检也可以。集体核检可以互相激励，产生头脑风暴，更有希望创新。

4. 奥斯本检核表法的问题

奥斯本检核表法共分 9 大类 75 个问题。下述 9 组问题对于任何领域创造性地解决问题都是适用的，这 75 个问题不是奥斯本凭空想象的，而是他在研究和总结大量近、现代科学发现、发明、创造事例的基础上归纳出来的，具体内容如表 3-10 所示。

表 3-10 奥斯本检核表法的问题

序号	类别	问题
1	能否他用	（1）有无新的用途 （2）是否有新的使用方法 （3）可否改变现有的使用方法
2	能否借用	（1）有无类似的东西 （2）利用类比能否产生新观念 （3）过去有无类似的问题 （4）可否模仿 （5）能否超过
3	能否改变	（1）可否变成流线型 （2）可否改变功能 （3）可否改变颜色 （4）可否改变形状 （5）可否改变运动 （6）可否改变气味 （7）可否改变音响 （8）可否改变外形 （9）是否还有其他改变的可能性
4	能否扩大	（1）可否增加些什么 （2）可否附加些什么 （3）可否增加使用时间

（续表）

序号	类别	问题
4	能否扩大	（4）可否增加频率 （5）可否增加尺寸 （6）可否增加强度 （7）可否提高性能 （8）可否增加新成分 （9）可否加倍 （10）可否扩大若干倍 （11）可否放大 （12）可否夸大
5	能否缩小	（1）可否减少些什么 （2）可否密集 （3）可否压缩 （4）可否浓缩 （5）可否聚合 （6）可否微型化 （7）可否缩短 （8）可否变窄 （9）可否去掉 （10）可否分割 （11）可否减轻
6	能否替代	（1）可否代替 （2）用什么代替 （3）还有什么别的排列 （4）还有什么别的成分 （5）还有什么别的材料 （6）还有什么别的过程 （7）还有什么别的能源 （8）还有什么别的颜色 （9）还有什么别的音响 （10）还有什么别的照明

（续表）

序号	类别	问题
7	能否调整	（1）可否变换 （2）有无可互换的成分 （3）可否变换模式 （4）可否变换布置顺序 （5）可否变换操作工序 （6）可否变换因果关系 （7）可否变换速度或频率 （8）可否变换工作规范
8	能否颠倒	（1）可否颠倒 （2）是否颠倒正负 （3）可否颠倒正反 （4）可否头尾颠倒 （5）可否上下颠倒 （6）可否颠倒位置 （7）可否颠倒作用
9	能否组合	（1）可否重新组合 （2）可否尝试混合 （3）可否尝试合成 （4）可否尝试配合 （5）可否尝试协调 （6）可否尝试配套 （7）可否把物体组合 （8）可否把目的组合 （9）可否把特性组合 （10）可否把观念组合

奥斯本检核表是一种强制性思考过程，有利于突破不愿提问的心理障碍。很多时候，善于提问本身就是一种创造。

工具 09　德尔菲法

【工具定义】

德尔菲法（Delphi Method）又称专家会议预测法，是一种主观预测方法。它以书面形式背对背地分轮征求和汇总专家意见，即通过中间人或协调员把第一轮预测过程中专家们各自提出的意见集中起来加以归纳后反馈给他们。

【适用范围】

适用于科技预测、政策制定、经营预测、方案评估等工作。

【工具解析】

德尔菲法依据系统的程序，采用匿名发表意见的方式，即专家之间不得互相讨论，不发生横向联系，只能与调查人员联系，通过多轮次调查专家对问卷所提问题的看法，经过反复征询、归纳、修改，最后汇总成专家基本一致的看法，作为预测的结果。这种方法具有广泛的代表性，较为可靠。

1. 德尔菲法的特点

德尔菲法具有三大特点，具体内容如图 3-7 所示。

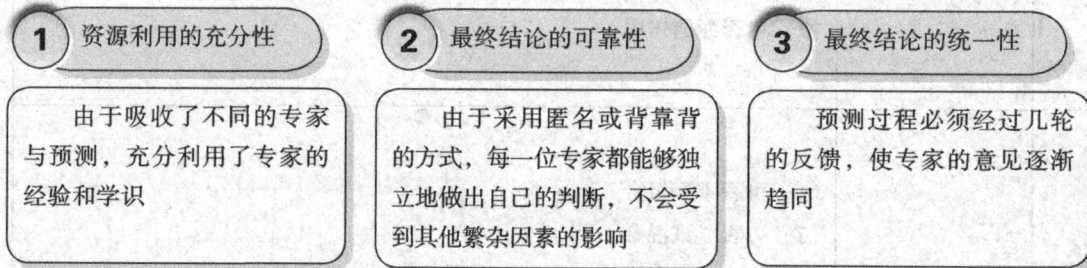

1 资源利用的充分性	**2** 最终结论的可靠性	**3** 最终结论的统一性
由于吸收了不同的专家与预测，充分利用了专家的经验和学识	由于采用匿名或背靠背的方式，每一位专家都能够独立地做出自己的判断，不会受到其他繁杂因素的影响	预测过程必须经过几轮的反馈，使专家的意见逐渐趋同

图 3-7　德尔菲法的三大特点

2. 德尔菲法的实施过程

德尔菲法有一套独特的实施程序，它主要包括三个阶段：准备阶段、轮番征询阶段和数据处理阶段，具体内容如图 3-8 所示。

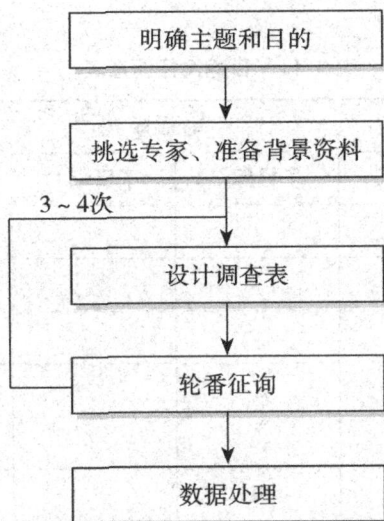

图3-8　德尔菲法的实施过程

（1）明确预测目标，制订实施计划

德尔菲法的预测目标通常是在实践中涌现出来的大家普遍关心且意见分歧较大的课题。此阶段的主要任务是选择和规划预测课题，明确预测项目，并且制订相应的实施计划。

（2）选择参加预测的专家

所谓专家，是指在某个领域内从事工作多年的、见多识广、经验丰富、有真才实学、分析判断能力强的人员。这些人可以是教授、工程师，也可以是工人或普通的管理人员。例如，做新产品的销售预测时，专家可以是有经验的销售人员，也可以是市场研究人员。

选择专家时应充分考虑专家的代表性，不仅需要本专业的理论研究、系统设计、生产及管理人员，还需要相关领域的专家加盟。代表面要宽，不同年龄、不同地域都要面面俱到。选取专家的人数要看预测对象的范围、规模和复杂程度而定，一般以10~50人为宜。选择专家的方法很多，可以由本企业专家推荐，也可从报刊杂志上视其研究成果的大小进行挑选，也可以通过上级部门介绍、查询专家档案等方法选取合适的专家。当然，对计划聘请的专家，应先征得专家的同意，坚持自愿原则，否则调查表回报率太低，会影响预测质量。

（3）制作调查表

调查表是德尔菲法的主要预测工具，设计得不好将会影响到调查的效果。调查表并没有统一的格式，可根据预测所研究的问题及所要调查的内容灵活设计。以下简要介绍几种调查表以供参考。

①目标途径调查表

组织者首先应根据课题的内容和要求，提出总目标，并设计一个完全开放的调查表发给应答专家，请他们就实现这一总目标的途径（即子目标）以及达到这些子目标所采取的措施发

表自己的看法。目标途径调查表如表 3-11 所示。

表 3-11 目标途径调查表

途径	总目标					
	子目标 A	子目标 B	子目标 C	子目标 D	子目标 E	子目标 F
a						
b						
c						
d						
e						
f						
g						
h						

②事件实现时间调查表

对某事件将来可能实现的时间进行预测，这是德尔菲法的重要用途之一。在事件实现时间的预测课题中，往往要求预测结果以不同的概率估计的形式出现，如 10%、50%、90% 概率或 20%、50%、80% 概率。事件实现时间调查表如表 3-12 所示。

表 3-12 事件实现时间调查表

预测问题	事件实现时间（某一时间实现该事件的概率估计）		
	10% 概率	50% 概率	90% 概率
实现某一事件			
达到某一水平			
解决某个问题			

③要求对问题做出一定说明的调查表

对于某些课题，在运用德尔菲法设计的调查表中，组织者除了要求专家们就所提问题发表意见外，还要求做出一定的说明，这样有利于研究课题得到更好的解决。要求做出一定说明的调查表一般不是第一轮调查表，第一轮调查表往往是空白的、开放的，在经过两轮或三轮的调查后，专家们的意见已趋于一致，在此基础上可以设计新一轮调查表，请专家们进一步发表意见并做出一定的说明。要求对问题做出一定说明的调查表，如表 3-13 所示。

表 3-13　要求对问题做出一定说明的调查表

措施＼问题	为了改善产品质量和增加产品品种，你认为下述各种措施的相对重要性如何？哪种最有效？请予以说明
引进技术	
增加生产设备	
引进检测设备	
改进产品结构	
改进生产工艺	
进行技术革新	
加强管理	

④技术（方案、产品）评价调查表

此类调查表首先要确定技术（方案、产品）的评价指标体系。评价对象的评价指标体系可以是对前两轮调查对象的客观性能、特征和功能的直接确定。在评价指标体系确定以后，即可设计调查表，并发给各专家予以评价、打分。评分制由组织者给出，而各评价指标的加权系数可由各专家分别给出，也可由组织者在前几轮专家意见的基础上给出。技术（方案、产品）评价调查表如表 3-14 所示。

表 3-14　技术（方案、产品）评价调查表

评价项目	评分分布					平均评分	相对重要性			平均相对重要性	综合评价分数	总平均分
	+2	+1	0	−1	−2		3	2	1			
费用												
性能												
耐久性												
燃料消耗率												
使用												
外形												
重量												
总体												

（4）征询调查

经典的德尔菲法一般包括以下四轮的征询调查（见表3-15），且在调查过程中包含着每轮间的反馈。

表3-15　四轮的征询调查

序号	轮次	操作步骤
1	第一轮	（1）由组织者发给专家不带任何附加条件，只提出预测问题的开放式的调查表，请专家围绕预测主题提出预测事件 （2）组织者汇总整理专家调查表，归并同类事件，排除次要事件，用准确术语提出一个预测事件一览表，并作为第二轮的调查表发给专家
2	第二轮	（1）请专家对第一轮提出的每个事件发生的时间、空间、规模大小作出具体预测，并说明事件或迟或早发生的理由 （2）组织者统计处理调查表中的专家意见，统计出专家总体意见的概率分布
3	第三轮	（1）将第二轮的统计结果连同据此修订的调查表（包括概率分布或事件发生的中位数和上下四分点）再发给专家，请专家充分陈述理由（尤其是在上下四分点外的专家，应重述自己的理由）并再次作出预测 （2）组织者回收调查表，然后进行汇总整理、统计分析与预测，形成第四张调查表
4	第四轮	（1）将第三轮的统计结果连同据此修订的第四张调查表再发给专家，由专家再次评价和权衡，作出新的预测，并在必要时作出详细、充分的论证 （2）组织者将回收的调查表进行汇总整理、统计分析与预测，并寻找出收敛程度较高的专家意见

在进行征询调查时要注意以下事项。

①上述四轮调查不是简单的重复，而是一种螺旋上升的过程。每循环和反馈一次，专家都会吸收新的信息，并对预测对象有了更深刻、更全面的认识，预测结果的精确性也逐轮提高。

②并不是所有被预测的事件都要经过四步。有的事件可能在第二步就达到统一，而不必在第三步中出现。

③在第四步结束后，专家对各事件的预测也不一定都能达成统一。不统一时也可以用中位数和上下四分点来作结论。

④每次征询意见的时间间隔，一般是10天或1周左右，要从实际出发确定。考虑的因素主要包括课题的大小、问题的复杂程序、专家们的人数、预测组织者人数及其业务水平、数据处理手段等。

（5）数据处理

在回收最后一轮的专家意见调查表后，预测组织者需对表中的预测结论进行统计归纳分析，以期得到专家的最终预测值和预测区间。常用的统计分析方法有中位数和上、下四分位数及加权算数平均数法。

※**实例说明**

某企业研制出一种新兴产品，现在市场上还没有相似产品出现，因此没有历史数据可以获得。企业需要对可能的销售量作出预测，以决定产量。于是该企业成立专家小组，并聘请业务经理、市场专家和销售人员等八位专家，预测全年可能的销售量。八位专家提出个人判断，经过三次反馈得到以下结果（见表3-16）。

表3-16　销售量专家预测表

专家编号	第一次判断			第二次判断			第三次判断		
	最低销售量	最可能销售量	最高销售量	最低销售量	最可能销售量	最高销售量	最低销售量	最可能销售量	最高销售量
1	1 500	750	900	600	750	900	550	750	900
2	200	450	600	300	500	650	400	500	650
3	400	600	800	500	700	800	500	700	800
4	750	900	1 500	600	750	1 500	500	600	1 250
5	100	200	350	220	400	500	300	500	600
6	300	500	750	300	500	750	300	600	750
7	250	300	400	250	400	500	400	500	600
8	260	300	500	350	400	600	370	410	610
平均数	345	500	725	390	550	775	415	570	770

（1）平均值预测

在预测时，最终一次判断是综合前几次的反馈做出的，因此在预测时一般以最后一次判断为主。如果按照八位专家第三次判断的平均值计算，则预测这个新产品的平均销售量为：（415+570+770）÷3＝585。

（2）加权平均预测

将最可能销售量、最低销售量和最高销售量分别按0.50、0.20和0.30的概率加权平均，则预测平均销售量为：570×0.5+415×0.2+770×0.3＝599。

（3）中位数预测

用中位数计算，可将第三次判断按预测值高低排列如下。

①最低销售量：300　370　400　500　550

②最可能销售量：410　500　600　700　750

③最高销售量：600　610　650　750　800　900　1 250

最高销售量的中位数为第四项的数字，即 750。

将最可能销售量、最低销售量和最高销售量分别按 0.50、0.20 和 0.30 的概率加权平均，则预测平均销售量为：$600×0.5+400×0.2+750×0.3=605$。

GS 加德士（GS CAL TEX）

成立年份（Founded Year）：1967 年

总部（Headquarters）：韩国首尔

主营业务（Main Business）：石油精炼和销售、石油化工产品以及混合润滑油

发展历程（Development Process）：GS-Caltex 株式会社成立于 1967 年，是韩国 GS 集团与美国加德士（Caltex）公司的合资企业，也是韩国首家私人精炼油公司。GS-Caltex 是亚洲最大的精炼油企业，也是石油化工产品的龙头企业。

工具 10　缺点列举法

【工具定义】

缺点列举法是指通过会议的形式收集新的观点、新的方案、新成果来分析公共政策的方法。这种方法的特点是从列举事物的缺点入手，找出现有事物的缺点和不足之处，然后再探讨解决问题的方法和措施。

◇ 相关知识 ◇

凹底篮球鞋的问世

从前，日本有个叫鬼冢喜八郎的人听朋友说："今后体育大发展，运动鞋是不可缺少的。"这句听来很普通的话，鬼冢喜八郎却另有一番思考，他决定加入生产运动鞋这一行业。

他想，要在运动鞋制造业中打开局面，一定要做出其他厂家没有的新型运动鞋。

然而，他一无研究人员，二又缺乏资金，不可能像大企业那样投入大量的人力和资金去研制新产品。但是他想：任何商品都不会是完美无缺的，如果能抓住哪怕是针眼大的小缺点进行改革，也能研制出新的商品来。所以，他选择了一种篮球运动鞋来进行研究。

（续）

　　他先访问优秀的篮球运动员，听他们谈目前篮球鞋存在的缺点。几乎所有的篮球运动员都说："现在的球鞋容易打滑，止步不稳，影响投篮的准确性。"他便和运动员一起打篮球，亲自体验这一缺点，然后就开始围绕篮球运动鞋容易打滑这一缺点进行革新。

　　有一天他在吃鱿鱼时，忽然看到鱿鱼的触足上长着一个个吸盘，他想，如果把运动鞋底做成吸盘状，不就可以防止打滑吗？他就把运动鞋原来的平底改成凹底。试验结果证明：这种凹底篮球鞋比平底的在止步时要稳得多。

　　鬼冢发明的这种新型的凹底篮球鞋问世了，并逐渐战胜了其他厂家生产的平底篮球鞋，成为独树一帜的新产品。

【适用范围】

　　适用于产品革新、产品开发，解决属于"物"一类的硬技术问题，也可用于企业管理活动等属于"事"一类的软技术问题。

【工具解析】

　　缺点就是问题，解决问题就能促使事物的发展。只有不断发现问题，才能不断解决问题，科技才能不断发展、进步。随着社会的发展与时代要求的变化，各种事物也会产生新的缺点，因而只有不断列举缺点，创造发明的思路才能源源而来。

1. 应用缺点列举法的阶段

应用缺点列举法可分两个阶段，具体内容如图3-9所示。

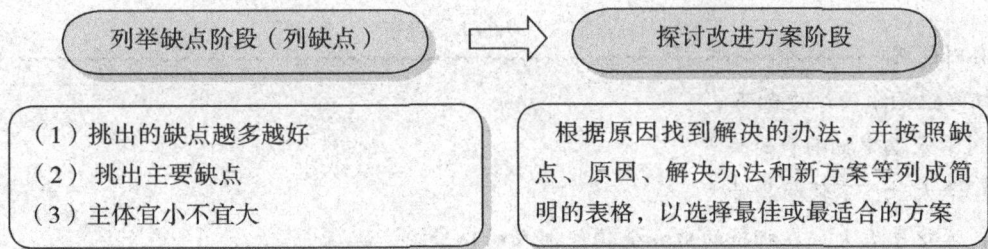

```
列举缺点阶段（列缺点）  ⟹  探讨改进方案阶段

（1）挑出的缺点越多越好         根据原因找到解决的办法，并按照缺
（2）挑出主要缺点             点、原因、解决办法和新方案等列成简
（3）主体宜小不宜大           明的表格，以选择最佳或最适合的方案
```

图3-9　应用缺点列举法的两个阶段

2. 缺点列举法的操作步骤

（1）选定研究对象（选对象）

选择的研究对象应相对小些、简单些，如果研究主体过大，可以把它分解开来。

（2）分析事物（多分析）

要确定与课题相关的信息种类，如材料、功能结构等，对事物进行系统分析。

（3）列举缺点（列缺点）

要多角度观察事物，按该研究主体的各个表征，如功能、性能、结构、形状、工艺、材料、经济、美观等，发挥发散性思维能力，尽量列举其缺点和不足。

在这一步中，可以征求用户对产品的意见；到生产第一线的技术人员、工人中去收集意见，召开专门的调查会议了解意见；根据维修站的维修记录整理出各种缺点等。通过以上途径，可以收集到各样的缺点，如不顺手、不方便、不省劲、不节能、不耐用、不轻巧、不安全、不省时、不便宜、不美观等。

使用缺点列举法，也可以收集同类型产品进行比较，即将同类产品集中在一起，寻找缺点。

（4）将缺点归类整理

归类整理的方法可以是按照缺点的性质进行归类，或按缺点的严重程度排出先后次序，或选出一些主要缺点。

（5）针对每一种缺点进行分析，并加以改进

对收集到的各种缺点进行分析，可区分为以下不同情况：一是从改进缺点的迫切程度来看，有的缺点是非改进不可，如电器产品漏电危及人身安全，影响产品上市。而有的缺点则暂时不需要改进，如有的产品仅是颜色不好看；二是从改进的难度来看，有的缺点改进难度很大，如属于原理上的缺陷，需要另起炉灶，重新设计。有的缺点一经发现即可排除，如包装上的缺陷。

为消除产品缺点，大多数情况下用正面突破法去解决问题，但有时也可用缺点逆用法。例如，在很多车祸中，驾驶员撞在驾驶盘和仪表上造成伤亡，有人就想发明一种装置，能在车祸发生时，在驾驶员和仪表板之间形成一种气垫，以保护驾驶员；有人想在仪表板上安装倒针，对着驾驶员，让他们不敢开快车，以防肇事。这种思考问题的方法就是缺点逆用法。

※**实例说明** 〰〰〰〰〰〰〰〰〰〰〰〰〰〰〰〰〰〰〰〰〰〰〰〰〰〰〰〰〰〰

长柄弯把雨伞的改进如下。

1. 列举长柄弯把雨伞的缺点

（1）伞太长，不便于携带。

（2）弯把手太大，在拥挤的地方会钩住别人的口袋。

（3）打开和收拢不方便。

（4）伞尖容易伤人。

（5）太重，长时间打伞手会疼。

（6）伞面遮挡视线，容易发生事故。

（7）伞湿后，不易放置。

（8）抗风能力差，刮大风时会向上开口成喇叭形。

（9）骑自行车时打伞容易出事故。

（10）伞布上的雨水难以排除。

（11）长时间打伞走路太无聊。

（12）两个人使用时挡不住雨。

（13）手中东西多时，无法打伞、无法收拢。

（14）夏天太阳下打伞太热。

2. 针对这些缺点，可以提出以下改进方案。

（1）改为可折叠伸缩的伞。

（2）伞布经防水处理，伞就不会透水。

（3）伞布有多种图案，既增加美观，又便于识别，不易拿错。

（4）伞尖改为圆形，不易伤人。

（5）伞顶加装集水器，上车收伞时雨水不会滴在车内。

（6）伞骨不用铁制，不易生锈。

（7）改成开收方便的自动伞。

……

3. 缺点列举法的具体做法

用缺点列举法进行创造发明的具体做法是：召开一次缺点列举会，会议由 5～10 人参加，会前先由主管部门针对某项事务选举一个需要改革的主体，在会上发动与会者围绕这一主题尽量列举各种缺点，越多越好，另请人将提出的缺点逐一编号，记在一张张小卡片上，然后从中挑选出主要的缺点，并围绕这些缺点制定出切实可行的改进方案。一次会议的时间应在一两小时之内，会议讨论的主体宜小不宜大，即使是大的主题，也要分成若干小主题，分次解决，这样才不会遗漏缺点。

工具 11　十二聪明法

【工具定义】

十二聪明法是上海创造学会研究出来的，用以促进发明创造，也叫思路提示法，共 12 句话 36 个字。该法已被日本创造学会和美国创造教育基金会承认，并译成日文、英文在世界各国流传和使用。

加一加	减一减	扩一扩	缩一缩
变一变	改一改	拼一拼	学一学
代一代	搬一搬	反一反	定一定

【适用范围】

适用于企业的技术革新、管理革新、预测工作、规划工作等。

【工具解析】

十二聪明法就是从十二个方面给创意者加以提示，其具体内容如下。

1. 加一加

"加一加"技法是指考虑将某件物品或加大一点，或加长一点，或加高一点，或将功能增加一点，通过改变物品的形态、功能、尺寸等来达到改进物品功能的目的。在运用时要做如下思考。

（1）可在这件东西上添加些什么吗？

（2）需要增加更多时间或次数吗？

（3）把它加高一些、加厚一些行不行？

（4）把这样的东西跟其他东西组合在一起会有什么结果？

（5）汇集建议，开讨论会，组合一下如何？

2. 减一减

"减一减"的方法是指通过将某件物品减少一点，或减轻一点，或减低一点，使它的形态、功能、性能等发生变化。在运用时要做如下思考。

（1）可在这件东西上减去些什么吗？

（2）可以减少些时间或次数吗？

（3）把它降低一点、减轻一点行不行？

（4）可省略、取消什么东西呢？

※ **实例说明（1）** ～～～～～～～～～～～～～～～～～～～～～～～～～～～～

在居家生活中，鞋子的脱与穿会带来许多不便而且费时，其主要原因是由于穿鞋过程中后帮的存在。把普通鞋子的后帮去掉就会带来许多快捷，基于"减一减"的设计思想去掉鞋子的后帮，就形成了现在的拖鞋。

3. 扩一扩

"扩一扩"的方法是指将某物品放宽一点或扩大一点，使它的功能产生明显的变化。在运用时要做如下思考。

（1）把这件东西放大、扩展会怎样？

（2）加长一些、增强一些能不能提高速度？

※ **实例说明（2）** ～～～～～～～～～～～～～～～～～～～～～～～～～～～～

最初的台式风扇是放到桌子上的，如果没有桌子那怎么扇呢？于是便出现了落地风扇。空调原来是装到窗户上的，接着扩一扩，变成分体式，再扩一下，变成了柜式机，再扩大一下成了中央空调，事物就是这样发展起来的。

4. 缩一缩

"缩一缩"的技法是指通过使某件物品的体积缩小或缩短一点，更方便人们的使用，甚至会有可能改变它的功能。在运用时要做如下思考。

(1) 将这件东西压缩、缩小会怎样？

(2) 拆下一些、做薄一些、降低一些、缩短一些、减轻一些、再分割得小一些行不行？

如随身听，实际上就是"缩一缩"带来的发明。电热杯就是热水壶的"缩一缩"。

5. 变一变

"变一变"的技法是指通过改变原有事物的形状、尺寸、颜色、浓度、密度、顺序、时间、方式、音响等来设计新的产品。在运用时要做如下思考。

(1) 改变一下形状、颜色、音响、味道、运动、气味、型号、姿态会怎样？

(2) 改变一下次序会怎样？

6. 改一改

"改一改"的技法就是从现有事物入手，发现该事物的不足之处，针对这些不足寻找有效的改进措施，通过物品原来的形状、性能、结构使之出现新形态、新的功能，具体内容如图 3-10 所示。

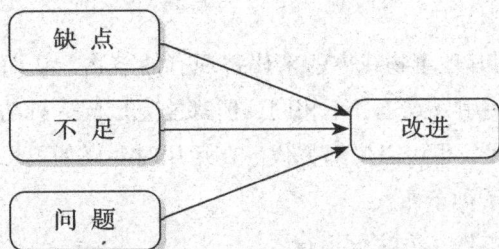

图 3-10　改一改

在运用时要做如下思考。

(1) 这件东西还存在什么缺点？

(2) 还有什么不足之处需要加以改进？

(3) 它在使用时是否给人带来不便和麻烦？

(4) 有解决这些问题的办法吗？

(5) 可否挪作他用？或保持现状，做稍许改变？

※实例说明

眼镜的镜片原来是用玻璃做的，光学性能不佳，而且容易碎裂；架子是金属的，很沉。于是人们便把眼镜架改为钛合金的，不变形而且很轻快；把眼镜片改为树脂镜片，更轻、更安全。

7. 拼一拼

"拼一拼"的技法是指把一个物品与另一个物品拼接起来，这和"加一加"有相同之处，但其实不完全相同，它是一种到多种规律的合并，一种到多种功能的合并。在运用时要做如下思考。

（1）某个事物的结果跟它的起因有什么联系？

（2）能从中找到解决问题的办法吗？

（3）把某些东西或事情联系起来能帮助我们达到目的吗？

8. 学一学

"学一学"的技法是指通过学习、模仿别的产品的形状、结构、颜色、性能、规格、功能、动作等来实现新的发明。学一学是要领会别的产品的核心内涵，单纯模仿别的产品的外形、结构、颜色等表面内容。这有时会形成了另一个误区——山寨。在运用时要做如下思考。

（1）有什么事物和情形可以让自己模仿、学习一下吗？

（2）模仿它的形状、结构、功能会有什么结果？

（3）学习它的原理、技术又会有什么结果？

关于"学一学"，最典型的就是仿生学。例如，人们模仿企鹅的运动方式发明了沙漠跳跃机；从恐龙的巨大身躯悟出建筑学的道理等。

9. 代一代

"代一代"的技法是指用其他事物或方法来代替现有的事物，从而产生发明思路。许多事物尽管其使用领域不一样，使用方式也各不相同，但都能完成同一种功能，因此可以尝试各种各样的替代，既可以整体替代，也可以局部替代。在运用时要做如下思考。

（1）什么东西能代替另一种东西？

（2）如果用别的材料、零件、方法行不行？

（3）换个人做、使用其他动力、换个机构、换个音色行不行？

（4）换个要素、模型、布局、顺序、日程行不行？

现在自来水管道再不用铸铁的了，因为铸铁的自来水管道用不了几年就会锈蚀，代之而起的是 PVC 管，只是这一"代"，水管的使用年限就获得了大大提高。

10. 搬一搬

"搬一搬"是指把物品的某一部件"搬动"一下，产生一种新的物品，是发明创造推广和应用的基本方法。在运用时要做如下思考。

（1）把这件东西搬到别的地方，还能有别的用处吗？

（2）这个想法、道理、技术搬到别的地方也能用得上吗？

（3）可否从别处听取到意见、建议？

（4）可否借用他人的智慧？

很可能一个平淡无奇的东西，搬到另外一个领域就会变成一个很好的东西。所以我们不能总局限在一个领域、一个范围、一个单位里打转，要走出去，博采众长。

11. 反一反

"反一反"技法是指把某一物品的形态、性质、功能反一反，发明出新的物品。反一反的内容包括上与下、里与外、左与右、前与后、横与竖等。在运用时要做如下思考。

（1）如果把一件东西的正反、上下、左右、前后、横竖、里外颠倒一下，会有什么结果？

（2）如果把一个事物的正反、上下、左右、前后、横竖、里外颠倒一下，会有什么结果？

12. 定一定

"定一定"技法是指对新产品或事物定制出新的标准、型号、顺序，或者为改进某种东西以及提高工作效率和防止不良后果做出的一些新规定，从而导致创新，具体内容如图3-11所示。

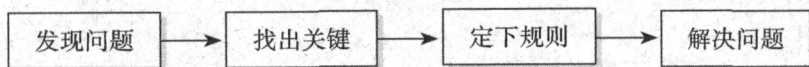

发现问题 ➜ 找出关键 ➜ 定下规则 ➜ 解决问题

图3-11 定一定

在运用时要做如下思考：为了解决某个问题或改进某件东西，为了提高学习、工作效率和防止可能发生的事故或疏漏，需要规定些什么吗？

例如，为了提高生产效率，流水线生产法诞生了。仅仅只是生产方法的改变，就获得了巨大的效益。

东风汽车集团（DONGFENG MOTOR GROUP）

成立年份（Founded Year）：2000年

总部（Headquarters）：中国武汉

主营业务（Main Business）：汽车、汽车零部件

发展历程（Development Process）：2000年，为减轻公司债务负担，东风汽车公司启动债转股工作，与中国华融资产管理公司、中国信达资产管理公司、中国东方资产管理公司、中国长城资产管理公司和国家开发银行决定共同组建东风汽车有限公司（东风汽车集团股份有限公司的前身）2003年3月，东风汽车公司回购东风汽车有限公司其他股东所持有的股权后，将公司变更为东风汽车集团股份有限公司。东风汽车集团股份有限公司是东风汽车公司主要的资本运作平台，也是中国汽车行业目前最大的上市公司，目前拥有14家附属公司、共同控制实体及其他拥有直接股本权益的公司。2007年8月，获得由上海证券报、中国证券网联合颁布的"2006年最具影响力的中国海外上市公司"称号；2008年8月，入选美国波士顿咨询公司"新的全球挑战者（New Global Challenger）"报告，被评为"最具有潜质成为21世纪跨国集团"公司。

工具12　特性列举法

【工具定义】

特性列举法也叫属性列举法，是美国布拉斯加大学教授 R. 克劳福特（R. P. Crowford）总结出来的一种创新技法，是通过对需革新、改进的对象作深入细致的观察、分析，最大可能地列举该事物的各种不同的特征或属性，然后确定应该改善的方向及实施方法。

【适用范围】

适用于革新或发明具体事物，特别适用于对轻工业产品的改进。此法也适用于行政措施、机构体制及工作方法的改进。

【工具解析】

运用该技法时首先要把研究对象的主要属性逐一列出，进行详细分析，然后探讨能否进行改革或创新。

1. 实施的步骤

（1）确定研究对象

研究对象应当是一个比较明确的革新课题，课题宜小不宜大，如果课题较大应将其分解成若干小课题。

※ **实例说明**

自行车的创新设计

如果将自行车分为若干部分：车胎、钢圈、链条、齿轮、车身、车把、刹车、车座、车铃等并分别予以研究，只要革新其中一个或几个部分，就可以导致自行车整体性能的创新。

（2）列举研究对象的特性

列举研究对象的特性一般包括三个方面，具体内容如表3-17所示。

表3-17　特性的分类

序号	特性的分类	说明
1	名词特性	主要用来表征事物的性质、整体、部分、材料及制造方法等
2	形容词特性	反映事物的颜色、形状、大小、长短、轻重等
3	动词特性	主要用来反映事物的机能、作用、功能等

（3）分析鉴别特性，运用发散性思维，提出革新方案

对所列举出的特性逐一进行具体的分析，判断每一个特性是否具有改进和创新的必要性和可能性，淘汰那些没有价值和不现实的特性，并将欲创新的特性加以整理，按重要程度进行排列，对列举的特性进行提问。

※实例说明 ～～～～～～～～～～～～～～～～～～～～～～～～～～～～～～～～～～～～～

笔的特性列举法如表3-18所示。

表3-18 笔的特性列举法

序号	特性的分类	说明	相关问题
1	名词特性	(1) 部件有笔杆、笔帽、笔芯、笔油、笔珠、弹簧等 (2) 材料有塑料、竹子、钢、不锈钢等	(1) 笔杆太滑，不利于抓握，怎样使其不滑 (2) 冬天书写时太凉，能否添加一些热传导率低一些的材料 (3) 笔帽很容易丢失，怎样不丢失 (4) 笔油能否做成彩色的？笔油能不能用橡皮擦去
2	形容词特性	色彩、形状、长短、轻重、粗细等	(1) 能否做成动物形状？形状能否适合于初学写字的儿童的抓握 (2) 能否一支笔写出不同颜色的字
3	动词特性	书写、作画、复写、装饰、送礼品、携带等	(1) 儿童使用时，怎样有一个正确的握笔姿势 (2) 长时间书写，怎样能减轻疲劳 (3) 能否既能书写，又能作画 (4) 能否依据工作的不同添加其他功能，如尺子、剪刀、胶水等

2. 注意事项

（1）特性列举法在运用中要对创新对象的全部特性进行列举，列举得越全面、越详细，越容易找到可以进行创新和改进的方面。

（2）对列举的特性要逐个加以分析，深入到事物的方方面面，发现问题，启发思路，探讨改进措施，提出创造性设想。

（3）要着手解决的问题越小，越容易获得创新的成功，因此，所选的改进课题宜小不宜大，改进的产品越具体越好。

工具13　希望点列举法

【工具定义】

希望点列举法是由Nebrasa大学的克劳福特·罗伯特（Robert Crawford）发明的。这是一种不断提出"希望"、"怎么样才会更好"等理想和愿望，进而探求解决问题和改善对策的技法。此法是通过提出对该问题和事物的希望或理想，使问题和事物的本来目的聚合成焦点来加以考虑的技法。

【适用范围】

适用于新产品、新技术和新工艺的开发工作。

【工具解析】

1. 希望点列举法的基本类型

按照是否有明确的固定的创造对象，我们可以把希望点列举法分为以下两大类。

（1）目标固定型。即目标集中在已确定的创造对象上，通过列举希望点，形成该对象的改进和创新的方案。有人将其称为"找希望"。

（2）目标离散型。即开始时没有固定的创造目标和对象，通过全社会、全方位、各层次的人在各种不同的时间、地点、条件下的希望点的列举，寻找创新点以形成有价值的创造课题。它侧重于自由联想，特别适用于群众性的创造发明活动。有人将此类希望点列举法称为"找需求"。为了相对集中，也可以在列举前规定一个范围，例如通过对老年人的希望点列举，为老年人设计新的用品。

2. 希望点列举法的执行步骤

希望点列举法与缺点列举法刚好相反，是从希望的优点（功能）出发来构思新创意，所产生的创意经常是石破天惊的。

希望点列举法也是特性列举法的一种，所要列出的特性是产品所希望拥有的希望点（功能），要积极地想象，将不论是否可行、是否天马行空的希望点（功能）都列出来，再针对这些希望点（功能）来构思新的改进方案、产生新的创意。换句话说，希望点列举法就是对现有产品积极地想象其他希望点（功能），来拓展产品设计新的构思方向，找出新的创意产品。希望点列举法的原则是"如果能够……该多好"，例如我们常用的笔，它可以有以下的希望点。

"如果能够有好几个颜色可以更换该多好？"

"如果能够调整笔的粗细该多好？"

"如果能够同时具有测电功能该多好？"

"如果能够同时具有雷射指示的功能该多好？"

"如果能够长久使用又不会断墨水该多好？"

希望点列举法的执行步骤如图 3-12 所示。

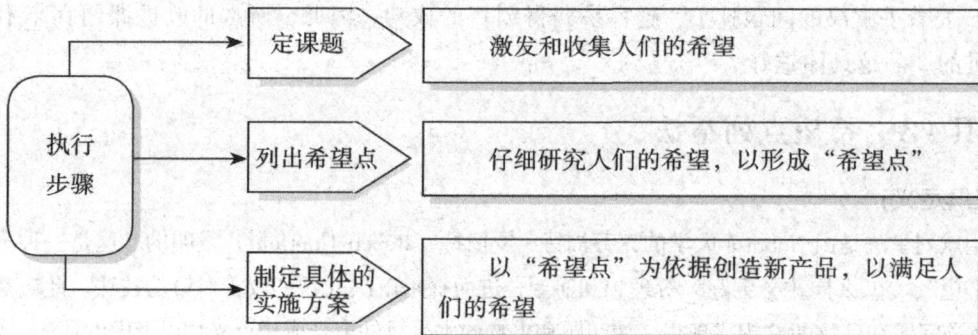

执行步骤	定课题	激发和收集人们的希望
	列出希望点	仔细研究人们的希望，以形成"希望点"
	制定具体的实施方案	以"希望点"为依据创造新产品，以满足人们的希望

图 3-12　希望点列举法的执行步骤

3. 希望点列举法的具体做法

采用希望点列举法进行创造发明的具体做法如下。

（1）参加希望点列举会议的人数 5～10 人为宜。

（2）会前由会议主持人选择一件需要革新的事情或者事物作为主题。

（3）会中发动与会者围绕这一主题列举出各种改革的希望点；为了激发与会者产生更多的改革希望点，可将每个人提出的希望点用小卡片写出，公布在小黑板上，并在与会者之间传阅，以在与会者中产生连锁反应。会议一般举行 1～2 小时，产生 50～100 个希望点，即可结束。

（4）选出所列举的希望点并进行汇总，去掉重复的，将主要希望点提出来。

（5）会后再将提出的主要希望点进行整理，从中选出目前可能实现的若干项希望点进行研究，制定出具体的革新方案。

4. 希望点例举法的三个特性

在希望点例举法的使用过程中，有三个比较显著的特性。

（1）扩展性。新设想的提出不受任何框架限制。例如，音乐能给人们的生活增添乐趣，与音乐结合的产品层出不穷，包括音乐伞、音乐黑板、音乐床、音乐枕头、音乐尿布、音乐牙刷、音乐邮票、音乐图书等，还有诸如听诊器、晴雨计、按摩椅、茶杯、钥匙链、蜡烛、壁纸、圆珠笔、防窃钱包均可与音乐功能组合在一起。

（2）灵活性。当一种技术获得成功后，可以向其他的领域进行应用，将这种技术或功能与其他产品结合起来。这种方式可称为侧向组合，它体现了运用新技术的一种灵活性。例如，装在眼镜框上的眼镜电视、3.8 厘米的口袋式彩色电视、屏幕可折叠的电视机、可放在活页夹中的书页式电视等。

（3）新颖性。任意思考所产生的设想有些是属于具有奇特性的设想，这些奇特性的设想尽管目前还无法马上实现，但是其中的创新意义往往会给人们带来很大的启迪和帮助。有人观察到人的舌头很灵巧，可以把手上、手指缝里的果酱舔得干干净净，于是便产生了奇特的设想，设计生产出了一种带舌头的刷子，用来清除缝隙里面的脏东西。

5. 采用希望点列举法的注意事项

（1）由列举希望点获得的发明目标应与人们的需要相符，以便适应市场。

（2）希望点是由想象而产生的，由于想象的主动性强，自由度大，因此，列举希望点所得到的发明目标含有较多的创造成分。

（3）列举希望点时一定要注意打破定势。

（4）对于希望点列举法用得到的一些"荒唐"意见，应用创造学的观点进行评价，不要轻易放弃。

※应用实例

风扇的创新改进如表3-19所示。

表3-19　风扇的创新改进

希望点	产生的效果
旋转角度不限	摆头风扇、全方位旋转风扇
不摆头部就能得到不同的风向	转页式风扇
风吹的范围更大	吊扇，扩大了风吹的范围
随意调节风力的强弱，不用换挡位	无级调整风扇
像电视一样可用遥控器控制	遥控风扇
富有情趣	卡通风扇
像折扇那样可以随身携带	帽檐风扇或微型风扇
风扇的转叶不会伤人	弯曲叶，采用软性材料
节约空间	挂壁式风扇，挂在墙壁上
只用于调节空气流通	塔式气流扇，起到空气流通的效果
关注健康功能	负离子功能的电风扇
根据温度高低调节风速大小	温控风扇
能用来驱逐蚊虫	驱蚊风扇
停电时也能使用	带蓄电池的风扇

工具14　信息交合法

【工具定义】

信息交合法又称为要素标的发明法或信息反应场法，是一种在信息交合中进行创新的思维技巧。信息交合法是华夏研究院思维技能研究所所长许国泰副教授于1986年首创的。

【适用范围】

适用于新产品的开发工作。

【工具解析】

信息交合法是把物体的总体信息分解成若干个要素，然后把这种物体与人类各种实践活动相关的用途进行要素分解，把两种信息要素用坐标法连成信息标 X 轴与 Y 轴，两轴垂直相交，构成"信息反应场"，每个轴上各点的信息可以依次与另一轴上的信息交合，从而产生新的信息。

相关知识

回形针的故事

1983 年 7 月，中国创造学第一届学术讨论会在南宁召开。会上除了国内诸多学者、名流参加外，还邀请了日本专家村上幸雄。村上先生给大家作了精彩的演讲，演讲中，他突然拿出一把回形针说："请大家想一想，尽量放开思路来想，回形针有多少种用途？"与会代表七嘴八舌议论开了："回形针可用来别东西——别相片、别稿纸、别床单、别衣物。"有人想的要奇特一点："纽扣掉了，可用回形针拉长。""可将回形针磨尖，去钓鱼。"……归纳起来，大家说出了 20 多种用途。在大家议论的时候，有代表问村上："先生，那你能讲出多少种？"村上故作神秘地莞尔一笑，然后伸出三个指头。代表问："30 种？"村上自豪地说："不！300 种！"人们一下子愣住了，真的！村上先生拿出早已准备好的幻灯片，展示了回形针的诸种用途。

与会代表中的许国泰看着村上先生颇为自负的神态，他心理泛起浪潮：在硬件方面，或许我们暂时还赶不上你们，但是，在软件上——思维能力即聪慧上，咱们倒可以一试高低！与会期间，他向村上先生说："对回形针的用途，我能说出 3 千种、3 万种！"人们更惊诧了："这不是吹牛吗？"许国泰登上讲台，在黑板上画出了图。

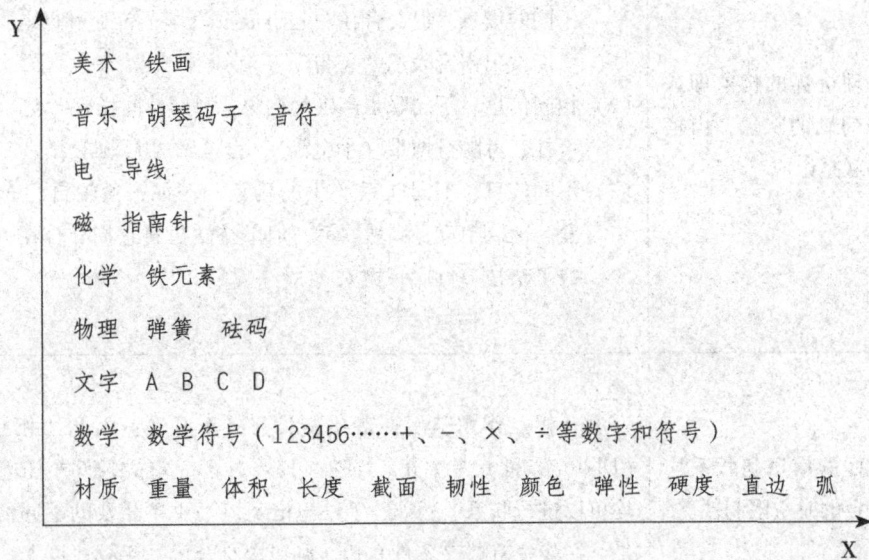

```
Y
  美术   铁画
  音乐   胡琴码子  音符
  电    导线
  磁    指南针
  化学   铁元素
  物理   弹簧   砝码
  文字   A B C D
  数学   数学符号（123456……+、−、×、÷等数字和符号）
  材质   重量   体积   长度   截面   韧性   颜色   弹性   硬度   直边   弧
                                                              X
```

然后，许国泰指着图说，"村上先生讲的用途可用勾、挂、别、联四个字概括，要突破这种格局，就要借助一种新思维工具——信息标与信息反应场。"他首先把回形针的若干信息加以排序，如材质、重量、体积、长度、截面、韧性、颜色、弹性、硬度、直边、弧等，这些信息组成了信息标 X 轴。然后，他又把与回形针相关的人类实践加以排序，如数学、文字、物理、化学、磁、电、音乐、美术等，并将它们也连成信息标 Y 轴。两轴相交并垂直延伸，就组成了"信息反应场"。

现在，只要我们将两轴各点上的要素依次"相交合"，就会产生出人们意想不到的无数的新信息来。例如，将 Y 轴的数学点与 X 轴上的材质点相交，回形针可弯成 123456……+、−、×、÷ 等数字和符号，用来进行四则运算。同理，Y 轴上的文字点与 X 轴上材质、直边、弧等点相交，回形针可做成英、俄、法等各国字母。再例如，Y 轴上的电与 X 轴上的长度相交，回形针就可以变成导线、开关、铁绳等。看，这是一个多么广阔、多么神奇的思维空间。

1. 信息交合法的定理

信息交合法有两大定理，具体内容如表 3-20 所示。

表 3-20　信息交合法的两大定理

序号	定理	说明
1	心理世界的构象即人脑中勾勒的映象，由信息和联系组成	（1）不同信息、相同联系所产生的构象。例如，轮子与喇叭是两个不同的信息，但交合在一起组成了汽车，轮子可行走，喇叭则可以发出声音表示"警告" （2）相同信息、不同联系产生的构象。例如，同样是"灯"，可吊、可挂、可随身携带（手电筒），也可做成无影灯 （3）不同信息、不同联系产生的构象。例如，独轮自行车本来与盒、碗、勺没有必然联系，但杂技演员将它们交合在一起，构成了杂技节目这一物象
2	具体的信息和联系均有一定的时空限制性	没有相互作用就不能产生新信息、新联系。因此"相互作用"（即一定条件）是中介。当然，只要有了一定的条件，任何的信息均可以进行联系。例如，手杖与枪是风马牛不相及的不同信息，但是，在战争范畴（条件）内，则可以交合成"手杖式枪支"

2. 信息交合法的三原则

正如许国泰着重指出的：信息交合法不是随心所欲，瞎拼乱凑，要遵循一定的原则。信息交合法的三原则如图 3-12 所示。

1 整体分解原则	2 信息交合原则	3 结晶筛选原则
先把对象及其相关条件加以分解，按序列得出要素	各轴的每个要素逐一与另一轴的各个标的相交合	通过对方案的筛选，找出更好的方案。如果研究的是新产品开发问题，那么，在筛选时应注意新产品的实用性、经济性、易生产性、市场可接受性等

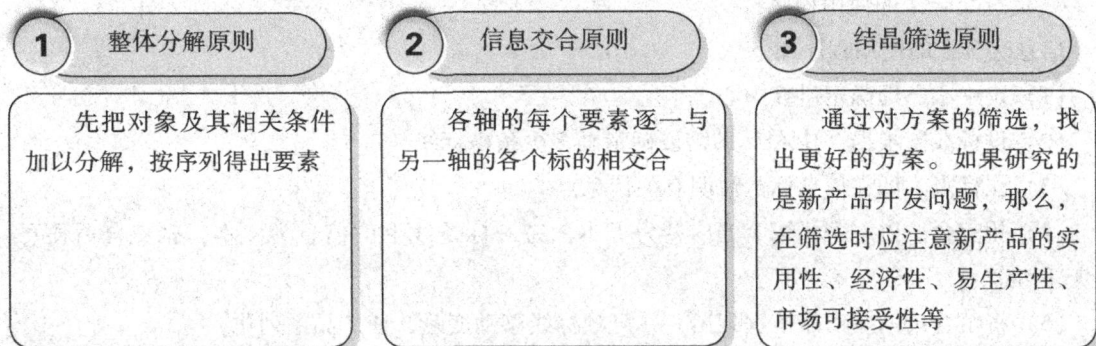

图 3-13　信息交合法的三原则

3. 运用信息交合法进行创造性思考的操作步骤

运用信息交合法进行创造性思考的操作步骤如表 3-21 所示。

表 3-21　运用信息交合法进行创造性思考的操作步骤

序号	操作	说明	备注
1	整体分解	整体分解也叫信息分析，是指依据分析的主题把复杂的资料分解成各个组成部分和不同的侧面并进行信息研究，然后根据资料性质、理论层次、方法意义等分析出信息元素	对每一层次的资料进行第一次概括
2	信息交合	信息交合也叫信息综合，是指在整体分解的基础上，通过推测、对比、想象等创造性思维活动，在分解出的信息元素之间进行"本体性的信息交合"，并通过这些信息交合探求出所分析的主题项目的解决方法。通过信息交合所获得的解决方法并非只限于一种，可以是两种或三种，也可以是以一种作为核心，另外几种作为备用	对第一次概括的结论进行第二次组合
3	筛选结晶	通过信息交合所得到的方法，是创造性思维活动的结晶。由于通过信息交合产生的新方法不止一种，所以仍需对其进行筛选。筛选结晶时，应紧紧围绕着所分析主题，根据可能性、实用性、科学性、创造性等原则，以及主客观条件和难易程度等方面，通过平衡利弊、周密运筹、反复思考、严格实施、实事求是地比较，选择出几种最有效的方法	对第二次组合的观点、结论进行筛选、归纳，提出核心结论或观点

4. 信息交合法的使用程序

信息交合法的使用程序如下。

（1）定中心。即确定研究中心。

（2）设标线。根据"中心"的需要确定画多少条坐标线。

（3）注标点。即在信息标上注明有关信息点。

（4）相交合。以一条标线上的信息为母本，另一标条线上的信息为父本，相交合后便可产生新信息。

（5）将组合出的新产品依次列出，并可顺标线移动变量，使产品系列化。

※ **实例说明** 〰〰〰〰〰〰〰〰〰〰〰〰〰〰〰〰〰〰〰〰〰〰〰〰〰〰〰〰〰〰〰〰〰〰

设计手表：人、材料、功能、档次、种类、形状、颜色。

手表设计的多条信息标如图 3-14 所示。

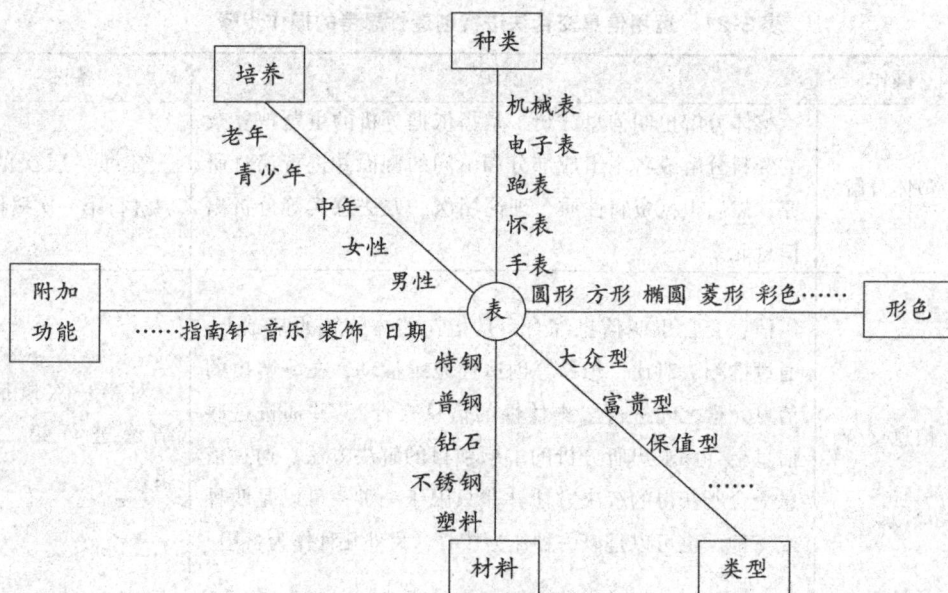

图 3-14　手表设计的多条信息标

下面是依这种步骤作出的开发新产品的设想。

（1）适于儿童的。盘面有动画图案的石英电子机芯结构并带有儿童歌曲或音乐的儿童表。

（2）适于儿童生日用的。带有生肖图案并能奏出生日快乐乐曲的礼品表。

（3）适于婴儿出生时赠送的。带有生肖、出生日期、婴儿肖像、脚纹、自出生日开始计时、能测生命节律的生辰表。

（4）带有星宿标记、神话图案的古典型机械表。

（5）带有反映现代派的爱的主题图案的高档情侣表。

（6）项链系列表。如能夹入情侣肖像的、带有动画主题图案的、带有小灯及其他夜明晶体的项链表。

（7）盲人用的电子报时及电子触摸机构式报时表。

（8）全密封衣扣式、液晶显示指针式电子表。

工具15 综摄法

【工具定义】

综摄法（Synectics Method）又称类比思考法、类比创新法、提喻法、比拟法、分合法、举隅法、集思法、群辨法、强行结合法、科学创造法，是由美国麻省理工学院教授威兼·戈登（W. J. Gordon）于1944年提出的一种利用外部事物启发思考、开发创造潜力的方法。

【适用范围】

适用于产品设计、制定营销策略等。

【工具解析】

综摄法的基本思路是：在构思设想方案时，对将要研究的问题适当抽象，以开阔思路，扩展想象力。将问题适当抽象要根据激发创意的多少，逐步从低级向高级演变，直到获得满意的改进方案为止。这种做法也称之为抽象的阶梯，其实质与功能定义中的适当抽象是一致的。

1. 综摄法的思考原则

综摄法的运用将有助于发挥潜在的创造能力，它有如下两个基本思考原则，具体内容如图3-15所示。

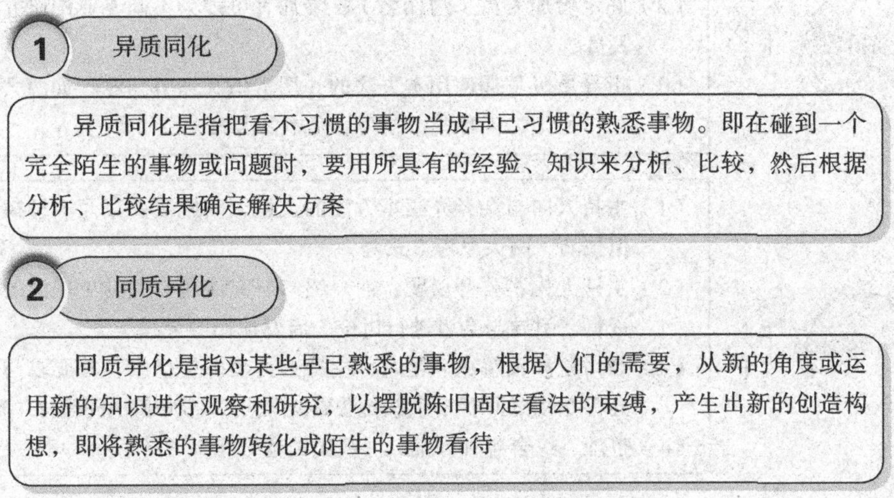

1 异质同化

异质同化是指把看不习惯的事物当成早已习惯的熟悉事物。即在碰到一个完全陌生的事物或问题时，要用所具有的经验、知识来分析、比较，然后根据分析、比较结果确定解决方案

2 同质异化

同质异化是指对某些早已熟悉的事物，根据人们的需要，从新的角度或运用新的知识进行观察和研究，以摆脱陈旧固定看法的束缚，产生出新的创造构想，即将熟悉的事物转化成陌生的事物看待

图3-15 综摄法的两大思考原则

2. 综摄法的模拟技巧

为了提高发挥创造力的潜能，使人们有意识地活用异质同化、同质异异化两大原则，戈登提出了四种极具实践性、具体性的模拟技巧，具体内容如表 3-22 所示。

表 3-22　综摄法的四种模拟技巧

序号	模拟技巧	说明
1	人格性的模拟	人格性的模拟是指先假设自己变成该事物以后，再考虑自己会有什么感觉，又该如何去行动，然后再寻找解决问题的方案
2	直接性的模拟	直接性的模拟是指以作为模拟的事物为范本，直接把研究对象与范本联系起来进行思考，以提出解决问题的方案
3	想象性的模拟	想象性的模拟是指充分利用人类的想象能力，通过童话、小说、幻想、谚语等来寻找灵感，以获取解决问题的方案
4	象征性的模拟	象征性的模拟是指把问题想象成物质性的，即非人格化的，然后借此激励脑力，发掘创造潜力，以获取解决问题的方案

3. 综摄法的操作步骤

综摄法的具体操作步骤如图 3-16 所示。

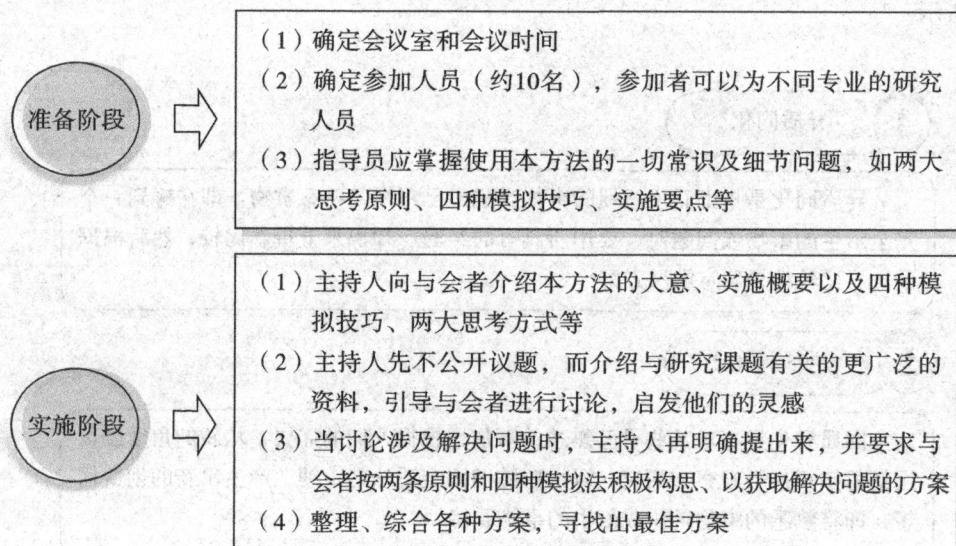

准备阶段
（1）确定会议室和会议时间
（2）确定参加人员（约10名），参加者可以为不同专业的研究人员
（3）指导员应掌握使用本方法的一切常识及细节问题，如两大思考原则、四种模拟技巧、实施要点等

实施阶段
（1）主持人向与会者介绍本方法的大意、实施概要以及四种模拟技巧、两大思考方式等
（2）主持人先不公开议题，而介绍与研究课题有关的更广泛的资料，引导与会者进行讨论，启发他们的灵感
（3）当讨论涉及解决问题时，主持人再明确提出来，并要求与会者按两条原则和四种模拟法积极构思、以获取解决问题的方案
（4）整理、综合各种方案，寻找出最佳方案

图 3-16　综摄法的具体操作步骤

4. 综摄法的实施要点

（1）讨论时最好开始先不公布议题，到有人涉及时再提出来，以有利于与会者灵感的相互激发。

（2）这种方法不追求设想的数量，它在于设想的质量和可行性。

（3）人格性的模拟一般不易做到，因此必须集中精力。

※实例说明 ～～～～～～～～～～～～～～～～～～～～～～～～～～～～～～～～～～

有一年，日本的南极探险队准备在南极过冬，他们用船从日本运来了汽油，准备用输油管道将这些汽油送到设在南极的基地。可是，由于事先计划不充分，他们在实际操作中发现，从日本带来的输油管道总长度不够，根本无法从船上连接到基地。在南极，也没有备用的管子，如果现在再回日本运，时间最快也要两个多月。这可怎么办呢？大家一时也想不出什么好办法来。队长向国内请示并准备返程。有一名队员喝水的时候，无意中把水泼洒在一张卷成筒状的报纸上，在南极超低温的条件下，自然很快就结成了冰。另一名队员恰好拿起了这张报纸，发现它非常坚硬而且光滑。这位队员突然灵机一动，找到探险队队长说："我有办法找到备用的输油管了，我们用冰做管子吧！"

他的这个设想当然不是凭空想出来的，因为南极非常冷，水在碰到外界空气的瞬间就会变成冰。不过，问题的关键是怎样使冰形成管状，而且在中途不会断裂。

这名队员很快又有了灵感，"我们不是有医疗用的绷带吗？就把它缠在铁管上，上面再淋上水让它结冰，然后拔出铁管，不就成了冰管子了吗？用这种方法做冰管子，再把它们一截一截连接起来，要多长就有多长。"

在这名队员的整个构想中，首先是找出冰管来代替输油管，其次是将绷带的机能由包扎伤口转为包缠铁管。

这名队员的聪明在于通过已知的东西作媒介，将毫无关连的、不相同的知识要素结合起来，也就是摄取各种事物的长处，把它们综合在一起，再制造出新产品。这名队员运用的方法就叫综摄法。运用这种方法，使他打开了未知世界的门扉，自己潜在的创造力得到了发挥，越冬输油管的难题得到了解决。

西农 （WESFARMERS）

Wesfarmers

成立年份（Founded Year）：1914 年

总部（Headquarters）：澳大利亚珀斯

主营业务（Main Business）：零售、煤矿、保险、家装等广泛领域

发展历程（Development Process）：澳大利亚西农集团（Wesfarmers Limited）是澳大利亚最大的零售企业之一，成立于 1914 年，前身为西澳大利亚农民合作社，总部位于澳大利亚珀斯。西农集团的业务涉及零售、煤矿、保险、家装等广泛领域，拥有雇员 20 万人，是澳大利亚雇员人数最多的私人企业之一。该国最大的家庭装修产品零售商 Bunnings 也是它旗下的企业。

>>> 第四章

管理体系工具

管理是指为了实现某种目的而进行的决策、计划、组织、指导、实施、控制的过程。管理体系是从企业全局角度和系统目标出发，将全部活动和相关资源作为过程进行控制，将相互关联的过程或过程网络作为体系来管理，覆盖企业内部管理的各个方面。

目前，在世界 500 强企业中运行的管理体系有许多，本章主要介绍一些共性化的管理体系，仅供读者参考。

- CIS 企业形象识别系统
- BPR 业务流程重组
- ISO 14000 环境管理体系
- SA 8000 社会责任标准
- 敏捷制造
- TPM 全员生产维修
- MBO 目标管理
- CS 战略
- ISO9000 质量管理体系
- OHSAS18000 职业安全卫生管理体系
- JIT 准时生产方式
- TQM 全面质量管理
- 标杆管理
- 知识管理

工具 01　CIS 企业形象识别系统

【工具定义】

CIS 是 Corporate Identity System 的缩写，即企业形象识别系统。CIS 是指将企业文化与经营理念进行统一设计，利用整体表达体系（尤其是视觉表达系统）传达给企业内部与公众，使其对企业产生一致的认同感，以形成良好的企业印象，最终促进企业产品和服务的销售。

○ **相关知识** ○

CIS 的发展史

CI 设计系统于 20 世纪 60 年代由美国首先提出，20 世纪 70 年代在日本得以广泛推广和应用，它是现代企业走向整体化、形象化和系统管理的一种全新的概念。

CIS 最早源自第一次世界大战前的德国。第二次世界大战以后，国际经济复苏，工商业蓬勃发展，各行各业的经营范围日益扩大，并且逐渐迈向多元化、跨行业、国际化。在 20 世纪 60 年代中后期，美国企业界逐渐认识到视觉形象的冲击力量是有限度的。例如，麦当劳连锁店不但在统一视觉形上下工夫，而且把系统性、一致性的原则用于员工行为上，1970 年，可.口可乐公司革新了世界各地的可口可乐标志，采取统一化的识别设计，并同时对公司行为进行大规模改造，此举震动了世界各地人士。从此，CIS 便开始出现，并在美国得到迅速地发展、普及，日趋成熟。

【适用范围】

适用于任何类型的企业。

【工具解析】

1. CIS 的意义

使用 CIS 的意义如下。

（1）对企业内部的意义。

企业可以通过 CI 设计对其办公系统、生产系统、管理系统以及营销、包装、广告宣传等进行规范设计和统一管理，由此调动企业每个员工的积极性、归属感和认同感，使各职能部门能各行其职、有效合作。

（2）对外的意义。

对外，企业可以通过一体化的符号形式来形成企业的独特形象，便于公众辨别、认同企业形象，促进企业产品或服务的推广。

2. CIS 的构成

（1）传统的 CIS 的构成。

传统的 CIS 一般包括三个方面的内容：理念识别（Mind Identity，简称 MI）、行为识别（Behaviour Identity，简称 BI）和视觉识别（Visual Identity，简称 VI），具体内容如表 4-1 所示。

表 4-1　传统的 CIS 的构成

序号	组成部分	说明
1	理念识别（MI）	MI 是企业生产经营过程中设计、科研、生产、营销、服务、管理等经营理念的识别系统，是企业对当前和未来一个时期的经营目标、经营思想、营销方式和营销形态所作的总体规划和界定，主要包括企业精神、企业价值观、企业信条、经营宗旨、经营方针、市场定位、产业构成、组织体制、社会责任和发展规划等，属于企业的意识形态范畴
2	行为识别（BI）	BI 是企业实践经营理念与创造企业文化的准则，对企业行动方式所作的统一规划而形成的动态识别系统。它是以经营理念为基本出发点，对内包括组织制度、管理规范、行为规范、管理层教育、员工教育、工作环境、生产设备、福利制度等；对外包括市场调查、公共关系、营销活动、流通对策、产品研发、公益性活动等
3	视觉识别（VI）	VI 是以标志、标准字、标准色为核心展开的完整的、系统的视觉表达体系，是将上述的企业理念、企业文化、服务内容、企业规范等抽象概念转换为具体符号，塑造出独特的企业形象。在 CI 设计中，视觉识别设计最具传播力和感染力，最容易被公众所接受，具有重要意义

CIS 三个组成部分中的核心是 MI，它是整个 CIS 的最高决策层，给整个系统奠定了理论基础和行为准则，并通过 BI、VI 表达出来。CIS 中三个组成部分的关系如图 4-1 所示。

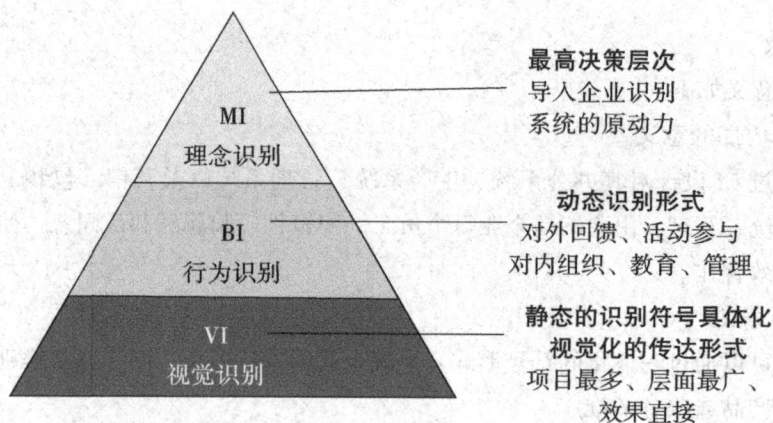

图 4-1　CIS 中三个组成部分的关系

（2）现代的 CIS 的构成。

现代的 CIS 有了新的延展，主要包括以下四个方面的内容：环境识别系统（EI）、店面识别系统（SI）、听觉识别系统（AI）、数字化企业形象及互联网识别系统（DCI），具体内容如表 4-2 所示。

表 4-2　现代的 CIS 的构成

序号	组成部分	说明
1	环境识别系统（EI）	环境识别系统亦称环境统一化，是指以一定的标志物来表示特定环境的属性。例如，企业可根据自身条件和特点将标志、标准字、标准色应用于装饰中，形成统一有效的环境识别特征
2	店面识别系统（SI）	店面识别系统是指对企业的经营行为、经营理念、发展战略等实体性和实用性信息进行统一整理，并以品牌商标、店面形象为核心，通过各种可以利用的传媒进行宣传，以获得企业员工和社会大众对企业的了解、认同和信赖
3	听觉识别系统（AI）	听觉识别系统又称听觉形象一体化，是通过听觉刺激来传达企业理念和品牌形象的识别系统。其内容包括企业歌曲、广告音乐和发言人的声音等
4	数字化企业形象及互联网识别系统（DCI）	在信息化时代，企业之间的差别仅仅通过传统的识别系统来区分已经明显不适合，企业必须在信息化、网络化上增加新的识别体系——数字化识别系统。其内容包括网站建立、网页设计数字化视觉形象设计、CI 多媒体应用光盘（CIM）设计制作等

3. CIS 导入

CIS 导入是指结合企业的具体情况，开始推行或再次推行（对以前已实施的 CIS 进行修改和变动）的全过程。CIS 导入是实施 CIS 的关键阶段，它确定了本企业 CIS 的各项基本要素的内容，形成 CIS 执行的关键文件——《CIS 手册》，以及全面实施 CIS 的计划。CIS 的导入工作一般要求在一定的计划时间内，保质、保量、按期完成。

以下详细罗列了 CIS 导入的一般内容和顺序，CIS 导入工作必须严格遵守这个顺序进行。但是，企业也可根据自身的具体情况进行修改。CIS 导入是一项细致的工作，需要企业全体员工和所有部门共同参与。

（1）确认企业 CIS 导入的目的和计划，并由企业内部经过多方讨论，经企业领导批准后实施。

（2）CIS 导入的组织落实。包括企业内部成立专门负责 CIS 实施的部门和领导机构、与帮助实施 CIS 的公司签订合同，确定在实施过程中相关部门的权利和义务。

（3）与 CIS 实施有关的所有部门和人员共同研究确定实施的目的、目标、方针及有关事宜。

（4）制订导入计划，包括时间进度计划及各个阶段的详细内容。

（5）在事前对形象调查内容、方法、对象进行确定，可委托或自行调查确定，也可进行问卷设计、审查和确定。

（6）实施调查。

（7）再次确认本企业的经营战略、经营方针等。

（8）对调查进行统计分析。

（9）根据调查分析的有关资料，确定或再次确认企业的经营理念的简要表达形式。

（10）把最后确定的"理念"简要表现形式，以报告的形式交付有关部门和员工进行讨论。

（11）调查和收集关于"理念"的讨论结果。

（12）与企业最高领导确定用简要形式表现的企业理念。

（13）以理念为核心，系统检讨行为识别（BI）和视觉识别（VI）系统的有关问题。

（14）由专业设计单位和设计师进行视觉和行为设计。

（15）由设计者对视觉识别（VI）要素（企业名称、标志、标准色、标准字等）部分的一个或几个方案进行说明并形成报告。

（16）将视觉识别（VI）要素的图案和报告在企业内部进行展示和讨论。

（17）对设计进行事前实验，邀请企业内外部有关人员在看完展示后填写问卷并进行统计分析。

（18）总结讨论事前实验结果，对方案进行确定、修改或重新设计。

（19）设计完企业名称和标志后，到工商行政管理部门进行法律确认并登记注册。

（20）结合本企业的特点确定视觉识别（VI）应用设计应包括的内容。

（21）对视觉要素设计进行确认，向设计者提供应用设计的内容、项目和要求。

（22）对行为识别（BI）设计者提供的设计和报告进行讨论、修改和确认。

（23）确定有关行为识别（BI）中有关要素的设计和策划的内容、项目和要求。

（24）对完成的全部设计进行审核和最后确定。

（25）进行《CIS 手册》的设计和印刷。

（26）研究确定对企业内外的 CIS 传达、宣传计划。

（27）对 CIS 应用设计的有关内容进行制作。

（28）实施对内宣传计划。

（29）实施对外宣传计划。

（30）根据实施情况进一步制定全面的实施方案。

以上内容和工作顺序企业应认真审核，并结合本企业的实际情况加以修改、增减和完善。

4. CIS 的全面实施

CIS 的全面实施是指根据 CIS 导入计划和内容，进行全面执行和推广，它是 CIS 全面落实和获得效果的阶段，是一个长时间、需要严格管理的阶段。全面实施 CIS 主要包括以下工作，具体内容如表 4-3 所示。

表 4-3　全面实施 CIS 的工作内容

序号	阶段	说明
1	宣传企业管理理念和战略	通过宣传使企业理念与企业战略深入企业内外所有有关组织和有关人员中。有关组织和有关人员主要包括消费者、股东、金融界、供应商及中间商、政府有关职能部门、社区、大众传播媒介、企业内部员工及员工组织等
2	促进企业主体性的形成	用理念真正促进企业主体性的形成，而不是停留在抽象的表现形式上。要实现理念统一性，不仅要不断地灌输、教育，更重要的是靠具体的事实对抽象理念的"解释"，靠故事、靠人，尤其是企业管理者的身体力行逐步形成的。当然，理念推广必须通过多种形式，而不是简单的教条式的说教形式
3	全方位地应用视觉识别	全方位是指一切必须运用和可以利用的地方与场合，这对加强识别记忆有着重要意义。在 CIS 全面实施中，必须强调企业标志、标准字、标准色等要素的使用标准和方法；必须严格按照《CIS 手册》实施，任何变形或特殊使用都要有严格的审批制度

（续表）

序号	阶段	说明
4	规范企业行为	这是企业主体性的外在表现，它是一个动态识别过程。在全面实施CIS 的过程中应做好以下几个方面的工作 （1）根据"行为识别原则"制定、修改或完善企业的各项规章制度并严格执行 （2）通过培训和教育规范领导与员工的行为表现 （3）根据《CIS 手册》完善内部工作环境 （4）重新制定或修改员工的提拔与奖励制度，以及福利的分配制度 （5）全面实施企业的经营战略、经营方针和政策 （6）提高企业经营管理水平和部门员工的素质 （7）重新制定或完善对消费者利益进行保护的制度和措施 （8）重新制定或完善企业在社区内的行为原则 （9）规范企业与有关企业、机构和人员进行交往的态度和行为准则 （10）根据《CIS 手册》完善工作环境和服务环境 （11）保证日常的对外公共关系活动和广告活动的一致性 （12）加强对社会公益事业的支持 （13）认真策划和实施加强形象识别的重大公共关系、广告和促销活动等

工具 02 CS 战略

【工具定义】

CS 是英文 Customer Satisfaction 的缩写，意为"客户满意"。

CS 战略是把客户需求作为企业开发产品的源头，在产品功能、价格设定、分销环节建立、完善售后服务系统等方面以便利客户为原则，最大限度地使客户满意。

【适用范围】

适用于任何类型的企业。

【工具解析】

1. CS 的基本指导思想

CS 的基本指导思想是：企业的整个经营活动要以客户满意度为指针，要从客户的角度出发，用客户的观点而不是企业自身的利益和观点来分析考虑客户的需求，尽可能尊重和维护客户的利益。这里的"客户"是一个相对广义的概念，它不仅指企业产品销售和服务的对象，而且指企业整个经营活动中不可缺少的合作伙伴。

2. CS 战略的内容

CS 战略的内容包括以下几点。

（1）站在客户的立场上研究和设计产品。根据客户需求生产产品。

（2）不断完善服务系统，包括提高服务速度、服务质量等方面。

（3）重视客户的意见。据调查，成功的技术革新和民用新产品中有 60%～80% 来自用户的建议。

（4）千万百计留住老客户，他们是最好的"推销员"。

（5）建立以客户为中心的企业组织，以快速处理客户意见和明确客户需求。

（6）分级授权。这是及时完成令客户满意的服务的重要一环。如果执行工作的人员没有充分的处理决定权，什么问题都须等待上级命令，客户满意是无法保证的。

3. CS 战略的组成

CS 由客户对企业的理念满意（Mind Satisfaction，简称 MS）、行为满意（Behavior Satisfaction，简称 BS）和视觉满意（Visual Satisfaction，简称 VS）三个系统构成。所谓 CS 战略，则是这三方面因素协调运作，全方位促使客户满意的整合结果。CS 系统结构如图 4-2 所示。

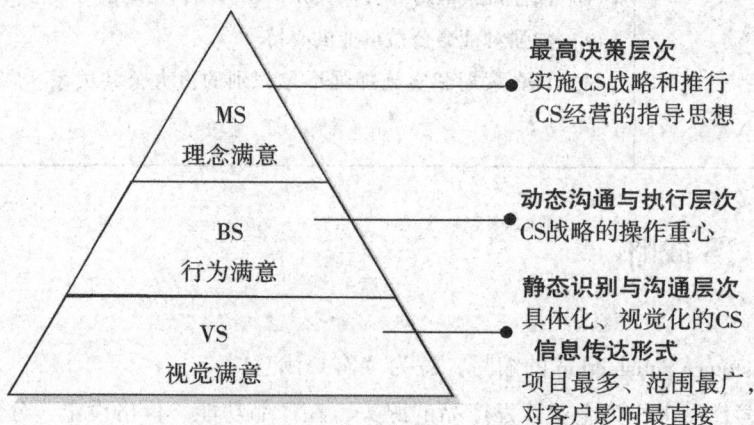

图 4-2　CS 系统结构

（1）理念满意（MS）

理念满意是指企业理念带给企业客户的心理满足状态。企业理念是企业生存和发展的灵魂，是指在企业运营过程中的经营理念、经营信条、企业使命、企业目标、企业精神、企业哲学、企业文化、企业性格和经营战略的统一体。企业通过统一理念，确立企业的本质，凸显企业的风格。

理念满意（MS）是客户满意（CS）战略的核心，它不仅是企业经营的宗旨与方针，还是一种鲜明的企业文化价值观。对外，它是争取广大客户乃至社会公众的理解、信任、关心、支持与爱戴的一面旗帜；对内，它是推动广大员工形成共同的目标感、方向感、使命感和责任感的精神力量。因此，企业理念的建设，必须广泛征求企业客户的意见，争取他们的认同，使他们满意。

（2）行为满意（BS）

行为满意是指企业的全部运行状况带给企业客户的心理满足状态，包括行为机制满意、行为规则满意和行为模式满意等。

由于 MS 的重点是实现客户的价值观，明确"客户希望怎样"和"我如何做"，它偏向客户心理满足。所以，当我们通过对企业实态的分析制定出企业的理念满意系统之后，则需要通过企业的整体经营运作行为，在实践中贯彻企业的理念满意精神、实现行为满意，进而让客户满意。因此，BS 是 CS 的操作重心，是 MS 诉诸行为的方式，是在组织制度、管理培训、行为规范、公共关系、营销活动、公益事业中传播企业的理念和对待客户的态度。

（3）视觉满意（VS）

视觉满意是指企业所具有的各种可视性的显在形象带给企业客户的心理满足状态，是企业具体化、视觉化的信息传递形式与企业客户对这种企业传递的信息及方式认同之间的一种有效的协调和沟通，是 CS 中分列项目最多、层面最广、对客户满意的影响最直接的系统。

4. CS 管理的内在结构

CS 管理的内在结构是 CS 的基本理论体系，它由客户满意需求、客户满意指标、客户满意级度、客户满意测评和客户满意表征五部分构成，具体内容如表 4-4 所示。

表 4-4　CS 管理的内在结构组成

序号	组成部分	说明
1	客户满意需求 （Customer Satisfaction Need，CSN）	研究客户需求是 CS 管理的基础，不了解顾客需求，就谈不上 CS 管理 对客户需求的分析可借助客户需求三维结构模型来完成。客户需求三维是指需求属性、需求强度和满意水平。借助这三个维度构成的三级坐标系，可以找到客户的需求系统及其状态。这是 CS 管理的起点
2	客户满意指标 （Customer Satisfaction Index，CSI）	客户满意指标是指客户满意级度赖以界定的项目因子，是客户在消费产品和服务过程中所追求的满意的基本内容 客户满意指标可以根据满意四维结构模型来事先确定。满意四维是指功能、形式、外延和社会

（续表）

序号	组成部分	说明
3	客户满意级度 （Customer Satisfaction Measurement，CSM）	客户满意级度是指客户在购买产品或服务的过程中所产生的满足状态的程度 客户满意级度可以用七梯级感觉报告法来予以界定。七梯级包括很满意、满意、较满意、一般、不太满意、不满意和很不满意
4	客户满意测评 （Customer Satisfaction Test，CST）	如何来检测客户消费产品和服务过程中的满意状况，这是 CS 管理的重要一环，也是 CS 管理的关键技术 客户满意测评是借助一套设定的量表，对客户在购买产品和服务过程中的满足状态进行测定，并把这种状态数学化的一种方法。CST 的关键是测评量表的编制
5	客户满意表征 （Customer Satisfaction Represention，CSR）	把客户的满意状况直观地表达出来，这就是客户满意表征。CSR 的目的是让消费结果成为管理的一个重要参数和工具，以对管理活动进行调节。如果客户的消费结果不能被表征出来，那么 CS 管理就返回到了哲学阶段，不会成为一项管理工具了。CSR 的具体方法有五度投射图、CS 投射图、折线图、能级图、测面图、顺序法和特征法等

工具03 BPR 业务流程重组

【工具定义】

业务流程重组的英文全称为 Business Process Reengineering，简称 BPR，是指通过资源整合和资源优化，最大限度地满足企业和供应链管理体系高速发展需要的一种方法。

※ **案例说明**

BPR 理论是于 1990 年由美国著名企业管理大师迈克尔·汉默提出的。美国的一些大公司，如 IBM、柯达、通用汽车、福特汽车等纷纷推行 BPR，并取得了巨大成功。

国际商业机器公司（INTERNAT IONAL BUSINESS MACHINES）

成立年份（Founded Year）：1911 年

总部（Headquarters）：美国纽约州阿蒙克市

主营业务（Main Business）：信息工业

发展历程（Development Process）：IBM 创始人为老托马斯·沃森，后来公司在他的儿子小托马斯·沃森的率领下开创了计算机时代。国际商用机器公司创立时的主要产品为商用打字机，而后转为文字处理机，然后到计算机和有关的服务。如今，IBM 已发展成为全球最大的信息技术和业务解决方案公司，在全球拥有雇员 30 多万人，业务遍及 160 多个国家和地区。2005 年 5 月 1 日，联想集团有限公司与 IBM 宣布，联想完成了对 IBM 全球个人电脑业务的收购，这标志着全球第三大个人电脑企业从此诞生。

【适用范围】

适用于任何类型的企业。

【工具解析】

1. BPR 的核心内容

在 BPR 的定义中，根本性、彻底性、戏剧性和业务流程成为备受关注的四个核心内容，具体内容如表4-5 所示。

表4-5　BPR 的核心内容

序号	核心内容	说明
1	根本性	根本性再思考表明业务流程重组所关注的是企业核心问题，如"我们为什么要做现在这项工作"、"为什么要采用这种方式来完成这项工作"、"我们为什么必须由我们而不是别人来做这项工作"等。通过对这些企业运营最根本性问题的思考，企业将会发现自己赖以生存或运营的商业假设是过时的，甚至是错误的
2	彻底性	彻底性再设计表明业务流程重组应对事物进行追根溯源，即对已经存在的事物不是进行肤浅的改变或调整性的修补完善，而是抛弃所有的陈规陋习，并且不需要考虑一切已规定好的结构与过程，以创新完成工作，重新构建企业业务流程，而不是改良、增强或调整
3	戏剧性	戏剧性改善表明业务流程重组追求的不是一般意义上的业绩提升或略有改善、稍有好转等，而是要使企业业绩有显著的增长、极大的飞跃和产生戏剧性的变化，这也是流程重组工作的特点和取得成功的标志

（续表）

序号	核心内容	说明
4	业务流程	业务流程的重组就是以从订单到交货或提供服务的一连串作业活动为着眼点，跨越不同职能与部门的分界线，从整体流程、整体优化的角度来考虑与分析问题，识别流程中的增值和非增值业务活动，剔除非增值活动，重新组合增值活动，优化作业过程，缩短交货周期

2. 业务流程重组关注的要点

业务流程重组关注的要点是企业的业务流程，即围绕业务流程展开重组工作。业务流程是指一组共同为客户创造价值而又相互关联的活动。

乔·佩帕德和菲利普·罗兰德（J. Peppard & P. Rowland）于 1999 年提出了组织业务流程三层次的划分方法。他们认为，在考察组织的流程时，应首先定义一组基本的高层流程，这些高层流程适用于各类组织。组织流程的分类如表 4-6 所示。

表 4-6　组织流程的分类

序号	类别	说明
1	战略流程 （strategic processes）	用以规划和开拓组织未来的流程，包括战略规划、产品或服务开发、新流程开发等
2	经营流程 （operational processes）	用以实现组织日常功能的流程，如赢得客户、满足客户、客户支持、收付款等
3	保障流程 （enabling processes）	为战略流程和经营流程提供保障的流程，例如人力资源管理、会计管理、信息管理系统等

上述三个组织流程中的各个环节可以向下分解，具体划分为下一层次的流程，后者还可以继续分解，直至分解成具体的单项任务的操作流程。

与乔·佩帕德和菲利普的三层次划分法相似的是安东尼理论，即根据企业经营管理层次划分流程为三种类型：战略计划层、管理控制层和操作执行层。

3. 实施业务流程重组的原则

业务流程重组是对现行业务运行方式的再思考和再设计，应遵循的基本原则如表 4-7 所示。

表 4-7 实施业务流程重组的原则

序号	类别	说明
1	以企业目标为导向调整组织结构	在传统管理模式下，劳动分工使各部门具有特定的职能，同一时间只能由一个部门完成某项业务的一部分。业务流程重组则打破了职能部门的界限，由一个人或一个工作组来完成业务的所有步骤。随着市场竞争的加剧，企业需要通过业务重组为客户提供更好的服务，并将业务流程重组作为发展业务和拓宽市场的机会
2	给予执行者决策权	在 ERP 系统的支持下，让执行者具有工作上所需的决策权，可消除信息传输过程中的延时和误差，并对执行者具有激励作用
3	取得高层领导的参与和支持	高层领导持续性的参与和明确的支持能明显提高业务流程重组成功的概率。因为业务流程重组是一项跨功能的工程，是改变企业模式和思维方式的变革，所以必然会对员工和其工作产生较大影响。业务流程重组常常伴随着权力和利益的转移，有时会引起一些人，尤其是中层领导的抵制，如果没有高层领导的明确支持，则很难推行
4	选择适当的重组对象	在一般情况下，企业有许多不同的业务部门，一次性重组所有业务会超出企业的承受能力。因此，在实施业务流程重组之前，要选择好重组的对象。应该选择那些可能获得阶段性收益或者是对实现企业战略目标有重要影响的关键流程作为重组对象，使人们尽早看到成果，在企业中营造乐观、积极参与变革的气氛，减少人们的恐惧心理，以促进业务流程重组在企业中的推广
5	建立通畅的交流渠道	从企业决定实施业务流程重组开始，企业管理层与员工之间就要不断交流。企业管理层要向员工宣传业务流程重组带来的机会，如实说明业务流程重组对组织机构和工作方式的影响，特别是对他们自身岗位的影响及企业所采取的相应解决措施，尽量取得员工的理解与支持。如果隐瞒可能存在的威胁，有可能引起企业内部动荡不安，从而使可能的威胁成为现实

4. 业务流程重组的时机选择

企业并不总需要进行彻底的流程重建。实施业务流程重组虽是高收益的项目，但也伴随着巨大的风险，因此必须明确企业重建的动机，选择业务流程重建的最佳时机。通常在以下三种情况下可以考虑进行业务流程重组。

（1）新技术、新手段的应用，特别是 ERP 等信息化手段的应用。

业务流程的重组在很大程度上取决于现代化信息技术的应用水平。当然，实施业务流程重组并不是单纯的现代信息技术的应用，更是一种思维方式的转变。

（2）外部经营环境发生重大变化，不利于本企业的继续经营。

在全球化的市场中存在着三种因素，即客户、变革和竞争（简称 3C），它们使得企业外部经营环境处于极大的不稳定状态，具体内容如表 4-8 所示。

表 4-8　3C 因素

序号	类别	说明
1	客户（Customer）	市场的主导权已转入客户手中，使市场由卖方市场变为买方市场，客户选择商品的余地大为扩展。因此，怎样使客户满意，就成为企业的奋斗目标
2	变革（Change）	市场需求多变，科技日新月异，产品生命周期不断缩短，这些变化已成为不可阻挡的趋势，促使企业加快变革步伐
3	竞争（Competition）	仅凭借物美价廉的商品就能在竞争中稳操胜券的简单竞争方式已被多层面的竞争方式——T（按合同及时交货或新产品上市时间）、Q（质量）、C（成本）、S（售前咨询服务及售后维护、升值服务）所取代。谁能提供独占性的产品和一流的服务，谁就能够赢得竞争。市场占有率已成为评判企业是否具有竞争力的最集中的体现

以上三种因素使美国企业家和管理学家认识到，一个企业要想适应外界环境的迅速变化，在激烈的竞争中求生存、求发展，不仅要采用先进的科学技术，而且要尽快地改变与现代化生产经营不相适应的管理方法。企业应建立便于对外部环境变化作出灵活反应的管理机制和组织结构。

（3）基于股东权益而进行的业务重组。

为了应对变革和股东对企业要求的不断提高，很多企业都被迫进行裁员，甚至是世界 500 强企业。裁员是有效降低人工成本的手段，但对企业来说，员工减少了任务量不一定会减少，所以需要对业务流程进行重新整合，以保证实现企业的发展目标。

5. 企业内部 BPR 的原则

业务流程重组能够为企业创造优化的业务流程，提升企业的核心竞争力。业务流程重组的工作重点就是要消除价值传递链中的非增值活动和调整核心增值活动。这里要遵循的原则如图 4-3 所示。

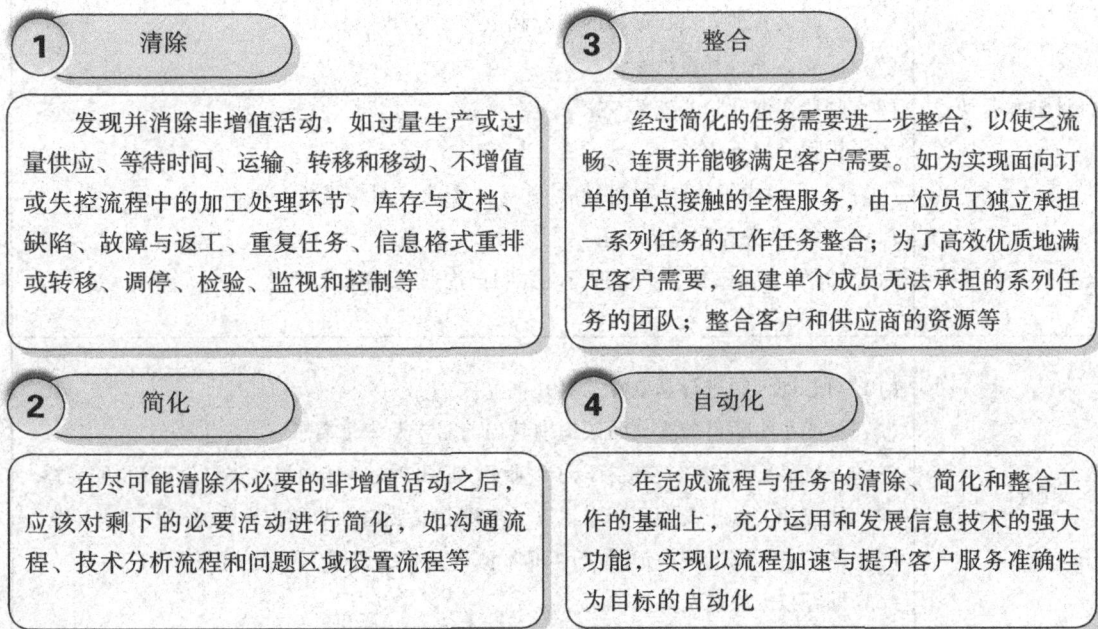

1　清除	3　整合
发现并消除非增值活动，如过量生产或过量供应、等待时间、运输、转移和移动、不增值或失控流程中的加工处理环节、库存与文档、缺陷、故障与返工、重复任务、信息格式重排或转移、调停、检验、监视和控制等	经过简化的任务需要进一步整合，以使之流畅、连贯并能够满足客户需要。如为实现面向订单的单点接触的全程服务，由一位员工独立承担一系列任务的工作任务整合；为了高效优质地满足客户需要，组建单个成员无法承担的系列任务的团队；整合客户和供应商的资源等
2　简化	4　自动化
在尽可能清除不必要的非增值活动之后，应该对剩下的必要活动进行简化，如沟通流程、技术分析流程和问题区域设置流程等	在完成流程与任务的清除、简化和整合工作的基础上，充分运用和发展信息技术的强大功能，实现以流程加速与提升客户服务准确性为目标的自动化

图 4-3　企业内部 BPR 的四大原则

通常，重组之后的业务流程将呈现以下特点：组织扁平化，决策权下放或外移；审核与控制明显减少；取消装配线式的工作环节；同步工作代替了顺序工作方式；通才或专案员主导型的工作方式；管理者的工作职责转变为指导、帮助和支持。

6. 企业业务重组的流程与相关活动

企业业务流程重组工作的开展通常分计划和启动、调查研究及发现、设计、审批、实施、后续工作等阶段，各个阶段的相关活动如表 4-9 所示。

表 4-9　企业业务重组的流程与相关活动

阶段	相关活动
计划和启动	（1）识别准备变革的关键业务流程并评估如果不进行变革将产生的结果 （2）识别重组的关键流程 （3）任命高级主管并成立专门委员会 （4）获得高层管理人员对业务流程重组项目的支持

（续表）

阶段	相关活动
计划和启动	（5）准备一份项目计划书：定义项目范围，确定可以量化的目标、精心挑选的实施方法以及详细的项目进度计划 （6）与高层管理人员在项目的目标和范围上取得一致 （7）成立业务流程重组小组 （8）聘请咨询顾问或外部专家 （9）排除会议干扰 （10）向小组主管传达项目目标，并与（企业）组织进行沟通 （11）训练业务流程重组小组 （12）开始（业务）变更管理行动并制订沟通（交流）计划
调查研究及发现	（1）对其他公司进行基础性的研究 （2）核心小组通过与客户面谈识别其当前需求及未来需求 （3）与员工及管理人员交流，以了解业务实际并通过头脑风暴法获取业务变更的灵感 （4）研究相关著作及期刊杂志，以了解行业发展趋势并寻找最佳的实践方法 （5）在一个较高的层次记录"As-Is"流程及相关数据，寻找差距 （6）回顾技术改造及可选项 （7）与委员会主管及关键的高层管理人员交流
设计	（1）创新设想（头脑风暴法、灵机一动），创造性思维 （2）进行"如果—那么"设想，吸取其他企业的成功经验 （3）由领域专家形成 3~5 个模型，吸收不同模型的长处形成综合模型 （4）建立理想的流程场景 （5）定义新的流程模型并用流程图描述这些流程 （6）设计与新流程相适应的组织结构模型 （7）定义技术需求，选择能够支持新流程的平台
审批	（1）分析代价与收益分析报告，明确投资回报 （2）对客户及员工影响进行评估；对竞争地位变化进行评估 （3）为高级管理人员准备实际案例 （4）向委员会和高级管理人员展示评估报告并获得批准（项目实施）

阶段	相关活动
实施	(1) 详细设计业务流程及组织模型；详细定义新的任务角色 (2) 开发支撑系统 (3) 实施方案并进行小范围的实验 (4) 与员工就新的方案进行沟通；制订并实施变更管理计划 (5) 制订阶段性实施计划并具体实施 (6) 制订新业务流程和系统的培训计划并对员工进行培训
后续工作	(1) 定义关键的衡量标准以进行周期性的评估 (2) 评估新流程的效果 (3) 对新流程实施持续改进 (4) 向委员会和高层管理人员发表最终报告，并争取获得认可

工具 04　ISO9000 质量管理体系

【工具定义】

ISO 即 International Organization for Standardization，中文译名为国际标准化组织。ISO9000 是国际标准化组织制定的关于质量管理的系列标准。实施该系列标准，就是要建立一个文件化的质量管理体系，使企业的各项工作走上标准化、程序化、法制化的轨道，以解决企业职责不清、推诿扯皮、制度缺乏、有法不依等一系列难题。

作为一非政府性质的国际科技组织，ISO 是世界上最大的、最具权威的国际标准制定、修订组织，它成立于 1947 年 2 月 23 日。ISO 的最高权力机构是每年一次的 "全体大会"，其日常办事机构是中央秘书处，设在瑞士的日内瓦。ISO 宣称它的宗旨是 "发展国际标准，促进标准在全球的一致性，促进国际贸易与科学技术的合作。

【适用范围】

适用于任何行业和任何组织。

【工具解析】

1. 企业建立 ISO9000 质量体系的益处

由于市场经济的发展，国际贸易在经济发展中的作用越来越重要，市场竞争使客户对质量的期望也越来越高，质量保证和质量认证已成为一种国际性的趋势。企业建立 ISO9000 质量体系的益处如表 4-10 所示。

表 4-10　企业建立 ISO9000 质量体系的益处

对质量体系的优势	对企业的优势
对质量体系来说，按 ISO9000 要求建立和实施的质量体系具有如下优势 （1）提高产品设计质量 （2）改进产品质量 （3）减少返工和投诉 （4）有效利用人、机器和材料，提高生产效率 （5）减少生产和环境故障 （6）提高员工的质量意识，建立企业文化 （7）增强用户的信心 （8）提升企业形象	对企业来说，实施 ISO9000，建立和执行相应质量体系的组织具有如下优势 （1）提高管理水平：使工作规范化，明确内部的职责，提高办事效率，提高产品质量 （2）符合市场要求：增加投标的中标率，提高销售价格和销售量，扩大销售范围 （3）满足有关法律、法规的要求 （4）保证企业利益，处理质量争端，明确质量责任

2. ISO9000 族标准的构成

2008 版 ISO9000 族标准包括四个核心标准、一个支持性标准、若干个技术报告和宣传性小册子，具体内容如表 4-11 所示。

表 4-11　2008 版 ISO9000 族标准的构成

核心标准 （4 个）	GB/T19000–2008 idt ISO9000：2005 质量管理体系基础和术语 GB/T19001–2008 idt ISO9001：2008 质量管理体系要求 GB/T19004–2009 idt ISO9004：2009 质量管理体系业绩改进指南 GB/T19011–2003 idt ISO19011：2002 质量和（或）环境管理体系审核指南
支持性标准 和文件	ISO10012 测量控制系统 ISO/TR10006 质量管理 项目管理质量指南 ISO/TR10007 质量管理 技术状态管理指南 ISO/TR10013 质量管理体系文件指南 ISO/TR10014 质量经济性管理指南 ISO/TR10015 质量管理 培训指南 ISO/TR10017 统计技术指南 质量管理原则 选择和使用指南 小型企业的应用

3. ISO9001 的过程方法模式

ISO9001 质量管理体系采用过程方法模式。组织的质量管理体系是由构成立体空间的过程网络组成的。组织为了实施质量管理体系，必须识别这些过程，确定这些过程的顺序和相互作用，确定为确保这些过程有效运作和控制所需要的准则和方法；确保可获得必要的信息以支持这些过程的有效运作和监控，测量、监控和分析这些过程并实施必要的措施以实现策划的结果和持续改进。

ISO9001 质量管理体系给出的过程方式模式如图 4-4 所示。

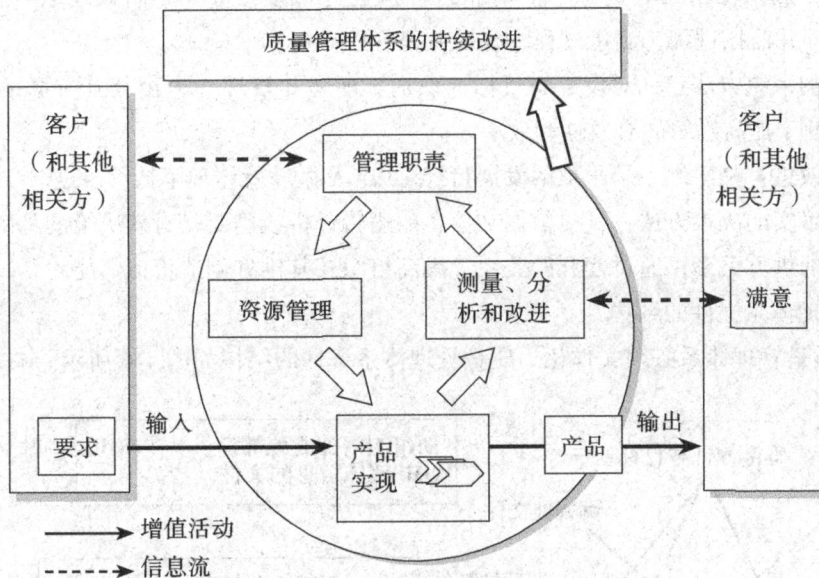

图 4-4　以过程为基础的质量管理体系模式

4. ISO9000 族的八大原则

八大质量管理原则（见图 4-5）是在总结质量管理实践经验的基础上用高度概括的语言所表述的最基本、最通用的一般规律，是组织做好质量管理工作必须遵循的准则。

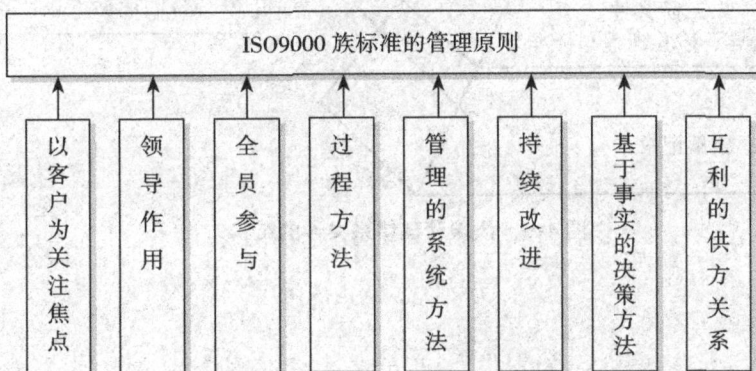

图 4-5　ISO9000 族标准的管理原则

（1）以客户为关注焦点：组织依赖于客户，因此组织应该理解客户当前的和未来的需求，从而满足并超越其期望。

（2）领导作用：领导者将本组织的宗旨、发展方向和内部环境统一起来，并创造使员工能够充分参与实现组织目标的环境。

（3）全员参与：各级员工是组织的生存和发展之本，只有其充分参与，才能给组织带来最佳效益。

（4）过程方法：将相关的资源和活动作为过程进行管理，可以更高效地取得预期结果，确定关键的过程并监控过程、测量过程、改进过程（PDCA）。

（5）管理的系统方法：针对设定的目标，识别、理解并管理一个由相互关联的过程所组成的体系，有助于提高组织的有效性和效率。

（6）持续改进：是组织一个永恒的发展目标。PDCA 循环就体现了持续改进。

（7）基于事实的决策方法：针对数据和信息的逻辑分析或判断是有效决策的基础。

（8）互利的供方关系：通过互利的关系，提高组织及其供方创造价值的能力。

5. 质量管理体系文件的结构

ISO9000 质量管理体系必须文件化。质量管理体系文件的结构如图 4-6 所示。

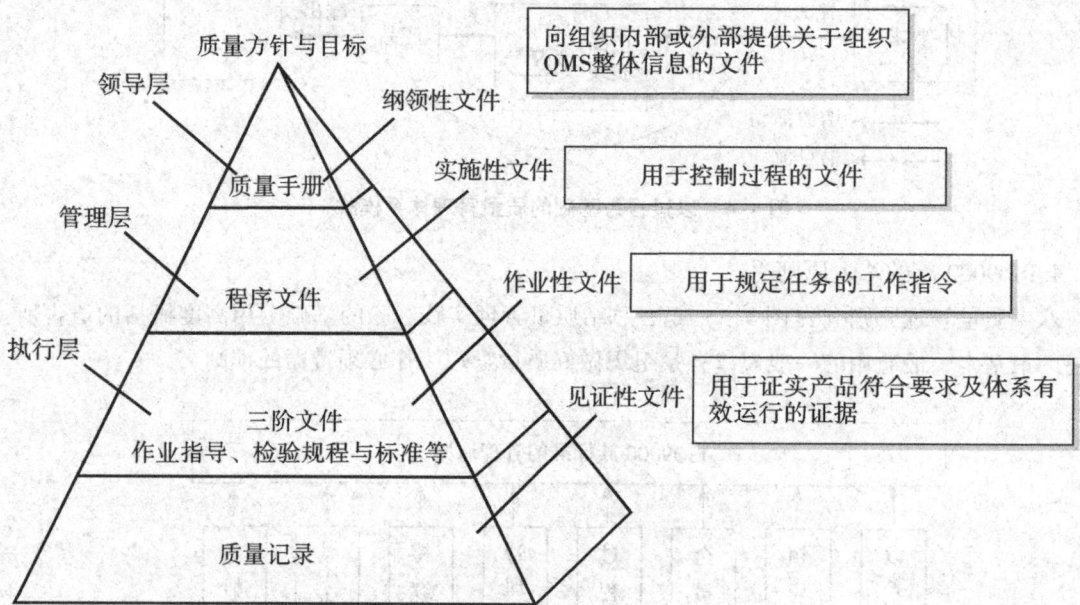

图 4-6　质量管理体系文件的结构

工具 05 ISO14000 环境管理体系

【工具定义】

ISO14000 是 ISO 组织推出的关于环境管理的系列标准。环境管理体系是全面管理体系的组成部分，包括制定、实施、实现、评审和维护环境方针所需的组织结构、策划、活动、职责、操作惯例、程序、过程和资源。它包括了环境管理体系（EMS）、环境管理体系审核（EA）、环境标志（EL）、生命周期评价（LCA）、环境绩效评价（EPE）、术语和定义（T&D）等国际环境管理领域的研究与实践的焦点问题，向各国政府及各类组织提供了统一的环境管理体系、产品的国际标准和严格、规范的审核认证办法。

【适用范围】

适用于任何行业和任何组织。

【工具解析】

1. ISO14000 的实施意义

ISO14000 系列标准归根结底是一套管理性质的标准，它是工业发达国家环境管理经验的结晶。ISO14000 标准对企业的积极影响主要体现在以下几个方面。

（1）树立企业形象，提高企业的知名度。

（2）促使企业自觉遵守环境法律、法规。

（3）促使企业在其生产、经营、服务及其他活动中考虑其对环境的影响，减少环境负荷。

（4）使企业获得进入国际市场的"绿色通行证"。

（5）增强企业员工的环境意识。

（6）促使企业节约能源，降低经营成本。

（7）促使企业加强环境管理。

2. ISO14000 标准与 ISO9000 标准的异同

首先，两套标准都是 ISO 组织制定的针对管理方面的标准，都是国际贸易中消除贸易壁垒的有效手段。

ISO14000 系列标准是由国际标准化组织（ISO）第 207 技术委员会（ISO/TC207）组织制定的环境管理体系标准，其标准号从 14001 至 14100，共 100 个标准号，统称为 ISO14000 系列标准。它是顺应国际环境保护的发展，依据国际经济贸易发展的需要而制定的。目前正式颁布的有 ISO14001、ISO14004、ISO14010、ISO14011、ISO14012、ISO14040 六个标准，其中 ISO14001 是系列标准的核心标准，也是唯一可用于第三方认证的标准。

其次，两套标准的要素有相同或相似之处，具体内容如表 4-12 所示。

表 4-12　两套标准的要素比较

ISO14000	ISO9000
环境方针	质量方针
组织结构和职责	职责与权限
人员环境培训	人员质量培训
环境信息交流	质量信息交流
环境文件控制	质量文件控制
应急准备和响应	部分与消防安全的要求相同
纠正和预防措施	纠正和预防措施
环境记录	质量记录
内部审核	内部审核
管理评审	管理评审

3. ISO14001 的主要内容

ISO14001 的中文名称是《环境管理体系——规范及使用指南》，于 1996 年 9 月正式颁布。ISO 14001 是组织规划、实施、检查、评审环境管理运作系统的规范性标准，该系统包含五大部分，17 个要素。

（1）五大部分

五大部分是指环境方针、规划、实施与运行、检查与纠正措施、管理评审。这五个基本部分包含了环境管理体系的建立过程和建立后有计划地评审及持续改进的循环，以保证组织内部环境管理体系的不断完善和提高。

（2）17 个要素

17 个要素是指环境方针，环境因素，法律与其他要求，目标和指标，环境管理方案，机构和职责，培训、意识与能力，信息交流，环境管理体系文件，文件管理，运行控制，应急准备和响应，监测，不符合、纠正与预防措施，记录，环境管理体系审核，管理评审。

工具 06　OHSAS18000 职业安全卫生管理体系

【工具定义】

OHSAS18000 全名为 Occupational Health and Safety Assessment Series 18000，是一个国际性安全及卫生管理系统验证标准，它是组织全部管理体系的一个组成部分，包括为制定、实施、实现、评审和保持职业安全卫生方针所需的组织机构、规划、活动、职责、制度、程序、过程和资源。

【适用范围】

适用于任何行业和任何组织。

【工具解析】

职业安全卫生管理体系是国际上继 ISO9000 质量管理体系标准和 ISO14000 环境管理体系标准后世界各国关注的又一管理标准。

1. OHSAS18000 的基本思想

OHSAS18000 的基本思想是实现体系持续改进，通过周而复始地进行"计划、实施、监测、评审"活动，使体系功能不断加强。它要求组织在实施职业安全卫生管理体系时始终保持持续改进意识，对体系进行不断的修正和完善，最终实现预防和控制工伤事故、职业病及其他损失的目标。

2. OHSAS18000 职业安全卫生管理的对象

众所周知，在人们的工作活动或工作环境中，总是存在这样或那样潜在的危险源，可能会损坏财物、危害环境、影响人体健康，甚至造成伤害事故。这些危险源有化学的、物理的、生物的、人体工效和其他种类的。人们将某一或某些危险引发事故的可能性和其可能造成的后果称之为风险。风险可用发生几率、危害范围、损失大小等指标来评定。现代职业安全卫生管理的对象就是职业安全卫生风险。

（1）风险引发事故的损失

因风险引发事故所造成的损失是各种各样的，一般分为以下几种。

①职工本人及其他人的生命伤害。

②职工本人及其他人的健康伤害（包括心理伤害）。

③资料、设备设施的损坏、损失（包括一定时期内或长时间无法正常工作的损失）。

④处理事故的费用（包括停工停产、事故调查及其他间接费用）。

⑤企业、职工经济负担的增加。

⑥职工本人及其家庭、朋友的精神、心理、经济伤害和损失。

⑦政府、行业、社会舆论的批评和指责。

⑧法律追究和新闻曝光引起的企业形象伤害。

⑨投资方或金融部门的信心丧失。

⑩企业信誉的伤害、损失，商业机会的损失。

⑪产品的市场竞争力下降。

⑫职工本人和其他人的埋怨、牢骚、批评等。

职业安全卫生事故损失包括直接损失和间接损失，损失的耗费远远超过医疗护理和疾病赔偿的费用，即间接损失一般远远大于直接损失。

（2）风险引发事故造成损失的因素

风险引发事故造成损失的因素有两类，具体内容如表 4-13 所示。

表 4-13　风险引发事故造成损失的因素

因素类别	症状表现
个人因素	（1）体能（生理）结构能力不足，例如身高、体重不足，对物质敏感或有过敏症等 （2）思维能力不足，例如理解能力不足、判断不良、方向感不良等 （3）生理压力，例如感官过度负荷而疲劳、接触极端的温度、氧气不足等 （4）心理压力，例如感情过度负荷，集中力（注意力）极端等 （5）缺乏知识，例如训练不足，误解指示等 （6）缺乏技能，例如实习不足 （7）不正确的驱动力，例如不适当的竞争等
工作（系统）因素	（1）指导（监督）不足，例如委派责任不清楚或冲突，权力下放不足，政策、程序、作业方式或指引给予不足等 （2）工程设计不足，例如人类工效学考虑不足，运行准备不足等 （3）采购不足，例如储存材料、运输材料不正确或不足等 （4）维修不足，例如润滑油检验器材准备不足等 （5）工具和设备不足，例如工具标准不足，设备非正常损耗，滥用或误用设备等

对损失的控制不仅限于个人安全控制的范围。戴明博士和其他的管理学家发现，一家公司里的问题，大约 15% 是可以由职员控制的，约 85% 或以上是由管理层控制的。损失并不是商业运作上"不可避免"的成本，而是可以通过管理来预防和消除的。

3. OHSAS18000 标准的主要内容及运行过程

OHSAS18000 一般包括七个主要部分：初始状态评审、安全卫生方针、规划、实施与运行、检查与改进措施、审核和定期评审总结。其中核心内容是安全卫生方针、规划、实施与运行、检查与改进措施、审核这五个要素和其持续改进的循环。

职业安全卫生管理体系如图 4-7 所示。

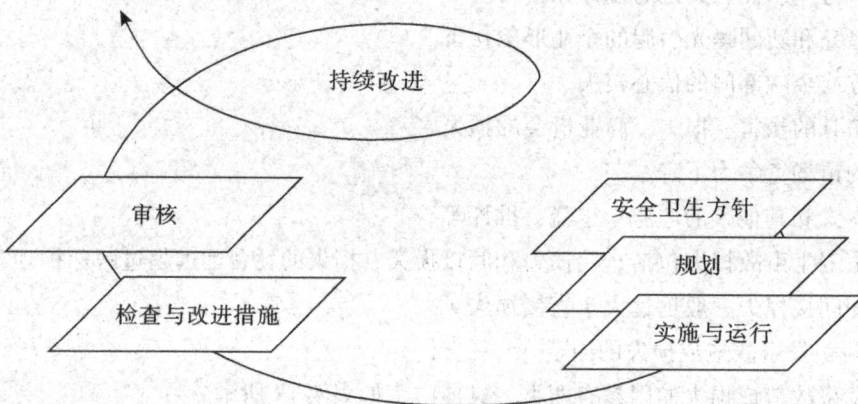

图 4-7　职业安全卫生管理体系运行过程

一般状态下，OHSAS18000 的运行从初始状态评审开始，依次进行到评审总结，就完成了一次循环；第二次循环的起点应高于第一次循环的起点；而第三次循环的起点线又高于第二次，这样逐次提高，持续改进。OHSAS18000 是企业总的管理体系中的一个子系统，其循环也是企业整个管理体系循环的一个子循环。企业通过 OHSAS18000 不断循环运行和改善。

1999 年 10 月 13 日，由国家经贸委发布的职业安全卫生管理体系实行标准由三个部分组成，具体内容如表 4-14 所示。

表 4-14 职业安全（卫生）管理体系标准的组成

第一部分	范围	提出了对职业安全卫生管理体系的基本要求，目的是使组织能够控制其职业安全卫生危险，持续改进职业安全卫生绩效
第二部分	术语和定义	提出了"事故"、"危害"、"危害辨识"、"危险评价"等 17 个术语和定义
第三部分	职业安全卫生管理体系由下列 17 个要素组成	（1）方针 （2）危害辨识、危险评价和危险控制计划 （3）法律及法规要求 （4）目标 （5）管理方案 （6）机构和职责 （7）培训意识和能力 （8）协商与交流 （9）文件 （10）文件和资料控制 （11）运行控制 （12）应急预案与响应 （13）绩效测量和监控 （14）事故、事件、不符合、纠正和预防措施 （15）记录和记录管理 （16）审核 （17）管理评审

4. 实施职业安全卫生管理体系的作用

由危险因素造成的损失是可以预防和消除的，最好的办法是推行职业安全卫生管理体系。实施职业安全卫生管理体系的作用有以下几点。

（1）为企业提供科学有效的职业安全卫生管理体系规范和指南。

（2）使管理系统化，并以预防为主，是一种全员、全过程、全方位的安全管理。

（3）推动职业安全卫生法规和制度的贯彻执行。

（4）使组织职业安全卫生管理转变为主动自愿性的行为，提高职业安全卫生管理水平，形成自我监督、自我发现和自我完善的机制。

（5）进一步与国际标准接轨，消除贸易壁垒和绿色壁垒。

（6）有助于提高全民安全意识。

（7）改善作业条件，提高劳动者的身心健康和安全卫生技能，大幅减少成本投入和提高工作效率，产生直接和间接的经济效益。

（8）改进人力资源的质量。根据人力资本理论，人的工作效率与工作环境的安全卫生状况密不可分，其良好状况能大大提高生产效率，增强企业的凝聚力和发展动力。

（9）在社会树立良好的品质、信誉和形象。因为优秀的企业除具备经济实力和技术能力外，还应拥有强烈的社会关注力和责任感、优秀的环境保护业绩并保证职工的安全与健康。

（10）把 OHSAS18000 和 ISO9000、ISO14000 建立在一起将成为现代企业的标志和时尚。

工具 07　SA 8000 社会责任标准

【工具定义】

SA 8000 即社会责任标准，是 Social Accountability 8000 的英文简称，是世界上第一个社会道德责任标准，其宗旨是确保供应商所供应的产品符合社会责任标准的要求。

【适用范围】

适用于任何组织。

【工具解析】

SA 8000 社会责任标准规定了企业必须承担的对社会和利益相关者的责任，对工作环境、员工健康与安全、员工培训、薪酬、工会权利等具体问题指定了最低要求，例如禁止雇用童工和必须消除性别或种族歧视等。SA 8000 也有管理体系和持续改进的要求，是一套由第三方认证机构审核的国际标准。

1. 实施 SA 8000 社会责任标准的效益

企业实施 SA 8000 社会责任标准的效益如下。

（1）达到国际知名采购方的要求的审核标准，打破我国加入 WTO 之后的软性壁垒。

（2）加强与完善公司的政策与程序，在可控或影响的范围之内承担相关的社会责任，改善雇主与员工的关系。

（3）减少国外客户对供应商的第二方审核。

（4）节省费用。

（5）符合当地的法规要求。

（6）建立国际共信力。

（7）使消费者对产品建立正面情感。

（8）使合作伙伴对本企业建立长期信心。

2. SA 8000 社会责任体系九大要素

SA 8000 包括童工、强迫性劳工、健康与安全、歧视、组织工会的自由与集体谈判的权利、惩罚性措施、工作时间、工资报酬及管理体系九个要素，具体内容如图4-8所示。

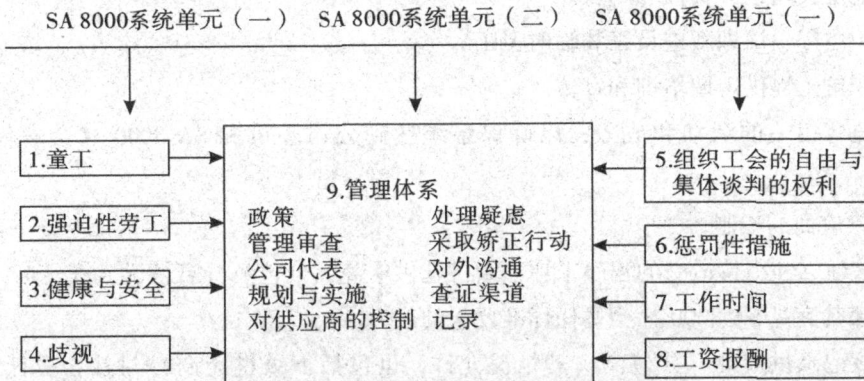

图 4-8 SA 8000 社会责任体系九大要素

3. SA 8000 社会责任标准管理系统要求

（1）政策

高层应该制定有关社会责任和劳动条件的公司政策，以确定 SA 8000 做到以下几点。

①包含对符合 SA 8000 社会责任标准内所有规定的承诺。

②包含对遵守国家和其他适用的法律、公司签署的规章以及尊重国际协议和其解释的承诺。

③包含对不断改善的承诺。

④有效地记录、实施、维持和传达这个政策，并且以通俗易懂的形式供所有员工随时取阅。"所有员工"在此所指的是董事、决策阶层、经理、监督和非管理人员，它包括直接雇用、合同制聘用或用其他方式代表公司的人。

⑤对公众公开。

（2）管理审核

高层管理人员应依据 SA8000 社会责任标准和公司签署的其他规章要求定期审查公司的政策、措施及其执行结果，决定其是否充分、适用和持续有效。在必要的时候，应该进行系统的修正和改进。

（3）公司代表

公司应该指定一个高层管理代表，不论他在公司是否担任其他职务，都要负责保证公司达到 SA 8000 社会责任标准中的规定。

公司应该协助非管理人员选出自己的代表，以便跟高层管理人员就 SA 8000 社会责任标准规定的事项进行沟通。

（4）计划与实施

公司应保证公司员工都能了解和实施 SA 8000 社会责任标准的规定，包括但不限于下列各项。

①明确地定义角色、责任和职权。

②在雇用之际，培训新进员工和临时员工。

③为在职员工提供定期培训和宣传。

④持续监督相关的活动和成效，以确保系统达到公司政策和 SA 8000 社会责任标准的规定。

（5）对供应商的控制

公司应该建立和维持适当的程序来评估和挑选供应商、分包商（若情况允许，也包括下级供应商）确保其满足 SA 8000 社会责任标准要求的能力。

公司应该记录供应商、分包商（若情况允许，也包括下级供应商）对社会责任的承诺，包括但不限于下列书面的承诺。

①符合 SA 8000 社会责任标准的所有规定（包括本条规定）。

②在公司的要求之下参与公司的监督活动。

③及时补救违反 SA 8000 社会责任标准规定的事项。

④及时、完整地向公司通报所有与之有商业关系的其他供应商、分包商及下级供应商。

公司应该维持合理的证据，证明供应商和分包商及下级供应商能够达到 SA 8000 社会责任标准中的各项规定。

除上述规定外，如果公司接收、处理或经营任何出自居家工人的供应商、分包商及下级供应商的产品或服务，公司应采取特别措施保证这些居家工人享有依据 SA 8000 社会责任标准规定的向直接雇员提供的相似程度的保护。这些特别措施包括但不限于以下几点。

①订立具有法律效力的书面购买合同并载明最低要求（应与 SA 8000 社会责任标准相符）。

②确保居家工人及所有与该书面购买合同有关人员能够理解合同并能贯彻合同要求。

③在公司内保留详细记载有关居家工人身份、所提供的产品或服务以及工作时数的全面资料。

④频繁进行审查，以确保该书面购买合同得以贯彻实施。

（6）处理疑虑和采取纠正行动

当员工和其他利益团体质疑公司是否符合公司政策或 SA 8000 社会责任标准规定的事项时，公司应该调查、处理并作出反应；员工如果提供关于公司是否遵守 SA 8000 社会责任体系标准的资料，公司不可对其采取惩罚、解雇或歧视的行为。

如果发现任何违反公司政策或 SA 8000 社会责任标准规定的事项，公司应该根据其性质和严重性，调配相应的资源予以适当的补救并采取相应的纠正行动。

（7）对外沟通

公司应该建立和维持适当的程序，就公司在执行 SA 8000 社会责任标准各项要求上的表现，向所有利益团体定期提供相关的数据和资料。所提供的资料应该包括但不限于管理审核和监督活动的结果。

（8）核实渠道

如果合同有此要求，公司应该给有关方面提供合理的信息和取得信息的渠道，以供其核实公司是否符合 SA 8000 社会责任标准的规定。如果合同中有进一步的要求，公司应要求供应商和分包商提供相似的信息和取得信息的渠道。

（9）记录

公司应该保留适当的记录，来证明公司是否符合 SA 8000 社会责任标准中的各项规定。

工具08 JIT 准时生产方式

【工具定义】

JIT 是 Just In Time 的缩写，中文意思为准时生产方式，又称无库存生产方式（stockless production）、零库存（zero inventories）、一个流（one- piece flow）或者超级市场精益生产方式（supermarket production），是日本丰田汽车公司在 20 世纪 60 年代实行的一种生产方式。1973 年以后，这种方式为丰田公司度过第一次能源危机发挥了重要作用，后引起其他国家生产企业的重视，并逐渐在欧洲和美国企业中推行开来，现在这一方式与源自日本的其他生产、流通方式一起被西方企业称为"日本化模式"。

【适用范围】

适用于任何类型的制造企业，也适用于服务业中的各种组织。

【工具解析】

1. 精益生产方式 JIT 的主要特征

JIT 的主要特征表现如下。

（1）品质：寻找、纠正和解决问题。

（2）柔性：小批量、一个流。

（3）投放市场时间：把开发时间减至最短。

（4）产品多元化：缩短产品周期、减小规模效益影响。

（5）效率：提高生产率、减少浪费。

（6）适应性：标准尺寸、协调合作。

（7）学习：不断改善。

2. JIT 的基本思想

准时生产方式的基本思想可概括为"在需要的时候，按需要的量生产所需的产品"，即通

过生产计划、生产控制及库存管理，追求一种无库存或库存达到最小的生产系统。

3. JIT 的核心

准时生产方式的核心是追求一种无库存的生产系统或使库存达到最小的生产系统。为此而开发了包括"看板"在内的一系列具体方法，并逐渐形成了一套独具特色的生产经营体系。

4. JIT 的目标

"零浪费"为精益生产方式 JIT 的终极目标，具体表现在 PICQMDS 七个方面，具体内容如表 4-15 所示。

表 4-15　JIT 的目标

序号	目标	说明
1	"零" 转产工时浪费 （Products 0 多品种混流生产）	将加工工序的品种切换与装配线的转产时间浪费降为"零"或接近为"零"
2	"零" 库存 （Inventory 0 削减库存）	将加工与装配环节相连接并流水化，消除中间库存，变市场预估生产为接单同步生产，将产品库存降为零
3	"零" 浪费 （Cost 0 全面成本控制）	消除多余制造、搬运、等待的浪费，实现零浪费
4	"零" 不良 （Quality 0 高品质）	不良不是在检查位检验出来，而应该在产生的源头消除，追求零不良
5	"零" 故障 （Maintenance 0 提高运转率）	消除机械设备的故障停机现象，实现零故障
6	"零" 停滞 （Delivery 0 快速反应、短交期）	最大限度地压缩前置时间（Lead time）。为此要消除中间停滞，实现"零"停滞
7	"零" 灾害 （Safety 0 安全第一）	对人、工厂、产品进行全面安全预防检查，实行安全巡查制度

5. JIT 方式的构成和实施要求

及时化和目标管理是 JIT 方式的两个支柱，具体可以分为：平准化生产、看板方式、消除浪费的具体措施和目标管理方法。

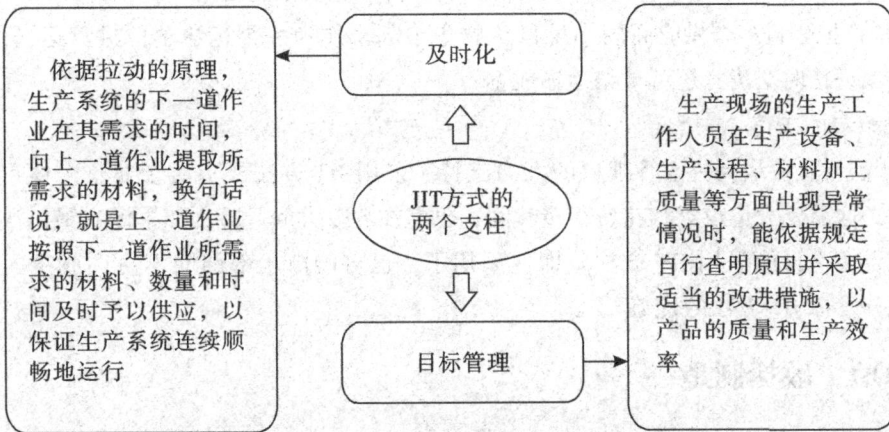

图 4-9　JIT 方式的两个支柱

6. 成功实施 JIT 方式的条件

企业 JIT 方式成功实施的条件主要包括以下五项。

（1）严格按照拉动的概念

JIT 方法要求严格按照拉动的概念，以最终需求为起点，由后道作业向前道作业按看板所示信息提取材料（商品），前道作业按看板所示信息进行补充生产，同时整个供应链保持安定化、标准化和同步化，保证从原材料到成品的整个过程畅通无阻，不出现瓶颈现象。这样，不仅可以满足客户的需求，提高客户服务水平，而且可以实现低水平的库存，降低成本。

（2）小批量生产

小批量生产的优势在于能够减少在制品库存，降低库存、维持成本、节约库存空间，易于现场管理，当质量问题发生时，容易查找和重新加工。在生产进度安排上允许有一定的弹性，可按需求进行调整，这需要对市场需求的变化能做出迅速及时的反应。同时，小批量生产要求在变换产品组合时，生产线的切换程序简便化和标准化，进而使生产切换速度加快，为此要求供应商能小批量、频繁及时供货。

（3）与供应商建立长期、可靠的伙伴关系

JIT 方法要求供应商在需要的时间提供需要的数量，具体来说，就是要求供应商以小批量、频繁地进行运送，严格遵守交货时间，同时要求稳定地提供高质量的零部件以便节约检验时间，保证最终产品的质量。进一步说，就是要求供应商能对订货的变化做出及时、迅速的反应，具有弹性。因此，必须选择少数优秀的供应商，并与他们建立长期可靠的合作伙伴关系，

分享信息情报，共同协作解决问题。

（4）高效率、低成本的物流运输方式

JIT 方法要求供应商小批量、频繁运送，但这将会增加运输成本。为了降低运输成本，JIT 方法要求积极寻找集装机会（Consolidation Opportunity）。进货集装运送（In-bound Consolidation Delivery）是指把来自多个供应商的小批量货物集中起来作为一个运输单位进行运送的方法，这样不仅可保证按时交货，还可节约运输成本。

（5）决策层的支持

JIT 方法需要企业最高决策管理层的大力支持。采用 JIT 方法要求对企业整个体系进行改革甚至重建，这需要大量投资和花费很多时间，也存在着较大的风险，如果没有最高决策管理层的支持，企业不可能采用 JIT 方法，即使采用了，也可能由于部门间不协调或投入资源不足，不能充分发挥 JIT 方法的优势。

工具 09　敏捷制造

【工具定义】

敏捷制造是一种生产组织模式，它是利用人的智能和信息技术，通过多方面的协作改变企业复杂的多层递阶结构，改变传统的大批量生产组织方式。

○─◦ 相关知识 ◦─○

敏捷制造的起源

敏捷制造是美国国防部为了指定 21 世纪制造业发展而支持的一项研究计划。该计划始于 1991 年，有 100 多家公司参加，由通用汽车公司、波音公司、IBM、德州仪器公司、AT&T、摩托罗拉等 15 家著名大公司和国防部代表共 20 人组成了核心研究队伍。此项研究历时三年，于 1994 年年底提出了《21 世纪制造企业战略》。在这份报告中，提出了既能体现国防部与工业界各自的特殊利益，又能获取他们共同利益的一种新的生产方式，即敏捷制造。

【适用范围】

适用于任何类型的制造企业。

【工具解析】

1. 敏捷制造的基本内涵

敏捷制造是在具有创新精神的组织和管理结构、先进的制造技术（以信息技术和柔性智能技术为主导）、有技术有知识的管理人员三大类资源支柱（见图 4-10）支撑下得以实施的，即将柔性生产技术、有技术有知识的劳动力与能够促进企业内部和企业之间合作的灵活管理集中在一起，通过所建立的共同基础结构，对迅速改变的市场需求和市场进度作出快速响应。敏捷制造比起其他制造方式具有更灵敏、更快捷的反应能力。

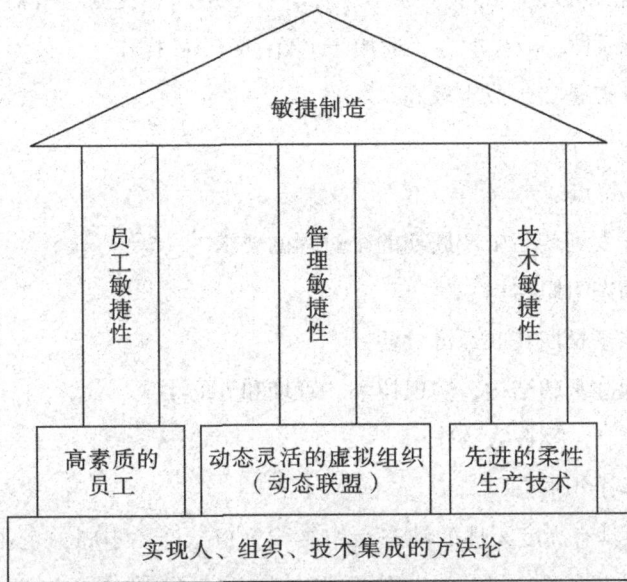

图 4-10 敏捷制造的三大支柱

2. 敏捷制造系统的框架

敏捷制造系统的框架如图 4-11 所示。

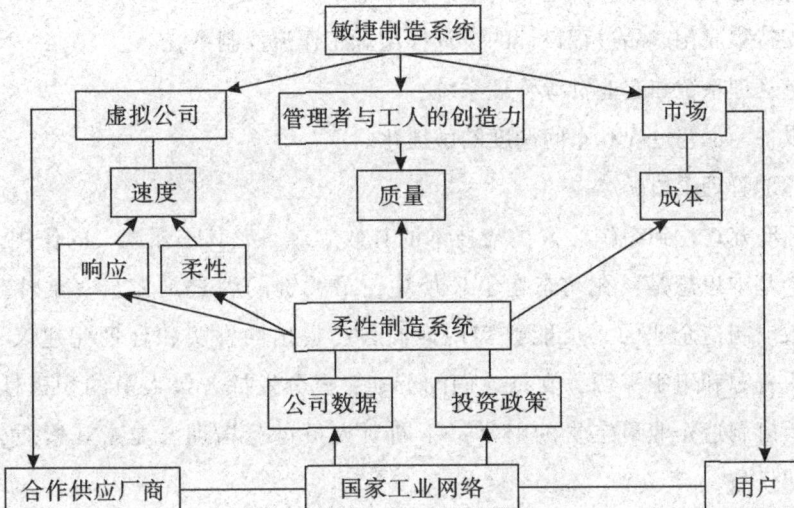

图 4-11 敏捷制造系统的框架

3. 敏捷制造的优缺点

（1）敏捷制造的优点是生产更快、成本更低、劳动生产率更高、机器生产率加快、提高质量、提高生产系统可靠性、减少库存，适用于 CAD 或 CAM 操作。

（2）敏捷制造的缺点是实施成本较高。

4. 敏捷制造的特点

敏捷制造具有以下特点。

（1）满足从产品开发到产品生产周期的全过程的要求。

（2）采用多变的动态组织结构。

（3）战略着眼点在于长期获取经济效益。

（4）建立新型的标准基础结构，实现技术、管理和人的集成。

（5）最大限度地调动、发挥人的作用。

5. 敏捷制造的基本组织形态

敏捷制造企业必须具有高度柔性的动态组织结构。根据产品不同，企业应采取内部团队、外部团队（供应商、用户均可参与）与其他企业或虚拟公司合作等不同形式，来保证企业内部信息达到瞬时沟通，并抓住企业外部的市场，从而进一步作出灵敏反应。

6. 敏捷制造关键技术

敏捷制造需要以下关键技术的支持。

（1）一个跨企业、跨行业、跨地域的信息技术框架。

（2）一个支持集成化产品过程设计的设计模型和工作流控制系统。

（3）供应链管理系统和企业资源管理系统。

（4）各类设备、工艺过程和车间调度的敏捷化。

7. 敏捷制造的管理手段

以灵活的管理方式达到组织、人员与技术的有效集成，尤其是强调人的作用。敏捷制造在人力资源上的基本思想是：在动态竞争环境中，最关键的因素是人员，柔性生产技术和柔性管理要使敏捷制造企业的人员能够实现他们自己提出的发明和合理化建议，这就需要提供必要的物质资源和组织资源，支持人们的行动，充分发挥各级人员的积极性和创造性。有知识的人是敏捷制造企业最宝贵的财富。不断对人员进行培训、提高其素质，是企业管理层的一项长期任务。

卡特彼勒（CATERPILLAR）

成立年份（Founded Year）：1925 年

总部（Headquarters）：美国伊利诺伊州

主营业务（Main Business）：建筑、矿用设备、往复式发动机、工业用燃气轮机等

发展历程（Development Process）：1890 年，本杰明·霍尔特（Benjamin Holt）和丹尼尔·贝斯特（Daniel Best）尝试使用各种形式的蒸汽推土机进行农耕并在各自的公司单独进行试验。1925 年，Holt 制造公司和 C. L. Best 推土机公司合并，组成卡特彼勒推土机公司。1986 年，卡特彼勒推土机公司更名为卡特彼勒公司——更准确地反映了公司不断发展的多样性。该公司目前是世界上最大的工程机械和矿山设备、燃气发动机和工业用燃气轮机生产厂家之一，也是世界上最大的柴油机生产厂家之一。卡特彼勒公司连续九年入选道琼斯可持续发展世界指数（DJSI）榜 50 家企业，其全线产品一直被模仿，却从未被超越（皮实、耐用是其最大特点）。2012 年 6 月 10 日，美国卡特彼勒公司推出了新型 Cat CT15 发动机，该发动机可提升 CT660 型专业卡车的功率。

工具 10 TQM 全面质量管理

【工具定义】

TQM 是 Total Quality Management 的缩写，中文意思是全面质量管理，是指企业全体员工及有关部门同心协力，把专业技术、经营管理、数理统计和思想教育结合起来，建立起产品的研究、设计、生产（作业）、服务等到全过程的质量体系，从而有效地利用人力、物力、财力、信息等资源，提供符合规定要求和用户期望的产品或服务。

【适用范围】

适用于企业的质量管理工作。

【工具解析】

1. 进行 TQM 的益处

TQM 能够在全球获得广泛的应用与发展，与其自身所实现的功能是密不可分的。总地来说，TQM 可以为企业带来如下益处。

（1）缩短总运转周期。

（2）降低质量成本。

（3）缩短库存周转时间。

（4）提高生产效率。

（5）使客户完全满意。

（6）最大限度地获取利润。

2. 全面质量管理的特点

TQM 具有很多特点，以下是其显著特点。

（1）拓宽管理跨度，增进组织纵向交流。

（2）减少劳动分工，促进跨职能团队合作。

（3）实行"防检结合，以预防为主"的方针，强调企业活动的可测度和可审核性。

（4）最大限度地向下委派权利和职责，确保对客户需求的变化作出迅速而持续的反应。

（5）优化资源利用，降低各个环节的生产成本。

（6）追求质量效益，实施名牌战略，获取长期竞争优势。

（7）将焦点从技术手段转向组织管理，强调职责的重要性。

（8）不断对员工实施培训，营造持续质量改进的企业文化，塑造不断学习、改进与提高的文化氛围。

3. 全面质量管理必须要做到"三全"

进行全面质量管理必须要做到"三全"，具体内容如图 4-12 所示。

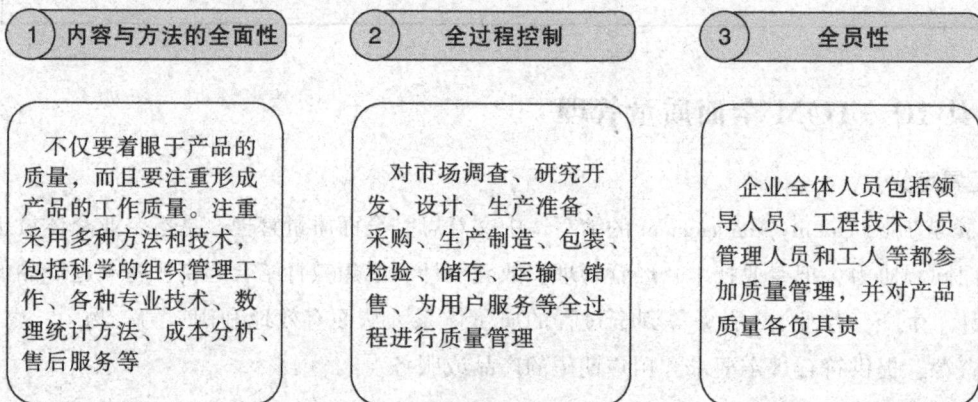

① 内容与方法的全面性	② 全过程控制	③ 全员性
不仅要着眼于产品的质量，而且要注重形成产品的工作质量。注重采用多种方法和技术，包括科学的组织管理工作、各种专业技术、数理统计方法、成本分析、售后服务等	对市场调查、研究开发、设计、生产准备、采购、生产制造、包装、检验、储存、运输、销售、为用户服务等全过程进行质量管理	企业全体人员包括领导人员、工程技术人员、管理人员和工人等都参加质量管理，并对产品质量各负其责

图 4-12　全面质量管理的"三全"

4. 全面质量管理的内容

全面质量管理的内容主要包括以下几点。

（1）产品设计过程的质量管理。设计试制过程是指产品（包括未开发的新产品和改进后的老产品）正式投产前的全部开发研制过程，包括调查研究、方案论证、产品设计、工艺设计、产品试制、试验、鉴定以及标准化工作等内容。

（2）生产制造过程的质量管理。当产品经过设计、试制的阶段后正式投入生产后，生产制造过程的质量水平直接影响着产品最后的质量。这一阶段的质量管理工作如表 4-16 所示。

表4-16 生产制造过程的质量管理工作

序号	工作项目	说明
1	加强工艺管理	企业应该严格遵守工艺纪律,全面提高生产制造过程的质量保证能力,使生产制造过程处于稳定的控制状态,并不断进行技术革新,改进工艺
2	加强技术检验	为了保证产品质量,必须根据技术标准,对原材料、在制品、半成品、成品以至工艺过程的质量都要进行检验,保证做到不合格的原材料不投产、不合格的制品不转序、不合格的半成品不使用、不合格的零件不装配、不合格的成品不出厂
3	加强不合格品管理	(1) 制定不合格品的处理标准,建立、健全原始记录制度 (2) 定期召开不合格品分析会议。通过分析研究,找出造成不合格品的原因,并采取措施 (3) 做好不合格品的统计分析工作,根据有关质量的原始记录,对于不合格品中的废品、返修品等进行分类统计 (4) 建立不合格品技术档案,以便发现和掌握废品产生和变化的规律性,从而为有计划地采取防范措施提供依据 (5) 加强工序质量控制。要进行全面质量管理,在不合格品发生之前及时发现并处理问题,防止不合格品发生,就必须加强工序质量控制

(3) 辅助生产过程的质量管理。除了进行基本生产过程的质量管理以外,为保证基本生产过程实现预定的质量目标,保证基本生产过程正常进行,还必须加强对辅助生产过程的质量管理。辅助生产过程的质量管理一般包括物料供应的质量管理、工具供应的质量管理和设备维修的质量管理等。

(4) 产品使用过程的质量管理。产品的使用过程是考验产品真实质量的过程,它既是企业质量管理的归宿点,又是企业质量管理的出发点。产品的质量特性是根据客户的使用要求而设计的,产品真实质量的好坏要靠客户评价。因此,企业的质量管理工作必须从生产过程延伸到使用过程。

产品使用过程的质量管理主要应做好以下几项工作。

① 加强技术支持、服务工作,及时有效地解决客户的技术困难。

② 注意调查客户使用效果和使用要求,及时收集信息,为提高质量提供依据。

③ 妥善处理产品质量纠纷,及时了解客户反映的意见,如果确实存在制造问题,应及时修理、更换,保护客户权益,创造良好的信誉。

5. 全面质量管理的推行要点

在具体的推行过程中,需注意的要点如图4-13所示。

要点一	⇒	培训教育	通过培训教育使企业员工牢固树立"质量第一"和"客户第一"的思想,营造良好的企业文化氛围,采取切实行动,改变企业文化和管理形态
要点二	⇒	标准化	制定企业人、事、物及环境的各种标准,这样才能在企业运作过程中衡量资源的有效性和高效性
要点三	⇒	推动全员参与	对全过程进行质量控制与管理。以人为本,充分调动各级人员的积极性,推动全员参与
要点四	⇒	做好计量工作	计量工作包括测试、化验、分析、检测等,是保证计量的量值准确和统一,确保技术标准的贯彻执行的重要方法和手段
要点五	⇒	做好质量信息工作	根据企业自身的需要建立相应的信息系统,并建立相应的数据库
要点六	⇒	建立质量责任制,设立专门质量管理机构	全面质量管理的推行要求企业员工自上而下地严格执行。从最高层管理者开始,逐步向下实施;TQM的推行必须要获得企业最高层管理者的支持与领导,否则难以长期推行

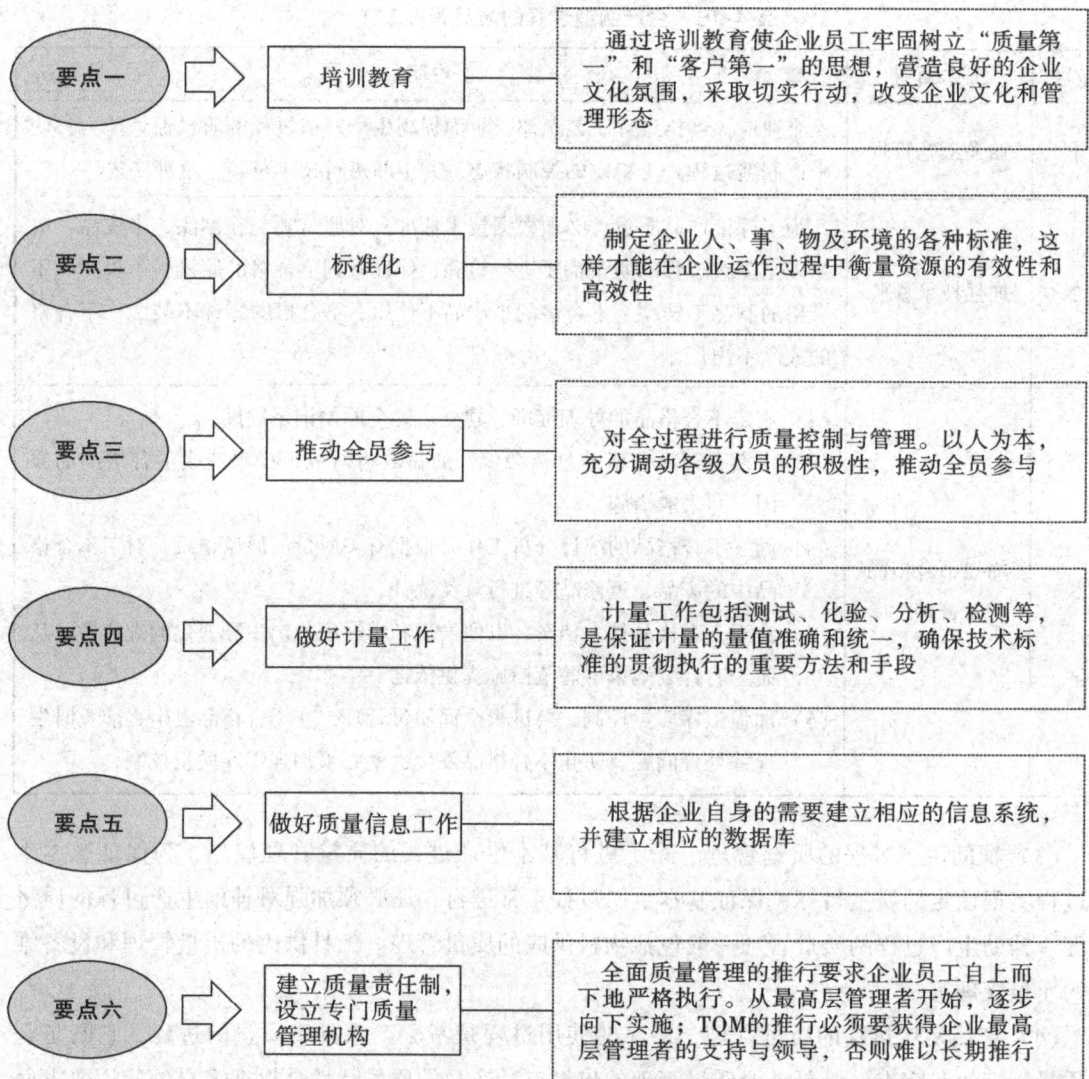

图 4-13　全面质量管理的推行要点

工具 11　TPM 全员生产维修

【工具定义】

TPM 是英文 Total Productive Management 的缩写,中文意思是全员生产维修,亦称全面质量控制,这是日本人在 20 世纪 70 年代提出的。TPM 是指以提高设备综合效率为目标,以全系统的预防维修为过程,全体人员参与为基础的设备保养和维修管理体系。TnPM 是指全员规范生产维护,是对 TPM 的继承、延续和创新。

【适用范围】

适用于企业设备的管理工作。

【工具解析】

1. TPM 的特点

TPM 的特点就是三个"全",即全效率、全系统和全员参加,具体内容如图 4-14 所示。

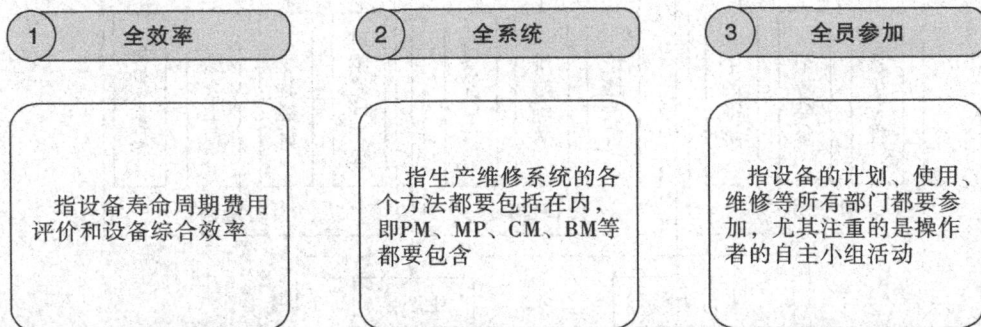

① 全效率	② 全系统	③ 全员参加
指设备寿命周期费用评价和设备综合效率	指生产维修系统的各个方法都要包括在内,即PM、MP、CM、BM等都要包含	指设备的计划、使用、维修等所有部门都要参加,尤其注重的是操作者的自主小组活动

图 4-14 TPM 的三全特点

2. TPM 的目标

TPM 的目标可以概括为四个"零",即停机为零、废品为零、事故为零和速度损失为零,具体内容如图 4-15 所示。

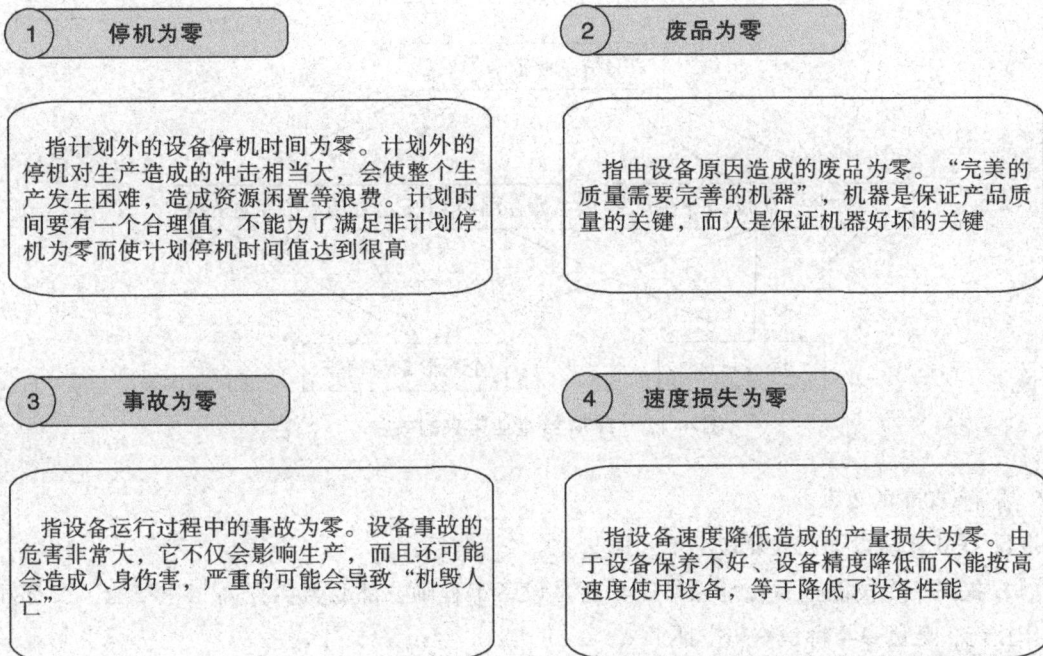

① 停机为零	② 废品为零
指计划外的设备停机时间为零。计划外的停机对生产造成的冲击相当大,会使整个生产发生困难,造成资源闲置等浪费。计划时间要有一个合理值,不能为了满足非计划停机为零而使计划停机时间值达到很高	指由设备原因造成的废品为零。"完美的质量需要完善的机器",机器是保证产品质量的关键,而人是保证机器好坏的关键

③ 事故为零	④ 速度损失为零
指设备运行过程中的事故为零。设备事故的危害非常大,它不仅会影响生产,而且还可能会造成人身伤害,严重的可能会导致"机毁人亡"	指设备速度降低造成的产量损失为零。由于设备保养不好、设备精度降低而不能按高速度使用设备,等于降低了设备性能

图 4-15 TPM 的四零目标

3. TPM 的理论基础

TPM 是各种现代理论在企业生产中的综合运用，其理论基础如图 4-16 所示。

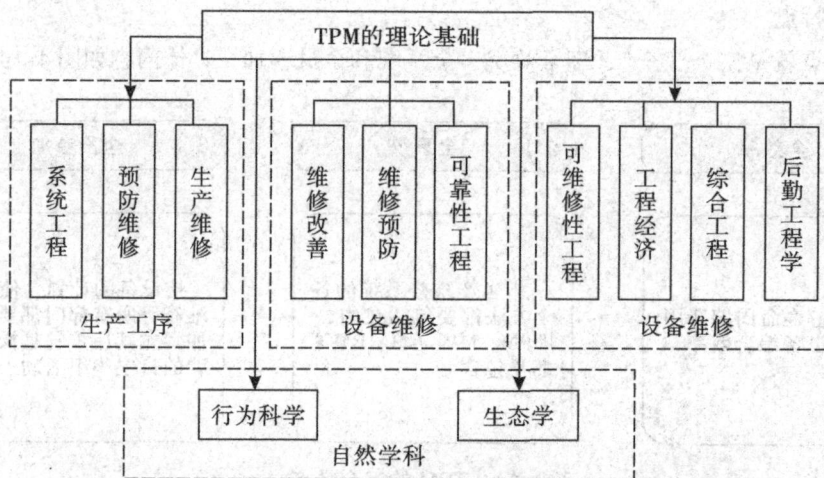

图 4-16　TPM 的理论基础

4. TPM 给企业带来的效益

TPM 给企业带来的效益体现在产品成本、质量、生产率、库存周转、安全与环境保护以及员工的劳动情绪方面，具体内容如图 4-17 所示。

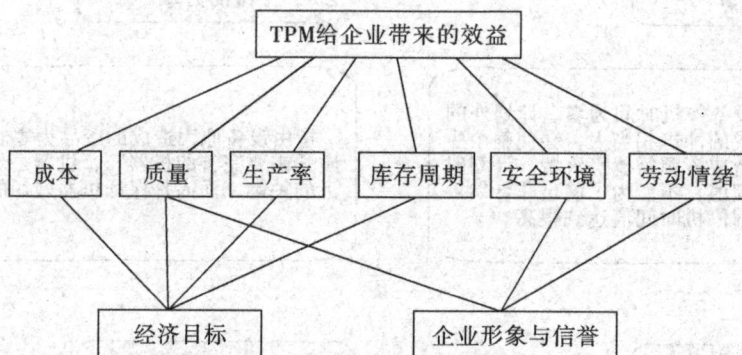

图 4-17　TPM 给企业带来的效益

5. 推行 TPM 的要素

推行 TPM 要从以下三大要素上下工夫。

（1）提高工作技能：不管是操作工，还是设备工程师，都要努力提高工作技能，没有好的工作技能，全员参与将是一句空话。

（2）改进精神面貌：精神面貌好，才能形成好的团队，才能共同促进，共同提高。

（3）改善操作环境：通过 5S 活动改善操作环境，一方面可以提高员工的工作兴趣及工作效率；另一方面可以避免一些不必要的设备事故。现场整洁，物料、工具等分门别类摆放，也可缩短设置、调整时间。

6. TPM 的阶段和步骤

TPM 大体上分成四个阶段和十二个具体步骤。

（1）四个阶段

TPM 四个阶段的主要工作和作用如表 4-17 所示。

表 4-17　TPM 四个阶段的主要工作和作用

序号	阶段	主要工作和作用
1	准备阶段	引进 TPM 计划，营造一个适宜的环境和氛围，同产品的设计阶段一致
2	开始阶段	TPM 活动的开始仪式，通过广告进行宣传，同下达产品生产任务书阶段一致
3	实施、推进阶段	制定目标，落实各项措施，步步深入，同产品加工、组装阶段一致
4	巩固阶段	检查评估推行 TPM 的结果，制定新目标。这就相当于产品检查、产品改进设计过程

（2）十二个具体步骤

TPM 的十二个具体步骤如表 4-18 所示。

表 4-18　TPM 的十二个具体步骤

阶段	步骤	主要内容
准备阶段	1. 领导层宣传引进 TPM 的决心	以领导讲演宣布 TPM 开始，表示决心，并在公司刊物上刊登
	2. TPM 引进宣传和人员培训	按不同层次组织培训及宣传教育
	3. 建立 TPM 推进机构	成立各级 TPM 推进委员会和专业组织
	4. 制定 TPM 基本方针和目标	找出基准点并设定目标
	5. 制订 TPM 推进总计划	为 TPM 推进各阶段制订工作计划
开始阶段	6. TPM 正式起步	举行仪式，请订货、协作等相关公司参加会议，宣布 TPM 正式开始

（续表）

阶段	步骤	主要内容
实施推进阶段	7. 提高设备综合效率	选定典型设备，由专业指导小组协助攻关
	8. 建立自主维修体制	制定维修步骤、方式及诊断方法
	9. 制订维修计划	定期维修、预知维修、备品、工具、图纸及施工管理
	10. 提高操作和维修技能的培训	分层次进行各种技能培训
	11. 建立前期设备管理体制	包括维修预防设计、早期管理程序、寿命周期费用评估
巩固阶段	12. 总结提高，全面推行 TPM	总结评估，接受审查，制定更高的目标

7. TPM 活动中的各层次的角色

TPM 活动中的各层次的角色如表 4-19 所示。

表 4-19　TPM 活动中的各层次的角色

序号	层次	角色
1	高层	（1）批准投资计划 （2）人、财、物预算
2	中层	（1）领导协调小组活动 （2）制订详细的执行计划 （3）调度资源 （4）评价执行效果 （5）控制执行预算
3	基层	（1）严格执行计划，反馈现场信息 （2）控制现场秩序

8. TPM 展开的八个支柱

TPM 展开的八个支柱如图 4-18 所示。

（1）	（2）	（3）	（4）

支柱	自主维护	个别改善	计划延续	MP设计
主管	生产经理	技术经理	设备主管	工艺主管

（5）	（6）	（7）	（8）

支柱	品质保障	安全环境	事务联系	教育培训
主管	品质经理	安全主管	事务主管	人事经理

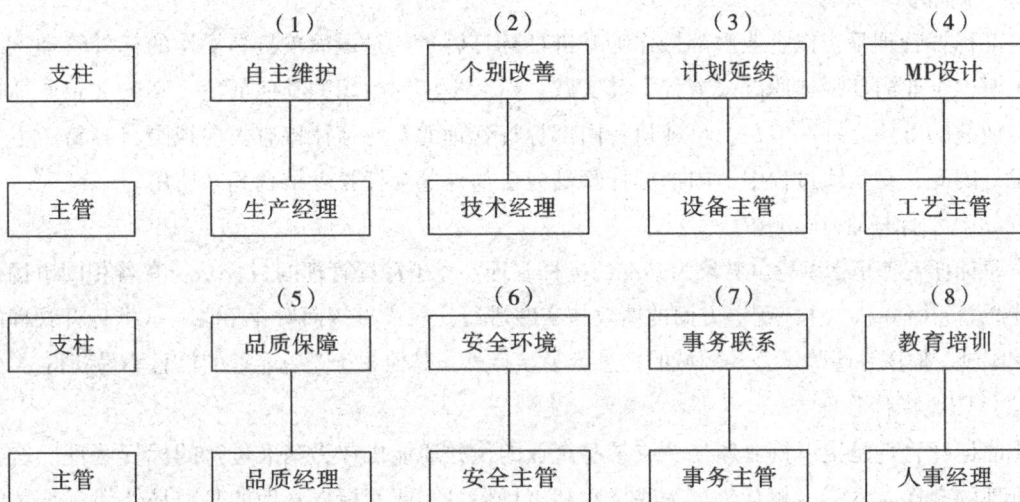

图 4-18　TPM 展开的八个支柱

工具12　标杆管理

【工具定义】

标杆管理又称基准管理，是指企业将自己的产品、服务和经营管理方式与同行业或其他行业的领袖企业进行比较、分析、判断，从而提高自身产品质量和经营管理水平，增强企业竞争力。

○─ 相关知识 ─○

标杆管理法的起源与运用

标杆管理法由美国施乐公司于 1979 年首创，是现代西方发达国家企业管理活动中支持企业不断改进和获得标杆管理竞争优势的最重要的管理方式之一。如今，标杆管理已经在市场营销、成本管理、人力资源管理、新产品开发、教育部门管理等各个方面得到广泛的应用。其中，杜邦、柯达、通用、福特、IBM 等世界 500 强企业在日常管理活动中均使用了标杆管理法。

【适用范围】

适用于任何类型的企业。

【工具解析】

标杆管理的核心是向业内或业外的最优秀的企业学习。通过学习，企业重新思考和改进经营实践，创造自己的最佳实践，这实际上是模仿创新的过程，也是一种谦虚地承认他人的确在某些方面优于自己，并虚心地向其学习，以求迎头赶上甚至超越对方的实际做法。

1. 标杆管理的分类

标杆管理可以分为以下四类。

（1）内部标杆管理

内部标杆管理是指以企业内部操作为基准的标杆管理，是最简单且易操作的标杆管理方式之一。辨识企业内部最佳职能或流程及其实践，然后推广到组织的其他部门，不失为企业绩效提高最便捷的方法之一。但是，单独执行内部标杆管理的企业往往持有内向视野，容易产生封闭思维。因此，在实践过程中，内部标杆管理应该与外部标杆管理结合起来使用。

（2）竞争标杆管理

竞争标杆管理是指以竞争对象为基准的标杆管理。竞争标杆管理的目标是与有着相同市场的企业在产品、服务和工作流程等方面的绩效与实践进行比较，直接面对竞争者。这类标杆管理的实施较困难，原因在于除了公共领域的信息容易接近外，其他关于竞争企业的信息不易获得。

（3）职能标杆管理

职能标杆管理是指以行业领先者或某些企业的优秀职能操作为基准进行的标杆管理。这类标杆管理的合作者常常能相互分享一些技术和市场信息。职能标杆管理的基准是外部企业（但非竞争者）及其职能或业务实践。由于没有直接的竞争者，因此合作者往往较愿意提供和分享技术与市场信息。其不足之处是费用高，有时难以安排。

（4）流程标杆管理

流程标杆管理是指以最佳工作流程为基准进行的标杆管理。标杆管理是类似的工作流程，而不是某项业务与操作职能或实践，这要求企业对整个工作流程和操作有很详细的了解。

任何类型的标杆管理，如果能正确地应用，都将使企业受益。

2. 标杆管理推进实施流程

标杆管理推进实施流程如图4-19所示。

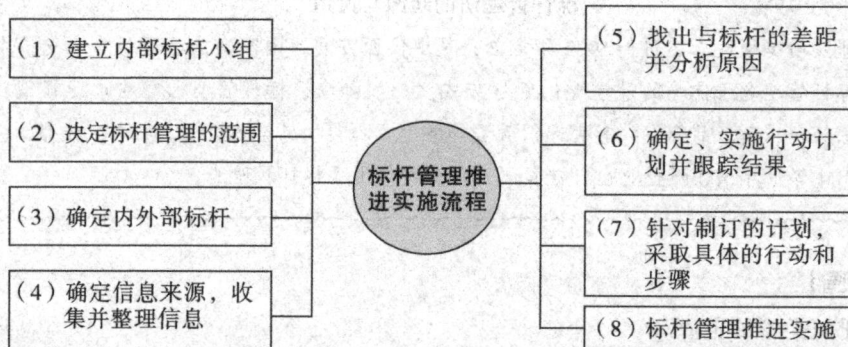

图4-19　标杆管理推进实施流程

（1）建立内部标杆小组

小组人数以5～10人为佳，由高层领导负责，界定小组成员的职责。小组成员应包括第一线的员工，只有他们才最了解实际情况和实际操作，才知道什么是有效的，什么是无效的。如果缺少他们的参与，任何主动措施都不会成功；反之，如果重视他们，实施就有保证。

（2）决定标杆管理的范围

标杆管理的运用范围是十分广泛的，各部门在进行标杆管理的时候应明确对哪一方面进行标杆管理。

标杆管理范围如表4-20所示。

表4-20 标杆管理范围

序号	针对层面	范围
1	公司整体	可以选择战略标杆管理
2	营运部门	选择的标杆管理主要是业务、操作层面，主要集中在比较成本、产品、服务、运作质量、品牌建设、客户满意度、时效等方面的差异
3	职能部门	选择的标杆管理主要是职能、流程层面，如人力资源管理、营销规划、财务、信息管理等

（3）确定内外部标杆

选择的标杆既可以是内部标杆，如企业内部两个相似部门之间的比较，也可以是外部标杆。以下侧重讲解外部标杆的选择。外部标杆一般而言应该是行业内外具有最佳实践的领头羊企业（至少在某一方面是领先的），而且应当和本企业或部门具有相似之处，有可比性，其管理实践是可模仿的。外部标杆的选择原则包括从公认的实力企业中寻找外部标杆，考虑企业或部门内部对这些企业的认同程度，考虑学习借鉴意义的大小，具体内容如图4-20所示。

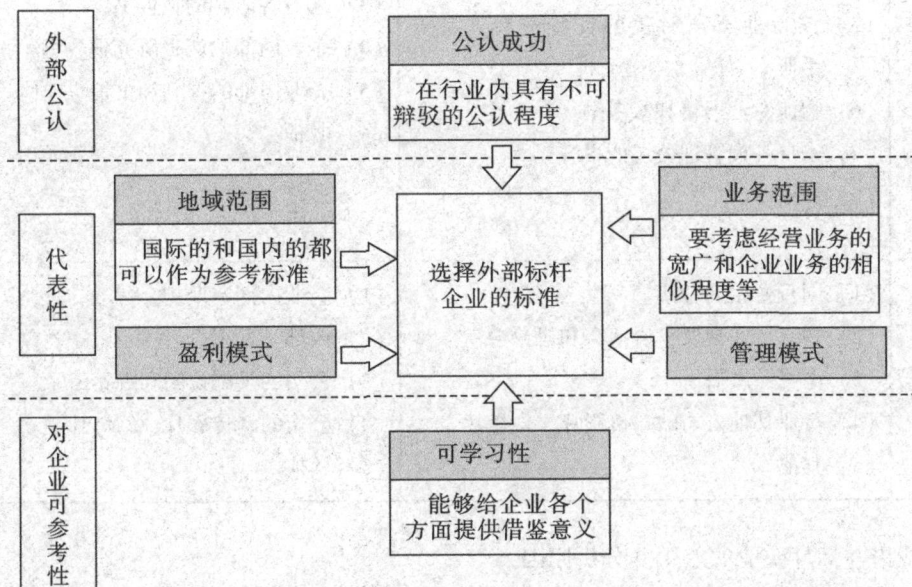

图4-20 选择外部标杆企业的标准

（4）确定信息来源，收集并整理信息

在选定要进行学习的标杆企业之后，需要确定从哪些方面收集这些企业的相关信息。企业应当在标杆管理的过程中，把信息的收集作为一项持续性的工作，建立企业竞争情报信息系统。信息的来源如表4-21所示。

表4-21　信息的来源

层面	来自企业外部	来自企业内部
人际层面	（1）客户、消费者 （2）供应商 （3）政府机关工作人员 （4）竞争对手的员工 （5）咨询管理公司 （6）有学识的经验者 （7）同学、朋友 （8）其他	（1）直属上级 （2）其他上级 （3）部门同事 （4）下属 （5）其他
资料层面	（1）物流行业新闻报道 （2）一般新闻杂志（主要做宏观分析） （3）物流行业的论文和研究资料 （4）同行业竞争对手的报告 （5）同行业竞争对手的宣传资料、宣传手册 （6）物流专业书籍和参考书 （7）来自咨询管理公司的报告 （8）其他	（1）公司内部传阅的文件、备忘录 （2）文件、数据档案资料 （3）来自各区域的报告书 （4）企业内部的调查研究报告书 （5）企业内部的报刊和书信 （6）其他
活动层面	（1）同行业企业考察 （2）物流行业会议、讲演会和讨论会 （3）电视、广播 （4）行业其他公司的宣传影片、幻灯片 （5）其他	（1）企业内部定期例会 （2）内部学术报告会 （3）公司的设施访问和观察 （4）公司的宣传影片、幻灯片 （5）其他

（5）找出与标杆企业的差距并分析原因

标杆小组成员找出企业自身和标杆企业在经营模式、职能和流程上的差距，总结其成功的关键要领，这是实施改善计划的前提，具体步骤如图4-21所示。

步骤一 ➡ 　首先要了解企业、部门自身的实际情况，进行内部诊断。企业、各部门标杆小组成员必须要了解部门自身的业务流程和现状，成为进行标杆管理的业务流程的专家

步骤二 ➡ 　结合收集到的数据和信息，研究标杆企业成功的关键所在

步骤三 ➡ 　标杆小组要尽可能地了解被确认为标杆管理对象的企业，尽可能地了解该企业的信息及其职能流程，从而充分利用向标杆企业学习的机会。在此基础上，可以利用鱼骨图分析影响企业成功的关键因素，确定需要和标杆企业进行对比的维度

步骤四 ➡ 　根据鱼骨图的分析，结合收集整理的资料，逐项对比企业、部门与标杆企业的差距

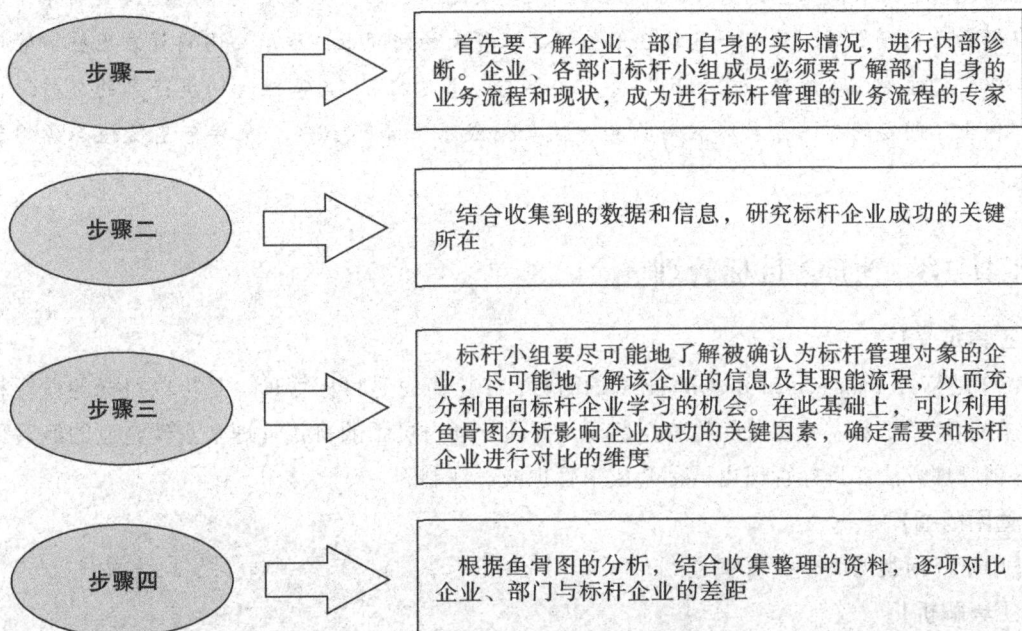

图4-21　找出与标杆企业的差距并分析原因的步骤

（6）确定、实施行动计划并跟踪结果

找到差距及其原因之后，企业应确定缩短差距的行动目标和应采取的行动措施，这些目标和措施必须融合到企业的经营计划中。通过标杆比较借鉴最佳操作典范，其最终目的是创建属于自己的最佳实践，以赶上并超过标杆对象。计划应包含参与的人员、预算、所需做的培训、所需资源、评估方法等基本要素。计划要体现哪个项目是要最先进行的、哪个项目最适合在公司开展等。

（7）标杆管理推进实施

标杆管理推进实施小组按照已制订的实施计划进行标杆管理推进项目实施。在实施过程中，按照时间截节点定期进行自评检验，并将实施进度、成果上报，由项目领导小组进行全面检验评估，并按照实际实施效果不断对实施计划进行修订。

※**实例说明**

1976年以后，一直保持着世界复印机市场垄断地位的施乐公司遇到了全方位的挑战，佳能、NEC等公司以施乐的成本价销售产品且能够获利，它们的产品开发周期、开发人员分别比施乐短或少50%，施乐的市场份额从82%直线下降到35%。

面对竞争威胁，施乐公司发起向日本企业学习的运动，开展了广泛、深入的标杆管理。通过全方位的集中分析比较，施乐弄清了这些公司的运作机理，找出了与佳能等主要对手的差

距，全面调整了经营战略，改进了业务流程，很快收到了成效，把失去的市场份额重新夺了回来。在提高交付定货的工作水平和处理低值货品浪费大的问题上，施乐公司同样采用标杆管理方法，以交付速度比施乐快三倍的比恩公司为标杆，并选择了 14 家经营同类产品的公司逐一考察，找出了问题的症结并采取应对措施，使仓储成本下降了 10%，每年节省低值品费用数千万美元。

工具 13　MBO 目标管理

【工具定义】

MBO 是英文 Management by Objective 的简写，中文意思是目标管理，是指以目标的设置和分解、目标的实施及完成情况的检查、奖惩为手段，通过员工的自我管理来实现企业的经营目的的一种管理方法。目标管理也被称为成果管理或责任制。

【适用范围】

适用于任何类型的企业。

【工具解析】

目标管理的概念是美国管理大师彼得·德鲁克（Peter Drucker）于 1954 年在其名著《管理实践》中最先提出的，其后他又提出了"目标管理和自我控制"的主张。德鲁克认为，并不是有了工作才有目标，而是有了目标才能确定每个人的工作。因此，管理者应该通过目标对下级进行管理。当组织最高层管理者确定了组织目标后，必须对其进行有效分解，转变成各个部门以及个人的分目标，管理者根据分目标的完成情况对下级进行考核、评价和奖惩。

1. 目标管理的益处

实施目标管理有如下益处。

（1）通过目标连锁体系明确个人和部门的责、权、利，消除"死角、暗区和交叉带"，促进分工和协作，提高工作效率和业绩。

（2）通过上下沟通，使个人目标、团体目标和企业目标融为一体，促进全员参与，增进团结，既避免了本位主义，又能集思广益。

（3）通过授权、分权和自我管理，既提高了管理者的领导水平，又提高了员工的素质。

（4）通过人人制定目标，迫使每个人为未来做准备，防止短期行为，有利于个人和企业的稳定和长期发展。

（5）通过上下级共同制定评价标准和目标，能够客观、公正地考核绩效和实施相应的奖惩，便于对目标进行调整及对目标的实施进行控制。

总之，目标管理在实现效率提高的同时，还能够提高员工的素质，增进企业内部团结。

2. 目标管理的层次结构

目标管理的层次结构如图 4-22 所示。

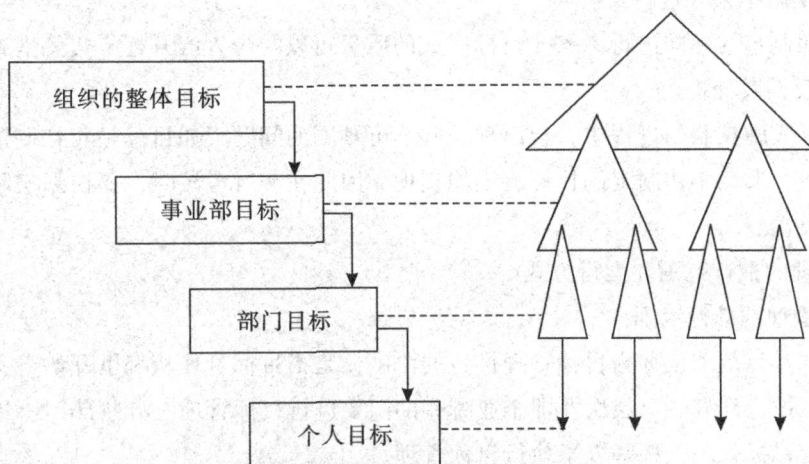

图4-22 目标管理的层次结构

如图4-22所示，上一层的目标与下一层的目标连接在一起，且下一层的目标来源于上一层的目标。目标管理需要将组织的整体目标层层分解下去，直到基层员工。

3. 目标管理的基本程序

目标管理的基本程序如图4-23所示。

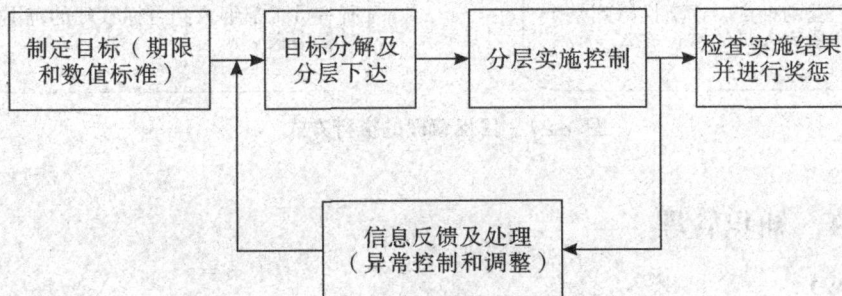

图4-23 目标管理的基本程序

（1）制定目标

制定目标包括制定企业的总目标、部门目标和个人目标，同时要制定完成目标的标准以及达到目标的方法和完成这些目标所需要的条件等多方面的内容。

（2）目标分解

建立企业的目标网络，形成目标体系，通过目标体系把各个部门的目标信息显示出来，就像看地图一样，使任何人一看目标网络图就知道工作目标是什么，遇到问题时需要哪个部门来支持。

（3）目标实施

要经常检查和控制目标的执行情况和完成情况，查看在实施过程中有没有出现偏差。

（4）检查实施结果并进行奖惩

对目标按照制定的标准进行考核，目标完成的质量可以与个人的升迁等奖惩措施挂钩。

（5）信息反馈及处理

在进行目标实施控制的过程中，会出现一些不可预测的问题，如目标是年初制定的，年尾发生了金融危机，那么年初制定的目标就不能实现。因此在实行考核时，要根据实际情况对目标进行调整和反馈。

4. 目标管理的推行范围和推行方式

（1）目标管理的推行范围

目标管理的推行范围也称为目标管理推行的深度，是指目标管理从哪里开始着手？将它推行到什么部门？推行到哪一个层次？即企业哪些部门要进行目标管理？哪些部门不进行目标管理；哪些人执行目标管理，哪些人不执行目标管理。

（2）目标管理的推行方式

目标管理的推行方式有两种，具体内容如图 4-24 所示。

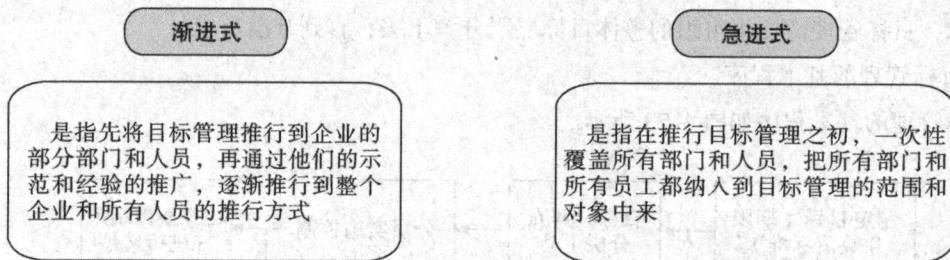

```
┌─────────────┐              ┌─────────────┐
│    渐进式    │              │    急进式    │
└─────────────┘              └─────────────┘
┌───────────────────────┐    ┌───────────────────────┐
│   是指先将目标管理推行 │    │   是指在推行目标管理之 │
│ 到企业的部分部门和人员，│    │ 初，一次性覆盖所有部门 │
│ 再通过他们的示范和经验 │    │ 和人员，把所有部门和所 │
│ 的推广，逐渐推行到整个 │    │ 有员工都纳入到目标管理 │
│ 企业和所有人员的推行   │    │ 的范围和对象中来       │
│ 方式                   │    │                        │
└───────────────────────┘    └───────────────────────┘
```

图 4-24　目标管理的推行方式

工具 14　知识管理

【工具定义】

知识管理（Knowledge Management，简称 KM）是指协助企业组织或个人，通过信息科技，将知识经由创造、分类、分享、更新，并为企业或个人产生实质价值的流程与策略。

【适用范围】

适用于任何类型的企业。

【工具解析】

1. 知识管理的目的

知识管理的目的就是为了知识创造、知识累积与应用，使知识产生新的生命与价值。微软企业的创始人比尔·盖茨在其"数字神经网络"中却提醒了我们，知识管理是工具，不是目的。从企业的观点来看，知识管理的目的可以分为以下几点。

（1）制定企业发展策略，运用网络技术帮助企业发展及知识传递。

（2）依照所制定的知识管理策略建立协助组织与组织间相关运作的合作团体。

（3）通过知识管理机制，协助组织内部知识使用及发展。

所以一个企业致力于知识管理时，应该明确了解知识管理真正的目的与对象，并非仅将现有的知识储存，而应该配合现有组织的环境与流程，将企业与员工的知识资产，通过知识管理的机制，辅以信息科技工具，达成组织与知识管理的目标。

2. 什么是知识

关于知识的定义，不同的专家学者有不同的解释。伦纳德·巴顿（Leonard-Barton）以知识基础的观点定义核心能力（core competency），并将组织核心能力分为四个构面，具体如图4-25所示。

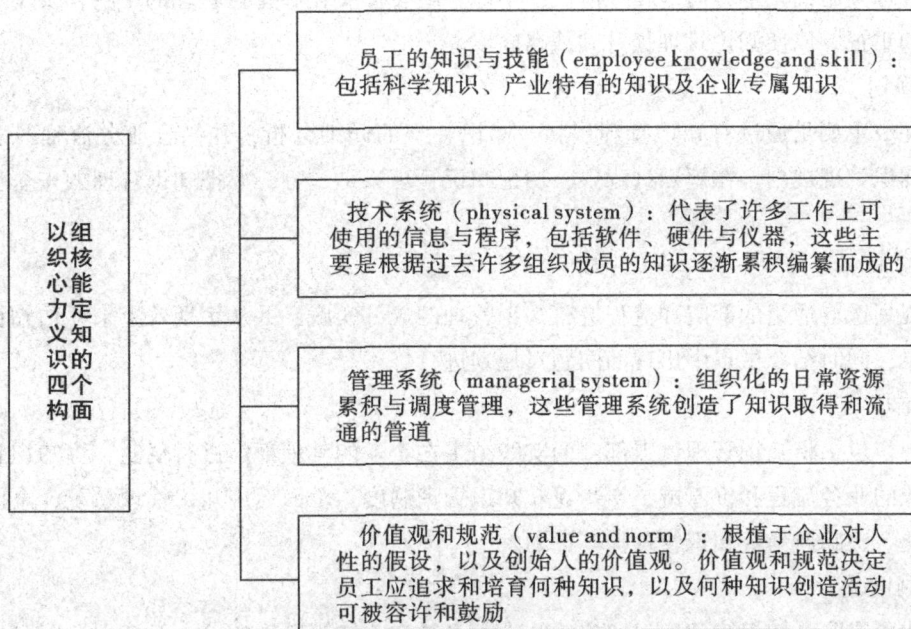

图4-25　以组织核心能力定义知识的四个构面

以上四个构面的某些层面易被外人所模仿吸收，但是整个系统之间的联系和加乘效果却难以被转移或模仿，而这正是企业的优势所在。

3. 知识管理的主要内容

（1）内部知识的交流和共享

知识只有在交流中才能得到发展，也只有通过共享和交流才能产生新的知识。例如，建立内部信息网，以便员工进行知识交流。

（2）外部知识的获取、消化和吸收

企业要想不断地创新就必须积累和扩大企业的知识资源，这要求企业不能仅靠自身知识的生产，还要注重从外部获取，并进行消化和吸收，成为自己的资源。

（3）知识资源与产品及服务的融合

知识管理的直接目的是企业创新，而企业创新是使企业的知识资源转化为新产品、新工艺和新的组织管理方式等。因此，要把知识资源与产品以及服务融合起来。

（4）知识资产的管理

这主要包括四个方面的内容：市场资产、知识产权资产、人力资产和基础结构资产。

4. 知识管理的实施步骤

（1）认知

认知是企业实施知识管理的第一步。该阶段的主要任务是统一企业对知识管理的认知，梳理知识管理对企业管理的意义，评估企业知识管理现状，帮助企业认识是否需要知识管理，并确定知识管理实施的正确方向。在该阶段，不能忽略企业文化和企业管理的现状，要努力获取企业高层的重视，以使知识管理提升到战略高度。

（2）规划

这个环节主要是通过对知识管理现状、知识类型的详细分析，并结合业务流程等多个角度，进行知识管理规划。在规划过程中，切记知识管理只是过程，要把知识管理融入企业管理之中。

（3）试点

按照规划选取适当的部门和流程进行知识管理的局部实践，并从短期效果来评估知识管理规划的效果，同时结合试点中出现的问题对规划进行修正。

（4）推广

具体内容包括将知识管理试点部门的实践结果在企业的其他部门进行复制，将知识管理全面融入企业的业务流程和价值链，初步建立知识管理制度，全面运用知识管理系统，全面运行学习型企业、头脑风暴等知识管理提升计划。

（5）制度化

制度化阶段既是知识管理项目实施的结束，又是企业知识管理的一个新开端，同时也是一个自我完善的过程。要完成这一阶段，企业必须重新定义战略，并进行组织构架及业务流程的重组，准确评估知识管理在企业中的价值。

知识管理推展的具体活动如表 4-22 所示。

表 4-22　知识管理推展的具体活动

活动目的	活动项目	具体的活动内容
认知觉醒	举办研讨会	（1）举行研讨会以确认企业的现况和未来目标 （2）施行问卷调查，规划具体方案
策略	拟订策略	（1）列出现况与未来愿景的差异分析 （2）利用差异原因，再按解决问题的方案拟订策略

（续表）

活动目的	活动项目	具体的活动内容
营运规则	制定营运规则	利用提出的解决方案与措施，配合环境限制条件，判断方案实施的可能性，作较完整的运作规划，包括明确定义社群、定义知识管理业务的要素、找出知识管理系统的必要功能、制订引进知识管理计划
系统设计、测试	建立知识管理系统资料库	（1）系统设计 运行系统架构的设计 ·选择应用程式 ·制作使用手册 ·设计细节 ·决定架构系统 （2）测试 建立推行小组与实施教育训练 ·建立知识管理推行小组 ·组织实施知识管理方面的教育和培训
导入	全面推动导入	依据推行计划全面引进知识管理系统，实施知识管理 （1）评估系统使用状况及社群运作机制 （2）持续改善知识管理运作

※ **实例说明**

通用电气的 GE 答疑中心从 1982 年开始就把所有的客户抱怨收集在一个数据库中，以支持电话答疑人员的工作。数据库中有 150 万个可能出现的问题与解决方法。

美国福特公司积累了大量的发动机实验数据和撞车数据。利用这些数据可以迅速利用计算机进行模拟测试。例如，通过模拟测试，发现有一种噪音实际上是从地板上产生的，而不是其他原因。这样发现了噪音源就是一个重要的突破，为设计新的低噪音的汽车提供了宝贵的依据。

>>> 第五章

市场营销工具

市场营销是一种复杂而微妙的过程，构成了许多以前辉煌一时的企业的致命弱点。实际上，世界 500 强企业如西尔斯、通用、施乐和索尼等都面临着更加强大的顾客（顾客的权利正在增加）和新的竞争对手，即使英特尔、微软和沃尔玛等市场领先企业也面临着巨大的挑战。

企业要不断分析市场环境，不断更新和扩大自己的业务，而在这个过程中则要充分运用本章所述的一系列工具。

- 产品生产周期
- 四象限定位法
- 网络营销
- 关系营销
- 价格—促销方格图
- 认知价值定价法
- 观察调查法
- 销售—反应和衰变模式

- 产品/市场扩展方格图
- 数据库营销
- 一对一营销
- 特许经营
- 竞争导向定价法
- 成本加成定价法
- 市场实验调查法
- 推拉战略

- 环境威胁机会矩阵
- 整合营销
- 绿色营销
- 连锁经营
- 目标利润定价法
- 访问调查法
- 文献调查法
- IMIM 过程

工具 01　产品生命周期

【工具定义】

产品生命周期（Product Life Cycle，简称 PLC），是指产品的市场寿命。一种产品进入市场后，它的销售量和利润都会随着时间的推移而改变，呈现一个由少到多、由多到少的过程，这就是产品的生命周期现象。

【适用范围】

适用于企业某一产品种类、形式或品牌乃至所处行业的预测与战略分析。

【工具解析】

1. 产品生产周期的四个阶段

典型的产品生命周期一般可分为四个阶段，即介绍期（或导入期）、成长期、成熟期和衰退期，具体内容如图 5-1 所示。

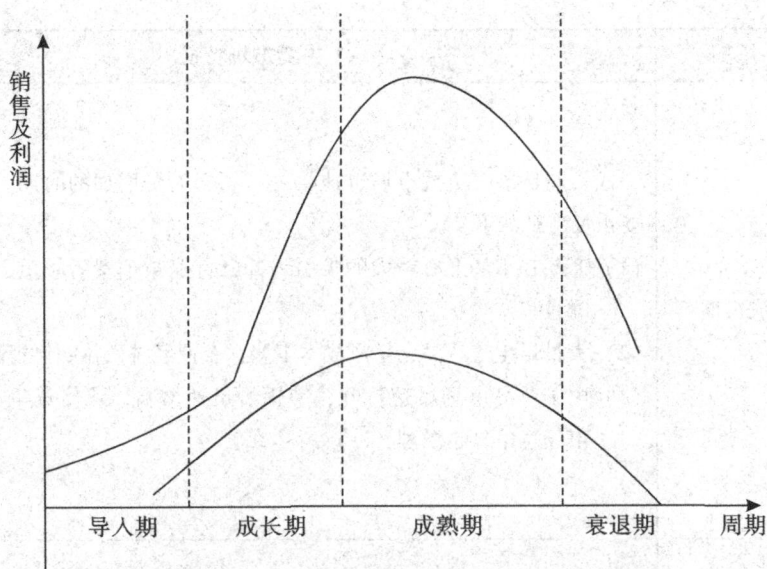

图5-1　产品生命周期曲线图

产品生命周期各阶段具有不同的市场特征，具体内容如表5-1所示。

表5-1　产品生命周期阶段

阶段	周期	主要市场特征
第一阶段	导入期	在这一阶段，由于产品刚刚引入市场，销售增长缓慢，几乎没有利润甚至是负增长，其主要市场特征如下 （1）与市场同类产品相比，新产品在经济、技术上表现出一定优势，在产品性能方面有所改进 （2）生产批量小，生产费用和营销费用较高，销售缓慢 （3）消费者对新产品还比较陌生，缺乏全面的了解和信任，市场需求量较小 （4）同类产品较少，市场竞争环境较为宽松 　　导入期是使产品被市场认可的关键一步，产品进入市场顺利与否关系到新产品推出的成败

（续表）

阶段	周期	主要市场特征
第二阶段	成长期	成长期是指产品被市场迅速接受，利润大量增加的时期。本阶段的主要市场特征如下 （1）产品在市场上有较大的吸引力并已普遍被消费者接受，销售量迅速增长 （2）大批量生产产品，生产成本下降，企业经济效益明显提高 （3）由于产品市场迅速打开，销售量迅速增长，致使竞争者纷纷加入，市场竞争日趋激烈
第三阶段	成熟期	成熟期是指产品进入大批量生产、市场竞争最为激烈的时期。该阶段的市场特征如下 （1）产品的市场供应量虽然有所增长，但市场需求基本趋于饱和，销售增长率下降 （2）市场上同类产品增多，市场竞争更加激烈，同类企业竞相开展多种多样的促销策略，试图增加产品销售 （3）销售增长率开始下滑，利润由缓慢增长趋向缓慢下降，原有消费者的兴趣开始转向其他产品或替代产品
第四阶段	衰退期	该阶段的主要表现如下 （1）产品老化，不再适应市场需要。随着科技的不断发展和消费需求水平的提高，老产品在技术工艺和经济性能上处于落后状态，市场上出现了性能更好的替代品 （2）企业利润急剧下降 （3）消费需求迅速转移，老产品销售由缓慢下降变为急剧下降，产品处于被淘汰的过程中

2. 产品生命周期各阶段的营销策略

产品生命周期的四个阶段呈现出不同的市场特征，企业的营销策略应以各阶段的特征为基点来制定和实施。

（1）导入期的营销策略

根据导入期的特点，企业应努力做到以下几点。

①投入市场的产品要有针对性。

②进入市场的时机要合适。

③设法把销售力量直接投向最有可能的购买者，使市场尽快接受该产品，以缩短导入期，更快地进入成长期。

在产品的导入期，一般可以由产品、分销、价格、促销四个基本要素组合成各种不同的市场营销策略。仅将价格高低与促销费用高低结合起来考虑，就有四种策略：快速撇脂策略、缓慢撇脂策略、快速渗透策略和缓慢渗透策略。关于这四种策略请阅读本章的工具"价格—促销方格图"的相关内容。

（2）成长期的市场营销策略

针对成长期的特点，企业为维持其市场增长率，延长获取最大利润的时间，可以采取下面几种策略，具体内容如图5-2所示。

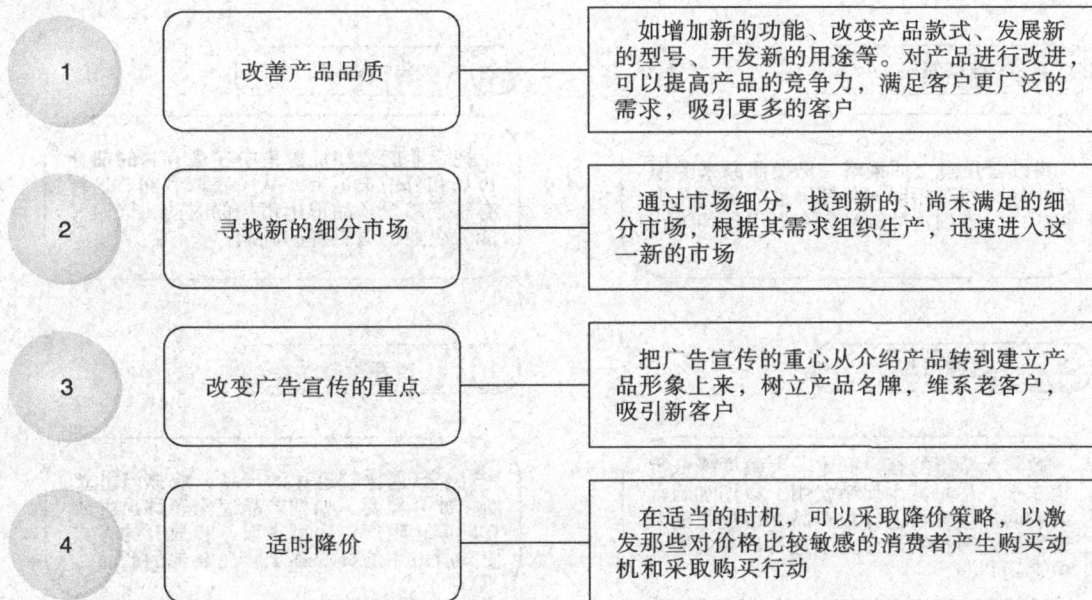

1	改善产品品质	如增加新的功能、改变产品款式、发展新的型号、开发新的用途等。对产品进行改进，可以提高产品的竞争力，满足客户更广泛的需求，吸引更多的客户
2	寻找新的细分市场	通过市场细分，找到新的、尚未满足的细分市场，根据其需求组织生产，迅速进入这一新的市场
3	改变广告宣传的重点	把广告宣传的重心从介绍产品转到建立产品形象上来，树立产品名牌，维系老客户，吸引新客户
4	适时降价	在适当的时机，可以采取降价策略，以激发那些对价格比较敏感的消费者产生购买动机和采取购买行动

图5-2 成长期的市场营销策略

（3）成熟期的市场营销策略

对成熟期的产品，宜采取主动出击的策略，使成熟期延长或使产品生命周期出现再循环。

为此，企业可以采取以下三种策略，具体内容如图 5-3 所示。

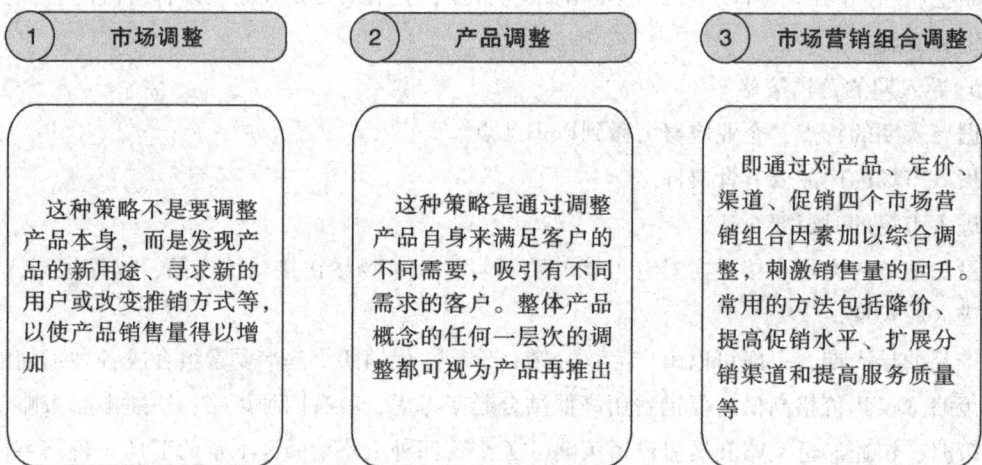

① 市场调整	② 产品调整	③ 市场营销组合调整
这种策略不是要调整产品本身，而是发现产品的新用途、寻求新的用户或改变推销方式等，以使产品销售量得以增加	这种策略是通过调整产品自身来满足客户的不同需要，吸引有不同需求的客户。整体产品概念的任何一层次的调整都可视为产品再推出	即通过对产品、定价、渠道、促销四个市场营销组合因素加以综合调整，刺激销售量的回升。常用的方法包括降价、提高促销水平、扩展分销渠道和提高服务质量等

图 5-3 成熟期的市场营销策略

（4）衰退期的市场营销策略

面对处于衰退期的产品，企业需要进行认真的研究分析，制定适当的营销策略。通常有以下几种策略可供选择。

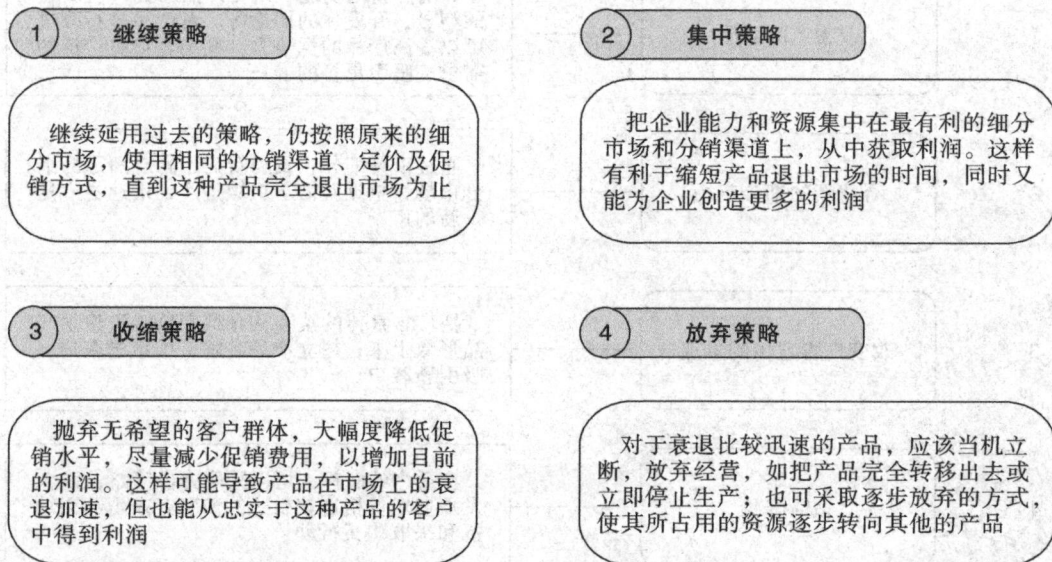

① 继续策略	② 集中策略
继续延用过去的策略，仍按照原来的细分市场，使用相同的分销渠道、定价及促销方式，直到这种产品完全退出市场为止	把企业能力和资源集中在最有利的细分市场和分销渠道上，从中获取利润。这样有利于缩短产品退出市场的时间，同时又能为企业创造更多的利润

③ 收缩策略	④ 放弃策略
抛弃无希望的客户群体，大幅度降低促销水平，尽量减少促销费用，以增加目前的利润。这样可能导致产品在市场上的衰退加速，但也能从忠实于这种产品的客户中得到利润	对于衰退比较迅速的产品，应该当机立断，放弃经营，如把产品完全转移出去或立即停止生产；也可采取逐步放弃的方式，使其所占用的资源逐步转向其他的产品

图 5-4 衰退期的市场营销策略

3. 产品生命周期的优缺点

产品生命周期的优缺点如表 5-2 所示。

表 5-2　产品生命周期的优缺点

优点	缺点
产品生命周期（PLC）提供了一套适用的营销规划观点。它将产品分成不同的策略时期，营销人员可针对各个阶段不同的特点而采取不同的营销组合策略。此外，产品生命周期只考虑销售和时间两个变数，简单易懂	（1）产品生命周期各阶段的起止点划分标准不易确认 （2）并非所有的产品生命周期曲线都是标准的 S 型，还有很多特殊的产品生命周期曲线 （3）无法确定产品生命周期曲线到底适合单一产品项目层次还是一个产品集合层次 （4）该曲线只考虑销售和时间的关系，未涉及成本及价格等其他影响销售的因素 （5）易造成"营销近视症"，认为产品已到衰退期而过早将仍有市场价值的好产品剔除出了产品线 （6）产品衰退并不表示无法再生。例如通过合适的改进策略，公司可能再创产品新的生命周期

工具 02　产品/市场扩展方格图

【工具定义】

产品/市场扩展方格也称为产品/市场机遇矩阵（Product/Market Opportunity Matrix）是鉴别增长机会的一个有效工具。

【适用范围】

适用于企业进行新产品或新业务的营销战略规划工作。

【工具解析】

1. 寻找市场机会的四个途径

产品/市场扩展方格图将寻找新的市场机会的活动归纳为以下四个途径，具体内容如图 5-5 所示。

	现有产品	新产品
现有市场	市场渗透	产品开发
新市场	市场开发	多角化发展

图 5-5　产品/市场扩展方格图

（1）市场渗透

市场渗透是指考虑在不改变现有产品和现有市场的情况下，进一步加快市场渗透，扩大现有产品在现有市场上的销售。例如通过采取降低价格、加强广告宣传、改进广告内容和形式、改进服务质量、增加销售网点等方式增加现有产品在现有市场上的销售。

（2）市场开发

市场开发是指为现有产品寻找新的细分市场。例如对运动器械产品，在满足个人细分市场的基础上，还可以考虑将其扩展到健康俱乐部、某组织，还可以向国外市场扩展。

（3）产品开发

产品开发是指企业为现有市场提供新产品或改进产品，满足现有市场的新需求。例如企业推出与现有产品的规格、款式和特色不同的新产品等；推出一个或几个新品牌的产品以吸引具有不同偏好的客户；开发与现有产品相关的新产品。

（4）多角化发展

当企业在其所属的行业找不到富有吸引力的市场机会或其他行业的吸引力更大时，企业可以到本行业以外的行业发展，即生产新产品满足新的市场需求，实行跨行业多角化经营。多角化并不意味着毫无选择地利用一切市场机会，而是要结合企业自身的资源优势加以选择，充分发挥企业的资源潜力并分散经营风险。

此外，企业在实际工作中，还通常采用偶然的、无计划的方法寻找新的市场机会，它主要是依靠企业的营销人员掌握市场信息，从而发现新的市场机会。例如企业的营销人员从报纸、杂志、展销会、产品评比会等发现新的市场机会。

2. 评价市场机会

市场机会能否成为企业的营销机会，还要看它是否与企业的目标和资源相符。因此，评价市场机会的目的就在于从企业发现的众多市场机会中确定企业的最佳市场营销机会，既能够发挥企业的竞争优势，又符合企业的营销目标，且具备实现营销目标所必需的资源。评价市场机会的标准是企业的营销目标和企业的资源。

3. 实施有效的对策

在实际工作中，企业可以考虑市场机会的潜在吸引力（盈利性）和成功概率（企业优势）的大小来确定企业的最佳市场营销机会，从而实施有效的对策。其分析矩阵如图5-6所示。

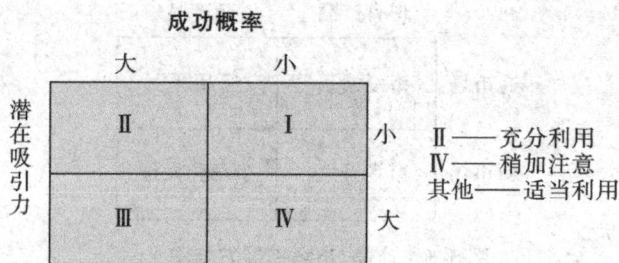

图 5-6　市场机会分析矩阵图

在图 5-6 中，处于 I 位置的市场机会对企业的潜在吸引力大，但企业利用该机会的成功概率小，这说明企业缺乏资源和竞争优势。

处于 II 位置的市场机会对企业的潜在吸引力大，且企业利用该机会的成功概率也大，该机会有极大可能为企业带来巨额利润，企业应把握战机，全力发展。

处于 III 位置的市场机会对企业的潜在吸引力小，但企业利用该机会的成功概率大，这说明企业有竞争优势和资源，但该机会的市场前景不理想，企业应观察该机会的变化趋势。

处于 IV 位置的市场机会不仅对企业的潜在吸引力小，且企业利用它成功的概率也小，企业应注视该机会的发展变化，审慎而适时地开展营销活动。

工具 03　环境威胁机会矩阵

【工具定义】

环境威胁机会矩阵是企业对市场营销环境进行分析的一种工具。企业对于环境的分析，不仅要分析机会，也必须关注环境给市场营销活动带来的威胁，以便发现市场机会、规避风险。

【适用范围】

适用于营销环境的分析工作，以发现机会和规避风险。

【工具解析】

1. 环境威胁

企业可以根据环境的变化，把将要对企业造成的威胁描绘在环境威胁矩阵图上，然后根据不同情况采取不同对策，具体内容如图 5-7 所示。

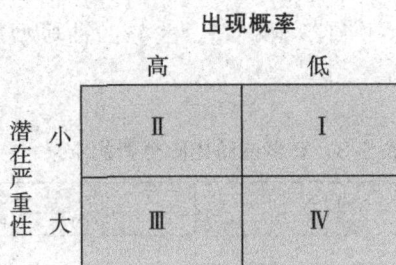

出现概率

	高	低
潜在严重性　小	II	I
潜在严重性　大	III	IV

图 5-7　环境威胁矩阵图

图中的四个象限中，第 I 象限表示威胁出现的可能性小，潜在的严重性也小；第 II 象限表示威胁出现的可能性较大，但潜在的严重性较小；第 III 象限表示威胁出现的可能性小，但潜在的严重性较大；第 IV 象限表示威胁出现的可能性大，潜在的严重性也大。

对于第 I 象限，企业主要是注意观察其发展变化，是否有向其他象限发展的可能；企业应对位于第 II、III 象限的威胁给予一定的重视，因为它们的威胁性适中，要防止威胁出现的可能性由小变大，潜在的严重性也由小变大；企业应高度重视第 IV 象限中的威胁，因为它不仅出现

的可能性最大，而且一旦出现，其潜在的严重性也最大。

2. 环境机会

企业可以通过环境机会矩阵图来分析评价环境机会，具体内容如图 5-8 所示。

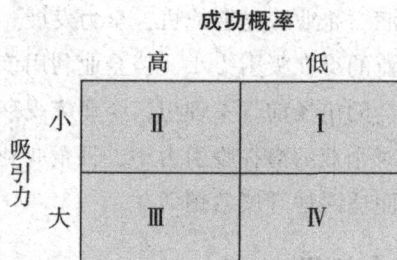

成功概率

	高	低
小	II	I
大	III	IV

图 5-8　环境机会矩阵

第 I 象限表示机会成功的可能性小，潜在的吸引力也小，企业主要是观察其发展变化，并根据变化情况及时采取相应措施。

第 II 象限表示机会成功的可能性较大，但潜在的吸引力较小。

第 III 象限表示机会成功的可能性小，但潜在的吸引力较大，企业应重视位置 II 和 III 的机会。

第 IV 象限表示机会出现的可能性大，潜在的吸引力也大，企业应高度重视。

3. 环境威胁矩阵分析的结果

一般来说，企业不会只面临机会而没有威胁，否则所有的企业都会一夜暴富；也不会只有威胁而没有机会，否则企业将无法生存。按照威胁—机会分析图，评价企业市场营销环境的状况时，可根据威胁—机会水平和影响程度，区分四种典型的情况，具体内容如表 5-3 所示。

表 5-3　环境威胁矩阵分析的结果

序号	结果类别	说明	应对策略
1	理想的企业	企业处于理想的经营状况，即高机会低威胁	理想的企业应当抓住机会，"扬长避短"，并重视威胁的存在和变化
2	成熟的企业	企业处于成熟状态，即低机会和低威胁	成熟的企业应认识到低机会限制了企业的发展。低机会带来的成熟并不表示企业的经营状况良好，企业应当勇于进取，创造新的机会

序号	结果类别	说明	应对策略
3	冒险的企业	企业处于高机会和高威胁的状态	冒险的企业应当抓住机会，勇于冒险，"扬长补短"，而对"高威胁"要冷静分析，例如高威胁有无"恶化"的危险？"恶化"程度如何？速度多快？企业能承受多大"威胁"？承受多久？哪些因素代表恶化？然后因"病"施治，努力通过自我素质的提高，最大限度地克服和减少"环境威胁"的消极影响，尽可能地化不利因素为有利因素
4	困难的企业	处于困难状态，即低机会和高威胁	因为低机会限制了企业的发展，高威胁又使企业陷于困境，企业既要减轻、摆脱威胁，又要发现机会，所以处于困难状态

4. 企业化解环境威胁的对策

一般来说，企业对环境威胁可选用表5-4所示的几种对策。

表5-4　企业化解环境威胁的对策

序号	对策	说明
1	反攻策略	反攻策略是指试着限制或扭转不利因素的发展，通过法律诉讼等方式，促使政府通过某种法令或政策等保护自身合法权益不受侵犯，改变环境的威胁
2	减轻策略	减轻策略即通过改变营销策略，以减轻环境威胁的程度。由于环境因素对企业营销形成一定的威胁，并且这一威胁后果不可避免，此时，减轻策略就是对付威胁的策略之一
3	合作策略	企业通过各种合作手段（如联合、合作、合并、参与等），由更多的社会组织组成联合体，充分利用资金、技术、设备，取长补短，分散风险，共同保护自身利益
4	转移策略	威胁程度严重的企业，因无条件继续经营原来业务时，可采取逐步转移原来业务或调整业务范围，以减轻环境对企业的威胁

5. 面临最好市场机会时的策略

当企业面临最好的市场机会时，应当利用机会，可运用表5-5所示的策略。

表5-5　企业面临最好市场机会时的策略

序号	对策	说明
1	抢先	市场机会的均等性和时效性决定了企业在利用机会的过程中必须抢先一步，争取主动。在市场营销活动中，抢先利用机会包含两个方面：一是先，二是快。企业在利用市场机会的过程中，谁能"抢先"，谁就赢得了时间和空间，就赢得了主动，赢得了胜利，而其他企业要利用同一市场机会，往往要付出几倍乃至几十倍的努力
2	创新	市场机会的均等性决定了企业利用机会的均等，然而自己觉察到的这些机会别人也能觉察到。这就要求企业在利用市场机会时一定要大胆"创新"，如果说"抢先"利用市场机会是力求做到"人无我有"，则"创新"就是"人有我优"
3	应变	企业不可能一劳永逸地利用同一市场机会，为了在竞争中取得主动，企业必须在利用市场机会之初，就主动考虑市场机会的均等性和可变性，有预见性地提出应变对策，包括会有哪些竞争者发现同一市场机会；它们会怎样利用这一市场机会；企业和竞争者先后利用了该市场机会之后，要考虑竞争者和本企业的实力差不多、产品差不多时应该怎么办；比本企业实力强、产品好时应该怎么办；这一市场机会是否会变成环境威胁；是继续利用这一市场机会，还是寻求新的市场机会

※实例说明

日本丰田汽车公司在开拓美国市场时，首次推向美国市场的"丰田宝贝"仅售出228辆，出师不利，增加了丰田汽车以后进入美国市场的难度。丰田汽车公司面临的营销环境变化及其动向如下。

（1）美国几家汽车公司名声显赫，实力雄厚，在技术、资金方面有着别人无法比拟的优势。

（2）美国汽车公司的经营思想是：汽车应该是豪华的。它们忙于比豪华，因而其生产的汽车体积大，耗油多。

（3）日美之间不断增长的贸易摩擦，使美国消费者对日本产品有一种本能的不信任、排斥和敌意。

（4）美国人的消费观念正在转变，他们将汽车作为地位、身份象征的传统观念逐渐减弱，开始转向实用化。他们喜欢腿部空间大、容易行驶且平稳的美国车，但又希望大幅度减少用于汽车的耗费，如价格低、耗油少、耐用和维修方便等。

（5）消费者已意识到交通拥挤状况的日益恶化和环境污染问题，乘公共汽车的人和骑自行车的人逐渐增多。

（6）在美国，核心家庭大量出现，家庭规模正在变小。

任何企业往往都面临着若干威胁和市场机会。然而，并不是所有的环境威胁的严重性都一样，也不是所有的市场机会都具有同样的吸引力。企业可以利用"环境威胁矩阵图"和"市场机会矩阵图"来加以分析、评价。分析环境威胁和市场机会，需要结合企业自身的情况和特点来进行。当时丰田汽车公司的显著特点是：在小型汽车的生产、经营、技术、管理经验等方面有明显的优势。因此，上述1、3、5条动向对丰田公司造成环境威胁；2、4、6条动向则给丰田公司带来市场机会，使丰田公司可能享有"差别利益"（见图5-9）。

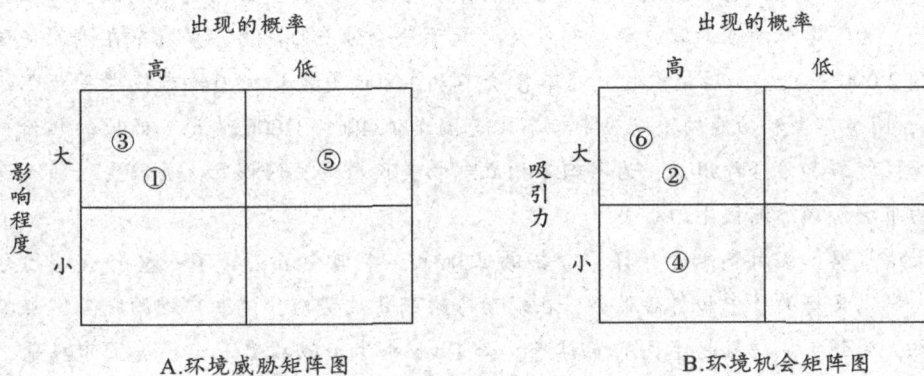

图5-9 丰田汽车公司的环境威胁与机会

"环境威胁矩阵图"的横轴代表出现威胁的可能性，纵轴代表潜在的严重性。在丰田公司进入美国时，在"环境威胁矩阵图"中有三个环境威胁（1、3、5条动向），企业威胁1、3是"潜在的严重性"大，"出现威胁的可能性"也大，所以，这两个环境威胁是主要威胁。至于威胁5，尽管"潜在的严重性"大，"出现威胁的可能性"也大，但它不是主要威胁。因为威胁5对整个汽车行业都是威胁，人对运输工具的倾向转移，其背后的原因之一是觉得交通拥挤，而仔细分析，人们不会完全放弃汽车，汽车毕竟比公共交通工具方便，只不过想得到"理想"的汽车，因而停靠方便，转向灵活的小汽车仍有较大需求。

"市场机会矩阵图"的横轴代表成功的可能性，纵轴代表潜在的吸引力。丰田公司在"市场机会矩阵图"中有三个"市场机会"（2、4、6条动向），其中最好的市场机会是2和6，其"潜在的吸引力"和"成功的可能性"都大。机会4其"潜在的吸引力"小、"成功的可能性"大，不是一个很好的市场机会。

从上面的分析评价可以看出，丰田公司当时共有两个主要威胁（1、3）和两个最佳机会（2、6）。也就是说，丰田公司正处于高机会和高风险的状态。

1965年，日本在"进攻型战略"的指导下，发挥一整套策略体系的合力作用，将日本打

入美国市场。

产品策略。面对美国和西欧这些强劲对手，丰田汽车的产品策略是避实就虚，生产高质量、小型化，具有便利性、可靠性和适用性的小轿车，其目的在于使日本轿车作为一种交通工具为美国广大消费者所接受。丰田汽车造型优美，内部装修精致典雅，舒适的座椅，柔色的玻璃，发动机的功率和性能比大众公司汽车高了一倍，甚至连汽车扶手长度和腿部活动空间都是按美国人的身材设计的。由于适合美国大众消费者的口味，皇冠车一进入美国市场，很快就建立起较高的质量信誉，每销售 100 辆中客户的不满意率从 1969 年的 4.6% 下降到 1973 年的 1.3%。

当丰田汽车在美国站住了脚，他们并未松懈而是迅速追加投资，建立最先进的工厂，培养一流的工程技术员和一线工人，强化科学管理，为大幅度提高劳动生产率和规模经济效益奠定了物质基础。1969 年，丰田公司人均年产汽车高达 39 辆，为同期通用汽车公司的 3.42 倍。

定价策略。丰田汽车打入美国市场时的目标不在于获取单位产品的高额利润，而在于最迅速攻入市场，为了争取潜在的客户群，制定大大低于竞争对手的价格。皇冠车在进入美国市场时售价不到 2 000 美元，而后推出的皇冠车售价不到 1 800 美元。在小轿车技术差距已经消除的 70 年代，同类车型和功能的轿车，丰田车比美国车低 400～1 000 美元。低廉的售价，加上质量稳定、性能好和维修费用低，为丰田车树立起物美价廉的良好形象，美国生产商无还手之力，大片的市场份额逐渐被丰田蚕食。

分销渠道策略。在对竞争进行详尽分析的基础上，丰田公司选择了一整套有效的分销策略。首先，提供良好的售中和售后服务，在发动每次销售攻势前，建立广泛的服务网点提供充足的零配件，为销售成功筑起牢固的支撑点。如 1965 年丰田投放皇冠车于美国市场前，丰田公司已有 384 家代理商和价值 200 万美元的零配件储备。其次，选择重点销售市场，集中全部力量对目标市场进攻，在对重点市场基本渗透之后，再进攻目标市场。丰田汽车打入美国市场后首先选择西海岸的四个城市：洛杉矶、旧金山、彼特兰和西雅图，当建立起滩头阵地后，便开始对美国市场全线进攻。再次，严格筛选代理商，坚持一流商品必须由一流商号经销。丰田选择了资金雄厚、声誉高、具有丰富的营销经验，其客户偏好进口商品的当地中间商和零售商。1969 年，丰田公司尽管只有一种车型，而汽车代理商中的 44% 为丰田服务。最后，用丰厚的利润扶植和激励经销商。丰田公司进入美国市场时以每辆 181 美元的利润让利于经销商，与经销一辆大轿车利润相等。

促销策略。丰田公司促销策略的核心是集中全力直接针对目标市场大量做广告。为了树立丰田汽车的形象，在电视中做广告使丰田家喻户晓。丰田公司抓住其他厂商没有在电视媒体作广告的机会，垄断了小轿车电视广告的播映权。这一时期，丰田广告支出大大超过竞争者的水平。丰田汽车广告的内容由专家精心设计，为避免刺激美国的竞争者和引起日美贸易矛盾尖锐化，尽量迎合美国人的喜好，在大力宣传交通工具在美国的重要性同时，提到丰田汽车种种良好的功能和消费者带来的利益。这种"具有美国精神的先进汽车"广告战，终于使丰田轿车在没有硝烟的商战中大获全胜。

三菱电机股份有限公司（MITSUBISHI ELECTRIC）

成立年份（Founded Year）：1921 年

总部（Headquarters）：日本东京

主营业务（Main Business）：电子

发展历程（Development Process）：1873 年，岩崎弥太郎将他的船厂更名为三菱商会。1917 年，以原来造船部门为基础的三菱造船有限公司（三菱重工业有限公司的前身）成立。1921 年 1 月 15 日，三菱电机又从三菱造船有限公司分离，成为独立的公司。

工具 04　四象限定位法

【工具定义】

四象限定位法是指对消费者的需求作出判断的一种方法。

【适用范围】

适用于新产品上市、品牌定位等工作。

【工具解析】

消费者需求有很多种，如果从这些需求的重要性和急需性来考虑，可以将这些需求分为四种。以需求的急需性作为横轴，需求的重要性作为纵轴，可以建立消费者需求四象限图，具体内容如图 5-10 所示。

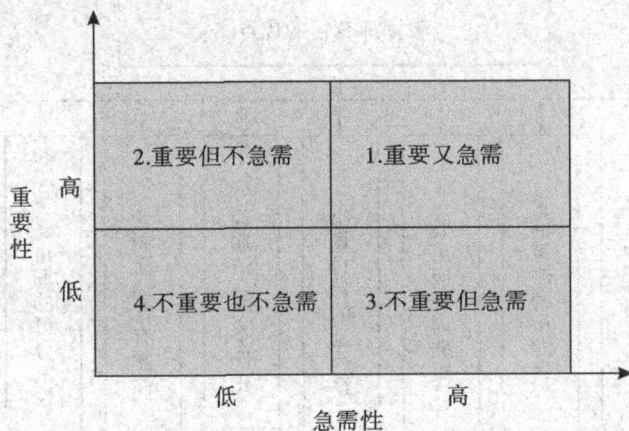

图 5-10　消费者需求四象限

如图 5-10 所示，消费者的需求特征层次归纳起来可分为四个部分，我们称之为"需求特

征四象限"，即重要又急需、重要但不急需、不重要但急需、不重要也不急需。

在新产品开发或品牌定位时，企业应该首先从消费者需求四象限中的第 1 象限，即对消费者来说重要而且急需的需求方面去考虑。因为，只有品牌的定位满足于第 1 象限的"重要又急需"的特性时，品牌才能迅速被消费者所关注与认可。而一般的品牌定位往往忽视了"第 1 象限"的原理，结果造成了品牌定位对于消费者来说可能不重要也不急需，所以销售状况不好也在所难免了。

工具 05　数据库营销

【工具定义】

数据库营销是指企业通过收集和积累会员（用户或消费者）信息，经过分析后筛选出具有针对性的使用电子邮件、短信、电话、信件等方式进行客户深度挖掘与关系维护的营销方式。

【适用范围】

适用于企业的营销策划与管理工作。

【工具解析】

数据库营销是企业通过收集和积累消费者的大量信息，经过处理后预测消费者有多大可能去购买某种产品，以及利用这些信息给产品精确定位，有针对性地制作营销信息以达到说服消费者去购买产品的目的，从而实现企业盈利的目标。

1. 数据库营销的优点

数据库营销有许多优点，具体内容如图 5-11 所示。

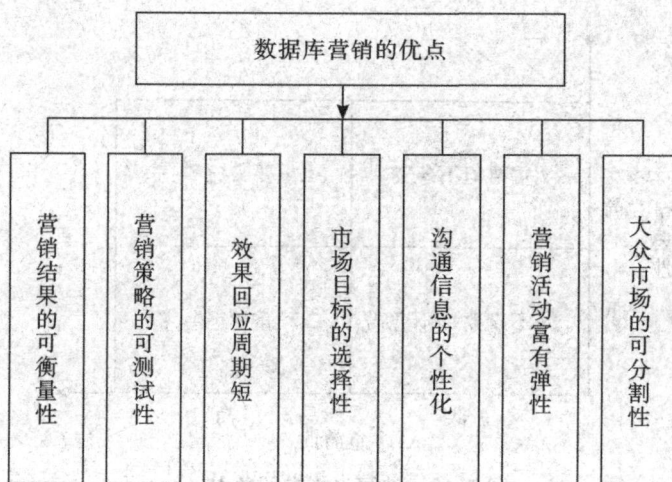

图 5-11　数据库营销的优点

数据库营销与传统营销相比有很大区别，具体内容如表5-6所示。

表5-6　数据库营销与传统营销的对比

类别	数据库营销	传统营销
控制方	客户	商家
客户介入设计	有	有
提前获得的客户数据	高	低
与生产系统的联系	高	低
与客户系统的联系	高	低
照单定制系统	有	没有

2. 数据库的功能

完善的数据库可以满足以下功能，具体内容如图5-12所示。

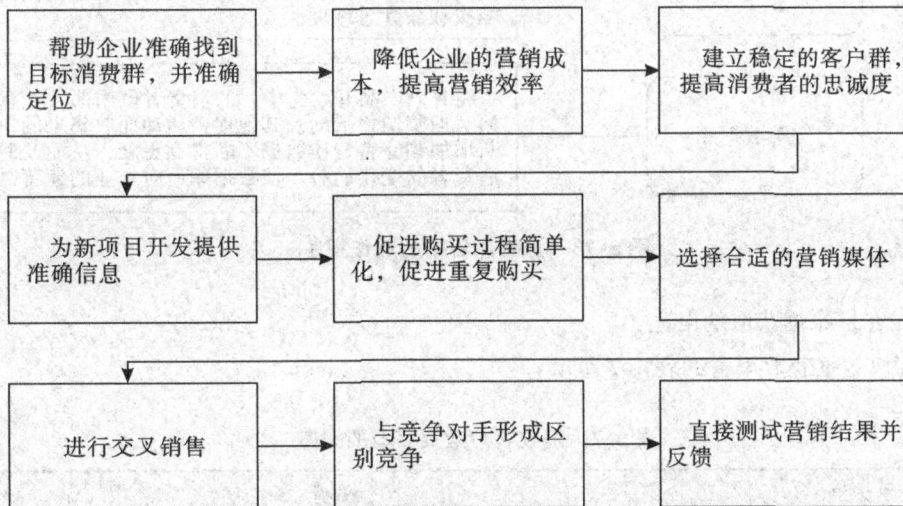

图5-12　数据库的功能

3. 数据库营销的运作程序

一般来讲，数据库营销一般要经历数据采集、数据存储、数据处理、寻找理想消费者、使用数据、完善数据库六个基本过程，其运作程序如图5-13所示。

1	数据采集	数据库数据一方面可以通过市场调查消费者消费记录以及促销活动的记录，另一方面可以利用公共记录的数据，如人口统计数据、医院婴儿出生记录、患者记录卡、银行担保卡、信用卡记录等来获得
2	数据存储	将收集到的数据以消费者为基本单元，逐一输入电脑，建立消费者数据库
3	数据处理	运用先进的统计技术，利用计算机把不同的数据综合为有条理的数据库，然后在各种软件的支持下，产生产品开发部门、营销部门、公共关系部门所需要的详细数据库
4	寻找理想消费者	根据使用最多类消费者的共同特点，用电脑勾画出某产品的消费者模型，此类消费者具有一些共同的特点，例如兴趣、收入等，并将某专用品牌产品的一组消费者作为营销工作目标
5	使用数据	数据库数据可以用于多个方面：制定购物优惠券价值目标；开发什么样的新产品；根据消费者特性，如何制作广告比较有效；根据消费记录判定消费者消费档次和品牌忠诚度
6	完善数据库	随着以产品开发为中心的消费者俱乐部、优惠券反馈、抽奖销售活动及其他促销活动而收集来的信息不断增加和完善，使数据不断得到更新，从而及时反映消费者的变化趋势，使数据库适应企业的经营需要

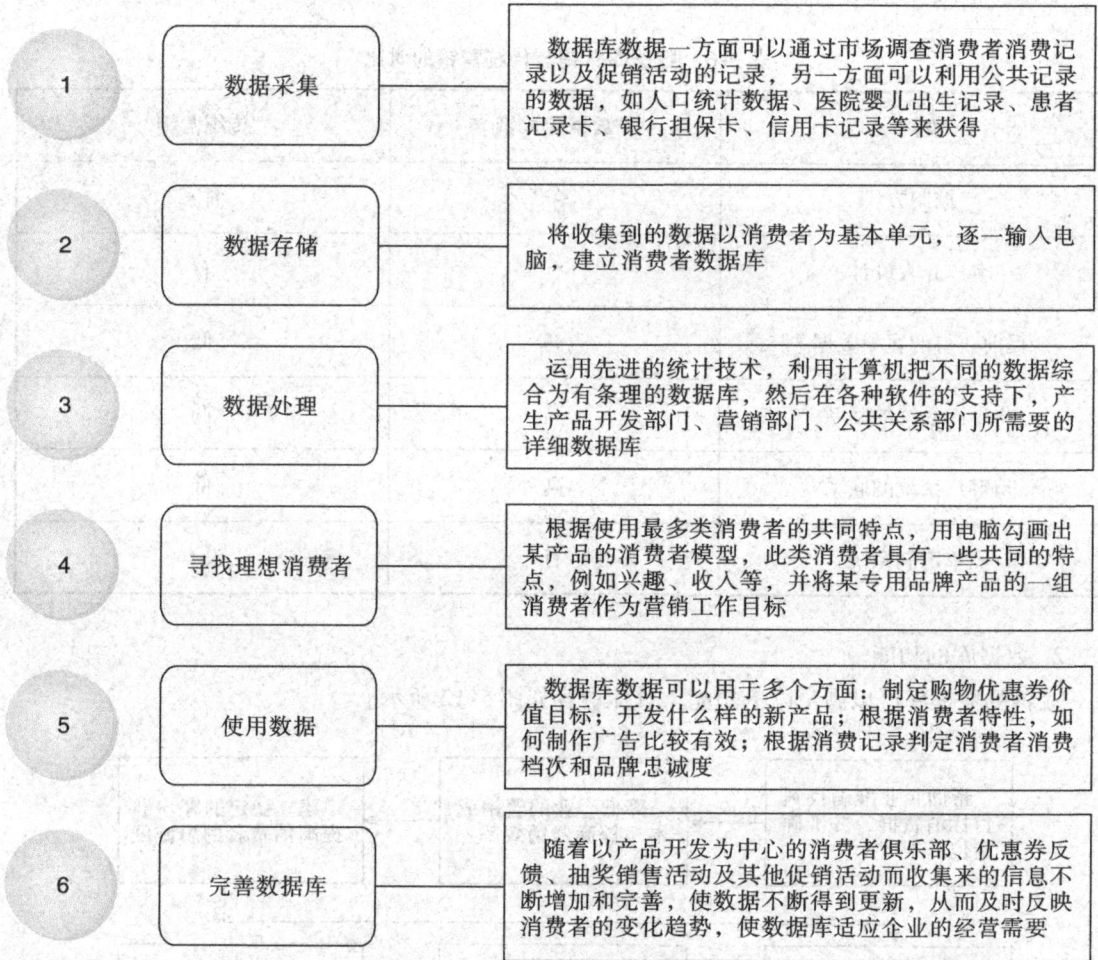

图 5-13　数据库营销的运作程序

4. 潜在客户数据获取的渠道

潜在客户数据获取渠道如表 5-7 所示。

表 5-7　潜在客户数据获取的渠道

序号	渠道	说明
1	数据公司	数据公司专门收集、整合和分析各类客户的数据和客户属性。专门从事这一领域的数据公司往往与政府及拥有大量数据的相关行业和机构有着良好而密切的合作关系。一般情况下，这类公司都可以为营销行业提供成千上万的客户数据列表

（续表）

序号	渠道	说明
2	目录营销与直复营销组织	这类组织直接给消费者打电话或邮寄产品目录。只要有合适的价格或目的安排，许多这样的公司都愿意分享他们的数据列表
3	零售商	一些大型的零售公司也会有丰富的客户数据
4	信用卡公司	信用卡公司存有大量的客户交易历史记录，这类数据的质量非常高
5	信用调查公司	在国外有专门从事客户信用调查的公司，而且这类公司一般愿意出售这些客户的数据
6	专业调查公司	在消费品行业、服务行业及其他一些行业中，有许多专业的产品调查公司。这些公司通过长期的积累和合作，通常积累了大量的客户数据
7	消费者研究公司	这类组织往往分析并构建复杂的客户消费行为特征，这类数据可以通过购买获取
8	相关服务行业	可以通过与相关行业有大量客户数据的公司进行合作或交换的方式获取客户数据。这类行业包括通信公司、航空公司、金融机构、旅行社等
9	杂志和报纸	一些全国性或区域性的杂志和报纸媒体也保有大量的客户订阅信息和调查信息
10	政府机构	结合政府资助的调查和消费者研究信息都有助于企业丰富客户数据列表。政府的行政机关和研究机构往往也有大量的客户数据，如公安户政部门的户政数据、税务机关的纳税信息、社保部门的社会保险信息等

5. 数据库营销的核心——数据挖掘

数据库营销的核心是数据挖掘。数据挖掘是指从数据库的大量数据中揭示出隐含的、先前未知的并有潜在价值的信息的非平凡过程。数据挖掘是一种决策支持过程，它主要基于人工智能、机器学习、模式识别、统计学、数据库、可视化技术等，高度自动化地分析企业的数据，作出归纳性的推理，从中挖掘出潜在的模式，帮助决策者调整市场策略，减少风险，作出正确的决策。

利用数据挖掘进行数据分析常用的方法主要有分类、回归分析、聚类、关联规则、特征、变化和偏差分析、Web页挖掘等，它们分别从不同的角度对数据进行挖掘，具体内容如表5-8所示。

表 5-8　利用数据挖掘进行数据分析常用的方法

序号	方法	说明
1	分类	分类是指找出数据库中一组数据对象的共同特点并按照分类模式将其分类，其目的是通过分类模型，将数据库中的数据项映射到某个给定的类别。它可以应用到客户的分类、客户的属性和特征分析、客户满意度分析、客户的购买趋势预测等。例如一个汽车零售商按照客户对汽车的喜好将客户划分成不同的类别，这样营销人员就可以将新型汽车的广告手册直接邮寄到有这种喜好的客户手中，从而大大增加了商业机会
2	回归分析	回归分析方法反映的是事务数据库中属性值在时间上的特征，产生一个将数据项映射到一个实值预测变量的函数，发现变量或属性间的依赖关系。其主要研究问题包括数据序列的趋势特征、数据序列的预测以及数据间的相关关系等。它可以应用到市场营销的各个方面，如客户寻求、保持和预防客户流失活动、产品生命周期分析、销售趋势预测及有针对性的促销活动等
3	聚类	聚类分析是指把一组数据按照相似性和差异性分为几个类别，其目的是使属于同一类别的数据间的相似性尽可能大，使不同类别中的数据间的相似性尽可能小。它可以应用到客户群体的分类、客户背景分析、客户购买趋势预测、市场的细分等方面
4	关联规则	关联规则是指描述数据库中数据项之间所存在的关系的规则，即根据一个事务中某些项的出现可导出另一些项在同一事务中也出现，即隐藏在数据间的关联或相互关系。在客户关系管理中，通过对企业的客户数据库里的大量数据进行挖掘，可以从大量的记录中发现有趣的关联关系，找出影响市场营销效果的关键因素，为产品定位、定价与定制客户群、客户寻求、细分与保持、市场营销与推销、营销风险评估和诈骗预测等提供参考依据
5	特征	特征分析是指从数据库中的一组数据中提取出关于这些数据的特征式，这些特征式表达了该数据集的总体特征。如营销人员通过对客户流失因素的特征提取，可以得到导致客户流失的一系列原因和主要特征，利用这些特征可以有效预防客户的流失

序号	方法	说明
6	变化和偏差分析	变化和偏差分析是指对分类中的反常实例、模式的例外、观察结果对期望的偏差等进行分析，其目的是寻找观察结果与参照量之间有意义的差别。在企业危机管理及其预警中，管理者更感兴趣的是那些意外规则。意外规则的挖掘可以应用到各种异常信息的发现、分析、识别、评价和预警等方面
7	Web 页挖掘	随着 Internet 的迅速发展及 Web 的全球普及，使得 Web 上的信息量无比丰富，通过对 Web 的挖掘，可以利用对 Web 的海量数据进行分析，收集政治、经济、政策、科技、金融、各种市场、竞争对手、供求信息、客户等有关的信息，集中精力分析和处理那些对企业有重大或潜在重大影响的外部环境信息和内部经营信息，并根据分析结果找出企业管理过程中出现的各种问题和可能引起危机的先兆，对这些信息进行分析和处理，以便识别、分析、评价和管理危机

※实例说明 ～～～～～～～～～～～～～～～～～～～～～～～～～～～～～～～～～～～～～

沃尔玛拥有世界上最大的数据仓库系统。为了能够准确了解客户在其门店的购买习惯，沃尔玛对其客户的购物行为进行分析，明确了客户经常一起购买的商品有哪些。

沃尔玛的数据仓库里集中了其各门店的详细原始交易数据。在这些原始交易数据的基础上，沃尔玛利用 NCR 数据挖掘工具对这些数据进行分析和挖掘。一个意外的发现是：跟尿布一起购买最多的商品竟是啤酒！

这是数据挖掘技术对历史数据进行分析的结果，反映了数据内在的规律。那么这个结果符合现实情况吗？是否有利用价值？于是，沃尔玛派出市场调查人员和分析师对这一数据挖掘结果进行调查分析。经过大量实际调查和分析，揭示了一个隐藏在"尿布与啤酒"背后的美国人的一种行为模式：在美国，一些年轻的父亲下班后经常要到超市去买婴儿尿布，而他们中有 30% ~40% 的人同时也会为自己买一些啤酒。

既然尿布与啤酒一起被购买的机会很多，于是沃尔玛就在其一个个门店将尿布与啤酒并排摆放在一起，结果是尿布与啤酒的销售量双双增长。

中国华能集团公司 (CHINA HUANENG GROUP)

成立年份 (Founded Year)：1985 年

总部 (Headquarters)：中国北京

主营业务 (Main Business)：电源开发、投资、建设、经营和管理，电力（热力）生产和销售，金融、煤炭、交通运输、新能源、环保相关产业及产品的开发、投资、建设、生产、销售，实业投资经营及管理

发展历程 (Development Process)：中国华能集团公司是经国务院批准成立的国有重要骨干企业，是国家授权投资的机构和国家控股公司的试点，是世界 500 强企业。

中国华能从 1985 年创立第一家公司至今，历经 20 余年的发展历程，为国民经济建设和电力工业的改革与发展做出了积极贡献，逐步形成了注重科技、保护环境、坚持与时俱进、学习创新、面向世界的公司理念和"坚持诚信、注重合作、不断创新、积极进取、创造业绩、服务国家"的核心价值观。

工具 06　整合营销

【工具定义】

整合营销又称整合营销传播，其英文是 Integrated Marketing Bommunication，是一种对各种营销工具和手段的系统化结合，根据环境进行即时性的动态修正，以使交换双方在交互中实现价值增值的营销理念与方法。

【适用范围】

适用于企业的营销策划工作。

【工具解析】

整合营销是从解决消费者不看、不信、不记忆广告的问题中找到的方法。整合营销是对传统营销的一次革命，整合营销理论倡导者——美国的 D. E. 舒尔兹教授用一句话来说明这种理论，他说：过去的座佑铭是"消费者请注意"，现在则应该是"请注意消费者"。

1. 整合营销要思考的主题

整合营销要思考三大主题，具体内容如表 5-9 所示。

表 5-9　整合营销要思考的三大主题

序号	主题	说明
1	关于目标市场是否更有针对性的争论	营销不是针对普通消费的大多数人，而是针对定制消费的较少部分的人。"量体裁衣"的做法使得满足消费者需求的目标最大化

序号	主题	说明
2	全面观察消费者	企业应多角度地观察消费者，以创造更多的机会，使得消费者不是"一次性购买"而是重复购买同一商品。同时还可以考虑到系统的"跨行销售"和"上游销售"。这个要素对于消费者行为的各个角度来说都是有效的。营销工作需要综合考虑各个时间消费者行为的其他角度
3	必须考虑到如何与消费者沟通	消费者和品牌之间有更多的"联络点"或"接触点"，这不是单靠媒介宣传所能达到的。消费者打开包装见到产品时、拨打销售电话都是一种沟通，消费者之间相互交谈也会产生"病毒传播"般的销售机会

2. 整合营销的特征与优点

整合营销具有其鲜明的特征与优点，具体内容如表 5-10 所示。

表 5-10　整合营销的特征与优点

整合营销的特征	整合营销的优点
(1) 消费者处于核心地位 (2) 要建立资料库以对消费者进行全面了解 (3) 核心工作是培养真正的消费者价值观，与那些最有价值的消费者保持长期的紧密联系 (4) 以本质上一致的信息为支撑点进行传播 (5) 以各种传播媒介的整合运作手段进行传播 (6) 紧跟移动互联网发展的趋势，尤其是互联网向移动互联网延伸、手机终端智能化以后，在这个过程当中应当紧盯市场需求，整合现有的资源，包括横向和纵向的资源	(1) 符合社会经济发展潮流及对企业市场营销所提出来的新要求 (2) 有利于配置企业资源，优化企业组合，提高企业的经济效益 (3) 有利于企业更好地满足消费者的需求，有利于企业的持续发展 (4) 有利于从观念到行为的整合 (5) 有利于企业上下各层次的整合 (6) 有利于企业各个部门的整合 (7) 有利于营销策略的整合 (8) 有利于企业长远规划与近期活动的整合 (9) 有利于企业开展国际化营销

3. 整合营销的精髓

（1）不是销售企业所能制造的产品，而是销售那些客户想购买的产品，真正重视消费者。

（2）暂不考虑定价策略，而是去了解消费者，要满足其需要与欲求所愿付出的成本。

（3）暂不考虑通路策略，应当思考如何使消费者方便购得商品。

（4）暂不考虑怎样促销，而应当考虑怎样沟通。

4. 整合营销的操作思路

整合营销的操作思路如表 5-11 所述。

表 5-11　整合营销的操作思路

序号	操作思路	说明
1	以整合为中心	着重以消费者为中心并把企业所有资源综合利用，实现企业的高度一体化营销。整合既包括企业营销过程、营销方式以及营销管理等方面的整合，也包括对企业内外的商流、物流及信息流的整合
2	讲求系统化管理	整体配置企业所有资源，企业中各层次、各部门和各岗位以及总公司、子公司，产品供应商，与经销商及相关合作伙伴协调行动，形成竞争优势
3	强调协调与统一	企业营销活动的协调性不仅是指企业内部各环节、各部门的协调一致，而且也强调企业与外部环境协调一致，共同努力以实现整合营销
4	注重规模化与现代化	规模化不仅能使企业获得规模经济效益，为企业有效实施整合营销提供了客观基础。整合营销同样也依赖于现代科学技术、现代化的管理手段，现代化可为企业实施整合营销提供效益保障

5. 整合营销规划的步骤

整合营销规划的步骤如图 5-14 所示。

第一步	➡	市场调查
第二步	➡	SWOT分析（企业的优势、劣势、机会和威胁）
第三步	➡	明确市场定位和经营战略
第四步	➡	制定具有针对性的营销策略
第五步	➡	制定品牌规划与低成本整合营销传播策略
第六步	➡	制定具有竞争性的区域市场推广策略
第七步	➡	招商规划和策略、经销商的管理
第八步	➡	营销团队的建设及管理（人员、业务、信息等管理）
第九步	➡	制定营销预算与年度营销实施计划（包括营销控制体系）

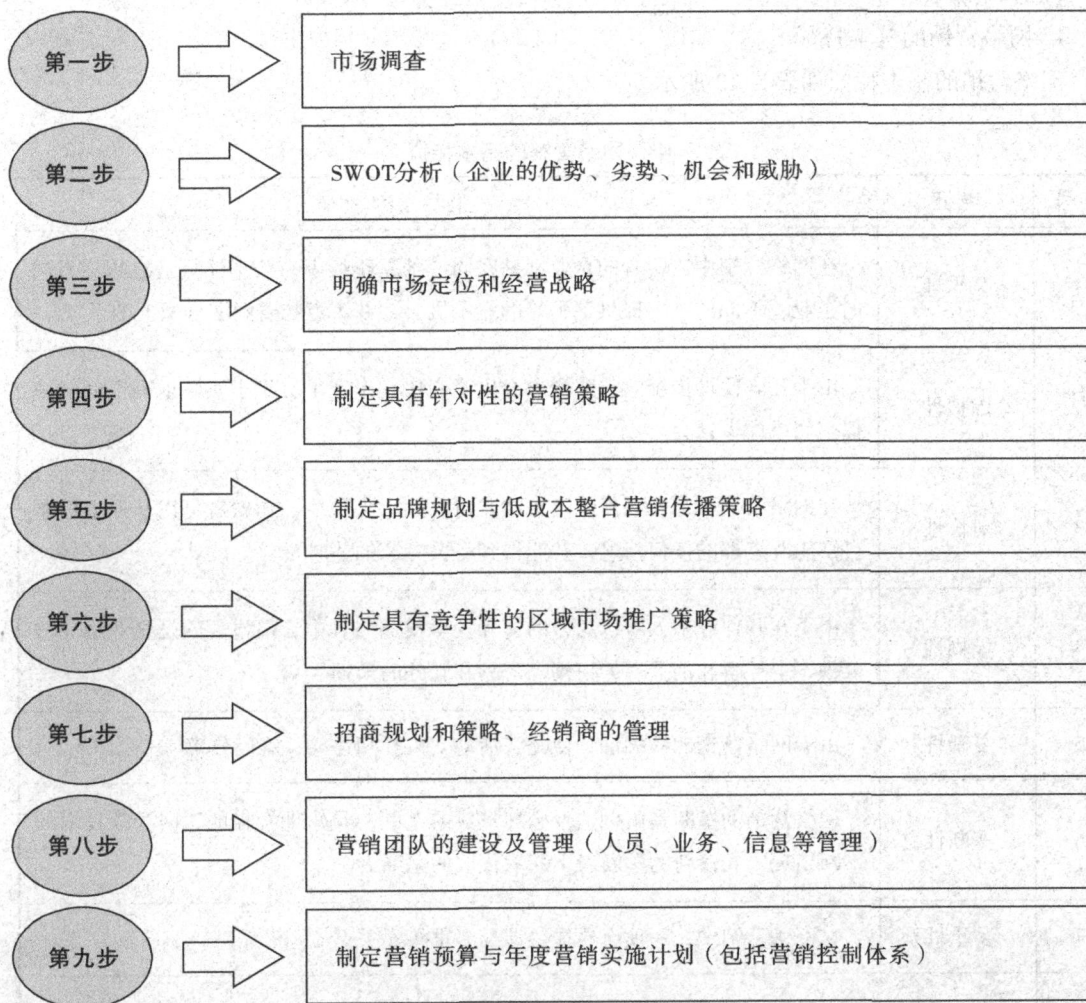

图 5-14　整合营销规划的步骤

工具07　网络营销

【工具定义】

网络营销（On-line Marketing 或 E-Marketing）是指以互联网为基本手段营造网上经营环境的各种活动。网络营销概念的同义词包括线上营销、互联网营销、在线营销、网络营销、口碑营销、视频营销、网络事件营销、社会化媒体营销、微博营销、博客营销、知识营销等。

【适用范围】

适用于企业的营销策划工作。

【工具解析】

1. 网络营销的基本特征

网络营销的基本特征如表5-12所示。

表5-12　网络营销的基本特征

序号	特征	说明
1	公平性	在网络营销中，所有的企业都站在同一条起跑线上。公平性只是意味给不同的企业、不同的个人提供了平等的竞争机会，并不意味着财富分配上的平等
2	虚拟性	由于互联使得传统的空间概念发生了变化，出现了有别于实际地理空间的虚拟空间或虚拟社会
3	对称性	在网络营销中，互联性使信息的非对称性大大减少。消费者可以从网上搜索自己想要掌握的任何信息，并能得到有关专家的适时指导
4	模糊性	由于互联使许多人习以为常的边界变得模糊。其中，最显著的是企业边界的模糊、生产者和消费者的模糊、产品和服务的模糊
5	复杂性	由于网络营销的模糊性，使经济活动变得扑朔迷离，难以分辨
6	垄断性	网络营销的垄断是由创造性破坏形成的垄断，是短期存在的，因为新技术的不断出现，会使新的垄断者不断取代旧的垄断者
7	多重性	在网络营销中，一项交易往往涉及多重买卖关系
8	快捷性	互联使经济活动具有了快速运行的特征，你可以迅速搜索到所需要的任何信息，以对市场作出即时反应
9	正反馈性	在网络营销中，由于信息传递的快捷性，人们之间产生了频繁、迅速、剧烈的交互作用，从而形成不断强化的正反馈机制
10	全球性	由于互联超越了国界和地区的限制，使得整个世界的经济活动都紧紧联系在一起。信息、货币、商品和服务的快速流动大大促进了世界经济一体化的进程

2. 网络营销的竞争原则

在网络营销中，企业必须顺应环境的变化，采用新的竞争原则，这样才能在激烈的竞争中取胜。网络营销的竞争原则如表5-13所示。

表 5-13 网络营销的竞争原则

序号	原则	说明
1	个人市场原则	在网络营销中，可以借助于计算机和网络，适应个人的需要，有针对性地提供低成本、高质量的产品或服务
2	适应性原则	由于互联性的存在，市场竞争在全球范围内进行，市场呈现出瞬息万变之势。企业产品应能够适应不断变化的消费者需求，企业行为要适应市场的急剧变化，企业组织要富于弹性，能够适应市场的变化而伸缩自如
3	价值链原则	一种产品的生产经营会有多个环节，每个环节都有可能增值。我们将其整体称作价值链。企业不应只着眼于价值链某个分支的增值，而应着眼于价值链的整合，着眼于整个价值链的增值
4	特定化原则	此原则是指企业找出具有代表性的个人习惯、偏好和品位，据此生产出符合个人需要的产品。然后，企业找出同类型的大量潜在客户，把他们视作一个独立的群体，向他们出售产品
5	主流化原则	为了赢得市场最大份额而赠送第一代产品的做法被称之为主流化原则。尽管企业最初建立数字产品和基础设施的费用很大，但继续扩张的成本却很小，由此产生了新的规模经济

3. 网络营销的分类

网络营销按不同的方式可以分为不同的类别，具体内容如表 5-14 所示。

表 5-14 网络营销的分类

分类方法		说明
以服务对象来划分	个人网络营销	个人可以通过网络的方式进行营销，目前这种方式已经广泛地被广大网民使用，典型的应用如广大的"淘宝卖家"
	企业网络营销	目前大量的企业通过网络营销的方式拓展自己的业务
以应用范围划分	广义的网络营销	是指以互联网为主要手段（包括 Intranet 企业内部网、EDI 行业系统专线网及 Internet 国际互联网）开展的营销活动
	狭义的网络营销	是指组织或个人基于开放便捷的互联网络，对产品、服务所做的一系列经营活动，从而达到满足组织或个人需求的全过程

（续表）

分类方法		说明
以应用范围划分	整合网络营销	是指整合各种网络营销方法，与客户需求进行比配，给客户提供最佳的网络营销方法
	颠覆式网络营销	企业跳出此普通层面，以高端的商业策划为指导，突破常规网络营销方法，创造出独特、新颖、创意、吸引、持久的颠覆式网络营销方法，才能实现网络营销效果
	社会化媒体营销	是指利用社会化网络、在线社区、博客、百科或者其他互联网协作平台媒体来进行营销、销售、公共关系和客户服务维护开拓的一种方式。一般社会化媒体营销工具包括论坛、微博、博客、SNS、Flickr 和 Video 等
	非对称网络营销	企业以自身定位为主，通过精装、放大、唯一、记忆、侧面品牌、差异化优势的网络营销方法，在狭路相逢时达成双赢的网络营销效果
	量贩式网络营销	也称量贩式网络推广。由于网络营销市场在国内刚刚起步，服务水平参差不齐，所以企业急需一种量贩化、快餐化的网络营销方式来规范行业发展，让企业能真正的自主选择
按具体推广方式分		包括口碑营销、网络广告、媒体营销、事件营销、搜索引擎营销（SEM）、E-mail 营销、网络营销数据库营销、短信营销、电子杂志营销、病毒式营销、问答营销、QQ 群营销、博客营销、微博营销、论坛营销、社会化媒体营销、针对 B2B 商务网站的产品信息发布以及平台营销等
以互动交流分		（1）在线咨询——以留言本、在线咨询表单、QQ、MSN 等为代表的即时通信；以百度商桥、53KF 为代表的在线客服 （2）E-mail 邮件及邮件列表 （3）Help 或 FAQS（常见问题解答） （4）企业论坛（BBS）或顾客交流社区

4. 网络营销策略

网络营销的促销策略通常有以下几种方式。

（1）网上折价促销

折价也称打折、折扣，是目前网上最常用的一种促销方式。

（2）网上赠品促销

赠品促销目前在网上的应用不算太多，一般情况下，在新产品推出试用、产品更新、对抗竞争品牌、开辟新市场的情况下利用赠品促销可以达到比较好的促销效果。赠品促销的优点是：可以提升品牌和网站的知名度；鼓励人们经常访问网站以获得更多的优惠信息；能够根据消费者索取赠品的热情程度而总结分析营销效果和产品本身的反映情况等。

（3）网上抽奖促销

抽奖促销是网上应用较广泛的促销形式之一，是大部分网站乐意采用的促销方式。抽奖促销是指以一个人或数人获得超出参加活动成本的奖品为手段进行商品或服务的促销。网上抽奖活动主要附加于调查、产品销售、扩大用户群、庆典、推广某项活动等，消费者或访问者通过填写问卷、注册、购买产品或参加网上活动等方式获得抽奖机会。

（4）积分促销

积分促销在网络上的应用比起传统营销方式要简单和易操作。网上积分活动很容易通过编程和数据库等来实现，并且结果可信度很高，操作起来相对较为简便。积分促销一般设置价值较高的奖品，消费者通过多次购买或多次参加某项活动来增加积分以获得奖品。积分促销可以增加上网者访问网站和参加某项活动的次数；可以增加上网者对网站的忠诚度；可以提高活动的知名度等。

（5）搜索营销

据 CNNIC《2012 年中国网民搜索行为研究报告》显示，购物搜索转化率极高，网上购买行为尤为突出。根据调查，网民在电脑上搜索完购物信息后，超过 90% 的用户会选择购买，其中线上购买情况较多的用户比例为 39.7%，线上线下购买情况差不多的用户比例为 30.7%。其中，商品价格、产品信息、用户点评是网民购物搜索时最关注的三类信息。

工具 08　一对一营销

【工具定义】

一对一营销（One-To-One Marketing）也称 121 营销、1-2-1 营销或 1 对 1 营销等，是一种客户关系管理（CRM）战略，它为企业和个人间的互动沟通提供具有针对性的个性化方案。一对一营销概念的创始人是著名的唐·佩伯斯和玛莎·罗杰斯（Peppers and Rogers），这两位营销专家荣登"全球 16 位顶级管理大师"之列，更被全球技术网络协会誉为"真正创造未来的革新家"。

【适用范围】

一对一营销适用于企业的营销策划工作。

【工具解析】

一对一营销的目标是提高短期商业推广活动及终身客户关系的投资回报率（ROI）。其最终目标就是提升整体的客户忠诚度，并使客户的终生价值达到最大化。

1. 一对一营销有关键点

一对一营销要求企业以客户为中心，通过与每个客户的互动，与客户逐一建立持久、长远的"学习"关系，并根据客户的特殊需求来调整自己的经营行为，从而为客户提供定制的产品，提升客户满意度。其关键点如下。

第一点：以客户为中心

第二点：逐一建立"学习"关系

第三点：根据客户需求定制产品

在计划经济时代，企业大多采用大众营销的方式，而到了现在的市场经济时代我们就需要转变关系，进而采用一对一营销。以下是二者的主要区别，具体内容如表 5-15 所示。

表 5-15　大众营销与一对一营销的区别

大众营销	一对一营销
以产品为导向	以客户为导向
将某种单一产品销售给尽可能多的客户	向某个单一的客户销售尽可能多的产品

2. 一对一营销的四要素

一对一营销有四大要素，具体内容如表 5-16 所示。

表 5-16　一对一营销的四要素

序号	要素	说明
1	识别你的客户（Identify）	企业应设法找出和了解客户，并掌握其基本资料（这些资料包括客户的名字、住址和联系方法，还有他们的购买习惯、爱好等）
2	对客户进行差异分析（Differentiate）	企业要进一步将客户依照其对企业的价值加以分析和分类，找出并设法留住有价值的客户，避免花过多的力气在无价值的客户身上
3	与客户保持互动（Interactive）	与客户互动、对话与交换信息，让客户乐于与企业互动，以有效了解客户的需求、掌握客户的反应，最终找到与客户建立"学习型关系"的办法
4	企业定制化（Customize）	企业了解了客户的需求后，就必须采取行动，提供能够为他们带来额外收益的产品或服务，塑造出产品与服务的独特性，向客户准确地提供他们需要的东西，以提高客户的忠诚度

3. 对哪些客户要开展一对一营销

从一对一营销的概念中知道，企业需要与客户建立"学习关系"。学习关系就是每与客户打一次交道，企业就多一分见识。客户可以提出需求，或企业发现客户的需求然后再据此改进产品或服务。

随着学习关系的成长，就形成了一个良性循环。即消费者越多地告诉企业自己问题在哪里和需求是什么，企业就可以更好地为客户提供合适的产品，使客户从中得益更多，并愿意与企业进行沟通；双方的沟通越多，客户就会越多地告诉企业自己的需求。这个循环不断继续下去，就形成了企业非常强大的竞争优势。

但是，并不是对待每一个消费者都需要采取同样的态度，正如上面 IDIC 模式中所说的，企业需要对客户进行差异分析，而这通常根据客户对于企业的商业价值来划分：（1）最有价值客户（MVC——Most Valuable Customer）；（2）最具增长性客户（MGC——Most Growable Customer）；（3）负值客户（BZC——Below Zero Customer）。

一家企业必须坚守住其 MVC，尽快地将 MGC 转化为 MVC，同时最为重要的就是尽快地抛弃掉 BZC，因为 BZC 给企业带来不了任何价值，只会耗用企业资源。

4. 一对一营销的核心问题

一对一营销的核心是以客户份额为中心，通过与每个客户的互动，与客户逐一建立持久、长远的双赢关系，为客户提供定制化的产品。

（1）客户份额

客户份额是企业应当关注的对象。企业不应当只关注市场占有率，还应当思考增加每一位客户的购买额，也就是在一对一的基础上提升对每一位客户的占有。

当然，计算客户的价值特别是客户终生价值并不是一件简单的事，这也是企业在实施一对一营销时所面临的第一个困难。以下介绍一种简单的方法——RAD 法。RAD 法源于英文的三个单词"Retention"（保持）、"Acquisition"（获取）与"Development"（发展），其实这三个单词分别代表企业在与客户之间关系不同的阶段采用不同的三种策略。该方法的运用要点如表 5-17 所示。

表 5-17　RAD 法的运用要点

序号	要点	说明
1	客户分类	通过了解该客户资料用简单的数学模型对客户进行分类。通常的做法是对客户的采购计划（Wallet）与现有客户份额（SOW）为二维标准进行分类，把客户归属到上述三个不同的阶段（RAD）。属于"D"的客户是对企业最为忠诚的
2	客户分别对待策略	对属于不同阶段的客户进行区别对待。对属于"A"的客户采用获取策略；对属于"D"的客户采用"发展"策略；对属于"R"的客户采用"保持"策略
3	动态更新	因为客户的信息、采购计划（Wallet）与现有客户份额（SOW）都随时间的改变而改变，所以要对上述客户的资料和对待策略进行阶段性动态更新

（2）与客户互动对话

与客户互动对话要求企业不仅要了解目标客户群的全貌，而且应当对每一个客户都要了解。这种了解是通过双向的交流与沟通实现的。就像交朋友一样，认识之后，持续的交往与交流才能让这种关系得以保持并加深。目前的技术手段可以让企业充分做到这一点，例如互联网、呼叫中心及其他 IT 技术平台都可以使企业很容易地做到与客户互动。与客户互动最关键的一点是让客户参与企业的销售、生产及服务的过程。

（3）定制化

定制化通常被看作是一对一营销中最为困难的一环。这是因为定制化不仅涉及营销模式的调整，还涉及生产、库存、采购、财务结算等方面。

其实，定制化是规模定制化。唐·佩珀斯和马莎·罗杰斯就提出，企业可以在以下方面进行定制化，而且这些做法实施起来并不困难，具体内容如表 5-18 所示。

表 5-18　定制化的做法

序号	方法	说明
1	捆绑销售	把两个或更多的产品捆绑在一起来销售，包括相关的产品（如电脑与打印机）、产品与耗材（打印机与墨盒）以及大量的折扣（一箱可口可乐）
2	配置	不用改变产品或服务，只需预先进行配置就能满足客户要求。例如戴尔的计算机，你可以在不改变基本配置的情况下配置内存及硬盘大小
3	包装	根据客户类型调整包装。例如家乐福卖的水饺有针对大家庭的大包装，也有针对单身人群的小包装
4	送货和后勤	在客户方便的时候送货，可以约定不同的时间和送货地点
5	辅助服务	提供售后服务，例如上门维修电脑的时候提供打印机的性能检查服务
6	服务方式	客户可选择服务类型。例如惠普的金牌服务，可以选择服务年限、上门服务及响应速度
7	支付方式	按照客户要求设计支付方式。例如戴尔对家庭用户提供银行电汇与上门用手持 POS 机信用卡划账的选择
8	预先授权	预设权限来满足客户需求，例如对不同客户的信用等级设置不同的预付额度
9	简化服务	为长期客户或重点客户重新设计购买与送货方式。例如惠普对其重点客户进行的直接订购模式

※ **实例说明**

在 2012 年世界 500 强企业排名中位居第 147 名的戴尔公司是真正在业界实施一对一营销最为彻底的之一。它的 Premier Page 的成功运作能充分说明"与客户互动对话"的可操作性与良好的效果。戴尔为它的很多客户在它的网站上建立了"一对一"的界面，里面有该客户与戴尔发生过交易的所有信息、戴尔曾经给过客户的报价、售后服务信息，更有专门的直销价格与推荐机器。这种直销价格针对不同的客户是不同的，也只有你在自己的 Premier Page 中才能看到；所推荐的机器也可能是不一样的，因为戴尔根据客户的不同的喜好、不同的 IT 架构会作不同的推荐。同样，客户可以在这个 Page 里配置自己想要的机型、发布自己的需求与对戴尔产品及服务的意见与建议。不仅是这个 Premier Page，客户也可以通过 800 电话、传真、电子邮件与戴尔进行对话。戴尔设在厦门的客户服务中心有专门的内部销售代表负责与不同顾客保持这种交流。在此模式中，客户全程地参与到戴尔的生产、销售及服务的各个环节，客户不再是企业的外人。

戴尔（DELL）

成立年份（Founded Year）：1984 年
总部（Headquarters）：美国德克萨斯州朗德罗克
主营业务（Main Business）：电脑生产、设计与销售
发展历程（Development Process）：戴尔公司于 1984 年由迈克尔·戴尔创立，创立之初公司的名称是 PC's Limited，1987 年改为现在的名字。戴尔以生产、设计、销售家用以及办公室电脑而闻名，不过它同时也涉足高端电脑市场，生产与销售服务器、数据储存设备、网络设备等，戴尔的其他产品还包括 PDA、软件、打印机等电脑周边产品。1999 年，戴尔取代康柏电脑（Compaq）成为美国第二大个人电脑销售商，成为全球领先的 IT 产品及服务提供商。戴尔公司成为市场领导者的根本原因是：通过直接向客户提供符合行业标准技术的产品和服务，不断地致力于提供最佳的客户体验。目前戴尔公司在全球约有 46 000 名雇员。

工具 09　绿色营销

【工具定义】

绿色营销是指企业以环境保护为经营指导思想，以绿色文化为价值观念，以消费者的绿色消费为中心和出发点的营销观念、营销方式和营销策略。它要求企业在经营中贯彻自身利益、

消费者利益和环境利益相结合的原则。绿色营销是英国威尔斯大学肯·毕提（Kenpeattie）教授在其所著的《绿色营销—化危机为商机的经营趋势》一书中提出来的。

【适用范围】

适用于企业的营销策划工作。

【工具解析】

绿色营销是在人们追求健康（Health）、安全（Safe）、环保（Envioroment）的意识形态下所发展起来的新的营销方式和方法。绿色营销要求企业在生产经营过程中将企业自身利益、消费者利益和环境保护利益三者统一起来，并以此为中心，对产品和服务进行构思、设计、销售和制造。

1. 绿色营销的内容

绿色营销包括以下五个方面的内容，具体内容如表 5-19 所示。

表 5-19　绿色营销的内容

序号	内容	说明
1	树立绿色营销观念	（1）企业营销决策的制定必须建立在有利于节约能源、资源和保护自然环境的基础上，促使企业市场营销的立足点发生新的转移 （2）绿色营销观念注重的社会利益定位于节能与环保，立足于可持续发展，放眼于社会经济的长远利益与全球利益
2	设计绿色产品	绿色产品是指对社会、对环境改善有利的产品，或称无公害产品。这种绿色产品与传统同类产品相比，具有下列特征 （1）产品的核心功能既要能满足消费者的传统需要，符合相应的技术和质量标准，更要满足对社会、自然环境和人类身心健康有利的绿色需求，符合有关环保和安全卫生的标准 （2）产品的实体部分应减少资源的消耗，尽可能利用再生资源。产品实体中不应添加有害环境和人体健康的原料、辅料。在产品制造过程中应消除或减少"三废"对环境的污染 （3）产品的包装应减少对资源的消耗，包装的废弃物和产品报废后的残物应尽可能成为新的资源 （4）产品生产和销售的着眼点不在于引导消费者大量消费而大量生产，而是指导消费者正确消费而适量生产，建立全新的生产美学观念

（续表）

序号	内容	说明
3	制定绿色产品的价格	一般来说，绿色产品在市场的投入期，生产成本会高于同类传统产品，因为绿色产品成本中应计入产品环保的成本，主要包括以下几方面 （1）在产品开发过程中，因增加或改善环保的功能而支付的研制经费 （2）在产品制造过程中，因研制对环境和人体无污染、无伤害的产品而增加的工艺成本 （3）使用新的绿色原料、辅料而可能增加的资源成本 （4）由于实施绿色营销时而可能增加的管理成本、销售费用
4	绿色营销的渠道策略	企业实施绿色营销时必须建立稳定的绿色营销渠道，策略上可从以下几方面努力 （1）启发和引导中间商的绿色意识，建立与中间商适当的利益关系，不断发现和选择热心的营销伙伴，逐步建立稳定的营销网络 （2）注重营销渠道有关环节的工作。为了真正实施绿色营销，从绿色交通工具的选择、绿色仓库的建立、到绿色装卸、运输、储存、管理办法的制定与实施，认真做好绿色营销渠道的一系列基础工作 （3）尽可能建立短渠道、宽渠道，减少渠道资源消耗，降低渠道费用
5	搞好绿色营销的促销活动	绿色促销是通过绿色促销媒体传递绿色信息，指导绿色消费，启发引导消费者的绿色需求，最终促成购买行为。绿色促销的主要手段有以下几方面 （1）绿色广告。通过广告对产品的绿色功能定位，引导消费者理解并接受广告诉求。在绿色产品的市场投入期和成长期，通过大量、覆盖面广的绿色广告营造市场营销的绿色氛围，激发消费者的购买欲望 （2）绿色推广。通过绿色营销人员的绿色推销和营业推广，从销售现场到推销实地直接向消费者宣传、推广产品绿色信息，讲解、示范产品的绿色功能，回答消费者的绿色咨询，宣讲绿色营销的各种环境现状和发展趋势，激励消费者的消费欲望。同时，通过试用、馈赠、竞赛、优惠等策略引导其消费兴趣，促成购买行为 （3）绿色公关。企业的公关人员通过参与一系列公关活动，例如发表文章、演讲、影视资料的播放，社交联谊、环保公益活动的参与、赞助等，广泛与社会公众进行接触，增强公众的绿色意识，树立企业的绿色形象，为绿色营销建立广泛的社会基础，促进绿色营销业的发展

2. 绿色营销战略

企业在绿色产品市场上的份额将决定着企业的发展态势。为此，企业应成立专门的组织机构或借助咨询公司来收集各种绿色信息，调查和预测绿色需求，分析绿色市场，并根据企业自身的优势进行绿色营销战略决策。

（1）营销调研

绿色营销不仅要考虑市场的需求，而且要保证这种需求是安全、卫生、无公害的，以追求消费者的整体利益、企业的长远利益、整个人类的可持续发展为基本目标。因此，进行有效的绿色营销调研，就要在传统营销调研的基础上，增加一些绿色营销调研的特别内容，具体如表 5-20 所示。

表 5-20　绿色营销调研的特别内容

序号	项目	说明
1	文化特性	研究发现，绿色消费者具有较高的社会责任感。对社会责任感最简单而准确的定义是：个人在即使没有报酬的情况下也愿意帮助他人。具有较高社会责任感的消费者往往会积极参与各种社区和社会活动，而这种人所受的教育程度常常较高，具有较高的文化素养
2	个性心理特性	一个人是否相信自己可以掌握更大的控制权与绿色销售倾向存在正相关性，如果他认为能通过自身的努力来改善环境质量，带动身边的人来共同改善环境，就更有可能购买绿色产品，另外，那些觉得自己与所在社区的文化能相融的人即能接受周围的文化和风俗的人比较关心社区和社会，他们希望通过自己的努力来帮助建设美好的环境，给他人带来更多的幸福和快乐，因而倾向于购买绿色产品
3	居住地特性	一般来说，居住城市规模大、人口密度高、居住地附近生态环境好，且有较舒畅的娱乐场所的消费者的绿色消费倾向较大

（2）绿色设计

绿色设计一般应遵循 4R 原则，具体内容如图 5-15 所示。

1	节约 （Reduce）	一是依托仿生学的原理，使用功能模拟等技术，使设计的产品能节约能源；二是尽可能设计结构简单和易拆卸的产品以节省原材料
2	回用 （Reuse）	将生产过程中产生的整件或零部件废品加以改造后，再作为新的零部件投入生产，这就延长了零部件的使用寿命，降低了企业的采购和生产成本
3	回收 （Recovery）	一种是把拆卸后的零部件经过加工后可回用的产品回收，这种回收是指把市场上的废弃品收集回来，拆卸成单个的零部件，再经过一定程度的加工，作为新零件组装到产品中；另一种是把零部件拆卸和分类后，将其粉碎作为新产品的原材料
4	循环 （Recycle）	设计后的产品被加入到良性循环之中，以达到物能利用的高效率，即企业按"原料→产品→废料原料"的循环线路进行生产和经营，或以自然降解或人工降解的形式回归大自然或生产之中，以减少对土地、水资源、空气的污染为目的来设计绿色产品

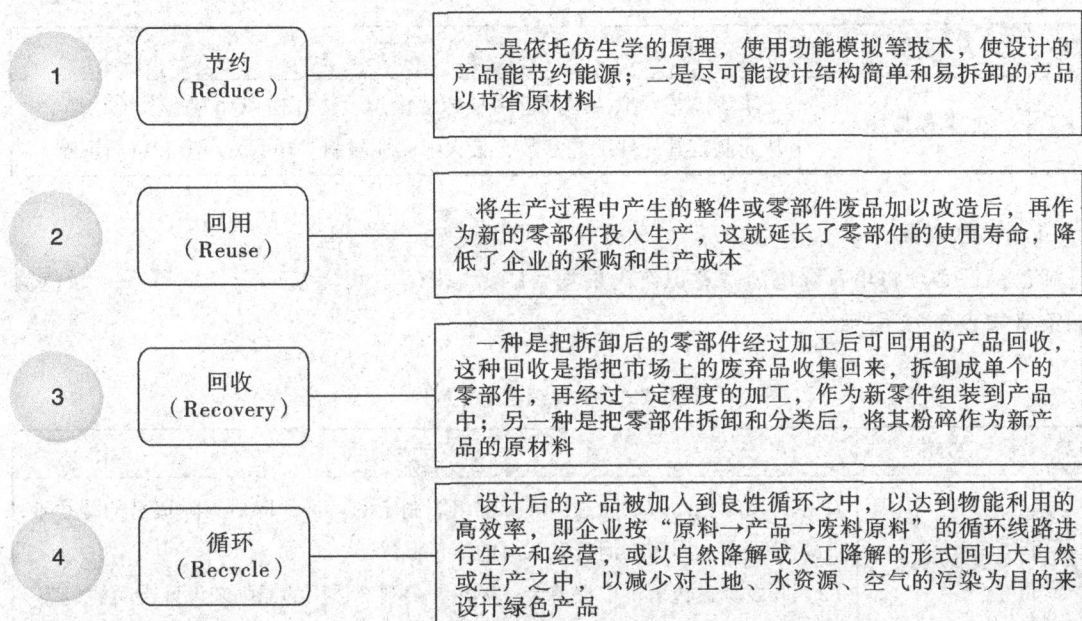

图 5-15　绿色设计的 4R 原则

（3）绿色生产

绿色生产是借助于各种制造技术和手段，加强对生产经营全过程的管理，在产品制造过程的各个环节中采取积极、有效的措施，减少原材料物资和能源的消耗量，缩短产品开发周期，降低成本，最大限度地减少对环境的负面影响和污染，它具体包括清洁的生产过程和清洁的产品两层含义。

当前，从绿色生产过程来看，主要发展方向如表 5-21 所示。

表 5-21　绿色生产的主要发展方向

序号	方向	说明
1	净成型制造技术	目前，成型制造技术正从接近零件形状，向直接制成零件方向发展，采用这项技术可使有些零件毛坯直接或稍加处理即可用于组成产品，从而大大减少原材料和能源的消耗，缩短生产周期，降低成本
2	快速原型制造技术	整个成型过程不仅不需要刀具、模具和其他人工干涉，而且不受零件的几何形状限制，可以做到真正的自由制造
3	虚拟制造技术	制造业的全球化、网络化和虚拟化将成为未来制造业发展的重要特征。在虚拟制造环境下，生产软产品的模型以代替传统的硬样品，并进行实验和试验，从而降低成本，减少污染

（续表）

序号	方向	说明
4	工艺模拟技术	采用工艺模拟技术进行多项数值模拟、物理模拟和专家系统相结合，从而制定其最佳工艺参数，最大限度地限制对环境的污染和负面影响

（4）绿色销售

绿色销售必须将培育绿色消费意识作为最重要的考虑因素，可以从四个方面着手。绿色销售的策略如表 5-22 所示。

表 5-22　绿色销售的策略

序号	策略	说明
1	产品策略	（1）开发绿色品牌。通过国际标准组织制定的认证，取得国际贸易的绿色通行证，从而树立消费者认可的绿色形象 （2）开发绿色包装。根据节余、无污、美观、适用的原则来设计产品的包装 （3）开展绿色服务。企业应拓展物能消耗少和充满人情味的服务模式
2	价格策略	（1）对"利己型"绿色产品可以采用"撇脂定价"策略，即以高价将新产品投入市场，尽可能在产品市场生命周期的开始阶段取得较大利润，尽快收回成本 （2）对"公益型"绿色产品应采用"渗透型"定价策略，即以低价将新产品投入市场，尽可能快速打开销路，获取较大的市场占有率。但是，制定价格时要防止过分高于产品价值的欺骗性或掠夺性定价
3	分销渠道策略	（1）缩短渠道长度甚至采取直销形式，减少绿色产品流通的途径和时间，并建立产品逆向渠道，抓好废旧物品的回收工作 （2）考虑中间商的绿色信誉与绿色形象，查看其能否与本企业进行有效的绿色合作 （3）设立绿色专柜或绿色商品购销公司，以其绿色标志招揽客户
4	促销策略	在绿色营销过程中不仅要努力传达环保、健康的绿色观念，而且要在信息传递过程中使用绿色媒体，极力避免声、光、味等方面的污染，努力节约资源和降低费用，从而达到促销目的，绿色促销策略的创新应将侧重点由宣传推广产品转移到传播绿色知识

（5）制定绿色企业管理制度

企业绿色管理制度的一切活动都是围绕着可持续发展而进行安排的，其高效与否取决于以下三个方面。

①严格的质量管理。绿色产品质量管理可以归结到绿色产品标志管理。企业应该依靠科学的管理和技术，争取通过国际标准绿色认证或出口市场的绿色标志认证，以实现产品的国际化销售。

②对绿色营销绩效进行评价与控制。制定一套反映绿色营销绩效的指标体系，经常性地收集各种指标值，从而实现绿色营销活动的总体优化。

③建立绿色营销的自觉控制与补救机制。自觉控制是指企业对营销活动的各个环节进行环境影响评价，以期制定对环境影响最小的营销活动组合；自觉补救是指企业营销活动发生以后，针对一些现实或潜在的消极后果采取积极的补偿性措施，使其恢复到原先的状态。

（6）解决绿色营销难的对策

①倡导绿色消费，培育绿色消费时尚。企业可以通过电视、广播、报刊、网络等形式让消费者了解全面翔实的绿色知识。

②培养绿色企业文化。建设绿色企业文化时要求企业在产品设计、生产、销售、服务等一系列环节中都要考虑环保因素，充分认识到增加环保投入不是增加企业生产负担，而是降低能耗、拓展市场、树立绿色形象、实现利润最大化的前瞻性举措。企业可以发动广大员工，让他们投入到节约能源、改善环境的行动中来，定期培训员工，提高员工素质，使员工牢固树立环保意识。这些行为有利于员工自身的发展，所以加深了员工对企业文化的认同。

③减能增效，实施绿色清洁生产。清洁生产是以资源反复有效利用为核心，依托科技进步，促进经济、环境与人协调发展的运行状态。其实质是贯彻污染预防原则。企业可成立以总经理为组长的节能管理生产领导小组，健全管理网络，确保节能工作顺利进行，同时依靠科技求真务实降能耗。

④树立绿色营销创新意识，实施绿色营销组合策略。这包括设计开发绿色产品、制定绿色价格、开辟绿色营销渠道、积极进行绿色促销等工作。

⑤重视绿色环保标志的申请认证工作。

工具 10　关系营销

【工具定义】

关系营销是指把营销活动看成是一个企业与消费者、供应商、分销商、竞争者、政府机构及其他公众发生互动作用的过程，它的结构包括外部消费者市场、内在市场、竞争者市场、分销商市场等，其核心是建立和发展与这些公众的良好关系。关系营销的概念是由美国著名学者、营销学专家巴巴拉·本德·杰克逊于1985年提出来的。

【适用范围】

适用于企业的营销策划工作。

【工具解析】

1. 关系营销的本质特征

关系营销的本质特征可以概括为以下几个方面。

（1）双向沟通

在关系营销中，沟通应该是双向而非单向的。只有广泛的信息交流和信息共享，才可能使企业赢得各个利益相关者的支持与合作。

（2）合作

一般而言，关系有两种基本状态，即对立和合作。只有通过合作才能实现协同，因此合作是"双赢"的基础。

（3）双赢

即关系营销旨在通过合作增加关系各方的利益，而不是通过损害其中一方或多方的利益来增加其他各方的利益。

（4）亲密

关系能否得到稳定和发展，情感因素也起着重要作用。因此，关系营销不只是要实现物质利益的互惠，还必须让参与各方能从关系中获得情感的需求满足。

（5）控制

关系营销要求建立专门的部门，用以跟踪客户、分销商、供应商及营销系统中其他参与者的态度，由此了解关系的动态变化，及时采取措施消除关系中的不稳定因素和不利于关系各方利益共同增长因素。

此外，通过有效的信息反馈，也有利于企业及时改进产品和服务，更好地满足市场的需求。

2. 关系营销的基本模式——作用方程

（1）作用方程的作用力

关系营销的基本模式称之为作用方程。一个产业内部的竞争状态取决于五种竞争作用力，具体内容如图 5-16 所示。

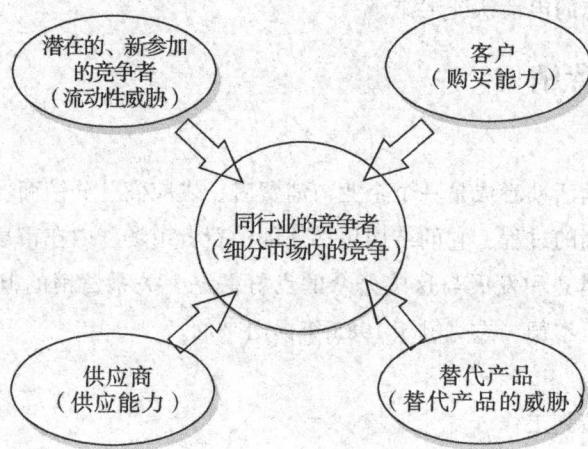

图 5-16　作用方程图

（2）作用力是指决策的权利和行为的力量。双方的影响能力可用下列三个作用方程表示。

$$\text{"营销方的作用力"} < \text{"被营销方的作用力"}$$
$$\text{"营销方的作用力"} = \text{"被营销方的作用力"}$$
$$\text{"营销方的作用力"} > \text{"被营销方的作用力"}$$

引起作用力不等的原因是市场结构状态的不同和占有信息量的不对称。在竞争中，营销作用力强的一方起着主导作用，当双方力量势均力敌时，往往会采取谈判方式来影响、改变关系双方作用力的大小，从而使交易得以顺利进行。

3. 内部市场营销关系策略

（1）内部市场的层次关系

①核心层关系

企业的核心部门是为消费者创造产品的部门，主要包括后勤部门、生产部门、市场部门、销售部门以及服务部门等。其中，对于核心层而言，员工关系是最重要的内部关系，整个关系营销活动，都是从建立良好的员工关系开始的。管理部门应经常检查员工对工作的满意情况。

②辅助层关系

辅助层关系主要包括了部门关系和员工关系两个方面，其中辅助部门之间的各种联系对竞争优势有主要的影响，而辅助层员工关系影响了企业的经营活动效率。良好的辅助层关系有利于企业形象的提高和企业竞争力的增强。

③影响层关系

股东关系是影响层关系的最重要内容。股东关系又称金融公共关系，是指企业与投资者、托管银行、投资公司等的关系。

企业内部市场细分如图 5-17 所示。

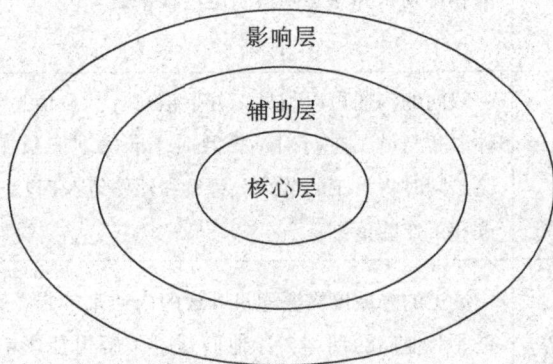

图5-17 企业内部市场细分

（2）内部市场营销关系策略

从企业部门关系、员工关系、股东关系三个方面来讨论，在企业国际化进程中，针对不同方面所应采取的策略如下。

①部门关系管理策略

日本著名经营管理学家土光敏夫曾这样说过："一个好的组织，在于它使人们在这个组织中的位置与相互关系处于最佳状态，使人们行动彼此协调、和谐。"所以，要对一个部门同其他部门一起进行的各项活动予以高度重视，因为这些活动很可能会影响企业的成本行为和经营差别化。

②员工关系管理策略

内部市场关系营销的目标就是培养员工对企业的向心力和凝聚力。达成此目标的一个根本原则是承认和尊重员工的个人价值。员工关系管理策略如表 5-23 所示。

表 5-23　员工关系管理策略

序号	策略	说明
1	确立明确的职业发展道路	人力资本和其他资本不同，不会因年深日久而贬值。有些致力于培养忠诚度的管理者会为员工规划事业发展蓝图，从而使其获益匪浅
2	关心员工的利益	企业必须真正关心员工的愿望和要求。一方面必须关心员工的物质利益，提升员工对其报酬、福利以及自我实现的满足程度；另一方面还要考虑员工的精神利益的问题，即必须关心、引导并充分满足员工的精神需求
3	为员工提供参与的机会	提高员工积极性的最好方法，是让员工了解企业经营管理方针、政策和计划，并参与到其制定过程中去
4	重视双向的沟通	双向的沟通可以与员工分享信息、共享信息资源，因此，应通过各种方式与员工进行对话，及时、准确地向员工通报企业内的有关情况，同时将员工的情绪、意见和建议等及时反馈给有关部门，作为决策和工作的依据
5	加强忠诚度的培养	员工的忠诚度需要通过开放的沟通来加强，企业要向员工如实传达企业对他们的期望，让他们及时了解可能影响他们将来发展变化的因素

③股东关系管理策略

股东是企业的投资者和所有者，其切身利益与企业的经营管理息息相关。建立和维护良好的股东关系的策略如表5-24所示。

表5-24　股东关系管理策略

序号	策略	说明
1	加强股东的信息沟通	企业应及时、准确、全面地向股东汇报有关企业的各种信息，让现在或将来可能持有本企业股票的人随时了解本企业的情况，同时企业应收集来自股东方面的各种信息，并反馈给有关部门
2	提高股东忠诚度	在培训现有股东的同时，吸引核心人物，并将投资组合转向避免炒作投资资金的机构，从而与股东形成一种亲密的伙伴关系

4. 消费者关系营销策略

（1）企业与消费者沟通的方式

企业与消费者沟通的方式如表5-25所示。

表5-25　企业与消费者沟通方式

序号	沟通方式	操作方式
1	利用客户档案	企业可以通过客户档案与消费者建立直接的或间接的联系，使消费者可以详细了解企业及其产品，并通过出版有关刊物及时介绍本企业的发展情况、推出新产品情况和如何正确选购和使用消费的知识等
2	利用公共视听媒体	企业公共关系人员可以自己撰写、拍摄新闻，或让记者来采访，通过与报刊、电台、电视台联系，借助大众传播媒介向消费者宣传介绍本企业的情况
3	利用信函	消费者有时会写信给企业，有的是询问何处可买到产品，有的是了解产品情况，有的则是抱怨买到的产品有问题。不论对哪一类信件，企业的公共关系人员都必须诚恳友善地回信，详细解释情况。如果本企业产品有问题，一定要认真道歉，必要时还要进行更换；对不了解产品情况的消费者，企业要想办法直接向消费者寄一些新产品的介绍手册和小广告

（续表）

序号	沟通方式	操作方式
4	广告和公告	利用大众传播媒介来进行广告宣传和以公告的形式向消费者介绍新产品的性能和购买途径，或宣传一种新的更完美的生活方式，这也是与消费者沟通的一种好方法，其特点是简单、直接、有效
5	利用购销双方的特殊活动	由企业出资赞助一些特殊的活动，如日本卡西欧电子琴生产厂家赞助的上海卡西欧杯家庭演唱会、国内企业捐款给国际残疾人节，都属这类活动。它的目的是让企业与消费者或用户同乐，由此联系感情

（2）贯彻消费者满意理念

贯彻消费者满意理念可采取如表5-26所示的措施。

表5-26　贯彻消费者满意理念

序号	措施	说明
1	统一认识，让消费者满意	作为公共关系的主体，企业及其成员是否真正将消费者奉为上帝，对建立企业与消费者间的良好关系意义重大。企业必须充分认识到消费者的重要性，而且这种认识不仅仅是公关人员的认识或高层管理者的认识
2	消费者满意观念在企业方针政策中予以规定	消费者满意通常被具体表述为："消费者总是对的"、"满足消费者的一切需要"等。企业要在制度中进行规定，尽量使员工意识到消费者满意的重要性，以便更好地将意识转换成为员工的实际行动
3	在消费者满意观念指导下制定目标和计划	政策中的目标不是直接的行动目标，必须将目标分解，将消费者满意转化为行动的目标；在一个完整的目标与计划体系中要深一层地规定出员工所应当履行消费者满意责任而应做出的具体行为
4	全面推行消费者满意原则	在公关活动中，管理者应统筹一致，并且做出表率，尽力使每个具体活动都能体现出让消费者满意的目标

（3）与消费者的关系营销策略

与消费者的关系营销策略如表5-27所示。

表5-27　与消费者的关系营销策略

序号	策略	说明
1	把握消费者的心理需求	企业把握消费者的心理需求必须从以下三个方面入手 （1）知道消费者的需求本质 （2）确定消费者的价值趋向 （3）为消费者创造需求
2	挖掘消费者的潜在需求	（1）创造需求、引导消费、领导潮流是现代企业参与竞争的重要经营原则 （2）企业在开拓市场时，除了要把眼光放在现实需求上以外，还要放在捕捉、挖掘市场的潜在需求上，最要紧的是主动、有意识地把新的想法和意念注入到消费者心里，把消费者的潜在需求开发出来。这样，才可由"跟"市场变为"创"市场，掌握营销的主动权，取得最佳的经济效益
3	为消费者提供实现需求的服务	建立和实现消费者与企业之间的关系一般有以下两种方式 （1）产品或服务的提供 （2）企业员工和消费者的人际关系 　因此，消费者对企业的感受、企业形象的建立，也就典型地表现为这两者给消费者留下的印象

5. 分销商关系营销策略

（1）赢得分销商的协作

①依靠分销商构建营销渠道

企业要在市场上打开局面，开展营销活动，没有广阔而可靠的营销渠道是不行的，这就需要依靠市场的分销商。只有通过他们积极的购销活动，为企业建立起稳定的分销网络，才能使企业真正做到"生意兴隆通四海"。

②赢得分销商协作的方法

能否取得国内外分销商的积极支持，架起通往成功的桥梁，在很大程度上取决于企业与分销商的关系，也取决于企业能否在分销商中建立起良好的形象。这就需要企业对国际市场的分销商认真地加以研究，并顺应他们的特点开展公共关系活动，以沟通与分销商的感情，赢得他们的支持和协作。

（2）选择分销商应考虑的因素

选择分销商应考虑的三大因素如图5-18所示。

1 | **渠道的长度**

　　企业所选择的销售渠道的长短不同（采用级数的多少），将影响企业对各分销商的控制权。销售渠道愈短，企业愈容易控制；销售渠道愈长，企业愈难以控制。企业一般只和最近的一级分销商合作

2 | **渠道的宽度**

　　渠道的宽度是指销售渠道中的不同层次分销商数目的多少。如果企业选择的分销商比较多，表明分销商之间的竞争比较激烈，而企业就有较大的选择余地，并有可能对分销商提出销售条件和价格要求等方面的限制；如果企业只选择一两家分销商作为其最主要的销售渠道，分销商的影响力就比较大，那么企业就必须与分销商建立更加紧密的合作关系，以促进双方的共同发展

3 | **渠道的类型**

　　分销商包括批发商和零售商。零售商的主要业务是将产品销售给最终消费者，而批发商的主要业务是收购产品并转售产品给零售商、其他批发商或产品用户。批发交易通常大于零售交易，批发商所涉及的交易领域常常大于零售商。因此，通常批发商比零售商更能对企业产生影响

图 5-18　选择分销商应考虑的三个因素

6. 竞争者关系营销策略

（1）竞争者关系营销的原则

竞争者关系营销应遵循四大原则，具体内容如图 5-19 所示。

1 | **公平竞争**

　　如今市场上的竞争日益激烈，而公平原则始终是竞争者协调关系的基本规范，也是企业在竞争中所必须遵守的社会规范

　　坚持公正的社会规范是确保正常的竞争环境和社会秩序的基础。企业与竞争者之间很可能产生尖锐矛盾、激烈冲突和敌对情绪等，但是，如果企业与竞争者之间发展成协同合作、相互促进和共同发展的伙伴关系，则往往可以为关系双方赢得共同的利益

　　坚持公正的关系协调原则，企业要用正当的、合法的、道德的手段去展开竞争，公平地争取自己应得的利益

2 | **相互学习**

　　企业与竞争者间的关系、态度并非是完全对立的。企业如果以相互学习、相互支持和协作交流的态度和行为协调与竞争对手的关系，那么往往能提高自己的竞争实力，使关系双方共同受益。例如国内外许多商店、饭店、宾馆主动将消费者介绍给竞争对手、相互派员学习交流、支持或援助竞争对手的某一事业或活动、相互配合或协作来共同推进事业的发展

3 彼此交流

事业上的竞争并不会妨碍企业间的协作和交流，也不会妨碍企业成员尤其是管理者之间的友好相处；相反，广泛的交流和彼此的信任会换来对手最可贵和最友好的回赠并营造良好的发展氛围

4 共同发展

企业与竞争者卓有成效的沟通，能够增进企业间的了解和信任，消除企业竞争中的一些矛盾和误会，大大增强企业间的合作氛围，能够使企业与竞争对手间及时传递经营信息，作出更好地有利于彼此共同发展的决策；有利于企业及时发现彼此的弱点与不足，通过相互磋商加以改进，使双方企业在交流中均获得利益与发展

图 5-19　竞争者关系营销应遵循的四大原则

（2）竞争者关系营销策略

①博弈策略

博弈策略提供了一种系统的方法，是人们在其命运取决于他人的行为时制定出的相应战略。当许多相互依赖的因素共存，没有任何决策能脱离其他决策而单独存在时，博弈策略更是有用。

博弈策略不仅要考虑自己的行动变化，而且要将对方所要做出的反应及由此而引起的一系列变化全部考虑进去，然后选择可以达到最优目标的方案。

②战略联盟

战略联盟是指两个或两个以上经营实体之间为了达到某种战略目的而建立的一种合作关系，它是企业经济合作的重要形式。为了减少在经营中的风险压力，越来越多的中小企业寻求与一流大企业进行合作，企图以此来降低风险，这种合作关系就是战略联盟。合并或兼并就意味着战略联盟的结束。

由于合作者的目的和目标不同，领导者可以从各种不同的战略联盟形式中作出选择，具体内容如图 5-20 所示。

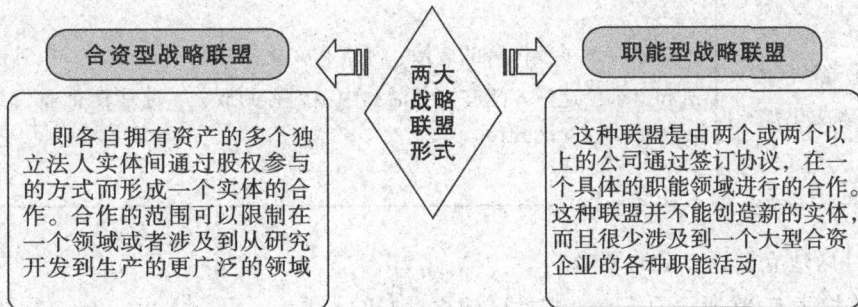

合资型战略联盟 ← **两大战略联盟形式** → **职能型战略联盟**

即各自拥有资产的多个独立法人实体间通过股权参与的方式而形成一个实体的合作。合作的范围可以限制在一个领域或者涉及到从研究开发到生产的更广泛的领域

这种联盟是由两个或两个以上的公司通过签订协议，在一个具体的职能领域进行的合作。这种联盟并不能创造新的实体，而且很少涉及到一个大型合资企业的各种职能活动

图 5-20　两大战略联盟形式

7. 与社区关系营销策略

（1）社区与企业营销

社区是人们生活的基本空间单位。任何企业的市场营销活动都是在一定的社区中进行的，企业必然会同这一社区整体乃至社区公众文化发生千丝万缕的联系。因此，企业必须努力使企业文化与社区公众文化融为一体，这样才能争取到社区公众的信任与支持，从而使企业在这个社区中获得良好的发展。

企业文化与社区公众文化是否融合，与企业国际市场营销活动的成败直接相关，只有不断地加以协调，才能为外向型企业创造良好的发展环境。

（2）社区关系营销的原则

开展社区关系营销应遵循三大原则，具体内容如表 5-28 所示。

表 5-28　开展社区关系营销应遵循的三大原则

序号	原则	说明
1	树立良好社区形象	（1）任何一家企业在社区中均应以普通的"公民"身份立足 （2）企业必须具有良好且整体化的社区意识 （3）关心社区的公共事务，遵守社区法规，尊重社区文化，并为社区的物质和精神文明建设做出自己的贡献 （4）企业还需要为社区经济建设、社区公共事业、社区文体活动、社区精神文明建设做出努力 （5）企业应努力带动社区内其他企业和组织投身到社区建设中去
2	社区公众优先	（1）在同等竞争条件下，优先录用本社区的公众为本企业的员工 （2）在为社会提供各种服务设施和服务项目时，优先提供给社区的公众
3	了解社区的经济文化背景	企业应该了解社区的政治、经济和文化背景，了解社区公众对企业的看法和要求，这样才能在公关活动中做到有的放矢，才能使企业公关活动真正体现出社区的特色

（3）与社区建立良好关系的策略

企业可采取表 5-29 所示的策略来与社区建立良好的关系。

表 5-29　与社区建立良好关系的策略

序号	策略	说明
1	与社区和睦共处	(1) 改善社区环境。社区环境体现了整个社区公众的精神面貌，直接关系到社区公众的生活与健康 (2) 企业可以通过多种形式向社区公众广泛介绍企业的基本情况、解释企业的政策和行动，以取得社区公众的谅解和支持 (3) 广泛征集社区公众的意见，消除误解，答复批评意见，解释企业的政策和行动，及时平息社区公众对企业的种种不满 (4) 企业应该持之以恒地致力于保持社区公众的秩序，使大家认识到企业已经是整个社区公众文化中的重要组成部分 (5) 企业可以为社区提供充足的就业机会，给居住在本社区的企业员工提供优厚的生活条件，增强企业的治安保卫力量，协助社区公安部门打击各类犯罪活动，维持社区的社会秩宇
2	对社区提供赞助	(1) 企业应该以提供资金和服务的方式，促进社区公众文化的进一步发展。例如，企业可以通过组织本企业员工进行集体锻炼来影响社区的其他公众，或者通过举办友谊比赛、各类体育比赛等方式，促进社区体育运动的普及，提高全体社区公众的身体素质 (2) 企业可以用赞助的形式在社区中多行善举，支持社区公众文化中精华部分的巩固与发展，以赢得广大社区公众的赞赏
3	与社区公众共荣辱	企业与社区公众的良好关系的建立决非企业任何一个部门可以在短时期内完成，只有靠企业的全体员工的共同努力，才能获得成功。要使企业的每一个员工都逐步培养出与社区公众相同的意识，就应以大家共同生活于其中的社区作为大家相互认同和沟通的基础

（4）与政府建立良好的关系

　　企业在与社区的沟通过程中，有一类沟通尤为重要，即与当地政府和传播媒体的沟通。当地政府是地方行政的主管部门。企业要想在该地区发展，就必须了解政府的政策并确定相应的发展战略。当地传播媒体影响着社区的舆论导向，对企业的公关活动也至关重要，与之保持良好和谐的关系，有助于企业开展各项公关活动。具体的措施如图 5-21 所示。

1	了解政府决策动态与法律法规	要想处理好与政府部门间的关系，使企业的国际经营活动能得到所在地区政府的支持，就应当注意掌握政府部门的决策心理和决策动态，以便及时采取相应的行动赢得政府部门的理解和好感；政府作为国家权力的执行机构，通过政策制定和行政干预，对企业的活动具有直接的影响。企业必须在政府政策允许的范围内来运作和发展，必须服从政府的统一管理
2	与政府主动沟通	为了达成与政府的信息交流和沟通，一方面，企业公共关系部门应主动热情地参与政府部门的各项活动，听取政府部门对企业的评价和建议；另一方面，应及时将企业的发展动态通报政府部门并协助政府及时发现并纠正政策执行中的偏差、失误，以求改进，从而使企业与政府达到相互了解，并在适应政府政策的同时能够顺利实现自身的目标
3	协助政府解决问题	为了搞好与政府间的关系，企业应主动协助政府解决一些社会问题，如出资赞助公益事业、资助政府开展社会福利事业和社会文化体育活动、支援救济灾区、扶持落后地区、提供就业机会、进行就业培训和在职培训等，以获得政府的好感和赞许

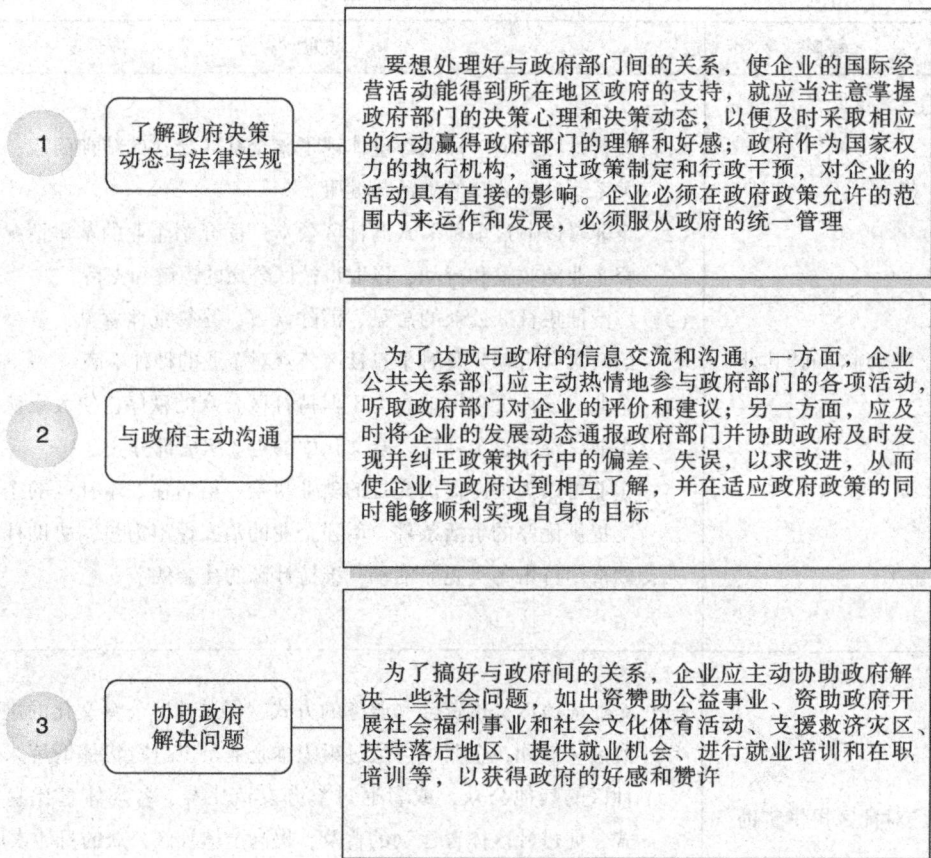

图 5-21 与政府建立良好关系的三大措施

工具 11　特许经营

【工具定义】

特许经营（Franchise）是指特许经营权拥有者以合同约定的形式，允许被特许经营者有偿使用其名称、商标、专有技术、产品及运作管理经验等从事经营活动的商业经营模式。

【适用范围】

适用于食品、餐饮、服装、美容、汽车服务、医疗保健、娱乐、旅游、建材与装饰、教育、保洁等行业。

【工具解析】

1. 特许经营的特征

特许经营有如下特征。

（1）特许经营是特许人和受许人之间的契约关系。

（2）特许人将允许受许人使用自己的商号和（或）商标和（或）服务标记、经营诀窍、商业和技术方法、持续体系及其他工业和（或）知识产权。

（3）受许人自己对其业务进行投资，并拥有其业务。

（4）受许人需向特许人支付费用。

（5）特许经营是一种持续性关系。

◇○ **相关知识** ○◇

特许经营模式在500强企业中的实践

特许经营的商业模式经过西方发达国家100多年的实践和发展，已成功地为可口可乐、麦当劳、柯达、福特汽车、沃尔玛、7-11便利店、希尔顿酒店、迪士尼乐园、21世纪房地产、NAPA、ET教育等世界各行各业的品牌巨人所应用，并为全球中小企业的成长和个人创业提供了最成功的捷径。

2. 特许经营的分类

特许经营的种类按不同的划分方法可以归纳为以下几点，具体内容如表5-30所示。

表5-30 特许经营的分类

分类方法	类别	说明
按授权内容与方式	生产特许	受许人投资建厂，或通过OEM的方式使用特许人的商标或标志、专利、技术、设计和生产标准来加工或制造取得特许权的产品，然后经过经销商或零售商出售，受许人不与最终用户（消费者）直接交易。典型的案例包括可口可乐的灌装厂、奥运会标志产品的生产
按授权内容与方式	产品-商标特许	受许人使用特许人的商标和零售方法来批发和零售特许人的产品。作为受许人，仍保持其原有企业的商号，只是单一地或在销售其他商品的同时销售特许人生产并取得商标所有权的产品
按授权内容与方式	经营模式特许	受许人有权使用特许人的商标、商号、企业标志以及广告宣传，完全按照特许人设计的单店经营模式来经营；受许人在公众中完全以特许人企业的形象出现；特许人对受许人的内部运营管理、市场营销等方面实行统一管理

（续表）

分类方法	类别	说明
按所需资金 投入划分	工作型特许经营	加盟者只需投入很少的资金，有时甚至不需要营业场所
	业务型特许经营	业务型特许经营一般需要购置商品、设备和营业场所，如冲印照片、洗衣、快餐外卖等，所以需要较大的投资
	投资型特许经营	投资型特许经营需要更多的投资资金，如饭店等
按交易形式 划分	制造商对批发商 的特许经营	如可口可乐授权有关瓶装商（批发商）购买浓缩液，然后充碳酸气装瓶再分销给零售商
	制造商对零售商 的特许经营	如石油公司对加油站之间的特许
	批发商对零售商 的特许	如医药公司特许医药零售店
	零售商之间 的特许	如连锁集团利用这一形式招聘特许店，扩大经营规模
按加盟者 性质划分	区域特许经营	区域特许经营是指加盟者获得一定区域的独占特许权，在该区域内可以独自经营，也可以再授权次加盟商
	单一特许经营	单一特许经营是指加盟商全身心地投入特许业务，不再从事其他业务
	复合特许经营	复合特许经营是指特许经营权被拥有多家加盟店的公司所购买，但该公司本身并不参与加盟店的日常经营
按加盟业务 划分	转换型特许经营	转换型特许经营是指加盟者将现有的业务转换成特许经营业务，特许商往往利用这种形式进入黄金地带
	分支型特许经营	分支型特许经营是指加盟商通过传统形式来增加分店，当然需要花费更多的资金

3. 成功开展特许经营的步骤

成功开展特许经营可分解为七大步骤，具体内容如表 5-31 所示。

表 5-31　成功开展特许经营的步骤

序号	步骤	说明
1	特许经营的可行性研究	可行性研究可以从政策可行性、市场可行性、技术可行性、经济可行性等几个方面来进行论证 (1) 政策可行性。主要是评估企业打算开展特许经营的项目是否符合政策法律的规定 (2) 市场可行性。是从市场角度来进行评估，该项目是否具有广阔的市场需求或者潜在市场需求，包括消费人群以及在不同区域市场的适用性。如果该产品或服务的客户面非常的狭窄并且数量有限，那么可能就不适合开展特许经营 (3) 技术可行性。主要论证的是项目是否具有可复制性，以及总部对项目开展特许经营的支持控制能力。特许经营是对成功模式的克隆复制，并且对总部的支持管控能力具有较高的要求，如果不容易复制，或者总部不能进行有力的支持或者有效的管理控制，那么就很难开展特许经营或者很容易失败 (4) 经济可行性。主要是从经济角度来论证特许经营模式在对企业或者对项目而言是否具有相对优势。企业进行市场扩张的方式有很多种，除了特许经营外，还有直营连锁、经销、代理、直销等，如果特许经营模式相对其他模式来说对企业有更多的好处和优势，那么企业就应该以特许经营进行扩张
2	特许经营战略规划	(1) 特许经营发展战略目标的设定。例如，某美容化妆品特许经营企业的战略目标是用五年时间再发展 5000 家特许经营店，成为中国最大的美容化妆品连锁企业 (2) 连锁经营模式选择。是以特许经营为主，还是直营连锁、特许经营混合；是单店特许，还是区域特许等 (3) 明确开展特许经营的范围是面向全国，还是只在某一个区域开展 (4) 战略性资源配置。例如，开展全国连锁经营时，可能涉及物流问题，是自建物流体系，还是借助第三方物流等 (5) 发展的节奏。一般的情况是先慢后快，例如第一年发展 5 家特许加盟店，第二年 20 家、第三年 100 家、第四年 200 家……
3	特许经营单店模式设计和提炼	单店模式的设计与提炼需要遵循特许经营的"3S"原则，即按"标准化、简单化、专业化"来进行，使一个单店的运营容易被加盟者掌握，并且能体现专业化的水平

序号	步骤	说明
4	特许经营加盟模式设计	特许经营加盟模式主要包括三个方面 （1）明确特许加盟模式，是单店加盟，还是区域加盟；是直接特许，还是熟店转让等 （2）特许加盟授权的具体内容包括商标、商号、经营模式、经营诀窍的使用，产品或服务的专营，特许授权的期限、地域限定等 （3）加盟者需要缴纳加盟金、保证金、品牌使用费、广告基金等费用
5	特许经营支持管控体系设计	一般来说，需要设计的内容包括特许经营总部的组织架构、主要的业务流程、支持系统等。支持系统一般包括品牌形象、市场营销、人员培训、产品与技术研发、物流配送、经营辅导等方面
6	特许经营体系推广	在特许经营的推广阶段，需要考虑以下几个问题 （1）推广的基本策略。例如，是以总部为中心向周遍逐步辐射，还是有计划性的全国布点，还是根据加盟申请的情况随机发展 （2）推广的渠道策略。特许经营的推广渠道有很多，包括内部创业、专业展会、媒体推广、加盟说明会等 （3）一般来说，特许经营体系推广流程包括特许加盟招商信息发布、加盟咨询、申请评估、加盟谈判、加盟签约、开店前筹备等环节
7	特许经营体系运营	总部需要有专门的运营督导部门来负责对特许经营店进行日常运营管理。运营管理的重点是按照总部制定的统一标准对加盟店进行支持、辅导、维护和监督

工具 12 连锁经营

【工具定义】

连锁经营是一种经营模式，是指经营同类商品或服务的若干个企业，以一定的形式组成一个联合体，在整体规划下进行专业化分工，并在分工基础上实施集中化管理，把独立的经营活动组合成整体的规模经营，从而实现规模效益。

【适用范围】

适用于石化、烟草、图书、医药、软件开发、汽车销售、房地产中介、商品租赁、教育培训、旅游等行业。

【工具解析】

1. 连锁经营的特点和优点

连锁经营的特点和优点如表5-32所示。

表5-32 连锁经营的特点和优点

特点	优点
(1) 连锁经营把分散的经营主体组织起来，具有规模优势（统一店名店貌，统一广告、信息，统一进货，统一核算，统一库存和统一管理） (2) 连锁经营都要建立统一的配送中心，与生产企业或副食品生产基地直接挂钩（节省流通费用，降低成本，价格一般低于同类商店2%到5%） (3) 连锁经营容易产生定向消费信任或依赖 (4) 消费者在商品质量上可以得到保证（统一管理，统一进货渠道，直接定向供应）	(1) 授权人只以品牌、经营管理经验等投入，便可达到规模经营的目的，不仅能在短期内得到回报，而且能够使无形资产迅速提升 (2) 被授权人由于购买的是已获成功的运营系统，可以省去自主创业不得不经历的一条"学习曲线"，包括选择盈利点、打开市场等必要的摸索过程，降低了经营风险 (3) 被授权人可以拥有自己的公司，掌握自己的收支。被授权人的经营启动成本低于其他经营方式，因此可在较短的时间内收回投入并盈利。被授权人可以在选址、设计、员工培训、市场等方面得到经验丰富的授权人的帮助和支持，使其运营迅速走向良性循环 (4) 授权人与被授权人之间不是一种竞争关系，有利于共同扩大市场份额

2. 连锁经营设立条件

(1) 应由总部、配送中心和若干个门店组成。

(2) 统一采购配送商品，购销分离，统一质量标准，实行规范化经营管理。

(3) 总部应具备企业法人条件，配送中心可以是总部的内设机构，单独设立的配送中心应由总部控股。

(4) 企业登记管理法律、法规规定的其他条件。

3. 连锁经营的形式

连锁经营包括直营连锁、特许加盟和自由连锁三种形式，具体内容如表5-33所示。

表 5-33　连锁经营的形式

序号	形式	说明
1	直营连锁	直营连锁（Regular Chain，简称 RC）是指总公司直接经营的连锁店，即由公司本部直接经营投资管理各个零售点的经营形态，此连锁型态并无加盟店的存在。总部采取纵深似的管理方式，直接管理所有的零售点，零售点也必须完全接受总部的指挥。直接连锁的主要任务在于"渠道经营"，意思指通过经营渠道的拓展从消费者手中获取利润。因此，直营连锁实际上是一种"管理产业"
2	特许加盟	特许加盟（Franchise Chain，简称 FC）是指由拥有技术和管理经验的总部指导、传授加盟店各项经营技术经验，并收取一定比例的权利金及指导费
3	自由连锁	自由连锁（Voluntary Chain，简称 VC）是指自愿加入连锁体系的商店。这种商店由于是原已存在，而非加盟店的开店伊始就由连锁总公司辅导创立，所以在名称上有别于加盟店。自愿加盟后，商品所有权归加盟商所有，而运作技术及商店品牌则归总部持有

4. 连锁经营的管理控制

连锁经营是一种紧密的组织形式，内部形成了一系列严格、完备的制度，规范着各种行为和关系，以保障组织高效运转。连锁总部对连锁店的管理控制主要表现在以下两个方面。

（1）经营管理标准化、模式化

连锁经营的本质特征在于连锁总部与所有连锁店共享资源与能力。连锁总部必须运用先进的经营管理理念对员工培训、员工工作安排、职责、服务标准、店面陈列、广告、市场营销、客户关系、客户抱怨处理程序、存货控制程序、会计程序、现金和信贷管理程序、安全生产、突发事件处理等连锁单店经营所有方面的问题进行深入的研究，对连锁店经营管理过程中的每一项工作予以规范化并形成连锁单店工作手册。

连锁店据此开展所有日常经营工作，共享总部的经营技术。这是总部确保连锁店按照统一标准模式进行所有经营活动的必要保障，同时也是复制连锁店的必要条件。

（2）充分把握并利用信息流

发展连锁经营决定了经营门店日趋分散的特性。面对分散于各地的连锁分店，总部必须使所有销售前台和后台支持机构实时地共享信息，总部管理机构必须对连锁店实施"零距离"管理，实现对所有业务环节的实时监控，并对这些方面所涉信息予以实时记录和深度分析。反之，则谈不上形成连锁网络，整体大于简单局部之和的连锁经营优势也就无法体现出来。

5. 连锁经营与特许经营的区别

连锁经营与特许经营的区别如表 5-34 所示。

表 5-34　连锁经营与特许经营的区别

经营方式	特许经营	连锁经营
定义	特许人与受许人之间是契约关系，特许人提供拥有产权的商业技术和经营诀窍并对受许人进行培训，受许人交纳一定费用取得使用权	即公司连锁，同一资本所有，经营同类商品和服务的组织化零售企业集团
特点	（1）核心是特许权的转让 （2）总部与加盟店是合同关系	（1）总部对分店拥有所有权 （2）分店经理只是总部的一名雇员
经营范围	除了流通业和服务业之外，还涉及其他许多行业，在制造业中也有大量实例	一般限于流通业和服务业
法律关系	特许人与受许人之间是合同双方当事人的关系	不涉及合同关系，分店归总部所有
运作方式	特许人需要开发一整套经营模式或某项独特的商品、商标，并将其转让给受许人	只需足够的资金和合适的业务类型就可以运营
发展方式	需要吸收独立的商人加入特许经营体系，要进行受许人选择工作	扩大规模只需进行市场调查，筹集足够资金即可

英特尔公司（INTEL）

成立年份（Founded Year）：1968 年 7 月 16 日
总部（Headquarters）：美国加州圣克拉拉
主营业务（Main Business）：半导体芯片
发展历程（Development Process）：英特尔公司是全球最大的半导体芯片制造商，它成立于 1968 年，具有 44 年产品创新和市场领导的历史。1971 年，英特尔推出了全球第一个微处理器。微处理器所带来的计算机和互联网革命，改变了整个世界。

工具 13 价格—促销方格图

【工具定义】

价格—促销方格图是一种确定产品的价格、促销等营销要素水平的战略分析工具。

【适用范围】

适用于制定新产品推广策略。

【工具解析】

当企业在推出一种新产品时，如果只考虑价格、促销的高低水平时，可以运用价格—促销方格图来分析。价格—促销方格图能够直观地给出四种方案供决策者根据情况采用，具体内容如图 5-22 所示。

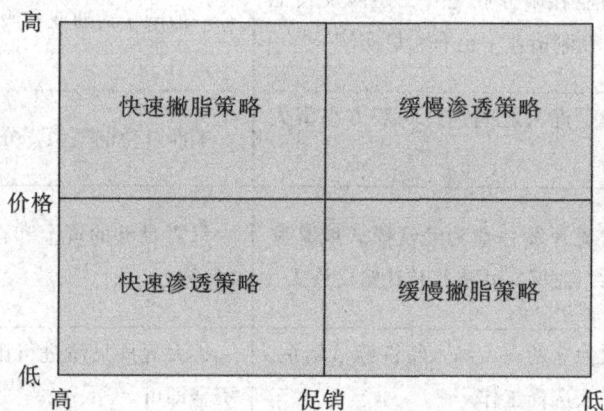

图 5-22 价格—促销方格图

图 5-22 所示的四种营销策略的内容如表 5-35 所示。

表 5-35 价格—促销方格图的市场营销策略

序号	市场营销策略	策略说明	实施条件
1	快速撇脂策略	以高价格、高促销费用推出新产品。实行高价策略可在每个单位销售额中获取最大利润，尽快收回投资；高促销费用能够快速建立知名度，占领市场	（1）产品有较大的需求潜力 （2）目标客户求新心理强，急于购买新产品 （3）企业面临潜在竞争者的威胁，需要及早树立品牌形象

（续表）

序号	市场营销策略	策略说明	实施条件
2	缓慢撇脂策略	以高价格、低促销费用推出新产品，以尽可能低的费用开支求得更多的利润	（1）市场规模较小 （2）产品已有一定的知名度；目标客户愿意高价购买 （3）潜在竞争的威胁不大
3	快速渗透策略	以低价格、高促销费用推出新产品。目的在于先发制人，以最快的速度打入市场，取得尽可能大的市场占有率，然后再随着销量和产量的扩大，降低单位成本，取得规模效益	（1）该产品市场容量相当大 （2）潜在消费者对产品不了解，且对价格十分敏感；潜在竞争较为激烈 （3）产品的单位制造成本可随生产规模和销售量的扩大迅速降低
4	缓慢渗透策略	以低价格、低促销费用推出新产品。低价可扩大销售，低促销费用可降低营销成本，增加利润	（1）市场容量很大 （2）市场上该产品的知名度较高 （3）市场对价格十分敏感 （4）存在某些潜在的竞争者，但威胁不大

工具14 竞争导向定价法

【工具定义】

竞争导向定价法是指企业通过研究竞争对手的生产条件、服务状况、价格水平等因素，依据自身的竞争实力，参考成本和供求状况来确定商品价格；以市场上竞争者的类似产品的价格作为本企业产品定价的参照系的一种定价方法。

【适用范围】

适用于竞争比较激烈或产品同质化程度较高的行业。

【工具解析】

1. 竞争导向定价的方法

竞争导向定价法（Competition-based Pricing）以市场上相互竞争的同类商品价格为定价基本依据，以随竞争状况的变化而确定和调整价格水平为特征，主要有通行价格定价、密封投标定价、主动竞争定价等方法。

（1）通行价格定价法

通行价格定价法又称为随行就市定价法，即竞争对于定多高的价格，本企业就定多高的

价格。

这种方法特别适用于竞争较为激烈、产品差别性不大的行业，如完全竞争行业。在寡头垄断市场上，各企业的产品价格通常是一致的，例如在钢铁、石油、纸张或化肥行业。一些小企业跟随市场领导者定价，也是通行程度定价法的一种情势。企业采取通行价格定价法的主要原因如下。

①难以精确估算产品正确的成本。这种情况下，人们把通行价格视为本行业中可能获得公道利润的价格。

②报复性竞争压力最小。因为按通行价格定价对竞争对手的攻击性最小，对行业内部的价格机制破坏作用也最小。

③用户跟竞争者对价格差别化的反应是不确定的，他们对任何价格差别化的反应对本企业来说都是不利的。

（2）主动竞争定价法

主动竞争定价法与通行价格定价法相反，它不是追随竞争者的价格，而是根据零售店商品的实际情况及与竞争对手的商品差异状况来确定价格，一般为富有进取心的零售店所采用。定价时，首先将市场上竞争商品的价格与零售店估算价格进行比较，分为高、一致及低三个价格层次；其次，将零售店商品的性能、质量、成本、式样、产量等与竞争零售店进行比较，分析造成价格差异的原因；再次，根据以上综合指标确定零售店商品的特色、优势及市场定位，在此基础上，按定价所要达到的目标确定商品价格；最后，跟踪竞争商品的价格变化，及时分析原因，相应调整零售店商品价格。

（3）密封投标定价法

在国内外，许多大宗商品、原材料、成套设备和建筑工程项目的买卖和承包往往采用发包人招标、承包人投标的方式来选择承包者，确定最终承包价格。一般来说，招标方只有一个，处于相对垄断地位，而投标方有多个，彼此相互竞争。标的物的价格由参与投标的各个企业在相互独立的条件下来确定。在买方招标的所有投标者中，报价最低的投标者通常中标，它的报价就是承包价格。这样一种竞争性的定价方法称为密封投标定价法。

竞标的目的在于争取合同，因此企业考虑的重点是竞争者会报出何种价格，企业制定的价格应比竞争者的低，而不局限于成本或需求状况。当然，企业必须事先确定一个最低的获利标准来投标；价格低于成本将有损利益；价格高于成本虽然增加了利润但不利于中标。

2. 竞争导向定价法的优缺点

（1）优点

考虑到了产品价格在市场上的竞争力。

（2）缺点

①过分关注在价格上的竞争，容易忽略其他营销组合可能造成产品差异化的竞争优势。

②容易引起竞争者的报复，导致恶性地降价竞争，使企业毫无利润可言。

③竞争者的价格变化并不能被精确的估算。

工具 15　目标利润定价法

【工具定义】

目标利润定价法又称目标收益定价法、目标回报定价法，是根据企业预期的总销售量与总成本来确定一个目标利润率的定价方法。

【适用范围】

适用于在市场上具有一定影响力、市场占有率较高或具有垄断性质的企业。

【工具解析】

1. 决定目标定价的保本图

目标利润定价法要使用保本图这一概念。保本图显示了不同销量水平下预期的总成本和总收入，具体内容如图 5-23 所示。

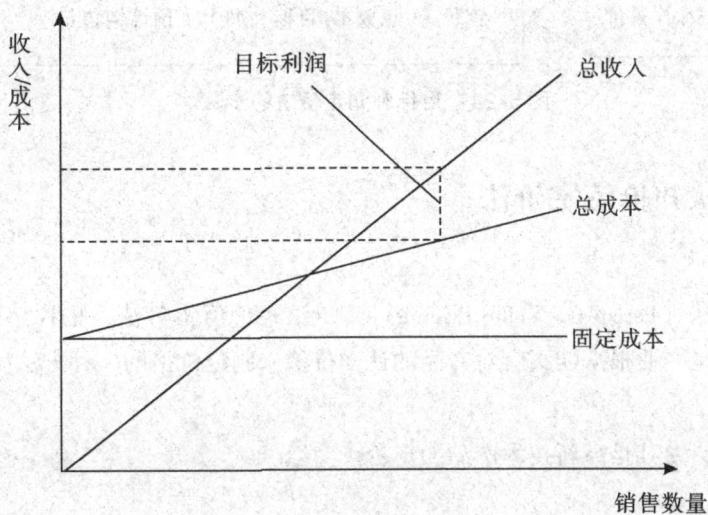

图 5-23　决定目标定价的保本图

2. 目标利润定价法的要点

目标利润定价法的要点是找出损益平衡点（销售额等于总成本，利润为零）。采用这一定价法时要明确以下三点。

（1）要实现的目标利润是多少。如美国通用汽车把目标利润定为 15% ~ 20%。

（2）大致的需求弹性是多少。

（3）最后考虑价格。

3. 目标利润定价法的步骤

目标利润定价法可按以下步骤来进行，具体内容如图 5-24 所示。

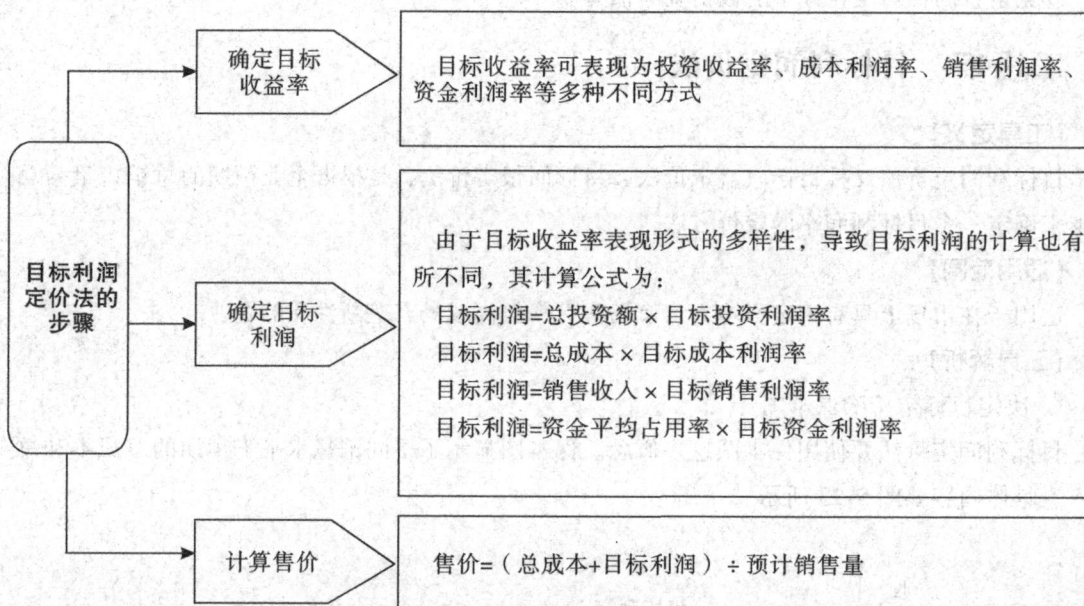

图 5-24 目标利润定价法的步骤

工具 16 认知价值定价法

【工具定义】

认知价值定价法（Perceived-Value Pricing）又叫觉察价值定价法，也称感受价值定价法、理解价值定价法，是企业根据购买者对产品的认知价值来制定价格的一种方法。

【适用范围】

适用于新产品，尤其是高新技术产品的定价。

【工具解析】

1. 价值与定价的关系

认知价值定价法认为，某一产品的性能、质量、服务、品牌、包装和价格等在消费者的心目中都有一定的认识和评价。消费者往往会根据他们对产品的认识、感受或理解的价值水平，综合其购物经验、对市场行情和同类产品的了解而对价格作出评判。当商品价格与消费者对商品价值的理解水平大体一致时，消费者就会接受这种价格；反之，消费者就不会接受这个价格，商品就卖不出去。

2. 认知价值定价法的关键

认知价值定价法要求企业按照消费者在主观上对该产品所理解的价值，而不是依产品的成本费用水平来定价。企业运用此法的关键是要正确估计购买者所承认的价值。为此，运用认知价值定价法时应掌握以下两个关键点。

（1）通过市场营销研究探测消费者对本企业所生产的产品在市场上同类品牌中的认知价值。

运用认知价值定价法时，一定要把自己的产品和竞争者的产品进行比较，准确地确定市场对产品的认知。如果对自己的产品估计过高，就会将产品定价过高；如果对认知价值估计过低，就会影响企业实现利润最大化的目标。因此，在确定产品的认知价值时，有必要进行市场调研。

（2）估计和测量本企业营销组合中的非价格变量在目标市场中将要建立起来的认知期望值，并比较产品差异和认知价值差异（与市场上同类产品进行产品的性能、用途、质量、外观的认知比较和认知价值比较），然后给产品制定价格。这种价值要能反映消费者对产品的评价，而不是企业成本，更不是企业的主观价值判断。

3. 认知价值定价法的做法

认知价值定价法一般用于企业推出新产品或进入新市场时，具体做法是：企业以计划好的质量和价格为一特定的目标市场提供一种新产品概念时，首先估计消费者对该产品的接受程度，预测这一价格水平下产品的销售量，并据此估算必需的工厂生产能力、投资额和单位产品成本；然后，综合所有情况和数据，测算这种产品的赢利水平，如果盈赢令人满意，企业就投资开发此产品；反之，则放弃开发。

4. 认知价值定价法的步骤

认知价值定价法的步骤如图5-25所示。

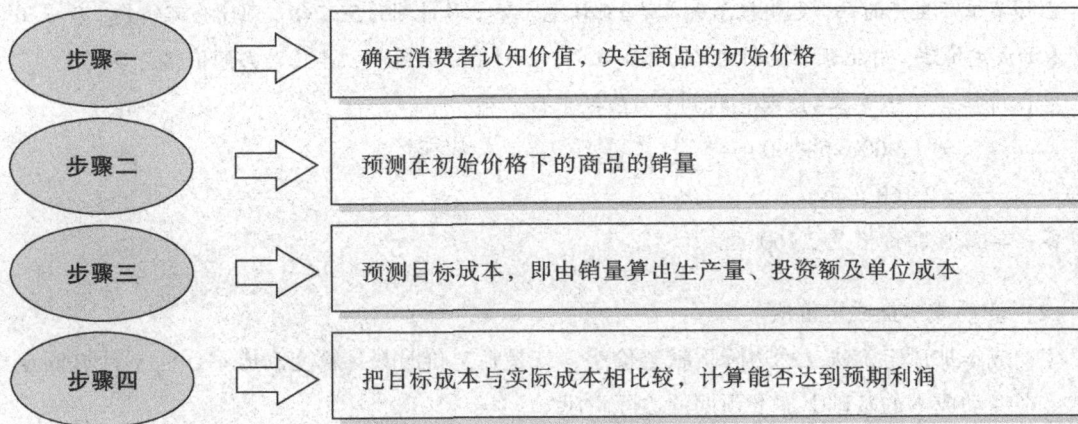

步骤一	⇒	确定消费者认知价值，决定商品的初始价格
步骤二	⇒	预测在初始价格下的商品的销量
步骤三	⇒	预测目标成本，即由销量算出生产量、投资额及单位成本
步骤四	⇒	把目标成本与实际成本相比较，计算能否达到预期利润

图 5-25　认知价值定价法的步骤

工具 17　成本加成定价法

【工具定义】

成本加成定价法是指按产品单位成本加上一定比例的利润来制定产品价格的方法。其计算公式为：单位产品价格＝单位产品成本＋单位产品成本×成本利润率＝单位产品成本（1 + 成本利润率）。成本加成定价法是企业较常用的定价方法。

【适用范围】

适用于非竞争性产品的定价。

【工具解析】

1. 成本加成定价法的应用方法

成本加成定价法在具体应用中可以分为以下两种方法。

（1）总成本加成定价法

总成本加成定价法是以全部成本作为定价基础。首先，要估计单位产品的变动成本；然后，再估计固定费用，并按照预期产量把固定费用分摊到单位产品上去，加上单位变动成本，求出全部成本；最后，在全部成本上加上按目标利润率计算的利润额，即得出价格。

总成本加成定价法的计算公式为：

单位产品价格 ＝（总成本+预期总利润）÷预期产品产量

＝（固定成本+单位变动成本×产量）

×（1+预期成本利润率）÷预期产品产量

＝单位产品成本+单位产品预期利润

※ **实例说明（1）** ~~~~~~

已知某工厂生产的每台电视机总成本是 2 000 元，年产量计划为 5 万台，预计全部销售。现采用总成本加成定价法，并把预计总利润定为 800 万元，试计算此条件下，单位产品的价格是多少？

单位价格 ＝（总成本+预期总利润）÷预期产品产量

＝（2 000×5+800）÷5

＝2 160（元）

答：单位产品价格是 2 160 元。

（2）变动成本加成定价法

变动成本加成定价法又称边际贡献定价法，就是在定价时只计算变动成本，而不计算固定成本，在变动成本的基础上加上预期的边际贡献。

边际贡献指销售收入减去补偿变动成本后的收益。预期的边际贡献是指补偿变动成本费用后企业的盈利。

变动成本加成定价法的计算公式为：

单位产品价格 ＝（变动总成本+预期边际贡献）÷预期产品产量

＝单位产品变动成本+单位成本边际贡献

※ **实例说明（2）** ~~~~~~

某服装厂年产服装 2 万件，已知总固定成本为 21 万元，总变动成本为 82 万元，请用变动成本加成定价法计算边际贡献为16万元时，单位产品销售价格是多少？

单位价格＝（变动总成本+预期边际贡献）÷预期产品产量

＝（820 000+160 000）÷20 000

＝49（元）

答：单位产品销售价格是49元。

2. 成本加成定价法的优缺点

成本加成定价法的优缺点如表5-36所示。

表5-36 成本加成定价法的优缺点

优点	缺点
(1) 产品价格能保证企业的制造成本和期间费用得到补偿后还有一定利润 (2) 产品价格水平在一定时期内较为稳定 (3) 定价方法简便易行	(1) 忽视了市场供求和竞争因素的影响 (2) 忽略了产品生命周期的变化 (3) 缺乏适应市场变化的灵活性 (4) 不利于企业参与竞争 (5) 容易掩盖企业经营中非正常费用的支出 (6) 不利于企业提高经济效益

工具18 访问调查法

【工具定义】

访问调查法是指由访问者向被访问者提出问题，通过被访问者的口头回答或填写调查表等形式来收集市场信息资料的一种方法。访问调查法是最常用的市场调查方法。

【适用范围】

适用于市场调查的各个应用范围，如消费者研究、媒介研究、产品研究、市场容量研究等。

【工具解析】

1. 访问调查法的类型

(1) 按访问方式可分为：直接访问和间接访问。

(2) 按访问内容可分为：标准化访问和非标准化访问。

(3) 按访问内容传递方式可分为：面谈调查、电话调查、邮寄调查、留置调查和日记调查等。

2. 主要的访问调查方法

(1) 面谈调查法

面谈调查法是指调查者根据调查提纲直接访问被调查者，当面询问有关问题，既可以是个别面谈，主要通过口头询问；也可以是群体面谈，例如座谈会等。

举例：个别面谈——用于调查商品需求、购物习惯等。

群体面谈——请一些专家就市场价格状况和未来市场走向进行分析判断。

面谈调查法的优缺点如表 5-37 所示。

表 5-37　面谈调查法的优缺点

优点	缺点
（1）回答率高 （2）可通过调查人员的解释和指导来帮助被调查者完成调查任务 （3）可以根据被调查者的性格特征、心理变化、访问态度及各种非语言信息扩大或缩小调查范围，具有较强的灵活性 （4）可对调查环境和调查背景进行了解	（1）人力、物力耗费较大 （2）对调查人员的素质要求较高 （3）对调查人员的管理较困难 （4）此方法常受到一些单位和家庭的拒绝，无法完成

（2）电话调查法

电话调查法是指由调查人员通过电话向被调查者询问了解有关问题的一种调查方法。

电话调查法的优缺点如表 5-38 所示。

表 5-38　电话调查法的优缺点

优点	缺点
（1）取得市场信息的速度较快 （2）节省调查费用和时间 （3）调查的覆盖面较广 （4）可以访问到一些不易见到面的被调查者，如某些名人等 （5）可能在某些问题上得到更为坦诚地回答，例如，对于有些关于个人方面的问题，或者是对某些特殊商品的看法，面访调查得到的答案可能会不自然或不真实，但是在电话调查中则有可能得到比较坦诚的回答 （6）易于控制调查质量。由于访问者基本上是在同一个中心位置进行电话访问，督导员或研究人员可以在实施现场随时纠正访问员的不正确操作，例如没有严格按问答题提问、说话太快、吐字不清楚、声调不亲切或者语气太生硬等	（1）被调查者只限于有电话的地区和个人 （2）电话调查受到时间的限制 （3）被调查者可能因不了解调查意图而无法回答或无法正确回答 （4）对于某些专业性较强的问题无法获得所需的调查资料 （5）无法针对被调查者的性格特点控制其情绪 （6）访问的成功率可能较低，随机拨打的电话可能是空号或者是错号，被访者可能不在或正在忙不能接电话，被访者不愿意接受调查等

（3）邮寄调查法

邮寄调查法是指调查者将调查问卷邮寄给被调查者，由被调查者根据调查问卷的填写要求填写好后寄回的一种调查方法。邮寄调查法的优缺点如表5-39所示。

表5-39 邮寄调查法的优缺点

优点	缺点
（1）可扩大调查区域 （2）调查成本较低 （3）被调查者有充分的答卷时间 （4）可让被调查者以匿名的方式回答一些个人隐私问题 （5）无需对调查人员进行培训和管理	（1）问卷回收率较低 （2）问卷回收时间较长 （3）无法判断被调查者的性格特征和其回答的可靠程度 （4）要求被调查者应具有一定的文字理解能力 （5）对文化程度较低的人不适用

（4）留置问卷调查法

留置问卷调查法是指调查者当面将调查表交给被调查者，说明调查意图和要求，由被调查者自行填写回答，再由调查者按约定日期收回的一种调查方法。

（5）日记调查法

日记调查法是指对固定样本连续调查的单位发放登记簿或账本，由被调查者逐日逐项记录，再由调查人员定期加以整理汇总的一种调查方法。

五种访问法的优缺点的比较如表5-40所示。

表5-40 五种访问法的优缺点的比较

类别 比较项目	面谈调查法	电话调查法	邮寄调查法	留置问卷调查法	日记调查法
调查范围	较窄	较窄	广	较广	较广
调查对象	可控可选	可控可选	一般	可控可选	可控可选
影响回答的因素	能了解、控制和判断	无法了解、控制和判断	难以了解、控制和判断	能了解、控制和判断	能了解、控制和判断
回收率	高	较高	较低	较高	较高
回答速度	可快可慢	最快	慢	较慢	慢
回答质量	较高	高	较低	较高	较高
平均费用	最高	低	较低	一般	一般

3. 问卷在访问调查中的应用

问卷调查是进行市场调查时常用的方式之一。该方法通过精心设计的一系列问题来征求被调查者的答案，并从中筛选出调查者想了解的问题及答案。问卷中的问题设计、提问方式、问卷形式以及遣词造句等都直接关系到能否达到市场调查的目标。问卷是一种控制工具，有时被称为访问表格或询问工具。

（1）问卷的要求

一份设计得体的调查问卷应该具备如下条件。

①语言简洁有趣，内容全面周到。漫长的询问会使受访者拒绝参加调查，例如，受访者因忙于家务或者其他事情，会快速结束毫无兴趣的访谈；有些访谈是在受访者渴望回到电视机前时进行的；有些访谈是对一些忙于购物的购买者进行的，若访谈的时间漫长，就会引起受访者的反感。最好运用简单的日常用语。

②方便评价，易于分析。问卷的主要作用就是提供管理决策所需要的信息。

③便于对方无顾虑地回答，保证受访者觉得回答此问题于己无害。

（2）问卷设计的步骤

问卷设计的步骤如图 5-26 所示。

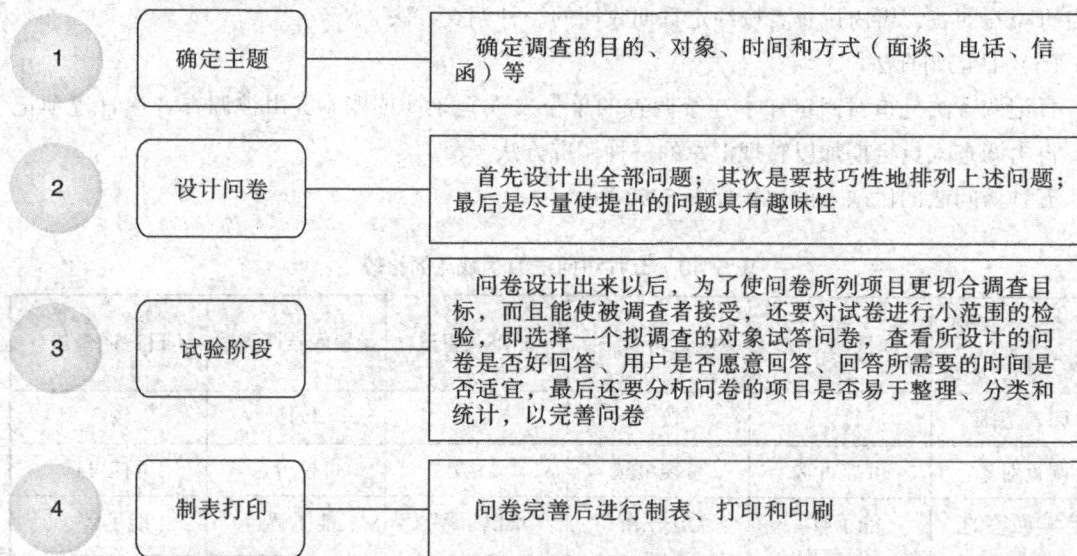

1	确定主题	确定调查的目的、对象、时间和方式（面谈、电话、信函）等
2	设计问卷	首先设计出全部问题；其次是要技巧性地排列上述问题；最后是尽量使提出的问题具有趣味性
3	试验阶段	问卷设计出来以后，为了使问卷所列项目更切合调查目标，而且能使被调查者接受，还要对试卷进行小范围的检验，即选择一个拟调查的对象试答问卷，查看所设计的问卷是否好回答、用户是否愿意回答、回答所需要的时间是否适宜，最后还要分析问卷的项目是否易于整理、分类和统计，以完善问卷
4	制表打印	问卷完善后进行制表、打印和印刷

图 5-26 问卷设计的步骤

（3）设计问题的形式

问卷中的问题的形式一般有两种，即开放式问题和封闭式问题。开放式问题是指在提出问题时不提供任何答案，由被调查者根据实际情况自由回答；封闭式问题是指在提出问题的同时，还必须将答案设计出来，限定对方在划定的范围内来回答问题。

①封闭式问题的主要形式

封闭式问题的主要形式如表5-41所示。

表5-41 封闭式问题的主要形式

形式	解释	举例
对错式	提供"是"或"否"两种答案	入住本酒店之前，您是直接向本酒店预订房间的吗 □是 □否
多选择	提供三个以上的答案以供选择	这次与您同住本酒店的是 □没有人 □家人 □同事 □旅行团 □子女 □朋友
程度式	回答后可显示对方同意与否的程度	外资酒店的服务质量普遍高于国内酒店 □极同意 □同意 □无意见 □不同意 □极不同意
重要性	显示对方认为的重要性	酒店服务质量对您选择酒店的重要程度 □最重要 □重要 □普通 □不重要 □最不重要
购买欲	明确对方的购买欲望	本餐厅提供母亲节套餐，您会带您母亲来吗 □肯定会 □应该会 □难说 □不会 □一定不会
评议式	请对方加以评议	您认为本餐厅的服务质量 □很好 □好 □一般 □不好 □很不好

②开放式问题的主要形式

开放式问题的主要形式如表5-42所示。

表5-42 开放式问题的主要形式

形式	解释	举例
完全同意	任意发挥	您对本品牌洗衣粉有何意见或建议
连字式	提供相应的字词让对方发挥	当听到下列字词时，您最先想到的是什么（漂白；柔顺；无污染）
完成句子	请对方完成一个未完成的句子	你选择洗衣粉的标准是什么
续成故事	请对方发挥想象，完成一个未完成的故事	我买了一袋新的洗衣粉回到家后……（请您完成下面的故事）
看图说话	提供一幅画请对方进行描述	（略）

开放式问题一般只用于文化程度较高的客户、对本企业产品较喜爱的忠诚客户的调查。如果对一般性客户采用这种提问形式，回收率一般较低。

（4）问卷的外观形式

问卷的外观形式对调查结果有很大影响。在邮寄问卷调查时，问卷的外观形式直接关系到回收率的高低。较好的问卷外观形式应注意以下几点，具体内容如图 5-27 所示。

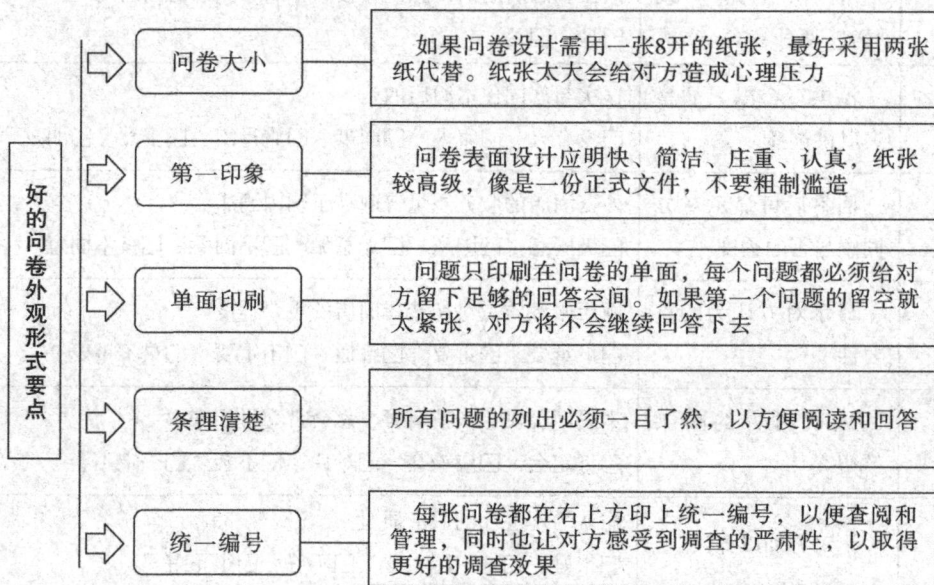

好的问卷外观形式要点		
	问卷大小	如果问卷设计需用一张8开的纸张，最好采用两张纸代替。纸张太大会给对方造成心理压力
	第一印象	问卷表面设计应明快、简洁、庄重、认真，纸张较高级，像是一份正式文件，不要粗制滥造
	单面印刷	问题只印刷在问卷的单面，每个问题都必须给对方留下足够的回答空间。如果第一个问题的留空就太紧张，对方将不会继续回答下去
	条理清楚	所有问题的列出必须一目了然，以方便阅读和回答
	统一编号	每张问卷都在右上方印上统一编号，以便查阅和管理，同时也让对方感受到调查的严肃性，以取得更好的调查效果

图 5-27　好的问卷外观形式要点

工具 19　观察调查法

【工具定义】

观察调查法简称观察法，是指调查人员凭借自己的观察和各种记录工具，深入调查现场，直接观察和记录被调查者的行为，以收集市场信息的一种方法。

【适用范围】

适用于商品资源观察、营业现场观察、商品库存观察，也可运用于了解城市的人口流量、车辆流量，为预测地区市场发展提供依据。

【工具解析】

1. 使用观察调查法的条件

使用观察调查法要满足以下条件。

（1）所需信息必须是能观察到的或者是从能观察到的行为中推断出来。

（2）所要观察的行为必须是重复性的、频繁的或在某些方面是可预测的。

（3）所要观察的行为必须是相对短期的。

2. 观察调查法的主要内容

（1）观察客户的行为

了解客户行为，可促使企业有针对性地采取恰当的促销方式。因此，调查者要经常观察或者摄录客户在商场、销售大厅内的活动情况。例如客户在购买商品之前，主要观察的是商品价格、商品质量还是商品款式等；客户对商场的服务态度有何议论等。

（2）观察客流量

观察客流量对商场改善经营、提高服务质量有很大好处。例如，观察一天内各个时间进出商场的客户数量，可以合理地安排营业员的工作时间，以更好地为客户服务；为新商场选择地址或研究市区商业网点的布局时，也需要对客流量进行观察。

（3）观察产品使用现场

调查人员到产品用户使用地观察调查，了解产品质量、性能及用户反映等情况，实地了解使用产品的条件和技术要求，从中发现产品更新换代的前景和趋势。

（4）观察商店柜台及橱窗布置

为了提高服务质量，调查人员要观察商场内柜台布局是否合理，客户选购、付款是否方便，柜台商品是否丰富，客户到台率与成交率以及营业员的服务态度如何等。

3. 观察调查法的运用原则

为了使观察结果符合客观实际，观察人员必须遵循以下原则，具体内容如图 5-28 所示。

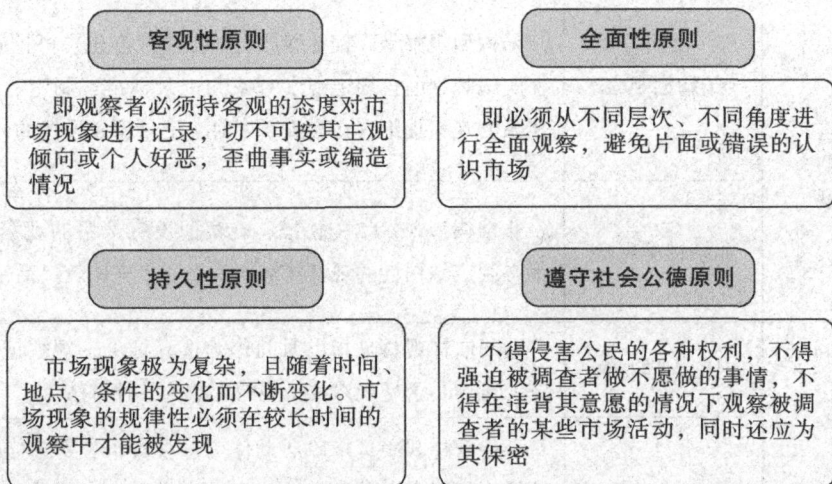

客观性原则	全面性原则
即观察者必须持客观的态度对市场现象进行记录，切不可按其主观倾向或个人好恶，歪曲事实或编造情况	即必须从不同层次、不同角度进行全面观察，避免片面或错误的认识市场
持久性原则	遵守社会公德原则
市场现象极为复杂，且随着时间、地点、条件的变化而不断变化。市场现象的规律性必须在较长时间的观察中才能被发现	不得侵害公民的各种权利，不得强迫被调查者做不愿做的事情，不得在违背其意愿的情况下观察被调查者的某些市场活动，同时还应为其保密

图 5-28　观察调查法的四大运用原则

4. 观察调查法的基本类型

观察调查法按不同的分类标准可分为以下不同类型，具体内容如表 5-43 所示。

表 5-43　观察调查法的类型

分类标准	分类结果	说明
是否有中介物	直接观察	直接观察是指观察者凭借自身的感觉器官在现场直接进行观测。如研究人员不带任何仪器设备边听、边看、边记录
	间接观察	间接观察是指通过观察以往的行为来获取信息。如意见簿、客户需求登记等分析
观察者是否参与介入被观察者活动	参与型观察	参与型观察是指观察者参与被观察者所从事的活动，身临其境地关注和了解所需观察研究的事物。参与的方式有两种：观察者公开自己的真实研究身份；观察者隐瞒自己的研究身份，以一个普通活动者的角色参与到观察对象的活动中去
	非参与型观察	非参与型观察是指观察者置身于研究情境之外所进行的观察。非参与型观察可以是公开的，被观察者知道有人在观察；也可以是隐蔽的，被观察者不知道有人在观察
观察程序严密度、观察方式的结构化程度	结构型观察	结构型观察是一种计划严密、操作标准化、可控制的观察。在实施观察前，规定观察对象和记录标准，制定有一定分类体系的观察提纲；在实施观察时，记录预先设置的分类行为
	非结构型观察	非结构型观察结构松散，观察前没有严格的观察计划，也不必制定结构性的观察提纲，观察的实施比较灵活
取样的标准	时间取样观察	时间取样观察是指以时间作为选择标准，观察记录预先确定的行为是否呈现以及呈现的次数的一种方法
	事件取样观察	事件取样观察是指以活动作为选择标准，对特定的行为或事件进行观察记录的方法。事件取样观察主要关注行为是如何发生、如何变化、结果如何等问题，侧重对事件进行定性的描述，从而保留了事件发生的背景，可用于研究比较广泛的行为或事件

5. 观察技术

观察技术是指观察人员实施观察时所运用的一些技能手段，主要包括卡片、符号、速记、记忆和机械记录等。

（1）观察卡片是一种标准化的记录工具，其记录结果就是观察的最终资料。制作卡片时，应先列出所有观察项目，经筛选后保留重要项目，再将项目根据可能出现的各种情况进行合理编排。

（2）符号和速记是为了提高记录工作的效率，即用一套简便易写的线段、圈点等符号系统来代替文字，可以迅速地记录观察中遇到的各种情况。

（3）记忆是指采取事后追忆的方式进行记录的方法，通常用于调查时间紧迫或不宜现场记录的情况。

（4）机械记录是指在观察调查中运用录音、录像、照相以及各种专用仪器等手段进行记录。

6. 怎样进行观察调查

（1）做好观察设计工作

观察设计的工作项目及要求如表 5-44 所示。

表 5-44　观察设计的工作项目及要求

序号	工作项目	说明
1	确定观察目的，选择观察对象	观察之前，必须清楚观察调查是为了解决什么样的问题，然后从所要研究的问题出发，明确观察目的
2	选择观察类型、方法和途径	选择观察方法时必须注意方法的适切性和可行性，要充分考虑各种观察法的优点和不足，注意各种观察法之间的相互补充。为了进行有效的观察，还必须考虑适当的观察途径
3	制订观察计划	制订观察计划是为了使观察有系统、有步骤、全面地进行。观察计划一般应包括如下内容 （1）观察的内容和范围 （2）设计观察提纲 （3）观察的时间、次数和位置 （4）观察的记录方式 （5）观察人员的组织分工

（2）实施观察调查

实施观察调查的步骤如图 5-29 所示。

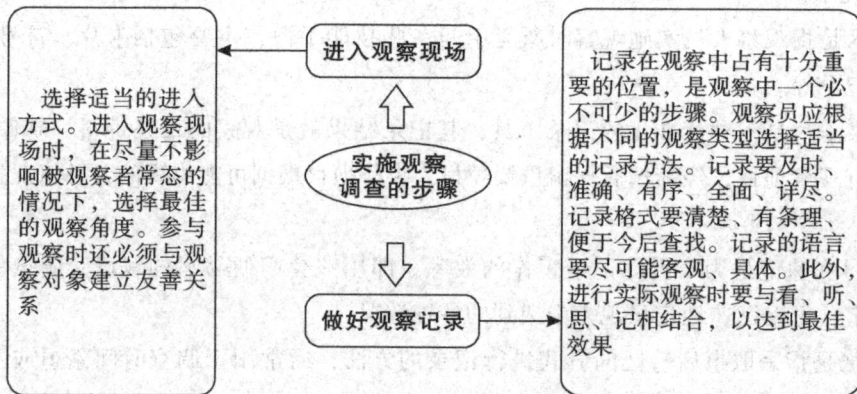

图 5-29　实施观察调查的步骤

（3）观察资料的分析处理

观察的最后阶段是整理和分析观察记录，得出结论。在每一项观察告一段落时，应该在观察情境尚未完全遗忘的情况下，及时整理记录资料；审查初步整理过的材料，如所需的资料是否收集完整、是否有效；及时将资料分类归档，以便日后查询；详细说明需要解释的内容。

7. 观察法的优缺点

观察法的优缺点如表 5-45 所示。

表 5-45　观察法的优缺点

优点	缺点
（1）避免许多由于调查人员及询问方法所产生的误差因素 （2）调查人员不会受到被观察者意愿和回答能力等有关问题的困扰 （3）能够更快、更准确地收集到某些类型的数据	（1）只能观察行为和自然的物理特征，无法了解人们的动机、态度、想法和情感 （2）只有公开的行为才能被观察到，私下的行为则超出了调查者的观察范围 （3）被观察到的当前行为并不能代表未来的行为 （4）若被观察的行为不是经常发生，则很耗时且成本很高 （5）若被观察者选择有限制的条件，则所得数据可能不真实

工具20　市场实验调查法

【工具定义】

市场实验调查法是指市场调研者有目的、有意识地改变一个或几个影响因素，来观察市场现象在这些因素影响下的变动情况，以认识市场现象的本质特征和发展规律。

【适用范围】

适用于测试改变商品品质、更换商品包装、调整商品价格、推出新产品、变动广告形式和内容、变动商品陈列等的效果，以实现对市场的总体推断。

【工具解析】

1. 市场实验调查的基本要素

市场实验调查的基本要素如图5-30所示。

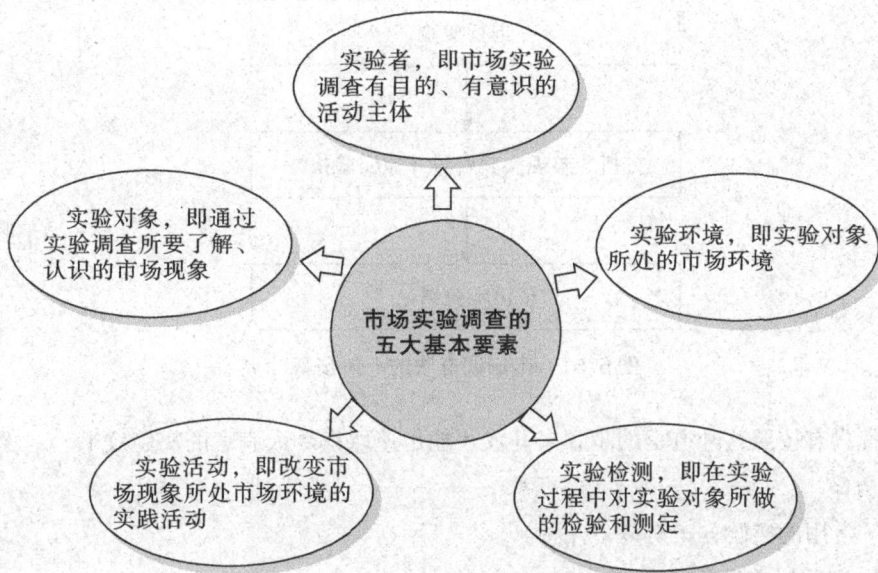

图5-30　市场实验调查的五大基本要素

2. 市场实验调查法的分类

市场实验调查法按照实验的场所可分为实验室实验和现场实验。

（1）实验室实验

实验室实验是指在人造的环境中进行实验，研究人员可以进行严格的实验控制，比较容易操作，时间短、费用低。

（2）现场实验

现场实验是指在实际的环境中进行实验，其实验结果一般具有较大的实用意义。

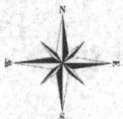

3. 市场调查法的一般步骤

市场调查法的一般步骤如图 5-31 所示。

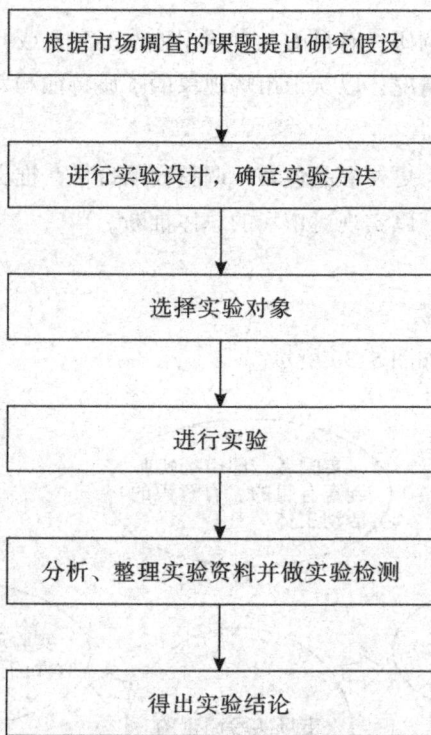

根据市场调查的课题提出研究假设

进行实验设计，确定实验方法

选择实验对象

进行实验

分析、整理实验资料并做实验检测

得出实验结论

图 5-31　市场调查法的一般步骤

实验调查只有按照这种科学的步骤来开展才能迅速取得令人满意的实验效果。

4. 实验方案

基本的、常用的实验方案有以下几种。

（1）单一实验组前后对比实验

选择若干实验对象作为实验组，将实验对象在实验活动前后的情况进行对比，得出实验结论。在市场调查中，经常采用这种简便的实验调查方案。

※ **实例说明**

某食品企业为了提高糖果的销售量，认为应改变原有的陈旧包装，并为此设计了新的包装图案。为了检验新包装的效果，以决定是否在未来推广新包装，厂家取 A、B、C、D、E 五种糖果作为实验对象，对这五种糖果在改变包装的前一个月和后一个月的销售量进行了检测，得到的实验结果如表 5-46 所示。

表 5-46 单一实验组前后对比表

单位：千克

糖果品种	实验前售量 Y	实验后销量 Yn	实验结果 Yn-Y
A	300	340	40
B	280	300	20
C	380	410	30
D	440	490	50
E	340	380	40
合计	1740	1920	180

分析结果：改变包装比不改变包装销售量大，说明客户不仅注意糖果的质量，也对其包装有所要求。因此断定，改变糖果包装，以促进其销售量增加的研究假设是合理的，厂家可以推广新包装。但应注意，市场现象可能受许多因素的影响，180 千克的销售增加量并不一定只是改变包装引起的。

（2）实验组与对照组对比实验

选择若干实验对象为实验组，同时选择若干与实验对象相同或相似的调查对象为对照组，并使实验组与对照组处于相同的实验环境之中。

※实例说明

某食品企业为了解改变面包配方后消费者的反应，选择了 A、B、C 三个超市为实验组，再选择与之条件相似的 D、E、F 三个超市为对照组进行观察。观察一周后，将两组对调再观察一周，其检测结果如表 5-47 所示。

表 5-47 实验组与对照组对比表

	原配方销售量（百袋）		新配方销售量（百袋）	
	第一周	第二周	第一周	第二周
A		37	43	
B		44	51	
C		49	56	
D	35			41
E	40			47
F	45			52
合计	120	130	150	140

从表 5-48 中可知，两周内原配方面包共销售了 120+130＝250 （百袋），新配方面包共销售了 150+140＝290 （百袋）。这说明改变配方后增加了 40 百袋的销售量，对企业很有利。

实验组与对照组对比实验，必须注意二者具有可比性，即二者的规模、类型、地理位置、管理水平、营销渠道等各种条件应大致相同。只有这样，实验结果才具有较高的准确性。但是，这种方法对实验组和对照组都是采取实验后检测，无法反映实验前后非实验变量对实验对象的影响。为弥补这一点，可将上述两种实验进行综合设计。

（3）实验组与对照组前后对比实验

这是对实验组和对照组都进行实验前后对比，再将实验组与对照组进行对比的一种双重对比的实验法。它吸收了前两种方法的优点，也弥补了前两种方法的不足。

※实例说明

某公司在调整商品配方前进行实验调查，分别选择了三个企业组成实验组和对照组，对其月销售额进行实验前后对比，并综合检测出了实际效果（见表 5-48）。

表 5-48　双组前后对比表

单位：万元

实验单位	前检测	后检测	前后对比	实验效果
实验组	$Y_0 = 2000$	$Y_n = 3\,000$	$Y_n - Y_0 = 1\,000$	$(Y_n - Y_0) - (X_n - X_0)$
对照组	$X_0 = 2000$	$X_n = 2\,400$	$X_n - X_0 = 400$	$= 1\,000 - 400$

从表 5-48 中可以看出，实验组的变动量为 1 000 万元，包含实验变量即调整配方的影响，也包含其他非实验变量的影响；对照组的变动量为 400 万元，不包含实验变量的影响，只有非实验变量的影响，因为对照组的商品配方未改变。

实验效果是从实验变量和非实验变量共同影响的销售额变动量中，减去由非实验变量影响的销售额变动量，反映调整配方这种实验变量对销售额的影响作用。由此可见，实验组与对照组前后对比实验是一种更为先进的实验调查方法。

5. 市场实验调查法的优缺点

市场实验调查法的优缺点如表 5-49 所示。

表5-49 市场实验调查法的优缺点

优点	缺点
（1）取得的结果较客观，具有一定的可信度 （2）可以主动改变某些变量，从而观察各种因素之间的相互关系 （3）具有针对性。可针对不同的调查项目进行合适的调查实验设计 （4）可以探索不明确的因果关系	（1）花费的时间长 （2）成本较高 （3）管理控制比较困难 （4）保密性差

工具21 文献调查法

【工具定义】

文献调查法是指通过寻找文献收集有关市场信息的调查方法，它是一种间接的、非介入式的市场调查方法。

【适用范围】

适用于市场调查的各个方面。

【工具解析】

1. 文献调查的渠道

进行文献调查时应围绕调查目的，收集一切可以利用的现有资料。从企业经营的角度讲，现有资料包括企业内部资料和企业外部资料，这也是文献调查的渠道。

（1）企业内部资料的收集

企业内部资料的收集主要是收集企业经济活动的各种记录，主要内容如图5-32所示。

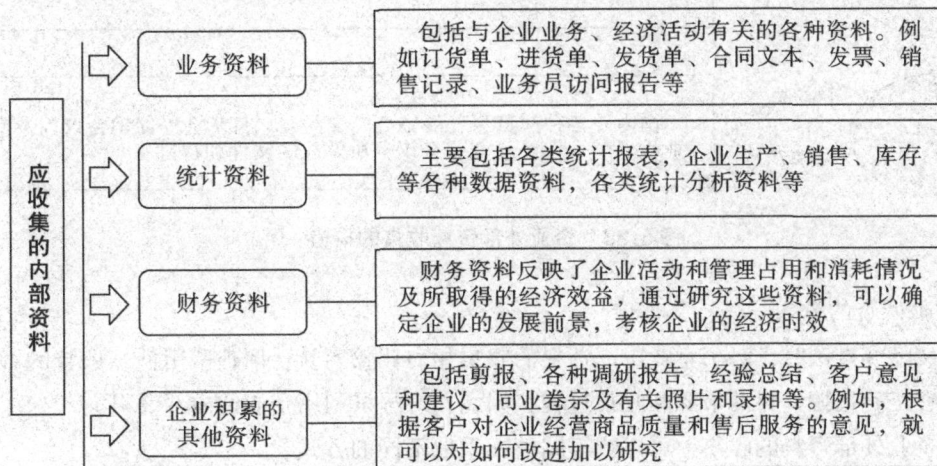

图5-32 应收集的内部资料

内容说明：

应收集的内部资料：

- 业务资料：包括与企业业务、经济活动有关的各种资料。例如订货单、进货单、发货单、合同文本、发票、销售记录、业务员访问报告等
- 统计资料：主要包括各类统计报表，企业生产、销售、库存等各种数据资料，各类统计分析资料等
- 财务资料：财务资料反映了企业活动和管理占用和消耗情况及所取得的经济效益，通过研究这些资料，可以确定企业的发展前景，考核企业的经济时效
- 企业积累的其他资料：包括剪报、各种调研报告、经验总结、客户意见和建议、同业卷宗及有关照片和录相等。例如，根据客户对企业经营商品质量和售后服务的意见，就可以对如何改进加以研究

（2）企业外部资料的收集

对于企业外部资料，可从以下几个主要渠道加以收集，具体内容如图 5-33 所示。

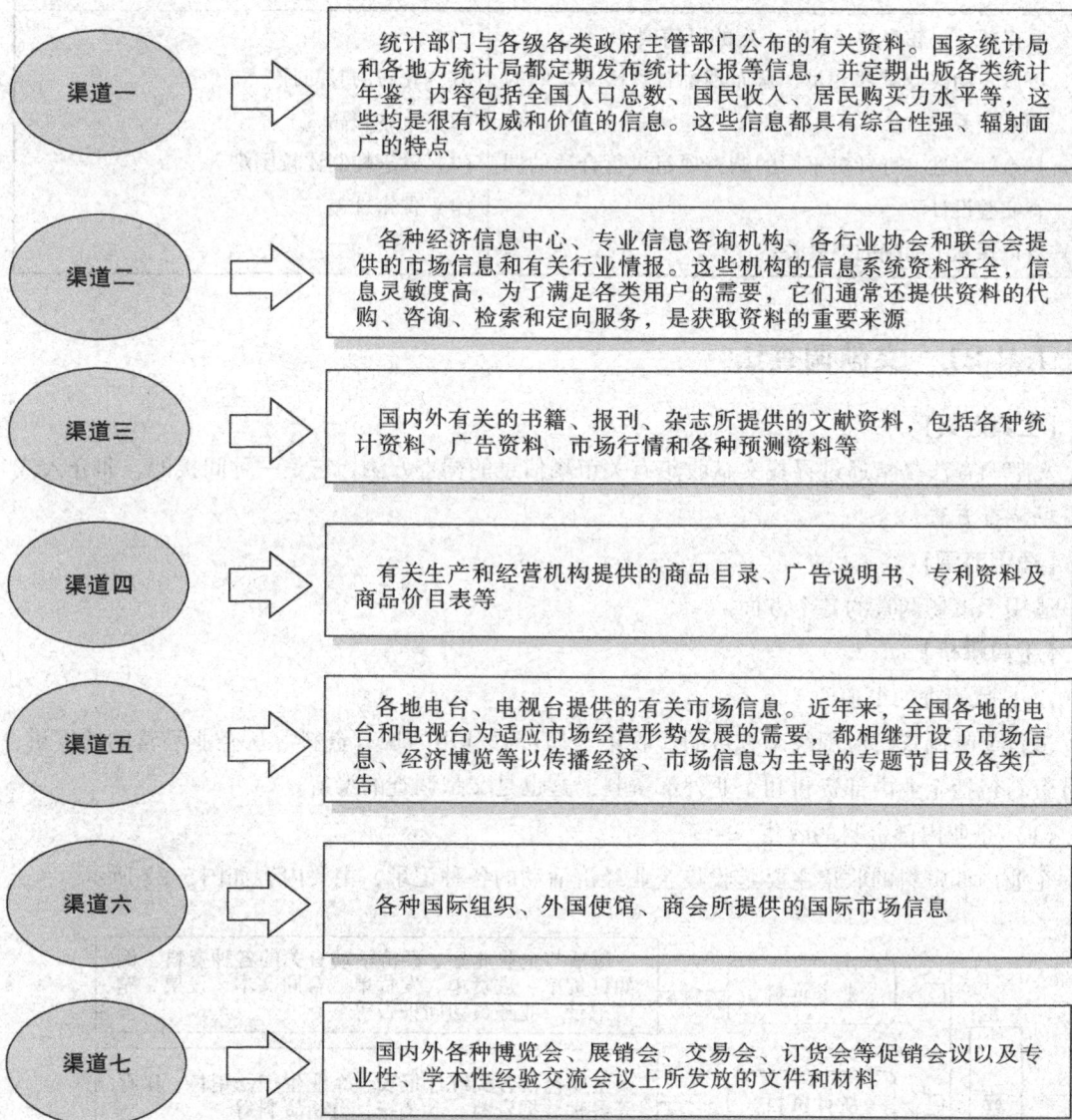

渠道一	⇨	统计部门与各级各类政府主管部门公布的有关资料。国家统计局和各地方统计局都定期发布统计公报等信息，并定期出版各类统计年鉴，内容包括全国人口总数、国民收入、居民购买力水平等，这些均是很有权威和价值的信息。这些信息都具有综合性强、辐射面广的特点
渠道二	⇨	各种经济信息中心、专业信息咨询机构、各行业协会和联合会提供的市场信息和有关行业情报。这些机构的信息系统资料齐全，信息灵敏度高，为了满足各类用户的需要，它们通常还提供资料的代购、咨询、检索和定向服务，是获取资料的重要来源
渠道三	⇨	国内外有关的书籍、报刊、杂志所提供的文献资料，包括各种统计资料、广告资料、市场行情和各种预测资料等
渠道四	⇨	有关生产和经营机构提供的商品目录、广告说明书、专利资料及商品价目表等
渠道五	⇨	各地电台、电视台提供的有关市场信息。近年来，全国各地的电台和电视台为适应市场经营形势发展的需要，都相继开设了市场信息、经济博览等以传播经济、市场信息为主导的专题节目及各类广告
渠道六	⇨	各种国际组织、外国使馆、商会所提供的国际市场信息
渠道七	⇨	国内外各种博览会、展销会、交易会、订货会等促销会议以及专业性、学术性经验交流会议上所发放的文件和材料

图 5-33　企业外部资料收集的渠道

2. 文献调查的方式

使用文献调查法时，对于企业内部资料的收集相对比较容易，调查费用低，调查的各种障碍少，能够正确把握资料的来源和收集过程，因此，应尽量利用企业的内部资料。

对于企业外部资料的收集，可以依不同情况采取不同的方式。

（1）具有宣传广告性质的资料，如产品目录、使用说明书、图册、会议资料等是企、事业单位为扩大影响、推销产品、争取客户而免费面向社会提供的，可以无偿取得；而对于需要采取经济手段获得的资料，只能通过有偿方式获得。有偿方式取得的资料构成了调查成本，因此，要对其可能产生的各种效益加以考虑。

（2）对于公开出版、发行的资料，一般可通过订购、邮购、交换、索取等方式直接获得；而对于使用对象有一定限制或具有保密性质的资料，则需要通过见解的方式获取。随着国内外市场竞争的日益加剧，获取竞争对手的商业秘密已成为市场调查的一个重要内容。

3. 文献调查的方法

要想研究现有资料，必须先查找现有资料。对于文献性资料来说，科学地查寻资料具有十分重要的意义。从某种意义上讲，文献调查方法也就是对资料的查寻方法。主要资料查寻方法有以下几种。

（1）参考文献查找法。参考文献查找法是指利用有关著作、论文的末尾所列出的参考文献追踪、查找有关文献资料的方法。采用这种方法可以提高查找效率。

（2）检索工具查找法。检索工具查找法是指利用已有的检索工具查找文献资料的方法。依检索工具的不同，检索方法主要有手工检索和计算机检索两种，现分别介绍如下。

①手工检索。进行手工检索的前提是要有检索工具。因收录范围不同、著录形式不同、出版形式不同而有多种多样的检索工具。以著录方式来分类的主要检索工具有三种，具体内容如图 5-34 所示。

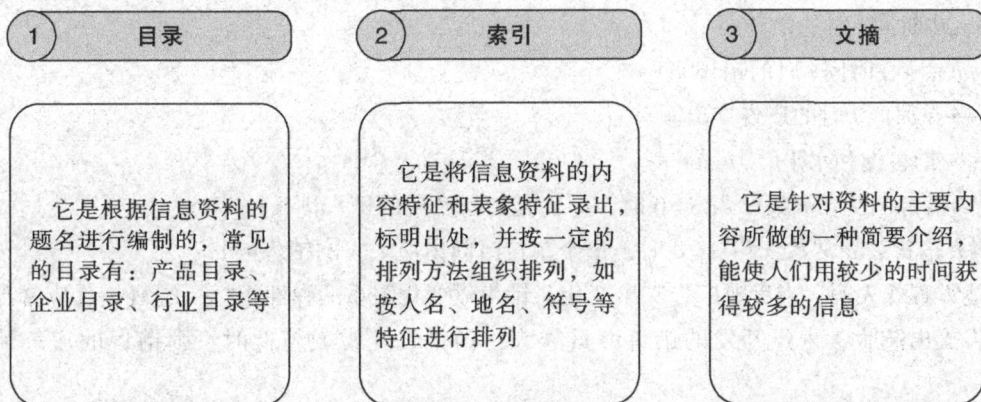

1 目录	2 索引	3 文摘
它是根据信息资料的题名进行编制的，常见的目录有：产品目录、企业目录、行业目录等	它是将信息资料的内容特征和表象特征录出，标明出处，并按一定的排列方法组织排列，如按人名、地名、符号等特征进行排列	它是针对资料的主要内容所做的一种简要介绍，能使人们用较少的时间获得较多的信息

图 5-34　三种主要检索工具

②计算机检索。与手工检索相比，计算机检索不仅具有检索速度快、效率高、内容新、范围广、数量大等优点，而且还可打破获取信息资料的地理障碍和时间约束，能向各类用户提供完善的、可靠的信息。在市场调查电脑化程度提高之后，将主要依靠计算机来检索信息。应当指出的是，文献调查所收集到的一些次级资料真实、清楚、明了，可直接加以利用；而有些则杂乱无章且失真，对此还应该经过加工和筛选，才能最终得出结论。

工具22 销售—反应和衰变模式

【工具定义】

销售—反应和衰变模式是企业制定广告预算的一种比较好的模式，是由美国的维戴尔（Vidale）和沃尔夫（Wolfe）提出来的。

【适用范围】

适用于企业制定广告预算。

【工具解析】

运用销售—反应和衰变模式时，首先要测量出广告/销售反应函数，然后根据此函数求出企业销售利润最大时的广告投入。在该模型中，当时间为 t 时，销售率的变化是以下四个因素的函数。

（1）广告预算。

（2）广告销售—反应常数。

（3）销售饱和水平。

（4）销售衰变常数。

基本方程式是：

$$ds \div dt = r \times A \times [(M-S) \div M] - \lambda \times s$$

式中：

s——在时间 t 时的销售额

$ds \div dt$——在时间 t 时的销售率

A——在时间 t 时的广告支出额

M——销售饱和水平

r——销售—反应常数（当 $S=0$ 时，广告支出所产生的销售额）

λ——销售衰变常数（当 $A=0$ 时，每个单位时间内所失去的销售额）

上述方程式表明，当反映广告支出变化与销售额变化关系的弹性指标—销售—反应常数越高，广告支出越大，未经开发的销售潜量越大；销售衰变常数越低时，则销售的成长情况越高。

～～～～※ **实例说明** ～～～～～～～～～～～～～～～～～～～～～～～～～～～～

假设广告费的销售—反应常数估计为4，目前销售额4万元，饱和销售水平为10万元，若无广告支出，该公司每一时期将损失0.1的销售量。在这些条件下，如支出1万元的广告费，该公司可额外增加2万元的销售。

由销售—反应和衰变方程式得出：

$$\frac{ds}{dt} = \frac{4 \times 10\,000 \times (100\,000 - 40\,000)}{1\,000\,000} - 0.1 \times 40\,000 = 20\,000 \text{（元）}$$

所以，如果 2 万元的边际利润高于 50%，则这个 1 万元的广告费是合理的。

沃尔沃汽车公司（VOLVO）

成立年份（Founded Year）：1924 年

总部（Headquarters）：瑞典哥德堡

主营业务（Main Business）：汽车生产企业

发展历程（Development Process）：沃尔沃汽车公司是北欧最大的汽车企业，也是瑞典最大的工业企业集团，是世界 20 大汽车公司之一。沃尔沃汽车公司创立于 1924 年，创始人是古斯塔夫·拉尔松和阿萨尔·加布里尔松。该公司最近推出的沃尔沃 740、760、940、960 型汽车已出口到 100 多个国家和地区。

工具 23　推拉战略

【工具定义】

推拉战略是对推式战略和拉式战略的综合运用，目的是运用推动促销与拉动促销这两大手段来开展市场营销活动，参与市场竞争，取得经济效益和社会效益的双丰收。

【适用范围】

适用于企业制定促销决策的战略性决策。

【工具解析】

1. 推式战略和拉式战略

（1）推式战略

推式战略是指利用推销人员与中间商促销将产品推入渠道，即生产者将产品推到批发商手中，批发商又将产品推给零售商，最终由零售商将产品推向消费者。

（2）拉式战略

拉式战略是指企业针对消费者，花费大量的资金从事广告及消费者促销活动，以增强消费者对产品的需求。如果实施有效，消费者就会向零售商要求购买该产品，于是拉动了整个渠道系统，零售商会向批发商要求购买该产品，而批发商又会向生产者要求购买该产品。

推式战略和拉式战略的对照如图 5-35 所示。

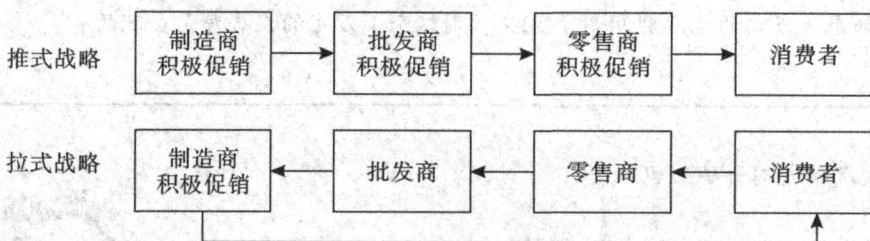

图 5-35　推拉战略图

2. 推拉战略的应用

对于"推"与"拉"式战略的应用，不同企业之间有不同的取向。实际上，"推"与"拉"常常是构成企业营销战略中的相互作用、不可或缺的两个要素。大量的广告将会促进产品的销售，而反过来又会使销售人员更加卖力地推销产品。

两个在运用"推"和"拉"战略形成鲜明对比的公司分别是联合利华和 P&G 宝洁公司。联合利华强调"推"的作用，而 P&G 宝洁公司则倾向于通过"拉"来塑造品牌和刺激消费者的需求。尽管两者采取的战略不同，但两个公司都取得了巨大的市场成就。

麦当劳公司是一个善于将"推"和"拉"结合起来使用的公司。麦当劳的广告主要对准了那些口味尚未稳定，喜欢追逐时髦和容易接受新产品、新事物的年轻一代消费者，通过大量幽默的、生动活泼的媒体广告将年轻消费者吸引到麦当劳消费。同时又利用卖场内灵活多样的促销形式来引导、推动消费者对特定产品的消费。

3. "推"与"拉"的平衡

要想取得长期的市场成功，仅靠推或拉是不够的。任何一个产品在市场上的成功往往取决于一个平衡的市场营销组合。大量的广告投入可能会成功引导消费者的购买需求和购买动机，但是如果产品被摆在了一些错误的地方，再好的广告计划都可能失败。或许少一些广告，而将更多的投资导入销售培训，或者将资金直接投资到销售渠道的建设，可能更有利于在适当的时间将适当的产品按客户的需求送至适当的场所。

同样，如果产品已经渗透到各种不同的营销渠道，消费者也被广告吸引到销售点，但缺乏营销组合中的其他要素的支持，且价格太高或销售服务太差等，也可能使消费者对购买该产品望而却步。

另外，如果要取得长期的市场成功，企业为客户提供的产品必须与广告促销中的许诺相吻合。否则，消费者只会购买一次他认为是差的产品。

"推"与"拉"是营销战略的两个基本取向，两者并无优劣之分。但是，如果在实际运作中能够巧妙地把握两者之间的平衡，同时又注意到与其他营销要素的搭配使用，那么成功的希望就会更大。

宝洁公司（PROCTER & GAMBLE）

成立年份（Founded Year）：1837 年
总部（Headquarters）：美国俄亥俄州辛辛那堤
主营业务（Main Business）：消费日用品生产
发展历程（Development Process）：宝洁公司（P&G）由普洛斯和盖姆创办，是目前全
球最大的日用品公司之一，全球员工近 110 000 人。2008 年，宝洁公司是世界上市值排名第
六的公司，是世界上利润排名第十四的公司，同时也是财富 500 强中第十大最受赞誉的公司。

工具 24　IMIM 过程

【工具定义】

整合客户关系管理（ICRM）为有效的客户关系管理提供了标准的实践过程，即 IMIM 过程：
确定客户关系（Identify Customer Relationship）、测量客户关系（Measure Customer Relationship）、
改进客户关系（Improve Customer Relationship）和监测客户关系（Monitor Customer Relationship）。

【适用范围】

适用于企业整理客户关系的实际操作应用。

【工具解析】

通过 IMIM 过程，企业可以不断且平稳地改进它与竞争客户的关系。IMIM 过程如图 5-36
所示。

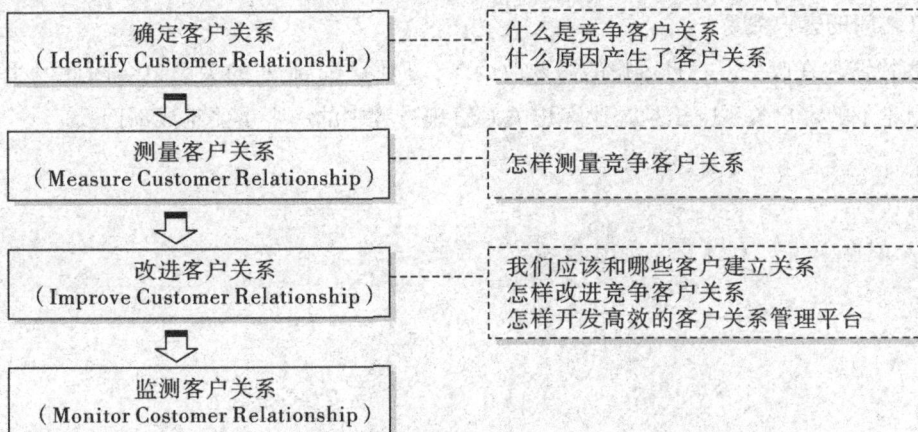

图 5-36　IMIM 过程

1. 确定客户关系

在结构化的整合客户关系管理的实践中，最关键的过程就是在市场竞争中确定客户关系。

ICRM 根据一个客户怎样衡量企业所提供的价值来确定客户关系，并根据客户的基本需求来构造客户关系。在 ICRM 的实践过程中，基本需求构造了客户感受到的价值，价值决定了客户关系，另外，因为 ICRM 是在市场中确定客户关系，所以它确定的是竞争客户关系。

2. 测量客户关系

ICRM 用于在市场竞争中测量客户关系。因为客户通常与多个相互竞争的企业都保持着联系，所以 ICRM 提供了一个在市场竞争动态下比较现实的客户关系。

3. 改进客户关系

在 ICRM 实践过程中，有两个改进竞争客户关系的重要步骤。

（1）确认市场上最有价值的客户细分市场。目前的 CRM 实践把重点放在发现企业数据库中最有价值的客户，但 ICRM 能够帮助企业发现其市场上真正最有价值的客户。改善与市场上最有价值的客户的关系能帮助企业得到对客户关系管理投资的最佳回报，并同时在长时间内保持其持久的竞争优势。

（2）确定决定客户关系的关键因素。分析关键因素的目的是发现并改进客户关系的最重要的因素。这一分析方法必须贯穿于整合客户关系管理的全过程。它可以保证客户关系管理的实践始终在投资效益最大化的正确轨道上。

4. 监测客户关系

整合客户管理不是一个一次性的活动，它需要持久的市场营销实践来帮助企业在长时间内取得成功。客户关系的改进需要长期不断的努力。

（1）公司不可能在短时间内建立其最佳的客户关系，它需要不断地监测其客户关系管理过程，以检查其进展过程及在未来客户关系管理中需要什么新的努力。

（2）市场竞争在改变。客户关系充满了竞争，企业的主要竞争者也在不断地改进它们与同一客户群之间的客户关系。

（3）客户需求在改变。一旦客户的需要改变了，他们与企业间的关系也会因此发生变化。于是，监测竞争的客户关系应该是企业客户关系管理过程中的一个重要组成部门。

>>> 第六章

人力资源管理工具

人力资源管理是指对企业中的人力资源进行规划、培训、选拔录用、考核激励等计划、组织、控制和协调的活动过程。人力资源主要有六个模块——人力资源规划、招聘与配置、培训与开发、薪酬与福利、绩效管理和员工关系，这六大模块中都有大量的管理工具可供管理者使用。

本章精选了以下在世界 500 强企业中常用的工具供参考：

·素质词典	·能力素质模型	·卡特尔十六种人格因素测验
·管理评价中心法	·文件筐测验	·无领导小组讨论
·平衡计分卡	·360 度反馈评价	·KPI 关键绩效指标
·业绩合同	·LIFO 系统	·继任计划

工具 01　素质词典

【工具定义】

素质是驱动一个人产生优秀工作绩效的各种个性特征集合，它反映的是通过不同方式表现出来的个人知识、技能、个性与内驱力等。这是判断一个人能否胜任某项工作的起点，决定并区别绩效差异的个人特征。

素质词典是指对各种素质进行全面的定义、解释并定级的工具。通过素质词典，企业可以为各个岗位建立素质模型。

【适用范围】

适用于企业素质库的建立工作。

【工具解析】

1. 素质的构成要素

素质的构成要素如表 6-1 所示。

表 6-1　素质的构成要素

序号	构成要素	说明
1	动机	指推动个人为达到一定目标而采取行动的内驱力
2	个性	个性是指一个人对外部环境与各种信息等的反应方式

（续表）

序号	构成要素	说明
3	自我形象与价值观	自我形象与价值观是指个人对其自身的看法和评价
4	态度	态度是指一个人的自我形象、价值观以及社会角色综合作用外化的结果，它会根据环境的变化而变化
5	知识	知识是指一个人在某一个特定领域拥有的事实型与经验型信息
6	技能	技能是指一个人结构化地运用知识完成某项具体工作的能力

2. 素质的分类

素质的分类如图 6-1 所示。

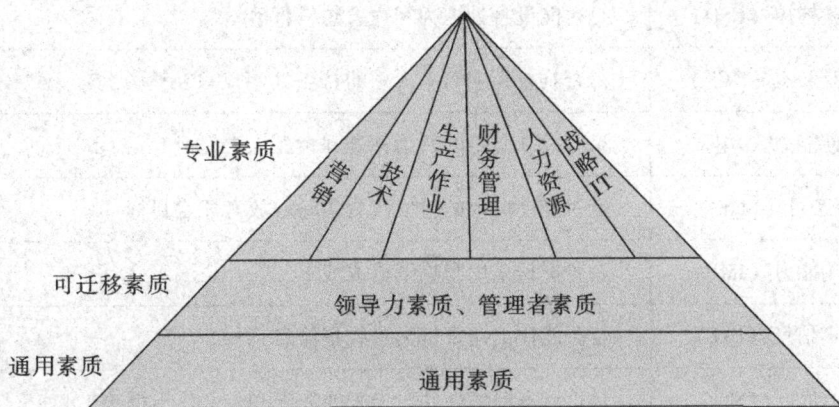

图 6-1　素质的分类

3. 素质词典的编制

以素质为基础进行绩效考核来帮助组织实现既定的绩效目标时，首先必须清楚地知道什么是素质、对企业而言哪些素质是最重要的、这些素质的明确定义和为这些素质划分等级的标准是什么等问题，因此必须编制素质词典。

编制素质词典不仅是一个费时费力的艰苦过程，更是一个专业化程度非常高的过程。通常的做法是：企业与研究机构或咨询公司进行合作，借助他们既有的研究成果并结合企业的实际构建素质的基本框架，细化具体的素质要素，最终编制素质词典。

在此着重介绍美国 Hay 公司于 1996 年出版的素质词典，该素质词典是迄今为止世界范围

内研究最为通透、公认为最好的词典之一。收录在 1996 年版素质词典里的素质分为如下几大类。

1. 通用的核心素质

通用的核心素质共有 18 个，它们共同构成了素质词典的基本框架。这些通用素质被应用于各种素质模型之中，员工个人素质的评估也往往就是对这 18 个素质的评估。通用的核心素质说明如表6-2 所示。

表6-2　通用的核心素质

序号	素质名称	提示
1	成就导向（ACH）	是否满足并考虑要超过既定目标？为达到所期肯冒一定风险
2	演绎思维（AT）	是否理解因果关系链
3	归纳思维（CT）	是否看出事物的类比模式？是否把许多不相关的片段、事件归纳成有机的整体？是否能创造出新方法来看待事物
4	服务精神（CSO）	是否能设身处地为客户着想、行事
5	培养人才（DEV）	是否具有长期培养人才的特点（不仅只在技巧上）
6	监控能力（DIR）	是否设立坚定的行为标准并指派人去完成
7	灵活性（FLX）	是否能在需要的时候改变策略或放弃原定目标
8	影响能力（IMP）	是否擅长采用影响策略或战术
9	收集信息（INF）	是否能作出超常行为去收集信息
10	主动性（INT）	是否具有前瞻性并对未来的需求和机会作出反映
11	诚实正直（ING）	是否能在与自己坚信的人生信条及价值观相冲突时还能坚持正义
12	人际理解能力（IU）	在无言无声的情况下，是否能知道别人在想什么
13	组织意识（OA）	是否对组织的政治和结构非常敏感
14	献身组织精神（OC）	是否与上级组织标准、需要及目标保持一致
15	关系建立（RB）	是否能主动去建立人际关系
16	自信（SCF）	是否敢冒险接受任务或敢于提出与上级不同的意见

（续表）

序号	素质名称	提示
17	领导能力（TL）	是否能领导下属有效工作
18	合作精神（TW）	是否能促进自己所在团队的运作

2. 补充及个性化通用素质

尽管这些素质有效且可靠，但它们在素质库中出现和使用的频率却远远低于通用素质，而且它们主要出现在一些低层的管理者身上。因此，只有在必要的时候才会对这些素质进行分析。

3. 可能出现的素质

这些素质仅仅是来自于某一些访谈对象，它们往往是应某些企业的特定要求而开发的，因而缺乏通用素质的广泛适用性。但由于它们在某些特定的模式中被证明是可靠的，因此不能排除它在其他模式中也适用的可能性。

东芝（TOSHIBA）

TOSHIBA 東芝

成立年份（Founded Year）： 1939 年

总部（Headquarters）： 日本东京

主营业务（Main Business）： 综合电子电器制造

发展历程（Development Process）： 东芝由株式会社芝浦制作所和东京电气株式会社合并而成，是日本最大的半导体制造商，也是第二大综合电机制造商，隶属于三井集团旗下。东芝从一个以家用电器、重型电机为主体的企业转变为包括通信、电子在内的综合电子电器企业。进入 20 世纪 90 年代，东芝在数字技术、移动通信技术和网络技术等领域取得了飞速发展，已成功地从家电行业的巨人转变为 IT 行业的先锋。

工具02 能力素质模型

【工具定义】

能力素质模型（Competence model）是指用行为方式来定义和描述员工完成工作需要具备的知识、技巧、品质和工作能力，通过对不同层次的定义和相应层次的具体行为的描述，确定核心能力的组合和完成特定工作所要求的熟练程度。这些行为和技能必须是可衡量、可观察、可指导的，并能够对员工的个人绩效以及企业的成功产生关键影响。

【适用范围】

适用于企业岗位胜任的确认工作。

【工具解析】

1. 素质的模型

（1）素质的冰山模型

美国著名心理学家麦克利兰于 1973 年提出了著名的素质冰山模型，所谓"冰山模型"，就是将人员个体素质的不同表现形式划分为表面的"冰山以上部分"和深藏的"冰山以下部分"，具体内容如图 6-2 所示。

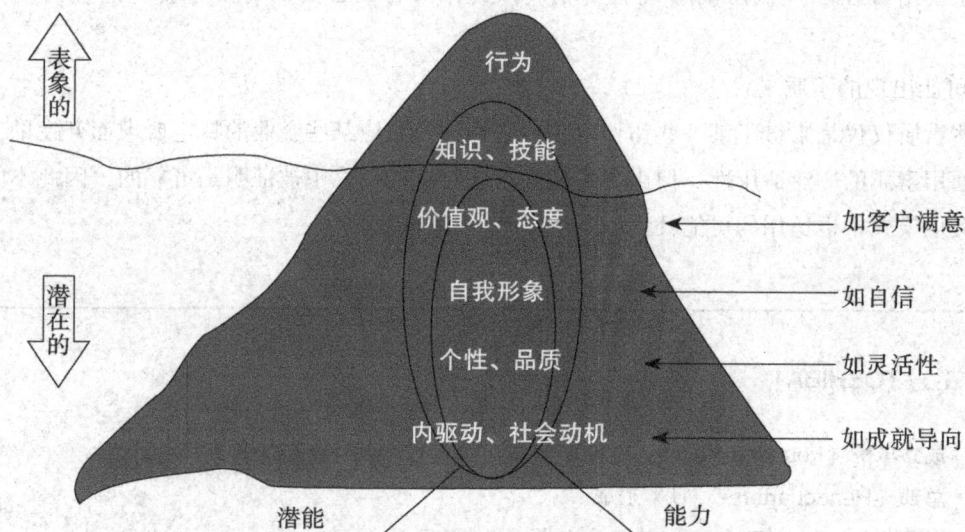

图 6-2　素质冰山模型

在图 6-2 所示的冰山模型中我们可以看到，一个人的素质也是分层分级的，从最表层浮于冰山之上的技能和知识，到最底层难以用一般方法测得的品质及动机，越靠近冰山的底部，对其潜在业绩产出的影响就越大，也就越难以通过后天学习获得提高。我们可以将素质按照层级划分高低，具体内容如图 6-3 所示。

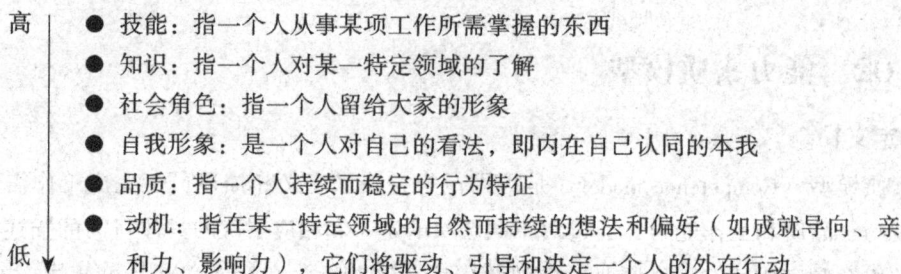

高
- 技能：指一个人从事某项工作所需掌握的东西
- 知识：指一个人对某一特定领域的了解
- 社会角色：指一个人留给大家的形象
- 自我形象：是一个人对自己的看法，即内在自己认同的本我
- 品质：指一个人持续而稳定的行为特征
- 动机：指在某一特定领域的自然而持续的想法和偏好（如成就导向、亲和力、影响力），它们将驱动、引导和决定一个人的外在行动
低

图 6-3　素质层级高低的划分

（2）素质的洋葱模型

美国学者 R. 博亚特兹（Richard Boyatzis）对麦克利兰的素质理论进行了深入和广泛的研究，提出了"素质洋葱模型"。该模型展示了素质构成的核心要素，并说明了各构成要素可被观察和衡量的特点。

素质洋葱模型中的各核心要素由内至外分别是动机、个性、自我形象、价值观、态度、知识、技能等，具体内容如图6-4所示。

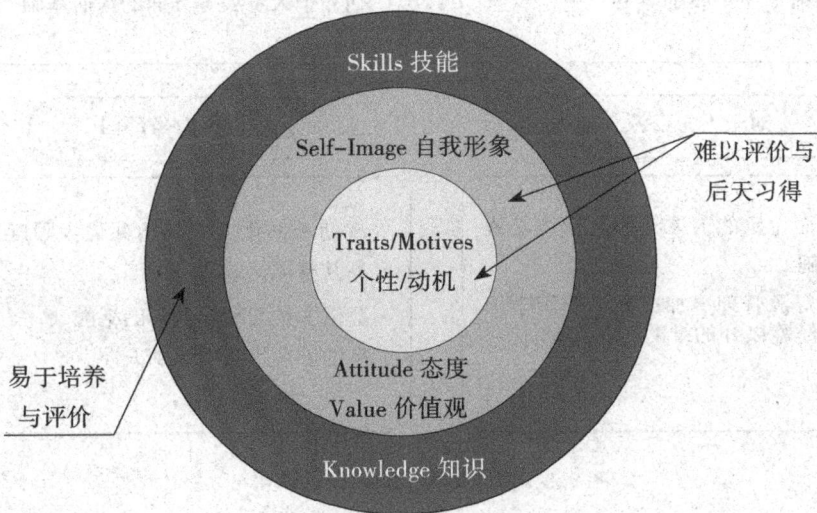

图6-4　素质洋葱模型

素质洋葱模型是把胜任素质由内到外概括为层层包裹的结构，最核心的是动机，然后向外依次展开为个性、自我形象、价值观、态度、知识、技能等。越向外层，越易于培养和评价；越向内层，越难以评价和习得。大体上，"洋葱"最外层的知识和技能相当于"冰山"的水上部分；"洋葱"最里层的动机和个性相当于"冰山"水下最深的部分；"洋葱"中间的自我形象与角色等则相当于"冰山"水下浅层部分。素质洋葱模型同素质冰山模型相比，本质是一样的，都强调核心素质或基本素质，但素质洋葱模型更突出潜在素质与显现素质的层次关系，比冰山模型更能说明素质之间的关系。

2. 建立能力素质模型的作用

能力素质模型作为一个非常有效的工具，它清晰地表明了企业对员工行为的期望。建立能力素质模型的作用如图6-5所示。

对于企业	对于广大员工
·将人员的能力和企业战略目标结合在一起 ·为特定的族群提供了共同的框架和语言 ·它清晰地反应了企业优势	·通过更好地了解自身工作，不断提高工作能力 ·给员工和经理直接提供了关于绩效评估和个人发展等方面的沟通基础

对于人力资源	对于业务部门
·为完整而稳定的人才管理解决方法提供了基础 ·使人力资源管理更加成熟（使用学历、资历和经验以外的维度）	·有助于强化人才队伍并最大限度地提高其整体绩效 ·提供了员工绩效目标的标准 ·有助于在团队中识别人才

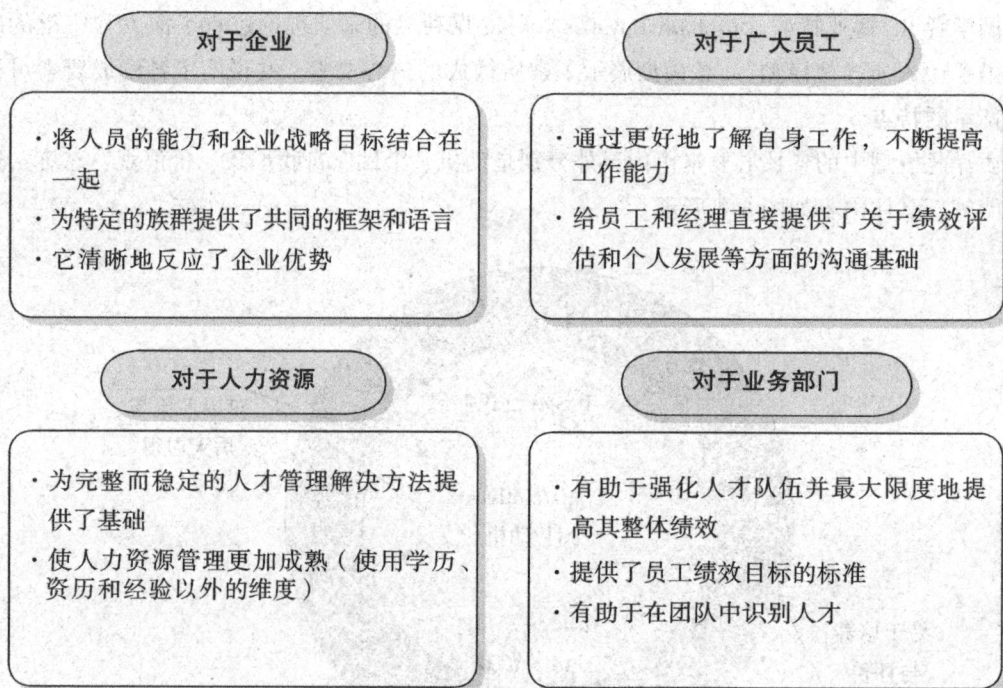

图 6-5　建立能力素质模型的作用

3. 构建素质模型的步骤

素质模型建立的步骤如下。

（1）定义绩效标准（销售量、利润、管理风格、客户满意度）。

绩效标准一般采用工作分析和专家小组讨论的办法来确定。工作分析是指利用工作分析的各种工具与方法明确工作的具体要求，提炼出鉴别工作优秀的员工与工作一般的员工的标准。专家小组讨论是指由优秀的领导者、人力资源管理层和研究人员组成的专家小组，就此岗位的任务、责任和绩效标准以及胜任特征行为和特点进行讨论，得出最终的结论。如果客观绩效指标不容易获得或经费不允许，一个简单的方法就是采用"上级提名"。这种由上级领导直接给出的工作绩效标准的方法虽然较为主观，但对于优秀的领导层来说也是一种简便、可行的方法。企业应根据自身的规模、目标、资源等条件选择合适的绩效标准定义方法。

（2）选取分析效标样本（一般经理、优秀经理）。

根据岗位要求，在从事该岗位工作的员工中，分别从绩效优秀和绩效普通的员工中随机抽取一定数量的员工进行调查。

（3）获取效标样本有关胜任特征的数据资料（BEI、问卷调查、评价中心、专家评议组）。

企业可以采用行为事件访谈法（Behavioral Event Interview，简称 BEI）、专家小组法（Expert Panel）、问卷调查法（Survey）、全方位评价法、专家系统数据库和观察法等获取效标样本有关胜任特征数据，但一般以行为事件访谈法为主。

（4）建立能力素质模型（确定 Competency 项目、确定等级、描述等级）。

企业应在分析数据信息（访谈结果编码、调查问卷分析）的基础上建立能力素质模型。首先，通过行为访谈报告提炼胜任特征，对行为事件访谈报告进行内容分析，记录各种胜任特征在报告中出现的频次。然后，对优秀组和普通组的要素指标发生频次和相关的程度统计指标进行比较，找出两组的共性与差异特征。最后，根据不同的主题进行特征归类，并根据频次的集中程度估计各类特征组的大致权重。

（5）验证能力素质模型。

验证能力素质模型时可以采用回归法或其他相关的验证方法，采用已有的优秀与一般的有关标准或数据进行检验。在此阶段，关键点在于企业选取什么样的绩效标准来做验证。

※ 实例说明（1）

摩托罗拉将自己的领导者所需要具备的核心能力定义为"4E'+1E"，并提出了相应的指标：Ethics（职业操守）处于中心，Envision（高瞻远瞩）、Energize（激情互动）、Edge（果断决断）和 Execute（执行力）围绕着 Ethics。

Ethics：也可以说是自律能力，领导者要以道德的方式开展业务，尊重所有人和文化，不让个人的志向和情绪反应干扰工作。

Envision：作为一个领导者，要有眼光，要有境界，要有追求。

Energize：要有热情，能够激励员工、客户和合作者对组织目标的热情，对一切工作都注入极为高涨的个人热情，创造一个人人都满怀工作激情、有机会做出贡献的环境。

Edge：一针见血地切中问题的要害，做出大胆和及时的决定，坚持用更高的标准要求本组织。

Execute：目标不能永远停留在纸上、口中、脑中，必须转变成现实的行动和成果。

※ 实例说明（2）

杰克·韦尔奇认为：领导者应该具备的关键素质可以用"4E+P"来概括，即"GE 领导力模型"的主要内容。GE 领导力模型如图 6-6 所示。

充满能量，干劲十足。即
不屈服于逆境，不惧怕变化，
不断实习，能够积极挑战新事
物

激励和激发他
人的能力。能够活
跃周围的人，善于
表达和沟通自己的
构想与主意

提交结果，能够将构
想与结果联系起来。即将
构想变成切实可行的行动
计划并能够直接参与和领
导计划的实施

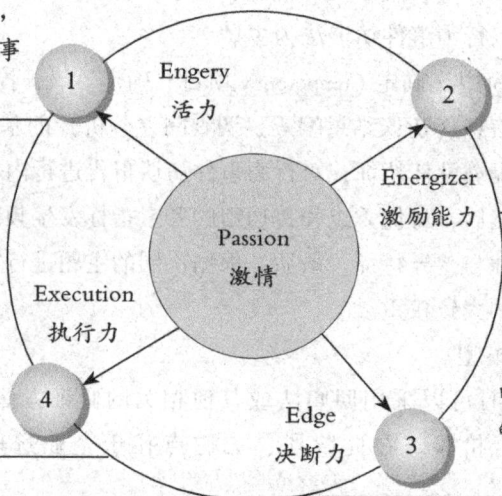

具有竞争精神、
自发的驱动力、坚定
的意志与注意力，能
够果断作出决策

Engery
活力
1

Energizer
激励能力
2

Passion
激情

Execution
执行力

Edge
决断力

4

3

图6-6　GE 领导力模型

※ **实例说明 (3)**

宝洁公司认为领导力的要件可以概括为五个 E，它们是 Envision（高瞻远瞩）、Engage（全情投入）、Energize（鼓舞士气）、Enable（授人以渔）和 Execute（卓越执行）。

Envision：更多是指一个领导者构筑愿景的能力，给整个组织指明方向，从而激发团队的工作热情。

Engage：是指从人和资源两个角度，能够很好地将利益攸关者—员工、同事、客户、老板纳入自己的愿景，构成支持梯队。

Energize：是指鼓舞团队的热情和士气，使团队始终保持高昂的工作状态。

Enable：是指构建团队整体的能力，并对团队成员进行培训与教授。

Execute：是指要率先垂范，完美执行。

在宝洁公司看来，这五个要件是相互交融但又先后有别的。这是一个完善而科学的模型，同时具有很强的可操作性，因为宝洁公司与大多数领导力大师一样，坚信领导能力不是与生俱来的，而完全是可以通过后天培养的。综观企业领导者，无一不是具有这一模型所界定的领导力要件。因此，要提高个人的领导力，就必须具备这些素质。

※ **实例说明 (4)**

对于领导力素质的评价，IBM 有着自己的三环模型："对事业的热情"处在环心，"致力于成功、动员执行和持续动力"这三大要素围绕环心运转。

环心：对事业的热情

IBM 认为他们的杰出领导者对事业、市场的成功以及 IBM 的技术和业务为世界提供服务充满了热情。对事业热情的指标如下。

(1) 充满热情地关注市场情况。

(2) 表现出富有感染力的热情。

(3) 能描绘出一幅令人振奋的 IBM 未来图景。

(4) 接受企业的现实，并以乐观自信的方式做出反应。

(5) 表现出对改造世界的技术潜力的理解。

(6) 表现出对 IBM 解决方案的兴奋感。

1 环：致力于成功

IBM 以以下三大要素来考察领导者，是否成功包括对客户的洞察力、突破性思维、渴望成功的动力。

表6-3　致力于成功的三大考核要素

序号	要素	考核指标
1	对客户的洞察力	(1) 设计出超越客户的预期，并能显著增值的解决方案 (2) 站在客户的角度和 IBM 的角度来看待客户企业 (3) 使人们关注客户环境 (4) 努力理解并满足客户的基本及未来的需求 (5) 一切以满足客户的需要为优先 (6) 以解决客户遇到的问题为己任
2	突破性思维	(1) 必要时能打破常规 (2) 不受传统的束缚，能够积极创造新观念 (3) 在纷乱复杂的业务环境中积极开拓并寻求突破性的解决方案 (4) 能看出不易发觉的联系和模式 (5) 从战略角度出发而不是根据先例作决策 (6) 能够高效地与他人探讨创造性的解决方案 (7) 以为企业创造突破性的改进为第一要务 (8) 开发新战略，使 IBM 立于不败之地
3	渴望成功的动力	(1) 设立富有挑战性的目标，以显著地改进绩效 (2) 能够寻求更简单、更快、更好地解决问题的方法 (3) 通过投入大量的资源或时间，适当冒险，以把握新的商机 (4) 在工作过程中不断地进行改变，以取得更好的成绩 (5) 将精力集中于对业务影响最大的事情 (6) 坚持不懈地努力以实现目标

2 环：动员执行

一位杰出的领导者是否能动员团队执行，达到目标，从四个要素可以考察：团队领导力、直言不讳、协作、决断力和决策能力。

表6-4 动员执行的要素与考核指标

序号	要素	考核指标
1	团队领导力	(1) 创造出一种接受新观念的氛围 (2) 使领导风格与环境相适应 (3) 传达一种清晰的方向感，使组织充满紧迫感
2	直言不讳	(1) 建立一种开放、及时、广泛和共享的交流环境 (2) 言行要一致，说到做到 (3) 建立与 IBM 政策和实践相一致的商业和道德标准 (4) 行为正直 (5) 使用清晰的语言和平实的对话进行沟通 (6) 寻求其他人的诚实反馈，以改善自己的行为 (7) 与他人对话应坦率
3	协作	(1) 具有在多文化和多样性的环境中工作的能力 (2) 能够采取措施建立一个具有凝聚力的团队 (3) 在 IBM 全球内寻求合作机会 (4) 从多种来源提取信息，以作出更好的决策 (5) 信守诺言
4	判断力和决策力	(1) 即使在信息不完全的情况下也能果断行动，能够处理复杂和不确定的情况 (2) 能够以清晰而合理的原因邀请其他人参与决策过程 (3) 快速制定决策 (4) 尽快贯彻决策 (5) 有效地处理危机

3 环：持续动力

判定一个杰出的领导者是否能为组织带来持续的动力，IBM 也有三条标准：发展组织能力；指导、开发优秀人才；个人贡献。

表6-5　持续动力的素质与考核指标

序号	要素	考核指标
1	发展组织能力	(1) 调整团队的流程和结构，以满足不断变化的要求 (2) 建立高效的组织网络与联系渠道 (3) 鼓励员工比较和参照企业以外的信息来源，以开发创新的解决方案 (4) 与他人合理分享所学到的知识和经验
2	指导、开发优秀人才	(1) 提供具有建设性的工作表现的反馈 (2) 提拔人才 (3) 积极、真实地向他人表达对其的期望 (4) 激发他人以及发掘他们的最大潜力 (5) 与自己的直接下属合作，及早分配以培养为目的任务 (6) 帮助他人学会如何成为一个优秀的领导者 (7) 辅助他人发挥自身的领导作用 (8) 以自身正确的行为鼓励下属重视学习的氛围
3	个人贡献	(1) 所作出的选择应与IBM的使命和目标保持一致 (2) 保持有关本职工作的职业和技术知识；帮助他人确定复杂情况中的主要问题 (3) 热诚地支持IBM战略和目标 (4) 为满足IBM其他部门的需要而提供关键人才

工具03　卡特尔十六种人格因素测验

【工具定义】

卡特尔十六种人格因素测验（简称16PF）是美国伊利诺伊州立大学人力及能力测验研究所卡特尔教授经过几十年的系统观察和科学实验，应用因素分析统计法慎重确定和编制而成的一种精确的测验。

【适用范围】

适用于人格测评、人才选拔、心理咨询和职业咨询等工作领域。

【工具解析】

1. 卡特尔十六种人格因素测验的意义

运用卡特尔十六种人格因素测验时，首先应以约45分钟的时间测量出十六种主要人格特

征，凡具有初中以上文化程度者均适用，十六种人格因素是各自独立的，相互间相关度极小，每种因素的测量都能使人对被试者某一方面的人格特征有清晰的认识，更能对被试人格的十六种因素组合做出综合了解，从而全面评价其整个人格。

本测验的意义如下。

（1）可以帮助测评者真正、全面、深入地了解自己的特点，并且根据自己的特点充分发挥自己的优势。

（2）帮助测评者更加全面、准确、深入、客观地了解自己，更加科学合理地确定自身的职业定位和职业生涯规划。

2. 十六种人格因素的含义

卡氏采用系统观察法、科学实验法以及因素分析统计法，经过二三十年的研究，确定出十六种人格特质，并据此编制了测验量表。十六种人格因素的名称、符号及特征如表6-6所示。

表6-6　十六种人格因素的名称、符号及特征

类型	高分特征	低分特征
乐群性 A	外向、热情、乐群。和蔼可亲，容易与他人相处、合作，适应能力强，愿意参加或组织种种社团活动	抑郁、缄默、孤独、对人冷漠。通常表现为执拗，对人冷漠，吹毛求疵，喜欢独自工作且工作标准常常很高
聪慧性 B	聪明，富有才能，善于抽象思维	思维迟钝，学识浅薄，抽象思维能力较弱
情绪稳定性 C	情绪稳定而且成熟，敢于面对现实，行动充满魄力，能以沉着的态度应付现实中的各种问题	情绪容易激动，易产生烦恼，容易受环境支配而心神动摇不定
恃强性 E	好强、固执、独立、积极、有主见，独立性强	顺从、恭顺、自大
兴奋性 F	通常活泼、愉快、健谈、工作热情	严肃、审慎、寡言，内省而不轻易发言，较消极、阴郁
有恒性 G	责任心强，工作细心周到，有始有终	工作敷衍，缺乏认真负责的精神，缺乏远大的理想和目标
敢为性 H	冒险敢为，少有顾忌	畏怯退缩、缺乏信心，有强烈的自卑感，常有不自然的表现
敏感性 I	敏感，感情用事。通常心肠软，易受感动，较女性化，爱好艺术，富于幻想	理智，着重现实，自恃自力。多以客观、坚强、独立的态度处理问题，不感情用事

（续表）

类型	高分特征	低分特征
怀疑性 L	刚愎自用，固执己见；多疑，不信任他人，与人相处斤斤计较，不顾别人的利益	信赖随和，容易与人相处。无猜忌，不与人竞争，顺应合作，善于体贴人
幻想性 M	忽视生活细节，只以本身动机、当时兴趣等主观因素为行动的出发点，可能富有创造力	现实、合乎成规，力求妥善合理，不鲁莽从事，在关键时刻也能保持冷静
世故性 N	精明能干，处事老练，行为得体，冷静、理智、客观	坦白、直率、天真。思想简单、感情用事，与人无争，容易满足，但有时也显得幼稚、笨拙
忧虑性 O	忧虑抑郁，烦恼自扰，通常觉得世道艰辛，人生不如意，甚至沮丧、悲观	沉着、有自信心，不易动摇，有安全感，相信自己有应付问题的能力
激进性 Q1	自由、激进，不拘泥于现实，对新的思想和行为有兴趣	保守，看重传统观念与行为标准，不愿尝试创新，常常激烈地反对新的思潮和变革
独立性 Q2	自立自强，当机立断，通常能够独立完成自己的工作计划，不依赖他人	通常愿意与人合作共事，而不愿独立孤行，常放弃个人主见，附和众议，依赖性强
自律性 Q3	知己知彼，自律谨严，言行一致，能够合理支配自己的感情行动，为人处事能保持自尊心	通常既不能克制自己，又不能尊重礼俗，更不愿考虑别人的需要
紧张性 Q4	缺乏耐心，心神不定，过度兴奋，时常感觉疲乏	心平气和，闲散宁静，容易知足，但也可能过分松懒，缺乏进取心

3. 十六种人格因素测验的实施过程

十六种人格因素测验的实施过程如下。

（1）纸笔作答

测验过程如下。

①依据预定的参试人数选择适宜的测试地点，布置考场。考场环境应安静整洁，无干扰，采光照明良好。

②准备好测验所用的如下材料：测验题本、专用答题纸、铅笔、橡皮，保证每位应试者有以上完整的测验材料可用。

③安排考生入场，并宣布测验注意事项。

（2）计算机检测

这是在计算机平台以人机对话的方式进行的测验，具体步骤如下。

①启动 16PF 测验专用软件。

②按照屏幕提示，输入所需要的信息，以及受试者的背景信息。

③屏幕出现答题指导，让受试者学会如何看题并选择符合的选项。

④受试者答题。

⑤答题结束后，出具计算机报告结果，包括各个维度的初步测评结果，转换后的标准分、人格因素剖面图和次元人格因素估算和应用估算分数。

4. 十六种人格因素测验的结果

（1）16PF 测验量表的结果有如下几方面的分数。

①16 种人格因素各个分量表的原始分。

②转换后的标准分，能明确描述 16 种基本人格特征。

③个人的人格轮廓剖面图。

④依据有关量表的标准分推算的双重个性因素的估算分，包括适应—焦虑型、内向—外向型、感情用事—安详机警型和怯懦—果断型四个分数，可用于描述综合性双重人格特征。

⑤依据有关量表的标准分推算的综合个性应用评价分，包括情绪心理状态健康者的人格因素、专注职业而有成就者的个性因素、富有发明创造能力者的人格因素、在新环境中有成长力的人格因素、事务管理能力较强者的人格因素这五项人格因素的应用估算分数，可用于心理咨询、就业指导以及人员选拔中对受测者素质特征的评价。

（2）结果解释中的注意事项

对于 16 种人格因素的分数不要孤立地解释，因为每一种因素都与其他方面有一定的关联性。因此，在评定一个人的个性特征时，一方面可以凭有关因素分数高低而予以评估，但同时必须参考受测者其他人格因素的状况进行全面考察。

（3）关于人格测验评估数据的筛选和解释的建议

①调查受测者的总体生活情境和问题，了解与评估特别相关的一些细节。

②如果有必要的话，要注意受测者的社会文化和民族背景，以及他目前所处的特殊情境。

③尽量使用更为客观的技术和数据。

④确保获得与特定的情境和评估目的相关的正确的信息。

⑤在结果解释和行为预测中避免过多的考虑，在预测那些很少可能出现的行为时要特别小心。

⑥如果可能，与心理测评专家一起复核测验结果和解释，并且注意对双方一致认可或有不

同意见的地方作记录。

⑦测验结果的写作要以阅读报告的人可理解的方式行文，以清晰的书面方式表达出来，以供传阅交流。

工具04 管理评价中心法

【工具定义】

管理评价中心法是指将被测试者置于某种摸拟的情境中，通过被测评者的行为表现对其进行评价的方法。管理评价中心法综合运用了各种测评技术，其主要特点是使用情境性的测验方法对被测试者的特定行为进行观察和评价。

【适用范围】

适用于评价、考核和选拔管理人员。

【工具解析】

管理评价中心法（Management Assessment Center）是一个2~3天的经历，在这个经历中，有10多位管理职位候选人执行现实管理任务（如发表演讲），由一些谨慎的评价专家进行观察，并对每位候选人的管理潜力进行评价。

观察地点可能仅是一个会议室，也可能是一个特别的房间，候选人与观察者间由单向玻璃隔开，以方便评价者隐蔽地观察。

1. 评价中心的内容

典型的评价中心包括以下模拟练习，具体内容如表6-7所示。

表6-7 评价中心的练习项目

序号	练习项目	说明
1	公文处理	在这个练习中，候选人要面对大量的报告、备忘录、电话记录、信函以及其他材料，这些是候选人将从事的模拟工作的文件中的待处理材料。候选人被要求对每一份材料采取适当行动。例如，候选人必须写信制定会议议程。候选人的行动结束后由训练有素的评价者检查
2	无领导小组讨论	向无领导小组提供一个讨论议题，并要求其达成一个小组决定。然后，由评价者评价每一小组成员的人际技能、群体接受度、领导能力以及个人影响力等
3	个人演说	通过让候选人就一指定的题目发表演讲来评价其沟通技能和说服能力
4	管理游戏	让候选人作为在市场上互相竞争的两个或更多的公司的成员解决一些实际问题。候选人可能要就如何做广告、如何生产以及保持多少存货等问题作出决策

（续表）

序号	练习项目	说明
5	客观测试	各种类型的人格测试、智力测试、兴趣测试和成就测试也可以作为评价中心的一部分
6	面试	多数评价中心法要求至少有一名评价者对每一位候选人进行面试，并对候选人的兴趣、背景、过去表现和动机等进行评价

通常情况下，评价中心要使用 4 ~ 6 种测评方法和练习来进行测评。主试人员由组织内部经验丰富的上级主管和经过专门训练的专家组成。

2. 评价中心的测评日程及内容

以下介绍一个比较典型的评价中心的测评日程及内容，具体内容如表6-8所示。

表6-8　评价中心的测评日程及内容

测评日程	测评内容	说明
第一天至第二天	情况介绍	简要介绍一下测评的程序和安排，说明测评中的注意事项和要求，为正式开展测评做准备
	面试	由主持人通过与被测试人的交谈、问答、观察，初步评价被测试人的言谈、举止、气质、风度等外部行为特征和表达能力、应变能力、自信心和控制力等智能要素以及工作动机、工作和学习经历、个性与追求等内容
	管理游戏	游戏的题目是"组建新的集团公司"。将被测试人按四人一组分成几个小组，形成若干个公司董事会，给各董事会一些关于市场状况和本公司下属各单位情况的资料，要求他们研究确定进行内部结构调整的优化目标，并做好计划与组织工作；与其他公司董事会进行谈判，转让影响公司发展的部门，买进本公司需用的企业或单位（或者是控股权），完成调整任务，组建一个结构合理、有发展潜力的新的集团公司
	案例分析讨论	讨论的题目是"管理问题"。主测试人给四人小组提供四个不同类型的小型案例，分别考察被测试人不同方面的能力，如决策、计划、组织、控制、激励、创新等能力。要求他们作为企业的高级管理顾问，在一个小时内分析、讨论、解决案例中所提出的问题，形成一致意见，并提交书面建议

（续表）

测评日程	测评内容	说明
第一天至第二天	角色扮演	主题为"研究预算"。被测试人被告知自己刚刚被任命为部门经理，接替突然因故离职的原经理。新任经理收到一份简要的情况介绍，内容是最近其前任拒绝继续给一项研究提供资金的说明，然而项目负责人一直要求经理改变这个决定，继续提供资金以便顺利完成该项研究课题。被测试人有 15 分钟的时间进行提问，可以深入了解有关这件事情的各种信息，以便发现和分析问题。在此之后的一段时间内，被测试人不但要作出具体决策，还要口头说明自己发现问题、分析问题的过程及决策的理由和根据，并回答主测试人提出的各种有关问题
第二天	公文处理	要求被测试人模拟为某公司的一个部门经理，处理各种信函、报告、备忘录、申请书、电话记录等公文。被测试人要浏览所有文件，分清各种工作的重要性和紧迫程度，依次处理，并按照自己的权限情况分别对待：或上报上级主管、或自行处理、或授权下级解决。同时，做好计划、组织、监控工作，使各种文件得到相应的处理。主测试人在观察公文处理过程和审阅被测试人的处理办法及处理意见后，同被测试人进行一个小时的面谈，详细了解其在处理每一件公文时的想法和理由，以获得更多的信息
第二天	分角色小组讨论	讨论内容为薪金委员会如何为下属加薪。某公司董事会决定每月拿出 8 000 元钱非指定性地给公司内部 5 个中级管理人员加薪。被测试人分别模拟为公司各个部门（如生产部门、销售部门、财务部门、人事部门）的主管，组成薪金委员会，评选出五名加薪的中级管理人员。同时要求各部门主管尽最大努力为本部门的人员争取到这个奖励，并且在委员会中发挥作用，使委员会最合理、最有效地分配这项奖励基金
第二天	无领导小组讨论	讨论内容为"财务问题"。被测试人作为某食品公司的高级顾问，去帮助解决两个问题：其一，该公司一个分支机构由于财务混乱，出现资金流失问题；其二，根据该公司的财务状况和市场调查报告，考虑是否应该扩大生产规模和怎样筹集扩大生产所需资金。主测试人给出该公司的各种财务资料和其他有关信息，要求被测试人提出解决问题的办法和方案，并分别在 8 分钟内口头说明，然后再将被测试人分成小组进行讨论，最后形成统一的建议报告
第三天		各个测评项目的主测试人集中在一起研究、讨论每一名被测试人的评价结果，对每一项测评内容的评价形成一致意见后写出书面报告，对被测试人各方面素质和发展潜力进行综合评价

3. 应用评价中心法的关键环节

（1）明确目标岗位的素质要求

所谓"目标岗位"，是指招聘和选拔来的人才所要安置的岗位。素质则包括知识，技能、自我概念，态度、价值观和自我形象、特质和动机等。

测评之前要针对具体企业的目标岗位进行工作分析，确定该岗位的能力、知识和动机等素质要求（胜任力），并界定素质维度定义，以作为测评标准。例如，销售人员的素质要求（胜任力）可以是人际敏感性、说服力、客户服务意识、分析能力、成就动机等。

（2）精心设计测试方案

设计测试方案的步骤如图6-7所示。

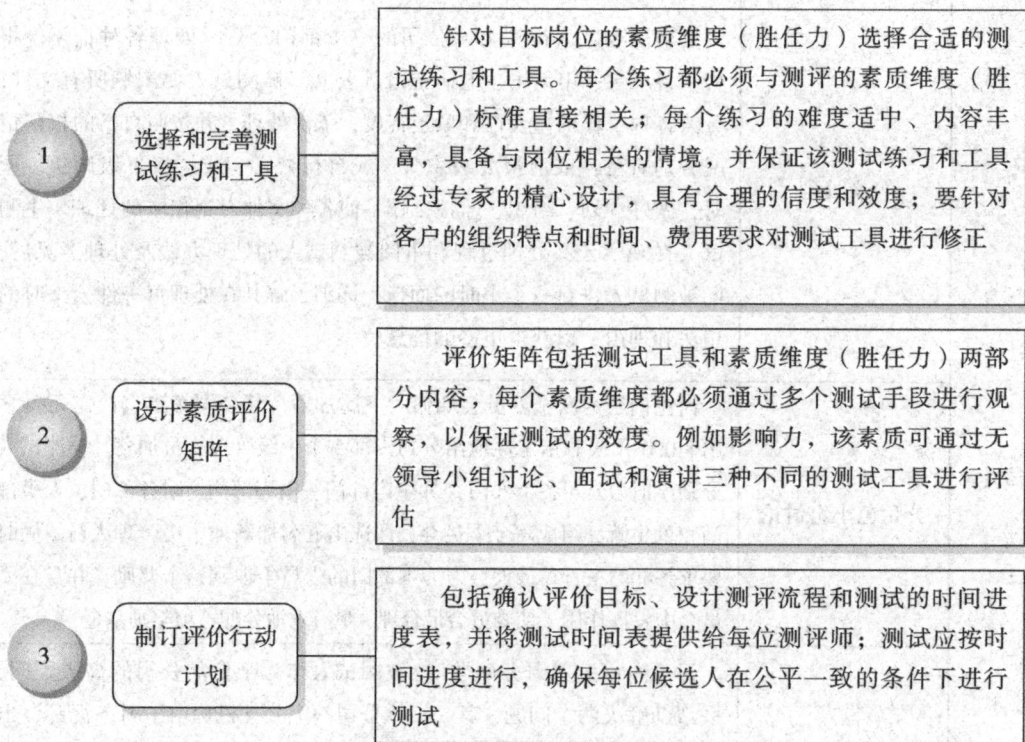

1 选择和完善测试练习和工具	针对目标岗位的素质维度（胜任力）选择合适的测试练习和工具。每个练习都必须与测评的素质维度（胜任力）标准直接相关；每个练习的难度适中、内容丰富，具备与岗位相关的情境，并保证该测试练习和工具经过专家的精心设计，具有合理的信度和效度；要针对客户的组织特点和时间、费用要求对测试工具进行修正
2 设计素质评价矩阵	评价矩阵包括测试工具和素质维度（胜任力）两部分内容，每个素质维度都必须通过多个测试手段进行观察，以保证测试的效度。例如影响力，该素质可通过无领导小组讨论、面试和演讲三种不同的测试工具进行评估
3 制订评价行动计划	包括确认评价目标、设计测评流程和测试的时间进度表，并将测试时间表提供给每位测评师；测试应按时间进度进行，确保每位候选人在公平一致的条件下进行测试

图6-7　设计测试方案的步骤

（3）测评师培训

测试效果的好坏在一定程度上依赖于测评师的技术水平。测评师要从专业人士中挑选，具有丰富的测评实践经验。即使是最优秀的测评专家，在测试前也要接受有针对性的培训。

①熟悉测评的素质维度（胜任力）和测试工具，了解特殊测验的一些细节内容。

②熟悉测试过程中行为观察、归类和行为评估的技巧。

③统一的评价标准和尺度，提高测评师评价的一致性。

（4）测试评估

测试结束后，每位测评师都要将观察记录进行归类、评估，写出评语，然后一起对每位候选人在不同测试练习中的表现进行分析整合，逐一对每一项素质维度（胜任力）出具分数，并按照严格的格式撰写测评报告。

只有做到以上几点，才能使评价中心成为一种科学有效的人才选拔和评估工具。

工具05 文件筐测验

【工具定义】

文件筐测验通常又叫公文处理测验、篮中训练法（In-basket），是评价中心较常用和核心的技术之一。在这种测评方法中，要求被测试者阅读和处理备忘录、信函等一系列文字材料，其涉及的问题随被测试者拟任岗位的要求不同而不同。一般做法是让考生在限定时间（通常为1～3小时）内处理事务记录、函电、报告、声明、请示及有关材料等文件，内容涉及人事、资金、财务、工作程序等方面。一般只给日历、背景介绍、测验提示和纸笔，考生在没有其他人协助的情况下回复函电、拟写指示、作出决定以及安排会议。评分时，除了看书面结果外，还要求考生对其问题处理方式作出解释，根据其思维过程予以评分。

【适用范围】

适用于管理人员的选拔及考察其授权、计划、组织、控制和判断等项能力素质。

【工具解析】

1. 文件筐测验的基础工作

文件筐测验最基础、最重要的工作是测试题目的设计，即呈现给被测人员的各类书面文件，它决定了测评结果的信度和效度。一般来讲，文件筐内装的是十几份甚至更多的诸如备忘录、请示、信函、报表等书面形式的文件，这些文件的信息由上级和下级提供，有内部信息也有外部信息，内容涉及内部管理、人事、财务、生产、市场、政策法规、客户、公共关系等方面，其中有些是日常琐事，有些是紧急事务，也有重大事宜，但这些问题都是围绕目标职位可能遇到的状况进行设计的。

2. 文件筐测验的适用对象

文件筐测验的适用对象为具有较高学历的人（大专以上）或企业的中、高层管理者（部门经理以上），它可以为企业有针对性地选拔中、高层管理人员或考核现有管理人员。

3. 文件筐测验的形式

按其具体内容可将文件筐测验分为三种形式，具体内容如表6-9所示。

表6-9　文件筐处理的形式

序号	形式	说明
1	背景模拟	这种形式在正式开始之前便告诉被测试者所处的工作环境，组织所处的地位，所要扮演的角色，上级主管领导的方式、行为作风，情境中各种角色人物的相互需求等信息，用以测评被测试者的准备与反应的恰当性
2	公文类别处理模拟	这种处理模式分为三类： （1）所需处理的公文已有正确结论，是已经处理完毕且归入档案的材料，用这样的公文让候选人处理，是要检验候选人处理得是否有效、恰当、合乎规范 （2）所需处理的公文条件已具备，要求候选人在综合分析的基础上作出决策 （3）所需处理的公文尚缺少某些条件或信息，主要是查看候选人是否能够发现问题和提出进一步获得信息的要求
3	处理过程模拟	这种形式要求被测试者以某种领导角色的身份参与公文处理活动，并尽量使自己的行为符合角色规范

4. 文件筐测验的设计

文件筐测验的设计必须紧紧抓住以下三个环节。

（1）工作分析。深入分析职位的工作特点，确定胜任该职位必须具备哪些知识、经验和能力。工作分析的方法可以是面谈、现场观察或问卷。通过工作分析，明确文件筐测验的测评要素以其权重。

文件筐测验一般可以考察以下要素。

①书面表达及理解能力。

②统筹计划能力。

③组织协调能力。

④洞察问题、判断和决策能力。

⑤任用授权能力。

⑥指导控制能力。

⑦岗位特殊素质，如法规条例知识。

（2）文件设计

文件设计的工作内容包括选择文件种类，如信函、报表、备忘录、批示等；确定每个文件的内容、选定文件预设的情境等。文件数量较多，其设计时间以2~3个小时为宜。文件的签发方式及其行文规定可以忽略，但文件的行文方向（对上与对下、对内与对外等）应有所区别。特别要注意各个文件测评要素的设计：常常一个文件不同的处理可以体现不同的要素，设计对文件的处理方式要有所控制，确定好计分规则或计分标准，尽量避免每个要素同时得分和无法归于某一要素的情况出现。

（3）测验评分。实施文件筐测验之后，一般由专家和具备该职位工作经验的人（一般是选拔职位的上级主管及人事组织部门的领导）对候选人进行评分。除了要设计评分标准外，还要对评分者要进行培训，使评分者根据评分标准而不是凭个人的经验评分。评分的程序也要特别注意，可以考虑各自独立评分，然后交流评分结果，对评分差异各自申述理由后，再独立第二次评分，最后将评分结果进行统计平均（评分者比较多时，可以去掉最高分和最低分），以平均分作为最后得分。有时，在考生答案不明确的情况下，需要让应聘考生进行说明，根据其对处理方式的解释确定得分。

5. 实施过程

文件筐处理测试的具体过程如图6-8所示。

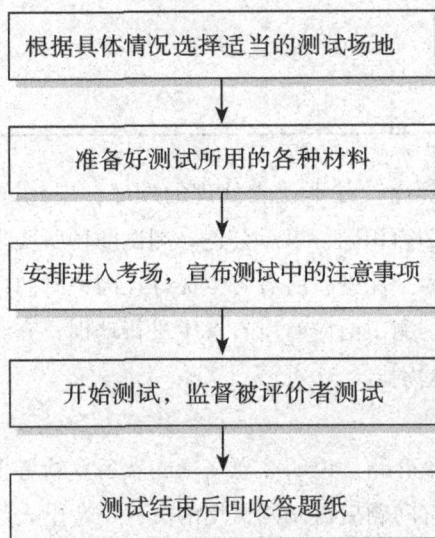

```
┌─────────────────────────────────┐
│   根据具体情况选择适当的测试场地   │
└─────────────────────────────────┘
                 │
                 ▼
┌─────────────────────────────────┐
│      准备好测试所用的各种材料       │
└─────────────────────────────────┘
                 │
                 ▼
┌─────────────────────────────────┐
│   安排进入考场，宣布测试中的注意事项 │
└─────────────────────────────────┘
                 │
                 ▼
┌─────────────────────────────────┐
│     开始测试，监督被评价者测试      │
└─────────────────────────────────┘
                 │
                 ▼
┌─────────────────────────────────┐
│      测试结束后回收答题纸          │
└─────────────────────────────────┘
```

图6-8 文件筐处理测试的过程

（1）准备

主要是指测验材料和测试场所的准备。给每个考生的测验材料事前要编上序号，答卷纸也要有相应序号，分发前要注意清点核对。

答卷纸主要由以下三部分内容构成：一是考生姓名（或编号）、应聘单位和职位、文件序号等；二是处理意见（或处理措施）、签名及处理时间；三是处理的理由。具体内容如表6-10所示。

表 6-10　文件筐测验答题纸

应试者编号： 姓名： 竞聘职位： 文件序号：
处理意见：   　　　　　　　　　　　　　　　　　　　　　　签字： 　　　　　　　　　　　　　　　　　　　　　　____年__月__日
处理理由：

　　文件序号只是文件的标识顺序，并不代表处理的顺序，应允许考生根据轻重缓急调整顺序，但给所有考生的文件顺序必须相同，以示公正。测试的场所要求比较宽敞、安静，每个人一桌一椅，相互之间无干扰。为了保密，所有考生最好在同一时间内完成测试。如果文件内容涉及招聘单位内部的一些情况，测试前应对所有考生进行培训，介绍相关情况，缩小内部考生和外部考生对职位熟悉程度的差别。

　　（2）实施

　　主要是对测验要求作一简单介绍，说明注意事项，然后发给考生测试指导语和答卷纸，回答考生的提问，当考生觉得没有问题后再发测试用的文件。考生人数比较少时，也可以一次将材料发给考生，但要求考生严格遵守测试要求，先看指导语再看文件。测试指导语是测试情景、考生扮演的角色、考生任务和测试要求的说明，必须明确、具体，一目了然。在考生正式进行文件处理后，一般不允许考生提问，除非是测验材料本身有问题。

　　（3）评分

　　评分宜在考生完成测试后立即进行。为求客观，可由一个人将考生的处理意见和处理理由念给所有评分者听，由各位评分者独立评分。为了保证评分的一致性，可事前需对评分者进行培训，也可以考虑对一部分考生（或者模拟考生）进行试评分，考察各个评分者对标准的掌握及评分过程中存在的问题，待取得一致意见后再往下进行。评分时，可按顺序逐一评定，也可按文件内容分类评定。前一种办法可以对考生的素质形成整体印象，后一种办法容易达成评分标准的一致性。

※实例说明

指导语测验示例（供选拔秘书用）

考生编号：　　　　　　　　　应聘职位：

指导语：请您判断以下陈述是否正确，选择"是"或"否"。

测验题

1. 公司里只有你一人上班。

A. 是　　　　　　　　　　B. 否

2. 如果有不清楚的事情，您会打电话请示经理。

A. 是　　　　　　　　　　B. 否

3. 工作能处理完最好，处理不完向经理好好解释一下，他会谅解的。

A. 是　　　　　　　　　　B. 否

4. 变动日程安排是允许的。

A. 是　　　　　　　　　　B. 否

5. 有时候会凭直觉处理事情，不一定非要说出理由。

A. 是　　　　　　　　　　B. 否

（答案：B，B，B，A，B）

（如自己的回答与答案不符，请对照指导语检查）

工具06　无领导小组讨论

【工具定义】

无领导小组讨论是评价技术中经常使用的一种测评技术，采用情景模拟的方式对考生进行集体面试。将考生按相同或相近的报考职位分组，每个小组（一般为5~7人）在无人组织的情况下，就某个问题进行无领导（无支持人）讨论，各自提出自己的见解，评价者观测考生的组织协调能力、口头表达能力、辩论的说明能力、情绪稳定性、处理人际关系的技巧、非言语沟通能力（如面部表情、身体姿势、语调、语速和手势等）等各个方面的能力和素质是否达到拟任岗位的要求，由此来综合评价考生之间的优劣。

◇ 相关知识 ◇

无领导小组讨论的应用发展

无领导小组讨论测评方法最早用于一战后德国军队选拔军官，二战期间被广泛用于各国军官的选拔。战争结束后，它被复员军人带到企事业单位应用。如今，无领导小组讨论已被广泛应用。目前，在世界500强企业中，有80%的企业在高级人才招聘、职务晋升中使用无领导小组讨论。

【适用范围】

适用于招聘、选拔中高层管理人才。

【工具解析】

1. 无领导小组讨论的功能

无领导小组讨论具备以下三个功能，具体内容如图 6-9 所示。

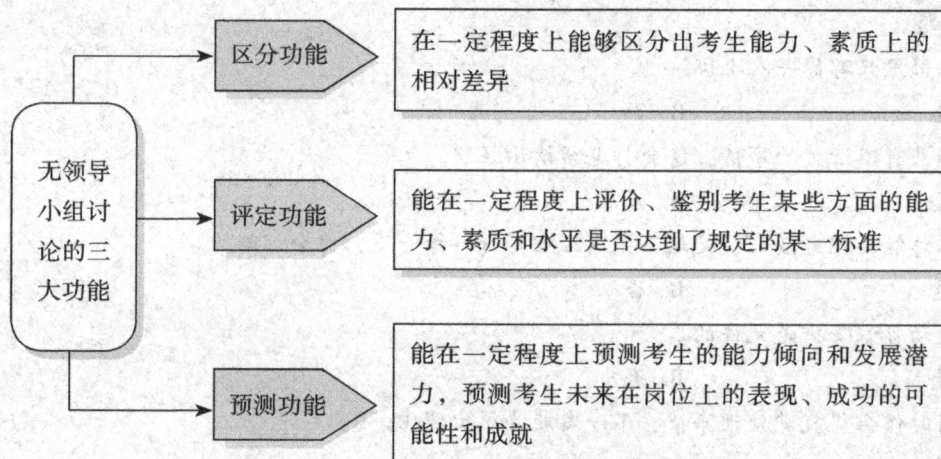

图 6-9　无领导小组讨论的三大功能

2. 无领导小组讨论的优缺点

无领导小组讨论作为一种有效的测评工具，与其他测评工具比较起来，既有优点，也有缺点，具体说明如表 6-11 所示。

表 6-11　无领导小组讨论的优缺点

优点	缺点
（1）能检测出笔试和单一面试法所不能检测出的能力或素质 （2）可以依据考生的行为、言论来对考生进行更加全面、合理的评价 （3）能够使考生在无意中显示自己各个方面的特点	（1）对测试题目的要求较高 （2）对考官的评分技术要求较高，考官应该接受专门的培训 （3）对应试者的评价易受考官各个方面，特别是主观意见的影响（如偏见和误解），从而导致考官对应试者的评价结果不一致

（续表）

优点	缺点
（4）使考生有平等的发挥机会，从而表现出个体上的差异 （5）节省时间，并能对竞争同一岗位的考生的表现进行同时比较（横向对比），观察考生之间的相互作用 （6）应用范围广，能广泛应用于非技术领域、技术领域、管理领域等	（4）应试者存在有做戏、表演或者伪装的可能性 （5）指定角色的随意性可能导致应试者之间地位的不平等；应试者的经验可以影响其能力的真正表现 （6）成本较高。一般来说，一个无领导小组讨论要持续一个多小时，这于面试和心理测评来说，时间成本还是相对较高的

3. 实施无领导小组讨论的准备

（1）岗位分析

不同的岗位对担任该岗位的人的个性、能力要求是不同的，因此，首先应分析岗位活动的种类、性质、特点、核心要素，还要分析该岗位的工作内容是程序性的还是非程序性的，是已有同种性质的还是新出现的。岗位分析的重点在于总结出那些与企业的远景、价值观、工作战略等相关活动的特征，并由此概括出胜任该岗位所需的竞争能力。

（2）确定评价维度

无领导小组讨论评价维度主要是基于领导人才的要求和无领导小组讨论的特性确定的。在基础评价维度上，根据领导人才的素质结构要求，同时考虑无领导小组讨论自身的特点，选取决策能力、分析能力、应变能力、人际沟通能力、组织领导能力等测评要素。

（3）编写测评试题

编写测评试题时应符合以下三个方面的要求：首先，题目必须具有争论性；其次，题目为大家所熟悉，能保证人人有感可发；再次，题目的内容不会诱发被评人的防御心理，因为这样能使被测评人尽情展现自己的风采，展现真实的自我。

（4）选定并培训评委

确定评委时，除了要考虑其素质外，还应注意以下几点：首先，如果测评的目的是为了晋升员工，那么被测评人的直接上司最好不要担任评委；其次，评委人数一般与参与讨论的小组成员的比例为 1 ∶ 2；此外，评委应对所聘领导岗位的工作较为熟悉，了解部门的工作性质和内容。

评委确定以后，要统一组织实施培训。培训可以从以下几个方面着手。

（1）评委要熟悉整个无领导小组讨论的过程。

（2）统一测评要素的评价标准，以保证评委评分的一致性。

（3）提高评委的观察能力，以使其通过观察来获取参与讨论的领导人才的有关信息。

∘ 相关知识 ∘

观察评价的依据

观察评价的依据标准主要是：

1. 参与讨论的领导者提出的观点是否有新意？

2. 他们怎样处理意见相左时的关系？

3. 是否善于赢得他人的支持？

4. 是否善于倾听别人的意见？

5. 是否一味地只顾自己讲或者常常打断别人的讲话？

6. 是谁在引导着讨论的进程？

7. 是谁经常进行阶段性的总结？

8. 受测者有效发言次数的多少？

9. 受测者是否有随时消除紧张气氛、说服别人、调节争议、创造一个良好的发言气氛的能力，并最终使众人达成一致意见？

10. 受测者是否能提出自己的见解和方案，同时敢于发表不同意见，并支持或肯定别人的意见，在坚持自己的正确意见基础上根据别人的意见发表自己的观点？

11. 受测者能否倾听他人意见，并互相尊重，在别人发言的时候不强行插嘴？

12. 受测者语言表达、分析问题、概括或归纳总结不同方面意见的能力如何？

13. 受测者反应的灵敏性、概括的准确性、发言的主动性等如何？

4. 无领导小组讨论试题的形式

无领导小组讨论的试题一般都是智能性的题目，从形式上来分，可以分为五种，具体内容如表 6-12 所示。

表 6-12　无领导小组讨论试题的形式

序号	题目形式	说明	备注
1	开放式问题	开放式问题的答案的范围可以很广、很宽，主要用于考察应试者思考问题时是否全面，是否有针对性，思路是否清晰，是否有新的观点和见解。例如，你认为什么样的领导是好领导	开放式问题对于评价者来说容易出题，但是不容易对应试者进行评价，因为此类问题不太容易引起应试者之间的争辩，所考察应试者的能力范围较为有限

（续表）

序号	题目形式	说明	备注
2	两难问题	两难问题是让应试者在两种互有利弊的答案中选择其中的一种，主要用于考察应试者分析能力、语言表达能力以及说服力等。例如，你认为以工作为取向的领导是好领导还是以人为取向的领导是好领导	此类问题对于应试者而言，通俗易懂，且能够引起充分的辩论；对于评价者而言，在编制题目方面比较方便，在评价应试者方面也比较有效。但是，此种类型的题目需要注意的是两种备选答案一定要有同等程度的利弊，不能是其中一个答案比另一个答案有很明显的选择性优势
3	多项选择问题	此类问题是让应试者在多种备选答案中选择其中有效的几种或对备选答案的重要性进行排序，主要用于考察应试者分析问题的能力	此类问题对于评价者来说，比较难于出题目，但对于评价应试者各个方面的能力和人格特点则比较有利
4	操作性问题	操作性问题是给应试者一些材料、工具或者道具，让他们利用所给的这些材料设计出一个或一些由考官指定的物体，主要用于考察应试者的主动性，合作能力以及在一实际操作任务中所充当的角色。如给应试者一些材料，要求他们相互配合，构建一座铁塔或者一座楼房的模型	此类问题在考察应试者的操作行为方面要比其他方面多一些，同时情境模拟的程度要大一些，但考察言语方面的能力则较少，同时考官必须很好地准备所能用到的一切材料，对考官的要求和题目的要求都比较高
5	资源争夺问题	此类问题适用于指定角色的无领导小组讨论，是让处于同等地位的应试者就有限的资源进行分配，从而考察应试者的语言表达能力、问题分析能力、概括或总结能力、发言的积极性和反应的灵敏性等	此类问题可以引起应试者的充分辩论，有利于考官对应试者的评价，但是对讨论题的要求较高，即讨论题本身必须具有角色地位的平等性和准备材料的充分性

※ **实例说明**

无领导小组讨论样题

题目一：

做一个成功的领导者，可能取决于很多的因素，例如：

善于鼓舞人	能充分发挥下属优势
处事公正	能坚持原则又不失灵活性
办事能力强	幽默
独立有主见	言谈举止有风度
有亲和力	有威严感
善于沟通	熟悉业务知识
善于化解人际冲突	有明确的目标
能通观全局	有决断力

请你分别从上面所列的因素中选出一个你认为最重要和最不重要的因素。

首先，给你 5 分钟时间考虑，然后将答案写在纸上并亮出来。

接下来，你们几位用 30 分钟时间就这一问题进行讨论，并在结束时拿出一个一致性的意见，即得出一个你们共同认为最重要和最不重要的因素。

然后，派出一个代表来汇报你们的意见，并阐述你们作出这种选择的原因。

如果到了规定的时间你们没有得出一个统一的意见，那么你们每一个人的分数都要相应的减去一部分。

好的，现在开始。

题目二：

假设现在发生了海难，一游艇上有八名游客等待救援，但是现在直升飞机每次只能够救一个人；游艇已坏，不停漏水；寒冷的冬天，刺骨的海水。游客情况如下。

1. 将军，男，69 岁，身经百战。

2. 外科医生，女，41 岁，医术高明，医德高尚。

3. 大学生，男，19 岁，家境贫寒，参加国际奥数获奖。

4. 大学教授，50 岁，正主持一个科学领域的研究项目。

5. 运动员，女，23 岁，奥运金牌获得者。

6. 经理人，35 岁，擅长管理，曾将一大型企业扭亏为盈。

7. 小学校长，53 岁，男，劳动模范，五一奖章获得者。

8. 中学教师，女，47 岁，桃李满天下，教学经验丰富。

请将这八名游客按照营救的先后顺序排序。(3 分钟的阅题时间，1 分钟的自我观点陈述，15 分钟的小组讨论，1 分钟的总结陈词)

题目三：

我们现在看到的是一个星级酒店所出现的问题，如果你是经理的话，你认为最需要解决的问题是什么？给下面的选项一个你认为适当的排序，然后给出你的理由，并且将你的意见在整个小组中进行讨论，最终需要你们小组得出一个统一的答案。先阐述自己的观点，然后说出理由，之后和小组人员讨论得出统一结果。

1. 酒店大堂的钟表除了北京时间，其他各国时间均不准确，并有较大出入。
2. 大堂服务人员不热情，上班时间打私人电话。
3. 酒店客房服务人员服务不到位，有问题无法及时反馈。
4. 酒店卫生清洁不彻底，有蟑螂。
5. 酒店水温不稳定，毛巾消毒不彻底。
6. 酒店餐厅的饭菜水平较低，自助餐分量不够。
7. 酒店娱乐休闲设施档次不够，有宰客行为。

每个人先给出自己的排序并陈述理由，时间为两分钟。然后小组讨论 30 分钟，最后达成一致意见，并给出理由。

题目四：

国庆节马上就要到了，学校各个社团纷纷组织活动以庆祝国庆。学校可以举行大型活动的运动场国庆期间的时间基本都被预订完了，只剩下 10 月 8 日下午的时间。学校社团联合会和学校广播电台在这一天下午都预备举行活动。

讨论：

你作为社团联合会/广播电台的负责人，你会怎样为社团争取到活动场地？

请同学们选出一名记录员，随后进行小组自由讨论 (25 分钟)；在规定时间内得到一致结果，并选派一位代表陈述讨论的结果并说明理由 (时间控制在 5 分钟内)。

注意：开始讨论后，记录员不参于任何交谈，也不提任何建议，讨论时可以进行简要的记录并选择使用房间内可以利用的设备和资源。主持人将通知何时开始和结束讨论。

题目五：

A 游戏公司在当前竞争激烈的网络游戏市场中设想用 10 个月的时间推出一款极具特色的网络游戏——魔域归来，目前公司筹集到 100 万人民币的资金。现在公司七个部门的经理正要开会讨论这 100 万的资金使用。七个部门如下。

市场调查部：负责玩家调查研究、市场游戏趋势开展研究。进行市场调查很需要资金，当

然需要的资金投入越多获得的分析报告将更详尽，对公司的作用越大。

策划部：策划是游戏的总工程师，其作用不言而喻，没有资金的支持可不行。

程序部：游戏说到底也还是一个程序，程序研发的投入每家公司都很重视。

美术部：精美的场景、酷炫的人物和怪物、特有的光效对吸引玩家来说很重要。

技术部：服务器的采购、运维、防黑客、防病毒都需要资金投入。

测试部：没有游戏的测试，一大堆 BUG 的游戏是没有人喜欢的，对测试的投入不容忽视。

运营部：投放广告、游戏推广、营销策划、渠道管理等都需投入大量资金。

讨论：

1. 这 100 万的资金如何在这七个部门中分配使用？并说明理由。

2. 如果这些资金会优先考虑其中三个部门，你认为应该是哪三个部门？

请同学们选出一名记录员，随后进行小组自由讨论（25 分钟）；在规定时间内得到一致结果，并选派一位代表陈述讨论的结果并说明理由（时间控制在 5 分钟内）。

注意：讨论时可以进行简要的记录并选择使用房间内可以利用的设备和资源。主持人将通知你何时开始和结束讨论。

题目六：

假如你是新上任的渠道部经理，需要从以下的几个人中选择一人做助理，就是西游记的师徒四人：唐僧、孙悟空、猪八戒、沙僧。

讨论：

你选择谁做，理由是什么？

请选出一名记录员，随后进行小组自由讨论（25 分钟）；在规定时间内得到一致结果，并选派一位代表陈述讨论的结果并说明理由（时间控制在 5 分钟内）。

题目七：

某大城市外来务工人员较多，为了解决外来务工人员的子女就学问题，一些外来务工人员子弟学校开办了，"××" 就是其中之一。但是由于外来务工人员收入不高，所以学校的教育设施比较简陋，师资力量薄弱，卫生状况很差，而且 ×× 未在该城市教育部门登记备案，属于擅自开办。根据教育部门已有的文件，凡是未登记备案的教学机构一律要予以取缔。但是一旦取缔 ×× 这样的外来务工人员子弟学校，大量外来务工人员的子女将面临失学、辍学的危险。现在该城市教育部门对此事作了认真的研究，在研究中出现了如下两种意见。

1. 撤销 ×× 的教学资格。

2. 破例保留 ×× 的教学资格。

如果你们是该城市教育部门的负责人，将按哪种意见处理？

请你们首先用 5 分钟的时间，从上述两种意见中选择一种并将选择的结果及简要理由写在答题卡上，然后交给考官。在考官说讨论开始之后再进行讨论，讨论时间为40分钟。

　　1. 经过讨论，小组最后必须形成一个一致性的意见，即你们认为是撤销，还是保留××的教学资格（记住：只有一项选择）

　　2. 小组选派一名代表，在讨论结束后向考官报告讨论的情况和结果。

　　3. 注意事项：

　　（1）如果你们小组在规定时间内没有形成一致的意见，那么你们各自的成绩将受到很大影响；

　　（2）选派代表报告完之后，其他成员可以进行补充；

　　（3）代表和其他人员的报告时间不包括在40分钟之内。

　　现在请大家开始考虑，并把选择结果及简明理由写在答题卡上，5分钟后上交。

　　5. 无领导小组讨论的几个阶段

　　无领导小组讨论的正式测评流程包括准备阶段、自由发言阶段、讨论辩驳阶段和总结阶段四个环节，各阶段的操作要求如表6-13所示。

表6-13　无领导小组讨论的四个阶段

序号	阶段	操作要求
1	准备阶段	（1）主持人将介绍整个测评程序、宣读指导语 （2）考生了解试题，独立思考，列出发言提纲，一般为5分钟左右
2	自由发言阶段	（1）考生轮流发言，阐述自己的观点 （2）发言顺序可以是随机的 （3）保证每个人都有发言的机会，给那些个性内向、表现欲不强的人提供一个展现风采的舞台 （4）评委的任务是观察记录每个发言者的内容，形成初步印象
3	讨论辩驳阶段	（1）考生交叉辩论，继续阐明自己的观点，或对别人的观点提出不同的意见，并最终得出小组的一致意见 （2）每个被评人必须充分展示自己的聪慧才智 （3）杰出者在这个阶段脱颖而出，成为小组的核心人物 （4）被评人展现自己的人际沟通能力、决策能力、应变能力和组织领导能力 （5）在整个讨论过程中，每个评委要在公正、客观原则的基础上，要根据自己的观察对被评人的表现在评分要素上打分 （6）评委在评分时不能相互商量，以避免相互影响

（续表）

序号	阶段	操作要求
4	总结阶段	（1）各组需要推荐一名小组长进行总结发言 （2）评委需要写一份评定报告，内容包括此次讨论的整体情况、所提问的问题内容以及此问题的优缺点，重点说明每个被评人的具体表现、最终录用结果、自己的建议等

6. 无领导小组讨论的程序

无领导小组讨论的具体程序如下。

（1）讨论前事先分好组，一般每个讨论组以 6～8 人为宜。尽量将报考同一或相近职位的应试者安排在一组；背景相近的安排在一组。然后排出时间表。

（2）考场按易于讨论的方式设置，一般采用圆桌会议式，面试考官席设在考场四边或集中于一边，以利于观察为宜，具体如图 6-10 和图 6-11 所示。

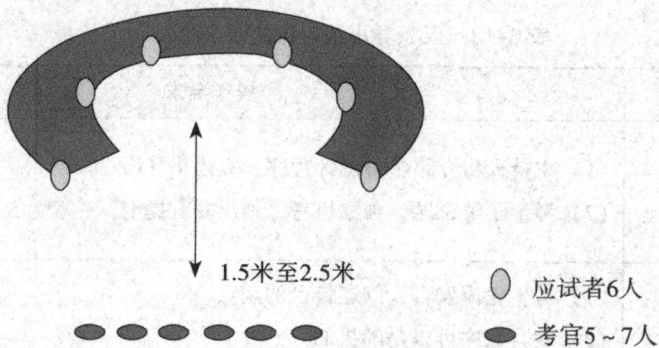

1.5米至2.5米

应试者6人

考官5～7人

图 6-10　无领导小组讨论座位排列形式之一

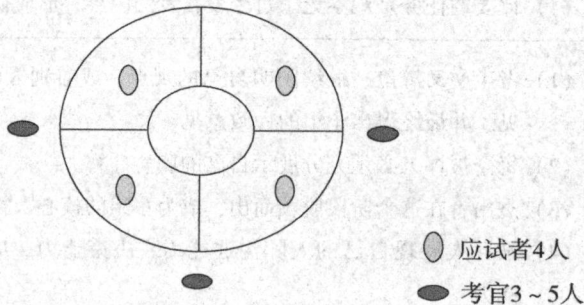

应试者4人

考官3～5人

图 6-11　无领导小组讨论座位排列形式之二

（3）应试者落座后，面试考官为每个应试者发空白纸若干张，供草拟讨论提纲用。

（4）主考官向应试者讲解无领导小组讨论的要求（纪律），并宣读讨论题。

（5）给应试者5~10分钟的准备时间（构思讨论发言提纲）。

（6）主考官宣布讨论开始，依考号顺序由每人阐述观点（5分钟），依次发言，发言结束后开始自由讨论。

（7）各面试考官通过观察并依据评分标准为每位应试者打分，不准参与讨论或给予任何形式的诱导。

（8）无领导小组讨论一般以40~60分钟为宜，主考官依据讨论情况宣布讨论结束后收回应试者的讨论发言提纲，同时收集各考官评分成绩单并令考生退场。

（9）考官观察应试者的行为表现，根据测评要素打分。观察记录单（见表6-14）通常设定七个左右的要素，将同一类行为归入相应的测评要素中，对每个要素采用0~5分的六个等级评分。考官分别报告自己的记录及评分结果，然后以平均分的方式计算出最后得分，并由主考官在成绩单上签字。

表6-14　应试者观察记录单

应试者测评要素		应试者1	应试者2	应试者3	应试者4	应试者5	应试者6
要素1 权值（A%）	观察点1						
	观察点2						
	观察点3						
要素2 权值（B%）	观察点1						
	观察点2						
	观察点3						
要素3 权值（C%）	观察点1						
	观察点2						
	观察点3						
要素4 权值（D%）	观察点1						
	观察点2						
	观察点3						
要素5 权值（E%）	观察点1						
	观察点2						
	观察点3						

7. 无领导小组讨论的结果反馈

测评结果的反馈在完整的测评中至关重要。一般来说，测评结果首先会反馈给被评人，并

与被评人沟通、讨论，如果被评人基本接受、认同测评结果，则说明测评基本符合被评人的自我认知。然后，将反馈到被评人直接上级领导，通过调查、沟通、讨论，如果被评人上级领导基本接受、认同测评结果，则说明测评结果基本可信。

在上述结果反馈中，需要特别注意反馈时的及时沟通。如果结果反馈时缺乏与被评人的沟通或沟通效果不好，则会使无领导小组讨论失去其应用价值，也可能导致被评人产生消极行为。这对组织建设还是个人发展都是不利的，因此需要慎重对待。

8. 无领导小组讨论的评分

一般而言，对于无领导小组讨论的计分有以下三种方式。

（1）各考官对每个考生的每一个测评要素打分。

（2）不同的考官对不同考生的每一个测评要素打分。

（3）各考官分别对每个考生的某几个特定测评要素打分。

在具体实施期间，考官之间可根据考官水平和考官特长等具体情况，有针对性地选择使用某一种计分方式。

无领导小组讨论法评价时的注意事项如下。

在使用无领导小组讨论的测评方法时，需要注意的事项就是确定清晰的测评要素和观察点。表 6-15 是一个无领导小组讨论中的评分表格和观察点。

考官按照表 6-15 中的测评要素分别对每个被测评者进行评价，在每个测评要素上按照 1～5 分来打分，5 分是非常好，1 分是非常不好。

表 6-15　无领导小组讨论评分表

编号	候选人					
	一号	二号	三号	四号	五号	六号
1. 发言次数						
2. 善于提出新的见解和方案						
3. 敢于发表不同意见						
4. 支持或肯定他人或坚持自己的正确意见						
5. 消除紧张气氛						
6. 说服或调解						
7. 创造良好的发言气氛						
8. 把小组意见引向一致						
9. 发言清楚						
10. 分析概括、总结或作决议						

（续表）

编号	候选人					
	一号	二号	三号	四号	五号	六号
11. 口述技巧						
12. 非语言表情良好，随机应变						
13. 发言的主动性						
14. 反应灵敏						
评定等级						

在对各测评要素进行评分时，还应注意提供具体的观察点。例如，对于沟通能力，其观察点可以是清晰简洁地表达自己的意思；善于运用语音、语调、目光和手势；在他人发言时认真倾听；强调自己的观点时有说服力。

工具07　平衡计分卡

【工具定义】

平衡计分卡（Balanced Score Card，简称BSC）是一种全新的企业综合测评体系，代表了国际上最前沿的管理思想。

【适用范围】

适用于需要规范管理和提高战略管理能力的企业的绩效管理工作。

【工具解析】

平衡计分卡以企业战略为导向，通过财务、客户、内部业务流程和学习与增长四个方面及其业绩指标的因果关系，全面管理和评价企业综合业绩，是企业愿景和战略的具体体现，既是一个绩效评价系统也是一个有效的战略管理系统。

1. 平衡计分卡的核心思想

平衡计分卡的核心思想就是通过财务、客户、内部流程及学习与成长四个方面的指标之间的相互驱动的因果关系展现组织的战略轨迹，实现"绩效考核——绩效改进以及战略实施——战略修正"的战略目标的过程。它把绩效考核的地位上升到组织战略层面，使之成为组织战略的实施工具。

2. 平衡计分卡的内容

平衡计分卡反映了财务、非财务衡量方法之间的平衡，长期目标与短期目标之间的平衡，外部和内部的平衡，结果和过程平衡，管理业绩和经营业绩的平衡等多个方面。

3. 平衡计分卡的维度

（1）四个维度的具体内容

平衡计分卡的四个维度如图 6-12 所示。

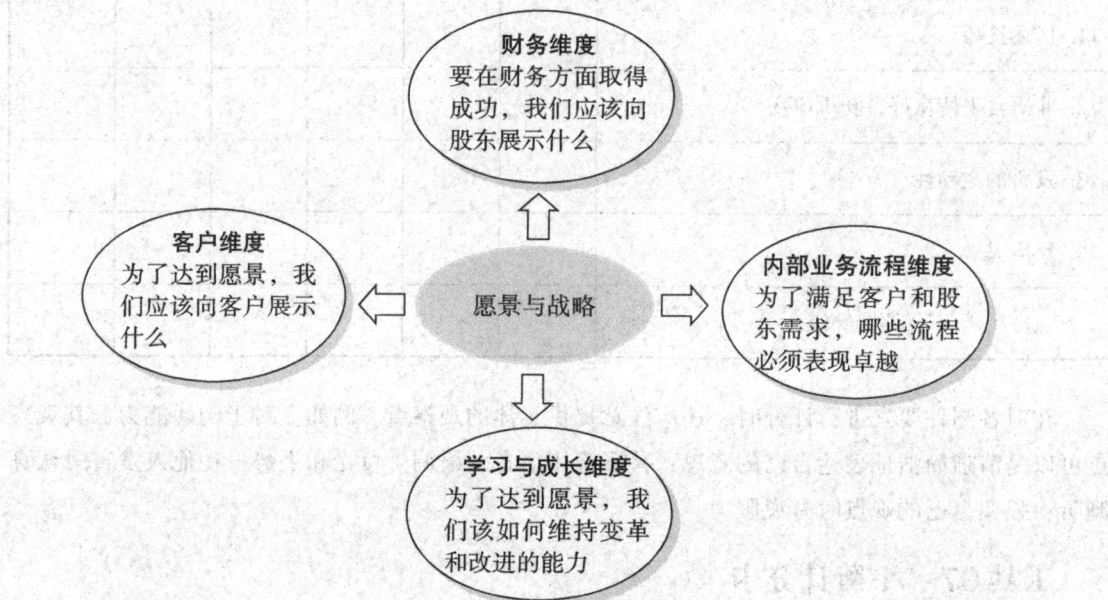

图 6-12 平衡计分卡的四个维度

①财务维度

其目标是解决"股东如何看待我们"这一类问题，以明确我们的努力是否对企业的经济收益产生了积极的作用，因此，财务方面是其他三个方面的出发点和归宿。

②客户维度

这一维度回答的是"客户如何看待我们"的问题。客户是企业之本，是现代企业的利润来源，客户理应成为企业的关注焦点。客户维度是 BSC 的平衡点。

③内部业务流程维度

内部业务流程维度着眼于企业的核心竞争力，回答的是"我们的优势是什么"的问题。因此，企业应当甄选出那些对客户满意度有最大影响的业务程序（包括影响时间、质量、服务和生产率的各种因素），明确自身的核心竞争力，并把它们转化成具体的测评指标。改善业务流程是公司改善经营业绩的重点。

④学习与成长维度

其目标是解决"我们是否能持续为客户提高并创造价值"这一类问题。只有持续提高员工的技术素质和管理素质，才能不断地开发新产品，为客户的股东创造更多价值并提高企业自身的经营效益。

四个维度的重要关注点如图6-13所示。

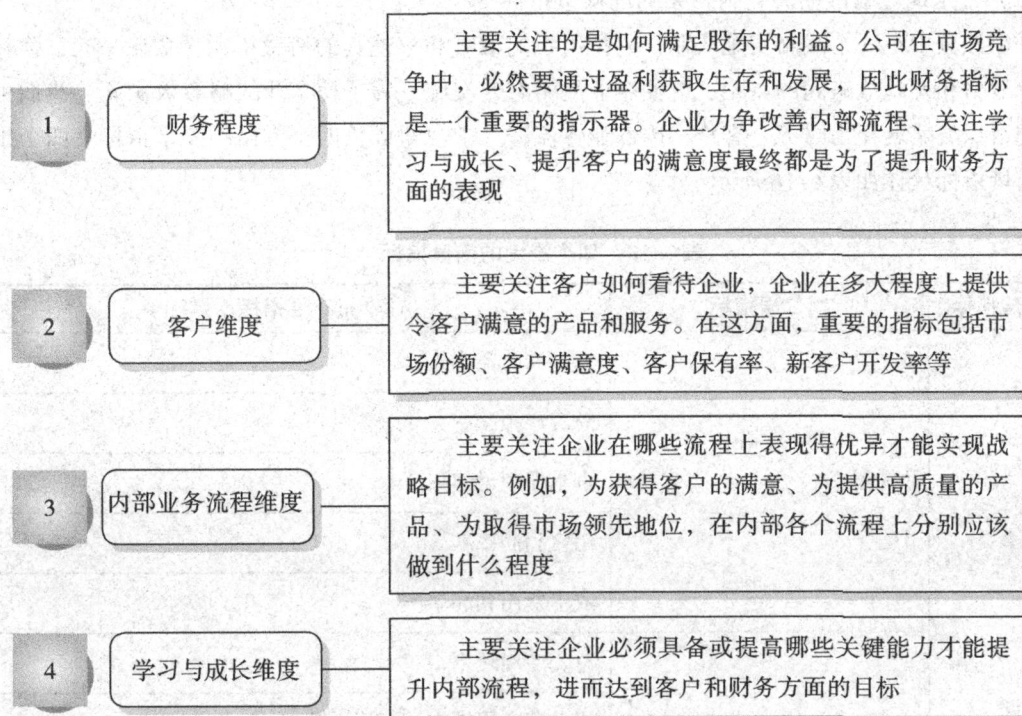

1	财务程度	主要关注的是如何满足股东的利益。公司在市场竞争中，必然要通过盈利获取生存和发展，因此财务指标是一个重要的指示器。企业力争改善内部流程、关注学习与成长、提升客户的满意度最终都是为了提升财务方面的表现
2	客户维度	主要关注客户如何看待企业，企业在多大程度上提供令客户满意的产品和服务。在这方面，重要的指标包括市场份额、客户满意度、客户保有率、新客户开发率等
3	内部业务流程维度	主要关注企业在哪些流程上表现得优异才能实现战略目标。例如，为获得客户的满意、为提供高质量的产品、为取得市场领先地位，在内部各个流程上分别应该做到什么程度
4	学习与成长维度	主要关注企业必须具备或提高哪些关键能力才能提升内部流程，进而达到客户和财务方面的目标

图6-13　平衡计分卡四个维度的关注点

（2）四个维度的相互关系

平衡计分卡中的每一项指标都是一系列因果关系中的一环，既是结果又是驱动因素，它们把相关部门的目标同组织战略联系在一起。员工的技术素质和管理素质决定了产品的质量和销售业绩等；产品/服务质量决定客户的满意度和忠诚度；客户满意度和忠诚度及产品/服务质量等决定财务状况和市场份额。为提高经营成果，必须使产品或服务赢得客户的信赖；要使客户信赖，必须提供令客户满意的产品，为此应改进内部生产过程；要想改进内部生产过程，必须对职工进行培训，开发新的信息系统。

4. 平衡计分卡的实施步骤

（1）制定企业愿景目标与发展战略

平衡计分卡贯穿于企业战略管理的全过程。由于应用平衡计分卡时，是把组织经营战略转化为一系列的目标和衡量指标，因此，平衡计分卡对企业战略有较高的要求，企业应在符合和保证实现企业目标的前提下，在充分利用环境中存在的各种机会和创造机会的基础上，确定企业同环境的关系，规定企业的经营范围、成长方向和竞争对策，合理地调动企业结构和分配企业的全部资源，从而使企业获得竞争优势，制定出适合本企业成长与发展的企业愿景目标与发展战略。企业战略应遵守适合性、可衡量性、合意性、易懂性、激励性

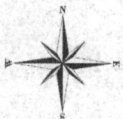

和灵活性等原则。

（2）把组织经营战略转化为一系列的衡量指标

平衡计分卡是一个战略实施机制，它把组织的战略和一整套的衡量指标联系在一起，弥补了制定战略和实施战略间的差距，能使企业战略有效实施。为了使企业战略有效实施，我们可逐步把组织战略转化为财务、客户、内部业务流程、学习与成长四个方面的衡量指标。四个维度的衡量指标具体如表 6-16 所示。

表 6-16 四个维度的衡量指标

第一层指标	第二层指标	第三层指标
财务指标	盈利指标	净资产收益率
		总资产报酬率
		资本保值增值率
		销售利润率
		成本费用利润率
	资产营运	总资产周转率
		流动资产周转率、存货周转率
		应收账款周转率
		不良资产比率
	偿债能力	资产负债率
		流动比率
		速动比率
		现金流动负债比率
	增长能力	销售增长率
		资本积累率
		总资产增长率
		三年利润平均增长率
		三年资本平均增长率
		固定资产更新率

（续表）

第一层指标	第二层指标	第三层指标
客户指标	成本	客户购买成本
		客户销售成本
		客户安装成本
		客户售后服务成本
	质量	质量控制体系
		废品率
		退货率
	及时性	准时交货率
		产品生产周期
	顾客忠诚度	客户回头率
		客户流失人数
		客户挽留成本
	吸引新顾客能力	新客户人数
		新客户比率
		吸引客户成本
	市场份额	占销售总额的百分比
		占该类总产品百分比
内部业务流程指标	创新过程	研发（R&D）占总销售额的比例
		研发投入回报率
		新产品销售收入百分比
		研发设计周期
	运作过程	单位成本水平
		管理组织成本水平
	运作过程	生产线成本
		客户服务差错率
		业务流程顺畅
	售后服务过程	服务成本/次
		技术更新成本

（续表）

第一层指标	第二层指标	第三层指标
内部业务流程指标	售后服务过程	客户投诉响应时间
		订货交货时间
		上门服务速度
学习与成长指标	员工素质	员工的知识结构
		人均脱产培训费用
		人均在岗培训费用
		年培训时数
		员工平均年龄
	员工生产力	人均产出
		人均专利
		员工被客户认知度
	员工忠诚度	员工流动率
		高级管理、技术人才流失率
	员工满意度	员工满意度
		员工获提升比率
		管理者的内部提升比率
	组织结构能力	评价和建立沟通机制的费用
		协调各部门行动目标的费用
		有效沟通评估
	组织结构能力	团队工作有效性评估
		传达信息或接受反馈的平均时间
	信息系统	软、硬件系统的投入成本
		拥有 PC 的员工比例
		软、硬件系统更新周期

①指标的衡量

指标的衡量包括两个方面，具体内容如图 6-14 所示。

1　定性数据

对指标体系中的定性数据需要设计调研问卷。为避免主观判断所引起的失误，可以将定性指标分成七个档次（很好、好、较好、一般、较差、差、很差），分别对应7～1分。7～1分表示不同的等级，等级之间只是对指标看法的程度不同。由于在赋值判断过程中已内含标准，可以直接计算评价值。用加权平均的方法对调查结果进行计算

2　定量数据

定量指标的数据值按照指标的释义和公司的具体情况进行收集，数据的收集需要不同部门配合。由于各项定量指标的内容、量纲各不相同，直接综合在一起十分困难。因此，必须将这些指标进行无量纲处理，将定量指标原值转化为评价值

图6-14　指标衡量的两个方面

②确定平衡计分卡的评价指标的权重

确定权重的一个较为简便和合理的方法就是通过专家打分。专家的组成结构要合理，既要有本企业的中高层管理人员、技术人员，也要有基层的技术和管理人员，还要有企业外的对本企业或本行业熟悉的专家，如行业协会的成员、大学或研究机构的成员。

同时，专家应根据不同行业、不同企业的特点对权重进行打分。如高科技企业技术更新快，因而学习创新成长性指标所占的权重就较大；对大型企业而言，如美国通用公司，运作流程的顺畅十分重要，因而该指标所占权重相对较大；对银行等金融企业而言，财务指标事关重大，该指标的权重自然也较大。

平衡计分卡各类指标的权重设计表如表6-17所示。

表6-17　平衡计分卡各类指标的权重设计表

指标构成	第一层指标权重（%）	具体指标内容	第二层指标权重（%）

例如，下表为美国 PIONEER 石油公司的年度奖励制度中平衡计分卡各类指标的权重。

指标构成	第一层指标权重（%）	具体指标内容	第二层指标权重（%）
财务	60	利润与竞争者比较	
		投资者报酬率与竞争者比较	
		成本降低与计划比较	
		新市场销售成长	
		现有市场销售成长	
客户	10	市场占有率	
		客户满意度调查	
		经销商满意度调查	
		经销商利润	
内部运营	10	社区/环保指数	
学习与成长	20	员工工作环境与满意度调查	
		员工策略性技能水准	
		策略性资讯供应情况	
总计	100%		

5. 将战略与企业、部门、个人的短期目标挂钩

为了有效避免出现企业战略目标、部门计划目标、个人绩效考核目标的纵向矛盾，及各部门间计划的横向不和谐，要对战略目标进行分解。平衡计分卡导向的战略分解如图6-15所示。

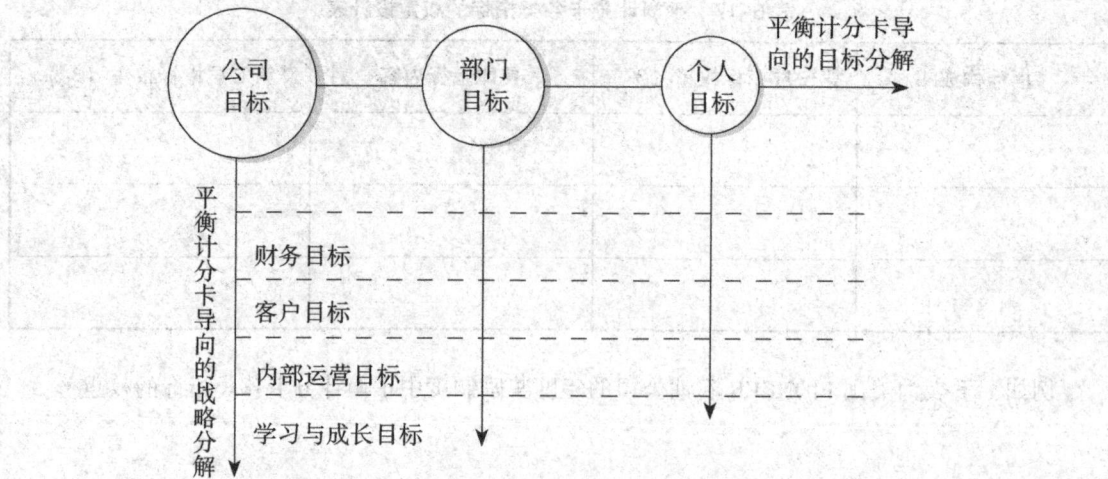

图6-15 平衡计分卡导向的战略分解

企业应该将这看成是整个管理体系的一个组成，而不单单是上级工作的附加部分。上级必须将制定目标的权力下放给员工，给员工自行决断的自由（但要求员工对工作结果负责）。

在实际操作过程中，应注意以下几点。

（1）上级和员工必须愿意一起制定目标。数据显示，这种目标的制定过程能使员工的工作绩效提高10%～25%，这是因为这一过程能够帮助员工将精力集中在重要工作上，并促使员工对自己完成的工作负责。

（2）目标应该是长期和短期并存，且可量化和可测量。同时，在制定目标时还必须说明实现目标的步骤。

（3）预期的结果必须在员工的控制之中，反之则可能会出现标准失效的情况。

（4）目标必须在每一个层次上保持一致。

（5）上级和员工必须留出特定的时间来对目标进行回顾和评估。

6. 战略的具体实施、反馈和中期调整、修正

完成了绩效考核指标和目标的确定之后，应建立系统科学的绩效考核内容设定体系。企业很有必要制定"绩效考核——工作计划表"，将员工绩效考核内容以书面形式记录下来，作为绩效考核的依据。

7. 建立健全的考核体系，根据平衡计分卡的完成情况进行奖惩

建立健全的考核体系，将员工奖金、晋升、教育培训等与员工所完成平衡计分卡的情况直接挂钩，形成有效的管理回路。在薪酬结构方面，应建立绩效考核和年终奖金，对平衡计分卡完成较好的员工进行奖励，对完成不佳的员工进行惩罚；在教育培训方面，对优秀员工进行提高性深造，对不佳者进行强制性学习；在晋升方面，建立优胜劣汰的机制，实行能者上、庸者让、平者下原则。使平衡计分卡的实施实现评价员工的业绩和能力，激发员工的热情和潜力，最大限度地开发和利用企业的人力资源，从而提高企业的绩效水平。

华为投资控股有限公司（HUAWEI INVESTMENT & HOLDING）

成立年份（Founded Year）：2003 年

总部（Headquarters）：中国深圳

主营业务（Main Business）：网络、通信设备

发展历程（Development Process）：华为投资控股有限公司于 2003 年 3 月 14 日在广东省深圳市龙岗区坂田华为基地 B 区 1 号楼注册成立。公司成立之初，主要经营从事高科技产品的研制、开发、制造、销售、服务；从事对外投资业务；提供管理、咨询、培训等业务；工厂服务业务。其注册资本为 361 603 万元人民币。

工具 08　360 度反馈评价

【工具定义】

360 度反馈评价又称为全方位考核法，最早被英特尔公司提出并加以实施运用。该方法是指通过员工自己、上司、同事、下属、客户等不同主体来了解其工作绩效，通过评论知晓各方面的意见，清楚自己的长处和短处，以达到提高自己的目的。

○── **相关知识** ──○

360 度反馈评价的应用

360 度反馈评价作为绩效管理的一种新工具，正越来越多地被国际知名大企业使用。据调查，在《财富》杂志排名前 1000 位的企业中，已有 90% 的企业在使用不同形式的 360 度反馈评价来进行人力资源管理和开发，例如 IBM、摩托罗拉、摩根士坦利、诺基亚、福特、迪斯尼、西屋、美国联邦银行等。

【适用范围】

适用于人力资源管理和开发。

【工具解析】

1. 360 度反馈评价的目的

360 度反馈评价的主要目的是服务于员工的发展，而不是对员工进行行政管理，如提升、工资确定或绩效考核等。

2. 360 度反馈评价的评估者

360 度反馈评价可称为多源评估或多评价者评估，不同于自上而下，由主管评定下属的方式。在此模式中，评价者不仅是被评价者的上级主管，还可以是其他与之密切接触的人员，如同事、下属、客户等，同时包括管理者的自评，具体内容如图 6-16 所示。

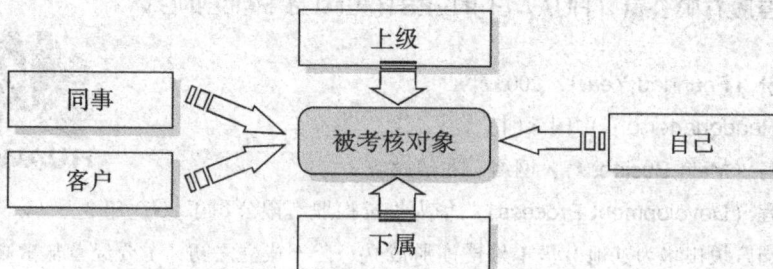

图 6-16　360 度反馈评价的评估者

（1）上级

从上级那里获得对其下属员工的工作绩效考评相对来说较为容易，因为直接领导通常处在最佳位置来观察员工的工作业绩，同时，上级对考评的内容也比较熟悉。

（2）客户

当企业能够让付款买东西的客户高兴的话，企业就会成功。尽管让员工接受来自上司的考核是个好主意，但也有些人建议利用客户来对员工进行考核。

（3）同事

一个员工的行为可能对其他人造成影响。在进行绩效管理和评价时应考虑这种相互作用和依存关系。如果一位员工工作良好，但他干涉别人的工作，不让他人很好地工作又会造成什么后果？员工也需要同伴的考核和信息，以便他们更好地提高和成为更好的团队成员。

（4）下属

下属人员以不署名的方式参与到对他们的主管人员的工作绩效考评过程之中，这可以使企业管理层对企业的管理风格进行诊断，认识到企业的潜在人事问题。

（5）自己

由被考评者自己评估自己在工作中哪些做得好，哪些是他们需要改进的。他们如果了解组织期望他们取得的目标以及将来考评他们所采用的标准，那么他们在很大程度上会客观地评价自己的工作业绩，并采取必要的措施加以改进。

一般情况下，评分表都是以无记名的方式收集的，以便提供信息者能轻松、诚实地评分。评分表数据由人或由计算机程序分别进行汇总。如果可以，员工应就评分情况同主管进行沟通。

3.360度考核回馈的主要流程及步骤

（1）界定目标（Define Objective）

每个考评者首先要先知道考评的目的，例如，是为了了解整个企业大体训练、发展需求，还是中高阶管理层的领导力等。不同的目的会形成不同的问卷，所考评的内容及对象也会不同。

（2）发展职能标准及主要行为（Develop Competency/Dimensions）

企业应根据考评目的来决定出考评的职能标准及主要行为。例如，若考评的目的是为了了解领导人员的训练需求，就必须先制定出企业对领导人员的职能需求，有可能是分析能力、沟通能力、发展下属才能等，或是个人影响力、创新等。每个企业所要求的领导能力都有所不同，因此此步骤多是根据企业个别状况量身订做。

一旦职能确定后，就应根据每项职能制定出主要行为，例如就分析能力此项职能来说，其主要行为可能是能辨别事件的因果关系、收集不同的资料来了解问题、归纳不同的资料、作出逻辑的结论等。

（3）根据职能标准发展设计（Develop Questionnaire）

一旦职能及主要行为确定后，即可着手进行问卷设计。问卷的题目可以根据职能的主要行

为来确定。由于其正是企业期望被评估者所应展现的行为,用此作为评量的标准深具意义。

至于题目的多寡则需考量职能的数目及回答问卷所需的时间,例如,如果需考评 10 个职能,每个职能用 4 个题目来决定,问卷的题目就有 40 题,回答这样一份问卷的时间可能需要 20 分钟,而有些被评估人可能必须回答许多份问卷,如此一来,所需花费的时间就会更多。

(4)选定被评估人及评估人(Select Targets and Rators)

设计问卷的同时,可选定此次被评估的主角(Target),及给予每位主角评分的评估者(Rator)。选择的评估人必须与被评估人有充分的互动,有机会观察其行为。有些企业是由主管来决定评估者,有的企业则是由被评估者挑选,然后由主管参考企业的文化来调整。

(5)沟通及教育(Communication and Training)

此步骤是整个流程的核心,沟通及教育深深影响评估者的心态及评估正确性。沟通的主要原则是必须清楚告知评量的目的及对企业及个人的利益;再则是让其了解运作的细节及作答的标准,让他们对评量的公平、公正、保密性深具信心。可在执行评量前召开一次说明会。

(6)测试(Pilot Test)

问卷完成后,可先请些许人员进行测试,测试的重点在防范问题是否语意不清、问题中所描述的行为是否无法观察等,并根据测试人员的反应来作最后调整。

(7)执行考评(Conduct Evaluation)

问卷的形式有很多种,有纸张问卷、磁盘档案、网络直接做答等方式,可考量企业的设备、预算及人力。此时,必须给评估人充足的时间来完成所有的问卷,并将问卷传送及回收的时间算进去。

(8)统计评分及编写报告(Score and Create Report)

目前,已有专门的 360 度反馈评价软件用于对统计评分和编写报告的支持,包括多种统计图表的绘制和及时呈现,使用起来相当方便。

(9)提供回馈并发至行动计划(Provide Feedback and Develop Action Plan)

给予回馈是一门很重要的技术,如该让什么人知道考评结果、与当事人讨论结果时如何处理其情绪、如何达成共识、如何拟订行动计划等,这些都需要受过专业训练。如果在此阶段处理不当,或是后续动作不了了之,都会使参与者对此考评系统产生怀疑。

※ 实例说明(1) ～～～～～～～～～～～～～～～～～～～～～～～～～～

360 度反馈评价问卷(员工)

本问卷通过对工作行为的评估,帮助被评价者从多方面更清楚地了解自身的工作行为情况和发展需要,从而为被评价者的改进工作和职业发展提供指导。

非常感谢您在百忙中抽出时间填写此反馈问卷(见表 6-18)!

"N":不适用,对被评价者的此项内容不清楚。

90～100 分:优秀,超出期望。

80~89分：较优秀，符合期望。

70~79分：一般，基本达到期望。

50~69分：较差，与期望有一定差距。

0~49分：差，明显没有达到期望。

表6-18　工作行为评价表

序号	评价内容	评分	备注
1	您认为被评价者认同××的价值观吗		
2	您认为被评价者的职业操守如何		
3	您认为被评价者的工作态度及责任心如何		
4	您认为被评价者所具备的专业知识如何		
5	您认为被评价者的工作能力如何		
6	您认为被评价者的团队协作能力如何		
7	您认为被评价者富有敬业心吗		
8	您认为被评价者热爱其本职工作吗		
9	您认为被评价者富有进取心吗		
您对被评价人有哪些建议			
被评价者：	评价者：	日期：＿＿＿年＿＿月＿＿日	

※**实例说明**（2）

360度评价调查问卷

您好！

本问卷通过对工作行为的评估，帮助被评价者从多方面更清楚地了解自身的工作行为情况和发展需要，从而为被评价者的改进工作和职业发展提供指导。请您在问卷的每一项后，对被评价者在该项中的表现做出评价，同时请回答每一组题目后的开放式问题。

由于您是以匿名的方式提供反馈和评语，因此，请不要有任何顾虑。您的评价结果非常重要，希望您务必真实地提供您的意见。为了保证调查的质量，在填答过程中，请根据要求进行评分，每项满分为5分，请您根据被评价者的工作行为表现客观打分。

谢谢您的合作！

被评价人信息：

姓名：＿＿＿＿＿＿＿ 所在公司：＿＿＿＿＿＿＿ 所在部门：＿＿＿＿＿＿＿

职位名称：＿＿＿＿＿＿

评价者类型（请在合适的类型上画"√"）：

您是被评价者的：上级（ ） 自己（ ） 同事（ ）

下属（ ） 其他（ ）

表 6-19　工作行为评价表

胜任特征	项目	工作行为表现	评价得分	备注
统筹规划	1	能够将企业经营战略转化为明确、具体的目标和计划		
	2	能够将目标分解为实施步骤，并确定每一步完成的时间限制		
	3	计划中能够考虑可能出现的问题，并制定出相应的解决方案		
	4	制订计划时能够收集各方面信息，充分了解部门情况		
	5	计划制订后能够让各部门了解、认同和贯彻落实		
执行推动	1	能够为部门制定明确的近期目标		
	2	能够让员工了解并认同组织的使命、策略和长远目标		
	3	有一套行之有效的方法使员工保持协调一致		
	4	工作安排有具体的行动步骤，分工明确，并安排专人负责		
	5	能够让系统内的人员清楚各自的任务和考核目标		
质量管理	1	有一套严格的制度来规范员工行为，使每位员工都直接对质量负责		
	2	能够经常向内部客户征询产品质量或服务方面的意见		
	3	能不断采用各种新技术、方法，改进生产方式或服务过程		
	4	能够经常培养员工的质量意识，使其严格执行质量规范或程序		
	5	能够与供应商或第三方建立有效的质量管理合作伙伴关系		
工作反应	1	面对紧迫的情景和压力，仍能富有成效地推进工作		
	2	能够根据情况需要有效地调整工作方式		
	3	在局势不明、有干扰的情况下仍能有效地工作		
	4	遇到突发事件，仍能很快地调整自己，及时应对和处理		
	5	能够根据得到的反馈信息和经验及时调整相应行为和策略		

（续表）

胜任特征	项目	工作行为表现	评价得分	备注
团队建设	1	能够通过有效的讨论使大家对组织的目标与价值观达成共识		
	2	工作中注重发挥集体的作用，而不仅是发挥少数人的作用		
	3	能够让部门每个成员都感到自己是不可替代的一员		
	4	善于建立同事之间的合作与信任关系，能够妥善处理人际冲突		
	5	能够有效地协调与其他部门间的关系		
影响他人	1	能够率先提出大家心里想说而没有说出来的观点或主意		
	2	在各种会议中能够带头发表意见，以理服人		
	3	在集体中很容易赢得大家的关注和尊敬		
	4	在确定了行动计划后，有号召大家及时行动和执行计划的能力		
	5	能够影响上层管理者，使之改变某些不妥的决策		
沟通协调	1	能够把讨论作为解决问题的重要途径，让大家进行充分的交流		
	2	鼓励他人公开表达自己的观点，尤其是与其相反的意见		
	3	主动征求他人的意见，并能够采纳不同于自己的观点		
	4	能够经常和上级、同级和下级人员保持交流		
	5	及时与大家分享最新的信息、体会和感受		
员工激励	1	能够为员工设立明确的、具有挑战性工作目标，以促进大家不断进步		
	2	信任员工的工作能力，鼓励员工追求卓越		
	3	根据员工的工作进度和效果提供及时、明确的反馈意见		
	4	能够根据员工的不同需要采取多种的激励措施		
	5	对表现优秀员工及时予以肯定，赏罚分明		

（续表）

胜任特征	项目	工作行为表现	评价得分	备注
辅导下属	1	能够帮助下属总结工作经验与教训，并能够提出有针对性、建设性的建议		
	2	能够让下属明确其本职工作所需要的知识、技能和职业道德		
	3	能够关注下属个人的职业兴趣和发展优势		
	4	根据具体情况及时安排对下属的现场辅导或培训机会		
充分授权	1	能够授予员工必要的工作权限，并尊重员工的自主性		
	2	能够让员工明确自己所拥有的权限及相应责任		
	3	关注每个员工的发展，并根据其个人特点和要求提供鼓励和帮助		
	4	在下属工作出现失误时，不推卸自己应负的责任		
工作主动性	1	遇到困难时能够想出多种办法去克服困难		
	2	工作需要时能不计较个人得失，为企业利益愿冒个人风险		
	3	主动寻求内外多方面的支持，以推进工作		
	4	能够从多方面收集有用信息，时刻考虑企业的发展		
	5	敢于承担责任，不把自己应负的责任推卸给他人		
创新能力	1	不固守已有模式，能够经常创新，以改善、拓展当前工作		
	2	敢于承担风险，打破惯性思维，在工作中实施新方案		
	3	以开放的态度对待他人的新思路、新想法		
	4	善于引导他人创新，对负责创新的人员予以充分的授权		
	5	为确保创新，有一套保证和监督措施		
合计				

请您写一些对该员工在工作态度、工作方式、为人处世等方面的评价：

苹果公司（APPLE）

成立年份（Founded Year）：1976 年 4 月 1 日

总部（Headquarters）：美国加利福尼亚库比蒂诺

主营业务（Main Business）：电子科技产品

发展历程（Development Process）：1971 年，16 岁的史蒂夫·乔布斯（Steve Jobs）与 21 岁的史蒂夫·沃兹尼亚克（Stephen Wozniak）经朋友介绍而结识。1976 年，乔布斯成功说服沃兹将装配的机器拿去推销，他们另一位朋友——罗·韦恩（Ron Wayne）也加入其中。三人在 1976 年 4 月 1 日组成了苹果电脑公司（Apple Computer, Inc.）。2007 年，苹果电脑公司（Apple Computer, Inc.）更名为苹果公司，是全球第一大手机生产商和全球最大的 PC 厂商，在高科技企业中以创新而闻名，知名的产品有 Apple II、Macintosh 电脑、Macbook 笔记本电脑、iPod 音乐播放器、iTunes 商店、iMac 一体机、iPhone 手机和 iPad 平板电脑等。2012 年 4 月，苹果以超过 5 200 亿美元的市值稳坐世界第一的位置。2012 年 8 月 21 日，苹果市值达到 6 235 亿美元，创下美国上市公司有史以来的最高水平。

工具 09　KPI 关键绩效指标

【工具定义】

KPI 是衡量企业战略实施效果的关键指标，其目的是建立一种机制，将企业战略转化为内部管理过程和活动，以不断增强企业的核心竞争力和可持续发展的动力，使企业取得高效益。

KPI 是指标，不是目标，但是能够借此确定目标或行为标准；是绩效指标，不是能力或态度指标；是关键绩效指标，不是一般所指的绩效指标。

【适用范围】

适用于企业关键法效指标的建立工作。

【工具解析】

KPI（Key Performance Indicators）是管理中"计划—执行—评价"中"评价"不可分割的一部分，反映了个体或企业关键业绩贡献的评价依据和指标。

KPI 是指企业宏观战略目标决策经过层层分解后所产生的可操作性的战术目标，是宏观战略决策执行效果的监测指针，反映最能有效影响企业价值创造的关键驱动因素。

1. KPI 的理论基础：二八法则

在一个企业的价值创造过程中，存在着"20/80"的规律，即 20% 的骨干人员创造企业 80% 的价值；80% 的工作任务是由 20% 的关键行为完成的。因此，必须抓住 20% 的关键行为，对之进行分析和衡量，这样就能够抓住业绩评价的重心。

○ **相关知识** ○

二八法则

19 世纪末，意大利经济学者帕列托发现了"二八法则"。这是经济学上的重要法则，全称叫"20/80 效率法则"，即大部分的所得财富，流向了少数人手里。

"二八法则"的字面意思是：在世界的方方面面，都存在着 20/80 的不平衡现象。如 20% 的人占有 80% 的财富；20% 的投入换来 80% 的回报。我们不必拘泥于这个比例关系是否准确（这只是一个近似值），而要注意它的内涵：世界是不平衡的。

"二八法则"告诉人们：在投入和产出、努力与收获、原因和结果之间，普遍存在着不平衡关系。少的投入，可以得到多的产出；小的努力，可以获得大的成绩；关键的少数，往往是决定整个组织的产出、盈利和成败的主要因素。

它的意义是：一个事物 20% 的特性决定了事物 80% 的重要性，应该把 80% 的时间花在 20% 的事情上。说得再通俗一些，就是关键的往往是少数，少数决定多数。

2. 确定 KPI 的四大原则

国外有的管理专家把绩效考核指标的设计规范归纳为一个英文单词——SMART。其实这里的"SMART"不是单词，是五个词的词头合起来的一组符号，一个字母代表一个含义，具体内容如图 6-17 所示。

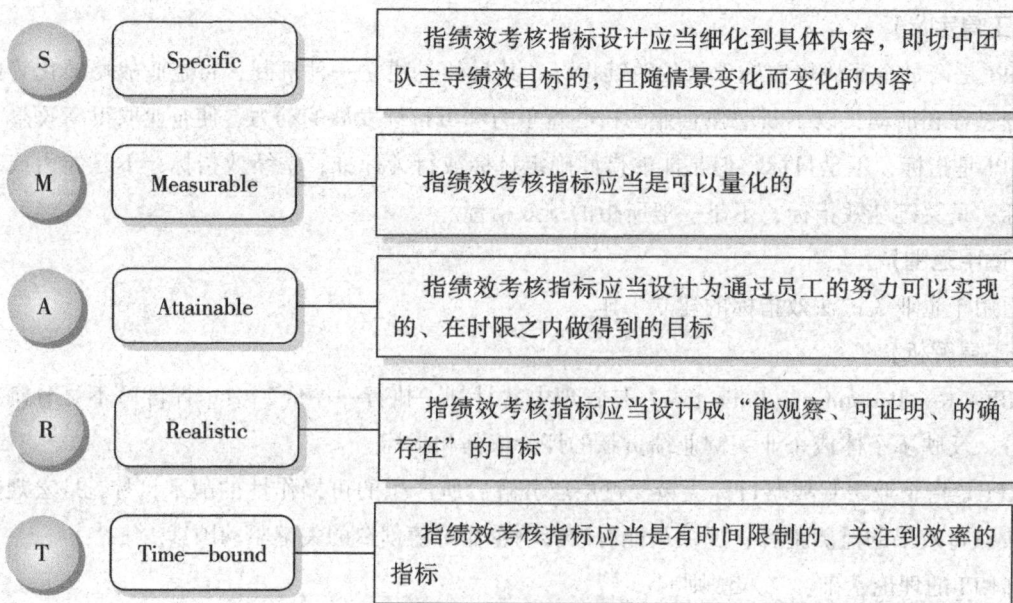

S	Specific	指绩效考核指标设计应当细化到具体内容，即切中团队主导绩效目标的，且随情景变化而变化的内容
M	Measurable	指绩效考核指标应当是可以量化的
A	Attainable	指绩效考核指标应当设计为通过员工的努力可以实现的、在时限之内做得到的目标
R	Realistic	指绩效考核指标应当设计成"能观察、可证明、的确存在"的目标
T	Time—bound	指绩效考核指标应当是有时间限制的、关注到效率的指标

图 6-17 SMART 原则

3. KPI 绩效指标设计的步骤

关键绩效指标的设计步骤如图 6-18 所示。

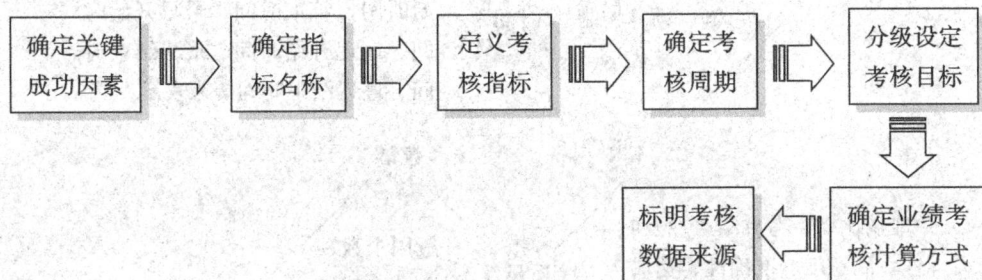

图 6-18　关键绩效指标的设计步骤

（1）确定关键成功因素

在制定绩效指标前，应明确为什么要考核这个指标，因此，应该先找到关键业绩领域或关键成功因素。企业可以通过平衡计分卡分解战略或者通过岗位职责分解得到。

选择关键业绩领域和关键成功因素的标准通常是对企业利润影响较大的，或该领域工作业绩波动较大的，或该业绩领域改善潜力较大的，以及与同行业或同级部门相比绩效差距较大的。该阶段的主要工作职责是关键业绩领域的主要来源，因此，确定关键成功因素时，应从该岗位的主要职责出发。

（2）确定指标名称

在找到关键业绩领域或关键成功因素后，就可以使用格利·波特四分法来编写指标名称，即从"时间、数量、质量、成本"四个角度编写业绩指标名称。

对于这四个角度，可以分别列出很多的指标。例如，对于企业效果进行考核时，在质量方面可以有"考试及格率"、"考试优秀率"、"考试不及格人数"等几个考核指标，这里面最容易完成的是"考试及格率"，最容易考核和计算的是"考试不及格人数"。当"考试不及格人数"已经不能满足考核要求，需要提升考核难度时，就会考虑采用"考试优秀率"等指标，从而达到提升培训绩效的目的。

四个维度的绩效指标的要求如图 6-19 所示。

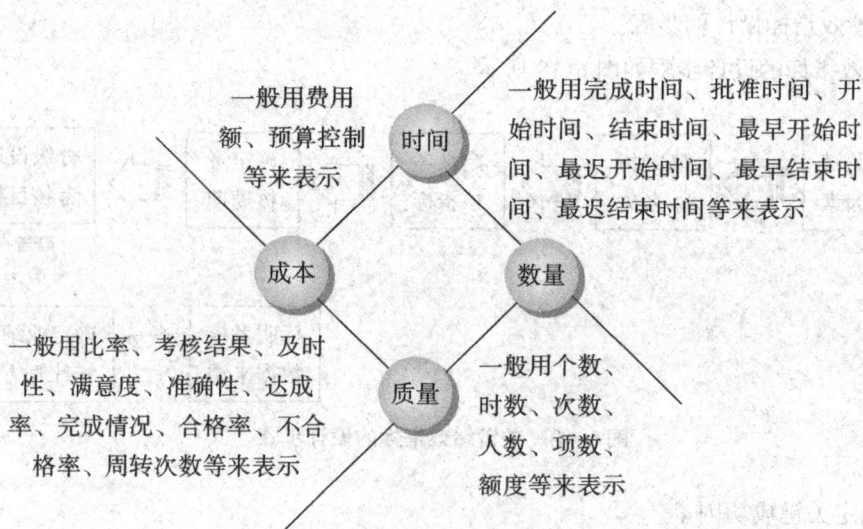

图 6-19　四个维度的绩效指标的要求

（3）定义考核指标

指标的名称与定义互相关联，但不可混淆。例如某一指标的名称是"完成时间与计划相差天数"，而该指标定义为"完成日期—计划日期"。定量的指标要描述计算公式；而定性指标则要描述具体考核的行为标准，具体内容如表 6-20 所示。

表 6-20　具体考核的行为标准示例

指标名称	指标定义	备注
平均回款天数	各客户实际回款时间的加权平均数	
制度建设成效性	对企业制度建立、宣导、推行及优化的有效程度	

（4）确定考核周期

考核周期的形式如图 6-20 所示。

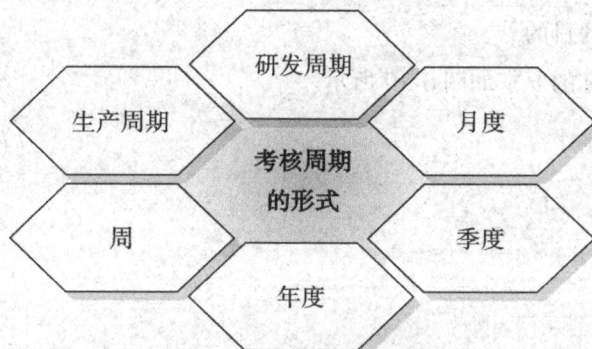

图 6-20　考核周期的形式

考核周期要视考核工作的具体内容而定。如果是一个能够完成的工作，自然要按季度考核。有些工作既可以月度考核，又可以季度考核时，应遵从最有利于被考核者的原则。对于基层岗位，若考核周期过长，反馈不及时，对被考核者的激励作用就会明显削弱；而对于高层岗位，由于其形成工作成果需要较长的周期，则考核周期要长一些。

区分考核周期的方式如表6-21所示。

表6-21　区分考核周期的方式

序号	方式	说明
1	每期考核	一般以一个月为标准。适用于 （1）一年内每期的目标计划相对平衡，波动比较小，内部可控的项目 （2）绩效数据跨期比较短的项目
2	滚动考核	在对下期目标进行考核时，将上期的数据进行平均处理，一般以季度或者半年为滚动期。适用于 （1）考核项目跨度较长的项目 （2）制订计划时不确定因素较多的项目
3	叠加考核	是对滚动考核方式的延伸，一般以年为考核周期，以避免因计划不准确而导致误差。将全年的数据进行叠加，计算最后的目标完成情况

（5）分级设定考核目标

①目标的分级

目标的分级包括三个方面的工作，具体内容如图6-21所示。

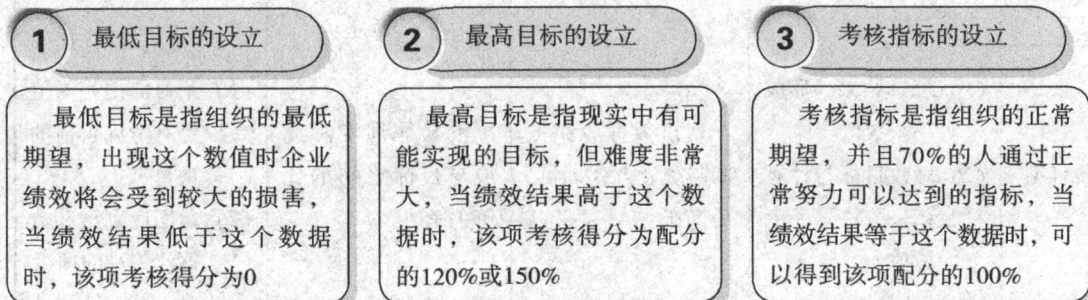

1 最低目标的设立

最低目标是指组织的最低期望，出现这个数值时企业绩效将会受到较大的损害，当绩效结果低于这个数据时，该项考核得分为0

2 最高目标的设立

最高目标是指现实中有可能实现的目标，但难度非常大，当绩效结果高于这个数据时，该项考核得分为配分的120%或150%

3 考核指标的设立

考核指标是指组织的正常期望，并且70%的人通过正常努力可以达到的指标，当绩效结果等于这个数据时，可以得到该项配分的100%

图6-21　目标的分级

②确定项目目标的方法有内部历史数据法、外部竞争数据法和假设求证法。

③需要考虑的因素包括分解企业目标数据、同行业数据、国家标准或法律法规、企业现状、客户的要求、企业的现有资源情况。

绩效考核目标值示例如表6-22所示。

表6-22　绩效考核目标值示例

指标名称	目标值	备注
销售目标完成率	≥90%	
产品熟悉度	≥90 分	
应收账款逾期率	≤10%	

（6）确定业绩考核计算方法

业绩考核的计算方法如表6-23所示。

表6-23　业绩考核计算方法

方法	要点描述	优点	不足	适用情景
倒扣型	不需要考虑太多的其他因素，发现一次扣一次	（1）操作简便 （2）数据来源直观	（1）偶然性大 （2）增分的可能性小，易挫伤积极性	（1）重大、禁止发生的项目 （2）发生较少或统计成本太高的项目
统计型	（1）统计结果，形成一个数值 （2）绩效目标与计算结果往往是一个数值	列出数据收集范围与统计方式即可，易操作	不易体现实际完成与目标之间的比例关系	（1）绝对值比相对值更有考评价值的项目 （2）运用比例型和数据收集难的项目

（续表）

方法	要点描述	优点	不足	适用情景
比例型	（1）实际完成值与预计期值之比 （2）绩效目标与计算结果往往是一个百分比值	（1）通过公式计算，结果比较精确 （2）强调实绩与目标的比例，更能体现责任者的完成程度	（1）公式不易列准确 （2）分子、分母数据收集难度大	（1）数据性较强的项目 （2）数据来源稳定的项目 （3）强调完成率的项目 （4）数值绝对值较大的项目

（7）标明考核数据来源

最后一个环节，需要每个指标均标明数据来源，以便于考核时向对口部门索取数据。为解决数据来源问题，应注意以下四点。

①避免绩效数据来源与考核对象为同一人或同一部门，防止考核数据做假。

②分子、分母的每一个数据都应有具体的来源，便于及时发现存在的问题，进而采取针对性的措施进行改善。

③数据来源于多个岗位或部门时要甄别。

④多个部门相互提供绩效数据时要验证。

数据来源的标记样式如表6-24所示。

表6-24 数据来源的标记样式

指标名称	数据来源		备注
	信息统计人	数据提供人	
销售目标完成率	销售统计员	财务部会计	
产品熟悉度	直属上级	人力资源部	
应收账款逾期率	财务部会计	财务部会计	

相关知识

企业发展不同阶段对考评指标的要求

企业发展阶段	主要特征
初创期	产品及服务构想对技术和技术创新要求较高
上升期	基础建设、员工培训、财务经营计划、市场营销在企业发展过程中尤其重要
投资回报期	收入增长，成本控制良好，员工得到成长。企业财务管理、客户资源管理变得特别重要
扩张期	进入大企业集团经营或跨国经营阶段，企业制度建设尤其重要

企业发展阶段	对不同指标的需求程度					
	财务指标	市场指标	客户指标	个人/团队贡献指标	研发指标	企业战略管理指标
1	较强	弱	弱	很弱	很强	很弱
2	强	很强	较强	强	强	弱
3	很强	强	很强	较强	弱	较强
4	强	强	强	强	强	很强

4. 构建 KPI 考核指标体系的架构

构建 KPI 考核指标体系的价值如下。

（1）有利于企业创建以责任成果为导向的企业管理体系，落实企业战略目标与管理重点，不断强化与提升企业整体核心竞争力。

（2）目标牵引。使个人目标、部门目标与企业目标之间保持一致，从而保证企业的长期发展。

（3）传递市场压力，使工作聚焦，责任到位，成果明确，能及时诊断经营中的问题并采取行动。

（4）使不同功能领域的员工相互合作，集中在共同成果上。

（5）建立激励与约束员工行为的管理系统，为企业价值评价与价值分配体系的建立提供系统的框架。

KPI 考核体系的构架如图 6-22 所示。

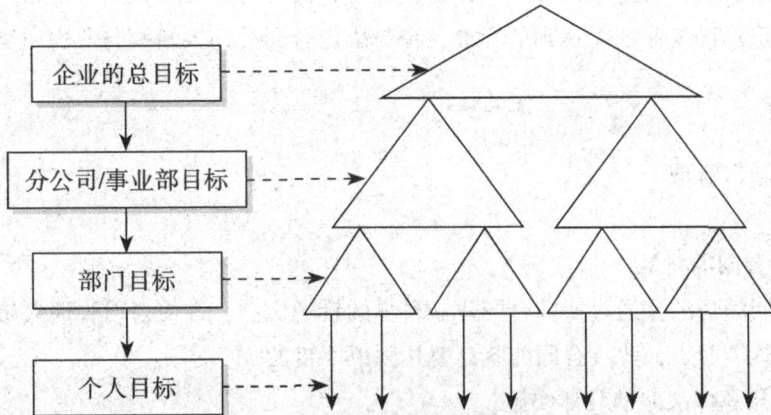

图 6-22　KPI 考核体系的构架

强生（JOHNSON & JOHNSON）

成立年份（Founded Year）：1886 年

总部（Headquarters）：美国新泽西州新布仑兹维克

主营业务（Main Business）：药物、医疗器材、个人卫生产品

发展历程（Development Process）：1886 年，强生和他的两个兄弟共同开创了一个全新的事业——生产无菌外科敷料，并正式创建了强生公司。经过一百多年不懈的努力与创新，强生目前已在全球 57 个国家和地区建立了 250 多家分公司，产品畅销于 175 个国家和地区，拥有约 115 000 名员工，成为目前世界上最具综合性、分布范围最广的健康护理产品制造商和相关服务提供商，也是中国最大的外资制药有限公司。其生产及销售产品涉及消费品及个人护理产品、医药产品和医疗器材及诊断产品市场等多个领域。强生面向全球市场的开展策略始于 1919 年，在加拿大成立了第一家分公司。

工具 10 业绩合同

【工具定义】

业绩合同是指各个岗位与上级就应实现的工作业绩订立的正式书面协议，包括定义公司各岗位的主要考核内容及关键业绩指标、工作目标设定，确定各主要考核内容的权重，参照历史业绩及未来策略重点设定业绩需达到的标准，参与决定合同受约人薪酬与非物质奖惩等方面的内容。

【适用范围】

适用于企业绩效管理。

【工具解析】

1. 签订业绩合同的目的

签订业绩合同的目的是通过业绩合同建立科学的管理机制，并使公司管理人员的利益与股东利益相一致。具体而言，业绩合同的签订要达到以下目的。

（1）保证公司总体战略的具体实施。

（2）使高层管理者把精力集中在对公司价值影响最关键的经营决策上。

（3）使被考核者把精力放在对公司价值影响最关键的经营决策上。

（4）在全公司创造业绩至上的企业文化。

（5）以合同的方式体现达成承诺业绩的严肃性。高级管理层与业务单元及职能单元之间通过业绩合同界定彼此的业绩承诺。

高级管理层与业务单元及职能单元之间的业绩承诺如图 6-23 所示。

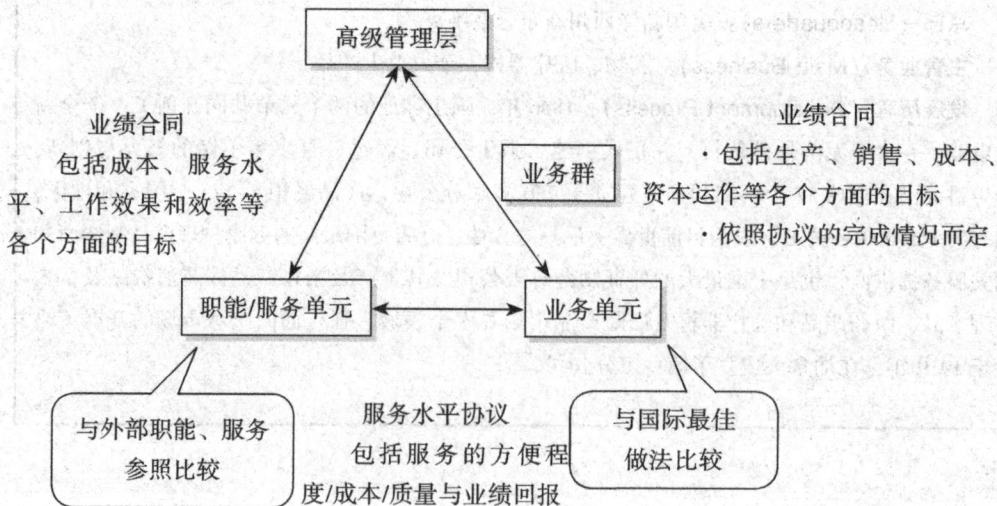

图 6-23 高级管理层与业务单元及职能单元之间的业绩承诺

（6）可以激励集体业绩和明确个人责任，具体说明如图6-24所示。

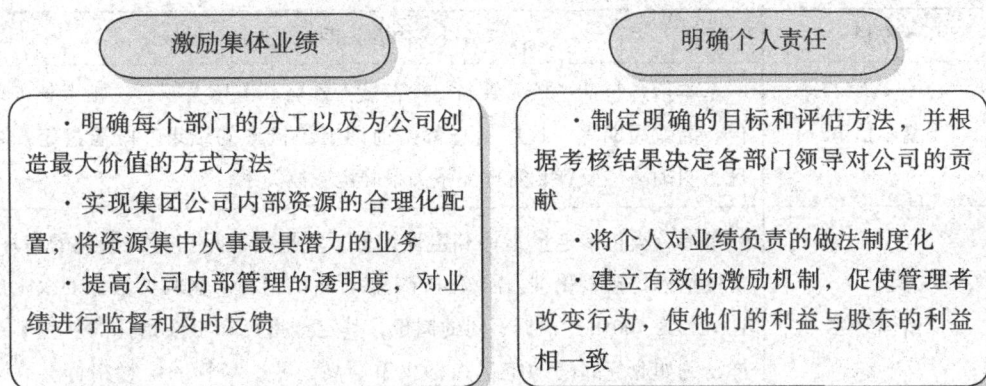

激励集体业绩	明确个人责任
·明确每个部门的分工以及为公司创造最大价值的方式方法 ·实现集团公司内部资源的合理化配置，将资源集中从事最具潜力的业务 ·提高公司内部管理的透明度，对业绩进行监督和及时反馈	·制定明确的目标和评估方法，并根据考核结果决定各部门领导对公司的贡献 ·将个人对业绩负责的做法制度化 ·建立有效的激励机制，促使管理者改变行为，使他们的利益与股东的利益相一致

图6-24 集体业绩和个人责任的确定要领

2. 业绩合同的设计

（1）业绩合同的设计原则

业绩合同设计应遵循表6-25所示的原则。

表6-25 业绩合同设计的原则

序号	原则	说明
1	以价值为驱动	（1）将股东回报与公司经营业绩挂钩 （2）建立以价值创造为核心的企业文化
2	以岗位职责为基础	（1）全面体现各岗位的关键业绩成果 （2）充分反映岗位特色
3	公平一致性	（1）上下级之间开放、充分地沟通 （2）具有衔接性和横向的可比性
4	可行性	（1）参考国际先进的管理经验，并结合所在国的实际情况 （2）通过合理的过渡方案逐步解决现行实施障碍

（2）业绩合同的内容

不同企业所使用的业绩合同的格式不一样，但其内容一般都差不多。业绩合同的内容构成如表6-26所示。

表 6-26　业绩合同的内容构成

序号	栏目	内容说明
1	基本信息	基本信息包括考核人姓名、被考核人姓名、考核人职位、被考核人职位、绩效周期等。这些信息都是前期组织梳理的结果，应通过组织梳理，明确岗位设置和管理汇报关系确定考核关系
2	指标分类	指标分类包括定量指标和定性指标。定量指标是指可以量化的指标；定性指标是指量化难，需要进行定性评价的指标。这两类指标的权重加在一起为 100%，根据不同的岗位，其定量指标和定性指标的权重不一样，例如业务部门的定量指标权重会高一些，高管的定量指标会高一些，职能部门的定性指标会高一些，中基层的定性指标会高一些
3	指标名称	指标名称就是每个指标的名字，例如销售收入、客户满意度、销售计划准确率、利润率等都是指标名称。指标名称一栏不要填写大段文字。有的经理害怕描述不清楚，用很多问题描述一个指标，其实这些内容可以放在备注栏里
4	指标定义/公式	明确指标名称后，需对指标进行进一步的衡量和解释。例如，销售计划准确率指标的公式是：当期准确的品规数量/当期品规总额×100%。这样解释一下，双方就比较容易理解了，也避免了以后考核的时候双方对于如何衡量发生不必要的争执
5	单位	单位是指考核指标的衡量单位，例如万元、%、个、家等
6	评分标准	评分标准是指当考核指标最终结果和目标值发生差异时如何加分，如何减分。例如，原材料消耗定额这个指标的评分标准是：达到 0.3% 得 100 分；每减少 0.01%，加 6.7 分，最高 120 分；每增加 0.01%，扣 13.3 分，0.33% 以上为 60 分
7	目标值	目标值一栏包括三个值，分别是标准值、下限值和上限值。标准值是指达到 100 分的值；下限值是指企业不能容忍的值，可以设下限 60 分，也可以直接得 0 分；上限值是指达到改值时，考核得分封顶，通常设为 120 分
8	权重	这里的权重是指每项考核的指标的权重，按照前面的原则进行设定即可
9	实际完成	这一栏用于填写每个绩效周期内各项考核指标实际完成的数据和信息

序号	栏目	内容说明
10	数据来源部门	一般情况下，考核数据由第三方提供，例如销售部的销售收入数据的来源部门是财务部、生产部的质量合格率指标的数据来源部门是质检部
11	定性指标衡量标准	为了便于企业对定性指标进行评价，建议把评价标准做成尺度评价法

（3）业绩合同的签署

①业绩合同的签署范围

并不是所有的员工都要签署业绩合同。在确定签署范围时要考虑以下因素。

A. 对公司业务发展的把握。按照既定战略与员工签署有针对性的业绩合同，可以确保公司的发展方向。

B. 对员工的评估激励效果。按适合的业绩合同可有效地考核、识别、发掘人才。

C. 损益责任。业绩合同的签约对象将主要是对损益结果有重大影响的管理人员，其下属人员可由受约人按自身的业绩合同分解成不同职责分工人员的关键业绩指标，以督促、考核下属人员，不必都签订业绩合同。

业绩合同的签署范围如图 6-25 所示。

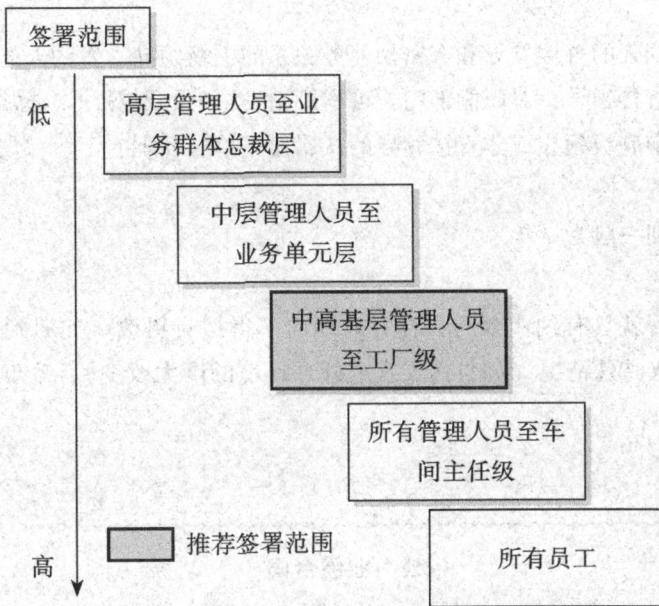

图 6-25　业绩合同的签署范围

②业绩合同的签订步骤

业绩合同的签订是按层级进行的，具体内容如图 6-26 所示。

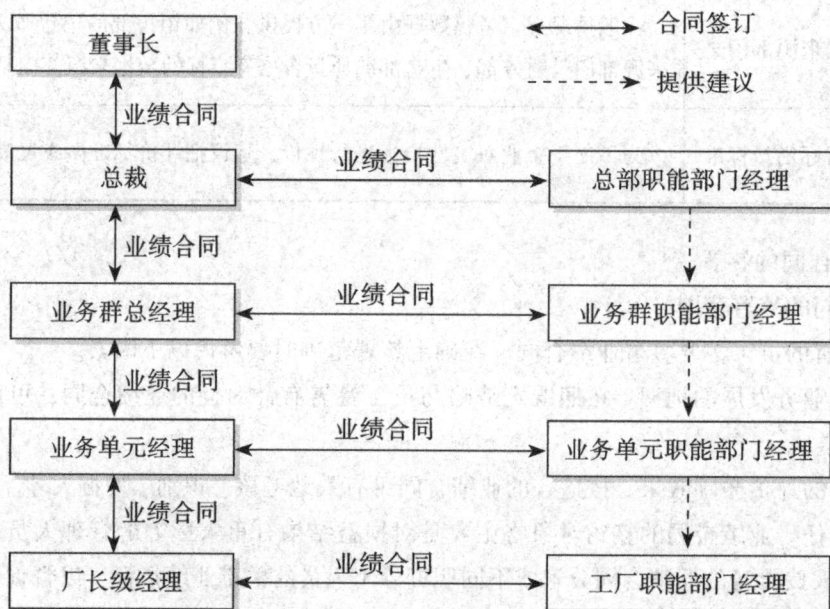

图 6-26　业绩合同的签订步骤

③发约人的选择

发约人应选择受约人的直接领导和有密切业务关系的上级领导。发约人选择的原则为：主发约人应是受约人的直接领导；对职能部门，可增设副发约人。副发约人通常是有密切业务联系的其他职能部门的中高级领导或非直接领导的从属业务单位经理。

④业绩合同的期限

业绩合同的有效期一般为一年。

⑤业绩合同的效力

业绩合同一旦签署就具有约束效力，在有效期内不得擅自更改。如遇到对公司影响重大的、人力不可控制的极特殊情况（如自然灾害或外部环境的巨大改变），董事会有权酌情予以调整。

※ **实例说明**

××公司业绩合同

合同编号：

受约人姓名：　　　　　　　　　　　　　发约人姓名：

职位：　　　　　　　　　　　　　　　　职位：

合同有效期：＿＿＿年＿＿月＿＿日至＿＿＿年＿＿月＿＿日

为使公司＿＿＿年的经营计划落到实处，经双方商定，同意签订＿＿＿年业绩合同。业绩指标如下表所示。

关键业绩指标		权重	单位	年度目标
效益类	A	＿＿＿%		
	B	＿＿＿%		
	……	＿＿＿%		
营运类	A	＿＿＿%		
	B	＿＿＿%		
	……	＿＿＿%		
组织类	A	＿＿＿%		
事故类	A	＿＿＿%		
	B	＿＿＿%		

发约人将依据本业绩合同对受约人＿＿＿年度经营业绩进行考核，＿＿＿年实际完成数以＿＿＿年度公司财务决算为准。发约人根据合同完成情况，按《公司薪酬设计方案》给予奖罚。

受约人签字：＿＿＿＿＿＿＿＿＿ 发约人签字：＿＿＿＿＿＿＿＿＿

签署时间：＿＿＿年＿＿月＿＿日

工具 11 LIFO 系统

【工具定义】

LIFO 全称为 Life Orientation，即人生取向，是美国应用最广、发展最早的两大行为风格行为系统之一，又被称作"长处管理策略"。LIFO 系统是由 20 世纪 60 年代末从事心理学和企业管理研究的凯挈尔博士和斯图尔特·阿特金斯提出来的。

【适用范围】

适用于候选人评估、新人团队融入、管理团队组建、管理人员发展测评和文化诊断与改进。

【工具解析】

1. LIFO 的理论核心

LIFO 的理论核心是：通过辩认个人的长处和取向来了解自己的优势，从而能够建设性地运用自己的长处，使自己变得更有效能。

◇ **相关知识** ◇

LIFO 系统的广泛应用

LIFO 系统自 20 世纪 60 年代问世以来，在西方企业界广为流行。目前，已有美、日、英、德等 20 多个国家逾 700 万人接受过这一系统的训练。其中包括半数以上的世界 500 强企业。在美国，就有包括全美 500 强企业在内的一万多家公司、100 多所大学以及众多的医院采用了这一系统。在中国，中国银行、微软（中国）公司、联想电脑、联合利华等多家跨国大型企业的专业经理人也接受了 LIFO 系统的训练。

2. LIFO 分析的四种风格

LIFO 的核心是一份特别设计的问卷，它能辩认并量化对方对人生目标的态度或取向，并找出它们和四个 LIFO 行为风格的关联性。四种风格说明如表 6-27 所示。

表 6-27　四种风格说明

风格	说明	优点	相对缺点
卓越型	卓越型的人的人生目标是"被看作是一个有回报和有价值的人"，他的基本取向通常是"如果我认真负责，并且明确显示自我价值，那么我不必要求也会得到奖赏。"	为他人着想、理想化、谦虚、值得信赖、忠诚、接受性强、追求卓越、合作意识强	会相对出现否定自己、空想、轻信、愚忠、被动、过度投入、完美主义、盲从等特点
理性型	理性型的人的人生目标是"被看成是客观而合理的人"，其基本取向是"我必须维持我现有的一切，并运用现有的资源，谨慎而有条理地以过去的基础建设未来"。这类风格的人经常是独善其身，而对一切事情以理性客观的标准来衡量，他的想法经常是"如果每个人都能理性，就不须管别人"，因此相当重视游戏规则	坚韧、踏实、善于盘算、讲求事实、有原则、做事周全并讲求方法、具有分析能力且稳健	墨守成规、缺乏想象力、吝啬、难沟通、易受限于资料、固执、学究式的苦心劳神、挑剔及过分小心

（续表）

风格	说明	优点	相对缺点
行动型	行动型的人的人生目标是"被看成是一个主动而有能力的人"，他的基本取向是"如果我想要事情发生，我必须使它发生"	反应快、自信、求变、强而有力、有竞争性、富于冒险、坚持且急切	优点过度发挥时，则出现善冲动、没定性、胁迫、好争辩、赌性强、没耐性
和谐型	和谐型的人的人生目标是"被看成一个让人欣赏和受欢迎的人"，他的基本取向是"只有在我能先满足别人的需求和情感时，我才能期望得到奖励"	善于变通、有实验精神、善于应对、热忱、机敏、适应力强、擅长交际、谈判能力强、具幽默感	前后不一致、漫无目标、阿谀奉承、过于迁就、没有定见、易妥协、轻佻

3. LIFO 系统的测评问卷

LIFO 系统的测评问卷除了人生取向的基本问卷（简易版和完整版）外，还有教养风格问卷（针对青少年父母）、婚姻风格问卷（改善婚姻关系）、压力管理问卷、谈判风格问卷、学习风格问卷、教导风格问卷、领导风格问卷、团队风格问卷、组织文化问卷等。

4. LIFO 系统的应用

（1）LIFO 系统对企业的贡献

①深入诊断与分析企业文化。

②甄选最适合企业、职位及主管需求的员工。

③协助高层主管研拟组织策略。

④建立最佳工作小组及团队合作。

⑤增进部门间及人际间的沟通。

⑥提升客户满意度。

⑦减少企业内部无益的冲突。

⑧增进销售能力。

⑨提升各级主管的管理绩效。

⑩找出激励员工的最佳策略。

⑪协助企业顺利进行组织发展与变革。

⑫做好员工辅导工作。

（2）LIFO 系统的应用主题

LIFO 系统的应用主题如图 6-27 所示。

长处管理与长处发展

· 了解自我风格

· 学习长处管理策略

· 运用LIFO方法进行对外沟通与管理

· 提升工作绩效

甄选面谈技巧

· 学习辨视行为风格

· 了解行为风格与应征职位的关系

· 与应征者沟通，明确期望与工作特质

提升管理绩效

· 了解自我管理风格

· 学习领导激励部属

· 学习绩效回馈以及工作教导

· 创造最佳团队绩效

建立企业文化

· 了解高层团队的风格

· 分析、探讨企业文化

· 规划、应用企业策略

· 影响组织管理行为

沟通技巧

· 探讨沟通问题

· 学习沟通技巧

· 增进团体成员间的沟通成效

· 拟订沟通策略

谈判与协商技巧

· 了解自我谈判风格

· 在谈判过程中运用LIFO方法

· 双赢谈判基本原则与方法

压力管理

· 评估自我压力管理方式

· 学习应对压力的技巧

· 发掘自我潜能以对抗组织环境压力

提升销售能力

· 了解自我销售风格

· 管理销售风格的长处

· 提升销售绩效

提升客户满意度

· 探讨自我客户服务模式

· 建立正面的服务态度

· 学习应对客户的技巧

· 处理客户抱怨

建立团队合作

· 分析团队合作

· 诊断团队现况

· 拟定最佳团队合作策略

· 加强团队成员的信心

图 6-27　LIFO 系统的应用主题

（3）LIFO 系统对个人的贡献

要用好 LIFO，首先要理解一个观念：我们的缺点通常是长处发挥过当所致。我们的风格有正面效益，也有负面效益。如果要更富成效，关键不在于死盯着自己的"不足"而苦恼，而是要在自身的长处上着力，并防止其运用过当。

LIFO 系统对个人的贡献如图 6-28 所示。

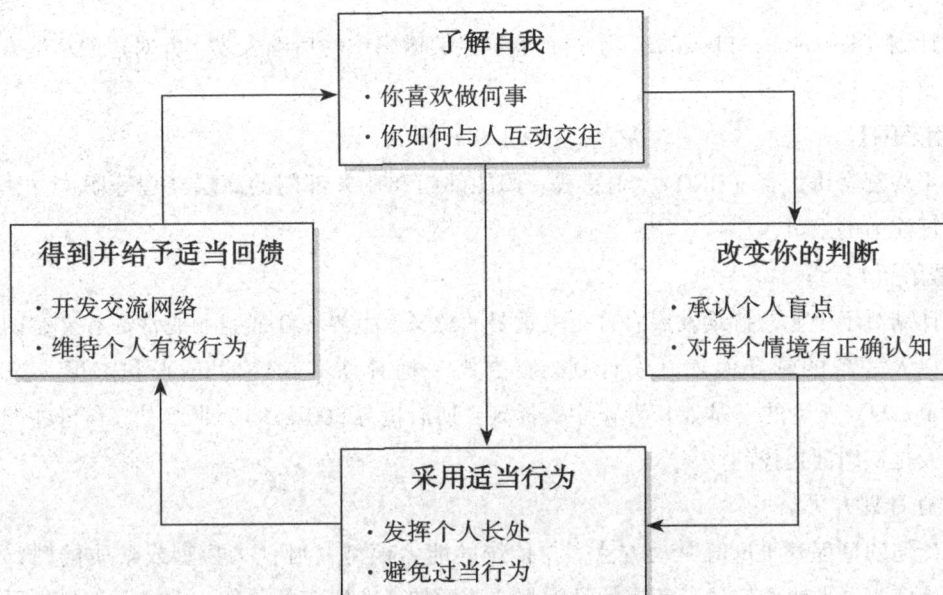

了解自我
· 你喜欢做何事
· 你如何与人互动交往

得到并给予适当回馈
· 开发交流网络
· 维持个人有效行为

改变你的判断
· 承认个人盲点
· 对每个情境有正确认知

采用适当行为
· 发挥个人长处
· 避免过当行为

图 6-28　LIFO 系统对个人的贡献

①提升自我认知。了解自己的长处与不足、自我风格组合的特点，有利于帮助自己树立起欣赏并有效发挥自己长处的良好心态。学习资料中有关 LIFO 风格的描述，可以作为参考指南。

②了解他人进而改善人际关系。如果能坦诚的与同事分享 LIFO 测评报告及其含义，有助于双方在轻松的氛围下了解并欣赏彼此间的异同，改善人际关系。

③团队成员之间取长补短，提高团队合作效益。

④在同事间存在风格迥异、误解或冲突时，可依据对其 LIFO 风格的解读，通过寻找关键风格因素，给予解决建议；或在某人未来发展中，给予哪些部分需要善用、哪些方面需要加强等建议。

⑤作为管理者，你可以和（新）下属分享你的 LIFO 风格，让其知道如何与你共事、你的价值观、你的关注点以及如何与你有效的沟通，甚至如何辅佐你、影响你。了解下属的 LIFO 报告，同样有利于管理者明确如何充分运用新人的长处与风格。

⑥选人时，可作为对其与现有团队相容性分析的参考工具，以便更好地运用其长处与风格，最大化地助力于团队和个人发展。

5. 运用 LIFO 系统的基本程序

先利用自我评测工具（LIFO 问卷）辨别自己的风格长处，再通过 LIFO 课程的学习来了解风格。之后，就个人而言，可选择参加各种训练课程；就企业而言，可用此诊断现有人力资源，进而进行团队及组织分析、咨询辅导与企业发展规划。

工具 12　继任计划

【工具定义】

继任计划（Succession Planning）是指企业确定关键岗位的后继人才，并对这些后继人才进行开发的整个过程。

【适用范围】

适用于为首席执行官（CEO）、副总裁、职能部门和业务部门的高层经理等职位寻找并确认具有胜任能力的人员。

【工具解析】

继任计划对于企业的持续发展有着至关重要的意义，世界 500 强企业通常都有连续的领导人才储备以及完备的领导人才开发计划。在吉姆·柯林斯（Jim Collins）和杰里·波拉斯（Jerry·I. Porras）所著的《基业长青》中曾提到：所有世界 500 强的企业当中，有超过 75% 的企业领导人是从内部提拔的。

1. 继任计划方法论

继任计划的过程基于价值驱动方法。与传统的能力模型（胜任力模型或素质模型）不一样的是，价值驱动方法假定的是所有的员工都应该增加企业股东的价值，在根本上指出了个体高层管理人员如何为企业的业绩做出贡献。这个模型假定高层管理人员通过四个方面增加价值，它们就是价值驱动因素，具体内容如表 6-28 所示。

表 6-28　价值驱动因素

序号	因素	说明
1	设计战略发展方向	设计企业的战略发展方向并为企业取得竞争优势，包括建立企业的远景规划以及使员工的行为与企业的业务目标相一致
2	激励人才	激励企业的人力资本创造优异的业绩。激励人才反映了高层领导如何使用企业的人才，如何开发员工取得成功，如何让员工能够应付业务的挑战；激励人才反映了创造股东价值时"使用人才"的一面
3	增加收入	增加收入这个价值驱动因素反映了高层领导如何驱动企业的销售业绩
4	进行业务运作	进行业务运作反映了高层领导如何进行成本控制，提高企业运营效率以增加企业的边际利润

对高级管理人员进行测评的前提是为企业的关键岗位设计价值驱动模型，然后把员工和这个模型进行比较。为使测评的过程变得容易，必须对每个价值驱动因素设计相关的行为描述。这种行为描述必须反映企业特定的经营情景。

每个价值驱动因素由一系列行为（价值驱动因素行为描述）体现，这些行为全面清晰地反映了高层领导提升企业业绩的过程。这就是价值驱动模型与员工能力模型（胜任力模型、素质模型）的区别。能力模型中的"能力"关注人格、动机和技能，而价值驱动因素关注直接与企业业绩相关的行为。

2. 建立继任计划

（1）成立人才继任计划实施机构：人才发展与评鉴委员会

人才继任计划涉及企业各个业务单元和不同层级人员的评价与发展，应成立规范的人才继任实施机构负责这些活动的开展。一般来说，可以成立人才发展与评鉴委员会。人才发展与评鉴委员会的成员一般由高层、中层管理人员和人力资源部门相关人员组成，人数为单数。

（2）确定企业关键岗位层级图

根据企业核心价值与关键业务流程，结合最新的组织架构图、岗位说明书，确定企业关键岗位。一般来说，企业关键岗位包括经营班子、中层经理和其他关键岗位。其他关键岗位的确定可结合其他同行业企业关键岗位的设置情况，通过企业内部管理层综合评审和外部专家评审来确定，最终形成企业关键岗位层级图。

需要指出的是，企业关键岗位确定后并不是一成不变的，应根据企业战略方向、目标和经营环境的变化不断重新审视和更新关键岗位层级图。

（3）人才盘点与发展力评估

关键岗位层级图确定后，针对关键岗位层级图确定具体在职的关键人才，并对这些人员进行盘点和发展力评估。对关键人才的发展力评估主要从两个方面来考察：绩效和潜能。对绩效的评估是考察员工过去的表现；而对潜能的评估就是着眼于未来的发展。企业应将绩效和潜能分别分为高、中、低三个等级，由此形成九方格，根据员工绩效表现和潜能评估的结果确定其在九方格的具体位置。被列入继任者的员工在九方格所处位置必须是绩效和潜能评估同时在中以上。

对关键人才的盘点和发展力进行评估后，要形成关键人才发展力评估报告，以作为员工重要的个人资质档案。报告主要应包括以下内容。

①个人基本信息：姓名、岗位、在岗时间、年龄、学历、个人简历、其他人事信息（如劳动合同、语言、所获荣誉、奖励、培训经历等）。

②截至评估日之前的现任职位任期内的绩效考核记录和总体绩效评价。

③胜任能力评估：根据关键岗位胜任素质模型对关键人才进行胜任能力评估，评估结论应包括优缺点、个人胜任能力、培训与发展建议等。

④结论：明确员工在九方格图所处位置，以及是否适合列为上一级岗位的继任者。

通过发展力评估来确定上一级岗位的后备人选（继任者）后，将其列入企业人才梯队名单；随后，通过发展力评估确定关键人才中哪些人员已具备胜任素质，哪些人员在哪些方面还需要加强，从而为下一步制订针对性的发展和培养计划提供重要的客观依据。

（4）制订并实施继任者发展计划

通过对关键人才的盘点和发展力评估，确定了关键岗位的继任者后，根据关键人才发展力评估的结果制订个性化的继任者发展计划，通过计划的实施使继任者具备担任上一级岗位的资质。企业要建立继任者个人培训与发展档案，充分运用企业现有资源，通过个体辅导、参与项目、岗位轮换、培训等方式帮助他们提升自身的知识和能力，并加强管理沟通和过程监控反馈，使继任者按照企业既定的成长和发展路线稳步前行。

3. 执行继任计划

继任计划的执行分为以下三个阶段。

（1）选择阶段——考察表现

在选择继任人选时，首要观察的就是其表现，此外还需要考虑其价值观与潜力。对于继任人选平时的工作表现，这里可以用"5Good"表述，具体内容如表 6-29 所示。

表 6-29 考察继任人选的 5Good

序号	考察方面	说明
1	Do Good	是指要做得好。对所有人而言，职业发展中首先是要将自己的本职工作做好，取得好的业绩。这也是一切发展的前提所在
2	Plan Good	指的是计划好。我们常说，要做好一件事并不难（do things right），难的是做正确的事（do right things）。有人用管理与领导来比喻两者的区别：所谓管理就是让他人将你想要做的事情做好；领导则是指导去做正确的、有价值的事情
3	Talk Good	即指表达得好。很多人将事情规划得很出色，做得也很好，但是对于自己的工作成果，往往表达不清。所以，善于沟通、懂得展现自己也是很重要的能力
4	Look Good	是指看上去很好。这里不是指人的长相，而是指你在与人的交流中，给别人留下的印象。真正的第一印象只要几秒钟就建立了，而能够在两三分钟内让别人对你产生好感，没有职业化素养为底蕴是不可能做到的
5	Think Good	表示思考得很好。这一点其实是最难做到的。因为思想最难改变，但改变思想也是最有价值的事情。一个人如果没有正确的思想，是不可能成功的

（2）评价与测评阶段

500强企业通常采用360度考核等多种测评手段来评价继任人选是否合格。

（3）培养阶段

经过测评后所挑选出来的候选人将进入培养阶段。通过一系列的评价体系，会产生多个层级的潜力人员，有公司级的、部门级的和一般方向的，而对其的培养将是一个长期的过程，并且要求是全方位的。

4. 继任计划落实的三个关键

实施继任计划时有以下三个必须注意的关键之处。

（1）选择依据

企业在对继任者进行选择时，要注重考察两个方面：一是候选人业绩的表现；二是候选人对企业价值观的认同程度。

首先，从平时表现看，工作业绩好、愿意肯干的人，一定会受到企业重用。

其次，对于企业的价值观要认同。许多500强企业都有一个"价值观接受项目"，专门用来调查员工对企业价值观的认同程度。

（2）潜力评估

潜力评估对判断一个人是否适合某个职位十分重要，其重要程度甚至高于前面提到的业绩表现与价值观。因为真正衡量一个人能不能接替一个职位，看的就是他的潜力。业绩表现与价值观只是选择的前提条件。

潜力评估有很多办法，但采用最多的是在工作中考察。工作授权是潜力评估的一个好办法，即让某人承担与其目前职位不相符合的职责，考察其工作表现，看他是否有潜力胜任更高的岗位。

（3）打通多个通道

制订继任计划时常常会碰到这样一个误区：认为所谓的继任计划只是关注领导者的计划。IBM在这方面做得就很完善，他们采取了双通道结构，一个是管理层级，另一个是技术层级，两个层级之间有非常严格的控制，但是如果员工真的有兴趣，也可以在两个层级间平行移动。因此，只有打通多个通道，至少有两个（一个管理，一个非管理），才能制订好继任计划。

（4）关注关键员工

所谓关键员工，就是企业离不开的员工，离开他们就会运转不顺。但关键岗位与关键人员不一样，例如，一个10 000人的企业要裁到100个人，最后留下来的100人就是关键人员，其他裁掉的都是非关键人员。

关键人员不等同于关键岗位，对于关键岗位来说，要寻找有高潜力的，而不是有高表现的人；而对于关键人员来说，一般都是有高表现的，而不是高潜力的人。

※实例说明 〰〰〰〰〰〰〰〰〰〰〰〰〰〰〰〰〰〰〰〰〰〰〰〰〰〰〰〰

	CEO	
现任	姓名－级别	

合格后备人选	名称	级别	职称		名称	级别	职称	1～2年后合格者

现任	职位 姓名	职位 姓名	职位 姓名	职位 姓名	职位 姓名	职位 姓名	职位 姓名
后备人选	已合格候选姓名 1～2年后合格者姓名	已合格候选姓名 1～2年后合格者姓名	已合格候选姓名 1～2年后合格者姓名	已合格候选姓名 1～2年后合格者姓名	已合格候选姓名 1～2年后合格者姓名	已合格候选姓名 1～2年后合格者姓名	已合格候选姓名 1～2年后合格者姓名

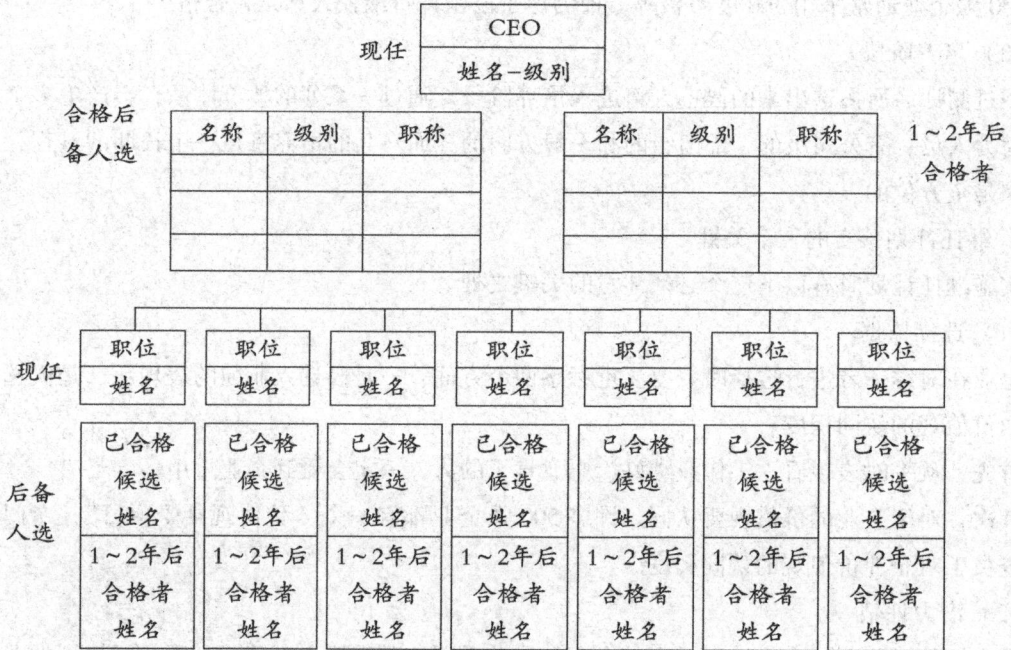

GE 继任计划图

本田汽车（HONDA MOTOR）

成立年份（Founded Year）：1948 年

总部（Headquarters）：日本东京

HONDA

主营业务（Main Business）：汽车生产制造

发展历程（Development Process）：本田汽车公司于 1948 年以生产自行车助力发动机起步，而后成为世界上最大的摩托车生产厂家，汽车产量和规模也名列世界十大汽车厂家之列。现在，本田公司已是一个跨国的汽车、摩托车生产销售集团，它的产品除汽车、摩托车外，还有发电机、农机等动力机械产品。目前，除日本之外，本田公司在全世界 29 个国家和地区拥有 120 个以上的生产基地，通过摩托车、汽车和通用产品，每年惠顾的客户多达 1 700 万名以上。与此同时，本田公司还积极地履行作为企业公民的社会义务，积极探索环保和安全的解决方案。

>>> 第七章

质量管理工具

市场竞争实质上就是质量竞争，质量就是竞争力，这在世界 500 强企业中得到了充分体现。世界 500 强企业在质量管理过程中探索出了许多先进的管理方法并运用于实践中，同时由于取得了卓有成效的效果，许多方法都被世界各国企业广泛运用。

本章精选了一些在世界 500 强企业中常用的工具以供参考：

·PDCA 循环	·标准化	·零缺陷计划
·六西格玛	·QCC 品管圈	·QFD 质量功能展开
·SPC 统计过程控制	·APQP 产品质量先期策划	
·FMEA 潜在失效模式	·MSA 测量系统分析	

工具 01　PDCA 循环

【工具定义】

PDCA 循环是由美国质量管理统计学专家戴明在 20 世纪 60 年代初创立的，所以也称为戴明环活动。这是质量管理活动所应遵守的科学工作程序，也是全面质量管理的基本工作方法。

【适用范围】

适用于全面质量管理。

【工具解析】

PDCA 循环中的四个英文字母分别是 Plan（计划）、Do（执行）、Check（检查）、Action（处理）的缩写，它反映了质量改进和完成各项工作必须经过的四个阶段。这四个阶段不断循环下去，周而复始，使质量不断改进。PDCA 循环示意图如图 7-1 所示。

1. PDCA 循环的四个阶段

（1）计划制订阶段——P 阶段

这一阶段的总体任务是确定质量目标，制订质量计划，拟订实施措施。计划制订阶段分为四个步骤，具体内容如表 7-1 所示。

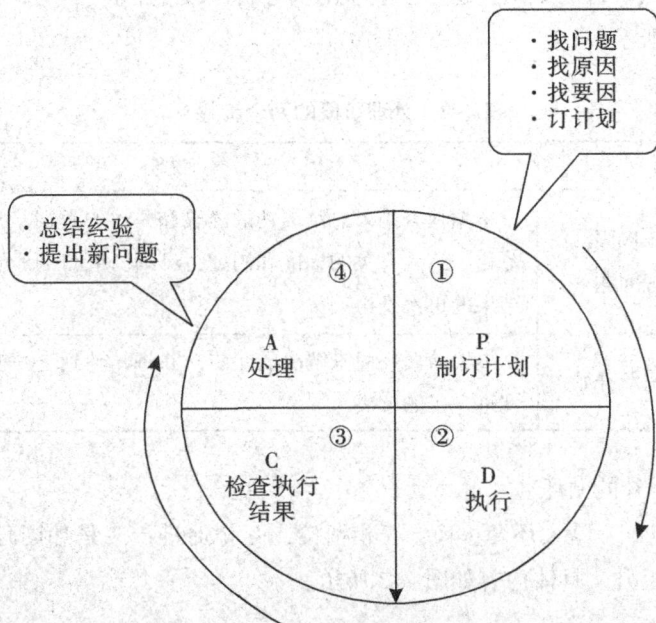

图 7-1 PDCA 循环示意

表 7-1 计划制订阶段的四个步骤

序号	步骤	说明
1	分析现状，找出问题	根据客户、社会以及企业的要求和期望，衡量企业现在所提供的产品和服务的质量，找出差距或问题的所在
2	分析造成产品质量问题的各种原因和影响因素	根据质量问题及某些迹象进行细致的分析，找出产生质量问题的各种因素
3	找出主要原因	影响质量的因素有很多，但起主要作用的却并不太多，找出这样的因素并加以控制或消除可产生显著的效果
4	针对主要原因制定对策	拟订相应的管理和技术措施，提出执行计划。计划必须具体有效，应具体落实到执行者、时间、地点、部门和完成方法等

（2）计划执行阶段——D 阶段

按照预定的质量计划、目标和措施及其分工去实际执行。

（3）执行结果检查阶段——C 阶段

根据计划的要求，对实际执行情况进行检查，寻找和发现计划执行过程中出现的问题。

（4）处理阶段——A 阶段

对存在的问题进行深入的剖析，确定其原因，并采取解决措施。此外，在该阶段还要不断

总结经验教训，以巩固取得的成绩，防止已发生的问题再次发生。这一阶段分为两个具体的步骤具体内容如表7-2所示。

表7-2　处理阶段的两个步骤

序号	步骤	说明
1	总结经验，巩固成绩并处理问题	根据检查结果总结成功的经验和失败的教训，并采取措施将其规范化，纳入有关的标准和制度，巩固已取得的成绩，同时防止不良结果的再次发生
2	找出问题，重新开始	提出该循环尚未解决的问题，并将其转到下一循环中去，使其得到进一步的解决

2. PDCA是不断上升的循环

PDCA循环的特点：一是大环套小环，互相衔接，互相促进；二是如同爬楼梯，螺旋式上升，不断循环、不断上升，具体内容如图7-2所示。

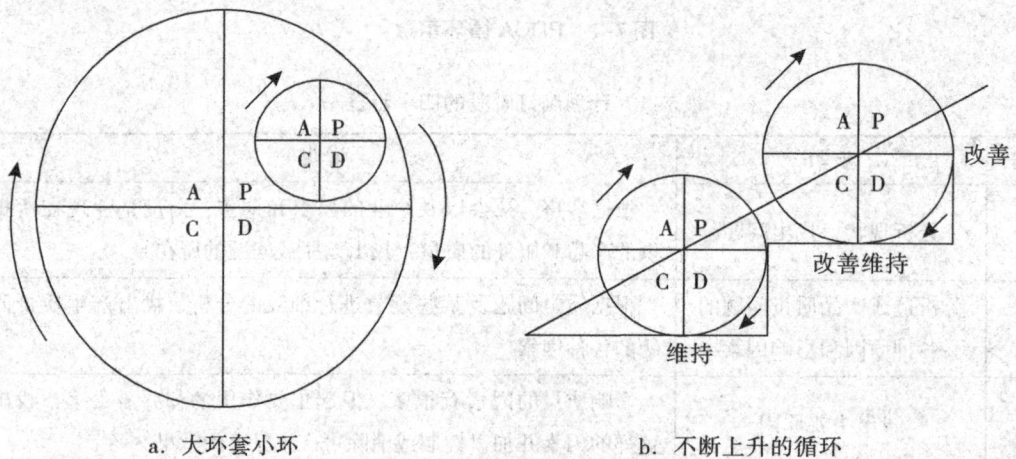

a. 大环套小环　　　　b. 不断上升的循环

图7-2　PDCA循环特点示意

通过PDCA循环，可使企业各环节、各方面的工作相互结合、相互促进，形成一个有机的整体。整个企业的质量管理体系构成一个大的PDCA循环，各部门、各环节又都有小的PDCA循环，依次又有更小的PDCA循环，从而形成一个大环套小环的综合质量管理体系。经过一个PDCA循环，可以使一些质量问题得到解决，质量水平因此得到提高，从而跨上更高一级台阶，而下一次循环将是在前一次质量已经提高的基础上进行，如此循环，使产品质量持续改进、不断提高。

PDCA循环四个阶段是相对的，各阶段之间不是截然分开的，而是紧密联系成一体的，其至有时是边计划边执行、边执行边检查、边检查边总结、边总结边改进等交叉进行的。

384

工具02　标准化

【工具定义】

标准化是指将企业里各种各样的规范，如规程、规定、规则、标准、要领等，形成文字化的东西，这些文字化的规范统称为标准（或称标准书）；制定标准，然后依标准付诸行动。

【适用范围】

适用于企业标准化工作。

【工具解析】

1. 推行标准化的好处

推行标准化可为企业带来许多好处，具体如图7-3所示。

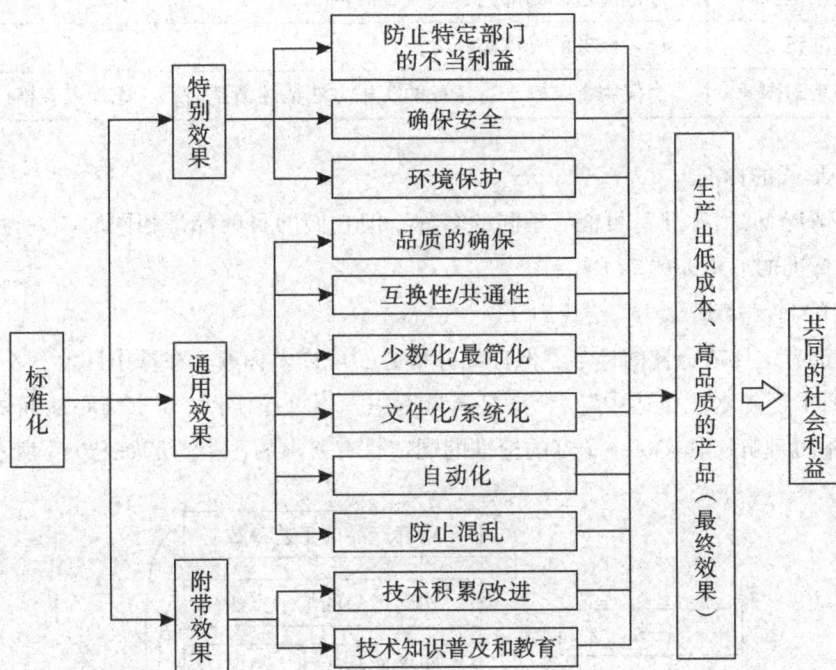

图7-3　标准化的好处

2. 标准化的目的

企业推行标准化的目的是通过制定标准与贯彻标准使企业的生产技术、经营管理活动合理化、程序化与规范化，提高产品质量、降低消耗，以获得最佳秩序和经济效益。

3. 标准化的对象

企业中，凡多次重复出现和使用的现象和对象，正在制定标准的具体产品，以及各种定额、规划、要求、方法、概念等，都是标准化的对象。例如采购的程序、合同；对原材料的要求；员工的绩效考核；生产中的每个操作；工件的流转、摆放；搬运的工具和方式；成品入

库；成本核算；文件档案管理；设计文件管理以及新产品开发等都必须实施标准化。

4. 制定良好的标准

（1）标准的构成项目

选定了要进行标准化的任务后，下一步就是制定标准。标准一般有以下几个构成项目，具体如表7-3所示。

表7-3 标准的构成项目与内容

序号	构成项目	内容
1	制定履历	制定时记入制定日期；改订时记入改订原因、改订内容和改订日期
2	制定目的	记入为何要制定该标准
3	适用范围	该标准适用的部门、场所、时期
4	标准正文	记入任务的具体实施方法
5	附表附图	当仅用文字难于将任务的实施方法描述清楚时，考虑加入表格或图

（2）各种形式的标准

在不同的情况下，"标准"可能有不同的名称，但它们的目的都是相同的——为了更规范地执行任务。标准的形式如图7-4所示。

（3）标准的制定要求

许多企业都有这样或那样的标准，但仔细分析会发现许多标准存在操作性差、不明确等问题，例如，"要求冷却水流量适中"，什么是流量适中，不可操作；"要求小心地插入"，什么是"小心"，不可理解。其实，一个好的标准的制定是有要求的，应满足如表7-4所示的五点。

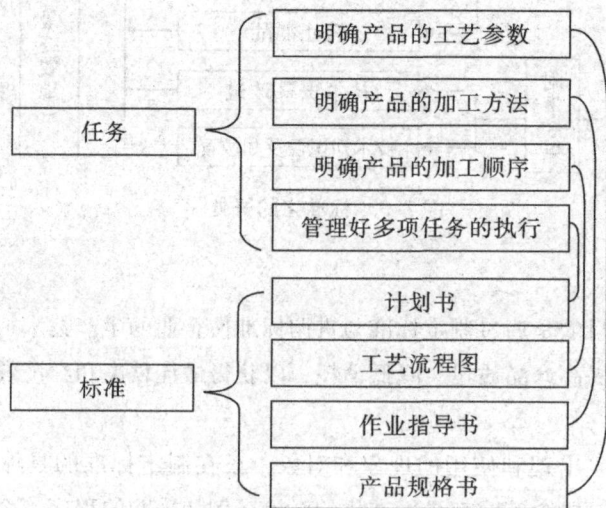

图7-4 标准的形式

表 7-4 完美标准的五大要素

序号	要素	说明
1	目标指向明确	标准必须是面对目标的,即遵循标准总是能够生产出相同品质的产品。因此,与目标无关的词语、内容请勿出现
2	显示原因和结果	例如"安全地上紧螺丝",这是一个结果,应该描述如何上紧螺丝;又例如"焊接厚度应是 3 微米",这是一个结果,应该描述为:"焊接工用 3.0A 电流 20 分钟来获得 3 微米的厚度"
3	准确、不抽象	"上紧螺丝时要小心","要小心"什么?这样模糊的词语是不宜出现的
4	数量化要具体	每个读标准的人都必须以相同的方式解释标准。为了达到这一点,标准中应该多使用图和数字。例如,使用一个更量化的表达方式,"使用离心机 A 以 100+/−50rpm 转动 5~6 分钟的脱水材料"来代替"脱水材料"的表达
5	现实、可操作	标准必须是现实的,即可操作的。标准的可操作性非常重要

5. 标准的遵循

(1)正确彻底地执行标准

如果没有付诸实施,再完美的标准也不会对企业有所帮助。为了使已制定的标准彻底地贯彻下去,企业首先需要让员工明白这样一个思想:作业指导书是自己进行操作的最高指示,它高于任何人(包括总经理)的口头指示。

另外,要彻底地贯彻标准,管理人员的表率作用也很重要。有这样一个实际例子:一家企业的老总非常喜欢到生产线进行巡视,而且每次巡视后都会对员工的工作提出一些改进意见并让他们马上实施。老总的这种做法使生产主管及操作员认同了"口头指示",而他们对"口头指示"的认同最终导致了这家企业标准化工作的失败。

(2)抱着发现问题的心态执行标准

除了要正确彻底地贯彻标准,抱着发现问题的心态去执行标准在标准化的推进中也至关重要。

标准是根据实际的作业条件及当时的技术水平制定出来的,代表了当时最好、最容易、最安全的作业方法。随着实际作业条件的改变和技术水平的不断提高,标准中规定的作业方法可能变得与实际不相符。与实际不相符的标准不但不会对企业有所帮助,有时还可能会妨碍工作,因此必须及时进行修订。所以,应要求操作者抱着发现问题的心态去执行标准,在永不间断的"发现问题→修订标准"循环中去完善标准。

（3）发现标准有问题时的做法

如果你发现标准存在问题或者你找到了更好的操作方法，不要自作主张地改变现有的做法（因为你认为的好方法有可能是在漏考虑了某种因素的情况下得出的），而应当按下面的步骤去做，具体内容如图7-5所示。

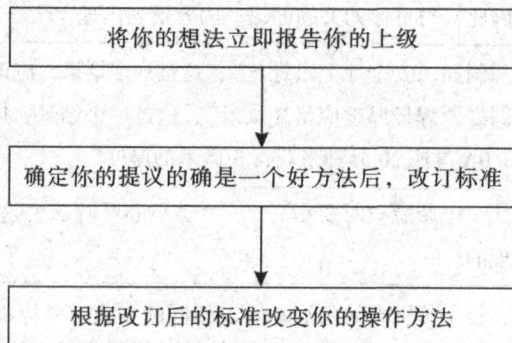

```
┌─────────────────────────────────┐
│      将你的想法立即报告你的上级      │
└─────────────────────────────────┘
                 │
                 ▼
┌─────────────────────────────────┐
│   确定你的提议的确是一个好方法后，改订标准   │
└─────────────────────────────────┘
                 │
                 ▼
┌─────────────────────────────────┐
│   根据改订后的标准改变你的操作方法    │
└─────────────────────────────────┘
```

图7-5　发现标准有问题时的做法

6. 标准的修订

标准在需要时必须修订。在优秀的企业里，所有工作都是按标准进行的，因此标准必须是最新的，是当时正确的操作情况的反映。请记住，永远不会有十全十美的标准。在以下情况下应修订标准。

（1）标准过高或难以执行定义的任务。

（2）当产品的质量水平已经改变时。

（3）当发现问题及改变步骤时。

（4）当部件或材料已经改变时。

（5）当机器工具或仪器已经改变时。

（6）当工作程序已经改变时。

（7）当工作方法已经改变时。

（8）当要适应外部因素改变（如环境问题）时。

（9）当法律和规章（产品赔偿责任法律）已经改变时。

（10）标准（ISO等）已经改变时。

工具03　零缺陷计划

【工具定义】

"零缺陷"又称无缺点（ZD）。零缺陷的思想主张企业发挥人的主观能动性来进行经营管理，生产者、工作者要努力使自己生产的产品、业务没有缺点，并向着高质量标准目标而奋斗。它要求生产者、工作者从一开始就本着严肃认真的态度把工作做得准确无误，在生产中根据产品的质量、成本与消耗、交货期等方面的要求来合理安排，而不是依靠事后的检验来纠正。

零缺陷强调预防系统控制和过程控制。开展零缺陷活动可以提高企业全员对产品质量和业务质量的责任感，从而保证产品质量和工作质量。

【适用范围】

适用于企业的质量管理工作。

◦━◦ **相关知识** ◦━◦

零缺陷计划的由来

1961 年年末，美国马丁公司奥兰多分公司承制陆军潘兴飞弹，双方约定在两个月内交货。但在 1962 年 1 月初，由于军事上的需要，军方要求提前两星期将货品送交雪耳堡，并希望货品在抵达后 24 小时内能处于可使用状态。

为了如期交货，马丁公司研究发现生产过程中所能缩短时间的只有重新制造、重新检验及重新设计等过程。但在检讨过去工作的缺点时，发现发生问题的原因大都是人为疏忽，因此陆军强力运用宣导手段，并以激励的方法，提高员工的责任心与荣誉感，激发其工作潜力，避免人为疏忽重复发生，使每个人均能"一开始就把工作做好，防止任何缺点"。这一方法终于生效，依照美国军方的要求，产品终于提前两个星期完成，而且在运达 23 小时 30 分后，便安装检验完毕，同时所有 25 000 个零件连同文件在内达到 100% 完美，没有任何缺点。

之后，由于该方法取得辉煌的成果，各公司竞相采用，并称之为零缺陷计划（Zero Defects Program，简称 ZD）。

【工具解析】

1. 零缺陷计划的基本观念

零缺陷计划的基本观念就是：第一次就将正确的事情做正确。零缺陷计划并非绝对的零缺点，而是以零缺点为其最终目标。零缺陷计划不是技术（Technology）而是哲学（Philosophy），所以，如能透彻了解零缺陷的真义，不但可改变人们的观念，也可获得零缺陷计划所预期的效果。

零缺陷计划是把旧有的"人是会犯错"的传统观念，转变为"人不会做错"的新观念，并教育员工除去下列消极的观念。

（1）人非圣贤，孰能无过。

（2）知过能改，善莫大焉。

（3）亡羊补牢，犹未晚也。

（4）大事不糊涂，小节马虎可也。

（5）大概、或者、也许是；我想、恐怕、差不多。

零缺陷计划是积极地达成工作的完美，它要求事先预防错误的发生，并避免犯错。错误发

生的原因与预防途径如表 7-5 所示。

表 7-5 错误发生的原因与预防途径

序号	原因	预防途径
1	缺乏适当的指导与培训	可加强在职培训与适当的指导
2	指示或说明不清楚	可写明工作规范，并鼓励员工发问
3	工作疏忽	可鼓励并激发员工的荣誉感，使其全心投入工作，避免错误或疏忽
4	缺乏注意与关切	可设法使员工喜爱其工作，并加强其责任感，产生共识观念

　　其他如工作疲倦、缺乏联系、工厂的噪音、赶工、不完善的生产计划等都会造成工作上的错误。因此，管理人员必须设法消除潜在犯错的因素，并鼓励员工接受零缺陷的挑战——"一开始即把工作做好"。

　　2. 实施零缺陷计划的步骤

　　实施零缺陷计划可采用表 7-6 所示步骤进行。

表 7-6 实施零缺陷计划的步骤

序号	步骤	说明
1	建立推行零缺陷管理的组织	零缺陷管理的推行需要组织的保证。通过建立组织，可以动员和组织全体员工积极地投入零缺陷管理，提高他们参与管理的自觉性；也可以对每一个员工的合理化建议进行统计分析，不断进行经验的交流等。企业的最高管理者要亲自参加，表明决心，做出表率；要任命相应的领导人员，建立相应的制度；要教育和培训员工
2	确定零缺陷管理的目标	确定零缺陷组织（或个人）在一定时期内所要达到的具体要求，包括确定目标项目、评价标准和目标值。在实施过程中，采用各种形式将组织完成目标的进展情况及时公布，同时要注意心理影响
3	进行绩效评价	组织确定的目标是否达到，要由组织自己评议，为此应明确组织的职责与权限
4	建立相应的提案制度	直接工作人员对于不属于自己主观因素造成的错误原因，如设备、工具、图纸等问题，可向组长指出错误的原因，提出建议，也可附上与此有关的改进方案。组长要同提案人一起进行研究和处理
5	建立表彰制度	零缺陷管理不是斥责错误者，而是表彰无缺点者；不是指出员工的缺点，而是引导员工向零缺陷的目标奋进，以增强员工消除缺点的信心和责任感

3. 缺陷预防责任检查表

为了有效地实施缺陷预防，有必要制定缺陷预防责任检查表。每个检查项目中个人参与的程度，可以根据他面临的问题的复杂性来改变。

（1）供应商的缺陷预防责任

供应商的缺陷预防责任如表7-7所示。

表7-7　供应商的缺陷预防责任

责任部门： 主要部门——采购部 支持部门——质量部和工程技术部	
1. 如果你已经	得分
（1）基于供应商过去的表现对其进行选择，并且对其能力及潜力进行了调查	2
（2）为了正确理解合同并进行改进开过一次正式的合同评审会议，与供应商进行有效沟通	2
（3）每次交货都提供实际的测试结果	1
（4）有关于兼容的测试手段和设备的协议	2
（5）按采购订单的项目进行收货检验	1
（6）完成采购订单的处置和汇票变更	2
总计	10
2. 你可接收的退货率是3%以下，而且 （1）每批货的平均验收时间不多于15分钟 （2）接受的货物中有95%采用了正确的抽样方案来进行验收或拒收 （3）由供应商导致的拒收应当不高于全部车间拒收的1%	

（2）通过状态衡量和报告进行缺陷预防

通过状态衡量和报告进行缺陷预防的内容如表7-8所示。

表7-8　通过状态衡量和报告进行缺陷预防

责任部门： 主要部门——质量部 支持部门——制造部与采购部	
1. 如果你	得分
（1）懂得方法去记录每处不符合的地方，以指明其组成部分、位置，在整个过程中的进展、缺陷以及错误的可能原因	2

（续表）

（2）对已检查过的无缺陷的部件进行记录	0.5
（3）所用退货率公式可以应用于每个工作中心，而且相关的工作人员都懂得这个公式	0.5
（4）懂得某种能在各区域演示拒收率的可视方法	0.5
（5）每个工作中心都有返工成本报告，从中可以了解到是哪项操作（制造、工程、采购、质量等）导致了返工（包括保修费用）	0.5
（6）具有报废成本报告，包括有附加值的附加成本的报告	2
（7）具有全部缺陷的责任报告	0.5
（8）对于失控的领域允许曝光，以评估其期望的质量水平	1
（9）具有用于管理的微缩复制图表	2
（10）考虑如何在管理部分削减错误	0.5
总计	10

2. 所用图表应呈现不断下降的趋势，不论何时都不应有多于两条的向上的曲线。没有图表能够持续上升两个月以上

（3）机加工车间的缺陷预防责任

机加工车间的缺陷预防责任如表 7-9 所示。

表 7-9　机加工车间的缺陷预防责任

责任部门：	
主要部门——制造部	
支持部门——质量部和工程部	
1. 如果你	得分
（1）具有经过验证的过程计划，包括完整的、对所选机械的性能、工具和固定装置的性能以及对制图要求的精确反映	4
（2）已经过正确校验和防护的、计量精确的固定装置	1.5
（3）具备过程进展的衡量能力	1.5
（4）车间清洁	1.5
（5）具备对切割工具的控制能力	1.5
总计	10
2. 你的退货率将达到1%以下，而且	
（1）在下一条组装生产线运行中发现的缺陷应不少于总缺陷的1%	
（2）基于抽样技术的每批次的终检时间应少于20分钟	
（3）检验人员与直接工作人员的比例小于1：16	

（4）仓库的缺陷预防责任

仓库的缺陷预防责任如表7-10所示。

表7-10　仓库的缺陷预防责任

责任部门： 　主要部门——物控部 　支持部门——质量部	
1. 如果你	得分
（1）为未经签发的材料设有单独的存储区域	1
（2）对所有材料都进行了积极的确认	2
（3）建立易损坏材料的使用和储存程序	1
（4）持续审核仓库情况以确定哪些混合部件缺货，并改善储存条件	1
（5）限定进入仓库的人员	1
（6）具有进行选择性测试的实验条件，以验证原材料是否符合要求	1
（7）持续审核在工作区存放的原材料	1
（8）积极地对不符合要求的原材料进行识别并隔离，以使它不会在处理前被用于产品生产	1
（9）对于原材料的要求已纳入了企业的过程计划中	1
总计	10
2. 避免出现因"错误或废弃材料的发出"而遭拒收的现象	

（5）电子装配的缺陷预防责任

电子装配的缺陷预防责任如表7-11所示。

表7-11　电子装配的缺陷预防责任

责任部门： 　主要部门——制造部 　支持部门——质量部和工程部	
1. 如果你	得分
（1）在生产制造前验证整个过程	2
（2）用过程计划图或表显示每项工作的实施是否适宜，以验证其是否准确地反映出制图能力	2
（3）员工具有证明其工作能力符合员工标准的证书	2
（4）任何有缺陷的项目都能退回给制造者进行返工	1.5

（续表）

（5）具有受控的和通过校验的焊接、配线和个人工具	1
（6）有足够的照明设施和工作台，用以减少失误	1.5
总计	10

2. 你的退货率应低于 4%，而且
　　（1）检验员与直接员工的比率不应大于 1∶12
　　（2）在下一条生产线发现的缺陷应低于总退货品的 2%。关键项目（如焊接）将不会出现错误

（6）组装的缺陷预防

组装的缺陷预防如表 7-12 所示。

表 7-12　组装的缺陷预防

责任部门： 　　主要部门——制造部 　　支持部门——质量部和工程部	
1. 如果你	得分
（1）对图纸和规格有足够的控制并确定已使用正确的产品配置	1
（2）过程计划能保持装配步骤的完整性和逻辑性	2
（3）对组装工具、个人工具及测量设备进行校准和控制	1.5
（4）获得工作能力认证的员工能够符合员工标准	2
（5）有工作过程中的检测能力	1
（6）保护产品以免出现不正确的处理	1.5
（7）有足够的照明设施与充足的空间以方便操作员工作	1
总计	10

2. 你的退货率应低于 3%，而且
　　（1）检验员与直接员工的比率应小于 1∶12
　　（2）在最终测试时因人为原因而退货的货品数应低于总退货品数的 3%

（7）最终测试的缺陷预防

最终测试的缺陷预防如表 7-13 所示。

表 7-13 最终测试的缺陷预防

责任部门： 　　主要部门——质量部 　　支持部门——工程部和制造部	
1. 如果你	得分
（1）能够在设计过程中根据必要的可靠性比率所描述的环境和条件对组件进行工程选择	2
（2）接收实际测试组件的数据并予以检查	0.5
（3）在进行工作测试时具有具体的测试程序，并具有削减个别测试人员对结果进行"扭曲"或篡改的能力	2
（4）拥有可重复使用的测试设备，并保证其已经过测试的设备具有正确的配置	1
（5）用国家标准局制定的可追溯的系统对所有测量设备进行校验	1
（6）只有具有相应资格的操作者才能对产品进行废除、修理和调整	1.5
（7）对于测试结果进行正式检查，以确定需要改变的测试程序或测试设备	2
总计	10
2. 你的最终测试时间越来越短，而且退货率等于或小于 15%	

（8）装运的缺陷预防

装运的缺陷预防如表 7-14 所示。

表 7-14 装运的缺陷预防

责任部门： 　　主要部门——物控部 　　支持部门——质量部	
1. 如果你	得分
（1）具有标准的包装说明和培训方案，以明确将要装运的全部货品的包装要求	3
（2）具有松散或"易碎"物品包装程序	2
（3）具有质量部门的检查标记的货物才允许被装运	1.5
（4）具有持续评估选择运输工具、更新包装方法和材料存储的政策	1
（5）具有投诉装运人员造成任何装运损坏的报告方法	1
（6）能够专门为包装和装运准备留出了空间	1.5
总计	10
2. 装运时出现的缺陷只能是由于运输工具所致	

(9) 改正行动中的缺陷预防

改正行动中的缺陷预防如表 7-15 所示。

表 7-15　改正行动中的缺陷预防

责任部门： 　　主要部门——质量部 　　支持部门——其他部门	
1. 如果你	得分
（1）具有记录每种缺陷的方法以便能够记录其特点并与其他的缺陷进行比较	1.5
（2）指配一位质量工程师去调查缺陷，并通过正式手段按严重性、起因、责任和解决方法对其进行分类	2.5
（3）具有分析失败部件的能力，以确定"机械"的失败原因并予以消除	1.5
（4）通过委员会检查和处理所有导致不能重新配置图纸的缺陷	1
（5）列举"前十大问题"，并纳入总经理会议的一部分	2.5
（6）具有对那些难于掌握特定工艺的操作者进行重新培训的能力	1
总计	10
2. 你的重复缺陷率将会低于 2%	

4. 缺陷预防控制的要点

要让整个企业执行缺陷预防计划，就必须让全体成员都参与进来。在开始协助操作部门开展工作并公布质量控制计划时，可运用"缺陷预防控制要点表"（见表 7-16）。

"缺陷预防控制要点表"表明了在缺陷预防工作计划中，市场部、制造部、工程部、采购部和质量部之间的内在关系。能不能完成这些要点中列出的步骤，将直接影响后面活动的成与败。但更为重要的是，对各部门来说，这些要点正是执行部门质量计划的开始。举例来说，市场部要确定本部门应当如何完成步骤 1 和步骤 22，并判断要采取何种程序上的保障以实现这些步骤。在步骤 3、步骤 7、步骤 17、步骤 21、步骤 23 和步骤 24 中，市场部已经有了主要关注的工作，他们必须确保自己已经为完成所分担的任务做好了准备，同时他们应该按规定的时间提交自己的行动计划。质量部必须为审核成功做好准备。

表 7-16　缺陷预防控制要点表

	步骤	责任执行部门	主要关注部门	支持	审核
去做 什么	1. 市场研究	市场部	工程部、制造部		
	2. 客户要求	工程部	制造部、采购部、质量部	市场部	

（续表）

	步骤	责任执行部门	主要关注部门	支持	审核
去做什么	3. 设计能力	工程部	市场部、制造部	采购部	质量部
	4. 车间能力	制造部	工程部、采购部	质量部	
	5. 测试能力	质量部	工程部、制造部		
	6. 供应商能力	采购部	工程部、制造部	工程部、质量部	质量部
如何去做	7. 设计审查	工程部	市场部、制造部、采购部	质量部	质量部
	8. 过程开发	制造部	工程部、质量部	采购部	质量部
	9. 生产或购买	制造部	采购部	工程部、质量部	
	10. 库存周期	采购部	制造部	工程部	质量部
	11. 机器装卸	制造部	工程部、采购部	质量部	
	12. 测试方案	工程部	制造部、质量部	市场部、采购部	
	13. 进度表	制造部	所有部门		
	14. 采购方案	采购部	工程部、制造部	质量部	质量部
	15. 过程计划	制造部	质量部	工程部	质量部
	16. 人员培训	制造部	质量部	工程部	质量部
生产	17. 构造控制	工程部	制造部、质量部、市场部、采购部		
	18. 验收方案	质量部	制造部、采购部	工程部、市场部	
	19. 车间装卸	制造部	采购部	质量部、工程部	
	20. 改正行动	质量部	工程部、市场部、采购部	市场部	
	21. 价值工程	工程部	市场部	制造部、采购部	质量部
分步	22. 现场服务	市场部	制造部、质量部	工程部、采购部	质量部
	23. 装运	制造部	市场部、质量部		质量部
	24. 仓库	制造部	市场部		质量部

以上 24 个步骤中的每一个步骤都会成为一个行动计划。

5. 缺陷预防控制进度

为了进一步审查零缺陷计划，需要就每一步骤设计工作日程表来控制其进度。现以"步骤 7：设计审查"为例，来看一看工作日程表是如何完成的。

※ **实例说明** 〰〰〰〰〰〰〰〰〰〰〰〰〰〰〰〰〰〰〰〰〰〰〰〰〰〰〰〰〰〰〰

缺陷预防控制步骤 7：设计审查

责任执行部门：工程部

主要关注部门：市场部、制造部、采购部

支持部门：质量部

目的：相关部门对所提议的产品 AAAA 的设计方案进行充分而深入的审查，以确定可行的预期成本、生产能力、客户需求的满足情况以及无缺陷生产的能力与准备工作。

责任及时间分配如表 7-17 所示。

表 7-17 责任及时间分配表

序号	项目	责任	完成日期
1	提供客户需求及总体设计方法的背景数据，列出以前在生产中从未使用过的部件或零件	工程部	4 月 1 日
2	复查背景资料，使其符合技术特性，向工程部报告顾虑之处并立即得到解释	市场部、制造部、采购部、质量部	4 月 6 日
3	准备实施基本的制造方法	制造部	4 月 15 日
4	准备实施基本的验收方法	质量部	4 月 15 日
5	准备、制造或购买估计可长期领先的项目	制造部、采购部	4 月 15 日
6	召开设计审查预备会议，以讨论实施概念的能力。提供会议纪要供管理者审阅	工程部	4 月 16 日
7	提供专为各部门计划要进行可靠性工程的评估项目的全部清单	工程部	4 月 17 日
8	每周召开工作状况会议，关心××产品的开发，以确保生产过程的同步开发	复查委员会	
9	复查委员会成员宣布复查的初步方案		4 月 21 日
	各部门关心的问题		
	生产设备是否足够	制造部	5 月 1 日
	测试设备和人手是否足够	质量部	5 月 1 日

（续表）

序号	项目	责任	完成日期
9	配件是否合格	可靠性部	5月1日
	客户的要求是否得到了满足	市场部	5月1日
	预计的生产成本是否在可接受的限度以内	市场部	5月1日
	是否需要进行专门的人员培训	制造部	5月1日
	委员会下达的具体项目的完成情况	工程部	5月1日
10	当产品模型准备好并测试合格后委员会应复查其结果。对生产出的第一批产品也要进行相同的测试	工程部	5月2日

进度表为零缺陷计划的整体工作的开展铺平了道路。在这些要点的指导下，各部门确定了自己的需求。

例如，当制造部决定必须要对员工进行培训，以满足一种新的焊接技术的需要时，仅宣传开展培训的必要性并不能解决真正的问题，制造部必须安排培训并确定培训方法，然后观察其作用。

缺陷预防的 24 个步骤全部都可以采用同样的方式。承担执行责任的部门应当基于他们自己的角度，同时考虑其他相关部门的情况，对全部的步骤进行策划。

宝马（BMW）

成立年份（Founded Year）：1916 年

总部（Headquarters）：德国慕尼黑

主营业务（Main Business）：高档汽车和摩托车制造

发展历程（Development Process）：BMW 公司的历史始于 1916 年，在中国大陆早年翻译为巴依尔。BMW 公司最初是一家飞机发动机制造商，1917 年还是一家有限责任公司，1918 年更名巴伐利亚发动机制造股份公司并上市。当前，BMW 集团是全世界最成功和效益最好的汽车及摩托车生产商，拥有 BMW、MINI 和 Rolls-Royce（劳斯莱斯）三个品牌，这些品牌占据了从小型车到顶级豪华轿车各个细分市场的高端，使 BMW 集团成为世界上唯一一家专注于生产高档汽车和摩托车的制造商。2002 年，BMW 公司成功销售了超过 100 万部 BMW 和 MINI 品牌的汽车，销售纪录首次突破 100 万辆；在摩托车业务上，销量超过 9.2 万辆，再创销售新高。在全球，BMW 集团的员工总数超过 10 万人。

工具04　六西格玛

【工具定义】

六西格玛是一项以数据为基础，追求几乎完美的质量管理方法。"西格玛"是一个希腊字母"σ"的中文译音。统计学用其来表示标准偏差，即数据的分散程度。几个"西格玛"是一种表示品质的统计尺度，任何一个工作程序或工艺过程都可用几个"西格玛"表示。

六西格玛管理方法的重点是将所有的工作看作一种流程，采用量化的方法分析流程中影响质量的因素，找出最关键的因素并加以改进，从而提高客户满意度。

○ 相关知识 ○

六西格玛在世界500强企业中的广泛应用

六西格玛模式由摩托罗拉公司于1993年率先开发，采取六西格玛模式管理后，该公司平均每年提高生产率12.3%，由于质量缺陷造成的费用消耗减少了84%，运作过程中的失误率降低了99.7%。杰克·韦尔奇于20世纪90年代发展起来的6σ（西格玛）管理是在总结了全面质量管理的成功经验，提炼了其中流程管理技巧的精华和最行之有效的方法，成为一种提高企业业绩与竞争力的管理模式。该管理法在摩托罗拉、通用电气、戴尔、惠普、西门子、索尼、东芝、华硕等众多跨国企业的实践中证明是卓有成效的。

【适用范围】

适用于企业全面质量管理。

【工具解析】

1. 什么是西格玛

西格玛原为希腊字母"σ"，其含义为"标准偏差"，六西格玛意为"6倍标准差"，在质量上表示每百万坏品率（parts permillion，简称PPM）少于3.4。σ水平与百万机会缺陷数（DPMO）对比情况如表7-18所示。

表7-18　σ水平与百万机会缺陷数（DPMO）对比

σ水平	（DPMO）	σ水平	（DPMO）
1σ	697700	5σ	233
2σ	308770	6σ	3.4
3σ	66811	7σ	0.019
4σ	6210		

当然，六西格玛模式的含义并不简单地是指上述这些内容，而是一整套系统的理论和实践

方法。六西格玛模式着眼于揭示生产流程中每百万个机会当中有多少缺陷或失误，这些缺陷和失误包括产品本身、产品生产的流程、包装、转运、交货延期、系统故障、不可抗力等。大多数企业的运作在三西格玛至四西格玛的水平，这意味着每百万个机会中会产生 6 210～66 800 个缺陷，这些缺陷将要求生产者耗费其销售额的 15%～30% 进行弥补。而一个实施六西格玛模式的企业仅需耗费年销售额的 5% 来矫正失误。表 7-19 是 3σ 企业与 6σ 企业质量状况的对比。

表 7-19　3σ 企业与 6σ 企业的质量状况对比

3σ 企业	6σ 企业
（1）质量成本为销售额的 5%～15%	（1）质量成本为销售额 5% 的
（2）每百万次机会产生 66 807 个缺陷	（2）每百万次机会产生 3.4 个缺陷
（3）依靠检查来发现缺陷	（3）依靠有能力的工序防止缺陷产生
（4）认为高质量是昂贵的	（4）认为高质量制造商就是低成本制造商
（5）没有规范的解决问题的方法	（5）使用测量、分析、改进、控制
（6）以竞争对手作为参照基准进行比较	（6）以世界上最好的企业作为参照基准进行比较
（7）认为 99% 已经足够好	（7）认为 99% 是无法接受的
（8）从自身内部出发定义质量关键点（CTQ）	（8）从外部出发定义质量关键点（CTQ）

实施 3σ，只有 99.7% 的合格率，显然，这不是质量的终极目标；而实施 6σ，其合格率可以达到 99.999 665%。表 7-20 是因合格率不一样而发生的错误比较。

表 7-20　3σ 企业与 6σ 企业的合格率及差错数量对比

99.7% 的合格率（3σ）	99.999 665% 的合格率（6σ）
（1）每小时丢失 20 000 封信	（1）每小时丢失 7 封信
（2）每天有 15 分钟的饮用水不安全	（2）每 7 个月有 1 分钟的饮用水不安全
（3）每星期有 5 000 次不正确的外科手术	（3）每星期有 1.7 次不正确的外科手术
（4）每天大多数大型机场 2 次班机不准时	（4）每 5 年每个机场 1 次班机不准时
（5）每年有 2 000 张错误处方	（5）每年有 68 张错误处方
（6）每个月停电 7 小时	（6）每 34 年停电 1 小时

2. 实施六西格玛的六项要件

（1）真诚关心客户

以客户为重心是六西格玛的第一要务。绩效衡量从客户心声（voice of customer，简称 VOC）开始和结束。"误差"就是未能达成可衡量的客户要求。只有能影响客户满意和替客户加值的才称得上是六西格玛改进。六西格玛改进小组的首要任务之一，就是界定客户的要求以及应该达成要求的流程。

（2）凭资料和事实管理

尽管计算机和网络让企业资料泛滥，但是许多重要的商业决策还需靠直觉和无根据的假设。六西格玛小组应在理清哪些衡量是评估实际业务绩效的关键后收集和分析资料，以了解重要的变数和流程驱动因素。

（3）流程为重并加以管理和改进

无论是在设计新产品或服务、衡量今日的绩效方面，还是改进效益或客户满意度方面，六西格玛始终把流程当成是达成客户要求的主要方式。六西格玛小组在初期时便要找出让客户满意或失望的核心业务流程。

（4）主动管理

要做到主动就表示要在事前采取行动。主动管理是指养成设定并追踪远大目标的习惯、制定明确的优先顺序、让防患未然和扑灭火灾者都受到同等的奖励，并且要挑战积习而不是盲目维护旧制。六西格玛正是提供以主动管理取代被动的工具和做法。

（5）打破藩篱的协力合作

"打破藩篱"是指扫清那些阻碍想法和行动在组织上下流通的障碍。

当人们进一步了解自己在大流程图中的角色以及与外部客户的关系之后，六西格玛要求更密切地协力合作。通过将客户置于业务的重心，六西格玛让流程有益于每个人而不是某些部门。六西格玛改进小组就是小型无藩篱组织的化身，能展示许多有利于整个企业的好处。

（6）追求完美、容忍失败

六西格玛极重视在有效的期限内尽力做到完美，并维持成效，这使得六西格玛小组经常会发现自己在试着平衡不同的风险。

最大的风险是怕尝试新方法：收集资料乍看是浪费时间，但结果往往是为了作出较好、较有效的决定。不改变流程表示依寻老路走，不会有更好的结果。

幸好，六西格玛附带了风险管理这副良药；采纳六西格玛的企业必须要时刻准备好面对偶发性的挫败，并从中得到学习。

3. 达成六西格玛的三种策略

客户知识以及有效衡量可以从三个基本方面来协助达成六西格玛专案，而这三个部分的重心全都在于组织的流程。让这三个要件相互联结，正是六西格玛方案最重要（也最不为人知）的创新。这三个要件是流程改进、流程设计（和重新设计）以及流程管理，具体如图 7-6 所示。

图 7-6　达成六西格玛的三大策略

（1）流程改进：找到解决方案

流程改进能让企业找到可解决企业流程绩效问题根源的方案。其解决问题的方式是在不更改流程根本的前提下去除其中的变异。用六西格玛的话来说，流程改进小组找出那些会使得流

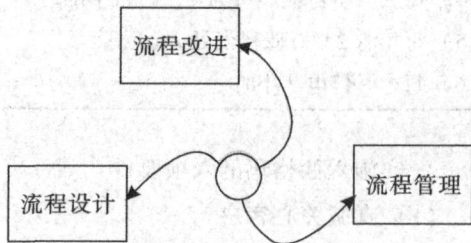

程产出不想要的 Y（误差）的主要 X（肇因）。

流程改进的步骤如图 7-7 所示。

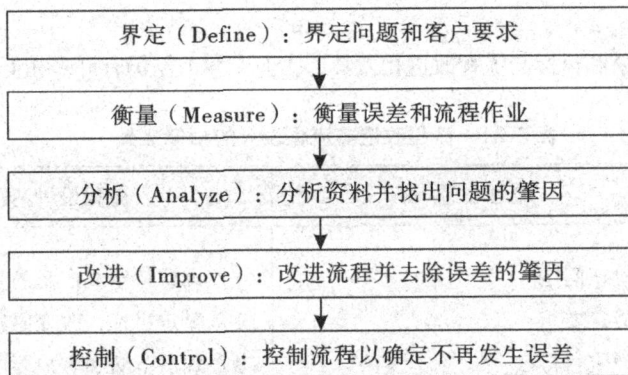

| 界定（Define）：界定问题和客户要求 |
| 衡量（Measure）：衡量误差和流程作业 |
| 分析（Analyze）：分析资料并找出问题的肇因 |
| 改进（Improve）：改进流程并去除误差的肇因 |
| 控制（Control）：控制流程以确定不再发生误差 |

图 7-7　流程改进的步骤

（2）流程设计

上述 DMAIC 流程所涉及的主要活动可适用于各种业务状况，但有些时候也会需要采取不同的 DMAIC 途径。

①当某企业选择取代而不是修正一个或数个核心流程时。

②当某领导层或六西格玛小组发现单纯改进现有流程将无法达成客户要求的品质时。

③当企业找到提供全新产品和服务的机会时。

在这些时候，企业需要设计或重新设计核心流程。此途径有数种名称：流程设计或重新设计、六西格玛设计、为六西格玛设计。在流程设计中，小组利用六西格玛原则，并根据客户要求和可靠的资料与测试，打造出革命性的新流程、商品和服务。

在流程设计过程中，通常会调整 DMAIC 步骤的细节，以找出创新且有效的方式来完成任务。流程设计的步骤如图 7-8 所示。

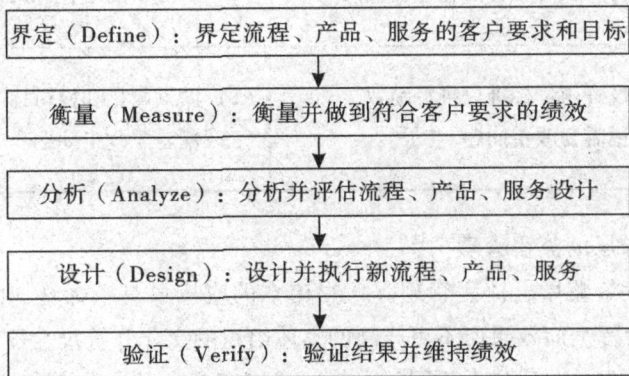

| 界定（Define）：界定流程、产品、服务的客户要求和目标 |
| 衡量（Measure）：衡量并做到符合客户要求的绩效 |
| 分析（Analyze）：分析并评估流程、产品、服务设计 |
| 设计（Design）：设计并执行新流程、产品、服务 |
| 验证（Verify）：验证结果并维持绩效 |

图 7-8　流程设计的步骤

流程设计比流程改进费时，因为它涉及全新产品和服务的创造和执行，失败的风险也远大于改进现有流程（这类失败常源于设计目标缺乏远见，或小组成员并不具有设计新机会所需的适当技能与态度）。

尽管流程设计的结果和目标与流程改进相差甚远，但专案工作仍有许多相似之处（见表7-21）。

表7-21　流程改进与流程设计的相似之处

步骤	流程改进	流程设计/重新设计
1. 界定	（1）确认问题 （2）界定要求 （3）设定目标	（1）确认特定或广泛的问题 （2）界定目标，改变愿景 （3）理清范畴和客户要求
2. 衡量	（1）验证问题、流程 （2）修正问题、目标 （3）衡量关键步骤、投入	（1）衡量并做到要求的绩效 （2）收集流程效益资料
3. 分析	（1）联想因果假设 （2）确认"致命少数"肇因 （3）验证假设	（1）确认"作业典范" （2）评价流程设计：有无加值→瓶颈、间断→替代路径 （3）修正要求
4. 改进	（1）构想去除肇因的点子 （2）测试解决方案 （3）将解决方案标准化，衡量结果	（1）设计新流程：挑战假设→运用创意→工作流原则 （2）执行新的流程、结构、系统
5. 控制	（1）设置衡量标准以维持绩效 （2）视需要改正问题	（1）设置衡量和检讨标准以维持绩效 （2）视需要改正问题

（3）六西格玛领导层的流程管理

在六西格玛的三大策略中，流程管理（DMAIC）的应用最具革命性，因为它所涉及的内容是让六西格玛方案发挥全面效果所不可或缺的整体组织的文化和管理变迁。流程管理是指专注于全体组织的管理流程，以取代由不同的（有时是互相竞争的）内部部门来管理个别部门，其具体内容如图7-9所示。

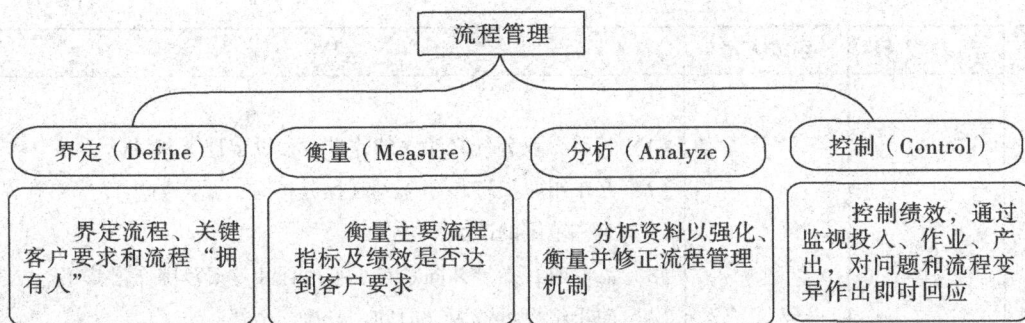

图 7-9　流程管理的内容

流程管理能应用前述的主要步骤——界定、衡量、分析和控制，只不过焦点是在流程整体，而不只是某特定问题或设计难题。

流程管理是企业为了改进其管理业务的流程所做的工作。因而，它通常不是六西格玛改进小组的工作范围。但是六西格玛小组成员或召集人的工作可能会被组织内其他更大的计划所影响（或者是反过来影响其他计划）。

4. 六西格玛的组织与职责

要开展六西格玛活动，必须建立六西格玛的组织并明确其职责，具体内容如表 7-22 所示。

表 7-22　六西格玛的组织与职责

序号	组织/人员	组成人员	职责
1	领导层或领导委员会	包括企业的资深主管	(1) 确定为企业需求而执行六西格玛的充分理由 (2) 规划并积极参与执行。领导层必须承诺致力于将六西格玛引进企业 (3) 打造愿景并对内推销改革计划，将六西格玛介绍给组织内重要的客户 (4) 宣传六西格玛是解决问题和做生意新方式的工具。领导给予六西格玛的支持必须坚强、持久和有力 (5) 设定能转化为行动的明确目标。例如设定"五年达成五标准差"这种目标，能集中组织的整体注意力 (6) 明确六西格玛方案的责任人 (7) 要求对结果进行确切的衡量，包括误差和良率（标准差）、周期改进、降低成本和减少重做等 (8) 对好坏结果作出持续且坦诚的沟通是推行六西格玛的关键。演说、奖励、内部通信、电子邮件和故事板，一般都能提醒大家注意进行中的变革

（续表）

序号	组织/人员	组成人员	职责
2	专案负责人	由资深主管出任	(1) 替符合业务优先顺序的改进专案设定理由和目标 (2) 在小组收集资料和深入流程分析时，要能坦然接受专案界定和范围的改变 (3) 需要时，指导并同意对小组章程和专案范围作出修正 (4) 向小组提供资源（时间、支援、金钱） (5) 在领导委员会前支持小组的做法 (6) 在小组遭遇障碍时，持续出面排解 (7) 与其他主管合作，以确定小组的解决方案顺利进行 (8) 向小组学习资料管理的重要性，并在自己的管理工作上运用这些学习心得
3	执行主管	由资深主管出任	(1) 支援领导委员会，实施沟通计划，协助进行专案挑选以及专案追踪 (2) 指定并招聘其他主要参与人，包括外部咨询性协助 (3) 协助选择和制作培训教材 (4) 规划并执行培训 (5) 支援小组负责人 (6) 建档记录施行的整体进展，让领导小组掌握进展和相关问题 (7) 向内推销训练计划
4	六西格玛教练（大黑带）	通常请外部专家	(1) 与专案负责人以及领导委员会沟通 (2) 设定并遵守专案的固定排程 (3) 处理执行六西格玛时出现的阻挠 (4) 评估、衡量并证实改进专案将带来的好处 (5) 协助解决小组和其他方面的冲突 (6) 收集并分析关于小组活动的资料，例如，一般小组需多久完成一循环的 DMAIC 流程？DMAIC 专案一般预计可以节省多少费用 (7) 协助小组宣扬并庆贺他们的成功

（续表）

序号	组织/人员	组成人员	职责
5	小组或专案召集人（黑带）	熟悉所分析的事件，一般也隶属于他们想要改进的流程	（1）与专案负责人共同检讨、修正、理清专案的逻辑依据，协助负责人了解如何将六西格玛技能运用到日常作业中 （2）与小组成员合力制订与更新小组章程和执行计划 （3）选出或协助选出专案小组成员 （4）替小组确认或找到资源和资料 （5）支援组员学习和执行六西格玛方法与分析工具 （6）帮助小组善用时间，例如使用开会管理技能、决策策略以及规划工具 （7）维持小组的专案排程并促使小组准时完成专案 （8）与功能单位主管或流程拥有人合作，将新解决方案或流程转移到现有的作业上 （9）建档记录最后的专案成果并制作故事板，以展现小组的工作成效，通常是以简报的形式呈现给领导委员会
6	小组成员	隶属于所要改进的流程	（1）提出问题并在小组集会时和集会后积极参与小组任务 （2）依据指示收集并分析资料 （3）积极听取他人的意见，并在讨论、决定和规划时善用开会管理技巧 （4）执行规定的任务，并做好向小组报告的准备 （5）不定期检讨小组本身的做法，以改进开会流程
7	流程拥有人	某特定功能单位的主管	接收改进小组的解决方案，并成为负责管理已改进流程的"拥有人"

六西格玛组织中三个特别角色的命名取自空手道的级别。

（1）黑带

黑带人员通常接受过数周有关流程分析和小组开会技巧的培训。在科技业和制造业，这种培训包括扎实的统计工具课程，如抽样、多变量分析、设计实验；在服务业，人们不太看重工具而重视流程的制图和分析，并使用因果图、直方图和巴瑞多图。

（2）大黑带或黑带大师

大黑带人员通常接受过复杂的统计工具和流程改进的培训，他们替多个小组执行许多类似黑带的工作。大黑带人员通常成功管理过许多个流程改进小组，因此身怀绝技，他们也担任领导委员会和其他主管的改革顾问。

（3）绿带

绿带人员通常是接受过足够的六西格玛训练以参加小组的员工。在某些企业，绿带人员有时会单独执行与其工作有关的小规模专案。

不同的企业使用不同的"带"、负责人的组合来指导小组。图7-10展示了几种不同的选择。

在某些企业，黑带尤其是大黑带是全职工作。这时，两种角色都要同时支援数个小组。通常，黑带预期要在一定的时间内完成数个流程改进专案，或是通过减少误差或创造新流程来节省一定的成本。黑带和大黑带工作的明确界定要视组织需求以及企业由功能管理演进到流程管理的阶段而定。

5. 六西格玛的实施程序

（1）辨别核心流程和关键客户

核心流程是对创造客户价值最为重要的部门或者作业环节，如吸引客户、订货管理、装货、客户服务与支持、开发新产品或者新服务、开票收款流程等，它们直接关系到客户的满意程度。与此相对应，诸如融资、预算、人力资源管理、信息系统等流程属于辅助流程，对核心流程起支持作用，它们与提高客户满意度是一种间接的关系。辨别核心流程和关键客户的步骤如表7-23所示。

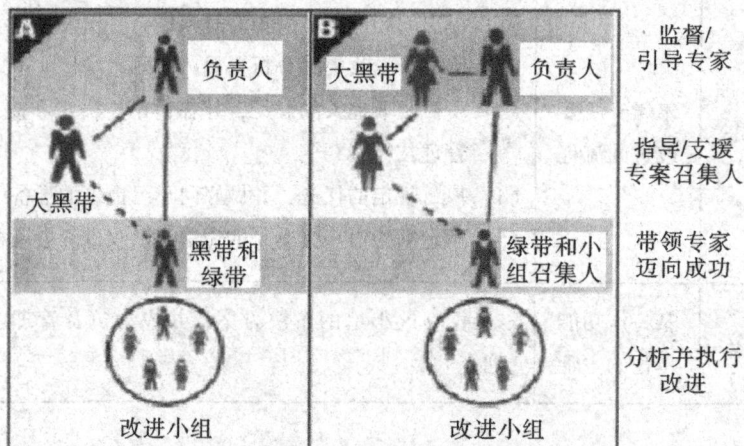

图7-10　支援六西格玛方案所需的角色安排

表7-23　辨别核心流程和关键客户的步骤

序号	步骤	说明
1	辨别核心流程	不同的企业，其核心流程各不相同。回答下列问题，有助于确定核心流程 （1）企业通过哪些主要活动向客户提供产品和服务 （2）怎样确切地对这些流程进行界定或命名 （3）用来评价这些流程绩效或性能的主要输出结果是什么

序号	步骤	说明
2	界定业务流程的关键输出物和客户对象	在这一过程中，应尽可能避免将太多的项目和工作成果堆到"输出物"栏目下，以免掩盖主要内容，抓不住工作重点。至于关键客户，并不一定是企业外部客户，对于某一流程来说，其关键客户可能是下一个流程，如产品开发流程的关键客户是生产流程
3	绘制核心流程图	在辨明核心流程的主要活动的基础上，将核心流程的主要活动绘制成流程图，使整个流程一目了然

（2）定义客户需求

定义客户需求的步骤如表7-24所示。

表7-24　定义客户需求的步骤

序号	步骤	说明
1	收集客户数据，制定客户反馈战略	建立客户反馈系统的关键在于 （1）将客户反馈系统视为一个持续进行的活动，看作是长期应优先处理的事情或中心工作 （2）听取不同客户的不同反映，不能以偏概全，不能由于几个印象特别深刻的特殊案例而形成片面的看法 （3）除市场调查、访谈、正式化的投诉系统等常规的客户反馈方法之外，应积极采用新的客户反馈方法，如客户评分卡、数据库分析、客户审计等 （4）掌握客户需求的发展变化趋势 （5）对于已经收集到的客户需求信息，要进行深入的总结和分析，并传达给相应的高层管理者
2	制定绩效指标及需求说明	客户的需求包括产品需求、服务需求或是两者的综合。对不同的需求，应分别制定绩效指标。例如在包装食品货流程中，服务需求主要包括界面友好的订货程序、装运完成后的预通知服务、客户收货后满意程度监测等；产品需求主要包括按照时间要求发货、采用规定的运输工具运输、确保产品完整等。一份需求说明，是对某一流程中产品和服务绩效标准简洁而全面的描述
3	分析客户各种不同的需求并对其进行排序	确认哪些是客户的基本需求，这些需求必须予以满足，否则客户绝对不会产生满意感；哪些是客户的可变需求，在这类需求上做得越好，客户的评价等级就越高；哪些是客户的潜在需求，如果产品或服务的某些特征超出了客户的期望值，则客户会处于喜出望外的状态

（3）针对客户需求评估当前行为绩效

如果企业拥有雄厚的资源，则可以对所有的核心流程进行绩效评估。如果企业的资源相对有限，则应该从某一个或几个核心流程入手开展绩效评估活动。

绩效评估的步骤如图 7-11 所示。

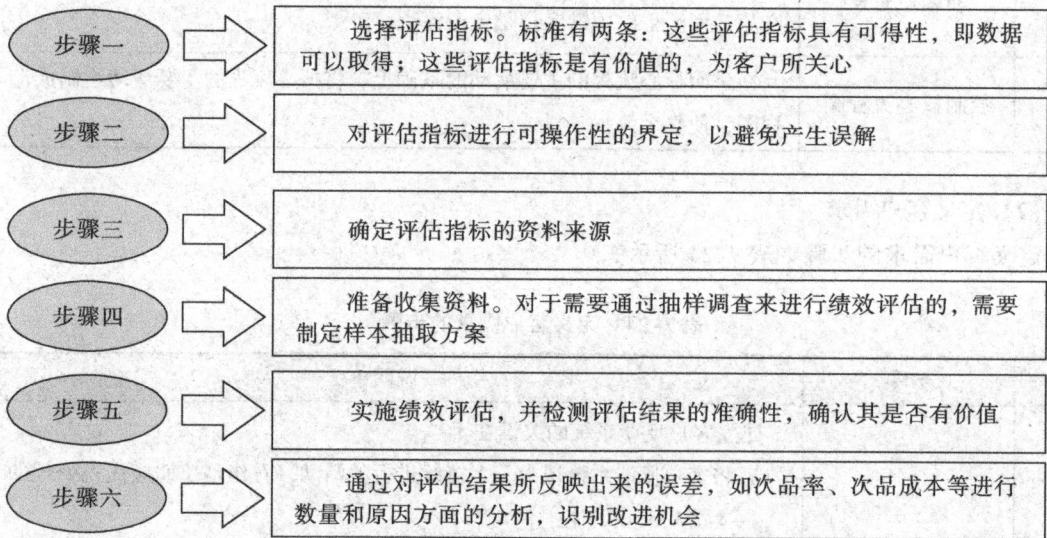

步骤一	选择评估指标。标准有两条：这些评估指标具有可得性，即数据可以取得；这些评估指标是有价值的，为客户所关心
步骤二	对评估指标进行可操作性的界定，以避免产生误解
步骤三	确定评估指标的资料来源
步骤四	准备收集资料。对于需要通过抽样调查来进行绩效评估的，需要制定样本抽取方案
步骤五	实施绩效评估，并检测评估结果的准确性，确认其是否有价值
步骤六	通过对评估结果所反映出来的误差，如次品率、次品成本等进行数量和原因方面的分析，识别改进机会

图 7-11　绩效评估的步骤

（4）辨别优先次序，实施流程改进

对需要改进的流程进行区分，找到高潜力的改进机会，优先对其实施改进。如果不确定优先次序，多方面出手，企业就可能分散精力，影响 6σ 管理的实施效果。业务流程改进遵循五步循环改进法，即 DMAIC 模式，具体内容如表 7-25 所示。

表 7-25　DMAIC 模式

序号	步骤	说明
1	定义（Define）	定义阶段主要是明确问题、目标和流程，此时需要回答以下问题：应该重点关注哪些问题或机会？应该达到什么结果？何时达到这一结果？正在调查的是什么流程？它主要服务和影响哪些客户
2	测量（Measure）	找出关键评量，为流程中的瑕疵建立衡量基本步骤。小组成员必须接受基础概率与统计学的培训及学习统计分析软件与测量分析课程。为了不造成员工的沉重负担，一般让具备六西格玛实际推行经验的人带着新手一同接受培训，帮助新手克服困难。对于复杂的演算问题，可借助自动计算工具，减少复杂计算所需的时间

（续表）

序号	步骤	说明
3	分析 （Analyze）	通过采用逻辑分析法、观察法、访谈法等方法，对已评估出来的导致问题产生的原因进行进一步分析，确认它们之间是否存在因果关系
4	改进 （Improve）	拟订几个可供选择的改进方案，通过讨论并多方面征求意见，从中挑选出最理想的改进方案付诸实施。实施6σ改进，可以是对原有流程进行局部的改进；在原有流程问题较多或惰性较大的情况下，也可以重新进行流程再设计，推出新的业务流程
5	控制 （Control）	在改进过程中，根据改进方案中预先确定的控制标准及时解决出现的各种问题，使改进过程不至于偏离预先确定的轨道，避免发生较大的失误

工具05　QCC品管圈

【工具定义】

QCC英文全称为Quality Control Cycle，中文译作"品管圈"。QCC是指由同一工作场所的人员，自动自发地结成数人小团体（又称QC小组），然后共同合作，活用品质管理的手法发现工作现场所发生的问题，并自力自主地加以解决的活动。

【适用范围】

适用于企业QCC活动的推广工作。

【工具解析】

1. 开展QCC活动的目的

（1）训练一线主管人员的管理能力。

（2）培养全体员工自动自发地发现问题、解决问题的能力。

（3）交换工作技能与知识，达成共识，发挥团队合作精神。

（4）提高人员及企业素质。

（5）调动人员的积极性，落实持续改善。

2. QCC品管圈的建立

（1）明确QCC小组的组建三原则

QCC组建时应坚持员工自愿参加、自愿结合和自愿组合的原则。只有坚持这三个"自愿"才能提高QCC的凝聚力，引发QCC成员的自主性，使QCC自觉地开展卓越有成效的活动。如果仅靠行政指令建圈，一是违背了三项原则，会导致成员对小组活动的不热心、不关心；二是易使QCC活动流于形式。这样的结果不仅解决不了质量问题，反而有碍企业进步。

凡由各车间各部门内组建的QCC，均应强调"三自愿"。在解决企业重大问题或需跨车间、跨部门经协作才能完成某课题时，可以采用行政指令组建QCC。但在吸收QCC成员时，

仍然强调尊重员工意愿，坚持自愿参加的原则。

（2）QCC 的组建方法

QCC 的组建方法如图 7-12 所示。

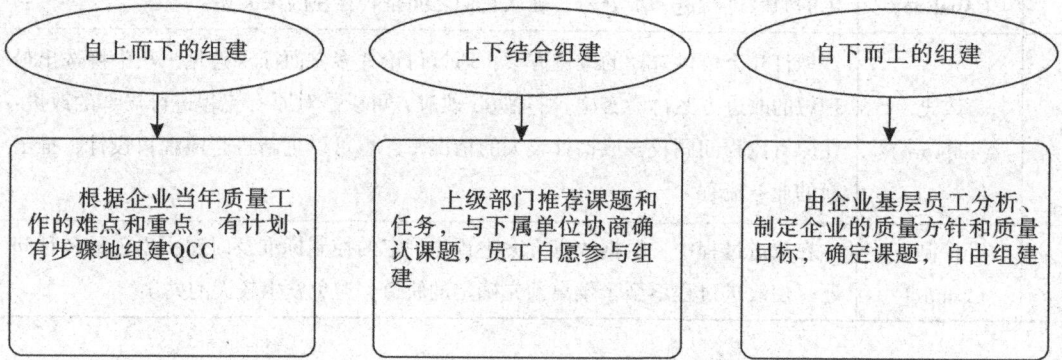

图 7-12　QCC 的组建方法

以上三种方法，一般是随着 QCC 活动的成熟度而定，具体内容如图 7-13 所示。

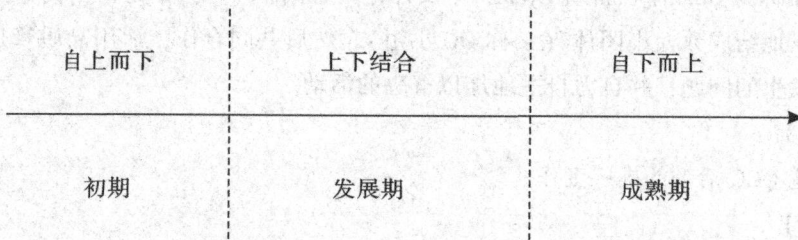

图 7-13　QCC 活动成熟度的过程

总之，组建 QCC 小组时应依据三原则，并根据企业自身的情况选择 QCC 的组建方法，激发 QCC 成员的积极性，自觉地开展品质改进活动。

3. QCC 活动开展的环节与步骤

QCC 活动的开展就是 PDCA 循环的具体应用，把这四个环节分解开来，形成 QCC 活动的八个具体步骤，具体内容如表 7-26 所示。

表 7-26　QCC 活动开展的环节与步骤

步骤	说明	注意事项
确定选题	QC 小组活动能否取得成功，选题恰当与否十分重要。选题一般来自工作中的问题，这些问题包括效率、品质、浪费、成本	（1）选题要合适和实用，避免大而空 （2）课题要先易后难 （3）选题要具体明确 （4）选题要有依有据，来源合理

步骤	说明	注意事项
调查分析	调查分析的目的是通过一系列统计和分析手段，掌握必要的材料和数据，找出产品品质问题的原因，同时也为确定目标值打下基础	(1) 注意调查的客观性，调查的情况要真实可靠 (2) 注意调查的时间性，起止时间至少有一端要被 QC 小组活动时间所覆盖，若离得太远就不准确、不可靠 (3) 调查的对象必须是主要问题
设定目标值	设定目标值时应利用 5W2H 方法回答以下七个问题 (1) 为什么要制定这一措施（Why） (2) 要达到什么目标（What） (3) 什么时候完成（When） (4) 在哪儿执行这一措施（Where） (5) 怎样执行这一措施（How） (6) 谁来执行这一措施（Who） (7) 需花费多少资源（How much）	(1) 目标值应从实际出发，目的是解决实际问题 (2) 不要怕目标值太低 (3) 目标值应明确并和课题一致 (4) 目标值不要定得太多。目标值最好定一个，最多不超过两个
确订主要原因	在调查分析的基础上，对初步确定的主要原因进行验证和进一步筛选，最终确定问题的要因	确定要因常见的方法有：排列图法、实验验证法（用小范围的实践或观察来验证主要原因）、投票法、技术分析法（从技术理论上推导分析）
制定对策计划	确认要因后，要针对要因采取相应措施，并拟订一份对策计划表。计划表的内容包括需改善的项目、问题和现状、设定的目标值、对策措施、对策措施负责人、预定完成时间	(1) 对策措施应具体可行，能够实施和检查 (2) 对策应由不同组员提出和承担，做到全员参与，不能只由少数人负责
实施对策计划	(1) 对策措施的责任人应负起指导的责任，并控制实施过程 (2) 对策措施的实施应取得相关人员的了解，并对相关人员进行教育培训	(1) 严格按照对策计划行事 (2) 保持经常性和全员性 (3) 对策实施过程中会产生新问题，原先拟订的对策中也可能有无法实施的情况。此时，应及时修改对策，经小组成员讨论后再进行实施

步骤	说明	注意事项
检查实施效果	检查的目的是确认实施效果。其方法是通过活动前后的对比来检查活动效果	（1）检查效果时要注意 　·用数据和事实说话 　·进行多层次、多方位、多种方法的对比 　·对于某些特定指标的检查，应邀请职能部门的代表参加 （2）如果检查发现未获得预期效果，则应重新检讨对策，必要时再回到"调查分析"的步骤，耐心地重新进行一次 PDCA 管理循环
制定巩固措施	制定巩固措施的目的是防止问题再发生，把活动中有效的实施措施纳入有关管理技术和文件之中，实施标准化管理，防止质量问题再次出现	如果作业方式有所改变，就需为员工提供相关培训

总之，QCC 小组组建完成之后要着手开展 QCC 的活动。在开展活动的过程中，要按照 PDCA 管理循环稳步前进，认真地制订对策计划，并在实施时检查评价，不断向品质目标迈进。

4. QCC 的工作成果发表

QCC 成果发表是 QCC 活动的一大特点。成果发表可以提高员工的总结能力和讲演能力；也可以交流经验、互相启发、共同提高，增强集体的参与意识，提高企业全体员工的凝聚力。在 QCC 成果发表的过程中要做好以下工作。

（1）做好发表准备

发表的准备工作如下。

①推选发表人。

②演练（自己练习，组内练习，集体练习）。

③制定评审方案。

④组织评审小组。

⑤组织初评成果材料。

（2）确定成果发表形式

QCC 成果发表的形式可归纳为以下几种。

①现场发表型。这种形式在中小型企业或大型企业的分厂、车间、工段采用的较多。由于大家对产品、工艺、设备等情况都有大体的了解，只要稍作介绍，听众就会领会，因此没有必

要介绍每一个活动的细节。可根据小组的成果报告和平时检查了解的情况，先认证其真实性和可靠性，再发表主要内容。在发表方式上有以下三种，具体内容如表 7-27 所示。

表 7-27　现场发表型发表的形式

序号	发表形式	说明
1	实物对比发表式	以改进前后的实物产品、设备或工艺等进行对比，介绍改进的理由、过程和效果
2	活动阶段重点发表式	由小组介绍 PDCA 循环的一个或两个阶段的情况，不介绍全过程，只将他们体会最深的内容介绍出来
3	集体发表式	即由小组全体或部分成员分别介绍个人在活动中的做法和体会，或由一个人讲一个阶段的情况，全部衔接起来就是一个完整的成果

②大会发表型。由于成果发表组织的目的不同，参加的小组多少不一，大会发表是必不可少的形式。但由于组织者的目的不同，因此发表的形式也不相同，具体内容如表 7-28 所示。

表 7-28　大会发表型发表的形式

序号	发表形式	说明
1	评先表彰式	此种形式出于评选、表彰优秀小组，并向上级推荐的目的，可采取下级推荐、本级认可、重点评审、评委选拔、大会表彰、公布向上级推荐的结果、领导授奖的方式。这种做法将大量工作放在会前，只有两个小时就可结束会议
2	发表分析式	可由评委按评价标准对上报的成果材料分别审查、打分，并综合评价其优缺点。从评委会研究确定入选的材料中，确定几个有倾向性、代表性、有特色的成果作为案例分析发表，由评委逐个评价
3	专家群众结合式	为提高群众基础和评选的公正性，可采取候选小组发表，评委打分定名次，会议代表投标决定的专家与群众结合的方式。对群众选标中有 75% 或以上的小组当选的投标人要给予一定的奖励
4	交流经验式	即会前散发成果报告，让大家审阅，会上由小组代表结合成果报告介绍活动做法和体会，听众就成果中的问题进行提问，与小组代表一起探讨
5	文娱发表式	在服务行业，小组可针对自己成果的内容编成小品，一人介绍多人表演，并配合一些轻音乐，在愉快的气氛中交流

总之，QCC 活动是全员集体参与的活动，在进行一定时间后要发布工作成果，鼓舞员工士气，提高员工的积极性，只有这样才能保持 QCC 活动的持续发展，成为企业品质管理中的重

要内容。

5. 成功推行 QCC 活动的方法

QCC 活动是品质改进的重要措施，它推行的成功与否直接影响着企业品质改进的效果，企业应采用适当的促进措施将 QCC 活动在企业中成功推行下去。

（1）加强培训

QCC 活动是否广泛，QCC 活动水平是否能不断提高，除了取决于对员工的文化、技术教育外，还取决于对员工质量意识、问题意识和改进意识的教育，以及质量管理知识和方法的教育。企业要把教育作为开展 QCC 活动的先行工作来抓，并贯穿活动全过程。企业要把质量教育纳入员工培训计划中，QCC 活动培训的注意事项如图 7-14 所示。

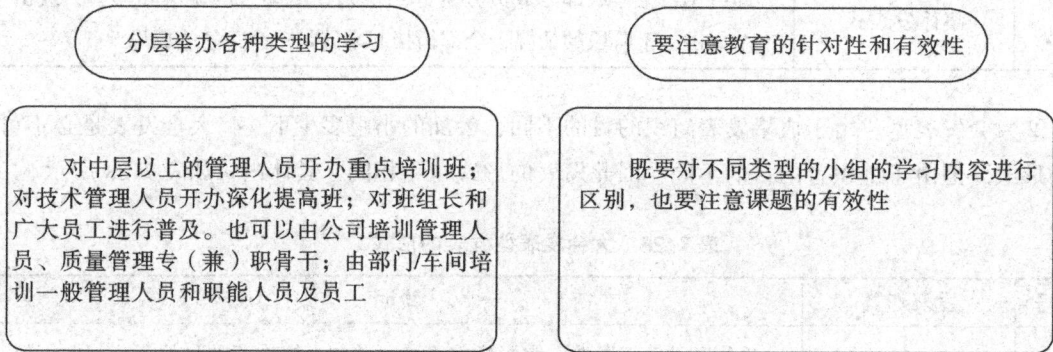

分层举办各种类型的学习	要注意教育的针对性和有效性
对中层以上的管理人员开办重点培训班；对技术管理人员开办深化提高班；对班组长和广大员工进行普及。也可以由公司培训管理人员、质量管理专（兼）职骨干；由部门/车间培训一般管理人员和职能人员及员工	既要对不同类型的小组的学习内容进行区别，也要注意课题的有效性

图 7-14　QCC 活动培训的两大注意事项

（2）管理者以身作则

企业的管理者要重视和支持企业主管部门开展 QCC 活动，有条件的可亲自参加，亲自发表成果，并明确下一级的工作，以带动各级管理人员和员工参加 QCC 活动的积极性。

（3）完善管理

完善管理的措施如表 7-29 所示。

表 7-29　完善管理的两大措施

序号	管理措施	说明
1	建立必要的管理制度	企业应建立必要的制度以保证 QCC 活动管理程序和活动程序的标准化和程序化。目前，企业所建立的基本制度有《QCC 活动措施细则》、《QCC 活动奖励》。在企业的年度计划里还要规定一些 QCC 活动的要求，包括年度里企业级、部门级召开几次成果发表会，有关专（兼）职人员多长时间指导、检查一次小组活动的情况等

（续表）

序号	管理措施	说明
2	加强日常活动管理	（1）进行活动管理的工作首先是课题管理。对课题管理要做到三看、三落实、三强调 ①看选题是否合理，落实课题类型，强调课题的针对性 ②看课题是否制定了目标，落实目标的可能性，强调目标的先进性 ③看课题是否制订了活动计划，落实课题完成预计时间，强调活动的有效性 （2）进行日常活动的指导检查，及时帮助小组总结、发表成果，落实激励政策

（4）做到五个结合

推广 QCC 活动要做到五个结合，具体内容如表7-30所示。

表7-30 五个结合

序号	结合的类型	说明
1	QCC 活动与班组建设相结合	在实施 QCC 活动时，要把班组完成上级下达的各项指标的难点和薄弱环节与小组的选题结合起来；要把班组的管理问题与小组的选题结合起来；要把班组的管理经验同科学的管理方法结合起来，使班组管理水平不断提高
2	QCC 活动与合理化建议相结合	在 QCC 活动中，特别是在制订措施计划时，应该积极开展合理化建议活动。可以采取小组成员个人提出的方式，也可以采取小组成员两三个人集体提出的方式
3	QCC 活动与方针目标相结合	每个企业都要制定企业的方针目标或每年的工作重点，并层层展开，直至班组和个人。现场型 QCC 活动经常活跃在班组。即通过上一级的目标寻找班组的问题点，确定班组目标，制定班组的对策，以 QCC 活动的形式加以解决
4	QCC 活动与素养建设相结合	开展 QCC 活动时要注意做好个人工作，使 QCC 活动与培养精神风貌、职业道德、社会风尚、思想品德结合起来
5	QCC 活动与专业管理相结合	专业管理部门要强调质量职能的落实，要为 QCC 活动提供有针对性的课题。专业部门和管理部门要把开展 QCC 活动及改进管理方法和关键问题结合起来，使 QCC 活动形成以专业管理为主的活动，逐步形成专业管理战线，成立全员性品质管理网络

总之，开展 QCC 活动并不是短期的行为，要想使 QCC 真正深入人心，并得以有效推行，需要企业采取一些有效的促进措施，这样才可以真正达到企业开展 QCC 活动的目的。

工具 06 QFD 质量功能展开

【工具定义】

QFD 是英文 Quality Function Deployment 的缩写，是指把客户或市场的要求转化为设计要求、零部件特性、工艺要求、生产要求的多层次演绎分析方法。

【适用范围】

适用于把客户要求转化为产品开发和生产的每一阶段的适当要求。

【工具解析】

1. 实施 QFD 的益处

实施 QFD 的益处如表 7-31 所示。

表 7-31 实施 QFD 的益处

有形效益	无形效益
（1）研发周期缩短 30%～60% （2）减少后期设计更改时间的 40%～60% （3）在开发设计阶段就降低 20%～40% 的成本 （4）提高设计可靠性 （5）降低管理成本	（1）客户更加满意 （2）健全企业质量保证活动 （3）QFD 数据库可用于同一系列或类似产品，是开发设计和生产工序中各种技能、诀窍的积累 （4）改进产品规划的基础，使产品更具竞争优势 （5）改进部门间的协作与联系 （6）提高企业开发设计人员的水平

2. QFD 的实施时机

QFD 通常可以在以下情形下实施。

（1）客户抱怨时。

（2）"救火"作业时，如重新设计、大幅修改方案。

（3）部门间沟通欠佳。

（4）没有适当、合理的资源分配方法。

（5）作业过程中缺乏明确且合理的文件。

（6）潜在客户与市场有待开发。

（7）需要持续改进。

（8）市场占有率持续下降。

3. QFD 成功的要素

（1）给新（重新设计）的产品或过程来自组织的正确界定的特权。

（2）了解 QFD 的使用和设计过程中的产品或过程的设计团队。

（3）来自不同客户群的客户，如最终用户、分销渠道人员、现场维护人员。

（4）收集客户数据的资源和软件。

（5）把数据转换成信息的方法。

（6）促进信息的应用，以生产新（重新设计）的产品或过程（或两者）的结构。

4. QFD 设计团队

QFD 设计团队由内部人员和外部人员组成，具体内容如表 7-32 所示。

表 7-32　QFD 设计团队的组成

内部人员的来源	外部人员的来源
（1）市场部/销售部 （2）设计工程部 （3）过程工程部 （4）采购部——当供应商（和他们供应的部件）具有重大影响时 （5）IT——当存在着软件或系统集成问题时	（1）供应商——当产品需要某些技术或需要特殊的考虑以便过程顺利进行时 （2）关键客户 （3）分销渠道 （4）修理或维护的第三方实体

5. 质量功能展开（QFD）的工具——质量屋

质量功能展开是指采用一定的规范化方法将客户所需特性转化为一系列工程特性，所用的基本工具是"质量屋"。质量屋也称质量表，是一种形象直观的二元矩阵展开图表。这些矩阵和图表很像一系列房屋，因此称其为质量屋。

质量屋由以下几个广义矩阵部分组成，具体内容如图 7-15 所示。

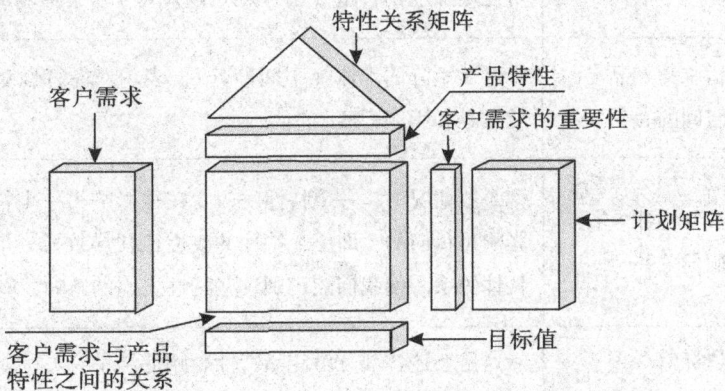

图 7-15　质量屋图示

质量屋（HOQ）是驱动整个 QFD（质量功能展开）过程的核心，它是一个大型的矩阵，由七个不同的部分组成，具体内容如表 7-33 所示。

表 7-33　质量屋（HOQ）的七个组成部分

序号	组成部分	说明
1	客户需求 （customer requirements）	即 VOC，通常可用亲密度图和树图表示。不同的产品有不同的客户需求。例如，对于汽车来说，客户需求可能是车门容易开启；对于银行来说，客户需求可能是取款不用排队等。QFD 就是用来部署 VOC 的，而不是用来收集 VOC 的。收集 VOC 则是另一个相对独立的过程
2	产品特性 （product features）	产品特征也可以用亲密度图和树图表示。产品特性是指我们用以满足客户需求的手段。产品特性也因产品的不同而存在差异。如对于车门，产品特性可能是关门所需的力量；对于割草机，产品特性可能是转动轴所需的推力。产品特性必须用标准化的表述。QFD 中是利用客户需求来明确产品特性的
3	客户需求的重要性 （importance of customer requirements）	我们不仅需要知道客户需求些什么，还要知道这些需求对于客户的重要程度
4	计划矩阵 （planning matrix）	该矩阵包含一个对主要竞争对手产品的竞争性分析。矩阵中包括三列，分别代表对于现有产品所需的改进（改进率）、改进后可能增加的销售量（销售点）以及每个客户需求的得分
5	客户需求与产品特性之间的关系	这是矩阵的本体（中间部分），表示产品特性对各个客户需求的贡献和影响程度
6	特性与特性之间的关系	一般情况下，一个特性的改变往往影响另一个特性。通常这种影响是负向的，即一个特性的改进往往导致另一个特性变坏。该特性关系图使我们能辨别这些特性之间的影响，以求得折中方案
7	目标值	这是上述各部分对产品特性影响的结果

6. QFD 的四个阶段

QFD 最早被提出的时候有 27 个阶段，被简化分为四个阶段，具体内容如图 7-16 所示。

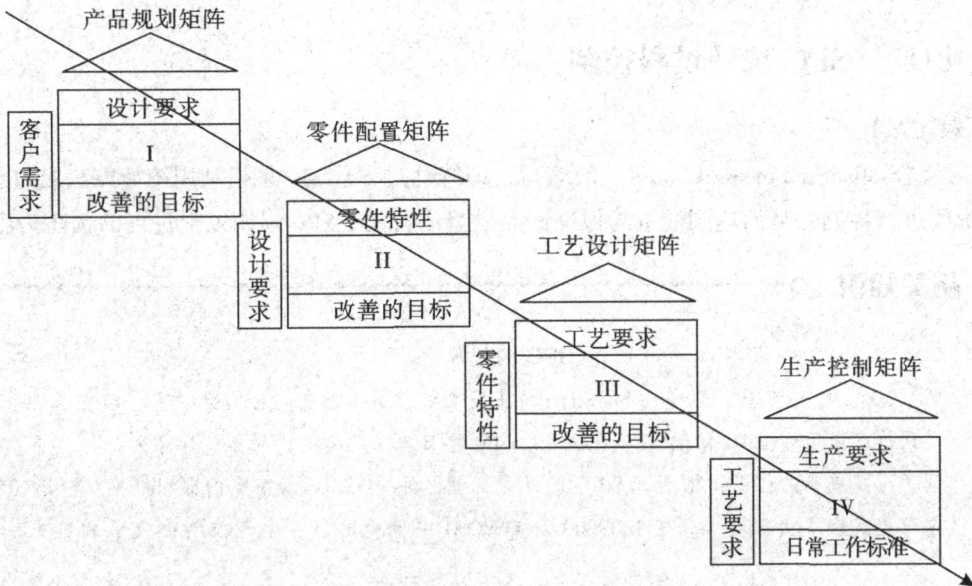

图 7-16 QFD 的阶段模式

（1）产品规划阶段

通过产品规划矩阵（质量屋），将客户需求转化为质量特性（产品特征或工程措施），并根据客户竞争性评估（从客户的角度对市场上同类产品进行的评估，通过市场调查得到）和技术竞争性评估（从技术的角度对市场上同类产品的评估，通过试验或其他途径得到）结果确定各个质量特性（产品特征或过程措施）的目标值。

（2）零件配置阶段

利用前一阶段定义的质量特性（产品特征或工程措施），从多个设计方案中选择一个最佳的方案，并通过零件配置矩阵将其转化为关键的零件特征。

（3）工艺设计阶段

通过工艺设计矩阵，保证实现关键的质量特性（产品特征）和零件特征所必须保证的关键工艺参数。

（4）生产控制阶段

通过生产控制矩阵将关键的零件特征和工艺参数转换为具体的生产（质量）控制方法或标准。

根据下一道工序就是上一道工序的"客户"的原理，QFD 的四阶段模式从产品设计到生产的各个过程均需要建立质量屋，且各阶段的质量屋在内容上有内在的联系。在此模式中，上一阶段的质量屋中"天花板"的主要项目将转化为下一阶段质量屋的"左墙"，上一步的输出

就是下一步的输入，构成瀑布式分解过程。QFD 要将客户的需求逐层分解，直至可以量化度量。同时采用矩阵（也称质量屋）的形式将客户需求逐步展开，分层地转换为质量特性、零件特征、工艺特征和生产（质量）控制方法。

工具 07　SPC 统计过程控制

【工具定义】

SPC 是 "Statistical Process Control" 的缩写，即统计过程控制，是指利用统计方法对过程中的各个阶段进行控制，从而达到改进与保证产品质量的目的。SPC 强调以全过程的预防为主。

○ **相关知识** ○

SPC 的起源

SPC 源于 20 世纪 20 年代，以美国 Shewhart 博士发明控制图为标志。自创立以来，即在工业和服务等行业得到推广应用。自 20 世纪 50 年代以来，SPC 在日本工业界的大量推广应用对日本产品质量的崛起起到了至关重要的作用；20 世纪 80 年代以后，世界许多大公司纷纷在内部积极推广应用 SPC，而且对供应商也提出了相应要求。在 ISO9000 及 QS9000 中也提出了在生产控制中应用 SPC 方法的要求。

【适用范围】

适用于全过程的质量预防工作。

【工具解析】

1. SPC 的特点

（1）SPC 是全系统的，要求全员参与，人人有责。

（2）强调用科学的方法来保证达到目的。

（3）SPC 强调以全过程的预防为主。

（4）SPC 不仅用于生产过程，而且可用于服务过程和一切管理过程。

2. SPC 的要点

（1）SPC 是运用统计学方法将过程的输出量和预先设定的控制界限进行比较，并分辨出通常原因和异常原因，从而在生产过程中进行质量控制。

（2）SPC 是预防行为，可针对问题的纠正措施提供有效的资源配置。

（3）SPC 是一系列的 "事前" 方法，它不仅是检测，而且是通过系统的分析、使用收集到的数据，并以过程能力为基础，来预测过程的发展趋势。

3. SPC 的作用

SPC 的作用主要体现在以下几个方面。

（1）单纯从 SPC 理论上分析对企业的益处，它具有经济性、预警性，能够合理地使用企业的设备。

（2）从制造过程（制程）的角度上分析对制程的功效，通过分辨共同原因和特殊原因，找出最大质量问题的出现原因，以便提高工作绩效；生产过程能力指数（CPK）可作为改善前后简单比较的依据，作为生产过程检讨的共同语言；减少报表处理工作量，增加分析数据的真实性、科学性，从宏观上到微观上全面真实地了解质量状况；建立技术、生产、质量管理三个与质量有直接管理关系的部门的沟通平台。

（3）SPC 有利于维护过程控制和过程的稳定性，加强产品的可靠性和可维护性。

（4）理想的 SPC 运作能达到的作用可以用 4W2H 来描述：找出什么时候会发生异常（When）、明确哪里出现了异常（Where）、找出发生什么具体异常（What）、分析出异常的原因（Why）、得出解决异常的方法（How）、建立预防方案的成本（How much）。

4. SPC 的基本原理

SPC 是一种用来分析数据的科学方法，并且利用分析结果来解决实际问题。只要问题能以数字表示，就可以应用 SPC 来分析。SPC 的基本原理如下。

（1）测量出的产品品质特性均是由于某些偶然因素所造成的结果。

（2）某些"偶然因素下的一致现象"是任何制造和检验的架构下所固有的。

（3）在这固有的"一致现象"的状态下的变动将无法找到原因。

（4）在该状态外的变动原因，则是可被发现并加以改正的。

由此可知，影响产品品质的变异分为不可归咎变异和可归咎变异等两类因素，具体内容如表 7-34 所示。

表 7-34　品质变异分类表

序号	类别	详细说明
1	不可归咎变异因素	在制程中随时都会影响到产品
2	可归咎变异因素	在某种特定条件下的制程中才会影响到产品

如果某一制程只受到不可归咎变异因素的影响，则该制程称为稳定制程，即产品品质特性的变异是在可预测的统计控制范围之内；另一方面，如果某一制程同时被不可归咎与可归咎两个变异因素所影响，则该制程是不稳定的，此时产品品质特性的变异将无法用统计方法来预测。SPC 图正是为了判断制程是否稳定，或是区分制程究竟是被不可归咎变异因素或可归咎变异因素所影响的一种统计技术。

5. SPC 的技术原理

在生产过程中，产品的质量特征值的波动是不可避免的，它是由 4M1E，即人、机器、材料、方法和环境等基本因素的波动综合影响所致。波动分为两种：正常波动和异常波动，或称为偶然误差和系统误差。正常波动是由偶然性原因（不可避免因素）造成的，它对产品质量影响较小，在技术上难以消除，在经济上也不值得消除；异常波动是由系统原因（异常因素）

造成的，它对产品质量影响很大，但能够采取措施避免和消除。

统计过程控制（SPC）的目的就是消除、避免异常波动，使过程处于正常波动状态。它是对生产过程进行分析评价，根据反馈信息及时发现系统性因素出现的征兆，并采取措施消除其影响，使过程维持在仅受随机性因素影响的受控状态，以达到控制质量的目的。当过程仅受随机因素影响时，过程处于统计控制状态（简称受控状态）；当过程中存在系统因素的影响时，过程处于统计失控状态（简称失控状态）。

由于过程波动具有统计规律性，随机误差具有一定的分布规律，所以当过程受控没有系统误差时，根据中心极限定理，这些随机误差的总和，即总体质量特性服从正态分布。正态分布图如图 7-17 所示。

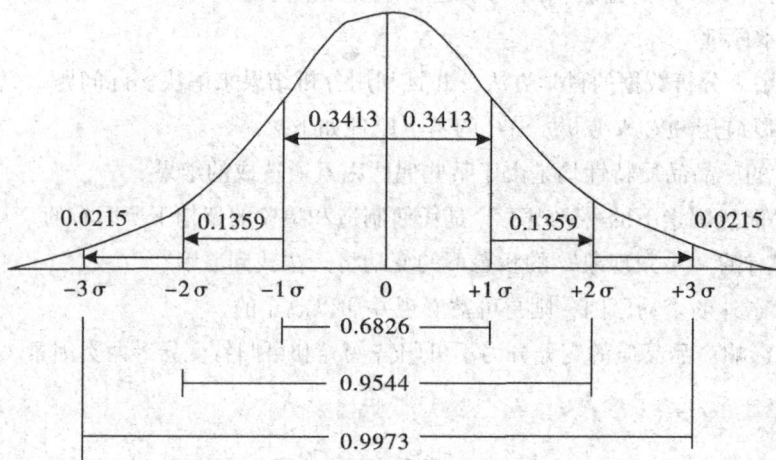

图 7-17　正态分布图

6. SPC 的主要内容

因为 SPC 主要是应用在制造业中，而根据制造业中制程品质的特性，品质一般有良品与不良品的概念和重要特性分布状况两种，所以 SPC 的主要内容分为计数值与计量值两种，所涉及的内容包括抽样检验、数据整理、各种图形分析（状况）、制程分析（原因）、改善监控等。

（1）计数值

计数值是指以计产品的件数或点数的表示方法，计数值的数据在理论上有不连续的特质，故称之为离型变量。

描述某一产品的品质，可以用一个或一批产品中的缺点数来表示，如电线可用表面有几个污点、有几个地方贴错标签、有几根颜色不对、有几根有划伤等来检查，这些都是以计点或个数方式表示产品的品质状况。有些单位产品必须以二分法来判定品质，如好与坏、良与不良、合格与不合格等。

另外，各种可靠性试验都属于计数值部分，如 5 千克拉力测试、2 千伏高压测试等都属于计数值。

计数值的抽样计划一般采用每批抽取样本的形式来分析，国际上一般采用 MIL-STD-105E，国内经常采用 GB2828（与105E差不多，两者可通用）。应用在 IQC 或 OQC 上，计数值在理论上是不连续的运作，所以常应用于 IQC 或 OQC，但是在应用于 POC 上时，最好有连续性，以便对制程中的不同原因进行深入分析。

（2）计量值

计量值是指产品须经实际量测或测试而取得的连续性实际值，并对其作数理分析，以说明该产品在此量测特性的品质状况的方法。

计量值的数据在数学上具有连续性的特质，故称之为连续型随机变量。描述一产品的品质，可以实际量测或测试而取得一连续性的数据，如零件的尺寸，电器产品的电流、电压、耐压值、电阻等，进而分析产品在这一特性中的品质状况。

计量值的抽样计划理论上是在固定时间抽取 4～20 个样本数来进行量测，常用的抽样计划有 MIL-STD-414（国内惯用）、GB6378（国际上惯用）等。因量测有连续性，所以在 PQC 上应用比较多。但单纯从品质的角度来分析计量值，且应用于 IQC 及 OQC 时可采用一次性抽取50～150 个样本来量测，进行状态分析（直方图、计算 CPK 等）。用计量值进行状态分析时，一般不宜超过 350 个数值，否则数据太大，分析就不准确，同时还浪费人力、物力、时间等成本。

7. SPC 中的工具

控制图是 SPC 中最重要的工具。目前，在实际中被大量运用的是基于苏华特原理的传统控制图，但控制图不仅限于此。近年来又逐渐发展了一些先进的控制工具，如对小波动进行监控的 EWMA 和 CUSUM 控制图；对小批量、多品种生产过程进行控制的比例控制图和目标控制图；对多重质量特性进行控制的 T2 控制图等。这些控制图大大拓宽了 SPC 的应用领域，也增强了 SPC 工具的有效性。

8. SPC 应用到的一些专用名词

（1）名词说明

SPC 应用到的一些专用名词如表7-35 所示。

表 7-35　SPC 应用的专用名词说明

序号	名称	代号	应用说明
01	母体数（批量数）	N	计数计量
02	样本数（抽样数）	n	计数计量
03	平均数（均值）	X（Bar）	计数少计量多
04	组距或全距	R	计量
05	方差	σ^2（s^2）	计量
06	标准差	σ（S）	计量
07	不良率	P	计数

425

（续表）

序号	名称	代号	应用说明
08	不良数	NP	计数
09	缺点数	C	计数
10	单位缺点（缺点率）	U	计数
11	百万分的不良	PPM	计数计量
12	管制上限（控制上限）	UCL	计数计量
13	管制中心线（控制中心线）	CL	计数计量
14	管制下线（控制下线）	LCL	计数计量
15	规格上限	USL	计量
16	规格中心线	SL	计量
17	规格下限	LSL	计量
18	准度（偏移度）	Ca	计量
19	密度（离散度）	Cp	计量
20	制程能力指数	Cpk	计量
21	中位数	M	计量

（2）统计学在 SPC 中延伸的部分应用说明（主要在计量部分）

统计学在 SPC 中延伸的部分应用说明如表 7-36 所示。

表 7-36　统计学在 SPC 中延伸的部分应用说明

序项	名称	代号	应用说明
01	平均数管制上限	XUCL	计量
02	平均数中线	XBqr	计量
03	平均数管制下限	XLC3L	计量
04	全距管制上线	RUQL	计量
05	全距中心线	Rbhr	计量
06	全距管制下线	RLCL	计量

9. 实施 SPC 的两个阶段

实施 SPC 分为两个阶段：一是分析阶段；二是监控阶段。在这两个阶段所使用的控制图分别被称为分析用控制图和控制用控制图。

（1）分析阶段

分析阶段的主要目的在于：使过程处于统计稳态，使过程能力足够。

在分析阶段，首先要进行的工作是生产准备，即把生产过程所需的原料、劳动力、设备、测量系统等按照标准要求进行准备。生产准备完成后就可以进行分析，此时一定要确保生产是在影响生产的各要素无异常的情况下进行。然后，就可以用在生产过程收集到的数据计算控制界限，作成分析用控制图、直方图或进行过程能力分析，检验生产过程是否处于统计稳态、过程能力是否足够。如果有任何一个条件不能满足，则必须寻找原因，进行改进，并重新准备生产及分析。直到达到了分析阶段的两个目的，则分析阶段可以宣告结束，进入 SPC 监控阶段。

（2）监控阶段

监控阶段的主要工作是使用控制用控制图进行监控。此时，控制图的控制界限已经根据分析阶段的结果而确定，只需将生产过程中收集到的数据及时绘制到控制图上，并密切观察控制图。控制图中点的波动情况可以显示过程受控或失控，如果发现失控，就必须寻找原因并尽快消除其影响。监控阶段可以充分体现 SPC 预防控制的作用。

10. SPC 运作中相关人员的责任

SPC 运作中相关人员的责任如表 7-37 所示。

表 7-37　SPC 运作中相关人员的责任

序号	相关人员	责任
1	制造部门一线主管	相关人员及时跟踪本部门生产的品质状况，便于及时发现问题，及时解决问题和预防问题发生
2	QC 或自检人员	相关人员负责收集真实有效的数据，制成最原始的品质记录
3	文员	相关人员负责把原始数据适时、正确地输入电脑，并保管好原始记录
4	QA 或 QE 人员	相关人员负责及时监控（使用各种 SPC 图形）各生产线的品质状况，以便制造部门一线主管在看出问题时能更准确、有效地上报；同时定期分析各种层次、各种层别条件下的品质状况，并不断提出改善意见、趋势报告、总结报告，甚至作出制程参数标准化记录
5	品管主管	相关人员负责确定整个品质问题的界定与权责，监督其他人员对 SPC 的执行状况，定期查看各部门和总体品质状况，并召开周会，提出再次提升的目标和要求，审核或提供专案改善方案
6	专项产品负责人	负责人密切监控产品整体品质状况和各环节品质状况，有问题时及时提醒相关人员
7	高层主管人员	高层主管人员要了解整体生产品质状况，并制定品质目标、方针政策

11. SPC 运作流程

SPC 运作流程如图 7-18 所示。

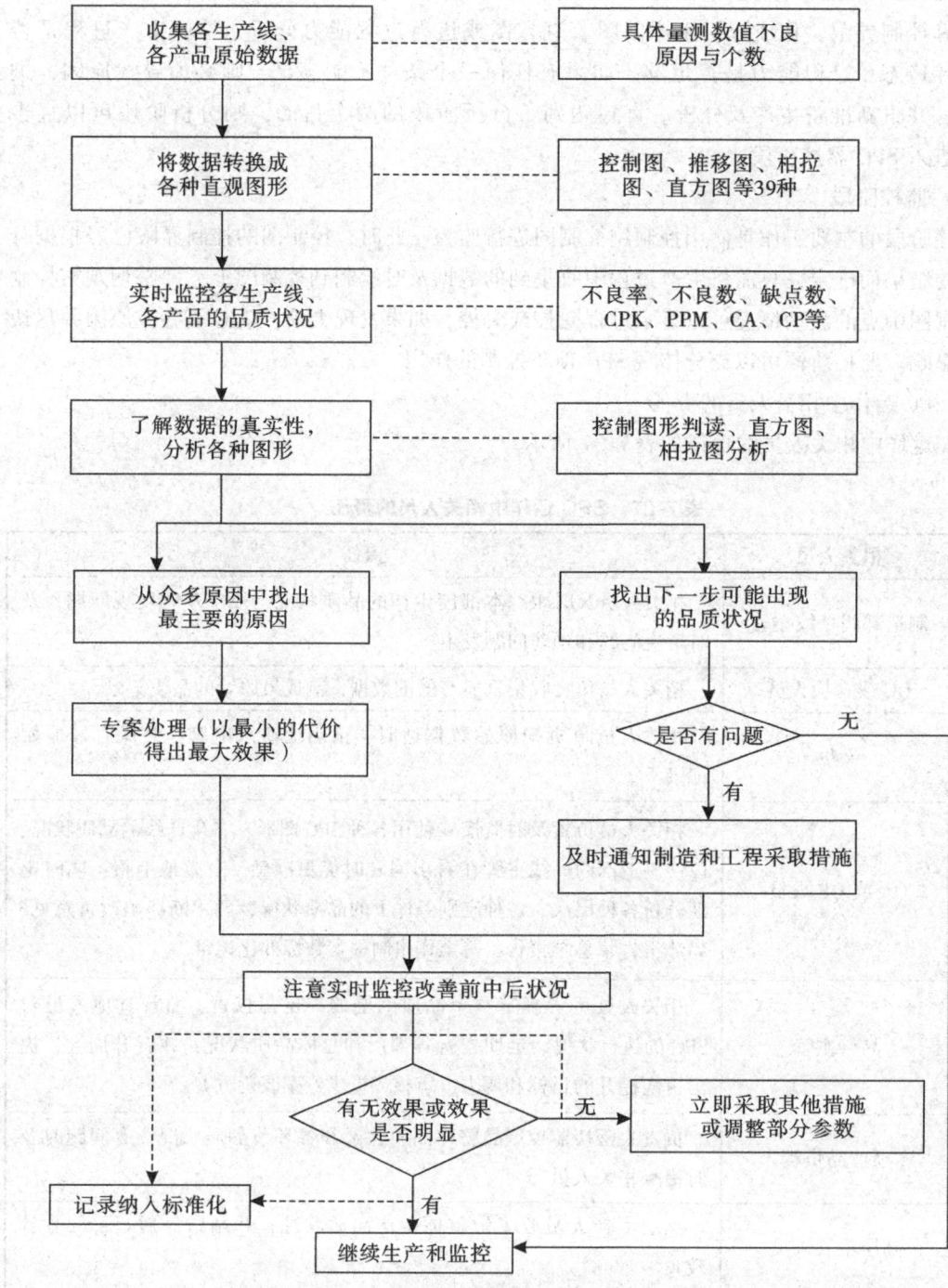

图 7-18　SPC 运作流程

工具08　APQP产品质量先期策划

【工具定义】

APQP是Advanced Product Quality Planning的缩写，中文意思是产品质量先期策划或者产品质量先期策划和控制计划，这是一种结构化的方法，用来确定和制定确保某产品使客户满意所需的步骤。

产品质量先期策划的目标是促进与所涉及的每一个人的联系，以确保所要求的步骤按时完成。有效的产品质量先期策划依赖于高层管理者对努力达到使客户满意这一宗旨的承诺。

【适用范围】

适用于产品质量的先期策划和控制工作。

【工具解析】

1. 要开展产品质量先期策划的原因

为了能够一次就把产品做好，必须事先做好详细的策划，将各项的人、机、料、法、环、测等准备好。实施APQP有以下益处。

（1）制订一个产品质量计划来支持产品开发，以满足客户要求。

（2）按时完成各项重要工作。

（3）准时完成生产件的批准工作。

（4）自始至终达到规范要求。

（5）不断改善产品质量（精益求精）。

（6）满足QS9000要求。

（7）提高客户满意度。

（8）提高公司效益。

（9）建立一套完善的适用于每个项目的质量体系，从而使公司走向成功。

2. 进行APQP的时机

（1）新产品

企业希望新产品一开始投产就有好的结果，而不是仓促的急忙生产，应是谋定而后动，即经详细的策划而产生好的结果。

（2）产品变更时

产品变更时，企业希望各项风险是最低的，所以此时必须有效策划变更的内容，一次就把事情做好。

3. 产品质量先期策划和控制计划内容

产品质量先期策划和控制计划内容如图7-19所示。

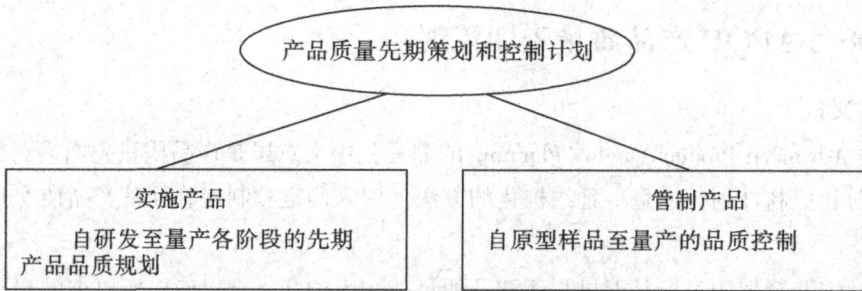

图 7-19　产品质量先期策划和控制计划内容

4. APQP 的责任

APQP 所涉及的范围很广，不是某一个部门就能完成的，必须进行跨部门合作。APQP 目标的重心就是把产品做好，公司的相关部门围绕此重心，通力合作，降低所有不必要的风险、成本，一次就把事情尽可能做完美。

※ 实例说明 ～～～～～～～～～～～～～～～～～～～～～～～～～～～～～～～～

以下为某公司在 APQP 的业务流程中的职责说明。

	客户	业务	技术	采购	品保	制造	跨功能小组	参考文件	记录窗体
可行性评估		是否进行可行性评估	YES		合格		可行性评估	可行性评估指导书	小组可行性承诺单
产品企划	议价 ← 报价		新产品开发规划		合格		审查		
产品设计			D—FMEA		购买原材料		审查 合格	（1）D—FMEA制作指导书 （2）D—FMEA查检表 （3）设计资料查检表 （4）量测系统计划 （5）初期材料表 （6）管制计划制作指导书 （7）管制计划检查表 （8）SPC制作指导书	（1）D-FMEA表 （2）原型管制计划 （3）管制图与制程能力分析
			原型管制计划				审查 合格		
			原型制作						
	确认				合格	检验			

	客户	业务	技术	采购	品保	制造	跨功能小组	参考文件	记录窗体
产品量试		合格	P—FMEA				审查合格	（1）P—FMEA制作指导书 （2）P—FMEA查检表 （3）MSA制作指导书 （4）工厂平面图查检表 （5）制作流程图检查表 （6）新设备模具试验仪器检查表 （7）管制计划检查表 （8）SPC制作指导书 （9）生产性零组件承认程序（PPAP）	（1）P—FMEA表 （2）量具R&R数据表 （3）量具R&R报告 （4）量试管制计划 （5）保证书 （6）尺寸量测结果 （7）原材料测试结果 （8）功能测试结果
			量试管制计划			量试	审查		
产品量产	PPAP		量产管制计划		检验 合格检验 合格	生产转移 第一次量产 移转	审查合格 生产前沟通	（1）管制计划制作指导书 （2）管制计划检查表 （3）生产图纸 （4）制造作业指导书 （5）检验标准 （6）允许标准 （7）材料表	量产管制计划

5. 产品质量先期策划的五个阶段

产品质量先期策划分五个阶段进行，具体内容如图7-20所示。

| 项目批准 | 样件 | 试生产 | 投产 |

策划

策划

产品设计和开发

过程设计和开发

产品与过程确认

生产

反馈、评定和纠正措施

| 计划和确
定项目 | 产品设计和
开发验证 | 过程设计和
开发验证 | 产品和过程
认可 | 反馈、评定和
纠正措施 |

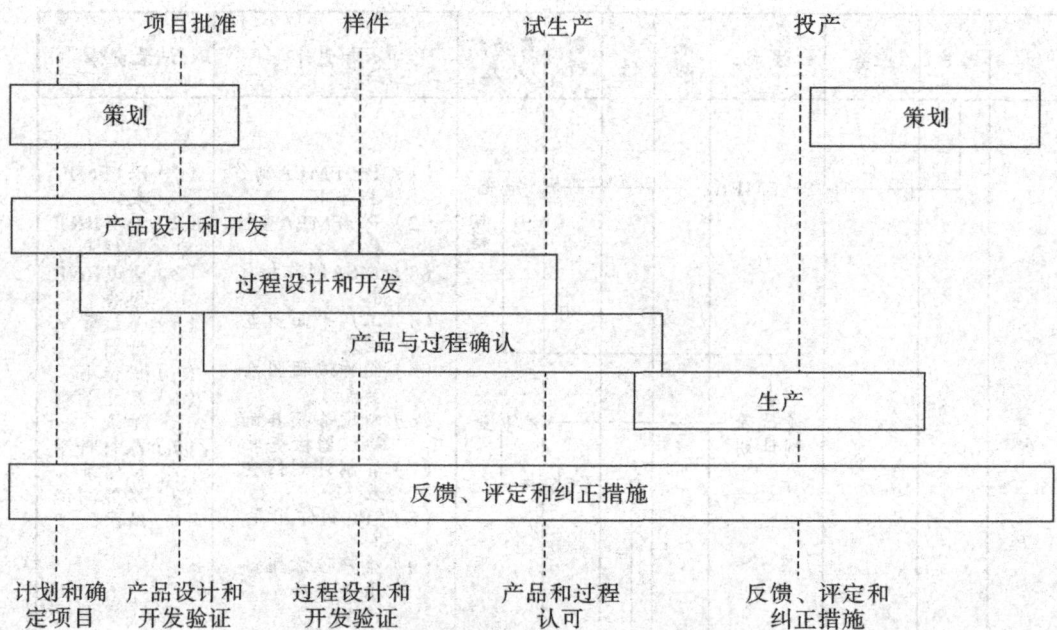

图 7-20　产品质量先期策划分五个阶段

鸿海精密工业股份有限公司（HON HAI PRECISION INDUSTRY）

成立年份（Founded Year）：1974 年 2 月 20 日

总部（Headquarters）：中国台湾台北县新北市

主营业务（Main Business）：计算机、通信及消费性电子等相关领域产品的零组机构件及系统开发、制造、销售

发展历程（Development Process）：鸿海精密工业股份有限公司原名为鸿海塑膠企业有限公司，1975 年改名为鸿海工业有限公司，1985 年 2 月 28 日更名为鸿海精密工业股份有限公司迄今。其最初生产的产品是黑白电视机旋钮。如今，"鸿海"是全球 3C（电脑、通信、消费类电子）代工领域规模最大、成长最快的国际集团。该集团多年来致力于研发创新，以核心技术为中心，截至 2009 年年底已在全世界获得超过 30 000 件专利，不仅连续三年蝉联台湾年度专利申请数及获准数双料冠军，在美国麻省理工学院的全球年度专利排行榜（MIT Technology Review）中，该集团也是全球前二十名中唯一上榜的华人企业。

工具09 FMEA潜在失效模式

【工具定义】

FMEA是Potential Failure Mode and Effects Analysis的缩写，中文意思是潜在失效模式，是一种系统化的可靠性定性分析方法。它实际上是FMA（故障模式分析）和FEA（故障影响分析）的组合，即通过对产品/过程各组成部分进行事前分析，发现、评价产品/过程中潜在的失效模式及起因/机理，查明其发生的可能性及对系统的影响程度，以便采取措施进行预防。

【适用范围】

适用于产品/过程各组成部分的事前分析工作。

【工具解析】

1. FMEA的目的

FMEA是一组系统化的工作，其目的如下所示。

（1）发现、评价产品（过程）中潜在的失效及其后果。

（2）找到能够避免或减少这些潜在失效的控制措施。

（3）将以上过程文件化，作为过程控制计划的输入。

企业实施FMEA的最终目的是增加企业的实力，具体内容如图7-21所示。

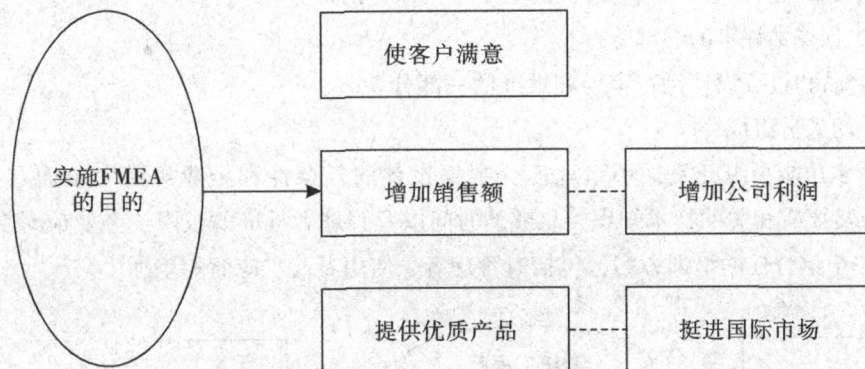

图7-21 实施FMEA的目的

2. FMEA的应用范围

（1）设计FMEA

设计FMEA是针对产品本身，产品设计、开发时期的技术分析。主要是由设计工程师和其小组应用。

设计FMEA主要用于确定影响产品性能的重要质量特性，发现影响产品寿命的重要特性指标和重要安全零部件的潜在失效模式以及后果分析，以便对这些特性进行有效控制，以满足客户的需求和期望，并用于评价设计变更的风险，以对设计的不足采取相应的改进措施。

（2）过程 FMEA

过程 FMEA 是针对产品的实现过程，过程开发设计的分析技术，主要是由过程（制造）工程师和其小组应用。

过程 FMEA 主要用于区分影响客户的重要业务过程或工艺流程的潜在风险，并对此进行排序，以确定需要立项的改进项目，实现工艺的动态控制和工艺文件的持续改进；确保质量风险得到及时、有效的避免。

（3）程序/项目 FMEA

程序/项目 FMEA 是针对程序/项目、程序/项目开发设计的分析技术。

3. FMEA 开发的关键

对任何企业而言，FMEA 都是非常重要的活动。FMEA 的开发是一个涉及整个产品实现过程的多方论证的活动，它的有效实施依赖于良好的策划。这个过程需要大量的时间以及对所需资源的承诺。

FMEA 开发的关键就是过程所有者以及高级管理者的承诺。虽然 FMEA 原则是相同的，但实施方法会根据企业的规模和架构而变化。

（1）范围应涵盖企业以及多个层级供应商的 FMEA。

（2）适用时，覆盖设计 FMEA 和过程 FMEA。

（3）使 FMEA 过程成为 APQP 过程的一个不可缺少的部分。

（4）是工程技术评审的一部分。

（5）是产品和过程设计例行审定和批准的一部分。

4. FMEA 的人员组成

FMEA 由多功能小组开发，小组规模会根据设计的复杂性和企业规模大小而有所不同。FMEA 小组成员要有相关的技术知识、足够的时间以及管理者批准的权限。企业应对 FMEA 小组成员实施一个综合性的培训方案，包括对管理者、使用者及供应商的培训。

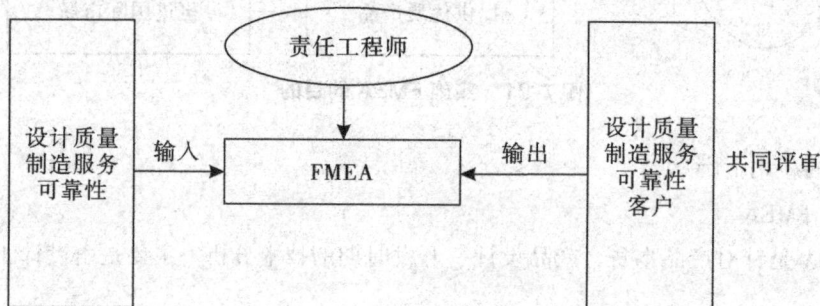

图 7-22　FMEA 的人员组成

5. FMEA 的基本结构

不论是设计 FMEA 还是过程 FMEA，它的开发都可从以下方面出发来进行处理。

（1）潜在的产品或过程对达到期望的失效。

（2）潜在后果。

（3）失效模式的潜在原因。

（4）现行控制的应用。

（5）风险等级。

（6）风险降低。

在设计 FMEA 文件前，小组必须定义项目范围，收集有效的信息和有效率地进行 FMEA 过程开发。

6. FMEA 的时间顺序

D—FMEA 开始早于过程，完成时间在早期的图样完成，且在任何工具的制造开始之前。P—FMEA 开始于基本的操作方法讨论完成时，完成时间早于生产计划制订和生产批准之前。

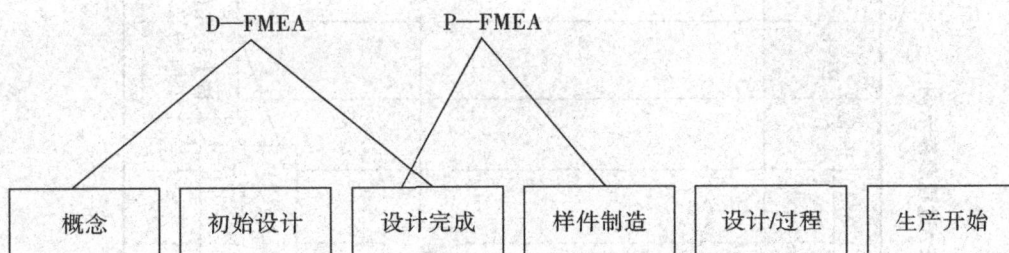

图 7-23　FMEA 的时间顺序

7. FMEA 的实施流程

FMEA 实施的过程顺序如表 7-38 所示。

（1）确定和定义所研究分析的对象

①定义产品、过程

可以根据 FMEA 的类型（即系统、子系统、零部件）来界定，明确包括和不应包括的内容。在开始 FMEA 之前，必须清楚评估内容。可以运用下面的方法来界定 FMEA 范围。

——功能模式。

——框（边界）图。

——参数（P）图。

——接口图。

——过程流程图。

——关联矩阵。

——示意图。

——材料清单（BOM）。

表7-38 FMEA过程顺序示例

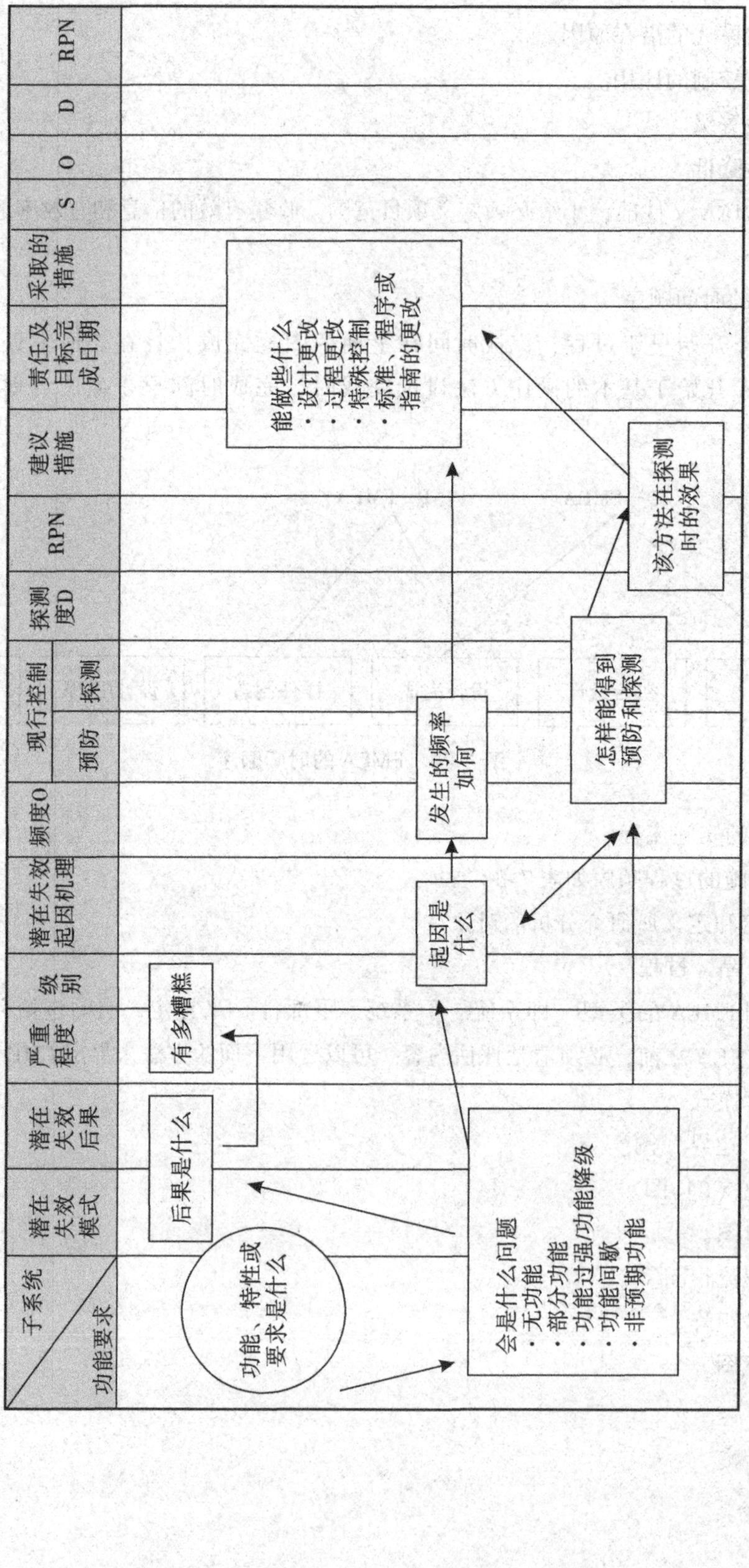

子系统/功能要求	潜在失效模式	潜在失效后果	严重程度	级别	潜在失效起因机理	频度O	现行控制		探测度D	RPN	建议措施	责任及目标完成日期	采取的措施	S	O	D	RPN
							预防	探测									

图中文字：

功能、特性或要求是什么

后果是什么

有多糟糕

起因是什么

发生的频率如何

会是什么问题
- 无功能
- 部分功能/功能过强/功能降级
- 功能间歇
- 非预期功能

怎样能得到预防和探测

该方法在探测时的效果

能做些什么
- 设计更改
- 过程更改
- 特殊控制
- 标准、程序或指南的更改

②定义客户

在 FMEA 过程中，有四类主要客户，这四类客户都需要被列入 FMEA 分析的考虑范围。

最终用户：使用产品的人员或组织。FMEA 分析对最终用户的影响可能包括耐用性、便利性。

OEM 组装和制造中心（工厂）：OEM 的制造过程（如冲压、动力）以及汽车组装发生的场所。产品与装配过程的接口处理对 FMEA 的有效分析非常重要。

供应链制造：材料和部件的制造、组装、装配的供应商场所，包括生产件和服务件的制造、装配以及诸如热处理、焊接、涂漆、电镀或其他表面处理的过程；可以是任何后续操作/下游操作，或者下一层的制造过程。

政府法规机构：制定要求并监督安全与环境符合规范的政府代理机构。这些要求和规范可能影响到产品和过程。

了解这些客户，将有助于更加充分、有效地定义功能、要求和规范，也有利于帮助确定失效模式带来的相关影响。

③识别功能、要求和规范

识别并理解与定义范围相关的功能、要求和规范，其目的在于阐明项目设计目的和过程目的，这可以针对功能的每个属性和每个方面帮助确定潜在失效模式。

（2）识别潜在失效模式

失效模式可定义为产品和过程未满足设计目的或过程要求的方式或状态。假设失效可能发生但也可能不会发生；简明且易于理解的失效定义是很重要的，因为它可使分析集中在关注点上。潜在失效模式应当用专业的技术术语来描述，不要描述成客户可感知到的现象。如果某单一的要求被识别了大量的失效模式，则说明此定义的要求不够简洁。

（3）识别潜在影响

失效的潜在影响是指客户可感知的失效模式的影响，可以将其描述为客户可能的觉察或感受。这里的客户可以是内部客户，也可以是最终用户。潜在影响的确定包括失效后果分析和后果严重性分析。

（4）识别潜在原因

失效潜在原因是描述失效是如何发生的；它应被描述为可以纠正、控制的事情。失效的潜在原因可能显示出一个设计不足，它的后果就是失效模式。原因及其导致的失效模式之间是有直接联系的，也就是说，如果有原因发生，失效模式就会发生。在识别失效模式的根本原因时，要尽可能地详细，便于确定适当的控制和措施计划。如果有多个原因，就要对每个原因进行独立分析。

（5）识别现行控制

控制是指预防或探测失效原因或失效模式的活动。在识别控制活动时，重要的是应明确哪里出了问题、原因是什么、怎样来预防或者发现问题。控制适用于产品设计或制造过程。注重

预防的控制将会带来丰厚的回报。

（6）识别与评估风险

FMEA 的重要步骤之一就是风险评估。评估包括三个方面：严重度、发生频度和探测度。严重度是指评估失效对客户的影响等级；发生频度是指一个失效原因可能的发生频率；探测度是指评估产品和过程控制对失效原因或失效模式探测能力，组织需要明确客户对风险评估的要求。

（7）提出建议措施与结果

建议措施的目的在于降低整体风险和失效模式发生的可能性，降低严重度、发生频度、探测度。企业还可以采用以下方式来确认措施是否适当。

①确保达成了设计要求（包括可靠性）。

②评审工程图和工程规范确认并入装配/制造过程。

③一旦措施完成、获得结果，应当重新评估严重度、发生频度和探测度的等级。

（8）形成动态的 FMEA 文件

评审 FMEA、控制计划和操作指导完成建议措施的职责和时间安排应当被记录。FMEA 文件是动态文件，应始终反映最新水平以及最近的相关措施，包括开始生产以后发生的，具体内容如图 7-24 所示。

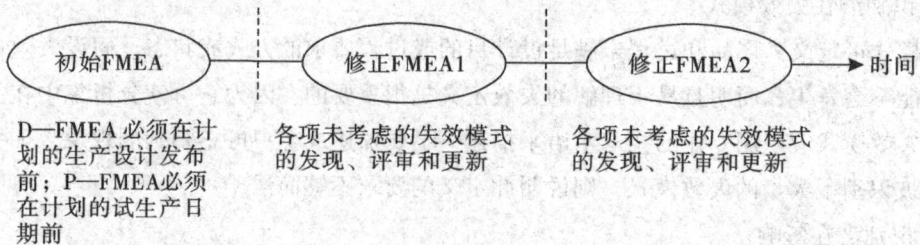

初始FMEA → 修正FMEA1 → 修正FMEA2 → 时间

D—FMEA 必须在计划的生产设计发布前；P—FMEA必须在计划的试生产日期前

各项未考虑的失效模式的发现、评审和更新

各项未考虑的失效模式的发现、评审和更新

图 7-24　动态的 FMEA 文件

工具 10　MSA 测量系统分析

【工具定义】

MSA 是 Measurement System Analysis 的缩写，中文意思是测量系统分析，是使用数理统计和图表的方法对测量系统的分辨率和误差进行分析，以评估测量系统的分辨率和误差对于被测量的参数来说是否合适，并确定测量系统误差的主要成分。

【适用范围】

MSA 的适用范围如下所示。

（1）建立新量具的适用性和可接受性标准。

（2）把一个量具和另外一个量具作比较。

（3）评估可疑的量具。

（4）对量具维修前后的性能进行比较。

（5）计算测量系统的变差。

（6）确定制造过程可接受性。

（7）管理和改进测量过程。

【工具解析】

1. 测量系统分析的组成

测量系统分析（MSA）是指通过对被测特性定量测量或定性评价的仪器（量具）、标准、方法、操作、夹具、软件、环境以及操作人员的集合，来获得测量结果的整个过程。其组成如图 7-25 所示。

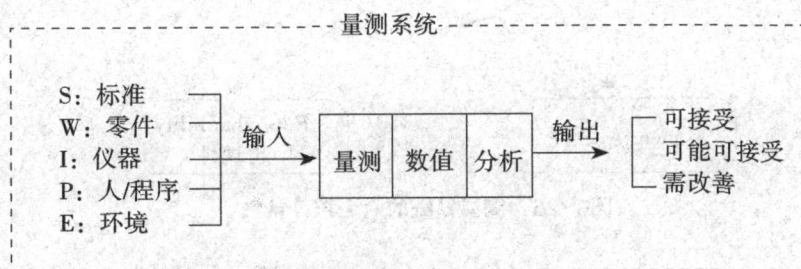

图 7-25 测量系统分析的组成

2. 进行测量系统分析的目的

如果测量的方式不对，那么好的结果可能被测为坏的结果，坏的结果也可能被测为好的结果，此时便不能得到真正的产品或过程特性。

即使量具经过检定或校准，由于人、机、料、法、环等五方面的原因，仍会带来测量误差，即检测设备的检定或校准不能满足实际测量的需要。因此，还需要对测量系统进行评价，分析测量结果的变化，从而确定测量系统的质量，以满足测量的需要。

对测量系统进行分析的目的如下。

（1）确定所使用的数据是否可靠。

（2）评估新的测量仪器。

（3）将两种不同的测量方法进行比较。

（4）对可能存在问题的测量方法进行评估。

（5）确定并解决测量系统的误差问题。

总而言之，MSA 的总目标可以概括为以下几点。

（1）了解测量过程。

（2）用于了解生产和过程控制的测量系统的充分性，促进了解和减少变差（测量系统是否有足够的能力识别生产和过程控制中出现的普通及特殊原因引起的变差）。

（3）定期重复评价与测量过程有关的不确定度，以确保所预计的准确度是适宜的。

3. 测量系统的六大统计特性

测量系统必须处于统计控制状态，即测量系统的变差不受特殊原因的支配。测量系统有六大统计特性，具体内容如图 7-26 所示。

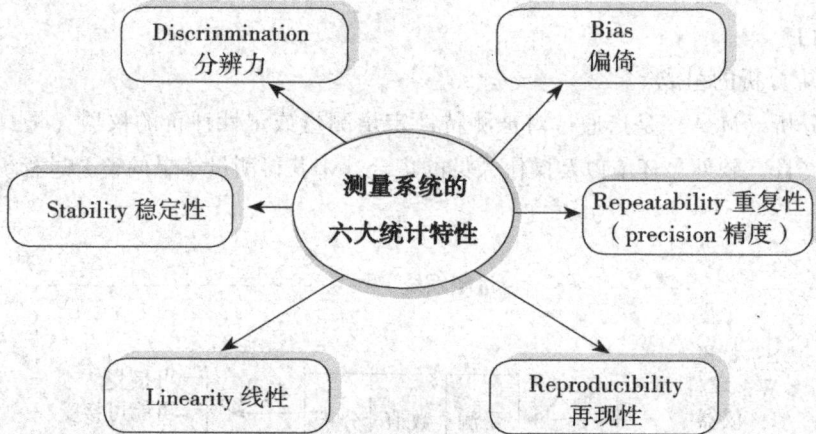

图 7-26　测量系统的六大统计特性

（1）偏倚：测量观察平均值与该零部件采用精密仪器测量的标准平均值的差值。

（2）线性：表征量具预期工作范围内偏倚值的差别。

（3）稳定性：表征测量系统对于给定的零部件或标准件随时间变化系统偏倚中的总偏差量，与通常意义上的统计稳定性是有区别的。

（4）重复性：指同一个评价人采用同一种测量仪器，多次测量同一零件的同一特性时获得的测量值（数据）的偏差。

（5）再现性：指由不同的评价人，采用相同的测量仪器，测量同一零件的同一特性时测量平均值的偏差。

（6）分辨力：指测量系统可以探测并如实显示被测特性中最小变化的能力。

4. 进行测量系统分析的时机

进行测量系统分析的时机分为两个阶段，具体内容如表 7-39 所示。

表 7-39　进行测量系统分析的时机

阶段	分析目的	分析时机	分析对象
分析的第一阶段	确定该测量系统是否具有所需的统计特性及哪种环境因素对测量有显著影响	当开发新产品、更改产品、更改过程需建立新的测量系统时	控制计划中所描述的测量系统

（续表）

阶段	分析目的	分析时机	分析对象
分析的第二阶段	验证测量系统是否持续保持恰当的统计特性	根据该系统的性质、影响程度、客户要求确定分析周期	控制计划中所描述的测量系统

5. 测量系统分析的实施

（1）制订 MSA 计划

MSA 计划包括以下内容。

①确定需要分析的测量系统。

②确定用于分析的待测参数/尺寸或质量特性。

③确定分析方法：对计量型测量系统，可采用极差法和均值极差法；对计数型测量系统，可采用小样法。

④确定测试环境：应尽可能与测量系统实际使用的环境条件相一致。

⑤对于破坏性测量，由于不能进行重复测量，可采用模拟的方法并尽可能使其接近真实分析（如不可行，可不作 MSA 分析）。

⑥确定分析人员和测量人员。

⑦确定样品数量和重复读数次数。

测量系统分析计划如表 7-40 所示。

表 7-40　测量系统分析计划

量具名称	量具号	分析时间（月份）												分析内容			
		1	2	3	4	5	6	7	8	9	10	11	12	R&R	偏倚	线性	稳定性	小样法

编制：　　　　　　　　　　　　　　　　　　　　审核：

（2）选择测试操作人员和分析人员

进行 MSA 分析时，测试操作人员和分析人员不能是同一个人。测试操作人员实施测量并读数；分析人员做记录并完成随后的分析工作。企业应优先选择通常情况下实际使用所

选定的量具实施测试的操作工/检验员作为测试操作人员，以确保测试方法和测试结果与日后的正式生产或过程更改的实际情况相符；应选择熟悉测试和 MSA 分析方法的人员作为分析人员。

（3）选择分析用样品

样品必须从实际生产或检验过程中选择，并应尽可能代表实际生产存在的所有产品变差（可根据生产特点在一天或几天内生产出的产品中抽取）。如果一个量具适用于多个规格产品的尺寸/特性测量，在进行该量具的 MSA 分析时，应选择其中一个过程变差最小的规格产品作为样品，以避免因过大的零件变差造成分析结果的不准确。同时要注意给每个样品编号并加上标签，但要避免测试操作人员事先知道编号，以确保按随机顺序测量。取样时还应考虑以下因素，具体内容如图 7-27 所示。

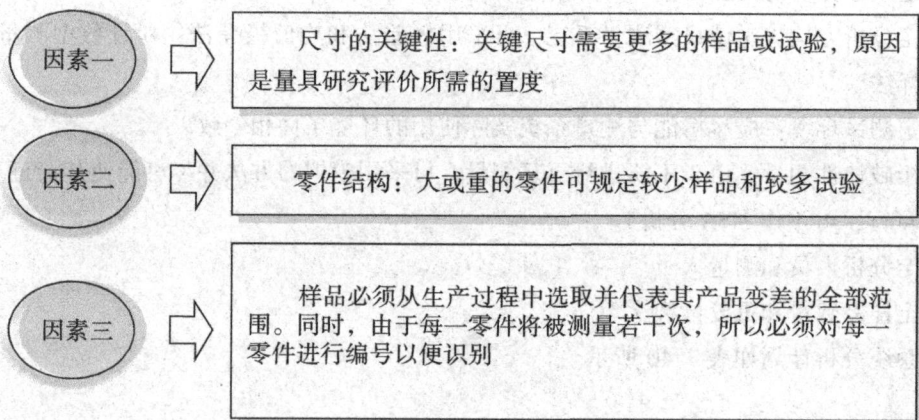

图 7-27　取样时应考虑的三大因素

另外，取样一定要具有代表性，具体如图 7-28 所示。

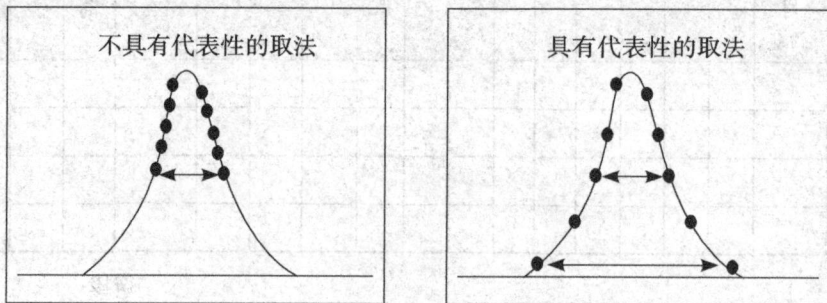

图 7-28　取样要有代表性

（4）量具准备

应针对具体尺寸/特性选择有关作业指导书指定的量具，如作业指导书未明确规定某种编号的量具，则应根据实际情况选择现场使用的一个或多个量具，并确保要分析的量具是经校准合格的。

（5）执行测量

测量时应随机测量样品。分析人不应知道正在检查零件的编号，以避免可能的偏倚。但是操作人应知道正在检查哪一个零件，并记下数据。

在设备读数时，读数应估计到可得到的最接近的数字。如果可能，读数应取至最小刻度的一半。例如，如果最小刻度为0.0001，则每个读数的估计应调整为0.00005。

（6）进行结果分析

分析人员对测量的结果进行分析，并对测量系统是否可接受予以判断。

博世公司（ROBERT BOSCH）

BOSCH
Tecnologia per la vita

成立年份（Founded Year）：1886年

总部（Headquarters）：德国斯图加特

主营业务（Main Business）：精密机械、电气工程

发展历程（Development Process）：博世公司成立之初就将定位为"精密机械及电气工程的工厂"，早在1895年，博世公司获得斯图加特的许可，开始在斯图加特电气厂的指导下生产家用电器。在1933年的莱比锡春季博览会上，博世公司第一台带压缩机的冰箱的成功亮相，令冰箱业同行大为惊讶，从此博世迈开了进军家电市场的第一步，之后更多的博世家电产品多点开花，渐渐在炉灶、洗碗机、洗衣机以及电动厨房多用机领域享有盛名。如今，博世公司是德国最大的工业企业之一，是欧洲家电市场占有率第一的领导品牌，员工人数超过23万人，遍布50多个国家。博世集团于1909年在中国开设了第一家贸易办事处，并于1926年在上海创建首家汽车售后服务车间。时至今日，博世集团的所有业务部门均已落户中国。

>>> 第八章

财务管理工具

财务管理是一种价值管理，渗透和贯穿于企业一切经济活动之中。企业的资金筹集、使用和分配，一切涉及资金的业务活动都属于财务管理的范围。企业的管理人员需要关注企业的财务状况，而要做到这一点，必须掌握一些财务管理方面的知识和管理工具，尤其是非财务管理系统的管理人员，更需要加以学习。

本章主要介绍了一些常用的财务管理工具，以供参考：

- 资产负债表　　　　·利润表　　　　　　·现金流量表
- 弹性预算法　　　　·零基预算法　　　　·杜邦分析法
- 沃尔评分法　　　　·因素分析法　　　　·比较分析法
- 企业安全率　　　　·信用 5C 分析法　　·雷达图分析法
- 杠杆收购法　　　　·价值分析　　　　　·ABC 成本法

工具 01　资产负债表

【工具定义】

资产负债表是指表示企业在一定日期（通常为各会计期末）的财务状况（即资产、负债和股东权益的状况）的主要会计报表。

【适用范围】

适用于资产负债表的编制与阅读。

【工具解析】

资产负债表利用会计平衡原则，将符合会计原则的资产、负债、股东权益项目分为"资产"和"负债及股东权益"两大区块，在经过编制会计分录、转账、登记分类账、试算平衡、调整等会计程序后，以特定日期的静态企业情况为基准，浓缩成一张报表。其报表功用除了企业内部除错、明确经营方向、防止弊端外，也可让所有阅读者在最短时间内了解企业的经营状况。

1. 资产负债表的作用

资产负债表向人们揭示了企业拥有或控制的能用货币表现的经济资源，即资产的总规模及具体的分布形态。由于不同形态的资产对企业的经营活动有不同的影响，因而对企业资产结构的分析可以对企业的资产质量作出一定的判断。

把流动资产（一年内可以或准备转化为现金的资产）、速动资产（流动资产中变现能力较强的货币资金、债权、短期投资等）与流动负债（一年内应清偿的债务责任）联系起来分析，可以评价企业的短期偿债能力。这种能力对企业的短期债权人尤为重要。

通过对企业债务规模、债务结构及与所有者权益的对比，可以对企业的长期偿债能力及举债能力（潜力）作出评价。一般而言，企业的所有者权益占负债与所有者权益的比重越大，企业清偿长期债务的能力越强，企业进一步举借债务的潜力也就越大。

通过对企业不同时点资产负债表的比较，可以对企业财务状况的发展趋势作出判断。可以肯定的说，企业某一特定日期（时点）的资产负债表对信息使用者的作用极其有限。只有把不同时点的资产负债表结合起来分析，才能把握企业财务状况的发展趋势。同样，将不同企业同一时点的资产负债表进行对比，还可对不同企业的相对财务状况作出评价。

通过对"资产负债表"与"利润表"有关项目的比较，可以对企业各种资源的利用情况作出评价。如可以考察资产利润率、运用资本报酬率、存货周转率、债权周转率等。

2. 资产负债表的内容

资产负债表是根据资产、负债、所有者权益（或股东权益，下同）之间的关系，按照一定的分类标准和顺序，把企业一定日期的资产、负债和所有者权益各项目予以适当排列。它反映的是企业资产、负债、所有者权益的总体规模和结构，即资产有多少；资产中，流动资产、固定资产各有多少；流动资产中，货币资金有多少、应收账款有多少、存货有多少等。所有者权益有多少；所有者权益中，实收资本（或股本，下同）有多少、资本公积有多少、盈余公积有多少、未分配利润有多少等。

在资产负债表中，企业通常按资产、负债、所有者权益分类分项反映，即资产按流动性大小进行列示，具体分为流动资产、长期投资、固定资产、无形资产及其他资产；负债也按流动性大小进行列示，具体分为流动负债、长期负债等；所有者权益则按实收资本、资本公积、盈余公积、未分配利润等项目分项列示。

3. 资产负债表的基本结构

资产负债表的基本结构一般是按各种资产变现时间长短逐一列在表的左方，反映企业所有的各项财产、物资、债权和权利；所有的负债和股东权益则逐一列在表的右方。负债一般列于右上方，分别反映各种长期和短期负债的项目；股东权益列在右下方，反映股东的资本和盈余。资产负债表的基本结构如表 8-1 所示。

表 8-1　资产负债表

编制单位：　　　　　　　　　　　____年__月__日　　　　　　　　　　　　单位：元

资产	期末余额	年初余额	负债和所有者权益 （或股东权益）	期末余额	年初余额
流动资产：			流动负债：		
货币资金			短期借款		

（续表）

资产	期末余额	年初余额	负债和所有者权益（或股东权益）	期末余额	年初余额
交易性金融资产			交易性金融负债		
应收票据			应付票据		
应收账款			应付账款		
预付账款			预收账款		
应收利息			应付职工薪酬		
应收股利			应交税费		
其他应收款			应付利息		
存货			应付股利		
一年内到期的非流动资产			其他应付款		
其他流动资产			一年内到期的非流动负债		
流动资产合计			其他流动负债		
非流动资产：			流动负债合计		
可供出售金融资产			非流动负债：		
持有至到期投资			长期借款		
长期应收款			应付债券		
长期股权投资			长期应付款		
投资性房地产			专项应付款		
固定资产			预计负责		
在建工程			递延所得税负责		
工程物资			其他非流动负债		
固定资产清理			非流动负债合计		
生产性生物资产			负债合计		
油气资产			所有者权益（或股东权益）：		
无形资产			实收资本（或股本）		
开发支出			资本公积		
商誉			减：库存股		
长期待摊费用			盈余公积		

（续表）

资产	期末余额	年初余额	负债和所有者权益 （或股东权益）	期末余额	年初余额
递延所得税资产			未分配利润		
其他非流动资产			所有者权益（或 股东权益）合计		
非流动资产合计					
资产合计			负债和所有者权益 （或股东权益）合计		

　　资产负债表必须定期对外公布，报送给外部与企业有经济利害关系的各个企业（包括股票持有者，长、短期债权人，政府有关机构）。当资产负债表列有上期期末数时，称为"比较资产负债表"，它通过前后期资产负债的比较，可以反映企业财务变动状况。根据与股权有密切联系的几个独立企业的资产负债表汇总编制的资产负债表称为"合并资产负债表"，它可以综合反映本企业以及与其股权上有联系的企业的全部财务状况。

　　4. 资产负债表各项目的填列

　　年初数字的填列报表中的"年初数"栏内的各项数字根据上年末资产负债表"期末数"栏内所列数字填列。如果本年度资产负债表各个项目的名称和内容同上年度不一致，则应对上年末资产负债表各项目的名称和数字按照本年度的内容进行调整，填入报表中的"年初数"栏内。报表其他各项目的内容和填列方法如表8-2所示。

表8-2　报表其他各项目的内容和填列方法

大类	细类	各项目反映的内容
资产类	流动资产	（1）"货币资金"项目。反映企业库存现金、银行结算户存款、外埠存款、银行汇票存款、银行本票存款、信用卡存款、信用证保证金存款等的合计数 （2）"交易性金融资产"项目。反映企业为了交易目的而购入的股票、债券、基金、权证等投资的公允价值 （3）"应收票据"项目。反映企业收到的未到期也未向银行贴现的商业汇票，包括商业承兑汇票和银行承兑汇票 （4）"应收股利"项目。反映企业因股权投资而应收取的现金股利，以及企业应收其他单位的利润 （5）"应收利息"项目。反映企业因债权投资而应收取的利息，企业购入到期还本付息债券应收的利息，不包括在本项目内

（续表）

大类	细类	各项目反映的内容
资产类	流动资产	（6）"应收账款"项目。反映企业因销售商品、产品和提供劳务等而应向购买单位收取的各种款项 （7）"其他应收款"项目。反映企业对其他单位和个人的应收和暂付的款项 （8）"预付账款"项目。反映企业预付给供应单位的款项 （9）"存货"项目。反映企业期末在库、在途和在加工中的各项存货的可变现净值，包括各种材料、商品、在制品、半成品、包装物、低值易耗品、发出商品等 （10）"其他流动资产"项目。反映企业除以上流动资产项目外的其他流动资产
资产类	非流动资产	（1）"长期股权投资"项目。反映企业不准备在 1 年内（含 1 年）变现的各种股权性质的投资的可收回金额 （2）"持有至到期投资"项目。反映企业不准备在 1 年内（含 1 年）变现的各种债权性质的投资的可收回金额 （3）"固定资产"项目。反映企业各种固定资产的净值 （4）"工程物资"项目。反映企业各项工程尚未使用的工程物资的实际成本 （5）"在建工程"项目。反映企业期末各项未完工程的实际支出，包括交付安装的设备价值，未完建筑安装工程已经耗用的材料、工资和费用支出，预付出包工程的价款，已经建筑安装完毕但尚未交付使用的工程等的可收回金额 （6）"固定资产清理"项目。反映企业因出售、毁损、报废等原因转入清理但尚未清理完毕的固定资产的账面价值，以及固定资产清理过程中所发生的清理费用和变价收入等各项金额的差额 （7）"无形资产"项目。反映企业各项无形资产的净额 （8）"长期待摊费用"项目。反映企业尚未摊销的摊销期限在 1 年以上的各种费用，如租入固定资产改良支出、修理支出以及摊销期限在 1 年以上的其他待摊费用 （9）"其他长期资产"项目。反映企业除以上资产以外的其他长期资产

（续表）

大类	细类	各项目反映的内容
负债和所有者权益	流动负债	（1）"短期借款"项目。反映企业借入尚未归还的 1 年期以下（含 1 年）的借款 （2）"应付票据"项目。反映企业为了支付货款等而开出的尚未到期付款的商业汇票。包括银行承兑汇票和商业承兑汇票 （3）"应付账款"项目。反映企业购买原材料、商品和接受劳务供应等而应付的款项 （4）"预收账款"项目。反映企业预收购买单位的货款 （5）"应付职工薪酬"项目。反映企业应付但未付的职工工资、福利费等 （6）"应交税费"项目。反映企业期末未交、多交或未抵扣的各种税费 （7）"其他应付款"项目。反映企业所有应付和暂收其他单位和个人的款项
	非流动负债	（1）"长期借款"项目。反映企业借入尚未归还的 1 年期以上（不含 1 年）的借款本息 （2）"应付债券"项目。反映企业发行的尚未偿还的各种长期债券的本息 （3）"长期应付款"项目。反映企业除长期借款和应付债券以外的其他各种长期应付款 （4）"其他长期负债"项目。反映企业除以上长期负债项目以外的其他长期负债 （5）"专项应付款"项目。反映政府给企业拨入的具有特定用途的款项
	所有者权益	（1）"实收资本"项目。反映企业各投资者实际投入的资本（或实收资本）总额 （2）"资本公积"项目。反映企业资本公积的期末余额 （3）"盈余公积"项目。反映企业盈余公积的期末余额 （4）"未分配利润"项目。反映企业尚未分配的利润

5. 资产负债表的阅读要点

（1）初步浏览资产负债表的主要内容

通过初步浏览资产负债表，可以对企业的资产、负债及股东权益的总额及其内部各项目的构成和增减变化有一个初步的认识。企业总资产在一定程度上反映了企业的经营规模，而它的增减变化与企业负债和股东权益的变化有极大的关系，当企业股东权益的增长幅度高于资产总额的增长时，说明企业的资金实力有了相对的提高；反之则说明企业规模扩大的主要原因是来

自于负债的大规模上升，进而说明企业的资金实力在相对降低、偿还债务的安全性也在下降。

（2）对有变动的项目进行进一步的分析

对资产负债表的一些重要项目，尤其是期初与期末数据变化很大，或出现大额红字的项目进行进一步的分析，如流动资产、流动负债、固定资产、有代价或有息的负债（如短期借款、长期借款、应付票据等）、应收账款、货币资金以及股东权益中的具体项目等。例如，企业应收账款占总资产的比重过高，说明该企业资金被占用的情况较为严重，而其增长速度过快，说明该企业可能因产品的市场竞争能力较弱或受经济环境的影响，企业结算工作的质量有所降低。

此外，还应对报表附注说明中的应收账款账龄进行分析。应收账款的账龄越长，其收回的可能性就越小。如果企业年初及年末的负债较多，说明企业每股的利息负担较重，但如果企业在这种情况下仍然有较好的盈利水平，说明企业产品的获利能力、经营能力较强，管理者经营的风险意识较强，魄力较大。

（3）对一些基本财务指标进行计算

计算财务指标的数据来源主要有以下几个方面：直接从资产负债表中取得，如净资产比率；直接从利润及利润分配表中取得，如销售利润率；同时来源于资产负债表利润及利润分配表，如应收账款周转率；部分来源于企业的账簿记录，如利息支付能力。

在此主要介绍第一种情况中几项主要财务指标的计算及其意义，具体内容如表8-3所示。

表8-3　几项主要财务指标的计算及其意义

类别	主要指标及计算公式	说明
反映企业财务结构是否合理的指标	净资产比率＝股东权益总额÷总资产	该指标主要用来反映企业的资金实力和偿债安全性。净资产比率的高低与企业资金实力成正比，但该比率过高，则说明企业财务结构不尽合理。该指标一般应在50%左右，但对于一些特大型企业而言，该指标的参照标准应有所降低
	固定资产净值率＝固定资产净值÷固定资产原值	该指标反映的是企业固定资产的新旧程度和生产能力，一般该指标超过75%为宜。该指标对于工业企业生产能力的评价有着重要的意义
	资本化比率＝长期负债÷（长期负债＋股东权益）	该指标主要用来反映企业需要偿还的及有息长期负债占整个长期营运资金的比重，因而该指标不宜过高，一般应在20%以下

（续表）

类别	主要指标及计算公式	说明
反映企业偿还债务安全性及偿债能力的指标	流动比率＝流动资产÷流动负债	该指标主要用来反映企业偿还债务的能力。一般而言，该指标应保持在2∶1的水平。过高的流动比率说明企业财务结构不尽合理，它有可能是： （1）企业某些环节的管理较为薄弱，从而导致企业在应收账款或存货等方面有较高的水平 （2）企业可能因经营意识较为保守而不愿扩大负债经营的规模 （3）股份制企业在以发行股票、增资配股或举借长期借款、债券等方式筹得的资金后尚未充分投入营运等。但就总体而言，过高的流动比率主要反映了企业的资金没有得到充分利用；而该比率过低，则说明企业偿债的安全性较弱。速动比率＝（流动资产−存货−预付费用−待摊费用）÷流动负债。由于在企业流动资产中包含了一部分变现能力（流动性）很弱的存货及待摊或预付费用，为了进一步反映企业偿还短期债务的能力，人们通常用这个比率来予以测试。在通常情况下，该比率应以1∶1为宜，但在实际工作中，该比率（包括流动比率）的评价标准还须根据行业特点来判定，不能一概而论
反映股东对企业净资产所拥有的权益的指标	每股净资产＝股东权益总额÷股本总额	每股净资产指标说明股东所持的每一份股票在企业中所具有的价值，即所代表的净资产价值。该指标可以用来判断股票市价的合理与否。一般来说，该指标越高，每一股股票所代表的价值就越高，但是这应该与企业的经营业绩相区分，因为每股净资产比重较高可能是由于企业在股票发行时取得较高的溢价所致

（4）对企业的财务结构、偿债能力等方面进行综合评价

在以上工作的基础上，应对企业的财务结构、偿债能力等方面进行综合评价。需要注意的是，由于上述这些指标是单一的、片面的，因此，就需要阅读者能够以综合、联系的眼光进行分析和评价，因为反映企业财务结构指标的高低往往与企业的偿债能力相矛盾。如果企业净资产比率很高，就说明其偿还期债务的安全性较好，但同时也反映出其财务结构不尽合理。

工具 02　利润表

【工具定义】

利润表是反映企业在一定时期（月份、季度、年度）经营成果的会计报表。它是依据"收入–费用=利润"的关系，按照其重要性，将收入、费用和利润项目依次排列，并根据会计账簿日常记录的大量数据累计整理后编制而成，是一种动态报表。

【适用范围】

适用于了解企业的经营成果。

【工具解析】

1. 利润表分析的目的

利润表分析是分析企业如何组织收入、控制成本等费用支出实现盈利的能力，评价企业的经营成果。同时还可以通过收支结构和业务结构分析，分析与评价各专业业绩成长对公司总体效益的贡献，以及不同分公司经营成果对公司总体盈利水平的贡献。利润表分析的目的如下所示。

（1）评价企业各方面的经营业绩。

（2）发现企业经营管理过程中存在的问题。

（3）为投资者、债权人的投资与信贷决策提供正确信息。

2. 利润表分析的内容

利润表分析的内容如图 8-1 所示。

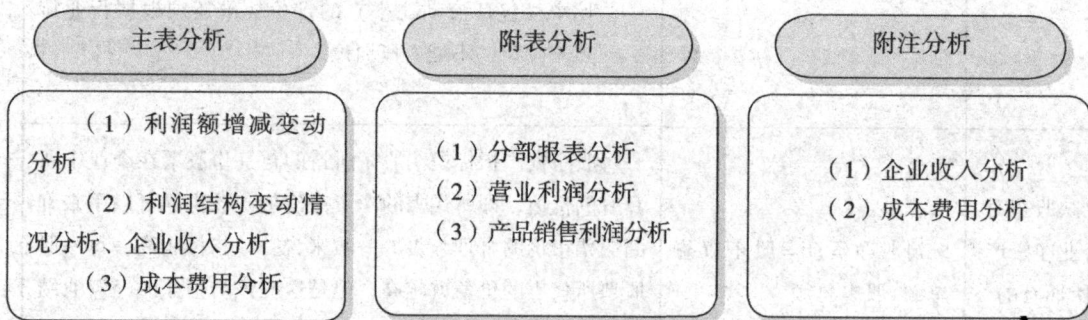

主表分析	附表分析	附注分析
（1）利润额增减变动分析 （2）利润结构变动情况分析、企业收入分析 （3）成本费用分析	（1）分部报表分析 （2）营业利润分析 （3）产品销售利润分析	（1）企业收入分析 （2）成本费用分析

图 8-1　利润表分析的内容

3. 利润表的格式

利润表（见表 8-4）一般有表首、正表两部分。其中，表首用于说明报表的编制部门、编制日期、报表编号、货币名称、计量单位等；正表是利润表的主体，反映形成经营成果的各个项目和计算过程，所以，曾经将这张表称为损益计算书。

表 8-4　利润表

编制单位：　　　　　　　　　　　　　　　　___年__月　　　　　　　　　　　　　　　单位：元

项目	行业	本月数	本年累计数
一、主营业务收入			
减：营业收入			
营业税金及附加			
销售费用			
管理费用			
财务费用			
资产减值损失			
加：公允价值变动收益（损失"-"填列）			
投资收益（损失"-"填列）			
其中：对联营企业和合营企业的投资收益			
二、营业利润（损失"-"填列）			
加：营业外收入			
减：营业外支出			
其中：非流动资产处置损失			
三、利润总额（亏损总额以"-"填列）			
减：所得税费用			
四、净利润			

4. 利润表的分析

（1）利润结构与利润质量分析

利润结构可以从三个方面来分析，即收支结构、业务结构和主要项目结构。通过对利润结构的分析，可以判断利润的质量，进而为预测未来的获利能力提供依据。

①收支结构分析

收支结构有以下两个层次。

第一个层次是总收入与总支出的差额及比例，按照"收入-支出＝利润"来构建、分析。利润与收入（或成本）的比值越高，利润质量就越高，企业抗风险的能力也越强。

第二个层次是总收入和总支出各自的内部构成。显然，企业应以主营业务收入为主，而其他业务收入上升可能预示企业新的经营方向；营业外收入为偶然的、不稳定的收入；靠反常压

缩酌量性成本、少提减值准备获得的利润是暂时的、低质量的利润。

②业务结构分析

利润的业务结构是指各种性质的业务所形成的利润占利润总额的比重。利润总额由营业利润、投资收益、营业外净收入构成；营业利润由主营业务利润和其他业务利润构成。

对于生产经营企业，应以营业利润为主，主营业务利润的下降可能预示危机；其他业务利润、投资收益的上升可能预示新的利润点的出现；高额的营业外净收入只不过是昙花一现甚至可能是造假。

③主要项目结构分析

利润的主要项目是指为企业作主要贡献的各种商品、产品或服务项目，主要项目结构也可以看作是业务结构的第二层次。通过主要项目结构分析，可以进一步揭示企业的市场竞争力和获利水平变化的原因。企业主要项目分散甚至难以发现主要项目说明企业已经陷入了困境。

分析为企业作主要贡献的产品或服务项目所处的生命周期阶段极其市场竞争力可以反映企业的利润质量。

（2）评价企业获利能力的财务比率指标

获利能力是指企业运用其所支配的经济资源开展经营活动，从中赚取利润的能力。获利能力分析是财务报表分析的核心。获利能力的强弱直接关系到投资者的收益、债权人的风险、政府的财政收入和员工的切身利益。

分析评价企业的获利能力可以从两个方面进行，即经营业绩分析和投资回报分析，前者可以直接从利润表中提取数据；后者则还需从资产负债表中提取数据。

①经营业绩分析

经营业绩是指实现单位销售收入或消耗单位资金取得的利润。经营业绩比率经常把利润表各个项目同销售收入联系在一起，其主要指标有毛利率、主营业务利润率、税前利润率和净利润率、成本费用利润率，具体内容如表8-5所示。

表8-5　经营业绩分析的主要指标

序号	主要指标	计算公式	说明
1	主营业务利润率、毛利率	主营业务利润率是评价企业经营收益的主要指标，计算公式：主营业务利润率＝主营业务利润÷主营业务收入	主营业务利润率体现了企业经营活动最基本的获利能力。没有足够大的主营业务利润就无法形成企业的最终利润。主营业务利润率高，说明企业产品定价科学、营销策略得当、成本控制良好、产品附加值高、市场竞争力强、发展潜力大

（续表）

序号	主要指标	计算公式	说明
2	营业利润率	营业利润率是指营业利润与全部业务收入的比值，其计算公式：营业利润率＝营业利润÷（主营业务收入+其他业务收入）	若其他业务收入未知，便只用主营业务收入作分母；有时分子也可取营业利润与利息费用之和，以排除财务条件的影响。作为考核企业获利能力的指标，营业利润率比主营业务利润率（毛利率）更全面，它考核了全部经营业务的获利能力，还将期间费用纳入支出项目从收入中扣减
3	税前利润率和净利润率	（1）税前利润率是指企业实现的利润总额与营业收入的比率，其计算公式：税前利润率＝利润总额÷营业收入净额 （2）净利润率＝利润总额÷营业收入净额	（1）税前利润率低，表明企业未能创造出足够多的营业收入或者未能控制好成本费用，或者两方面兼有 （2）由于利润中包含营业外收支项目，而这些项目又不经常发生，即便发生也不能反映企业的经营实力。因此，当营业外净收入较显著时，就需要从利润中将其排除。此外，还应关注一些特殊的利润或损失，例如，财产的没收、处罚损失；某种外币的严重贬值；一家分厂或一个营业部门的分立或出售；自然灾害造成的损失；新发布法令所禁止的业务；本期发生的非常事件而对商誉作了注销等
4	成本费用利润率	成本费用利润率是指企业一定时期的利润总额同成本费用的比值，其计算公式：成本费用利润率＝利润总额÷成本费用总额	成本费用利润率从耗费角度说明了企业的获利能力，表示企业为取得利润而付出的代价。该指标越高，表明企业为取得利润所付出的代价越小，企业成本费用控制得越好，企业的获利能力越强

②投资报酬比率分析

分析收益与投入资本之间的比率是十分必要的，很明显，100万元的利润在企业投入资本分别为500万元和5亿元时，评价是迥然不同的。投资报酬比率是企业的投资者、债权人、经营者等有关各方广泛认同的业绩评价指标。投资报酬比率依据下列公式计算：

投资报酬比率＝收益÷投入资本

当然，分析的角度不同，对投入资本的控制及其内涵的理解也有所不同，与投入资本相对应的收益的内涵也会有所不同，因此有多种多样的投资报酬比率。净资产收益率和总资产报酬率是最重要的投资报酬比率指标，具体内容如表8-6所示。

表8-6 投资报酬比率的分析指标

序号	主要指标	计算公式	说明
1	总资产报酬率	总资产报酬率是指企业在一定时期内获得的报酬与平均资产总额的比值，其计算公式： (1) 总资产报酬率=息税前利润总额÷平均资产总额 (2) 总资产报酬率=［净利润+利息支出×（1-所得税税率）］÷平均总资产	(1) 通过对该指标的深入分析，可以增强各方面对企业资产经营状况的关注，促进企业提高资产利用效益。该指标越高，表明企业投入产出的水平越好，企业的全部资产的运营效益越高 (2) 一般情况下，企业可据此指标与市场资本利率进行比较。如果该指标大于市场利率，则表明企业可以充分利用财务杠杆进行负债经营，获取尽可能多的收益 (3) 实际上，并非全部资产都是企业的营业资产，不同项目的资产，其获利能力也存在差异。因此，要提高总资产报酬率，不仅要提高生产经营获利水平，还必须保持适宜的资产结构
2	净资产收益率	净资产收益率是指企业在一定时期内的净利润同平均净资产的比值。净资产的数额就等于所有者权益，因此该指标也称为所有者权益报酬率，其计算公式：净资产收益率=净利润÷平均净资产	净资产收益率充分体现了投资者投入的资本获取收益的能力，是评价企业自有资本及其积累获取报酬水平最具综合性与代表性的指标，充分反映了企业资本运营的综合效益。该指标通用性强、适应范围广，不受行业局限，是国际上各企业进行综合评价时使用率非常高的一个指标

工具 03 现金流量表

【工具定义】

现金流量表是反映企业在一定会计期间（一般为一个月、一个季度、一年）现金流入和流出情况的财务报告。这份报告显示了资产负债表和利润表对企业现金和现金等价物的影响，并从经营、投资和融资的角度对企业的经营状况做出分析。

【适用范围】

适用于了解企业现金的流入和流出状况。

【工具解析】

现金流量表作为一个分析工具,其主要作用是决定企业短期生存能力,特别是缴付账单的能力。

1. 现金流量表的组成

现金流量表主要由三部分组成,分别是经营活动产生的现金流量、投资活动产生的现金流量和筹资活动产生的现金流量。每一种活动产生的现金流量又分别揭示流入、流出总额,使会计信息更具明晰性和有效性。

(1)经营活动产生的现金流量

企业经营活动产生的现金流量包括购销商品、提供和接受劳务、经营性租赁、交纳税款、支付劳动报酬、支付经营费用等活动形成的现金流入和流出。在权责发生制下,这些流入或流出的现金,其对应收入和费用的归属期不一定是本会计年度,但是一定是在本会计年度收到或付出。例如收回以前年度销货款,预收以后年度销货款等。企业的盈利能力是其营销能力、收现能力、成本控制能力、回避风险能力等相结合的综合体。由于商业信用的大量存在,营业收入与现金流入可能存在较大差异,能否真正实现收益,还取决于企业的收现能力。了解经营活动产生的现金流量,有助于分析企业的收现能力,从而全面评价其经济活动的成效。

(2)筹资活动产生的现金流量

筹资活动产生的现金流量包括吸收投资、发行股票、分配利润、发行债券、向银行贷款、偿还债务等收到和付出的现金。其中,"偿还利息所支付的现金"项目反映企业用现金支付的全部借款利息、债券利息,而不管借款的用途如何,利息的开支渠道如何,该项目不仅包括计入损益的利息支出,还包括计入在建工程的利息支出。因此,该项目比利润表中的财务费用更能全面地反映企业偿付利息的负担。

(3)投资活动产生的现金流量

投资活动产生的现金流量主要包括购进和处置固定资产、无形资产等长期资产,以及取得和收回不包括在现金等价物范围内的各种股权与债权投资等收到和付出的现金。其中,分得股利或利润、取得债券利息收入而流入的现金,是以实际收到为准,而不是以权益归属或取得收款权为准的。现金流量表如表8-7所示。

表8-7 现金流量表

编制单位:　　　　　___年__月__日 单位:元

项目	行次	金额
一、经营活动产生的现金流量		
销售商品、提供劳务收到的现金	1	
收到的税费返还	3	

（续表）

项目	行次	金额
收到的其他与经营活动有关的现金	8	
经营活动现金流入小计	9	
购买商品接受劳务支付的现金	10	
支付给职工以及为员工支付的现金	12	
支付的各项税费	13	
支付其他与经营活动有关的现金	18	
经营活动现金流出小计	20	
经营活动产生的现金流量净额	21	
二、投资活动产生的现金流量		
收回投资所收到的现金	22	
取得投资收益所收到的现金	23	
处置固定资产、无形资产和其他长期资产所收回的现金净额	25	
收到的其他与投资活动有关的现金	28	
投资活动现金流入小计	29	
购进固定资产、无形资产和其他长期资产所支付的现金	30	
投资所支付的现金	31	
支付其他与投资活动有关的现金	35	
投资活动现金流出小计	36	
投资活动产生的现金流量净额	37	
三、筹资活动产生的现金流量		
吸收投资所收到的现金	38	
取得借款所收到的现金	40	
收到的其他与筹资活动有关的现金	43	
筹资现金流入小计	44	
偿还债务所支付的现金	45	
分配股利、利润和偿付利息所支付的现金	46	
支付其他与筹资活动有关的现金	52	
筹资现金流出小计	53	

（续表）

项目	行次	金额
筹资活动产生的现金流量净额	54	
四、汇率变动对现金的影响	55	
五、现金及现金等价物净增加额	56	
补充资料		
1. 将净利润调节为经营活动现金流量		
净利润	57	
加：计提的资产减值准备	58	
固定资产折旧	59	
无形资产摊销	60	
长期待摊费用摊销	61	
待摊费用减少（减：增加）	64	
预提费用增加（减：减少）	65	
处置固定资产、无形资产和其他长期资产的损失（减：收益）	66	
固定资产报废损失	67	
财务费用	68	
投资损失（减：收益）	69	
递延税款贷项（减：借项）	70	
存货的减少（减：增加）	71	
经营性应收项目的减少（减：增加）	72	
经营性应付项目的增加（减：减少）	73	
其他	74	
经营活动产生的现金流量净额	75	
2. 不涉及现金收支的投资和筹资活动		
债务转为资本	76	
一年内到期的可转换公司债券	77	
融资租入固定资产	78	
3. 现金及现金等价物净变动情况		
现金的期末余额	79	

（续表）

项目	行次	金额
减：现金的期初余额	80	
加：现金等价物的期末余额	81	
减：现金等价物的期初余额	82	
现金及现金等价物净增加额	83	

2. 怎样利用现金流量表分析企业财务状况

（1）分析企业投资回报率

分析企业投资回报率的有关指标如表8-8所示。

表8-8　分析企业投资回报率的指标

指标	计算公式	说明
现金回收额（或剩余现金流量）	现金回收额（或剩余现金流量）＝经营活动现金净流量−偿付利息支付的现金	该指标相当于净利润指标，可用绝对数考核。分析时，应注意经营活动现金流量中是否有其他不正常的现金流入和流出。如果是企业或总公司对所属公司进行考核，可根据实际收到的现金进行考核。例如，现金回收额＝收到的现金股利或分得的利润＋收到的管理费用＋收到的折旧＋收到的资产使用费和场地使用费
现金回收率	现金回收率＝现金回收额÷投入资金或全部资金	现金回收额除以投入资金，相当于投资报酬率；如除以全部资金，则相当于资金报酬率

（2）分析企业短期偿债能力

分析企业短期偿债能力主要是看企业的实际现金与流动负债的比率。即期末现金和现金等价物余额÷流动负债。由于流动负债的还款到期日不一致，这一比率一般在0.5～1。

（3）分析经营活动现金净流量存在的问题

分析经营活动现金净流量存在的问题包括四个方面，具体内容如表8-9所示。

表8-9　分析经营活动现金净流量存在的问题

序号	分析的问题	说明
1	分析经营活动现金净流量是否正常	在正常情况下，经营活动现金净流量＞财务费用＋本期折旧＋无形资产递延资产摊销＋待摊费用摊销。计算结果如为负数，则表明该企业为亏损企业，经营的现金收入不能抵补有关支出

序号	分析的问题	说明
2	分析现金购销比率是否正常	现金购销比率=购买商品接受劳务支付的现金÷销售商品出售劳务收到的现金。在一般情况下，这一比率应接近于商品销售成本率。如果购销比率不正常，可能有两种情况：购进了呆滞积压商品；经营业务萎缩。这两种情况都会对企业产生不利影响
3	分析营业现金回笼率是否正常	营业现金回笼率=本期销售商品出售劳务收回的现金÷本期营业收入×100%。此项比率一般应在100%左右，如果低于95%，说明销售工作不正常；如果低于90%，说明可能存在比较严重的虚盈实亏现象
4	支付给员工的现金比率是否正常	支付给员工的现金比率=用于员工的各项现金支出÷销售商品出售劳务收回的现金。这一比率可以与企业过去的情况比较，也可以与同行业的情况比较，如比率过大，可能是人力资源浪费所致，劳动效率下降，或者是由于分配政策失控，员工收益分配的比例过大；如比率过小，说明员工的收益偏低

（4）分析企业固定付现费用的支付能力

固定付现费用支付能力比率=（经营活动现金注入-购买商品接受劳务支付的现金-支付各项税金的现金）÷各项固定付现费用。这一比率如小于1，说明经营资金日益减少，企业将面临生存危机。可能存在的问题是：经营萎缩，收入减少；资产负债率高，利息过大；投资失控，造成固定支出膨胀；企业富余人员过多，有关支出过大。

（5）分析企业资金来源比例和再投资能力

企业自有资金来源=经营活动现金净流量+吸收权益性投资收到的现金+投资收回的现金-分配股利或利润支付的现金-支付利息付出的现金

借入资金来源=发行债券收到的现金+各种借款收到的现金

借入资金来源比率=借入资金来源÷（自有资金来源+借入资金来源）×100%

自有投资资金来源比率=自有投资资金来源÷投资活动现金流出×100%。自有资金来源比率能够反映企业当年投资活动的现金流出中，有多少是自有的资金来源。在一般情况下，企业当年自有投资资金来源在50%以上，投资者和债权人会认为比较安全。

工具04　弹性预算法

【工具定义】

弹性预算是一种具有伸缩性的预算。弹性预算法是为克服固定预算的缺点而设计的，又称变动预算或滑动预算，是指在成本习性分析的基础上，以业务量、成本和利润之间有规律的依存关系为依据，按照预算期可预见的各种业务量水平，编制能够适应多种情况预算的方法。

【适用范围】

适用于编制全面预算中所有与业务量有关的各种预算。

【工具解析】

1. 弹性预算法的主要特点

（1）能够提供一系列生产经营业务量的预算数据，它是为一系列业务量水平而编制的，因此，当某一预算项目的实际业务量达到任何水平时（必须在选择的业务量范围之内）都有其适用的一套控制标准。

（2）由于预算是按各项成本的性态分别列示的，因而可以方便地计算出在任何实际业务量水平下的预测成本，从而为管理人员在事前严格控制费用开支提供方便，也有利于在事后细致分析各项费用节约或超支的原因，并及时解决问题。

2. 编制弹性预算的依据

编制弹性预算所依据的业务量可以是产量、销售量、直接人工工时、机器工时、材料消耗量和直接人工工资等。

3. 编制弹性预算的基本程序

以成本预算为例，编制弹性预算的基本程序如图 8-2 所示。

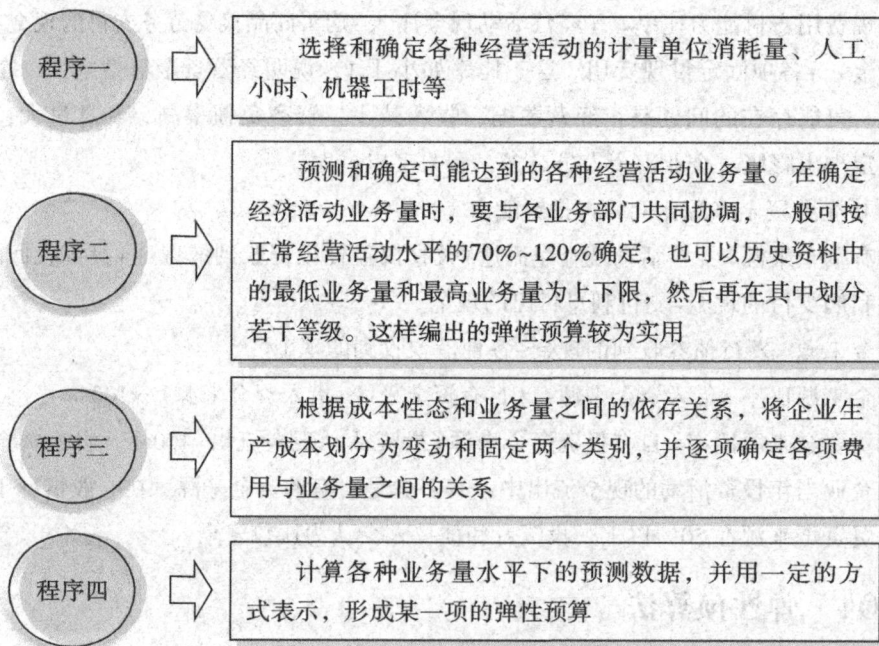

程序一	⇨	选择和确定各种经营活动的计量单位消耗量、人工小时、机器工时等
程序二	⇨	预测和确定可能达到的各种经营活动业务量。在确定经济活动业务量时，要与各业务部门共同协调，一般可按正常经营活动水平的70%~120%确定，也可以历史资料中的最低业务量和最高业务量为上下限，然后再在其中划分若干等级。这样编出的弹性预算较为实用
程序三	⇨	根据成本性态和业务量之间的依存关系，将企业生产成本划分为变动和固定两个类别，并逐项确定各项费用与业务量之间的关系
程序四	⇨	计算各种业务量水平下的预测数据，并用一定的方式表示，形成某一项的弹性预算

图 8-2　编制弹性预算的基本程序

4. 编制弹性预算的具体方法

（1）公式法

公式法是指运用总成本性态模型测算预算期的成本费用数额，并编制成本费用预算的方法。根据成本性态，成本与业务量之间的数量关系可用下列公式表示：

$$y=a+bx$$

其中，y 表示某项预算成本总额；a 表示该项成本中的预算固定成本额；b 表示该项成本中的预算单位变动成本额；x 表示预计业务量。公式法的优缺点如表 8-10 所示。

表 8-10　公式法的优缺点

优点	缺点
便于计算任何业务量的预算成本	阶梯成本和曲线成本用数学方法修正为直线成本后才能应用公式法。必要时，还需在"备注"中说明适用不同业务量范围的固定费用和单位变动费用

（2）列表法

列表法是指在预计的业务量范围内将业务量分为若干等级，然后按不同的业务量等级编制预算。应用列表法编制预算时，首先要在确定的业务量范围内划分出若干个等级，然后分别计算各项预算值，并汇总列入一个预算表格。

列表法的优缺点如表 8-11 所示。

表 8-11　列表法的优缺点

优点	缺点
不管实际业务量是多少，不必经过计算即可找到与业务量相近的预算成本；混合成本中的阶梯成本和曲线成本，可按总成本性态模型计算数据填列，不必用数学方法修正为近似的直线成本	在评价和考核实际成本时，往往需要使用插补法来计算"实际业务量的预算成本"，比较麻烦

※**实例说明**

某企业生产丙产品，预计单位变动成本 500 元，其中直接材料成本 310 元，直接人工成本 60 元，单位变动制造成本 40 元，预计固定制造费用总额 11.6 万元。根据上述资料，按弹性预算法可编制不同业务量水平下的成本预算，具体如下表所示。

弹性成本预算表

业务量（台） 成本项目	800	900	1000	1100
直接材料	248 000	279 000	310 000	341 000

（续表）

业务量（台） 成本项目	800	900	1 000	1 100
直接人工	48 000	54 000	60 000	66 000
变动制造费用	32 000	36 000	40 000	44 000
固定制造费用	116 000	116 000	116 000	116 000
预算总成本	444 000	485 000	526 000	567 000

上表用列表法来说明弹性成本预算的编制过程。此例的业务量使用范围为800～1 100台，如生产量在这一业务量范围内，固定成本相对不变，而变动成本与业务量成比例变动。表中的1 000台生产量水平为正常活动能力水平。

工具05　零基预算法

【工具定义】

零基预算法（Zero-base budgeting，简称ZBB）又称零底预算，其全称为"以零为基础编制计划和预算的方法"，简称零基预算，最初是由德州仪器公司开发的。零基预算法是指在编制预算时，不以以前财政年度的预算项目和预算支出数为依据，而是以预算财政年度的实际公共支出需求和与公共财力为基础，逐项审议各预算支出项目是否必要，各项开支标准是否合理，在综合平衡的基础上编制预算的一种方法。

【适用范围】

适用于企业的财务预算编制工作。

【工具解析】

1. 零基预算的基本特征

零基预算的基本特征是不受以往预算安排和预算执行情况的影响，一切预算收支都建立在成本效益分析的基础上，根据需要和可能来编制预算。

2. 零基预算的基本做法

（1）要掌握准确的信息资料，对企业的人员编制、人员结构、工资水平以及工作性质、设备配备所需资金规模等都要了解清楚，并在日常工作中建立企业信息数据库，非经法定程序，不得随意变动。

（2）要确定各项开支定额，这是编制零基预算的基本要求。

（3）要根据部门的需求和客观实际情况，对各个预算项目进行逐个分析，按照效益原则，分清轻重缓急，确定预算支出项目和数额。

3. 零基预算实施的基本原则

（1）确定任务中心和成本，划分基层预算单位。

（2）对基层预算单位的业务活动提出计划，说明每项活动计划的目的性及需要开支的费用。

（3）由基层预算单位对本身的业务活动作具体分析，并认真提出业务方案。

（4）对每项业务活动计划进行"费用/效益"分析，权衡得失，排出优先顺序，并把它们分成等级。

（5）根据经营的客观需要与一定期间内资金供应的实际可能，判定纳入预算中费用项目可以达到的等级，并对已确定可纳入预算中的费用项目进行加工、汇总，形成综合性费用预算。

4. 零基预算法的步骤

零基预算编制的步骤如图 8-3 所示。

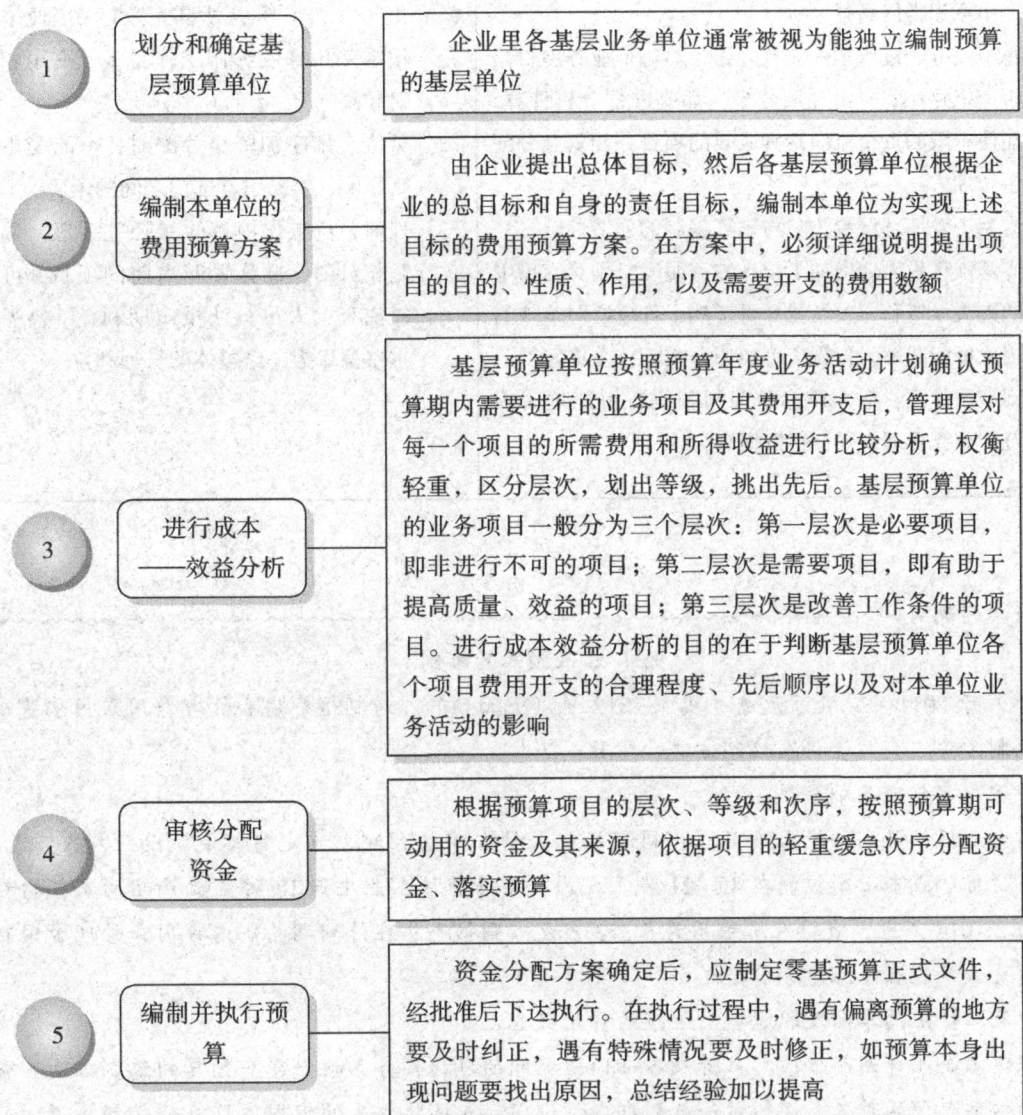

1	划分和确定基层预算单位	企业里各基层业务单位通常被视为能独立编制预算的基层单位
2	编制本单位的费用预算方案	由企业提出总体目标，然后各基层预算单位根据企业的总目标和自身的责任目标，编制本单位为实现上述目标的费用预算方案。在方案中，必须详细说明提出项目的目的、性质、作用，以及需要开支的费用数额
3	进行成本——效益分析	基层预算单位按照预算年度业务活动计划确认预算期内需要进行的业务项目及其费用开支后，管理层对每一个项目的所需费用和所得收益进行比较分析，权衡轻重，区分层次，划出等级，挑出先后。基层预算单位的业务项目一般分为三个层次：第一层次是必要项目，即非进行不可的项目；第二层次是需要项目，即有助于提高质量、效益的项目；第三层次是改善工作条件的项目。进行成本效益分析的目的在于判断基层预算单位各个项目费用开支的合理程度、先后顺序以及对本单位业务活动的影响
4	审核分配资金	根据预算项目的层次、等级和次序，按照预算期可动用的资金及其来源，依据项目的轻重缓急次序分配资金、落实预算
5	编制并执行预算	资金分配方案确定后，应制定零基预算正式文件，经批准后下达执行。在执行过程中，遇有偏离预算的地方要及时纠正，遇有特殊情况要及时修正，如预算本身出现问题要找出原因，总结经验加以提高

图 8-3　零基预算编制的步骤

5. 零基预算的优缺点

零基预算的优缺点如表8-12所示。

表8-12　零基预算的优缺点

优点	缺点
(1) 全体员工参与预算编制，从投入阶段便减少浪费，通过成本—效益分析，提高生产水平，从而使投入产出意识得以增强 (2) 每项业务经过成本—效益分析，对每个业务项目是否应该存在、支出金额若干，都要进行分析计算，能使有限的资金流向富有成效的项目，使资金分配更合理 (3) 有利于发挥基层单位参与预算编制的创造性 (4) 零基预算极大地增加了预算的透明度，预算支出中的人头经费和专项经费一目了然，各级之间争吵的现象可能缓解，预算会更加切合实际，会更好得起到控制作用，整个预算的编制和执行也能逐步规范，预算管理水平会得以提高	(1) 由于一切工作从"零"做起，因此采用零基预算法编制工作量大、费用相对较高 (2) 分层、排序和资金分配时，可能受主观影响，容易引起部门之间的矛盾 (3) 任何单位工作项目的"轻重缓急"都是相对的，过分强调当前的项目，可能使有关人员只注重短期利益，忽视本单位作为一个整体的长远利益

※ **实例说明**

××厂零基预算的编制

××厂于2011年第4季度着手编制2012年度全面预算，对制造费用和管理费用采用零基础预算编制方法。有关资料及编制方法、步骤如下。

步骤一：整理基础资料。

该企业根据计划年度上级下达的利润指标并结合市场预测，确定目标利润为2 845万元。为此，目标总成本必须控制在45 421万元之内。经计算该企业生产18种主要产品的直接材料费用为27 014万元，直接人工费用为8 872万元。则该企业在计划期的制造费用和管理费用可动用的资金只能在9 535万元之内。

步骤二：汇总车间及职能部门上报的费用预算

根据本企业计划年度战略目标及各部门、车间的具体任务，按照零基预算的编制方法，首先发动这些单位的员工，详细讨论计划期内该部门、车间将发生的费用项目及其数额，说明原因、目的和效益情况，编写方案上报厂部，经汇总制造费用为5 251万元，管理费用为4 878万元，两项共需资金10 129万元（见表8-13）。

表8-13 各车间、部门上报费用预算汇总表

单位：万元

管理项目	车间经费	企业管理费	合计
管理人员工资	280	516	796
折旧费	1 017	182	1 199
大修理费	565	122	687
维护维修费	1 507	92	1 599
办公费	18	96	114
水电费	54	40	94
取暖费	165	330	495
劳动保护费	238		238
保险费	40		40
工会经费	50		50
员工教育费	38		38
低值易耗品	384	30	414
交通运输费	343	80	423
环境保护费	372	59	431
机物料消耗	121		121
化验业务费	142	45	187
房地产税	255		255
利息支出	2 238		2 238
仓库管理费	92		92
差旅费	117		117
其他	45	456	501
合计	5 251	4 878	10 129

汇总结果表明，各部门、车间所提计划需要数与可能提供的财力尚有一定差距，其差额为594 万元（10 129-9 535）不能全额满足供给，应采用适当方法予以削减。

步骤三：进行成本费用效益分析，确定层次内容

经厂部有关人员多次反复与基层单位协商，达到统一认识，最后决定把以上费用项目按其重要程度，分出轻重缓急，划分为三个层次：第一层费用为必保开支项，不予削减；第二层与第三层费用则根据历史资料，应用成本效益分析法，即将其与所得进行对比分析，计算出该项

费用的成本效益, 并按其效益高低分配资金。其计算公式为:

某项费用成本效益＝该项费用成本效益总额÷该项费用总额

如该厂上年化验业务费共支出 900 万元, 经计算取得经济效益为 54 万元, 则该项费用的成本效益为: 540 000÷9 000 000＝0.06

按上述计算方法, 将其计算结果编制成 "费用项目成本效益表" (见表 8-14)。

表 8-14　费用项目成本效益表

费用项目	成本金额 (元)	效益金额 (元)
员工教育费	100	56
低值易耗品	100	4
交通运输费	100	3.4
机物料消耗	100	1
化验业务费	100	15
利息支出	100	14.4
水电费	100	4.4
办公费	100	6
维护维修费	100	78
仓库管理费	100	2.4
其他	100	15.4

第一层资费用项目包括管理人员工资、折旧费、大修理费、取暖费、劳动保护费、保险费、工会经费、环境保护费、房地产税和差旅费十个, 是计划期内为进行产品生产所必须开支的费用, 属于约束性固定费用。除个别费用项目的数字出现差错或费用开支标准不妥予以调整外, 应全额满足, 保证供给资金。

第二层资费用项目包括维护修理费、低值易耗品、交通运输费、利息支出和其他五个。这些费用项目虽然是计划期为进行产品生产所必须开支的费用, 但按其重要程度及费用性质的可缩性, 较第一层次略差, 且可采取措施得到节约或压缩, 属于酌量性固定费用。同时, 它们的成本效益较高, 所以为第二层次。

第三层资费用项目包括办公费、水电费、员工教育费、机物料消耗、化验业务费和仓库管理费六个。它们也是酌量性固定费用, 但这些费用更具弹性, 节约的可能性更大, 同时它们的成本效益率较低, 所以列为第三层次。

步骤四: 分配资金, 落实预算

根据上述资料计算该厂计划期间用于第一层次费用项目的金额为 4 308 万元, 计划期间用于制造费用、管理费用的可动用财力总额是 9 535 万元, 扣除第一层次全额保证供应的 4 308

万元后的余额是 5 227 万元。这些资金应根据成本效益率，按上述排列的层次顺序分配资金，落实预算。

第 1 步，计算各费用项目成本效益分配率，其计算公式如下：

某费用项目成本效益分配率＝该费用项目成本效益额÷各费用项目成本效益额之和×100%

按上列公式计算该厂各费用项目成本效益分配率后，编制"费用项目成本效益分配率表"（见表 8-15）。

表 8-15　费用项目成本效益分配率表

单位：万元

费用项目	百元成本效益额	效益分配率（%）
第二层次		
维护维修费	56	28
低值易耗品	15	7.5
交通运输费	14.4	7.2
利息支出	78	39
第三层次		
其他	15.4	7.7
办公费	4	2
水电费	3.4	1.7
员工教育费	1	0.5
化验业务费	6	3
仓库管理费	2.4	1.2
机物料费	4.4	2.2

第 2 步，根据费用成本效益分配率计算该厂制造费用、管理费用应分配资金，其计算公式为：

某费用项目可分配资金＝制造费用和管理费用可分配预算总额×该费用项目成本效益分配率

按上述计算，将其结果编制"制造费用、管理费用资金预算表"（见表 8-16）。

表 8-16　制造费用、管理费用资金预算表

2012 年度
金额单位：万元

费用项目	效益分配率（%）	分配金额	车间经费预算			企业管理预算		
			上报数	权重（%）	分配金额	上报数	权重（%）	分配金额
管理人员工资	100	796	280	35.2	280	516	64.8	516
折旧费	100	1 199	1 017	84.8	1 017	182	15.2	182

（续表）

项目 费用	效益分配率（%）	分配金额	车间经费预算			企业管理预算		
			上报数	权重（%）	分配金额	上报数	权重（%）	分配金额
大修理费	100	687	565	82.2	565	122	17.8	122
维护维修费	28	1 463.7	1 507	94.2	1 378.6	92	5.8	84.9
办公费	2	104.5	18	15.8	16.5	96	84.2	88
水电费	1.7	88.9	54	57.4	51	40	42.6	37.9
取暖费	100	495	165	33	165	330	66.7	33.
劳动保护费	100	238	238	100	238			
保险费	100	40				40	100	40
工会经费	100	50				50	100	50
员工教育费	0.5	26.2				38	100	26.2
低值易耗品	7.5	392.1	384	92.8	363.9	30	7.2	28.2
交通运输费	7.2	376.4	343	81.1	305.3	80	18.9	71.1
环境保护费	100	431	372	86.3	372	59	13.7	59
机物料消耗	2.2	114.9	121	100	114.9			
化验业务费	3	156.8	142	75.9	119	45	24.1	37.8
房地产税	100	255				255	100	255
利息支出	39	2 038.5				2 238	100	2 038.5
仓库管理费	1.2	62.7				92	100	62.7
差旅费	100	117				117	100	117
其他	7.7	402.5	45	9	36.2	456	91	366.3
合计		9 535	5 251		5 022.4	4 878		4 512.6

工具06　杜邦分析法

【工具定义】

杜邦分析法是由美国杜邦财务公司经理人员所总结的一种综合分析方法，是利用各个主要财务比率之间的内在联系，建立财务比率分析的综合模型，来综合分析和评价企业财务状况和经营业绩的方法。

【适用范围】

适用于综合分析和评价企业的财务状况。

【工具解析】

1. 杜邦分析法的特点

杜邦分析法最显著的特点是将若干个用以评价企业经营效率和财务状况的比率按其内在联

系有机地结合起来，形成一个完整的指标体系，并最终通过权益收益率来综合反映。采用这一方法，可使财务比率分析的层次更清晰、条理更突出，为报表分析者全面、仔细地了解企业的经营和盈利状况提供方便。

2. 杜邦分析法的作用

杜邦分析法有助于企业管理层更加清晰地看到权益资本收益率的决定因素，以及销售净利润率与总资产周转率、债务比率之间的相互关联，给管理层提供了一张明晰的考察公司资产管理效率和股东投资回报是否最大化的路线图。

3. 杜邦财务分析体系图

杜邦分析法以净资产报酬率为起点，按综合到具体的逻辑关系层层分解，直到财务报表原始构成要素或项目。其分析方法如图 8-4 所示。

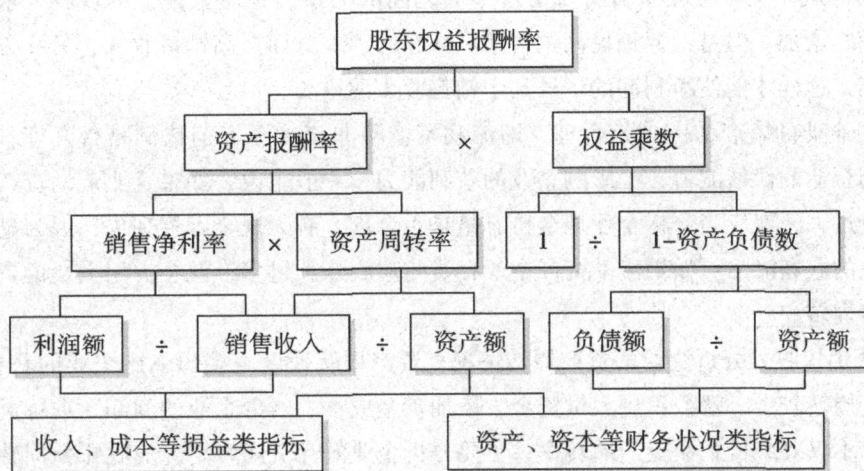

图 8-4　杜邦财务分析体系

图 8-4 中各财务指标之间的关系如下。

（1）股东权益报酬率与资产报酬率及权益乘数之间的关系表述如下：

$$股东权益报酬率 = 资产报酬率 \times 权益乘数$$

（2）资产报酬率与销售净利率及资产周转率之间的关系表述如下：

$$资产报酬率 = 销售净利率 \times 总资产周转率（杜邦等式）$$

（3）销售净利率与净利润及销售净额之间的关系表述如下：

$$销售净利率 = 净利润 \div 销售净额$$

（4）资产周转率与销售净额及资产总额之间的关系表述如下：

$$资产周转率 = 销售净额 \div 资产总额$$

（5）权益乘数与资产负债率之间的关系表述如下：

$$权益乘数 = 1 \div （1 - 资产负债率）$$

杜邦财务分析体系在揭示上述几种财务比率之间关系的基础上，再将净利润、总资产进行层层分解，就可以全面、系统地揭示出企业的财务状况以及财务系统内部各个因素之间的相互关系。

4. 杜邦财务分析体系的要点

（1）股东权益报酬率反映所有者投入资本的获利能力，它取决于企业的资产报酬率和权益乘数。资产报酬率反映企业在运用资产进行生产经营活动时的效率高低，而权益乘数则主要反映企业的筹资情况，即企业资金来源结构。

（2）资产报酬率是反映企业获利能力的一个重要财务比率，它揭示了企业生产经营活动的效率，综合性极强。企业的销售收入、成本费用、资产结构、资产周转速度以及资金占用量等各种因素，都直接影响到资产报酬率的高低。资产报酬率是销售净利率与资产周转率的乘积，因此可以从企业的销售活动与资产管理两个方面来进行分析。

（3）销售净利率反映企业净利润与销售净额之间的关系。一般来说，销售收入增加，企业的净利会随之增加，但是，要想提高销售净利率，必须一方面提高销售收入，另一方面降低各种成本费用，这样才能使净利润的增长高于销售收入的增长。

（4）分析企业的资产结构是否合理，即流动资产与非流动资产的比例是否合理。资产结构不仅影响到企业的偿债能力，也影响企业的获利能力。一般来说，如果企业流动资产中货币资金占的比重过大，就应当分析企业现金持有量是否合理，有无现金闲置现象，因为过量的现金会影响企业的获利能力；如果流动资产中的存货与应收账款过多，就会占用大量的资金，影响企业的资金周转。

（5）结合销售收入分析企业的资产周转情况。资产周转速度直接影响到企业的获利能力，如果企业资产周转较慢，就会占用大量资金，增加资金成本，减少企业的利润。进行资产周转情况分析时，不仅要分析企业资产周转率，更要分析企业的存货周转率与应收账款周转率，并将其周转情况与资金占用情况结合分析。

※ **实例说明**

某公司 2011 年资产负债表、利润表如表 8-17 和表 8-18 所示。

表 8-17　资产负债表

单位：万元

资产	计划	实际	负债及所有者权益	计划	实际
流动资产	280	275	流动负债	160	155
非流动资产	320	420	长期负债	120	180
			所有者权益	320	360
合计	6 600	695	合计	600	695

表 8-18　利润表

项目	计划	实际
销售收入	800	875
销售成本	500	531
销售费用	80	83
销售税金	40	43.75
销售利润	180	188.25
+其他利润	20	38
−管理费用	70	52
−财务费用	20	15
利润	110	159.25
−所得税	36.3（所得税税率33%）	52.5525（所得税税率33%）
税后利润	73.7	106.6975

要求：（1）根据上述资料计算杜邦财务分析体系所需用的有关财务指标；

（2）采用因素分析法确定有关因素变动对净资产收益率的影响方向和影响程度；

（3）对净资产收益率指标的计划完成情况进行分析。

分析步骤如下。

步骤一：计算杜邦财务分析所需的有关财务指标，具体内容如表8-19所示。

表 8-19　杜邦财务分析所需的有关财务指标

指标	计划	实际	差异
销售净利润率	9.21%	12.19%	+2.98%
资产周转率	1.33333	1.259	−0.0743
资产负债率	46.67%	48.2%	+1.53%
权益乘数	1.875	1.9305	+0.0555
净资产收益率	23.30%	29.63%	+6.33

步骤二：确定有关因素变动的影响方向和程度。

股东权益报酬率＝销售净利率×资产周转率×权益乘数

$9.21\% \times 1.3333 \times 1.875 = 23.03\%$

$12.19\% \times 1.3333 \times 1.875 = 30.47\%$　　+7.17%销售净利润率变动的影响

$12.19\% \times 1.259 \times 1.875 = 28.78\%$　　−1.69%资产周转率变动的影响

12. 19%×1. 259×1. 9305 = 29. 63%　　　　+0. 85%权益乘数变动的影响

————————

+6. 33%综合影响

步骤三：进一步分析资产周转率变动的原因。

资产周转率＝销售收入÷资产

800÷600 = 1. 3333

875÷600 = 1. 4583　　　　+0. 1253 销售收入变动的影响

875÷695 = 1. 259　　　　　−0. 1993 资产变动的影响

————————

−0. 074 综合影响

步骤四：对净资产收益率完成情况进行分析。

(1) 股东权益报酬率超额完成计划要求（超额完成6. 33%），从相关指标的分析可以看出：销售净利润率提高2. 98%使股东权益报酬率提高了7. 17%，资产周转率放慢导致股东权益报酬率下降了1. 69%，权益乘数提高使股东权益报酬率提高了0. 85%，三个因素共同导致股东权益报酬率超额完成6. 33%。

(2) 销售净利润率提高2. 98%的原因是销售收入增长速度（增长9. 4%）快于成本的增长速度（增长6. 2%），由于销售收入超额完成了计划，因此该公司在扩大销售的同时降低了成本，应给予肯定。

(3) 资产周转率放慢的原因是资产占用的增长（增长15. 83%）快于销售收入的增长（增长9. 4%），从而导致资产周转率降低了0. 074 次/年，应进一步分析资产占用增长过快的原因，并采取措施加以解决。

(4) 权益乘数提高的原因是资产负债率提高了1. 53%，在公司获利能力高于资金成本的情况下，将导致股东权益报酬率的提高。该公司的情况恰恰说明了公司在有效利用负债方面取得了成绩，应给予好评。

总的来说，该公司的综合财务状况是良好的。

工具07　沃尔评分法

【工具定义】

沃尔评分法是指将选定的财务比率用线性关系结合起来，并分别给定各自的分数比重，然后通过与标准比率进行比较，确定各项指标的得分及总体指标的累计分数，从而对企业的信用水平作出评价的方法。沃尔评分法是亚历山大·沃尔在其出版的《信用晴雨表研究》和《财务报表比率分析》中提出来的。

【适用范围】

适用于企业财务状况的综合评价工作。

【工具解析】

1. 沃尔评分法的财务比率

沃尔评分法选择了七个财务比率：流动比率、产权比率、固定资产比率、存货周转率、应收账款周转率、固定资产周转率和自有资金周转率。

2. 沃尔评分法的原理

（1）把若干个财务比率用线性关系结合起来。

（2）对选中的财务比率给定其在总评价中的比重（比重总和为100），然后确定标准比率，并与实际比率相比较，评出每项指标的得分，最后得出总评分。

3. 沃尔评分法的基本步骤

沃尔评分法的基本步骤包括以下几个方面。

（1）选择评价指标并分配指标权重。

盈利能力指标：资产净利率、销售净利率、净值报酬率。

偿债能力指标：自有资本比率、流动比率、应收账款周转率、存货周转率。

发展能力指标：销售增长率、净利增长率、资产增长率。

按重要程度确定各项比率指标的评分值，评分值之和为100。

三类指标的评分值比例约为5 3 2。盈利能力指标三者的比例约为2 :2 :1，偿债能力指标和发展能力指标中各项具体指标的重要性大体相当。

（2）确定各项比率指标的标准值，即各项指标在企业现有条件下的最优值。

（3）计算企业在一定时期内各项比率指标的实际值。

资产净利率＝净利润÷资产总额×100%

销售净利率＝净利润÷销售收入×100%

净值报酬率＝净利润÷净资产×100%

自有资本比率＝净资产÷资产总额×100%

流动比率＝流动资产÷流动负债

应收账款周转率＝赊销净额÷平均应收账款余额

存货周转率＝产品销售成本÷平均存货成本

销售增长率＝销售增长额÷基期销售额×100%

净利增长率＝净利增加额÷基期净利×100%

资产增长率＝资产增加额÷基期资产总额×100%

（4）形成评价结果。

4. 沃尔评分法的公式

沃尔评分法的公式为：实际分数＝实际值÷标准值×权重。

当实际值>标准值为理想时，此公式正确。

但当实际值<标准值为理想时，实际值越小得分越低。

另外，当某一单项指标的实际值畸高时，会导致最后总分大幅度增加，掩盖情况不良的指标，从而给管理者造成一种假象。

5. 沃尔评分法的改进

沃尔评分法有一个问题，就是当某一指标严重异常时，会对总评分产生不合逻辑的重大影响。财务比率提高一倍，评分增加100%；缩小一倍，评分减少50%。这一问题产生的原因在于：综合得分＝评分值×关系比率。

解决的办法是：将财务比率的标准值由企业最优值调整为本行业平均值；设定评分值的上限（正常值的1.5倍）和下限（正常值的一半）。

综合得分＝评分值+调整分

调整分＝（实际比率−标准比率）÷每分比率

每分比率＝（行业最高比率−标准比率）÷（最高评分−评分值）

※ **实例说明**

某企业采用沃尔评分法评价2011年的财务绩效。根据2011年度的会计报表的实际数据，标准数值按照行业平均水平确定。有关资料如表8-20所示。

表8-20　某企业2011年度沃尔评分表

财务指标	指标权重	标准数值	实际数值
偿债能力：	20		
流动比率	5	2	2.5
现金比率	5	0.4	0.8
负债比率	10	0.5	0.6
营运能力：	20		
存货周转率	5	8	12
应收账款周转率	10	10	4
资产周转率	5	1.2	1
获利能力：	40		
营业利润率	10	0.18	0.12
资产报酬率	20	0.13	0.1
权益报酬率	10	0.22	0.3

（续表）

财务指标	指标权重	标准数值	实际数值
发展能力：	20		
营业增长率	5	0.6	−0.1
利润增长率	10	0.1	−0.2
净资产增长率	5	0.2	0.1
合计	100		

　　假设企业规定最低相对比率不低于0.5，最高相对比率不超过1.5，上述指标中只有偿债能力指标为实际数值大于或小于标准数值为不理想的财务指标。要求用沃尔评分法对该公司的业绩进行评价。

　　答案：

财务指标	指标权重	标准数值	实际数值	相对比率	综合评分
偿债能力：	20				
流动比率	5	2.00	2.50	$1-\dfrac{\lvert 2.5-2 \rvert}{2}=0.75$	3.75
现金比率	5	0.60	0.40	$1-\dfrac{\lvert 0.4-0.6 \rvert}{0.6}=0.67$	3.33
负债比率	10	0.50	0.6	$1-\dfrac{\lvert 0.6-0.5 \rvert}{0.5}=0.80$	8.00
营运能力：	20				
存货周转率	5	8	12	$12÷8=1.50$	7.50
应收账款周转率	10	10	4	0.5（因为$4÷10=0.40$，小于0.5）	5
资产周转率	5	1.20	1	$1÷1.2=0.83$	4.17
获利能力：	40				
营业利润率	10	0.18	0.12	$0.12÷0.18=0.67$	6.67
资产报酬率	20	0.13	0.10	$0.1÷0.13=0.77$	15.38
权益报酬率	10	0.22	0.30	$0.3÷0.22=1.36$	13.64
发展能力：	20				
营业增长率	5	0.60	−0.10	0.50（取最低相对比率）	2.50
利润增长率	10	0.10	−0.20	0.50（取最低相对比率）	5

（续表）

财务指标	指标权重	标准数值	实际数值	相对比率	综合评分
净资产增长率	5	0.20	0.10	$0.1 \div 0.2 = 0.50$	2.50
合计	100				77.44

LG 电子（LG ELECTRONICS）

成立年份（Founded Year）：1947 年

总部（Headquarters）：韩国首尔

主营业务（Main Business）：电子、化学、通信服务

发展历程（Development Process）：LG 电子（LG Electronics）是在消费类电子产品、移动通信产品和家用电器领域内的全球领先者和技术创新者，拥有雇员 84 000 多名，分布在全球 81 个分支结构在内的 112 个网点。2008 年，LG 电子的销售额为 447 亿美元，囊括了五个业务板块，分别是家庭娱乐产品、移动通信产品、家用电器、空调和商用解决方案。LG 电子是生产平板电视、音频和视频产品、移动电话、空调和洗衣机的全球龙头企业之一。

工具08　因素分析法

【工具定义】

因素分析法又叫连环替代法，是数法原理在经济分析中的应用和发展。它根据指数法的原理，在分析多种因素影响的事物变动时，为了观察某一因素变动的影响而将其他因素固定下来，如此逐项分析，逐项替代，故称因素分析法或连环替代法。

【适用范围】

适用于财务报表的分析工作。

【工具解析】

1. 因素分析法的方法

（1）连环替代法

它是将分析指标分解为各个可以计量的因素，并根据各个因素之间的依存关系，顺次用各因素的比较值（通常为实际值）替代基准值（通常为标准值或计划值），据此测定各因素对分析指标的影响。

例如，某一个财务指标及有关因素的关系由如下式子构成。

实际指标：$P_0 = A_0 \times B_0 \times C_0$。

标准指标：Ps＝As×Bs×Cs。

实际与标准的总差异为 Po－Ps，PG 这一总差异同时受到 A、B、C 三个因素的影响，它们各自的影响程度可分别由以下公式计算求得。

A 因素变动的影响：（Ao－As）×Bs×Cs。

B 因素变动的影响：Ao×（Bo－Bs）×Cs。

C 因素变动的影响：Ao×Bo×（Co－Cs）。

最后，将以上三大因素各自的影响数相加就应该等于总差异（Po－Ps）。

（2）差额分析法

它是连环替代法的一种简化形式，是利用各个因素的比较值与基准值之间的差额来计算各因素对分析指标的影响。

例如，企业利润总额是由三个因素影响的，其表达公式为：利润总额＝营业利润＋投资损益±营业外收支净额。在分析去年和今年的利润变化时，可以分别算出今年利润总额的变化，以及三个影响因素与去年比较时不同的变化，这样就可以了解今年利润增加或减少是主要由三个因素中的哪个因素引起的。

（3）指标分解法

例如，可用资产周转率和销售利润率的乘积来计算资产利润率。

（4）定基替代法

定基替代法是测定比较差异成因的一种定量方法。按照这种方法，需要分别用标准值（历史的、同业企业的或预算的标准）替代实际值，以测定各因素对财务指标的影响，例如标准成本的差异分析。

2. 运用因素分析法的一般程序

运用因素分析法的一般程序如图 8-5 所示。

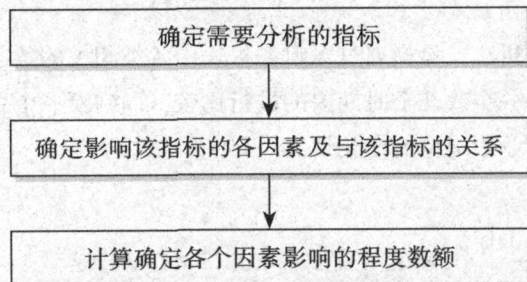

图8-5 运用因素分析法的一般程序

3. 采用因素分析法时应注意的问题

采用因素分析法时应注意以下问题。

（1）因素分解的关联性。

（2）因素替代的顺序性。

（3）顺序替代的连环性，即计算每一个因素变动时，都是在前一次计算的基础上进行，并采用连环比较的方法确定因素变化的影响结果。

（4）计算结果的假定性。连环替代法计算的各因素变动的影响数，会因替代计算的顺序不同而有所差别，即其计算结果只是在某种假定前提下的结果。为此，财务分析人员在具体运用此方法时，应力求使这种假定是合乎逻辑的假定，是具有实际经济意义的假定，这样，计算结果的假定性就不会妨碍分析的有效性。

江苏沙钢集团（JIANGSU SHAGANG GROUP）

成立年份（Founded Year）：1975 年

总部（Headquarters）：中国张家港

主营业务（Main Business）：钢铁制造

发展历程（Development Process）：沙钢集团是江苏省重点企业集团、国家特大型工业企业、全国最大的民营钢铁企业。沙钢集团的总部位于江苏省张家港市。沙钢集团坚持走创新发展之路，不断优化产品结构，深化节能减排，发展循环经济，使企业实现了持续、稳健、高效发展。2009 年，沙钢集团的营收总额为 14 631 303 万元；在全国民企 500 强中排名第一位。

工具 09　比较分析法

【工具定义】

比较分析法也叫趋势分析法，是指通过对财务报表中各类相关的数字进行分析比较，尤其是将一个时期内的报表同另一个或几个时期内的进行比较，以判断一个企业的财务状况和经营业绩的演变趋势以及在同行业中地位的变化情况。

【适用范围】

适用于财务报表的分析工作。

【工具解析】

1. 比较分析法的目的

比较分析法的目的如下所示。

（1）确定引起企业财务状况和经营成果变动的主要原因。

（2）确定企业财务状况和经营成果的发展趋势对投资者是否有利；预测企业未来的发展趋势。

比较分析法从总体上看属于动态分析，以差额分析法和比率分析法为基础，能有效地弥补其不足，是财务分析的重要手段。

2. 比较分析的方法

（1）趋势分析

趋势分析是指分析期与前期或连续数期项目金额的对比。这种对财务报表项目纵向比较分析的方法是一种动态的分析。

通过分析期与前期（上月、上季、上年同期）财务报表中有关项目金额的对比，可以从差异中及时发现问题，以便查找原因并改进工作。与连续数期的财务报表项目的比较，能够反映出企业的发展动态，揭示当期财务状况和营业情况增减变化，判断引起变动的主要项目、这种变化的性质，以发现问题并评价企业财务管理水平，同时也可以预测企业未来的发展趋势。

（2）同业分析

同业分析是指将企业的主要财务指标与同行业的平均指标或同行业中先进企业的财务指标进行对比，以全面评价企业的经营成绩。与行业平均指标的对比，可以分析判断该企业在同行业中所处的地位。与先进企业的财务指标的对比，有利于吸收先进经验，克服本企业的缺点。

（3）预算差异分析

将分析期的预算数额作为比较的标准，实际数与预算数的差距能够反映出完成预算的程度，可以为进一步分析和寻找企业潜力提供方向。

3. 比较分析的指标

（1）总量指标

总量是指财务报表某个项目的金额总量，例如净利润、应收账款、存货等。

由于不同企业的会计报表项目的金额之间不具有可比性，因此总量比较主要用于历史比较和预算比较。总量指标有时也用于不同企业间的比较，例如，证券分析机构按资产规模或利润多少建立企业排行榜。

（2）财务比率

财务比率是用倍数或比例表示的分数式反映各会计要素的相互关系和内在联系，代表了企业某一方面的特征、属性或能力。财务比率的比较是最重要的比较。它们是相对数，排除了规模的影响，使不同的比较对象建立起可比性，因此广泛应用于历史比较、同业比较和预算比较。

（3）结构百分比

结构百分比是用百分率表示某一报表项目的内部结构，它反映了该项目内各组成部分的比例关系，代表了企业某一方面的特征、属性或能力。结构百分比实际上是一种特殊形式的财务比率。它们同样排除了规模的影响，使不同的比较对象建立起可比性，可以应用于本企业的历史比较、与其他企业的比较和与预算比较。

工具10　企业安全率

【工具定义】

企业安全率是一种通过财务比率走势来预测财务危机的工具。

【适用范围】

适用于企业财务危机预测工作。

【工具解析】

1. 企业安全率指标

企业安全率指标主要取决于体现经营风险的安全边际率和体现财务风险的资金安全率。

（1）安全边际率

安全边际率是指安全边际量与实际（预计）销售量的比值，反映了企业的经营安全程度。其计算公式如下。

安全边际率=安全边际量÷现有（预计）销售量＝（现有或预计销售量–保本销售量）÷现有（预计）销售量

当销售量或销售收入越大时，企业安全边际率就越接近于1，说明企业经营越安全，亏损风险越小；若安全边际率越接近于0时，企业亏损风险就越大。一般情况下，安全边际率大于30%表示企业经营安全；10%以下表示企业经营危险，应发出警告。

（2）资金安全率

资金安全率反映的是资产的可变现价值对负债的保障程度，其计算公式为：

资金安全率=资产变现率–资产负债率

其中，资产变现率=资产变现金额÷资产账面金额

资产负债率=负债总额÷资产总额

要计算资产变现率，首先应根据流动资产、固定资产、无形资产等项目逐项推算其可变现金额，然后计算合计额在资产负债表的资产合计总额中所占的比例。例如，假设资产为20亿元，资产的可变现金额为14亿元，则资产变现率是70%。如果该公司的资产负债率为70%，意味着公司可变现的资产正好全部被用来还债，这时的资金安全率是零。以此为平衡点，若资产变现率是90%，那么资金安全率就是20%。反之，如果资产变现率是50%，那么即使全部用来偿还借入资本，仍有20%的差额。因此，在其他条件不变的情况下，借入资本的比率越低（或者说自有资本比率越高），资金安全率越高；资产变现率越大，资金安全率越高。

2. 企业安全率的分析

在分析企业安全率时，可将资金安全率和安全边际率结合起来，判断企业的经营情况和财务状况是否良好。企业安全分析图如图8-6所示。

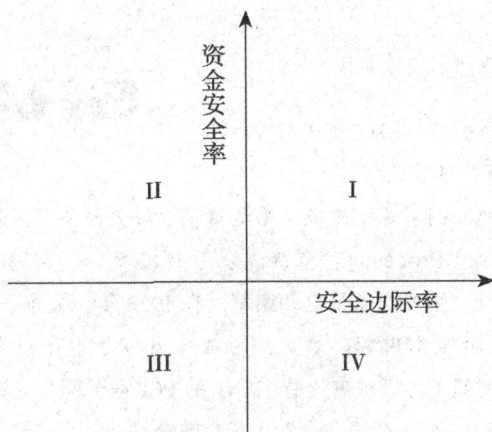

图8-6　企业安全率分析

（1）当两个指标共同确定的经营安全率落在第 I 象限内，表示企业经营状况良好，应该采取有计划的经营扩张策略。

（2）当两个指标落在第 II 象限内，表示企业经营财务状况尚好，但是市场销售能力明显不足，应全盘研究对策，以加强企业总体销售实力，创造企业应有利润。

（3）当两个指标落在第 III 象限内，表示企业经营已经陷入经营不善的境地，随时有关门的危机，经营者应下定决心，立即采取措施，进行有效的重整。

（4）当两个经营指标落在第 IV 象限内，表示企业财务状况已露出险兆，经营者应将改善财务结构列为首要任务，要求企业全员努力提高总体现金观念和自有资金比例，并积极进行开源节流。此时，对于市场营销应采用适度的成长策略。同时，要求营销部对客户做必要的筛选，提高信用政策的标准，以防止不良销售损失。

※ 实例说明

××公司明年预计销售额为2 500万元，变动成本率为60%，固定成本为800万元，资产账面价值为1 000万元，经仔细核定，确认将企业资产按变现价值估算约为900万元，他人资本600万元，自有资本400万元，合计为1 000万元。试通过安全边际率来预测该企业的财务危机。

保本销售额 $=800-$（$1-60\%$）$=2\ 000$（万元）

安全边际率 $=$（$2\ 500-2\ 000$）$-2\ 500=20\%$

资产变现率 $=900\div1\ 000=90\%$

资产负债率 $=600\div1\ 000=60\%$

资金安全率 $=90\%-60\%=30\%$

可见，××公司的边际安全率为20%，资金安全率为30%，其所代表的经营安全率在第 I 象限，表示××公司经营状况良好。

夏普（SHARP）

成立年份（Founded Year）：1912 年 3 月

总部（Headquarters）：日本东京

主营业务（Main Business）：家用电器、数码通信、办公设备、太阳能产品、工程专用

发展历程（Development Process）：夏普成立于 1912 年，公司原称"早川电机工业"，由早川德次在日本东京创立，主要产品是自动铅笔。在 1923 年，关东大地震将早川德次的工厂给损毁，于是迁移到大阪东山再起。夏普，1964 年开发了电子计算机；1992 年发表了 ViewCam 家用摄影机；还发明了可抵抗禽流感 H5N1 的 PCI 离子簇。夏普现已在世界 25 个国家，62 个地区开展业务，是一个大型的综合性电子信息公司。

工具 11　信用 5C 分析法

【工具定义】

信用 5C 分析法是一种全面的客户信用分析方法。是指通过"5C"系统来分析客户或客户的信用标准。5C 系统是评估客户或客户信用品质的五个方面：品质、能力、资本、抵押和条件。

【适用范围】

适用于企业对客户的信用评价工作。

【工具解析】

1. 信用 5C 分析法的内容

信用 5C 分析法的内容如图 8-7 所示。

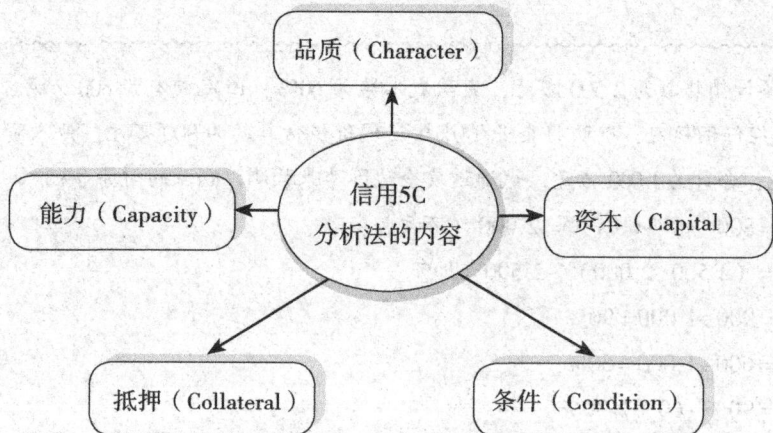

图 8-7　信用 5C 分析法的内容

（1）品质（Character）

品质是指客户努力履行其偿债义务的可能性，是评估客户信用品质的首要因素。每一笔信用交易都隐含了客户对公司的付款承诺，如果顾客没有付款的诚意，则公司该笔应收账款的风险势必加大。因此，客户的品质直接决定了应收账款的回收速度和回收数额。

（2）能力（Capacity）

能力是指客户的偿债能力，即其流动资产的数量和质量以及与流动负债的比例。客户的流动资产越多，其转换为现金从而支付款项的能力越强。同时，还应注意客户流动资产的质量，看是否存在存货过多、过时或质量下降，影响其变现能力和支付能力的情况。

（3）资本（Capital）

资本是指客户的财务实力和财务状况，表明客户可能偿还债务的背景，如负债比率、流动比率、速动比率、有形资产净值等财务指标。

（4）抵押（Collateral）

抵押是指客户拒付款项或无力支付款项时能被用作抵押的资产。这一点对于不知底细或对信用状况有争议的客户尤为重要。一旦收不到这些客户的款项，便以抵押品抵补。如果这些客户能够提供足够的抵押，就可以考虑向他们提供相应的信用。

（5）条件（Condition）

条件是指可能影响客户付款能力的经济环境。例如，经济变得不景气会对客户的付款产生什么影响、客户会如何做等，这需要了解顾客在过去困难时期的付款历史。

2. 企业了解"5C"的途径

企业对上述五个方面的了解主要通过两大途径，具体内容如图8-8所示。

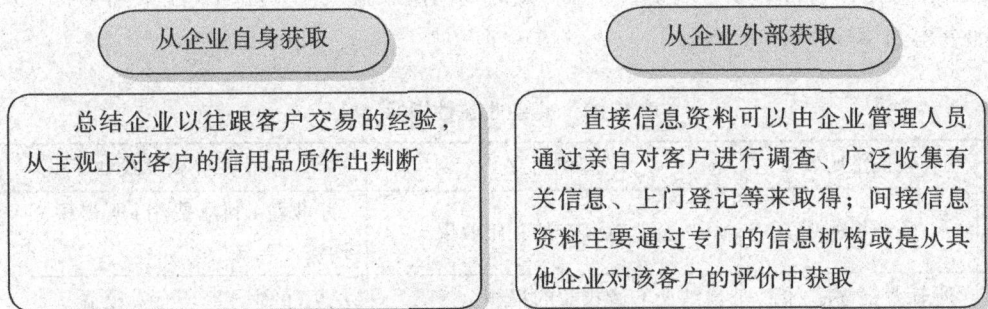

从企业自身获取	从企业外部获取
总结企业以往跟客户交易的经验，从主观上对客户的信用品质作出判断	直接信息资料可以由企业管理人员通过亲自对客户进行调查、广泛收集有关信息、上门登记等来取得；间接信息资料主要通过专门的信息机构或是从其他企业对该客户的评价中获取

图8-8　企业了解"5C"的两大途径

3. 运用信用5C分析法的注意事项

在运用信用5C分析法时，应注意以下几点。

（1）突出诚信行为的重要性，科学处理资产和利润等财务指标在本评估体系中的影响。

（2）所采用的基础数据、指标口径、评估方法及标准要前后一致。

（3）评估师在评估过程中要保持独立性，不被受评对象及其他外来因素影响，要根据基础数据和基础资料独立作出判断，运用自己的知识和经验客观、公正、公平地实施评估。

（4）在评估和对评估结果进行分析的过程中，下结论要谨慎，特别是针对定性指标打分时。在分析时，对影响受评对象经营状况的潜在风险要准确指出，对某些指标的极端情况要做深入分析。

工具 12　雷达图分析法

【工具定义】

雷达图分析法是日本企业界对企业进行综合实力评估时采用的一种财务状况综合评价方法。按这种方法所绘制的财务比率综合图状似雷达，因此得名。

【适用范围】

适用于客户财务能力的分析。

【工具解析】

雷达图分析法是从动态和静态两个方面分析客户的财务状况。静态分析是指将客户的各种财务比率与其他相似客户或整个行业的财务比率作横向比较；动态分析是指把客户现时的财务比率与先前的财务比率作纵向比较，以发现客户财务及经营情况的发展变化方向。

1. 雷达图分析法的五类指标

雷达图把纵向和横向的分析比较方法结合起来，计算客户的收益性、成长性、安全性、流动性及生产性这五类指标。

（1）收益性指标

分析收益性指标的目的在于观察客户在一定时期内的收益及获利能力。主要指标含义及计算公式如表 8-21 所示。

表 8-21　企业收益性指标

序号	收益性比率	基础含义	计算公式
1	资产报酬率	反映企业总资产的利用效果	（净收益+利息费用+所得税）÷平均资产总额
2	所有者权益报酬率	反映所有者权益的报酬	税后净利润÷所有者权益
3	普通股权益报酬率	反映股东权益的报酬	（净利润−优先股股利）÷平均普通股权益
4	普通股每股收益额	反映股东权益的报酬	（净利润−优先股股利）÷普通股股数
5	股利发放率	反映股东权益的报酬	每股股利÷每股利润
6	市盈率	反映股东权益的报酬	普通股每股市场价格÷普通股每股利润

（续表）

序号	收益性比率	基础含义	计算公式
7	销售利税率	反映企业销售收入的收益水平	利税总额÷净销售收入
8	毛利率	反映企业销售收入的收益水平	销售毛利÷净销售收入
9	净利润率	反映企业销售收入的收益水平	净利润÷净销售收入
10	成本费用利润率	反映企业为取得利润所付的代价	（净收益+利息费用+所得税）÷成本费用总额

（2）安全性指标

安全性指的是客户经营的安全程度，也可以说是资金调度的安全性。分析安全性指标的目的在于观察客户在一定时期内的偿债能力。主要指标含义及计算公式如表8-22所示。

表8-22　企业安全性指标

序号	安全性比率	基本含义	计算公式
1	流动比率	反映企业短期偿债能力和信用情况	流动资产÷流动负债
2	速冻比率	反映企业立刻偿付流动负债的能力	速动资产÷流动负债
3	资产负债率	反映企业总资产中有多少是负债	负债总额÷资产总额
4	所有者（股东）权益比率	反映企业总资产中有多少是所有者权益	所有者权益÷资产总额
5	利息保障倍数	反映企业经营所得偿付借债利息的能力	（税前利润−利息费用）÷利息费用

（3）流动性指标

分析流动性指标的目的在于观察客户在一定时期内的资金周转状况，掌握客户资金的运用效率。主要指标含义及计算公式如表8-23所示。

表8-23　企业流动性指标

序号	流动性比率	基本含义	计算公式
1	总资产周转率	反映全部资产的使用效率	销售收入÷平均资产总额
2	固定资产周转率	反映固定资产的使用效率	销售收入÷平均固定资产总额
3	流动资产周转率	反映流动资产的使用效率	销售收入÷平均流动资产总额
4	应收账款周转率	反映年度内应收账款的变现速度	销售收入÷平均应收账款
5	存货周转率	反映存货的变现速度	销售成本÷平均存货

总资产周转率、固定资产周转率、流动资产周转率分别反映全部资产、固定资产和流动资产的

使用效率，比率越高，说明资产利用率越高，获利能力强；应收账款周转率反映年度内应收账款转为现金的平均次数，比率越高，说明客户催收账款的速度越快，坏账损失的可能性越小；存货周转率越高，说明投入存货至销售收回的平均周期就越短，资金回收越快，效率越高。

（4）成长性指标

分析成长性指标的目的在于观察客户在一定时期内的经营能力的发展变化趋势，一个客户既使收益性高，但成长性不好，也就表明其未来盈利能力会下降。因此，以发展的眼光看客户，动态地分析客户财务资料，对战略制定来讲特别重要。计算这类指标比较简单，具体内容如表 8-24 所示。

表 8-24　企业成长性指标

序号	安全性比率	基本含义	计算公式
1	销售收入增长率	反映销售收入变化趋势	本期销售收入÷前期销售收入
2	税前利润增长率	反映税前利润变化趋势	本期税前利润÷前期税前利润
3	固定资产增长率	反映固定资产变化趋势	本期固定资产÷前期固定资产
4	人员增长率	反映人员变化趋势	本期员工人数÷前期员工人数
5	产品成本降低率	反映产品成本变化趋势	本期产品成本÷前期产品成本

（5）生产性指标

分析生产性指标的目的在于了解在一定时期内客户的生产经营能力、水平和成果的分配。其主要指标及计算公式如表 8-25 所示。

表 8-25　企业生产性指标

序号	生产比率	基本含义	计算公式
1	人均销售收入	反映企业人均销售能力	销售收入÷平均员工人数
2	人均净利润	反映经营管理水平	净利润÷平均员工人数
3	人均资产总额	反映企业生产经营能力	资产总额÷平均员工人数
4	人均工资	反映企业成果分配状况	工资总额÷平均员工人数

2. 雷达图的画法

上述客户财务能力的五类指标分析结果可以用雷达图表示出来（见图 8-9）。雷达图的绘制步骤如下。

第一步：画出三个同心圆，同心圆的最小圆圈代表同行业平均水平的 1/2 值或最低水平，中间圆圈代表同行业平均水平，又称标准线，最大圆圈代表同行业水平或平均水平的 1.5 倍。

第二步：把这三个圆圈分成五个扇形区，分别代表收益性、安全性、流动性、成长性和生产性指标区域。

第三步：从五个扇形区的圆心开始以放射线的形式分别画出相应的财务指标线，并标明指标名称及标度。财务指标线的比例尺及同心圆的大小由该经营比率的量纲与同行业的平均水平来决定。

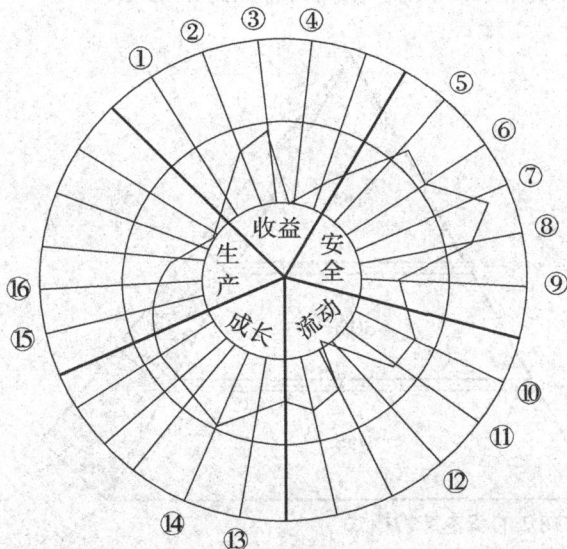

收益性：① 资产报酬率；② 所有者权益；③ 销售利税率；④ 成本费用率

安全性：⑤ 流动比率；⑥ 速动比率；⑦ 资产负债率；⑧ 所有者权益比率；⑨ 利息保障倍数

流动性：⑩ 总资产周转率；⑪ 应收账款周转率；⑫ 存货周转率

成长性：⑬ 销售收入增长率；⑭ 产值周转率

生产性：⑮ 人均工资；⑯ 人均收入

图8-9 雷达图（示例）

第四步：把客户同期的相应指标值用点标在图上，以线段依次连接相邻点，形成的多边形折线闭环就代表了客户的现实财务状况。

3. 雷达图的分析

依据图8-9我们可以看出以下几点。

（1）当指标值处于标准线以内时，说明该指标低于同行业水平，需要加以改进。

（2）若接近最小圆圈或处于其内，说明该指标处于极差状态，是客户经营的危险标志。

（3）若处于标准线外侧，说明该指标处于较理想状态，是客户的优势所在。当然，并不是所有指标处于标准线外侧就是最好，还要对具体指标进行具体分析。

工具13　杠杆收购法

【工具定义】

杠杆收购法是一种企业进行资本运作的有效的收购融资工具。优势企业根据杠杆原理，可以用少量的自有资金，依靠债务资本为主要融资工具来收购目标公司的全部或部分股权，因此，杠杆收购法被称为"神奇点金术"。

【适用范围】

适用于企业兼并、收购与重组。

【工具解析】

1. 杠杆收购法的资本结构模式

使用杠杆收购法进行并购的企业，其资本结构如金字塔，具体内容如图 8-10 所示。

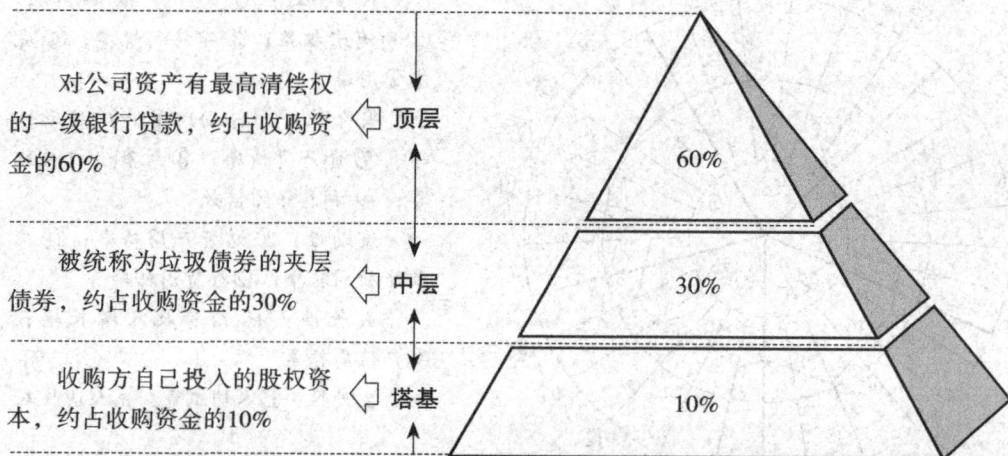

对公司资产有最高清偿权的一级银行贷款，约占收购资金的60% ⇐ 顶层 | 60%

被统称为垃圾债券的夹层债券，约占收购资金的30% ⇐ 中层 | 30%

收购方自己投入的股权资本，约占收购资金的10% ⇐ 塔基 | 10%

图 8-10　杠杆收购法的资本结构模式

2. 杠杆收购法相关方的利益

杠杆收购法相关方的利益如图 8-11 所示。

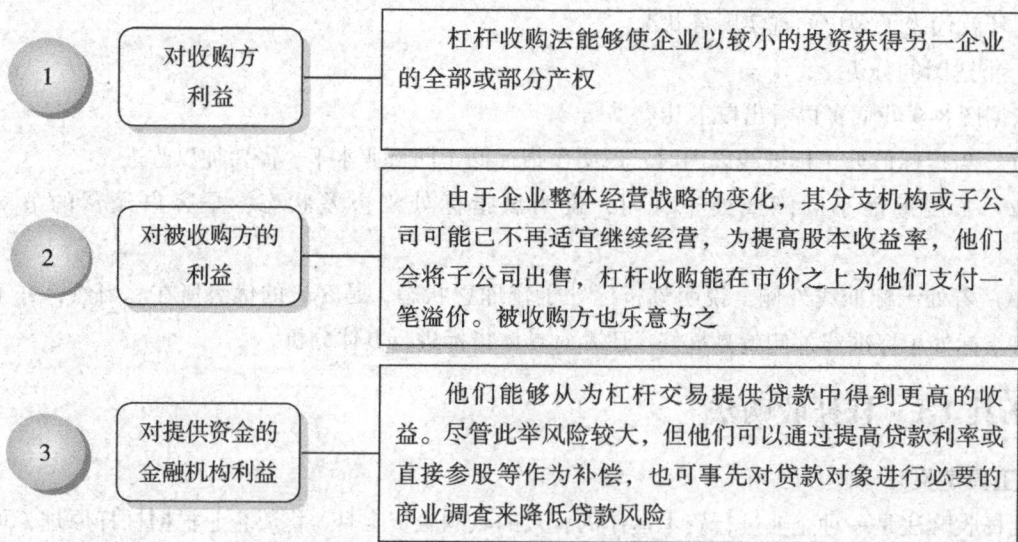

1	对收购方利益	杠杆收购法能够使企业以较小的投资获得另一企业的全部或部分产权
2	对被收购方的利益	由于企业整体经营战略的变化，其分支机构或子公司可能已不再适宜继续经营，为提高股本收益率，他们会将子公司出售，杠杆收购能在市价之上为他们支付一笔溢价。被收购方也乐意为之
3	对提供资金的金融机构利益	他们能够从为杠杆交易提供贷款中得到更高的收益。尽管此举风险较大，但他们可以通过提高贷款利率或直接参股等作为补偿，也可事先对贷款对象进行必要的商业调查来降低贷款风险

图 8-11　杠杆收购法相关方的利益

3. 杠杆收购法的优势

（1）极高的股权回报率（ROE）

杠杆收购法使企业资本结构发生了重大改变，债务资本比率提高、股东权益比率下降，增强了资本结构的杠杆效应。

在杠杆收购法实现后的头两年，由于杠杆效应，股权回报率会较高，但是随着企业用每年产生的现金流偿付债务，企业的资本结构又会发生改变，债务资本比率会逐年下降。尽管债务资本比率的回落减弱了资本结构的杠杆效应，但总体而言，杠杆收购下的股权回报率还是高于普通资本结构下的股权回报率。

另外，杠杆收购中股权投资套现也加大了高股权回报率的可能。

（2）税收优惠

在杠杆收购的融资安排中，债务资本所占比重很高，甚至高达企业全部资本的 90% ~95%。

债务资本的利息费用按税制规定允许在税前列支，因此，利息费用的存在相对减少了企业的应税利润，也减少了企业应缴纳的所得税费用。

节省的这部分税额相当于政府间接地给予杠杆收购企业的补贴。

4. 融资方式与策略选择

杠杆收购的主要特点就是举债融资。企业在并购活动中对融资方式的选择是由多种因素决定的。融资方式的选择不仅会影响到并购活动的顺利完成，而且对优势企业和目标公司未来的发展也将产生较大的影响。

融资方式以资金来源划分，可分为内部融资和外部融资。其中外部融资是杠杆收购的主要途径，又分为权益融资、债务融资和准权益融资三大部分。

（1）权益融资

权益融资主要有两大类：一类是指通过发行股票筹集资金，包括向社会公众公开发行和定向募集等形式。该类形式往往以向目标公司支付现金的方式完成并购；另一类是股权支付，即通过增发新股，以新发行的股票交换目标公司的股票，或者发行新股取代收购方和被收购方的股票，从而取得对目标公司的控股权。

（2）债务融资

债务融资包括向金融机构贷款、发行债券和卖方融资等。从西方各国并购的经验来看，债务融资是杠杆收购最重要的资金来源，不仅有商业银行，还有大量的保险公司、退休基金组织、风险资本企业等机构都可以向优势企业提供债务融资。

贷款与发行债券两种债务融资方式可以说是各有千秋：相对而言，贷款速度快、灵活性大，但用途往往受到限制；而在我国，发行债券由于金融政策对发行主体的硬性规定而使其在应用中受到了较大限制。二者的共性优点在于筹集资金成本相对于权益融资低，而且债权债务关系不会影响到企业的控制权，但是由于还本付息压力，可能导致企业财务状况恶化，增加了企业的风险。在利用债务融资时，需要妥善处理好企业的资本结构以及中长期债务的合理搭配等问题。

（3）准权益融资

西方流行的准权益融资还包括认股权证、可交换债券以及可转换的可交换抵押债券等。目前，我国尚未出现此类融资方式，但随着资本市场的发展，各类金融品种日益丰富，相信不远

的将来必有发展的机会。

5. 企业杠杆收购成功的基本条件

从企业的角度来讲，要使杠杆收购取得成功，收购企业至少应具备以下条件。

（1）稳定而充足的现金流。

（2）良好的经营前景与升值空间。

（3）收购者富有管理经验和良好信誉。

（4）管理层有一个可行的企业经营计划。

（5）收购前负债率特别是长期负债率比较低。

（6）非核心资产易于变卖。

（7）业务性质受到周期波动的影响小。

（8）企业有足够适宜用作贷款抵押物的资产。

6. 杠杆收购法的主要程序

杠杆收购法的主要程序如图 8-12 所示。

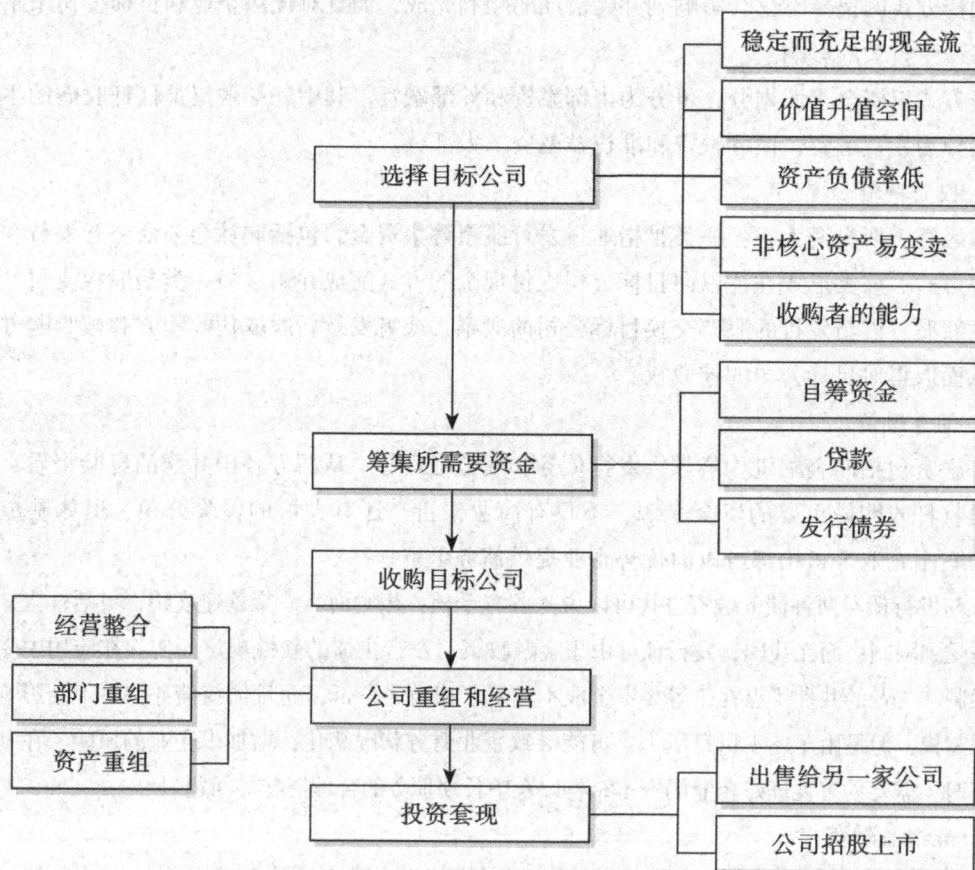

图 8-12　杠杆收购法的主要程序

工具14　价值分析

【工具定义】

价值分析（Value Analysis，简称VA）是为研究分析产品的"功能"和"成本"如何配合，做有计划、有系统、有组织的变更设计，变更材料种类及形态、变更制造方法或变更供应来源，以使成本最低并获得必要的功能和适当品质的一种专门学问。简单地说，价值分析是"为了使产品具有必要的功能，以最低成本从事于一系列有计划、有系统、有组织且有整体性的活动"。

◦ 相关知识 ◦

价值分析的来源与应用推广

价值分析是由美国奇异电器公司（General Electric Company）在1947年首创的降低成本的新观念与新方法。

当时该公司因战争关系而造成材料的供应受到限制并被迫更换材料。经过对产品功能与材料的性质、成本等多方面的研究之后，结果发现以防火纸代替石棉，不但成本降低至原来的1/10，而且还能生产出更优良的产品。由于这项突破性的发现，该公司决定予以有计划的发展，并由米勒（Lawrence D. Miles）经理负责策划与推行。

价值分析在奇异电器公司推行的绩效非常良好，随后该公司将这一分析方法与原理应用于工程问题上，并称之为价值工程（Value Engineering，简称VE）。

【适用范围】

适用于企业的成本分析工作。

【工具解析】

1. 价值分析的目的

实施价值分析的目的在于降低成本，但降低成本的真实意义并不是偷工减料或是牺牲其性能和品质，而是要在消除不必要的浪费及节省材料的费用等方面予以改进。无论是制造厂商还是或消费者，都了解到产品的品质过分优良，不但无益，反而是一种浪费。因此，"适当的品质"与"低成本"成为企业界竞争的重点。

2. 价值分析的功能

价值分析的主要功能是在保持产品的性能、品质及可靠度的条件下，综合各种科学的知识与技能，通过系统、有条理的研究步骤，有组织地改良设计，变更材料种类及形态，变更制造程序和方法以及供应来源的各项研究，实现以最低成本获得产品必要的功能和品质的目标。

3. 价值的定义

通常来说，制造者心目中的"价值"与使用者心目中的"价值"意义不同：即使是同一物品，对客户而言，由于时间、地点及用途不同，价值也不一样。

价值可分成下列四种，具体内容如图 8-13 所示。

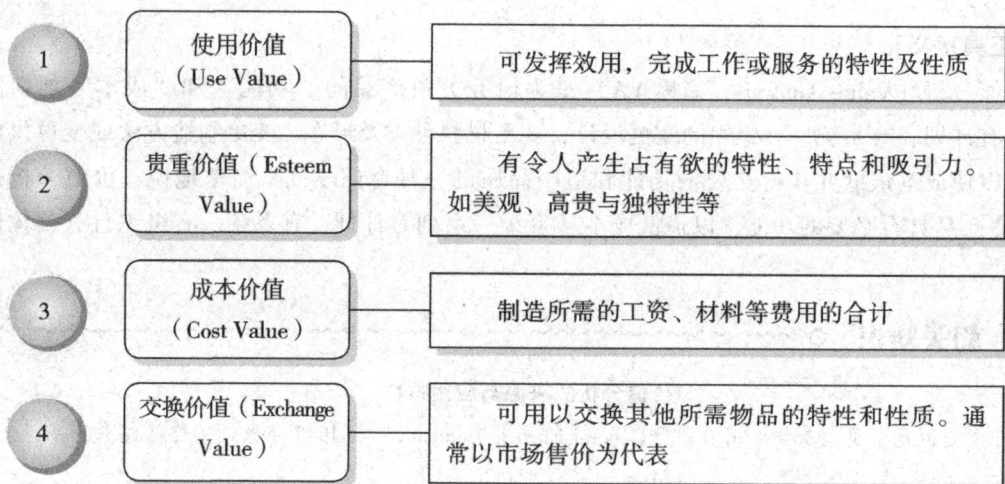

1	使用价值（Use Value）	可发挥效用，完成工作或服务的特性及性质
2	贵重价值（Esteem Value）	有令人产生占有欲的特性、特点和吸引力。如美观、高贵与独特性等
3	成本价值（Cost Value）	制造所需的工资、材料等费用的合计
4	交换价值（Exchange Value）	可用以交换其他所需物品的特性和性质。通常以市场售价为代表

图 8-13　价值的分类

为了创造功能和美观等因素，企业必须耗费若干成本于产品的设计、制造和采购等方面，设法以最少的成本创造上述价值。也就是说，在进行价值分析时，以"为了获得可资信赖的工作或服务所需支付的最低价格"或以"制造产品或服务必备的功能所需要的最低成本"作为价值的定义。

4. 达到价值分析目的的途径

价值分析的功能与成本的关系式为：

$$V（价值）= F（功能与品质）\div C（成本或价格）$$

上式中，$V = Value$，$F = Function$，$C = Cost$。

因此，要达到价值分析的目标，有以下两条途径。

（1）在不影响品质的条件下，想要提高价值，就应该降低成本。

（2）品质提高后，如仍保持原有的成本，价值也可提高。

5. 价值分析的实施步骤

（1）选择价值分析的对象

价值分析的对象是指以"产品"为实施价值分析的重心，要以"最少的成本能获取最大的功能"为原则选定对象。

下列八项可作为选定对象的参考。

①占总销售额比例大者或产量较多者。

②尚处于产品生命周期（Life Cycle）初期的项目。

③与价值标准比较，有降低的可能，且其预期成效较大者。

④市场竞争中已占优势的产品。

⑤构造上较复杂的产品。

⑥反复性工作较多者。

⑦其设计已久未改变者。

⑧利润较低，但销售量很大者。

（2）明确评估产品的功能

任何一种产品，除了具有主要功能，还有次要功能。例如，伞既可防雨防太阳，也可作手杖用；精致的钟表可兼作客厅的装饰品；建筑水坝的主要用途虽然是防洪、发电、灌溉，但也可作为观光的风景区；电冰箱既可冷藏食品，也可有其他种种用途。因此，企业应将一种产品的各种功能，按照其零件及构造，逐项予以分析，明确各组成零件对功能重要性的比例是否平衡，然后再行评估。

（3）收集资料

资料的收集是价值分析重要的手段之一，缺乏资料的价值分析，将毫无所获。资料收集的内容包括下列各项。

①各种材料的规格与价格。

②各种加工方法的费用。

③各种代用品的资料。

④与产品有关的各种资料。

⑤设计规格。

⑥产品的制造史（包括技术的更改与演进）。

⑦调查同行业其他产品的情况。

⑧产品零件、配件供应商方面的各种资料。

（4）研究替代品与改进方法

研究有无可以替代的材料或改进的方法，以制造出可发挥同等功能但更经济有效的产品，这是价值分析的关键。企业在研究替代品或新方法时，将已收集到的资料加以整理，从资料中获得新知、智慧与想象力去创造新方法与发现替代品。下面三种方法经常作为构想启发的途径，具体内容如表8-26所示。

表8-26　研究替代品与改进方法

序号	方法	说明
1	脑力激荡法	针对某个问题召集各种不同部门的人员（5~10人）集体思考，来创造、改善方案
2	比较分析法	先设计一种可比较的表格，再对比较的项目制定成本，进而分析成本较低或功能较佳的原因。原因既经查明，就可应用于设计

（续表）

序号	方法	说明
3	检核表法	分析以下内容： （1）该项物品、材料是否能够提高产品价值 （2）有无更适当的替代物品及材料 （3）有无其他方法可以用更低廉的成本制成产品 （4）是否可用一般标准规格的零件或材料 （5）以材料费、工资、间接费用与利润综合计算是否适当 （6）是否有更值得信赖或更低价的供应厂商 （7）同样的物品，同行业其他企业的售价是否比我们低

（5）成本分析

获得改进方案之后，下一步的工作就是对于新方案构想的经济价值加以研究。价值分析的目的旨在降低成本，因此对新改进方案能否降低成本更应彻底分析，以便选出最优的新方案。

进行成本分析时，应将成本分为"变动成本"与"固定成本"两种，并应考虑产品的生产量、变更设备及型式所需的费用、变更设计及试验所需的费用、自制或外包的费用、对库存品的处理及补修品的服务等所需的费用。

成本分析需注意以下三个要点，具体内容如图 8-14 所示。

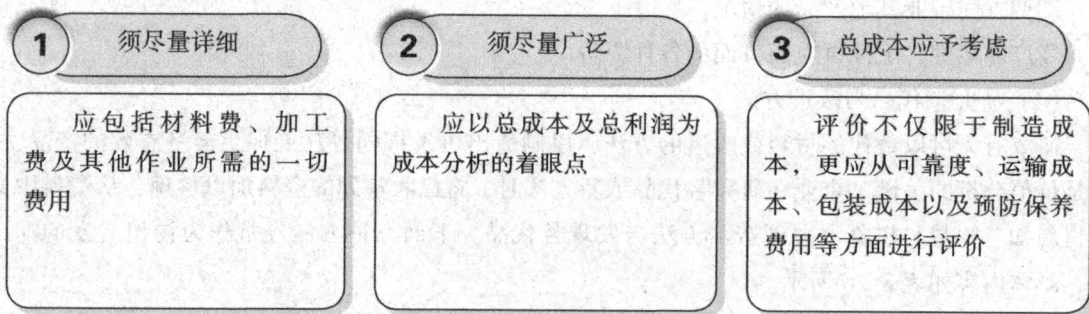

1 须尽量详细
应包括材料费、加工费及其他作业所需的一切费用

2 须尽量广泛
应以总成本及总利润为成本分析的着眼点

3 总成本应予考虑
评价不仅限于制造成本，更应从可靠度、运输成本、包装成本以及预防保养费用等方面进行评价

图 8-14　成本分析的三大要点

（6）进行可行性试验

经价值分析获得有利的改进方案之后，在尚未正式决定制造之前，必须对该方案加以试验，以确定是否可发挥各种必要的功能以及技术上的可行性。

试验技术上的可行性时，必须确定下列各项重点。

①是否能满足功能的条件？

②是否已达到品质的要求？

③是否符合可靠度的条件？

④安全性如何？

⑤大量生产时是否会有困难发生？

⑥保养修理是否容易？

上述这些确定工作必须通过试验方可得到正确的结论。

（7）建议及实施

在此阶段，应针对改善方案，编制简明扼要、内容完善的建议书，呈报上级作最后的裁决。此项建议书的内容应包括以下几点。

①改进的过程。

②决定采用的理由。

③改进方案的特点。

④改进前后成本的比较。

⑤试验的记录资料。

⑥其他必要的附件。

建议书经企业主管核定后，应迅速积极地实施，必要时须加以稽查，以便使该方案得以早日完成，获得圆满的结果。

皇家飞利浦电子公司（ROYAL PHILIPS ELECTRONICS）

PHILIPS
sense and simplicity

　　成立年份（Founded Year）：1891 年

　　总部（Headquarters）：荷兰阿姆斯特丹

　　主营业务（Main Business）：数字电视和显示屏、无线通信、语音识别、存储和光学产品以及后台支持，照明、医疗系统和个人及家庭小电器

　　发展历程（Development Process）：皇家飞利浦电子公司是世界上最大的电子公司之一，长期高居世界 500 强之列，在欧洲名列榜首。其 2002 年的销售额达到 318 亿欧元。皇家飞利浦电子公司在彩色电视、照明、电动剃须刀、医疗诊断影像、病人监护仪以及单芯片电视产品领域处于世界领先地位，共拥有 170 000 名员工。

工具 15　ABC 成本法

【工具定义】

ABC（Activity-Based Costing）成本法又称作业成本分析法、作业成本计算法、作业成本核算法，是基于活动的成本核算系统，是一种通过对所有作业活动进行追踪动态反映，计量作业和成本对象的成本，评价作业业绩和资源的利用情况的成本计算和管理方法。

【适用范围】

适用于企业的成本核算工作。

【工具解析】

1. 作业成本法的基本模型

作业成本法是以作业为中心，根据作业对资源耗费的情况将资源的成本分配到作业中，然后根据产品和服务所耗用的作业量，最终将成本分配到产品与服务。作业成本法的基本模型如图 8-15 所示。

2. ABC 成本法引入的新概念

ABC 成本法引入了许多新概念，图 8-16 显示了各概念之间的关系。资源按资源动因分配到作业或作业中心，作业成本按作业动因分配到产品。分配到作业的资源构成该作业的成本要素（图中的黑点），多个成本要素构成作业成本池（中间的小方框），多个作业构成作业中心（中间的椭圆）。作业动因包括资源动因和成本动因，分别是将资源和作业成本进行分配的依据。

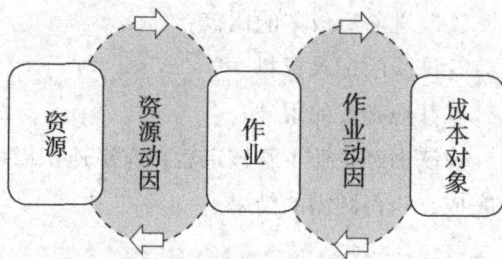

图 8-15　作业成本法的基本模型

3. ABC 成本法的过程

ABC 成本法的过程如下。

（1）定义业务和成本核算对象（通常是产品，有时也可能是客户、产品市场等）。这一过程很耗时间。如果两种产品满足的是客户的同一种需求，那么在定义业务时，选择客户要比选择单个产品更为恰当。

（2）确定每种业务的成本动因，即成本的决定因素，如订单的数量。

（3）将成本分配给每一成本核算对象，对各对象的成本和价格进行比较，从而确定其盈利能力的高低。

4. ABC 的实施方法

（1）传统的成本核算步骤

传统的成本核算分为两个阶段（见图 8-17）：第一步包括计量共同成本的不同类别和把它们用适当标准归集到各个生产部门；第二步是用一个数量标准（如直接人工工时、直接材料和机器小时等）把这些成本分配到各个产品线中。

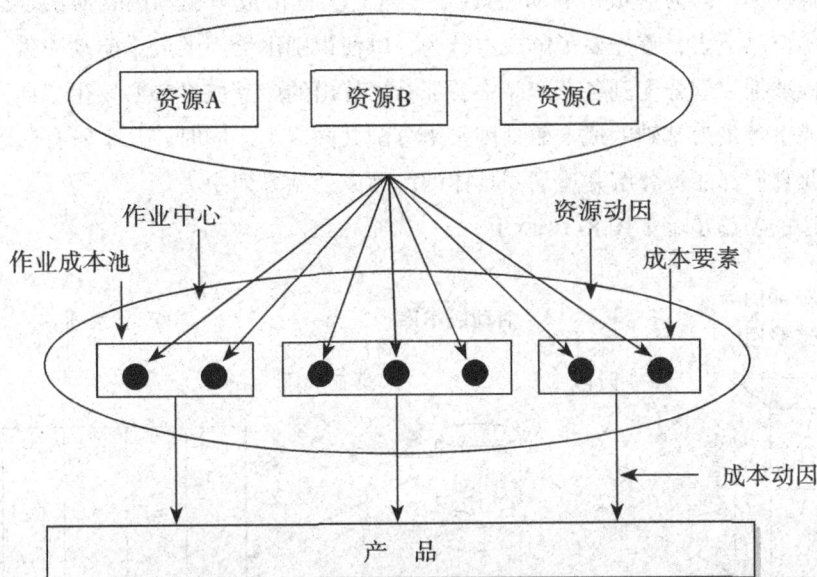

图 8-16　作业成本计算中各概念之间的关系

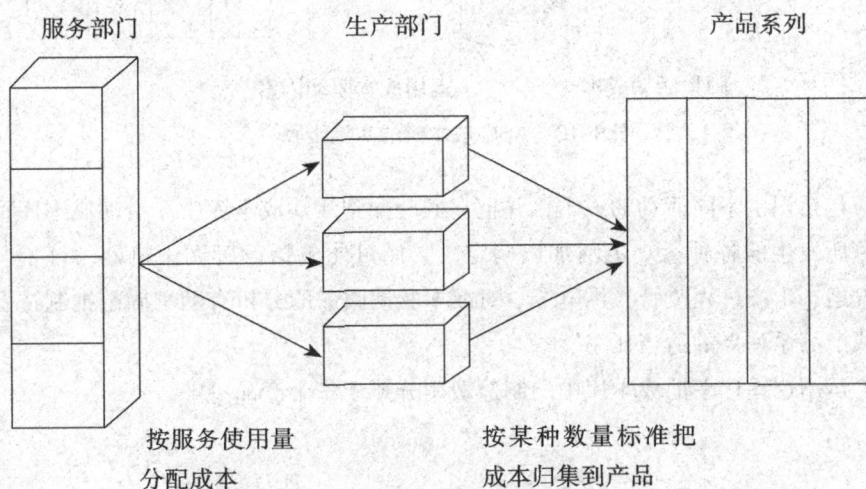

图 8-17　传统的成本核算程序

（2）ABC 成本法的核算步骤

大多数学者都认为传统的成本分摊方法过于简单。ABC 成本法的核心在于主张以活动量作为分配大多数间接成本的基础。ABC 成本法认为，每一个企业都是在设计、生产、销售、发送和辅助其产品的过程中进行种种活动的集合体。而各种耗费资源的活动"驱动"了成本的发生，每种产品的成本将取决于其对诸如制度计划、工程准备、加工制造、市场营销、销售发

运、开票结算和其他服务等活动的需要量。"驱动"成本发生的那些重要的活动或事务是隐藏在成本之后的推动力，即为"成本驱动因素"。成本行为是由成本驱动因素所决定的。要把间接成本分配到各产品上去，首先要了解成本行为，以便识别出恰当的成本驱动因素。如果简单地用一个数量标准把它们分配到各个产品中，那么计算出的产品成本势必发生扭曲。因此，应采用以活动量或事务量为基础的成本驱动因素来分配共同成本。同时，几乎所有活动的成本都是可分的，因此它们都能被分解并追溯到具体的产品或产品系列中去。

ABC 成本法的实施步骤如图 8-18 所示。

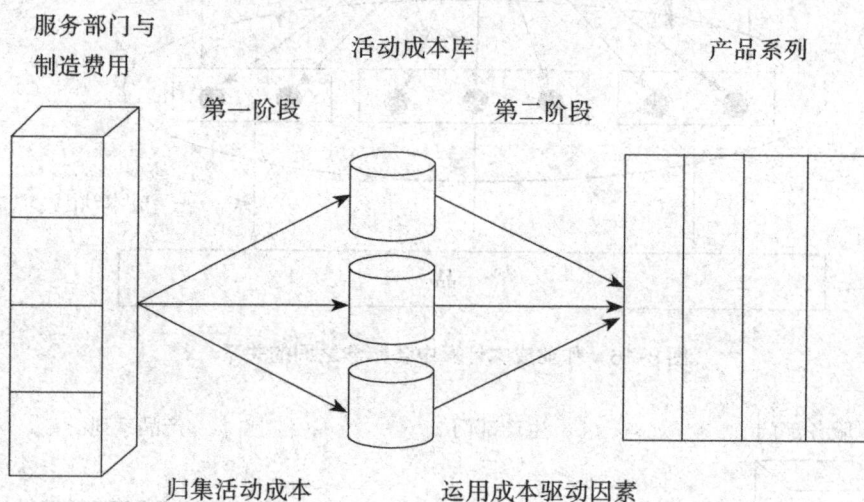

图 8-18　ABC 成本法的实施步骤

第一步，包括识别不同活动的成本，并把它们分配到活动成本库中。活动成本库可以根据企业实际经营所发生的各种活动灵活加以确定。它们可能包括设置调试机器、订货、材料处理、储存、发运、生产过程监管、供电等。对成本驱动因素的分析有助于确定把制造费用分配到各个产品或产品系列上的适当比率。

第二步，运用这些比率把成本库中的制造费用分摊于各个产品中。

第九章

客户服务管理工具

客户是指那些需要企业产品或者服务的人或者组织，是企业利润链中重要的一环。世界500 强企业通常将企业的客户（包括最终客户、分销商和合作伙伴）作为最重要的企业资源，通过完善的客户服务和深入的客户分析来满足客户需求，保证实现客户的终生价值。

世界 500 强企业在客户服务管理过程中充分地发展并运用了以下工具：

- 服务利润链
- 客户忠诚矩阵
- RATER 指数
- 服务质量差距模型

- 服务金三角
- 满意镜
- SERVQUAL 模型

- 价值曲线评价法
- IANA 过程
- 抱怨冰山

工具01　服务利润链

【工具定义】

服务利润链是 1994 年由詹姆斯·赫斯克特教授等五位哈佛商学院教授组成的服务管理课题组提出的"服务价值链"模型时才提出的，用于表明利润、客户、员工、企业四者之间的关系。

【适用范围】

适用于分析利润、客户忠诚度、客户满意度、客户获得的产品以及服务的价值、员工的能力、员工满意度、员工忠诚度、劳动生产率之间存在的关系。

【工具解析】

1. 服务利润链模型

服务利润链模型如图 9-1 所示。

通过服务利润链模型可以发现，利润是由客户的忠诚度决定的，忠诚的客户会给企业带来超常的利润空间；客户忠诚度是靠客户满意度取得的，企业提供的服务价值（服务内容和过程）决定了客户满意度；最后，企业内部员工的满意度和忠诚度决定了服务价值。简单来说，客户的满意度最终是由员工的满意度决定的。

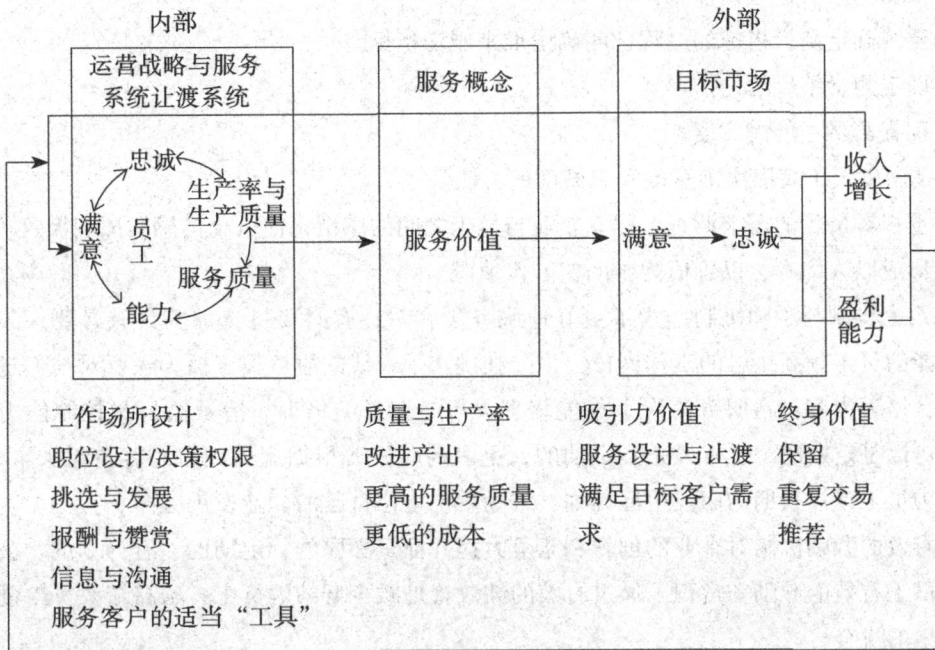

图 9-1 服务利润链模型

2. 服务利润链的核心内容

服务利润链的核心内容是客户价值等式，而与客户价值等式直接相关的是客户忠诚循环和员工能力循环。实践证明，服务利润链中存在如下重要关系。

（1）利润和客户忠诚度。

（2）员工忠诚度和客户忠诚度。

（3）员工满意度和客户满意度。

在服务过程中，他们之间的关系是自我增强的，即客户满意和员工满意是相互作用的。

服务利润链的思想认为：利润、增长、客户忠诚度、客户满意度、客户所获得的产品及服务的价值、员工的能力、员工满意度、员工忠诚度、劳动生产率之间存在着直接、牢固的关系，这些都是和服务的利润以及利润的增长有着直接的联系。

3. 如何建立服务利润链

服务利润链的主体是各个零售终端，是服务力体现的主要地方，建立服务链时要以客户为中心设计业务流程，大力加强服务品种创新和客户关系管理，并建立与之配套的、利益目标一致的激励与约束机制。

服务利润链模型的评价工具往往是采用平衡计分卡对每个元素进行记录和评价，再形成一个整体的评价，特别是局部和整体的控制和协调。在确定衡量指标时，要遵循以下三条法则。

（1）根据企业目标选择衡量指标。

（2）重视确定衡量指标的过程，明确由谁来制定指标。

（3）确定测量结果的传播形式。

4. 如何提高员工的满意度

以下是激发员工高层次满意度和忠诚度的方法。

（1）重视对员工的需求调查，建立企业与员工之间的感情，使员工情感发挥到极致。

（2）形成以人为本、以价值为本的核心价值观。

（3）用人机制与激励机制。为了更好地服务于客户，有必要挑选那些具有必要人际技能和专业技能的员工到高接触的工作岗位上去。在挑选了一线的服务员工后，还要对他们进行细致的培训，培训内容包括服务的专业技能培训、行为态度的培训、情景监督和控制能力的培训。培训可以是定期的，也可以是不定期的，更多的时候要根据服务项目和客户需求来确定。企业还应为员工设计长期的职业生涯计划，鼓励员工定位自己的职业发展方向。

建立有效的激励机制对企业的创新和竞争力提升都是必要的，定期的、有计划的、公开的奖励是对员工有效的激励和赏识，通过有效的绩效管理减少低绩效员工，给高绩效员工创造更多、更公平的机会。

（4）沟通机制。一方面，高层管理者可以及时了解员工对决策的反映；另一方面，员工可以明确知道企业的目标，做到心中有数。这种双向沟通是以有效的组织结构和流程为基础的。

（5）组织机构和授权。企业采取倒 T 型、扁平化的组织结构，将组织的有效资源（包括人力、物力、财务和信息等）都调往贴近客户、便利客户的前端，这才是真正的"以客户为中心"的管理理念。

企业领导者对于员工来说是服务、支持角色，员工是服务员与客户双重角色，因此要建立企业领导者与员工间双赢的关系。

工具 02 服务金三角

【工具定义】

服务金三角是一个以客户为中心的服务质量管理模式，由服务策略、服务系统、服务人员三个因素组成。这三个因素都以客户为中心，彼此相互联系，构成一个三角形。服务金三角理论来源于美国服务业管理的权威卡尔·艾伯修先生。

【适用范围】

适用于服务人员与客户关系密切的服务企业。

【工具解析】

1. 服务金三角的三大要素

服务金三角的观点认为：任何一个服务企业要想获得成功——保证客户的满意度，就必须具备三大要素：一套完善的服务策略；一批能精心为客户服务、具有良好素质的服务人员；一种既适合市场需要，又有严格管理制度的服务组织。

服务策略、服务人员和服务组织构成了以客户为核心的三角形框架，即形成了"服务金三角"，具体如图9-2所示。

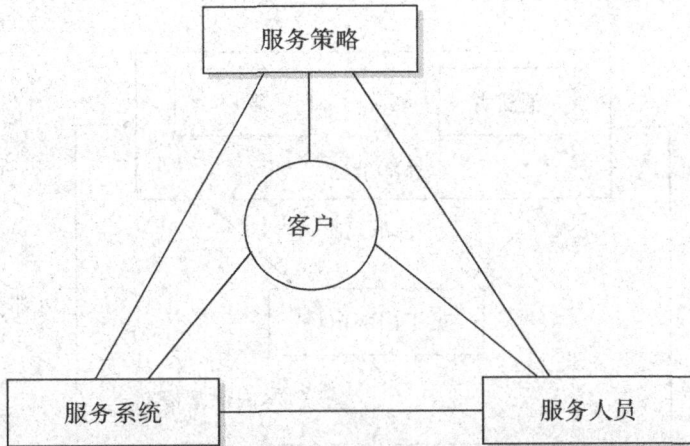

图9-2 以客户为中心的服务质量管理模式

（1）服务策略

服务三角形顶端的服务策略用于阐明企业的价值观，体现了客户的需要并明确了企业的服务目标，是企业指导一切服务活动的纲领。对企业的高层管理人员而言，他们不但要熟悉服务策略的内容，还要能够根据企业的实际情况制定和修改服务策略，并指导和控制它的实施。企业的中层管理人员也必须熟知服务策略，并将服务策略同自己实际的工作联系起来，使自己所管辖的部门能够服从企业的整体利益，以便更好地为促进客户忠诚度。

（2）服务人员

来自服务第一线的服务人员是该三角形的一个重要组成部分，只有让他们知道并理解了这些策略，企业才能真正向客户提供超值服务，才能最终实现提升客户忠诚度的企业目标。

（3）服务系统

要使服务企业能够提供优良的服务，仅靠服务人员的微笑和良好的态度是不够的，还需服务组织内各种资源的有效配合及运用。这就必然涉及服务企业中的各种工作流程、服务规范、考核手段、管理体系等各方面的工作。因此，在整个服务组织中，十分重要的一环就是从服务设计过程的一开始就应该考虑客户的需要，如果不是从这点出发，服务企业则无法向客户提供满意的服务。

2. 服务金三角的核心

在服务金三角中，把客户作为服务金三角的核心，这就说明服务是建立在以最大限度满足客户需求的基础之上。服务企业必须从客户的立场出发，时时关心客户需求，处处为客户着

想，这样才能充分满足客户的需要，才能获得最大的经济效益。

3. 服务金三角的内容关系

服务金三角的内容关系就是组织—员工—客户三者之间的内部营销、外部营销和互动营销、互相整合，具体内容如图9-3所示。

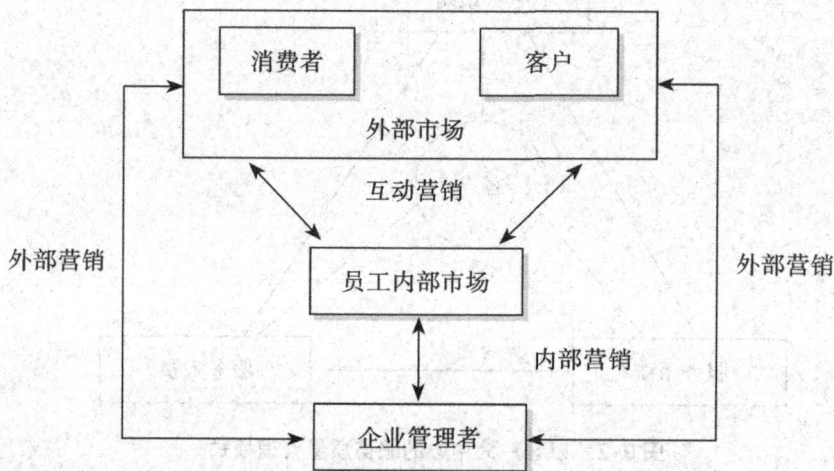

图9-3 服务金三角的内容关系

（1）内部营销

内部营销是指企业管理者通过主动提升员工的服务意识与能力来激励员工。其主要的目标是确保员工具有以客户为尊的服务态度以及吸引并留住优秀员工。

（2）互动营销

互动营销是指第一线的服务人员能够站在客户的观点出发，将企业的服务提供给客户的互动行为。服务人员能够与客户产生良好、友善、高质量的互动才是真正优良的服务。

（3）外部营销

外部营销是指各种企业营销行为，例如进行各种营销研究、发掘市场上消费者未被满足的需求、确定目标市场、决定各项产品决策、促销决策等。

4. 服务金三角与关键要素的联系

服务金三角与关键要素的联系如表9-1所示。

表9-1 服务金三角与关键要素的联系

关系方	说明
服务策略和服务人员之间的关系	（1）成功的服务策略必须要得到服务人员的理解、掌握和支持，这是保证服务策略得以正确实施的基础

（续表）

关系方	说明
服务策略和服务人员之间的关系	（2）对于第一线的服务人员，需要有一套让他们在工作中得以遵循而明确的服务指导思想。也就是说，企业的服务人员必须根据企业服务策略来规范自己的行为
服务策略和服务组织之间的关系	它们之间的连线说明这样一个观点：企业整个组织系统都应该根据服务策略的内容进行设计、部署。否则必然会造成企业机构设置混乱，规章制度不合理，员工职责不清，工作效率低下
服务人员和服务组织之间的关系	如果一个服务组织得不到服务人员的支持，是难以正常运转的。而如果服务组织的机构设置、规章制度的建立以及岗位安排不妥当，就不能充分调动每个员工的工作积极性，也就不能为客户提供令其满意的服务

　　总之，以上三大关键因素，即服务策略、服务人员和服务组织三者之间只有互相协调，才能保证企业获得最大的成功。

　　5. 三大关键要素与客户之间的关系

　　三大关键要素与客户之间的关系如表9-2所示。

表9-2　三大关键要素与客户之间的关系

关系方	说明
服务策略和客户之间的关系	这两者之间的连线表示企业应从客户的需求出发制定一套服务策略。服务策略是服务企业根据市场需求制定的经营方针和经营方式。它必须既能准确地反映出客户的需求，又能充分满足客户的需要
服务人员和客户之间的关系	二者之间的连线代表着一种重要接触，这种接触不仅反映了服务企业的本质特征，还反映了服务人员只有与客户保持着良好的接触，才能使客户真正感受到服务人员所提供的良好服务。为此，服务人员既要树立牢固的客户第一的思想，同时还要学会掌握与客户进行接触的各种技巧，这也是保证使客户满意的关键所在。做到了这一点，企业不仅会获得经济效益，还会获得社会效益
服务组织和客户之间的关系	这两者之间的连线，表示着企业的服务组织要针对客户的利益和需求进行服务设计，以提升客户满意度。对大多数企业来讲，大部分服务事故的发生都是由于服务组织不健全、不完善造成的。例如管理、程序混乱、服务标准不规范以及服务设施不完备等

　　总之，服务金三角的作用在于它为服务企业的管理者提供了一种为客户提供优良服务的基本模式。尽管各种服务企业提供的服务是多种多样的，但是管理的基本模式则是一致的。

工具 03　价值曲线评价法

【工具定义】

价值曲线评价法是指通过评价一个企业相对于该行业客户感知服务质量关键性要素的业绩表现，来评价客户总体感知服务质量的方法。这种方法不仅要求客户作出评价，还要求内部员工和管理人员作出评价，最终目标是发现使客户感知服务质量产生质的飞跃的关键要素。

【适用范围】

适用于评价客户总体感知服务质量。

【工具解析】

1. 价值曲线评价法的步骤

（1）确定行业内客户感知服务质量的关键要素。

各个行业之间客户感知服务质量的关建要素是不同的，例如，对于饭店行业，它的关建要素一般包括价格、房间安静程度、卫生、床的质量、房间的设备和舒适度、服务员的服务水平、房间大小、大堂装修、建筑美感、饮食等；而对于航空公司来说，乘客感知服务质量的关键要素包括安全性、时间、价格、机型、空姐仪表等。

（2）设计问卷进行市场调研，让客户给各个要素打分。

在这个步骤中，把每个关键要素列于调查问卷中，设计 0～10 的 11 个分数等级，让客户根据自己的期望和要求给各个要素打分，以找出大多数客户认为重要的因素、不重要的因素以及服务企业提供的多余因素。在问卷的最后，要设计两个开放性问题：您认为还应当提供哪些重要的服务项目？您认为应当去掉哪些冗余的服务项目？

（3）进行分数加总，画出价值曲线。

（4）评价价值曲线，提高客户感知服务质量。

通过分析和评价价值曲线，找出三个分数最高的要素和三个分数最低的要素。这些要素在客户感知的服务质量中，分别是最重要的三个属性和最不重要的三个属性。随后，企业可以通过淘汰某些属性、创建某些属性以及将某些属性减少或者提升到行业前所未有的水平组合应用，实现价值曲线的突破，从而更加符合客户的期望和要求，提高客户感知的服务质量。

（5）监控价值曲线。

一个企业一旦通过价值曲线评价法创造了新的价值曲线，那么，竞争者迟早都会企图模仿。为了保住自己辛辛苦苦争取来的客户群，企业最后都有可能陷入一场为了取胜的竞争中，为抓紧市场份额所困扰，于是，企业就可能陷入传统战略逻辑的陷阱。因此，动态地应用价值曲线评价法，即监控价值曲线是非常必要的，它可以使一个企业从现今的服务中看到使服务产生质的飞跃的机会。

2. 价值曲线评价法的逻辑思路

价值曲线评价法所遵循的逻辑思路是价值创新的战略逻辑思路，它与传统的战略逻辑有很大的区别。主要区别表现在五个基本方面，具体内容如表9-3所示。

表9-3 价值创新战略逻辑与传统战略逻辑的差异

战略的五个维度	传统战略逻辑	价值创新战略逻辑
产业假设	产业条件已经给定	产业条件可以改变
战略焦点	企业应该培养竞争优势，以在竞争中获胜	竞争不是基准，企业应该在为客户提供的价值上追求领先，满足客户需求，以主导市场的发展
客户的需求	企业应当通过进一步的市场分割和营销手段来保持和扩大其顾客群。它应关注顾客评价的差异	目标是把客户感知的服务质量带入一个质的飞跃，从而吸引更多的客户，并愿为此放弃一些原有的客户，它注重客户评价的基本共同点
资产与能力	企业应该调节其现有的资产和负债	企业一定不能受其过去的约束，应懂得创新
提供的服务	产业的传统界限决定了企业提供的服务项目，企业的目标是使其提供的服务价值最大化	一个价值创新者是根据客户的要求来考虑其应当提供的服务的，即使这样做可能会使企业超越其产业的传统界限

（1）产业设想

许多企业认为自己的企业条件是先天的，而价值创新的逻辑却不是这样，无论其他企业的情况如何，价值创新逻辑追求的是突发奇想和客户感知服务质量在某些属性上质的飞跃。

（2）战略焦点

许多企业任由其竞争对手确定客户感知服务质量的参数。有的企业会与竞争对手进行比较，发现自身的优、劣势，并且注重建立优势。因为价值创新者并不关心竞争，因此他们并不会只因为他们的对手正这么做就把资源用于增加某种服务特色上。但是，他们通过对客户的关注却能够从竞争的所有因素中分辨出能带来非凡价值的因素。

（3）客户的需求

许多企业通过保持或扩大他们的客户群来寻找增长，这通常会导致市场细分，出现更完善的服务来满足某种特殊需求；而价值创新逻辑则完全相反，它是在客户所关心的特性中寻找有效的共性，而不是关注客户之间的差异。

（4）资产和能力

许多企业根据他们现有的资产和能力来评价商业机会。传统战略者会考虑：在企业现有的条件下，什么是最适合做的？价值创新者会考虑：如果我们重新开始，会有什么结果？

（5）提供的服务

通常，每个行业都是在一定的范围之内为客户提供服务的，行业中的企业都是在这一定范

围之内进行竞争，为客户提供更高感知服务质量的服务；而价值创新者通常跨越这些界限，他们考虑的是解决问题的总体方案是什么，企业提供的服务处于客户整个解决方案链的哪个位置，企业在服务提供中强迫客户作出了哪些妥协，通过对客户解决问题的整个方案链的调查分析和评价，来寻求解决客户感知服务质量的主要问题，即使这种做法超出了企业的经营范围，将企业带进一个新的行业，企业并不接受本行业所定义的应该做什么和不应该做什么的限制。

3. 价值曲线评价法实施的平台

根据帕拉索瑞曼（Parasurama）和他的同事创立 SERVQUAL（Service Quality 服务质量）评价方法得出的结论是：客户是在五个方面评价感知服务质量的，可以产生客户感知服务质量质的飞跃的来源应该建立在这五个平台上，即有形性、可靠性、敏感性、可信性和移情性。有关这方面的内容请阅读本章内的 SERVQUAL 模型。

工具 04 客户忠诚矩阵

【工具定义】

著名的专家 Brian Ward 曾提出了一个客户忠诚矩阵的概念。Brian Ward 认为，有关客户满意与客户忠诚方面的内容可以划分成四个方面，即客户忠诚矩阵。

【适用范围】

适用于企业更好地分析、理解客户的期望。

【工具解析】

客户忠诚矩阵根据客户期望与客户表达与否，把客户分成四种类型，具体内容如图9-4所示。

	期望	不期望
表达	满意区	愉悦区
不表达	冷淡区	忠诚区

图9-4 客户忠诚矩阵

区域1：不表达/期望——冷淡区

该区域表示客户具有很高的期望，但是又不善于表达。客户期望能够得到企业的礼貌和尊敬，但是如果问他们有什么需求的时候，他们可能会感到迷惑不解（甚至会产生一种受到侮辱的感觉）。

如果企业不能满足他们内心的需求，将会引起他们的"不满意"；如果企业满足了这种基本的、显而易见的需求，能得到的最好反映也只不过是"冷淡"。

区域2：表达/期望——满意区

该区域的客户习惯于告诉企业什么对于他们来说是重要的。该区域非常重要，它是企业提升客户忠诚度的关键。

企业满足该区域客户的需求将会获得客户的"满意"，反之则会引起他们的"不满意"。例如，客户可能在一次购买中获得一定量的折扣，同时客户也已经提出明确的请求（或协商）。这是一种客户期望，并且竞争对手已经满足了客户的这种期望。因此，企业必须要慎重对待处于该区域的客户。

区域3：表达/不期望——愉悦区

该区域的客户期望某事物，却又不期望企业来提供，但是企业可以获得为客户提供期望以外一些事物的机会，并且通过这些让客户感到"愉悦"。例如，某客户可能只会询问有关溢价产品的信息，如果企业不提供该信息，可能会导致其"不满意"。这是企业建立"忠诚"客户群时需引起高度重视的区域。

区域4：不表达/不期望——忠诚区

在该区域的客户，既不对企业的产品或服务提出期望，又不表达他们对其他事物的期待。如果企业能够在客户不明确需求的情况下，为客户提供超出客户期望之外的产品或服务，就很有可能使其成为"忠诚"客户。而这往往给企业提出了更高的挑战，需要企业具有前瞻性眼光。

以上四个区域都非常重要，为了获得更多的处于忠诚区的客户，企业首先必须要攻克其他区域。企业在努力设计或再设计一个产品或服务时，有必要认真探索每一个区域。

佳能（CANON）

Canon

成立年份（Founded Year）：1937 年

总部（Headquarters）：日本东京

主营业务（Main Business）：电子机器、光学仪器及半导体

发展历程（Development Process）：1937 年，凭借光学技术起家并以制造世界一流相机作为目标的佳能公司成立。此后，佳能不断研发新技术，并在 20 世纪 70 年代初研制出日本第一台普通纸复印机。20 世纪 80 年代初，佳能首次开发成功气泡喷墨打印技术，并将其产品推向全世界。对技术研发的重视和投入，使佳能能够数十年不断发展壮大，并成为同行业的领导者。

目前，佳能的产品系列共分布于三十个领域：个人产品、办公设备和工业设备等。佳能公司的总部在日本东京，并在世界各地拥有子公司 203 家，雇员约 93 000 人。

工具05 满意镜

【工具定义】

满意镜是提升客户满意度和客户忠诚度的一种工具,是美国管理学家本杰明·施赖德和戴维·鲍恩于1985年在一篇论文中提出来的,后经詹姆斯·赫斯克特等人的进一步研究、完善,将"满意镜"定位为"服务利润链上最为重要的一环"。

【适用范围】

适用于提升客户满意度和客户忠诚度。

【工具解析】

1. 满意镜图示

本杰明·施赖德和戴维·鲍恩认为,员工对工作的满意程度和客户满意程度紧密相关,两者相互影响的结果如同照镜子:员工满意,工作热情高,为客户提供优质服务,客户的满意度和忠诚度得到提高,带来持续经营、低成本的高利润,企业发展,员工获益,工作热情进一步提高,从而提供更优质的服务,形成良性循环。反之,则形成恶性循环。满意镜如图9-5所示。

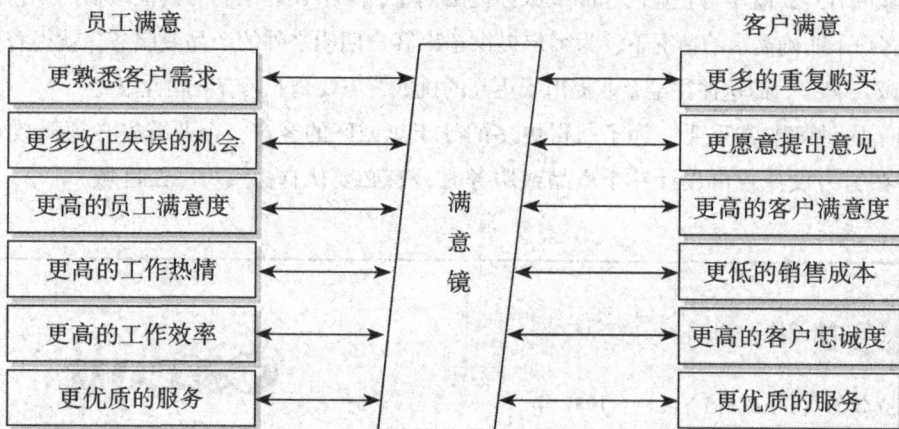

图9-5 满意镜

2. 如何建立客户—员工满意镜

(1) 建立客户—员工满意镜:从雇佣和尊重员工开始

理想的"满意镜"效应自然是一个服务企业一系列管理及营销努力的最终体现,然而,如果能有效抓住"镜子"的两端——员工和客户,并管理好员工与客户之间的互动,则会收到事半功倍的效果。许多企业往往未能意识到这一点,结果丧失了许多机会。对于服务企业来说,与客户互动过程中员工的表现通常是使客户满意或不满意的最终决定因素。谁能为客户创造愉悦的服务经历,谁就能在竞争中脱颖而出。而要成功地实现这一点,不得不依赖于企业的聘用政策。

①聘用决策是最重要的营销决策

服务人员的素质和表现对服务质量和客户满意度都会造成很大影响，因此，企业在聘用员工时，特别是聘用一线服务人员时，要事先考虑到这一点，要把员工当作一个重要的营销变量来看待。从这个意义上说，服务企业的人员聘用往往也是营销工作的一个重要内容。

服务企业应该根据自己的服务特点和业务需要制定出最相宜的聘用政策和方法，确定服务一线人员的素质要求和标准。

②要把员工当成客户

员工满意会导致客户满意。如果员工在企业之内受到了良好的对待，得到了尊重，获得了良好的感受，他的满意度将会大大提高。因此，服务企业要树立员工，尤其是一线员工也是客户的理念，设法提高员工的满意度和忠诚度，即服务企业应特别注重内部营销。为此，企业需做到以下几点，具体内容如表9-4所示。

表9-4　把员工当成客户的一些措施

序号	措施	说明
1	为员工鼓劲	通过广泛宣传，让一线员工知道，不只是客户很重要，他们也很重要，没有他们的积极帮助和参与，企业就无法生存，并以此改变员工的态度和感知，树立他们的自尊心和自信心。另外，还要帮助他们树立职业自豪感。在传统观念中，某些服务岗位被人轻视，地位不高，而企业要让这类员工为他们的工作感到骄傲
2	全面培训员工	由于同客户高度接触的员工所从事的工作较为复杂，因此，既要培训他们掌握专业技术，又要培训他们懂得搞好人际关系的技巧。培训将增强员工服务客户所需的知识和能力，使他们在工作时能够得心应手，从而提高他们对工作的满意度
3	给员工以工作所需的自由和权限	从某种意义上讲，一线服务人员是组织中最接近和了解客户的人，他们懂得怎样做才能更好地为客户服务。但管理层制定的规章、程序和政策往往束缚了一线员工的手脚，使他们不能对客户的需求和期望作出快速反应，这不仅会导致客户的埋怨和不满，也会令一线员工在工作中有一种挫折感。因此，要提高员工的工作满意度，还应该授予他们完成工作所需的充分自由和权限
4	对员工的优良表现予以赏识和奖励	奖励包括高额工资、奖金、利润分享计划、认股权及精神激励等
5	开展员工满意度调查，及时解决员工的不满	把员工视同客户，意味着要像调查客户满意度那样经常调查员工的满意度，并把员工满意度作为考核管理人员工作业绩的一个重要指标

（续表）

序号	措施	说明
6	管理好员工之间的互动	员工相互之间的态度以及相互提供服务的方式对他们的满意度也有相当大的影响。这就需要强化员工的"每一个人都有一个客户"的内部服务意识，并营造团结、合作、向上的组织文化氛围

（2）建立客户—员工满意镜：学会管理客户

客户是服务接触与互动过程中的一个重要方面，其言行举止不仅会影响到自己所接受服务的效果，而且会对其他客户的服务体验及员工的满意度造成影响，因此，服务企业要想取得理想的"满意镜"效应，就必须学会管理好自己的客户。管理客户的工作要点如表9-5所示。

表9-5 管理客户的工作要点

序号	工作要点	说明
1	选准目标客户	服务企业与有形产品制造企业的产出不同，它无法在同一时间提供超过一种形式或水准的服务，而且没有一种服务是适合于所有人的。因此，服务企业必须仔细选择或细分自己的目标客户群，掌握他们的特殊需要，然后给予特定的服务
2	学会拒绝和"解雇"客户	长期以来，商界和理论界一直强调这样一个观点：客户永远是正确的，对待客户要像对待王公贵族一样。但如果客户的特征不符合组织所确定的目标客户范畴，或客户的言谈举止严重损害了其与员工之间良好的互动关系时，并不应一味迁就，而应授权员工予以拒绝和"解雇"
3	管理好客户之间的互动	（1）客户教育。客户在接受服务之前，企业应向其清楚地说明在整个服务提供过程中，他们可能从事的一系列活动及其顺序，以及其他必备知识。同时，还应向客户宣传光顾本企业所应遵守的行为规范，如不准吸烟、插队、大声喧哗，衣着要整齐，要尊重在场的其他客户的正当权利等 （2）兼容性控制。兼容性控制是指将客户按照其相似之处恰当地组合在一起，目的是鼓励客户间建立满意的相互关系。例如，为带小孩的客户设置分立的区域，努力将同质的客户的座位安排在一起，都是一些可取的问题解决方法

（续表）

序号	工作要点	说明
3	管理好客户之间的互动	（3）使等待过程趣味化。假如企业无法避免客户的等待，那么企业的首要任务是对整个等待过程进行组织和管理，使等待过程变为一种有趣的经历。例如，在客户等待时播放录像、相声，提供背景轻音乐和趣味读物，或将等待场所布置得舒适宜人等，都可以转移客户的注意力，减轻等待的焦虑

上述铸造客户—员工满意镜的过程如图 9-6 所示。总而言之，客户—员工满意镜的建立并不是一蹴而就的事情，满意镜效应看似简单，却折射出服务企业中的几组重要关系，服务企业可以说本质上就是经营关系的组织。

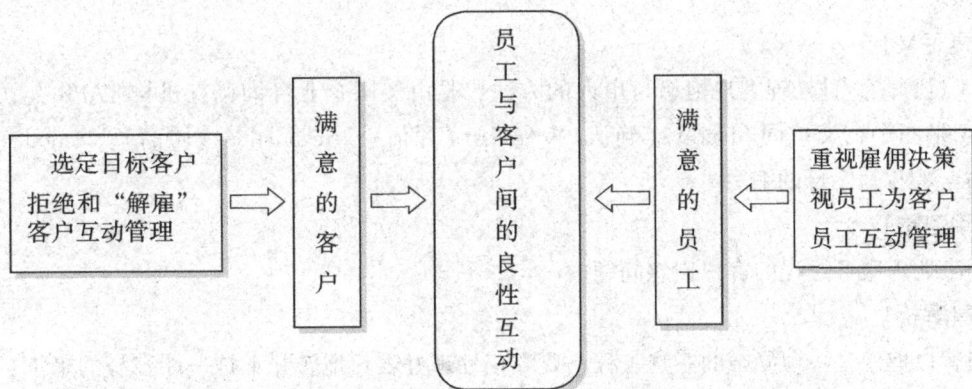

图 9-6 铸造客户—员工满意镜的过程

※ 实例说明（1）

美国西南航空公司以优质服务著称。当年，这个不起眼的小航空公司就是靠这一法宝跻身于美国前四大航空公司之列。有一个广为流传的故事：西南航空公司的某个票务代理遇到了一位误了班机的乘客，该乘客要乘坐这次航班参加本年度最重要的商务会议。于是他专门调拨了一架轻型飞机，将乘客送往目的地。这个故事在令人赞叹不已的同时，也令人心生疑窦：假定这类伟大的服务一再发生，该公司岂不是会破产？那么，该公司这么做的动力和原因是什么呢？

人们揭开了这个故事背后的奥秘，原来，该票务代理已经工作了七年，所以他通过客户的姓名认出了这位客户，知道他每年乘坐飞机 300 多次，每年可以给航空公司带来 1.8 万美元的收入。这位员工像西南航空所有员工一样，在工作一年后就拥有了公司的股份，所以他将航空公司视为自己的公司。而且他了解西南航空对一线服务人员的要求是："为客户做任何你心里

感到舒坦的事。"作为一位股东，他对于将他的客户送至目的地感到很舒坦。当然，西南航空的一位普通客户不能期望也得到这种服务。事实上，西南航空公司作为优质服务的典范，也经常"解雇"客户，尤其在他们喝醉了或无礼的时候，西南航空会让这类客户离开飞机。

这个故事揭示了西南航空公司成功的原因所在。

※ **实例说明（2）** ～～～～～～～～～～～～～～～～～～～～～～～～～～～～～～

在 2012 年公布的世界 500 强企业排名中，美国施乐公司（Xerox）位于第 488 位。施乐公司曾经是复印机市场当之无愧的王者，但随着市场竞争的加剧，其市场占有率不断被剥夺，面对这种形势，施乐人在客户满意度方面下足工夫，以顺应服务制胜时代的要求。满意镜自诞生以来，就被施乐公司的经理们所采用，并取得了良好的效果。

工具 06 IANA 过程

【工具定义】

IANA 过程是一种处理客户抱怨与申诉的方法，是由美国企业咨询调查机构 TAPR 公司提出。IANA 是四个英文单词 Identity（确认）、Assess（评估）、Negotiation（协商）、Action（处理与行动）的首写字母的缩写。

【适用范围】

适用于处理服务过程的客户抱怨问题。

【工具解析】

处理客户抱怨是一项复杂的系统工程，要真正处理好客户抱怨并不是一件容易的事情，需要经验和技巧。处理客户抱怨的方法非常多，因人、因事、因时而不同，要灵活应用，而 IANA 过程的处理方法则非常有效。IANA 过程的具体操作步骤如图 9-7 所示。

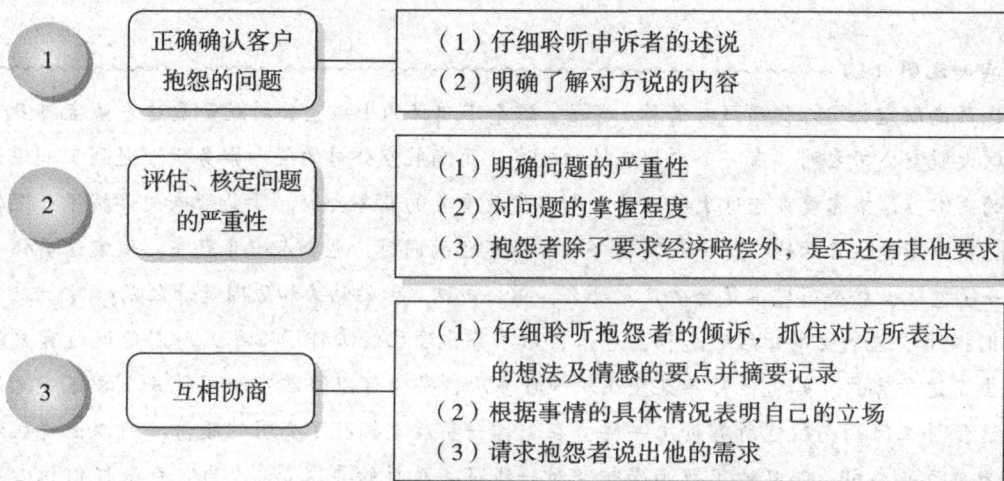

1	正确确认客户抱怨的问题	（1）仔细聆听申诉者的述说 （2）明确了解对方说的内容
2	评估、核定问题的严重性	（1）明确问题的严重性 （2）对问题的掌握程度 （3）抱怨者除了要求经济赔偿外，是否还有其他要求
3	互相协商	（1）仔细聆听抱怨者的倾诉，抓住对方所表达的想法及情感的要点并摘要记录 （2）根据事情的具体情况表明自己的立场 （3）请求抱怨者说出他的需求

4	处理问题	（1）按照协商的结论，明确处理时间及负责人
		（2）如果需要其他部门完成的，需要监督和跟进任务的完成情况

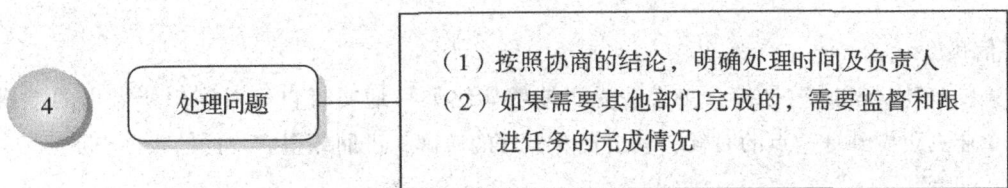

图9-7 IANA 过程的操作步骤

工具 07　RATER 指数

【工具定义】

RATER 指数是世界公认的客户服务质量评估标准，是全美最权威的客户服务研究机构——美国论坛公司提出的。该公司投入数百名调查研究人员用近十年的时间对全美零售、信用卡、银行、制造、保险、服务维修等十四个行业的近万名客户服务人员和这些行业的客户进行了细致深入的调查研究，发现一个可以有效衡量客户服务质量的 RATER 指数，这一指数成为衡量客户服务质量的一种有效方法。

【适用范围】

适用于衡量客户服务质量。

【工具解析】

RATER 指数是五个英文单词 Reliability（信赖度）、Assurance（专业度）、Tangibles（有形度）、Empathy（同理度）、Responsiveness（反应度）的缩写。它是衡量客户服务质量的五大要素，而客户对企业的满意度直接取决于 RATER 指数的高低，这也是企业提升市场竞争力的关键。RATER 指数如图9-8 所示。

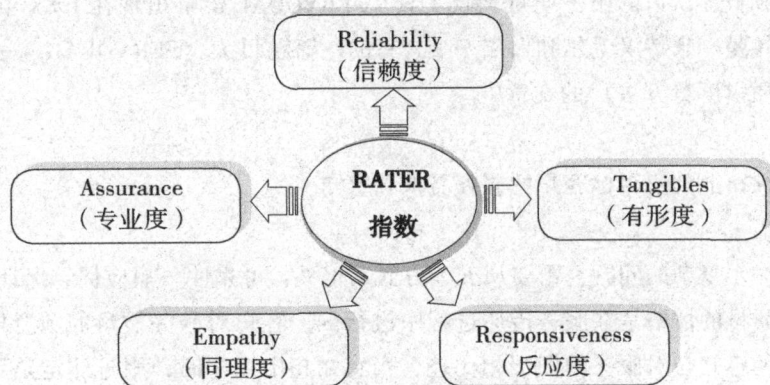

图9-8 RATER 指数

1. 信赖度

信赖度（Reliability）是指一个企业是否能够始终如一地履行自己对客户所做出的承诺。当这个企业真正做到这一点的时候，就会拥有良好的口碑，进而赢得客户的信赖。

2. 专业度

专业度（Assurance）是指企业的服务人员所具备的专业知识、技能和职业素质，包括提供优质服务的能力、对客户的礼貌和尊敬及与客户进行有效沟通的技巧。

3. 有形度

有形度（Tangibles）是指有形的服务设施、环境、服务人员的仪表以及对客户的帮助和关怀的有形表现。服务本身是一种无形的产品，但是整洁的服务环境、餐厅里为幼儿提供的专用座椅等，都能使服务这一无形产品变得有形起来。

4. 同理度

同理度（Empathy）是指服务人员能够随时设身处地地为客户着想，真正地同情理解客户的处境，了解客户的需求。

5. 反应度

反应度（Responsiveness）是指服务人员对于客户的需求给予及时反应并能迅速提供服务的愿望。当服务出现问题时，马上回应、迅速解决，能够给服务质量带来积极的影响。作为客户，需要的是积极主动的服务态度。

工具 08　SERVQUAL 模型

【工具定义】

SERVQUAL 为英文"Service Quality"（服务质量）的缩写。SERVQUAL 模型及其量表是目前比较成熟且受到业界认可的服务质量调查工具。SERVQUAL 最早出现在 1988 年由美国市场营销学家帕拉休拉曼、来特汉毛尔和白瑞三个合写的一篇题目为《SERVQUAL：一种多变量的顾客感知的服务质量度量方法》的文章中。

【适用范围】

适用于服务性行业理解目标客户的服务需求和感知。

【工具解析】

服务质量是一个复杂的问题，需要从五个方面来定义：可靠性、响应性、保证性、移情性和有形性。服务质量的评估是在服务传递过程中进行的。客户对服务质量的满意可以定义为：将对接受的服务的感知与对服务的期望相比较，当感知超出期望时，服务注定是不可接受的；当期望与感知一致时，服务是令人满意的。服务期望受到口碑、个人需要和过去经历的影响，具体内容如图 9-9 所示。

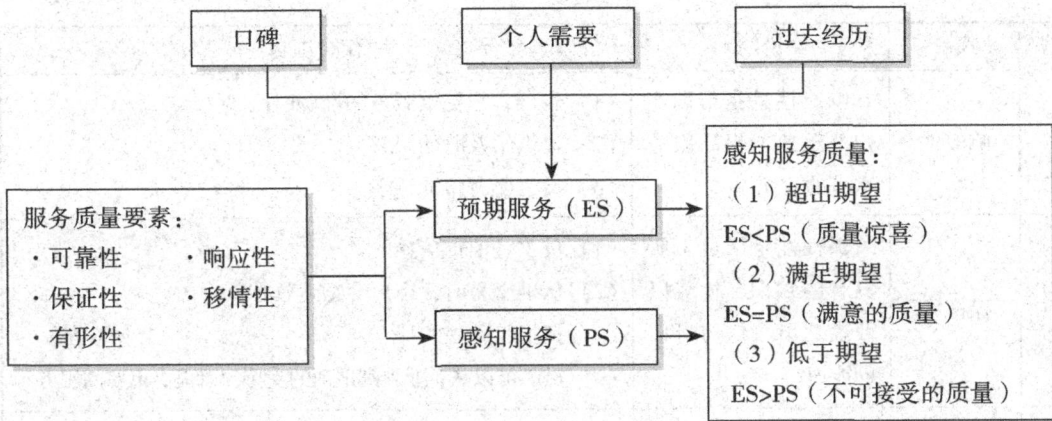

图9-9　SERVQUAL模型

1. SERVQUAL模型衡量服务质量的五个尺度

SERVQUAL模型衡量服务质量的五个尺度为：有形性、可靠性、响应性、保证性和移情性，具体内容如表9-6所示。

表9-6　SERVQUAL模型衡量服务质量的五个尺度

序号	尺度	说明	组成项目
1	有形性	有形性包括实际设施、设备以及服务人员的列表等	(1) 现代化的服务设施 (2) 服务设施具有吸引力 (3) 员工有整洁的服装和外套 (4) 企业的设施与他们所提供的服务相匹配
2	可靠性	可靠性是指可靠、准确地履行服务承诺的能力	(1) 企业向客户承诺的事情都能及时完成 (2) 客户遇到困难时，能够表示关心并给予帮助 (3) 企业是可靠的 (4) 能够准时提供所承诺的服务 (5) 正确记录相关的记录

（续表）

序号	尺度	说明	组成项目
3	响应性	响应性是指帮助客户并迅速地提高服务水平的意愿	（1）告诉客户提供服务的准确时间 （2）提供给及时的服务 （3）员工愿意帮助顾客
4	保证性	保证性是指员工所具有的知识、礼节以及表达出自信与可信的能力	（1）员工是值得信赖的 （2）从事交易时，客户会感到放心 （3）员工是礼貌的 （4）员工可以从企业得到适当的支持，以提供更好的服务
5	移情性	移情性是指关心并为客户提供个性服务	（1）企业不会针对客户提供个别的服务 （2）员工不会给予客户个别的关心 （3）员工了解客户的需求 （4）企业没有优先考虑客户的利益 （5）企业提供的服务时间不能符合所有客户的需求

2. SERVQUAL 模型的具体内容与量表

SERVQUAL 模型的具体内容由以下两部分构成。

第一部分包含 22 个小项目，记录了客户对特定服务行业中优秀企业的期望。

第二部分也包括 22 个项目，它度量客户对这一行业中特定企业（即被评价的企业）的感受。

将这两部分中得到的结果进行比较就得到五个维度的"差距分值"。差距越小，服务质量的评价就越高。客户的感受力期望的距离越大，服务质量的评价越低。相反，差距越小，服务质量的评价就越高。因此，SERVQUAL 是一个包含 44 个项目的量表，它从五个服务质量维度来度量客户的期望和感受。问卷采用 7 分制，7 表示完全同意，1 表示完全不同意，具体如表 9-7 和表 9-8 所示。

表 9-7　期望（Expectation）

说明：这项调查旨在了解您对于某类服务的看法。您认为提供＿＿＿＿服务的企业在多大程度上符合下列描述的特征。从每个陈述后面的 7 个数字中选出您认为最合适的。完全同意的选 7，完全不同意的选 1。如果感觉适中，请选择中间的数字。您的回答没有对错，我们最关心的是您对服务的看法。

（1）它们应该有先进的设备和技术。　　　　　　　　　　　　7 6 5 4 3 2 1

（2）它们的有形设备应该有明显的视觉吸引力。　　　　　　　7 6 5 4 3 2 1

（续表）

（3）它们的雇员应穿着得体、整洁。	7 6 5 4 3 2 1
（4）这些公司设备的外表应与提供的服务相匹配。	7 6 5 4 3 2 1
（5）它们承诺了在一定时间内做到某件事情时，就应该做到。	7 6 5 4 3 2 1
（6）当客户遇到问题时，这些公司应给予帮助。	7 6 5 4 3 2 1
（7）这些公司应是可靠的。	7 6 5 4 3 2 1
（8）它们应遵照承诺的时间提供服务。	7 6 5 4 3 2 1
（9）它们应准确地进行情况记录。	7 6 5 4 3 2 1
（10）它们不应该被期望准确地告诉客户提供服务的确切时间。	7 6 5 4 3 2 1
（11）期望它们提供迅速及时的服务是不现实的。	7 6 5 4 3 2 1
（12）员工不总是必须乐意帮助顾客。	7 6 5 4 3 2 1
（13）员工如果因为工作太忙而不能立即回应客户的要求时，也是可以理解的。	7 6 5 4 3 2 1
（14）他们的员工是值得信赖的。	7 6 5 4 3 2 1
（15）客户在与员工的交往中应该能够产生安全感。	7 6 5 4 3 2 1
（16）员工应该有礼貌。	7 6 5 4 3 2 1
（17）公司应给员工充分支持，使他们工作得更好。	7 6 5 4 3 2 1
（18）不应期望公司给予客户特别的关照。	7 6 5 4 3 2 1
（19）不应期望这些企业的员工给予客户特别的关照。	7 6 5 4 3 2 1
（20）期望员工永远知道客户的需求是不现实的。	7 6 5 4 3 2 1
（21）期望这些公司把客户最关心的事放在心上不现实的。	7 6 5 4 3 2 1
（22）不应该期望它能根据不同的客户需求调整服务时间。	7 6 5 4 3 2 1

表9-8 表现（Performance）

说明：这项调查旨在了解您对＿＿＿公司的服务感觉有关。您认为这家公司所具有的特点有多大程度上符合下列描述的特征。从每个陈述后面的7个数字中选出您认为最合适的。完全同意的选7，完全不同意的选1。如果感觉适中，请选择中间的数字。您的回答没有对错，我们最关心的是您对服务的感受。

（1）它有先进的设备和技术。	7 6 5 4 3 2 1
（2）它的有形设备具有明显的视觉吸引力。	7 6 5 4 3 2 1
（3）它的雇员穿着得体、整洁。	7 6 5 4 3 2 1
（4）这家公司设备的外表与提供的服务相匹配。	7 6 5 4 3 2 1
（5）它承诺了在一定时间内做到某件事情时，就会做到。	7 6 5 4 3 2 1
（6）当您遇到问题时，这家公司给予了帮助。	7 6 5 4 3 2 1

（7）这家公司是可靠的。	7 6 5 4 3 2 1
（8）它遵照了承诺的时间提供服务。	7 6 5 4 3 2 1
（9）它准确地进行了情况记录。	7 6 5 4 3 2 1
（10）这家公司没有准确地告诉客户提供服务的时间。	7 6 5 4 3 2 1
（11）它的员工没有提供迅速及时的服务。	7 6 5 4 3 2 1
（12）它的员工不总是乐意帮助客户。	7 6 5 4 3 2 1
（13）它的员工因为工作太忙而不能及时响应客户的要求。	7 6 5 4 3 2 1
（14）您信任它的员工。	7 6 5 4 3 2 1
（15）您在与员工的交往中能够产生安全感。	7 6 5 4 3 2 1
（16）员工有礼貌。	7 6 5 4 3 2 1
（17）公司给予员工充分的支持，使他们工作得更好。	7 6 5 4 3 2 1
（18）公司没有给予您特别的关照。	7 6 5 4 3 2 1
（19）这家公司的员工没有给予您特别的关照。	7 6 5 4 3 2 1
（20）员工不知道您的需求。	7 6 5 4 3 2 1
（21）这家公司不了解什么是您最关心的事情。	7 6 5 4 3 2 1
（22）这家公司不根据不同的客户需求调整服务时间。	7 6 5 4 3 2 1

3. 服务质量分值的计算公式

服务质量分值的计算公式：

$$SQ = \sum_i = 1^{22} (P_i - E_i) \tag{1}$$

其中：SQ = 服务感知质量

$P_i = 1/x \sum_i = 1^x P_k$ 　　　　第 i 个问题在客户感受方面的分值

$E_i = 1/x \sum_i = 1^x E_k$ 　　　　第 i 个问题在客户期望方面的分值

据（1）得到加权计算公式：

$$SQ = \sum_j = 1^5 W_j \sum_j = 1^5 (P_i - E_i)$$

各要素的权重之和为 1，即 $\sum_i = 1^{22} W_i = 1$

判断标准：

$SQ > 0$，客户感知服务质量良好。

$SQ < 0$，客户感知服务质量低下。

工具09　抱怨冰山

【工具定义】

客户情绪管理的难点在于情绪的隐蔽和模糊性。抱怨或者投诉的客户仅是满意客户中很小的一部分，就如同冰山露出水面的一角。1983 年，英国航空公司的管理人员在工作中发现，当客户服务部在处理客户投诉时，经常否认自己的错误，或者找一个借口搪塞过去。该公司根据以往的经验发现，应通过服务弥补过程来赢得客户的忠诚，于是，航空公司通过细致的调查、统计、分析，绘制了一种图表，因为这种图表很像浮在水面上的冰山，因而将其命名为"抱怨冰山"。

【适用范围】

适用于客户满意度管理及客户忠诚度的建立工作。

【工具解析】

1. 抱怨冰山图

在服务过程中，当客户不提出批评时，公司总认为客户对自己的服务很满意。事实上，只有极少数的客户会对劣质服务提出批评。有 1/3 客户对服务不太满意，但其中 69% 的客户从未提出过批评；23% 的客户会在不满时向身边的服务人员提出抱怨；只有 8% 的客户与公司客户关系部联系过，希望公司系统地解决自己的抱怨。根据以往的经验发现，向服务部门提出不满的客户人数每增加 1%，公司就会减少 20 英镑到 40 英镑的损失。抱怨冰山图如图 9-10 所示。

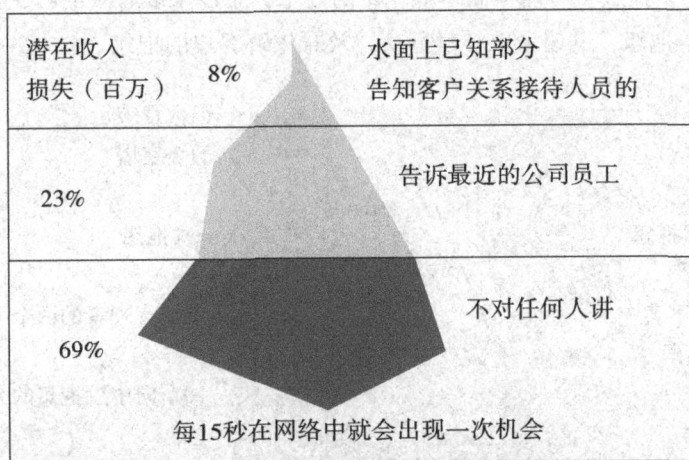

图 9-10　抱怨冰山图

2. 如何化解冰山

化解冰山需三个基本措施。

（1）了解客户的行为方式，对可能出现的抱怨提前作出化解。

（2）主动与客户沟通，让沉默的客户说出心中的抱怨。

（3）及时处理客户的抱怨。

在这三个措施中，最基本的是要鼓励客户提出批评。那如何鼓励客户提出批评呢？企业可以从以下三个角度出发。

（1）了解客户的行为方式

美国 TARP（技术支持研究计划协会）曾就客户的不满做过一项研究，其结果是：客户一般不愿意对产品或服务提出批评，因为其结果经常是得不偿失，付出的努力太多，而回报太

少。在面对面的服务项目中，很多人都希望有愉快的过程。而且在这种情况下，客户担心自己的批评会导致服务人员陷入困境，而这位服务人员可能是自己的熟人或者多少有些认识。还有些客户不知道应该到哪里以及如何提出批评。更多的人认为，提出批评是毫无用处的，服务组织根本不会予以理睬。

由此可见，要期待暗藏的"冰山"全部浮出水面是不可能的。服务组织不仅需要看见浮出水面的部分，更需要通过多种方式、多种渠道了解客户的真实想法，找出症结，成功溶解"冰山"。

（2）找出导致抱怨的一些陈旧政策

TARP 研究证实，假设不满的客户中有 40% 向销售代表或服务代表等前台员工提出批评意见。其中，有 25% 未能得到解决，被呈交给中层管理人员。在这些问题中，仍有 20% 未能给予解决。假设这 20% 中有一半提交给副总裁，就会形成一个抱怨金字塔。（见图 9-11）从抱怨金字塔中可以发现，副总裁接到的每一个抱怨，都代表 500 位不满的客户。

事实上，服务组织通过逐级上报的制度来解决客户的抱怨，虽然可以减少高层处理抱怨的工作量，但同时也会使高层不可能全面了解客户的需求，难以采取有效的解决措施。

（3）感谢客户的抱怨，迅速采取补偿行动，及时化解客户的抱怨。

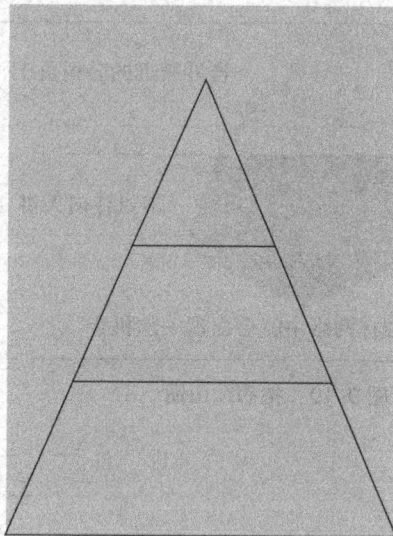

百分比表示
抱怨过程

以数量表示
的金字塔

1/2 的不满者仍然抱怨 → 一次抱怨

25% 的抱怨者仍不满 → 中层管理者的两个不满客户

1/5 抱怨 → 10 个向中层抱怨的人

有 25% 客户仍不满 → 50 个经第一线努力后仍不满的客户

40% 抱怨 → 200 个向一线服务人员抱怨的人

100% 不满的客户 → 500 个不满的客户

图 9-11　抱怨金字塔示意

※ **实例说明**

英国葛兰素史克公司（Glaxo Smith Kline）是一家主营制药的企业，在 2012 年公布的世界 500 强企业排名中位于第 231 位。抱怨冰山这一管理工具由英国航空发明以来，迅速在欧美和日本企业中得到推广，葛兰素史克公司利用这一工具大大提升了客户满意度和忠诚度。

工具10　服务质量差距模型

【工具定义】

服务质量差距模型（Service Quality Model）也称 5GAP 模型，是 20 世纪 80 年代中期到 90 年代初，美国营销学家帕拉休拉曼（A. Parasuraman）、赞瑟姆（Valarie A Zeithamal）和贝利（Leonard L. Berry）等人提出的，是专门用来分析服务质量问题根源的有用工具。

【适用范围】

适用于分析客户的服务期望与服务感知间的差距。

【工具解析】

服务质量差距模型认为客户差距（差距5）即客户期望与客户感知的服务之间的差距——这是差距模型的核心。要弥补这一差距，就要对以下四个差距进行弥补：差距1——不了解客户的期望；差距2——未选择正确的服务设计和标准；差距3——未按标准提供服务；差距4——服务传递与对外承诺不相匹配。

1. 服务质量差距模型图

服务质量差距模型如图 9-12 所示。

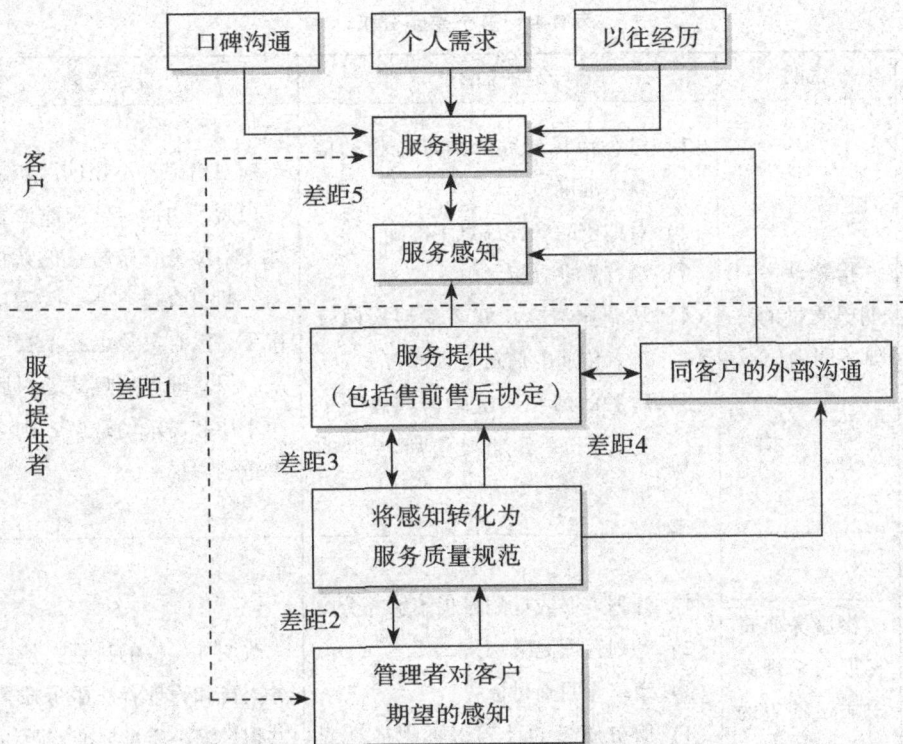

图9-12　服务质量差距模型

该模型首先说明了服务质量是如何形成的。模型的上半部涉及与客户有关的现象，期望的服务是客户的以往经历、个人需求以及口碑沟通的函数。同时，该模型也受企业营销沟通活动的影响。

2. 模型中的主要概念

（1）期望服务

期望服务是客户的以往经历、个人需求以及口碑沟通的确定，它受到企业与客户沟通活动的影响。

（2）感知服务

感知服务是指客户亲身经历的服务，它是企业一系列内部决策和内部活动的结果。

（3）客户差距

客户期望的服务与客户感知的服务之间的差距是服务质量差距模型的核心。

该模型说明了服务质量是如何形成的，并指出客户期望与客户感知的服务之间的差距是该模型的核心。这说明，对于企业而言，赢得客户的首要条件是提供与其期望一致的服务。

3. 五个差距分析

五个差距分析如表9-9所示。

表9-9　五个差距分析

差距	说明	产生原因	应对措施
管理者认识的差距（差距1）	指管理者对期望质量的感觉不明确	（1）进行市场研究和需求分析的信息不准确 （2）对期望的解释信息不准确 （3）没有需求分析 （4）从企业与客户联系的层次向管理者传递的信息失真或丧失 （5）臃肿的组织层次阻碍或改变了与客户联系过程中所产生的信息	应对措施各不相同。如果问题是由管理引起，就应改变管理或改变对服务竞争特点的认识。后者一般更合适一些。因为正常情况下，没有竞争也就不会产生问题，但管理者一旦缺乏对服务竞争本质和需求的理解，则会导致严重的后果
质量标准差距（差距2）	指服务质量标准与管理者对质量期望的认识不一致	（1）计划失误或计划过程不够充分 （2）计划管理混乱 （3）组织无明确目标 （4）服务质量的计划得不到最高管理层的支持	改变优先权的排列，使一线服务人员和管理者对服务质量达成共识，缩小质量标准差距

（续表）

差距	说明	产生原因	应对措施
服务交易差距（差距3）	指在服务生产和交易过程中，员工的行为不符合质量标准	（1）标准太复杂或太苛刻 （2）员工对标准有不同意见 （3）标准与现有的企业文化发生冲突 （4）服务生产管理混乱 （5）内部营销不充分或根本不开展内部营销 （6）相关技术和系统没有按照标准为工作提供便利	加强管理和监督；加强员工对标准规则的认识和对客户需要的认识；提供生产系统和技术上的支持
营销沟通的差距（差距4）	指营销沟通行为所做出的承诺与实际提供的服务不一致	（1）营销沟通计划与服务生产不统一 （2）传统的市场营销和服务生产之间缺乏协作 （3）营销沟通活动提出一些标准，但组织却不能按照这些标准完成工作 （4）有故意夸大其辞的倾向	（1）建立一种使外部营销沟通活动的计划和执行与服务生产统一起来的制度 （2）市场沟通中的承诺要更加准确和符合实际 （3）对外部营销活动中作出的承诺能够做到言出必行，避免夸夸其谈所产生的副作用 （4）完善营销沟通计划
感知服务质量差距（差距5）	指感知或经历的服务与期望的服务不一样	可能是本部分讨论的众多原因中的一个或者是它们的组合。当然，也有可能是其他未被提到的因素	积极地运用前面所提到的措施来解决

参考文献

[1]《世界 500 强企业管理工具》丛书编委会 . 世界 500 强企业管理层管理工具 . 深圳:海天出版社,2005

[2] 杨吉华 . 质量工具简单讲:实战精华版 . 广州:广东经济出版社,2012

[3] 众行管理资讯研发中心 . 管理工具全解 . 广州:广东经济出版社,2003

[4] 王革非 . 战略管理方法 . 北京:经济管理出版社,2002

[5] 刘葵,蔡圣刚 . 人员测评技术(第二版). 大连:东北财经大学出版社,2012

[6] 宋荣,谷向东,宇长春 . 人才测评技术(修订版). 北京:中国发展出版社,2012

[7] 潘泰萍 . 工作分析:基本原理、方法与实践 . 上海:复旦大学出版社,2011

[8] 毛文静,唐丽颖 . 组织设计 . 杭州:浙江大学出版社,2012

[9] 乔普拉等 . 供应链管理(第 3 版). 陈荣秋等译 . 北京:中国人民大学出版社,2008

《世界 500 强企业管理层最钟爱的管理工具》
编读互动信息卡

亲爱的读者：

    感谢您购买本书。只要您以以下三种方式之一成为普华公司的**会员**，即可免费获得普华每月新书信息快递，在线订购图书或向我们邮购图书时可获得免付图书邮寄费的优惠：①详细填写本卡并以**传真（复印有效）或邮寄**返回给我们；②**登录普华公司官网注册成为普华会员**；③关注微博：@ 普华文化（新浪微博）。会员单笔订购金额满 300 元，可免费获赠普华当月新书一本。

哪些因素促使您购买本书（可多选）

○本书摆放在书店显著位置   ○封面推荐   ○书名

○作者及出版社   ○封面设计及版式   ○媒体书评

○前言   ○内容   ○价格

○其他（   ）

您最近三个月购买的其他经济管理类图书有

1.《   》   2.《   》

3.《   》   4.《   》

您还希望我们提供的服务有

1. 作者讲座或培训   2. 附赠光盘

3. 新书信息   4. 其他（   ）

请附阁下资料，便于我们向您提供图书信息

姓   名   联系电话   职   务

电子邮箱   工作单位

地   址

地   址：北京市东城区龙潭路甲 3 号翔龙大厦 218 室

        北京普华文化发展有限公司（100061）

传   真：010-67120121

读者热线：010-67129879 010-67133481

编辑邮箱：fulu@ puhuabook. com

投稿邮箱：tougao@ puhuabook. com，或请登录普华官网"作者投稿专区"。

购书电话：010-67129212   淘宝店网址：http：//shop60686916. taobao. com

媒体及活动联系电话：010-67129872-830   邮件地址：liujun@ puhuabook. com

普华官网：http：//www. puhuabook. com. cn

博   客：http：//blog. sina. com. cn/u/1812635437

新浪微博：@ 普华文化（关注微博，免费订阅普华每月新书信息速递）